A HISTORY OF COMMUNICATION STUDY

A BIOGRAPHICAL APPROACH

EVERETT M. ROGERS

上海译文出版社

传播学史

一种传记式的方法

[美] E · M · 罗杰斯 著
殷晓蓉 译

序

对于传播、传播学、传播学史及著名的传播学者，我们这一代人确实知之不多。记得第一次听说传播之词还是在20世纪80年代初，复旦大学新闻系的林帆老师和陈韵昭老师到青海考察访问之际。当我们乘快艇在青海湖劈波斩浪的时候，两位老师在船舱里给我这位当年的学生“上课”，说起传播，说起信息、反馈，说起传者、受众、把关人，说起传播模式——“谁说什么，对谁说，通过什么渠道，产生什么效果？”当然，这些都是片言只语。回到西宁，我专门请陈韵昭老师给《青海日报》的编辑、记者讲了半天课，讲述传播和传播学的基本知识。她讲到威尔伯·施拉姆，讲到夏威夷传播研究所……以后我虽然也曾翻阅过威尔伯·施拉姆的《传播学概论》，还有那段著名的开场白——“当我在写这几行字的时候，把视线从纸上移开，抬头就可以看见夏威夷那犬牙交错郁郁葱葱的群山。如果向水天相接的海岸线望去，可以看到可能是第一批岛民登岸的地方……”——但总的来说，对传播仍然学得不多、知之甚少。

这里要感谢上海译文出版社给我们翻译出版了美国著名传播学者埃弗里特·罗杰斯的《传播学史——一种传记式的方法》。照罗杰斯的说法：“任何涉入一条新的河流的人都想知道这里的水来自何方，它为什么这样流淌。”从“传播”这条河流的流淌中，我们可以看到传播学在美国产生、发展的过程。传播学作为专门的领域，其产生和发展与美国社会生活的进程有着不可分割的密切关系。而且这部“历史教科书”最大的特点是：“通过传记式的编年史工作，在人的基础上来理解传播学史。”本书译者殷晓蓉概括得好：“罗杰斯循着传播学发展的现实轨迹和思想脉络，开创了一种将理论、历史和个人传记结合起来的方式，并在此基础上翔实而又准确地论述了一门新兴学科的产生与发展历程。”有中国学者论说：凡著述，有经验性、实用性而无理论性、前瞻性，失之过浅；有理论性、前瞻性，而无经验性、实用性，失之过虚。理论性、前瞻性如树之根、树之干；经验性、实用性如树之枝、树之叶，两者互为依存，缺一不可。《传播学史——一种传记式的方法》将这两者结合、交融得可以说是恰到好处，这也是这部洋洋洒洒数十万言的专著比较好读的原因所在。

1991—1992年，罗杰斯“身处一个合适的地方，来写作一部关于传播学史的著作”。从他的工作室的窗户望出去，“掠过拉古尼塔湖和斯坦福大学红色瓦片的屋顶，我能够看到已故的施拉姆的传播研究所的位置，它最初是在出版大楼，然后在柏树堂，现在是在斯坦福四方院，每一次转移都象征着传播学领域之逐渐地被接受。”罗杰斯将百年历史的叙述截止于1960年，最后一章也是“威尔伯·施拉姆和传播学的建立”。然而，“传播”这条新的河流依然在流淌，而且1960年后的这几十年，人类经历的是一场“传播革命”。美国传播学者威廉斯将人类传播历史浓缩为一天24小时，其中无线电报、彩色电视、通讯卫星、家用电脑、航天飞机等，都是近期的传播“震撼”，他将24小时剩下的40多秒留给了20世纪的最后20年。如今进入了21世纪，“传播革命”更迅猛发展，过去我们只能以声音、图像及文字来传递信息，现在可以应用电磁能量的振动来接受与传送信息，于是距离不再是距离；声音、文字及图像都可以由数码传送，三者的区别日趋淡薄；人们不断追求“输入、输出”，频频与电脑沟通而少与人脑沟通，威尔伯·施拉姆担心的工具理念会淹没道德理性及传统的德行，也许不是杞人忧天吧……

"苟日新，日日新，又日新。"在"传播"这条河流里更是如此。人的实践无止境，人的认识无止境，人们期待着更多、更新的对传播、传播学、传播学史的探索，也期望着更多、更新的著作问世。

（作者系上海复旦大学新闻学院院长）

译者的话

埃弗里特·M·罗杰斯是当代美国最著名的传播学学者之一，20世纪50年代在衣阿华州学习，曾任南加利福尼亚大学安南伯格传播学院教授、新墨西哥大学传播和新闻系教授、系主任等职。他自20世纪60年代开始撰写或参与撰写了一大批传播学方面的著作和论文。其中包括：《创新的扩散》、《大众传播与国家发展》、《传播网络：趋向一种新的研究范式》、《经验的传播学派和批判的传播学派》、《传播技术：社会中的新媒介》、《议程设置研究：它在哪里，它往何处去？》、《90年代的艾滋病：一个公众问题的议程设置》、《早期大众传播研究》、《回溯与前瞻：百年传播学》、《从布莱尔到施拉姆的传播学和新闻学：一种沉积》、《传播学中的信息论的历史》、《议程设置研究分析》等等。

在众多的主题研究中，罗杰斯特别由于几个方面的成就而引人注目，并由此奠定了他在当代传播学界的权威地位。

第一，他是传播学的一个新兴的分支领域——发展传播学——的重要开创者。这门学科是第二次世界大战之后首先在美国开展起来的，很快引起其他西方国家和发展中国家的重视，并成为传播学研究的一个新领域。其中心课题——即如何运用传播来促进国家的发展——对发展中国家和发达国家都具有启发意义，但特别与第三世界国家的社会改革和发展道路有关，它集中探讨大众媒体在实现社会变革，或在发展中国家向现代化过渡的过程中的作用问题。

罗杰斯20世纪60年代写下的《创新的扩散》可以说是他的成名作，截止1997年，已4次再版，产生了极其广泛的影响。在这部著作以及后来的《大众传播与国家发展》和《创新的传播：一种交叉文化的方法》中，罗杰斯赋予传播以非常重要的地位，认为传播是社会变革的基本要素，而社会变革的过程就是创新与发明的传播推广过程。其中，第三世界国家的变化大多为接触性变化，即由于受到来自西方的新观念、新技术的影响而促使传统社会发生变革。罗杰斯讨论了涉及创新推广过程的几个因素，诸如新观念本身、推广渠道中的大众传播和人际传播、从认知到采纳的时间、接受创新发明的社会成员的社会状况和个性特征等等方面，它们都从不同角度影响着创新的推广过程。

第二，他是"议程设置"理论的杰出发展者和当代主要代表人之一。这种理论或假设风行于20世纪60—70年代，是从告知功能的角度探讨大众传播的效果问题。它的主要含义是：大众媒体之注意某些问题而忽略另一些问题的做法，本身可以影响公众舆论：人们将倾向于了解大众媒体注意的那些问题，并采用大众媒体为各种问题所确定的先后顺序来安排自己对于这些问题的关注程度。初看起来，这个理论不难理解，似乎也容易进行检验。但实际上，近二三十年来，它一直处于在寻求"证据"的基础上不断地发展和补充的过程之中，而关于它的理解和检验随着网络传播的崛起又具有了新的内容。

罗杰斯在他的许多著作和文章中，探讨了"议程设置"理论的历史、发展状况和未来的趋势，尤其是指出了经验主义传播学为主流的研究方法的缺陷："为什么议程设置研究者没有对理论的进一步发展作出贡献呢？一个基本的原因是：研究议程设置的学者把更多的精力用于进行实践性的调查研究，而不是放在了推进理论的发展。他们的研究普遍地转到了改进对传媒议程、公众议程和政策议程的测量；转到更及时地捕捉当时议程设置进行中的各个方面；转到更好的统计学方法和其他分析技术，以控制住可能的与传媒议程、公众议程和政策议程三个概念相关的以假乱真的关系。然而，我们感到，把日益增多的关于议程设置的研究发现消化为一种议程设置理论做得不够，这就是研究的前沿。”（见《议程设置研究：它在哪里？它往何处去？》）由此，他提出议程设置研究中应该加以补充和重视的方面：以一种三角测量方法取代以往的单一的调查方法，以便更全面地测定公众的议程；更清楚地理解个人议程设置过程中的认知过程；开展发达国家和发展中国家的议程设置的对比研究；将涉及议程问题的更多变量纳入到议程设置理论的研究之中，尤为重要的是对大众传媒工业进行结构上的分析；重视对传媒议程的分析，研究议程设置在大众传媒如何影响社会方面的重要性，等等。

对于传播学发展的研究，可以说是罗杰斯的又一独特成就，而且是一个更为重要的独特成就。我们面前的这部著作——《传播学史》——写于1991—1992年，1994年正式出版，现有译作的根据是其1997年的新版。按照罗杰斯本人的说法，随着他关于人类传播行为尤其是大众传播过程的研究的深入，他对于传播学史的好奇心也与日俱增，并最终导致了传播学史的写作。“在我已完成的大约20本著作中，撰写一部历史是最强烈的体验。这也是最最有趣的事情，它所提供的是那种挠抓奇痒的愉悦，那种使人们知道如何走出迷宫的愉悦。”（《传播学史》平装本序）在美国西部著名的斯坦福大学校园里，得益于行为科学高级研究中心和国家科学基金会的奖学金，以及来自纽约北塔里敦的洛克菲勒档案中心的一笔补助，罗杰斯实现了自己的愿望。

在某种程度上，罗杰斯似乎是写作一部传播学史尤其是传播学早期发展史的理想人选。从学科本身来说，传播学作为专门的领域，其产生和发展与美国社会生活的进程有着不可分割的密切关系。人们通常认为，传播学是自19世纪末以来逐步形成的，20世纪40年代初具规模，第二次世界大战以后得到迅速发展，这整个过程总的说来是以美国为基地，并由此向世界各国扩散和分化出去的。罗杰斯从20世纪50年代开始研究传播学，以后一直活跃在传播学学术研究领域的前沿，他亲身体验及参与了传播学的理论变更以及重大历史事件的发生和发展。在学术生涯方面，他与传播学的一些重要奠基人和开创者有着重合关系，彼此一起共事或有过密切的接触；他所学习和工作的地方，曾经或仍然是传播学的重镇，像衣阿华、伊利诺伊和斯坦福大学，等等。

为写作《传播学史》，罗杰斯访谈了许多传播学的大师及其合作者和追随者(例如R·默顿、T·彼得森、E·卡茨等)，也与相关学科的权威人士多次进行了交流，如有关法兰克福学派的“最有权威的”研究者马丁·杰伊，熟悉芝加哥学派的E·L·法里斯等；他还广泛利用了洛克菲勒档案中心、美国国会图书馆以及斯坦福、耶鲁、芝加哥、哥伦比亚、伊利诺伊、衣阿华等大学的图书馆和档案室。并非偶然的是：这些被他所选中的思想库，在传播学的发展史上具有举足轻重的作用，其间也有着千丝万缕的连动关系，例如：洛克菲勒基金会对于传播学产生的影响如此巨大，以至于有这样一种说法——美国传播学“是建立在石油提供的基础上的”；哥伦比亚大学与流亡美国的法兰克福学派保持了整整17年的松散的隶属关系，在此期间，批判的传播学理论的许多重要工作得以完成；哥伦比亚大学也是保罗·拉扎斯菲尔德的广播研究室和应用社会研究局的总部，这两个机构开启了早期大众传播效果研究的传统。再如，华盛顿是第二次世界大战初期的一个重要据点，卡尔·霍夫兰、威尔伯·施拉姆、哈罗德·拉斯韦尔、库尔特·勒温和拉扎斯菲尔德等人走到一起，构成了一个传播学的新集体。后来，这些学者返回各自的学院：拉斯韦尔和霍夫兰回到耶鲁，在那里，霍夫兰从事著名的研究传播和态度改变的耶鲁项目，而施拉姆则回到衣阿华大学，后在伊利诺伊大学创办传播研究所，中年至退休前的岁月里在斯坦福大学担任传播学教授和传播研究所所长，如此等等，不一而足。罗杰斯循着传播学发展的现实轨迹和思想脉络，开创了一种将理论、历史和个人传记结合起来的方式，并在此基础上翔实而又准确地论述了一门新兴学科的产生与发展历程。

罗杰斯从19世纪的三个欧洲大师——达尔文、弗洛伊德和马克思——入手，分析传播学的欧洲起源。他认为，传播学1900年以后在美国的崛起，相当程度上受到进化论、精神分析理论和马克思主义这些欧洲理论的影响。其中，达尔文的进化论思想在19世纪90年代通过芝加哥学派的努力，被深深地植入传播学的主流学派之中：现代传播的整体被当作社会进步的一种力量，也被当作恢复广泛的道义和政治一致的力量；弗洛伊德的精神分析理论对现代心理学有强烈的影响，对社会学、政治学和人类学也有重要的作用。它借助于批判学派、帕洛阿尔托学派和哈罗德·拉斯韦尔直接地影响了传播学领域，并且借助于卡尔·霍夫兰间接地影响了这个领域；法兰克福学派将马克思主义和弗洛伊德理论结合起来，它被列入批判的传播学理论谱系之中。批判学派注重大众媒体的所有权和控制问题，这些问题在经验主义研究者的学术兴趣范围之外，后者沿着探讨传播效果的方向来对待传播领域。对于传播学的发展历史来说，批判的传播学者和经验的传播学者之间的张力始终是一个富有成果的理智推动力。

从伟大的欧洲思想中来追溯传播学的起源，其意义在于从一个重要侧面表明：传播学史本质上是社会科学的历史。自20世纪初期始，五大社会科学领域在美国逐步建立，它们是：经济学、社会学、心理学、政治学和人类学。美国传播学的经验主义主流特征的形成与这些学科的特点有关，与其中的社会学的关联特别紧密。作为以涂尔干、韦伯、帕累托、齐美尔等为代表的欧洲社会学的传人，美国社会学一开始也曾带有形而上学和思辨的色彩，它之明确转向经验主义受制于各种各样的因素。总体上，这既与美国独特的历史与民族精神有关，又受到更普遍的经济过程和政治过程的推动，后者随着美国之进入国家垄断资本主义而越发显得突出。国家加强对经济的干预，要求以改良和进步立法的手段解决社会矛盾，为此需要掌握有关社会过程的具体信息。有着明确指向的经验研究一方面保证了实际信息的获得，另一方面则具有政治意识形态的重要作用。所以，在相当长的时间内，其功能重点体现在为公共决策提供服务的方面，以便防止诸如贫困、失业、犯罪等社会问题的发生或蔓延。

在罗杰斯那里，欧洲思想向美国的知识迁移和过渡、包括传播学在内的社会科学研究的经验主义取向、传播学在社会学领域中的孕育和逐渐的分离过程、由诸种冲突和矛盾所推动的理论发展，相当程度上是通过详尽论述三个学派的开创性作用而得以完成的，它们是：法兰克福学派、芝加哥学派和帕洛阿尔托学派。由此直接涉及对有关传播学史的一个传统观点的挑战。后者的主要看法是：随着来自几个学科的社会科学家开始从事宣传（拉斯韦尔）、广播对于听众的效果（拉扎斯菲尔德）、大众传播中的态度改变（霍夫兰）、群体动力理论和把关人（勒温）等经验研究，传播学也出现在20世纪30年代、40年代，并最终形成于50年代，它注重媒介效果以及在此范围内的媒介内容和媒介受众研究。罗杰斯则提倡从一种更加宽泛的角度出发，来探讨传播学的发展历程及其所涵盖的问题域。他认为，上述三个学派的理论意义就在于：提供了有关传播在社会中的位置的更加统一的观点，因此，为现代社会所关注的许多新的研究领域都可以从中发现其最初形式，诸如：媒介内容如何影响舆论？大众媒介如何受到舆论的影响？大众媒介如何能够导致社会变化？人际网络如何与大众媒介相连结？等等。

拉斯韦尔、拉扎斯菲尔德、霍夫兰、勒温等几个对传播学历史作出巨大贡献的人物并没有因此遭到忽略。他们都是杰出的社会科学家，来自政治学、社会学和心理学领域，在20世纪30与40年代左右从事传播学方面的最重要的研究和写作，在这段时间，他们可以说是传播学舞台上的中心人物，而这恰恰是传播学作为一个独特的学科在美国出现的年代。这四个人的主要成就是为这个领域的未来相当一段时期的发展奠定了基本的方向：经验的、量化的和以效果为中心的，其侧重点各有不同。罗杰斯将他们的生平、思想发展过程和转变过程，以及重大的历史事件和鲜为人知的轶事融汇在一起，并将他们的生活和贡献集中起来作了综合的、深入的讨论，以此表明：传播研究在趋向具有自身独立特性的同时，如何富于意义地影响了社会学、政治学和心理学等等学科。

在他们之后，传播学的继任者和综合者是施拉姆，罗杰斯对他投以极大的关注，以至于把《传播学史》全书12章篇幅中的两章留给了他。罗杰斯特别强调施拉姆在使传播学学科化方面的作用，他的论述从传播学的欧洲起源开始，止于20世纪60年代传播学作为美国大学最重要的、新的研究领域的出现，其代表人物和主要标志就是施拉姆。在漫长的学术生涯中，施拉姆撰写了大量的论述传播和大众传播的著作，第二次世界大战以后，传播学的一些先驱者先后离开了这个领域，回到了他们自己原来的学科，如拉扎斯菲尔德和霍夫兰分别重新涉足社会学领域和心理学领域。但施拉姆却留了下来，在以后的岁月里，他继续进行理论阐述，致力于使经验主义传播研究更为系统和全面，也更加具有独立学科的面貌和特征。罗杰斯循着施拉姆的迁移、生活和学术探索的足迹，一步一步向我们表明：从20世纪40年代到70年代，施拉姆如何在衣阿华大学、伊利诺伊大学、斯坦福大学和夏威夷大学东西方传播研究所创办以“传播学”命名的研究机构，如何设计大众传播的课程，如何撰写和认可传播学的教科书，如何授予第一个传播学博士的学位，等等。这也就难怪罗杰斯在此书中会得出这样的结论：在有些人看来，没有像拉斯韦尔、拉扎斯菲尔德、勒温等先驱者，传播学不会取得它今天的地位；但是，正是由于施拉姆，“而不是其他人，传播本身成为一个研究领域”。

欧洲起源、三个学派、四个先驱者和作为集大成者的施拉姆，是《传播学史》的主线，除此以外，还有许多学科的学者为传播学的产生作出了较大的贡献，他们有的直接参与了先驱者们的研究项目，如斯坦顿、贝雷尔森、卡茨、林德、贾尼斯等；还有的则通过自己的独立研究极大地影响了传播学的发展方向，如维纳的控制论、香农的信息论和麦克卢汉的媒体技术决定论，在罗杰斯的传记式的编史工作中，他们及其相关的思想和人物也都成为理解传播学史的构成部分。

《传播学史》注重的是传播学作为一门学科的生成过程，也就是传播学如何在以美国为主的大学内作为一门最重要的、新的研究领域脱颖而出。因此带来了它在时间跨度和论述范围方面的限制。就前者来说，时间止于20世纪60年代，向前追溯了将近100年，媒体形态新变化尤其是电子媒体后来的发展还未及涉及；就后者来说，正是因为以学科化的发展为主，尤其是在后半部分侧重于传播学的教学以及一代代传播学学者的培养和师承关系，所以便忽略了一些牵动整个社会、具有深远意义的重要理论事件和理论发展。如20世纪50年代关于媒体作用的文化大论战，以及作为美国传播制度的理论基础，“社会责任论”从30年代到50年代的发展，等等。

此外，撰写传播学史的历史学家具有多种可供选择的方法，他可以通过历史年代、通过占统治地位的哲学（例如，实证主义），通过传播媒体形态的技术（如电影、收音机、电视），或是通过其他有关的因素，来组织、概括和评析这段历史。罗杰斯的选择是：通过传记式的编史工作，在人的基础上来理解传播学史。毋庸置疑，这是一个独特的视角，但并非是惟一的视角，也就是说，它不能取代其他视角的研究。比如说，在埃弗瑞特·丹尼斯的《媒介社会：美国大众传播的表证》中，我们看到了对于早期传播学学者及其面向现代社会之过渡的其他方面的杰出研究，这里，将他们连结起来的是概念和学说，以及随着新形势而出现的思维转向和新的视野。

罗杰斯本人对于这部《传播学史》也有少许遗憾。比如说在跨文化传播方面，他该更加详细地追溯德国社会学家G·齐美尔的“陌生人”的概念，以及这个概念对芝加哥学派的R·E·帕克、对R·K·墨顿和拉扎斯菲尔德的影响；对于传播学的分支领域（如大众传播、人际传播、组织传播等）来说，《传播学史》应该提供更多的源头意义上的知识。但是，在总体上，罗杰斯对他的这部著作是满意的。“我坚持讲述着这个一般领域的发展史话。它足够复杂的了。我将每一个专业的历史留给其他人去阐述。”（《传播学史》平装本序）他达到了这一目的，也为传播学和传播学史的后来者提出了期望。

本书根据美国自由出版社1997年的版本译出，上海译文出版社给予译者热情的支持和帮助。原著涉及相当多的人物和机构，也涉及若干其他学科的知识背景，例如，哲学、经济学、政治学、心理学、精神分析学、生物学、数学、电子工程，等等。翻译过程中查阅了大量的资料和辞典，也就疑点难点咨询了有关专家。尽管如此，仍然可能存在不妥帖和理解不当之处，敬请读者批评赐教。

殷晓蓉于复旦园

目　录

插图目录

表格目录

引　言

我愉快地接受自由出版社的编辑关于发行《传播学史》平装本的决定，我希望这将使我的著作有更多的读者。

任何涉入一条新的河流的人都想知道这里的水来自何方，它为什么这样流淌。20 世纪 50 年代，我作为衣阿华州的一名研究生认识到了这一点，当时我开始致力于研究人类传播。我对于传播学史的好奇心逐年增长，最终导致了我从事眼前这本著作的写作，它主要是在 1991—1992 年的学年中进行的。在我已完成的大约 20 本著作中，写作一部历史是最最强烈的体验。这也是最最有趣的事情，它所提供的是那种挠抓奇痒的愉悦，那种使人们知道如何走出迷宫的愉悦。

自从其精装本发行以后的 3 年来，我已使用这本教科书教授了 200 多名本科生和研究生。此外，我与犹他大学、俄亥俄大学、得克萨斯大学奥斯汀分校和其他大学的教授——他们在其课程中使用了它——对这部著作进行了讨论。我通过各种渠道获得的反馈表明，我的历史著作在向初涉我们领域的人解释其根源方面，的确是有效的。不过，这些人仍有不少重要的问题。例如，学生们常常问我，为什么创建传播学领域的 66 名有影响的人物中只有一名是女性（她就是人类学家 M · 米德，而且，她还不是我们领域的核心人物）。现在，每年 5 万名大学生在美国获得传播学学士学位，其中大部分是女性，这种情况下，在我们对于传播学的当代认识中，由男性创建我们领域的说法还能成立吗？传播学的学生和学者的性别和种族构成在20世纪90年代已逐渐变得多样化起来，并且得到了平衡。但它并非始终如此。

新墨西哥大学主修跨文化传播的博士生想知道的是：为什么我在一部历史中没有对他们的专业史予以更多的注意。我想要是这样做就好了。我本该强调G·齐美尔的“陌生人”的概念，以及芝加哥学派的R·E·帕克从“陌生人”概念中引出的那些概念，诸如“社会距离”和“边缘人”的概念，等等。R·K·默顿和B·F·拉扎斯菲尔德也在齐美尔的“陌生人”概念的激励下发展出他们的“异质性”（herterophily）概念和“世界主义”概念。所以，有关相互作用的两个或更多的个人之间可感知距离的主要思想——齐美尔最早对之作了概念化阐述——现在是跨文化传播的基础。我期望要是能更详细地追溯“陌生人”的历史就好了。

当然，我们领域中的学术专业，诸如大众传播、人际传播、组织传播等等，都本该可在我的著作中找寻到各自的历史发展的。可是，我坚持讲述着这个一般领域的发展史话。它足够复杂的了。我将每个专业的历史留给其他人去阐述。

如果让我现在来撰写这部著作，那我的做法就会略有不同。自1994年以来，没有出版过任何我会引用的新材料。令人遗憾的是，与我们领域的历史有关的、我的几个重要采访对象已永远地离开了我们。或许，当一个人为截止于1960年的百年历史而写作时，这是意料之中的事。我们非常感谢这些学术前辈。正是由于他们的记忆，我们才能够把他们遗留下来的历史推向前进。

埃弗里特·M·罗杰斯

阿尔伯克基，新墨西哥

1997年1月23日

序　言

从我的工作室的窗户望出去，掠过拉古尼塔湖和斯坦福大学红色瓦片的屋顶，我能够看到已故的施拉姆的传播研究所的位置，它最初是在出版大楼，然后在柏树大厅（Cypress Hall），现在是在斯坦福四方院（the Stanford Quadrangle），每一次转移都象征着传播学领域之逐渐地被接受。在校园中矗立的是胡佛塔，内中设有胡佛战争、革命与和平研究所；这里还主持过拉斯韦尔关于二战刚刚结束后世界上最有名望的报纸的内容分析项目。向右看，从帕洛阿尔托延伸到圣何塞，即向南 20 英里的地方，是硅谷，以及由香农的信息论激发的计算机和微电子工业。我写作这本书所立足的智库是由福特基金会的 B · 贝雷尔森在拉扎斯菲尔德的提议的基础上建立起来的，因此，它提供了知识交汇处。在此，施拉姆遇见了拉斯韦尔；在此，香农度过了从麻省理工学院休假的一年；在此，系统论起步了。我身处一个合适的地方，来写作一部关于传播学史的著作。

我已收集了各种出版物，挖掘了档案材料，并与传播学的先驱者们进行了口述史访谈。这部著作也来自 6 年时间的授课生涯，它包括一门传播研究的历史与哲学的课程，以及一门高级传播理论的课程，后者是为南加利福尼亚大学的安南伯格传播学院的博士生所开设的。我非常感谢安南伯格学院对这部著作所作的许多贡献。P · 克拉克院长在每一个转折点都给了我帮助。我的同事P·蒙吉好几次和我一起合作教授这门博士生理论课，我从他那里学到不少东西。我感谢1991—1992年行为科学高级研究中心的基金，它使我得以完成这部著作，也感谢全国科学基金会为我提供的资助（作为基金号码BNS－8700864的组成部分）。我的著作也得到来自纽约北塔里敦的洛克菲勒档案中心的一笔补助的支持，这个档案中心的历史材料有助于我追溯洛克菲勒基金会在建立美国传播研究方面所起到的重要作用。

我还感谢以下学者的帮助：

- M·诺尔博士，南加利福尼亚大学，他帮助我从信息论的历史开始；K·克里彭多尔夫博士，宾夕法尼亚大学，他帮助我完成这段历史。
- R·普赖斯博士，马萨诸塞州列克星敦雷神公司，他分享了我对香农的信息论的兴趣，并将我引向有价值的材料，包括1984年他对香农的录音采访。
- T·瓦伦特博士，霍普金斯大学，他与我合作了这部著作第十一章中有关信息论的一个早期的部分版本（罗杰斯和瓦伦特，1992）。
- R·K·默顿博士，R·塞奇基金会，他在有关拉扎斯菲尔德的第七章中为我提供了帮助，在更一般意义上，他为我讲授了科学史方面的重要课程。
- S·H·查菲博士，斯坦福大学，我们进行了多次富有成效的有关施拉姆和“老爸”布莱尔的讨论，以及他们的传播学愿景。
- R·威根德博士，雪城大学信息研究教授，他特别在欧洲对于传播学的影响方面给我提供了建议。

我也感谢安南伯格学院的S·布拉斯劳、D·伊瓦罗纳、J·赫尔曼、G·莱特和J·坎贝尔，以及行为科学高级研究中心的V·希顿，他们成功地对付了我那难以辨认的手稿。

对传播学史的个人兴趣始于20世纪50年代中在衣阿华大学时代的博士培养项目，这大约是39年以前。我的学术生涯与有些将在这里讲述的奠基人和先驱者的学术生涯相重合。毫无疑问，由于我对本书描绘的某些思想、事件和个人有着亲身体验，这一历史变得丰富起来。

这部著作在相当程度上是围绕传播学的方法而予以组织的，这些方法与一个理论家或一小群理论家有着紧密的联系。通过侧重于那些将传播学史推向前进的个体学者，而用传记式的方法来分析这一历史，只是组织这个材料的一种方法。否则，传播学史学家可以通过历史年代、通过占统治地位的哲学（例如，实证主义）、通过所研究的传播技术（电影、广播、电视），或是通过其他语境因素，来组织这段年表。我的选择是：通过传记式的编史工作，在人的基础上来理解传播学史。

本书侧重于传播学史中的重要名人和重要机构。那些博学多闻的观察者们就谁在传播学史中发挥支配作用的问题上的一般共识，是我的主要依据。由于依据于已发表的学术文献、档案材料和口述史访谈，我有可能忽略了不那么知名的个人和机构。尽管他们也可能发挥了重要的作用，但是我在我的工作中未能关注他们。

施拉姆（1981）确认了传播学的四位奠基人：

> 因此，正是在20世纪30年代和40年代，四位真正的大师从社会科学中脱颖而出，成为人类传播学方面的专家，并为新闻学留下了永久的印记。阿道夫·希特勒——不是感谢他，因这纯属偶然——给我们送来了他们之中的两位：保罗·拉扎斯菲尔德和库尔特·勒温。罗伯特·M·哈钦斯——也不是感谢他，因为他没有打算作这样的贡献——给我们送来了第三位：哈罗德·拉斯韦尔。美国军事机构——或多或少令它自己吃惊地——给我们送来了第四位，因为它接受了美国最有前途的年轻实验心理学家，并在战争时期委以重任，从而使之能够在其一生中的其他时间从事传播研究，他就

是卡尔·霍夫兰。

我怀疑这一公认的传播学史。关于四个奠基人的神话始于B·贝雷尔森（1959）对于这个领域的攻击，并为施拉姆所强调（如果说曾经有过一个奠基人的话，那么他就是“这个”奠基人）。贝雷尔森（1959）声称，这四个杰出人物正失去对于传播研究的兴趣，因此，传播学领域正在“衰微”。施拉姆（1959a）不赞同这种传播学领域正在衰微的断言，然而，在以后的几十年中，他在自己的作品中将有关四个奠基人的神话推广开来（施拉姆，1980，1981，1985）。

四个奠基人的神话并非是完全错误的。拉斯韦尔、勒温、拉扎斯菲尔德和霍夫兰的确在开创传播学领域方面发挥了关键的作用，但是还有许多其他奠基人，其中有几个人就构成传播学来说，具有与这四个人相等同或更大的影响：施拉姆，帕克，阿多诺，香农，维纳和默顿。进而言之，四个奠基人反过来又有“奠基人”，即影响了他们的传播思想的那些人。例如，拉斯韦尔直接受到弗洛伊德的影响，而阿多诺依据于弗洛伊德和马克思的理论。由此，弗洛伊德和马克思也是传播学领域的奠基人吗?

传播学方面的重要进步往往由某些学派所促成，这些学派又由属于一个研究机构的核心学者的连贯网络所构成。这部著作中包括批判理论的法兰克福学派，符号互动论的芝加哥学派，以及互动传播的帕洛阿尔托学派。它们都是被有关四个奠基人的神话所忽略的理论团体。

为什么贝雷尔森和施拉姆在1959年选择了看似随意的四个奠基人呢？拉斯韦尔、勒温、拉扎斯菲尔德和霍夫兰都对贝雷尔森和施拉姆本人的思考产生了最近的和直接的影响。这四个奠基人都在20世纪30年代、40年代和50年代从事其最重要的研究和写作，而这正是传播学作为一个独特的学术研究团体在美国出现的年代。不过，关于四个奠基人的神话是对传播学史的一种严重的过度简化的做法。就如何理解已发生的事情而言，它不是一个十分有用的分类方法，因而在这部著作中也不会得到更多的注意。

例如，这个神话没有区分先驱者（forerunners）和奠基人（founders）①。诸如塔尔德、齐美尔、帕克、米德、勒温、拉斯韦尔、霍夫兰、维纳和香农那样的学者的确都涉及了我们按照今天的标准认为是传播学的那种学说。这些先驱者对传播学作出了重要的知识贡献，但是他们没有把自己看作是传播学学者，他们的学生也不这样看，他们也没有通过在大学建立传播学院或传播系来使这个领域制度化。

至于说到奠基人，是指那样一些学者：他们没有受过传播学的正规教育，但是从事传播研究，并在这个新领域培养了第一代传播学学者。主要的奠基人是施拉姆，他不仅以传播研究所的形式在衣阿华大学、伊利诺伊大学和斯坦福大学使传播学得以制度化，而且，培养了许多第一批的传播学博士学位获得者。拉扎斯菲尔德是一个先驱者，还是一个奠基人？他的确在来到美国的最初20年中从事传播研究，但他认为自己是一个社会学家，而他的追随者也是作为社会学家来工作的。拉扎斯菲尔德与其说是一个奠基人，不如说是个先驱者更恰当。拉斯韦尔、勒温和霍夫兰也肯定是先驱者，不是奠基人。他们没有放弃各自与政治学、社会心理学和心理学的原初认同。

这里，我们的重点放在了北美，特别是放在了美国，因为正是在这个国家，传播学领域逐步变得强大起来，尽管我会详细地论述传播学的欧洲根源（第一部分），并且会涉及传播学在今天的欧洲、拉美和其他地方的现状（第十二章）。这部著作强调的是从1860年到1960年这100年，这一时代起于达尔文的《物种起源》的发表，止于美国的传播学派在美国大学中得到了广泛的制度化。20世纪期间，传播学在美国主要有了思想的成长，但是它的根源可以追溯到几十年前的欧洲。传播学史是

① 先驱者和奠基者的定义是从本-戴维和柯林斯（1966）那里接受过来加以改编的。

社会科学的历史，也有来自生物学、数学和电子工程学的重要贡献。

我的重点在于大众传播以及人际传播，后者有点偏少，但是霍夫兰、勒温、米德和杜威都被包括在这里。人际传播和大众传播之间的区别很大程度上已经被太过分强调了。它不是划分今日传播学领域的一个有用的方法，所以，我提议将之作为一种虚假的两分法予以摒弃（里尔登和罗杰斯，1988）。我在这里没有囊括多少传播学的人文主义起源，诸如修辞学等等。

正如“统计学教学往往很少提到发展了该领域之基本思想的那些人”（坦卡德，1984）一样，传播学教学经常也无需对其根源多加讨论。今天，许多传播学课程的这种非历史性的传授结果是：大部分传播学的学生不知道他们的领域从何而来。有人说，这个领域如此之新，以至于它还没有很长的历史。不过，尽管大部分美国大学只是在1950年之后才开始有传播系或传播学院，但其根源可追溯到百年之前。如果人们从亚里士多德的《修辞学》和昆提利安的《模型》开始来计算传播学历史的话，那么这个领域在时间上先于其他社会科学。传播学有着悠久的历史。

我访问了47位认识传播学早期人物的个人，包括他们的学生和仍然在世的同事。特别有价值的是以下口述历史访谈：

- T · 彼得森博士、C · 桑德奇博士、E · 沃特拉博士和 D · K · 伯洛博士（关于施拉姆的论题）。
- J · H · 维克兰德博士、P · 沃兹拉维克博士、H · 冯 · 福斯特博士和 C · 怀尔德博士（关于 G · 贝特森和帕洛阿尔托学派的论题）。
- M · 杰伊博士（关于法兰克福学派的论题）。
- T · 希布塔尼博士和 R · E · L · 法里斯博士（关于芝加哥学派的论题）。
- A · L · 乔治博士和 J · M · 戈德森（关于拉斯韦尔的论题）。
- J · S · 科尔曼博士、E · 卡茨博士和 R · K · 默顿博士（关于拉扎斯菲尔德的论题）。

- 已故的N·麦克比博士、W·J·麦圭尔博士、L·杜布博士、E·R·希尔加德博士和M·史密斯博士（关于霍夫兰的论题）。
- D·卡特赖特博士、J·拉斯科博士、R·K·怀特博士、H·H·凯利博士和M·勒温博士（关于勒温的论题）。
- W·A·罗森比利斯博士（关于维纳的论题）。
- J·皮尔斯博士、R·费诺博士、P·伊莱亚斯博士和R·A·肖尔茨博士（关于香农的论题）。

在撰写这部著作时，我使用了以下档案：

- 纽约，哥伦比亚大学，巴特勒图书馆，口述历史研究办公室和珍本及手稿图书馆。
- 马萨诸塞州，坎布里奇，麻省理工学院图书馆，研究所档案和特殊藏品。
- 费城，美国哲学学会图书馆。
- 芝加哥大学，约瑟夫·雷根斯坦图书馆，特殊藏品部。
- 俄亥俄州，阿克伦，阿克伦大学比尔斯图书馆，美国心理学史档案。
- 纽约，北塔里敦，洛克菲勒档案中心。
- 华盛顿特区，美国国会图书馆。
- 衣阿华市，大学图书馆，衣阿华大学档案馆。
- 厄巴纳，伊利诺伊大学图书馆，大学档案。
- 康涅狄格州，纽黑文，耶鲁大学，斯特林图书馆。
- 加利福尼亚州，斯坦福，斯坦福图书馆，特殊藏品和大学档案部。

这部著作涉及的重要事件发生在少数地方。芝加哥作为芝加哥学派的所在地是重要的，理由与德国的法兰克福相类似。法兰克福学派曾经被称为社会研究所，后者在诞生之初的几年从属于法兰克福大学，但后来在 1933 年迁移到纽约市，并与哥伦比亚大学保持松散的联系。这种方式持续了 17 年，它在批判理论方面的许多重要工作都是在这一时期完成的。哥伦比亚大学也是拉扎斯菲尔德的广播研究室和应用社会研究局的总部，这两个机构开创了早期大众传播效果研究。

华盛顿特区是第二次世界大战初期的一个重要集中地，当时霍夫兰、施拉姆、拉斯韦尔、勒温、拉扎斯菲尔德等其他人走到一起，组成了一个传播学的新整体。后来，这些学者回到他们的大学：拉斯韦尔和霍夫兰回到耶鲁，在那里，霍夫兰建立了关于传播和态度改变的耶鲁项目，而施拉姆则回到衣阿华大学。

我们的论述从 20 世纪 30 年代的施拉姆和衣阿华市开始，以 20 世纪 60 年代斯坦福时期的施拉姆而结束。

近乎所有传播学的先驱者——他们的贡献在这部著作中得到追溯——现在都已离开了我们（香农是个例外，他退休后生活在波士顿郊区）。正如劳工组织者乔 · 希尔一样，这些传播学的先驱者活在他们的那些有影响的著述中，活在我们的思想中。他们永远不会消失。

第一章

施拉姆和传播学的创立

总结像人类传播这样一个领域的困难在于：它没有属于自己的土地。传播是基本的社会过程。

——施拉姆

1981年4月14日，威尔伯·施拉姆(Wilbur Schramm)从他退休后的生活地檀香山返回衣阿华市，为衣阿华大学新闻与大众传播学院开设L·穆勒讲座。这是一次具有怀旧色彩的访问。1930年，施拉姆第一次来到衣阿华大学攻读博士学位。1943年，在担任衣阿华大学新闻学院院长时，他创办了世界上第一个大众传播学博士培养项目。1947年，他迁移到伊利诺伊大学，穆勒接替了他在衣阿华大学的位置。施拉姆(1981)以下述方式开始了他的1981年穆勒讲座：

贝蒂小姐(他的夫人)和我感谢你们，因为你们使我们回到了这个校园，和你们一起共度几天的时光。我们对这个校园有很深的感情，并且已有很长时间没有看见它了……大约在48年前，我注意到我在衣阿华大学讲授第一批课程中的一门课时坐在前排的一个瘦长而漂亮的姑娘……差不多18个月以后，我就和她结婚了……20世纪30年代和40年代，衣阿华大学是一个引人注目的地方，这主要是因为它所弥漫的创造精神……记得在经济大萧条的中期，衣阿华大学的预算是我1947年到伊利诺伊大学所知道的预算的八分之一……在衣阿华大学儿童福利研究所，人们可能没有想到会看见世界上最有创造力的心理学家之一：库尔特·勒温。我要谈论的是自20世纪30年代那10年以来在新闻和传播学术领域所发生的事情，当时，G·盖洛普是一个新来的博士，F·莫特是衣阿华大学（新闻学院）新院长，而这个国家正处于最严重的萧条时期。

在这次演讲的38年前，即1943年，施拉姆卸下他在华盛顿特区的战时职务，返回衣阿华大学，并以一种传播学愿景，创办最早的大众传播博士培养项目，以及最早的传播研究所。那时，施拉姆受到拉扎斯菲尔德、霍夫兰和其他社会科学家的影响，这些人正在从事与第二次世界大战有关的传播研究，该项研究将心理学、社会学和政治学方面的学者集中起来构成新的传播领域。施拉姆是传播学的奠基人，也是传播学史中的核心人物。

施　拉　姆

施拉姆（1907—1987）1907年8月5日生于俄亥俄州玛丽埃塔（图1.1）。这块田园般的地方坐落在俄亥俄州的南部边境，是法国拓荒者以他们的皇后玛丽·安托瓦内特的名字来命名的。施拉姆的祖先来自德国的施兰贝格，而他们的日耳曼名字在第一次世界大战期间给这个家庭带来了麻烦。那时施拉姆还是个孩子。他的父亲是玛丽埃塔的一名律师，其法律业务遭受了损失（卡蒂埃，1988）。

施拉姆的口吃

施拉姆5岁的时候，由于“一次不熟练的扁桃体切除手术”，而患了严重的口吃（卡蒂埃，1988）。他在讲话方面的困难使他和他的

感谢L·M·尼尔森，M·S·科伯利和G·斯坦普尔三世审读了本章。

家庭陷入了窘境。随着这种口吃的持续，施拉姆的父亲放弃了对他惟一儿子的兴趣，他曾梦想他的儿子从事法律和政治职业（科伯利，1992）。这孩子的口吃对他自己来说是个创伤，诸如当他在路德宗教公众前不得不背诵一段马丁·路德的教义问答的时候（卡蒂埃，1988），就是这样。他在公共场合避免讲话。在中学毕业典礼上，他没有作告别演讲，而是用笛子演奏了“伦敦德里小调”。但是，当他1928年以历史和政治的最优成绩毕业于玛丽埃塔学院时，他的确作了一次告别演讲。逐渐地，施拉姆学会了接受他的口吃，而这种口吃最终变得没那么明显了。然而，他在表达上的困难后来对他的生活还是有某种影响，并最终导致他进入传播领域，将之作为第二职业（表1.1）。

图1.1　施拉姆（1907—1987）约1947年从衣阿华大学迁往伊利诺伊大学

来源：伊利诺伊大学厄巴纳-香槟分校，传播研究所。

表 1.1 施拉姆职业生涯大事记

年　份	事　　　件
1907	生于俄亥俄州玛丽埃塔。
1928	玛丽埃塔学院历史和政治学学士学位。
1930	哈佛大学美国文明硕士学位。
1932	衣阿华大学英国文学博士学位。
1932—1934	衣阿华大学的美国学术协会博士后研究员，在那里，他与 C·E·西肖尔一起从事实验研究。
1934—1941	英语助理教授、副教授、教授，并任衣阿华大学衣阿华作家工作坊的创办人和导师。
1942—1943	第二次世界大战期间，离开衣阿华大学，成为华盛顿精确资料办公室和战时新闻局教育处主任，在那里，形成了他自己的传播学愿景。
1943—1947	衣阿华大学新闻学院院长、第一门大众传播博士培养项目的创始人。
1947—1955	伊利诺伊大学传播研究所的创始人和所长，传播中心主任，校长助理。
1955—1973	斯坦福大学传播学教授、传播研究所(1957—1973)所长。
1962—1973	被任命为坐落在斯坦福大学的国际传播学珍妮特·M·佩克教授，直至他 65 岁时从斯坦福大学按法定年龄退休时为止。
1973—1975	夏威夷东西方传播所所长。
1975—1977	夏威夷檀香山东西方传播研究所杰出的中心研究员。
1977	香港中文大学传播学阿文豪教授。
1987	逝世于檀香山。

即便还是一个孩子的时候，施拉姆就展示出“进取”(can-do)的精神，这种精神构成为一种职业特征，在此，他的热情、创造力和理解力使得他能够掌握各种新领域。他惟一的妹妹海伦比他小几岁，曾费力地对付一首难弹的钢琴曲。他最后说道：“我真搞不懂这首曲子会给你带来这么多麻烦，”说完他坐下来，将那首曲子完美地演奏出来。多年后回忆起这件事时，施拉姆的妹妹愤愤不平地叫起来：“而他从前根本没学过钢琴啊！”(科伯利，1992)

20 世纪 30 年代早期，施拉姆在衣阿华大学的导师们考虑到他的口吃，没有想到这个才华横溢的年轻学者能够教书。但是最终，凭借言语方面的治疗，或许也是凭借他对于自己的表达能力的越来越充足的信心，施拉姆一点一点地克服了他的口吃问题(卡蒂埃，1988)。他使教书成为自己的终身职业，在后来的生活中，他的口吃只是偶尔会成为问题。

施拉姆讲话有困难，但是擅长写作，并且作为玛丽埃塔年鉴的兼职体育记者与美联社的特约通讯员赚取他的大学费用。在哈佛大学研究生学习期间，他在《波士顿先驱报》继续其兼职记者工作，并于 1930 年获得了美国文明的硕士学位。后来，当回忆在哈佛大学的学习时，施拉姆说，他最为强烈地受到怀特海(Alfred North Whitehead)的影响，后者是一位著名的哲学家(并且，和施拉姆一样，也是一名口吃患者)，施拉姆从怀特海那里选修了一门研究生课程，这说明了他探寻伟大心智的愿望。

施拉姆在获得硕士学位之后，为什么会离开哈佛大学，来到衣阿华河的林荫岸边呢？哈佛大学每学期的学费是500 美元，施拉姆不得不应对经济问题。旅居哈佛大学期间，他有一次同时做 6 份兼职工作(施拉姆，1942—1943)。后来，他获得一笔研究生奖学金，财务压力多少有所缓解。但是，随后的股市崩溃导致了大萧条。施拉姆之所以迁移至衣阿华大学攻读博士的另一个理由与他的口吃有关。作为美国口吃方面的杰出专家之一，特拉维斯(Lee Edward Travis)教授在衣阿华大学从事口吃方面的研究和治疗。他概括说，错误的左撇子倾向可能是造成口吃的一个因素，所以，他用一个皮制装置将施拉姆的右手束在其身体侧面。但是，这没有什么效果。

特拉维斯在衣阿华大学的口吃研究工作由约翰逊(Wendell Johnson)推向前进，而正是约翰逊通过辅导和治疗性练习帮助了施拉姆。约翰逊 5 岁时开始口吃(这是约百分之一的美国人患口吃疾病的通常年龄)。口吃经常是由完美主义的父母们所判断出的，这些人的孩子实际上可能只是使大部分孩子的正常谈话带有犹豫和重复的特性。在那个意义上，口吃是一种受社会限定的疾病。进而言之，大多数人独处时很少口吃，但只是在与他人面对面谈话(施拉姆在电话中说话时不口吃)时，特别是在一种紧张的状况下(诸如发表一个演讲)，才会口吃。当约翰逊 20 世纪 30 年代担任衣阿华言语矫正诊所所长时，他调查了口吃的这些社会方面。他发现了一个印第安部落，那里没有口吃，即没有一个部落成员患有口吃，这个部落的语言中也没有用来表示口吃或其他言语缺陷的词。“印第安的孩子并非是根据他们的言语来受到批评或评价的。”（约翰逊，引自麦克尔韦温，1991）约翰逊远不只是一个言语障碍治疗者。他将他对口吃的治疗和研究与语言学理论联系起来，与普通语义学联系起来。①他将口吃看作是一种在今天会被称作是一个传播的问题。约翰逊的确把这个观点传授给施拉姆。施拉姆的口吃问题因此就成为其早期对于传播兴趣的原因之一。

实验心理学的博士后

施拉姆对于自己口吃的治疗使他强烈地意识到了正在出现的传播学领域，并最终促使他进入有关言语行为的实验研究。但是，施拉姆在衣阿华大学的专业是人文学科，1932 年获得英国文学的博士学位。他的论文是对朗费罗（Henry Wadsworth Longfellow）的划时代诗篇《海华沙之歌》的分析。施拉姆后来从美国学术团体协会获得一笔博士后的奖学金（施拉姆，1935），并且待在衣阿华大学到心理学系随西肖尔（Carl E. Seashore）教授从事 2 年的博士后学习。施拉姆进行了听力问题的实验室实验，并且学习了定量的研究方法。他学到了社会科学家的工具。大萧条意味着英语系教师位置的稀少，而施拉姆在衣阿华大学的博士后奖学金成为生存的手段。

施拉姆也感到需要加强他的科学训练。在整个一生中，他都被杰出的个人所吸引，而西肖尔是衣阿华大学的一个重要的学术人物：心理学教授，实验研究的开拓者，长期担任研究生院院长。衣阿华大学的一位受人尊重的历史学家认为，西肖尔是塑造这个大学方向的最重要的塑造者之一，甚至比几个大学校长还重要（帕森斯，1990）。

---

① 今天，衣阿华大学言语病理学和听力学系治疗口吃的设施设在 W · 约翰逊言语和听力中心内。

西肖尔1866年生于瑞典的卡尔·爱弥儿·约瑟德家族，3岁时随家人迁至衣阿华的一个农场。不久，西肖尔的父母更改了姓。卡尔·西肖尔在耶鲁大学获得实验心理学博士学位，并如同他所喜欢说的那样，进入这个新领域的“底层”（帕森斯，1990）。在一次欧洲旅行中，他参观了莱比锡大学的W·冯特教授的实验室——它被认为是心理学的诞生地。1897年，西肖尔作为心理学助理教授加盟衣阿华大学，并将他对音乐的个人兴趣与他的科学专长结合起来，就各种听觉和言语问题进行实验。因此，对于施拉姆个人的口吃问题来说，西肖尔代表着一种科学的方法。①他学习实验设计，实验室设备的使用，以及如何像心理学家那样思考问题。

施拉姆会在一个他从前没有学习过的领域从事博士后研究，这一事实是他“进取”的精神写照。这样一个似乎是危险的举动标志着施拉姆后来职业生涯中期从英国文学到新闻学教育，然后又到他所创造的传播学新领域的转向。这种精神是施拉姆整个一生的特色，也是他最重要的特性之一。他在非常不同的领域中都很出色。例如，他是一个运动员，水平高到可以参加哥伦布红鸟队这个3A级职业棒球分会三垒试训。在哈佛大学读硕士研究生时，他加入波士顿市民交响乐队演奏长笛。他是一个有执照的飞行员。20世纪50年代，他曾使他在伊利诺伊大学的博士生伯洛（David Berlo）大吃一惊。因为他中止了厄巴纳的早间办公会议，以便赶去密歇根的巴特尔克里克参加与凯洛格基金会受托人的午餐会，然后下午与伯洛继续办公讨论。②在20世纪60年代，施拉姆是斯坦福大学的资深教师，他买了一本自学手册，自学计算机编程。他在斯坦福的18年

① 在施拉姆随西肖尔进行博士后奖学金研究的十几年后，他写了一篇颇能吸引人的短篇小说《老教授永远不死》，发表在《星期六晚邮报》（1946年8月3日）上，这篇故事引用了西肖尔有名的心不在焉的事情（斯托达德，1950）。

② 伯洛（1992）也讲述了施拉姆因为通过电话与他的印第安纳大学同事C·奥斯古德联系的尝试受挫（奥斯古德在印第安纳大学参加了有关心理语言学的一个暑期工作坊），而如何从厄巴纳飞到布卢明顿，并在奥斯古德的枕头上留了一张纸条：“查利，请在合适的时候往厄巴纳我这里打电话。切记。”

中，著述甚丰，用坏了好几台电动打字机（尼尔森，1977）。如同他的女儿所提到的那样："他呼吸不停，写作不止……事实上，他的确是把呼吸与写作一起停下来的。"（科伯利，1992）施拉姆的一生是"人类兴趣材料的一座金矿"。（斯塔克，1991）他几乎精通每一件他所投入的事情。每一个非常了解他的人都是从把他描绘成一个文艺复兴式的人物开始的。如此表现出的自信对于一个新的学术领域的奠基人来说，是一种重要的禀性。

衣阿华作家工作坊

1935—1942 年，施拉姆是衣阿华大学英语系的一名助理教授，在那里，他获得了衣阿华作家工作坊导师的早期声誉。这是一个研究生的亲密团体，与施拉姆和其他几个教职人员有着紧密的联系，以便能够通过某种学徒式的经历来学习小说写作的技巧。这个作家工作坊脱颖于小说写作方面的一个研究生研讨班，派珀（Edwin Ford Piper）教授就曾在衣阿华大学为之上了好几年的课。派珀的课侧重地方性，即强调衣阿华文化，以便抵消许多美国文学作品中东海岸偏见的。在为那些代表典型小说写作的论文授予艺术硕士和博士学位方面，衣阿华大学具有开创性的作用。

1939 年，派珀逝世，施拉姆被任命为工作坊的指导教师。对他来说，这个任命是一个意外："当他（派珀）突然死于心脏病时，我不得不接手。他们或许那时该找其他什么人，而我也非常希望他们那样做，但是，我有那么一点儿空，其他又没有什么现成的人，所以，我便因为做了自己认为有必要做的事情而平添了许多的乐趣。"（施拉姆致 P · 恩格尔，1976 年 8 月 10 日，衣阿华大学图书馆，特殊藏品部）派珀的小说写作研究生班——它更加广泛地被称作"作家工作坊"——因此发展成为一门课，它在衣阿华大学的手册中被正式确定为"衣阿华作家工作坊"。这个作家工作坊由 10 至 15 名研究生——他们每年秋季入学——和

5 名教授组成，教授们大多在作家工作坊中兼职教书。比起派珀来，施拉姆不那么重视衣阿华文化。学生们来自美国各地，而这个项目成为全国的关注重点。它很快就因其超群卓越而闻名。

在其教学风格上，作家工作坊是参与性和亲密无间的。每星期施拉姆在他办公室里与每个学生进行一次个别会谈(威尔伯斯，1980)。当某个学生写了在施拉姆看来是可以的论文，它就会被提交到每周一次的研讨会上，这样的研讨会经常是在施拉姆家中进行的。就其方法——尽管不是就其内容——而言，衣阿华大学的作家工作坊是施拉姆后来在衣阿华大学、伊利诺伊大学和斯坦福大学开创的传播学博士培养项目的一个“试点”。

这个作家工作坊在美国仍然是创造性写作方面的最优秀的硕士培养项目之一，它规模小，人员精，质量高。它通过让学生们动手来教他们如何写小说，施拉姆和其他教员则担任导师来行事。诸如米切纳(James Michener)，沃伦(Robert Penn Warren)和奇弗(John Cheever)等文学泰斗来到作家工作坊执教和写作。在作家工作坊，罗斯(Philip Roth)写了《随波逐流》，欧文(John Irving)写了《盖普眼中的世界》，冯内古特(Kurt Vonnegut)在这里执教时，写下了《第五屠宰场》。在施拉姆任衣阿华大学作家工作坊导师的 5 年间，由该工作坊学生写作的 10 本著作获得商业性出版。

施拉姆为了补贴他的职业薪水，也兼职写写小说①。他发表了一些奇幻短篇小说，其角色诸如是：有着一台飞行拖拉机的农夫、为布鲁克林

① 格拉德纳(1990)说，施拉姆第二次世界大战期间在华盛顿写下了这些短篇奇幻小说，以便制造有利于战争努力的舆论。的确，有几篇刊登在杂志上的故事反映出美国的勇敢、爱国和正义的形象，如同故事名称所表现的那样：《飞翔的棺材》、《吉普威尔伯的故事》、《飞越太平洋的布恩》。甚至连施拉姆的爷爷霍普韦尔——他以自制苹果酒发动他的飞行拖拉机——在故事的结尾，也成为五角大楼的一个高辛烷值飞机燃料方面的顾问。但是，似乎令人难以置信的是，这些刊登在杂志上的故事的写作竟是施拉姆在精确资料办公室的战时职责的一部分(科伯利，1992)。事实上，全国档案中心的施拉姆的个人文件夹的一项研究(精确资料办公室档案 E-7，17 盒)表明，他参与了其他战时职责。

道奇队打三垒的马、一个名叫W·史密斯的边区居民的船型大篷车，以及其他自由奔放的虚构人物；他的大部分短篇小说都发表在《星期六晚邮报》上，这是一份当时发行量很大的杂志。施拉姆作为一个小说家名声大振；他在杂志上刊登的文章收入一本选集中出版，1942年，他获得欧·亨利小说三等奖，并出版了一本小说《W·史密斯和其他奇谈故事》（施拉姆，1947b）。他本可以作为作家和教授继续他的小说写作生涯，但是这个前程因第二次世界大战而中断了。

施拉姆在衣阿华大学，这多少是出于机遇。另一个偶然事件是：K·勒温——一个来自柏林大学的流亡心理学家——也在那里。施拉姆被勒温所吸引，并参加了勒温的“夸夸其谈俱乐部”（Hot Air Club），这个俱乐部（成员）每周在衣阿华市的一个名为“圆窗餐厅”的咖啡馆里聚会，①讨论勒温的场论。施拉姆回忆说：“我不明白为什么衣阿华大学新闻学没有更多地利用勒温，因为就我所知，我是我们这个领域中惟一与他关联密切的人，或者是惟一认识他的那些学生的人，如费斯廷格（Leon Festinger）和贝弗拉斯（Alex Bavelas）等等。但是，我非常清楚地记得他：在课堂上走来走去，圆圆的淡红色面颊闪着光彩，在黑板上画着图表来阐述场论，并且一遍又一遍地说：‘我们忘记了什么？’（‘Vas haf ve vergassen？’）或‘我们遗漏了什么？’（‘Vas haf ve vergotten？’）。”施拉姆尽管被培养成一个以英国文学为专业的人文主义者，但是他得到了社会科学理论和研究的专业知识。他在衣阿华大学与西肖尔在心理学博士后研究方面进行合作，以及与勒温的不拘礼节的交往，为他后来创建传播学的科学领域奠定了基础。

① “圆窗餐厅”更恰当地被称作“史密蒂餐厅”（以它的老板埃丝特和罗兰·史密蒂的名字命名），它靠近北迪比克和衣阿华大街街角，就在衣阿华大学校园外。从“东厅”（现在是“西肖尔厅”）沿衣阿华大道只走几个街区便是“圆窗餐厅”，而施拉姆和勒温的办公室均在“东厅”之内。

华盛顿的“二战”岁月

第二次世界大战对传播学领域有着巨大的影响；它从欧洲为美国带来了诸如勒温、拉扎斯菲尔德、阿多诺等流亡学者；它吸引了像霍夫兰和拉斯韦尔那样的美国学者从事传播研究；它还把那些将要开创传播学领域的学者连接成一个密集的网络。因此，一个由传播学者构成的隐形学院①在华盛顿形成。他们相聚在正式会议上，也非正式地拼车相聚②，相聚在军事基地和联邦政府的办公室中。在告知美国公众有关这个国家的战时目标、食品和燃料分配以及其他消费品大贱卖的细目方面，在激励公众购买战争债券、避免在黑市购买长筒丝袜和其他紧俏商品、栽种战时菜园和以其他方式支持战争努力方面，传播被认为是至关重要的。与之相应，传播研究最初的重点在于传播效果。这一有关传播作用的一致看法就出现在第二次世界大战期间，并且主要就发生在华盛顿特区。

社会科学家之网

战争造成联邦文职官员在1941—1942年间以每个月9.7万名新雇员的比例激增，包括众多的社会科学家。对于社会科学家来说，华盛顿实际上是一个非常小的世界，由三个主要的研究机构组成，这三个机构又由一批共同的顾问连接起来：(1)美国陆军信息与教育部研究处，由斯托弗(Samuel A. Stouffer)领导；(2)战时新闻局(OWI)调查部，由E·

---

①　一个隐形学院是一批具有共同研究兴趣的学者，他们通过正式(例如会议)或非正式的渠道(例如电话)彼此保持联系。

②　因为汽油和轮胎短缺，施拉姆和其他几个人拼车，从马里兰州银泉他们的家开到华盛顿市中心他们的政府办公室。施拉姆拼车成员是人类学家M·米德、P·怀利、C·范登堡、W·B·刘易斯(哥伦比亚广播公司高级职员)和L·罗斯腾(曾是芝加哥大学拉斯韦尔门下一名政治学博士生)。

C·威尔逊领导；(3) 美国农业部(USDA)项目调查处，由利克特(Rensis Likert)领导①。每个研究小组都由近100名社会科学家组成，由像拉扎斯菲尔德那样的顾问将之彼此连接起来，拉扎斯菲尔德既担任研究处的顾问，又担任战时新闻局的顾问(康弗斯，1987)。

第二次世界大战期间，华盛顿是一个适合于社会科学家活动的地方。美国的敌人们代表着一种彻头彻尾的邪恶，所以很少有社会科学家反对这场战争，尤其是在1940年6月法国沦陷之后，一个开始变得显而易见的事实是，希特勒要统治欧洲。②美国的战争目标将这些学者团结在共同的事业之中，并将他们都带入一个将会贯穿其职业生涯始终的关联网之中。战争努力要求一种跨学科的方法，它往往是以传播问题为中心。因此，第二次世界大战为传播学的建立创造了条件。

作为一名精确资料办公室 (OFF) 和战时新闻局的雇员，施拉姆参加了一个非正式的小组，小组定期在华盛顿的一家饭店聚会，一起用餐和讨论社会科学中的跨学科问题。其他参加者包括：M·米德；L·布赖森，他从哥伦比亚大学师范学院休假，而在战时新闻局任施拉姆的上司；L·利克特，任美国农业部项目调查处主任；G·沃森，哥伦比亚大学的心理学家；E·R·希尔加德，是斯坦福大学的心理学家，为利克特的项目调查处工作，并为战时新闻局从事舆论研究；L·弗兰克，他从劳拉·斯佩尔曼·洛克菲勒纪念基金会休假，来到华盛顿进行战争时期的工作。1942年，这个小组每个月都碰头(希尔加德，1992)。

在合作进行战时传播研究的那些社会科学家中，没人受过传播学方面的教育；当时，也没有传播学的博士培养项目。正如战争时期一个华盛顿人N·麦克比——他在S·斯托弗的陆军研究处从事军事训练影片的效果实验——所说："我对我的学生们说，我是在工作中，即在对美国

---

① 项目调查处属美国农业部，因为它从1939年开始进行有关农民对于新政项目的反应的研究。然后，它开始为战时新闻局、物价管理局和美国财政部作调查工作(海曼)。

② 美国公众如此强烈地支持战争努力，以至于许多年轻人修改他们的病历卡，以便不会被拒绝服兵役(科伯利，1992)。

军人进行实验研究时，学习了所有的传播学知识。”（麦克比，1987）

拉斯韦尔(1948)的传播模式——“谁说什么，对谁说，通过什么渠道，产生什么效果？”——首次发表在洛克菲勒基金会传播研讨班的一份报告上(1940 年 11 月 1 日)，这个研讨班 1939 至 1940 年间，每月在纽约举行一次。①洛克菲洛基金会的报告论证说，联邦政府应该在即将到来的战争紧急状况下利用传播研究，利用对于传播所必需的各种类型的详尽研究，诸如内容分析、调查和定组研究。备忘录成为新兴的传播学领域的开创性文件。拉斯韦尔的传播模式为洛克菲勒报告提供了框架，因此也为战时华盛顿的以传播效果为中心的研究提供了框架。

第二次世界大战期间，联邦政府涉入几种类型的传播研究，其中的每一种都对传播学领域产生了重要而持久的影响。在美国陆军中，霍夫兰等人从事军事训练影片的评估工作，由此，劝服研究的传统得以发展起来(见第九章)。在国会图书馆中，拉斯韦尔对同盟国和轴心国的宣传信息进行了内容分析(见第六章)。在坎布里奇的麻省理工学院，维纳教授就如何改进高射炮火力的准确性的数学问题——它由五角大楼资助——撰写他的“黄祸”报告②。这项工作导致了控制论，后者涉及通过反馈来对自身进行调节的系统(见第十章)。在纽约的贝尔实验室，香农开展密码分析，这会有助于构成信息论的基础(见第十一章)。在精确资料办公室，施拉姆帮助罗斯福总统起草对全国的广播讲话，包括罗斯福著名的“炉边谈话”。精确资料办公室以及它的后继机构——战时新闻局——负责国内外的宣传工作。它们把战争的进展以及公众需要付出的代价告知公众。施拉姆在计划会议上与精确资料办公室和战时新闻局的其他工作人员及其顾问定期会面，以便设计公共传播运动，并研究这些运动的

① 实际上，洛克菲勒基金会研讨班产生了两份冗长的备忘录：1940 年 11 月 1 日的报告——《舆论和紧急时期》，它建议政府在即将到来的战时非常时期投资进行传播研究；1940 年 10 月 17 日的报告——《必要的传播研究》，它代表了对传播研究的广泛呼吁，认为这是理解现代社会的关键。

② 该报告被广泛使用的俗称来自它包含如此令人生畏的数学知识，也来自它的黄色封面，后者表明其保密等级。

效果。因此，在1942年间，施拉姆形成了他的传播学愿景。

精确资料办公室和战时新闻局

精确资料办公室成立于1941年10月，目的是为了鼓舞公众的士气。尽管美国直到6个星期以后，即到1941年11月7日，才参加第二次世界大战，但一年多来，一个事实已变得显而易见了：美国会参加同盟国。不过，在欧洲，对于美国加入这场战争的问题，有许多的公开的反对意见，并且大众媒介对于精确资料办公室存有疑心。而且，在美国的新闻记者看来，精确资料办公室听起来像是一个宣传机构（实际上，不管它的名称怎样，它是这样一个机构），如此之多的新闻记者对它进行恶意的攻击。美国国会图书馆馆长、诗人麦克利什（Archibald MacLeish）也被任命为精确资料办公室的主任，这个办公室开展工作的日期是1941年10月24日（毕晓普和麦凯，1971）。

施拉姆通过麦克利什在衣阿华大学的演讲而认识了他。在日本袭击珍珠港8天之后，施拉姆写信给麦克利什，表示自愿参加战时服务。他说："比起以往任何战争来，或许这次战争更有可能成为一场传播战。"①两个星期以内，麦克利什就任命施拉姆为精确资料办公室的教育主任。施拉姆在精确资料办公室和战时新闻局工作了15个月，这"将极大地改变他的生活——改变他的知识追求方向，将他推入国家决策精英的圈子，并促使他将自己看作是一个社会科学家，而不是一个文学人文主义者。"（格拉德纳，1990）

8个月以后，即1942年6月13日，精确资料办公室被重组成战时新闻局，此时，它共有400名雇员，享有150万美元的预算经费。战时新闻局（OWI）的最大分支机构之一是情报局，负责收集有关战争的舆论，由

① 这封施拉姆1941年12月15日致麦克利什的信现保存在衣阿华大学档案馆、大学图书馆施拉姆的立式档案柜中。

威尔逊(Budd Wilson)领导。140 名工作人员在美国农业部的项目调查处的另外160 人的帮助下，设计了一些调查，以便测试公众对于战争相关问题的理解，并围绕精确资料办公室的公共信息行为的有效性收集资料。例如，在家庭罐头的范围、娱乐性驾驶(这是被官方禁止的)的数量、参加战时橡胶废物利用运动、童子军如何有效地散发政府关于战争的标语，等等，都进行了调查。敌人的宣传被作为进行反宣传努力的一个基础进行了分析。精确资料办公室和战时新闻局声称要提供有关战争进展的准确信息，这在很大程度上等于承认美国和同盟国在 1941 年和 1942 年的失败。不过，精确资料办公室和战时新闻局的媒介批评者们认为，美国的失败被有意识地少报道了。

战时新闻局的主任是戴维斯(Elmer Davis)，一个杰出的广播评论员，曾是罗兹奖学金获得者、小说家，以及哥伦比亚广播公司的新闻分析家。1941 年，戴维斯播发了一篇文章，批评了联邦政府混乱的公共信息组织设置，结果，他立刻被罗斯福总统任命为新成立的战时新闻局的主任。将政府战时对公共信息的各种努力予以合理化，这是一个不可能完成的任务；陆军、海军和其他机构独立于战时新闻局，继续从事它们自己的公共传播活动(毕晓普和麦凯，1971)。在 1943 年间，战时新闻局经受了极端的困难。由于国会对战时宣传概念的不信任，内部冲突加重，以及领导的更换，它的年度预算从 890 万美元削减到 270 万美元(康弗斯，1987)。战时新闻局仍负责“白色”宣传——目标针对国内受众，而战略情报局(OSS,后为中央情报局)负责用来反对外部敌人的“黑色”宣传，其传播者的真实身份是伪造的，而且那些信息还包括虚假信息。

施拉姆的传播学愿景

施拉姆的传播学愿景形成于 1942 年间，当时他是精确资料办公室教育处的主任，后来又到战时新闻局工作。他关于传播学的思想可能逐渐地来自他与其他学者的日常交往——那些学者对新兴的传播学领域也有兴趣；但是，他最直接地受到精确资料办公室和战时新闻局的20多名工作人员和顾问的影响，他们每两三天便聚集在美国国会图书馆大楼的长方形会议桌旁。施拉姆加入这个规划小组的以下成员之中(卡蒂埃，1988；希尔加德，1992b)：美国陆军研究处的S·斯托弗；精确资料办公室媒介处主任R·O·纳夫奇格，他从明尼苏达大学新闻学院获得休假；美国农业部项目调查处的利克特和希尔加德，他们为精确资料办公室和战时新闻局进行受众调查；以及精确资料办公室的顾问G·盖洛普、E·罗泊、拉扎斯菲尔德和F·斯坦顿(斯坦顿，1992)。①

这个小组成员聚集在一起，决定应该向美国公众传播什么样的信息，以鼓舞国内的士气，并决定精确资料办公室能够使用什么样的传播渠道来影响其意图中的受众。他们试图通过调查来评估他们的传播行为对于公众的效果。这个规划小组的主要关注点是开展大规模的传播运动，它得到当时最好的专业知识的指导，具有关于效果的反馈意见，后者是由受众调查所提供的。正如D·M·怀特——他当时是来自衣阿华大学的一名刚刚获得学位的新博士，应施拉姆之邀参加规划小组会议——所说，“大众传播研究1942年‘始于’国会图书馆。”(卡蒂埃，1988)

因此，施拉姆的传播学愿景就诞生于他在精确资料办公室和战时新闻局的15个月之中。1943年，他返回衣阿华市开始补充他的愿景。纳夫奇格(Ralph O. Nafziger)同年回到明尼苏达大学，结束了他两年休假、未被支付工资的局面，1944年，他在那里创办了明尼苏达大学新闻学院研

① 未包括在这个小组的是拉斯韦尔，施拉姆直到1955年才在斯坦福大学遇见他，尽管施拉姆的同事纳夫奇格曾在他的美国国会图书馆的战时研究项目中受到拉斯韦尔的内容分析法的培训。或许通过L·布赖森，施拉姆已知道了拉斯韦尔的5个问题的模式，也知道了由这个模式所支配的1939—1940年洛克菲勒基金会传播研讨班。布赖森曾参加了这个研讨班，1942年他是施拉姆在战时新闻局工作时的上司。

究系。①但是，在纳夫奇格将某种传播学引入他的新闻学院的同时，施拉姆在衣阿华大学正试图开创一个全新的学术研究领域。他所专注的是："我们为什么不能在'传播中'探讨那些种类的问题(即规划小组在精确资料办公室和战时新闻局中所讨论的那些问题)？我非常非常想做那样的事。"(卡蒂埃，1988)

1943 年，施拉姆愉快地离开了战时新闻局和华盛顿，返回衣阿华大学。他发现战时新闻局"复杂、混乱、忙碌"，而且许多工作都是事务性的，没有趣味的(卡蒂埃，1988)。当他回到衣阿华大学时，已和上次离开时完全不同了。那时，他是一名英语教授，负责传授创造性的写作。现在，他有了一种要创建传播学新领域的愿景。

衣阿华大学大众传播研究课程

当施拉姆回到衣阿华市的时候，由于偶然的机会，他最终进入了衣阿华大学新闻学院。学校的高层管理人员想把他留在衣阿华大学，而自 F · L · 莫特 1942 年 8 月 1 日的辞职生效以来，新闻学院一直需要一名院长。让施拉姆任新闻学院院长，这多少是个奇特的选择，因为他从未作过专职记者。当时，诸如记者或编辑的经历被认为是聘任新闻学教授的一个基本要求。施拉姆实质上不是一个新闻学教授，在他职业生涯中的任何时候，他也没有教过写作和编辑技巧方面的课程。他正追求一种更加广泛的传播学愿景，并认为自己今后几年只是暂时待在某个新闻学院。

从逻辑上说，施拉姆本该更适于回到衣阿华的作家工作坊，但是，另一个学者，诗人 P · 恩格尔，正在负责作家工作坊。1981 年，施拉姆接

① 以及它所进行的明尼苏达民意测验，两项活动起初既受到《明尼阿波利斯明星报》的资助，又受到《明尼阿波利斯论坛报》的资助。到 20 世纪 50 年代中期，明尼苏达民意测验由《明尼阿波利斯论坛报》操作（斯坦普尔）。

受一次采访，被问及为什么他没有从华盛顿返回到他从前在衣阿华大学英语系的教职位置，“我去了哈佛并随A·N·怀特海一起工作，在衣阿华大学随C·西肖尔和G·斯托达德从事心理学方面的研究生工作，后来学习统计学和定量研究。有了如此广泛的兴趣，就难以回到衣阿华大学去讲授乔叟的历史了。”（麦克尔韦恩，1991）

施拉姆不想回到战前作为作家工作坊导师的位置，部分是由于N·福斯特——施拉姆从前的博士生导师——是文学院院长，这个文学院包括英语系，因而也包括作家工作坊。1943年，福斯特和施拉姆的关系破裂，这次破裂是施拉姆不希望回到原岗位的一个主要原因（卡蒂埃，1988）。

任命施拉姆为新闻学院院长，这解决了衣阿华大学行政管理的另一个问题；他们想把他留在衣阿华大学。事实上，施拉姆还被提供了一些行政位置的选择，包括衣阿华大学图书馆馆长（威布斯，1980）。如他接受了那个位置，传播学就有可能出自图书馆学和信息科学了。相反，他将他的传播学愿景融入新闻学院，因此就在重要的方面构成和限定了传播学领域后来的发展。

第一个传播学博士培养项目在一个新闻学院——这是面向印刷传播渠道的专业培养单位——的开设，直接导致了传播领域之划区分为两个分支学科：大众传播和人际传播。其他传播学博士培养项目后来在现存的言语系开设，强调的是人际交往。衣阿华大学的传播学博士培养项目本来也可在言语和戏剧艺术系（今天的传播学系）开设，以致力于研究人际传播。该系是美国自1930年以来第一个科学地研究言语、并能够授予博士学位的系，所以，施拉姆本可将他关于传播学博士培养项目的想法作为一个业已存在的行动计划的组成部分而实施。但是，他没有这样做，所以衣阿华大学就会有两个不同的传播学博士培养项目。自1930年以来，传播学系已经授予了400多个博士学位，而自1947年以来，新闻和大众传播学院已授予了200个这样的学位。在同一所大学校园内由两个不同的学术单位授予传播方面的博士学位，这种潜在的分离状况今天在许多大学校园里得到复制。这种异样安排就起源于20世纪40年代衣阿华大学时的施拉姆。

对于施拉姆来说，另一种选择是在传播学的一个亲代学科——诸如社会学、心理学或政治学——中建立第一个传播学的大学单位，但是，在衣阿华大学，这些系已有了博士培养项目。此外，施拉姆有人文学科的博士学位，因此不能被其他系接受为教职人员。所以，他在一个新闻学院创办了传播学新学科，尽管他所创建的博士课程是跨学科的，利用了心理学、社会学和政治学的课程。

“老爸”布莱尔及其弟子们

美国大学的新闻教学始于1900年左右，虽然在1869年，南北战争中的前南军总司令罗伯特·E·李已提议在华盛顿大学(现在的华盛顿与李大学)设立新闻学的学院研究基金，当时他是那个大学的院长。①有几个大学都声称要开始进行新闻学教学。尚存的第一个新闻学课程是由堪萨斯大学在1903年开设的。次年，“老爸”布莱尔(Willard G. “Daddy” Bleyer)在威斯康星大学为25名学生讲授新闻诽谤法方面的课程。又过了一年，他开出长达一年时间的新闻学课程，有50名学生注册学习。新闻学因此在威斯康星大学开创起来。它在1912年发展成为新闻系(布莱尔是系主任)，1927年成为新闻学院。以后，以布莱尔为院长的威斯康星大学新闻学院成为美国培养新闻专业人员的重要机构。布莱尔招募有才华的人——这些人具有办报经验，并在大学级别的机构教过新闻学——来到威斯康星大学兼职讲授新闻学，同时在政治学、社会学，或历史专业攻读博士学位，并通过注册由布莱尔开设的舆论和宣传博士研讨班而辅修新闻学。在威斯康星大学的新闻系辅修的博士培养项目于1927年被大

---

① 李认为，对于重建被战争弄得四分五裂的南方来说，受过良好教育的新闻记者能够发挥重要的作用(丹尼斯，1992)。

学校方批准为创办的新闻学院的一部分。

布莱尔的策略是帮助新闻学院在美国研究型大学中生存下来，其途径是为这些学院培养骨干院长（“布莱尔的弟子们”），他们具有某个社会科学的博士学位，并赞同布莱尔关于新闻学是一门社会科学的观点。他的学生成为明尼苏达大学、西北大学、斯坦福大学、伊利诺伊大学和密歇根州立大学等大学的新闻学院的院长（纳夫奇格，1970）。在当时，这个策略是非常激进的，但它最终被广泛地接受。弗雷德·S·赛伯特（1970）曾任伊利诺伊大学新闻学院院长，后任密歇根州立大学传播学院院长，他认为，“老爸”布莱尔是新闻学教育的杰出开拓者：“他在威斯康星大学创建了第一所具有操作性、并带有（某种）研究方向的新闻学院。”因此，威斯康星大学在20世纪30年代是以社会科学为基础的新闻学教育的种子机构，而“老爸”布莱尔是开拓性人物。

布莱尔（1873—1935）生于密尔沃基的一个报人家庭。当他在威斯康星大学作为英语专业的大学生时，就帮助创建学生报纸：《深红日报》，并担任编辑。他获得了学士学位，然后在1889年获得硕士学位，后来一边兼职做报纸工作，一边教中学英语。他回到威斯康星大学教书，1904年获英语博士学位，这时他开始在这所大学讲授第一门新闻学课程。布莱尔的学术头衔不久就变成新闻学助理教授（斯隆，1990）。与布莱尔在威斯康星大学一起教了两年书的H·L·史密斯将他描绘成一个非常差劲的教师：“就我的整个学术生涯而言，他是我所知道的在讲台上最糟糕的人。站在黑板前，面对100多双眼睛齐刷刷的注视，对他来说显然是一种折磨。他经常用海绵擦去脸上的汗。但是，他的专题讨论是一种非常值得的经历。沉闷，是的，但又令人敬佩。”他的一个学生说，布莱尔“老爸”在教室里“枯燥无味”（尼尔森，1987）。

在推动新闻学成为一个合法的大学学科方面，布莱尔是开拓者，他强调的是将新闻学作为一门社会科学，而不是作为一种职业学科来教授。他认为，通过由新闻记者构成的一个更为负责的新闻界，美国的民主就能够得到改善，而这些新闻记者不仅要被培养得知道如何写新闻，而且能够理解他们所报道的那些事件由以生成的社会。进而言之，布莱尔认为，新闻学如果只是职业教育的话，它就不能够在像威斯康星大学那样的研究型大学生存。新闻学教育必须具有学术责任。布莱尔是他所持的将新闻学作为社会科学的观点的传教士，他通过专业的新闻协会来工作，并培养新闻学教授的骨干队伍。他撰写了限定新闻学领域的新闻教科书：《新闻职业》（1910）、《报纸写作和编辑》（1913）、《新闻写作类型》（1916）、《如何写特写文章》（1920）、《美国新闻史的主流》（1927）。与沃尔特·威廉斯——密苏里大学新闻学院院长，该学院更偏重职业教育——一样，布莱尔也被认为是新闻教育的创始人（埃默里和麦克恩，1987）。尽管现在布莱尔已去世 58 年，但他的新闻学教育愿景对这个领域有着持久的影响。

布莱尔的新闻愿景有三个组成部分。第一是一个 4 年期的大学生课程，它由四分之一的新闻学课程、四分之三的社会科学和人文学科的课程组成。"老爸"布莱尔在威斯康星大学的新闻学课程成为"基本的鉴定标准"（尼尔森，1987），并最终为美国大部分新闻学院所接受。第二，布莱尔就那些他认为能提高报纸质量，也能为新闻教学提供更合适的知识基础的问题，进行了社会科学研究。例如，1928 年，他在麦迪逊开展了一次报纸读者群的调查，以便决定报纸对其读者的作用。最后，在 1922 年，他开办了一个舆论方面的研究生研讨班，在威斯康星大学新闻系（后为新闻学院）授课，以沃尔特·李普曼（1922）的重要著作——《舆论学》——为重点。1927 年，布莱尔获威斯康星大学研究生院的批准，可以授予辅修新闻学的政治学、心理学或历史的博士学位。布莱尔的哲学是"一个为新闻学准备的、结构完善的 4 年期学习课程，学生们从中学习新闻学方面的课程，与此同时，历史、经济学、政府与政治、社会学、心理学、科学和文学的选修课和必修课也被列入，（这）为学生的工作指明目标和方向，并向他们展示，在与这个世界的生活和工作相关的方面，这些其他方面的学习意味着什么。"几十年以后，在 20 世纪 40 年代，当新闻学院的认定工作进行之时，布莱尔关于理想的新闻学课程的愿景成为新闻学院的认证标准。

威斯康星大学培养项目中的第一个博士学位在1929年授予凯西(Ralph D. Casey)，他在有了几年的报纸经验，并且在几所大学讲授了新闻学之后，来到麦迪逊。他获得以新闻学为辅修的政治学博士学位，然后，转到明尼苏达大学，1930年，他成为那里的新闻学院院长。凯西与纳夫奇格于1944年在明尼苏达大学建立了一个研究部门，它是同类机构中的第一个。步凯西后尘的其他两个“布莱尔的弟子”是布什(Chick Bush)和纳夫奇格。和凯西一样，他们两人都有报纸和新闻教学的经验，然后来到威斯康星大学，并在那里(分别于1935年和1936年)获得以新闻学为辅修课的政治学博士学位，同时在新闻学院兼职教书。纳夫奇格后来在明尼苏达大学新闻学院教了15年的书(第二次世界大战的岁月除外，那段时间他是在华盛顿特区度过的)。布什遵循与纳夫奇格相类似的职业道路，只是他有一年是在芝加哥大学攻读政治学博士学位的。在获得博士学位之后，布什从明尼苏达大学来到斯坦福大学，在那里，他从1934年到1961年退休为止，一直担任传播与新闻学系的主任。布莱尔在威斯康星大学创建博士培养项目的目的是：培养一批具有社会科学传播能力的新闻学教授。

“老爸”布莱尔是对某些办报方针，特别是煽情的办报方针的强烈批评者。他还缠着报纸所有者和出版商，要他们付给记者较高的工资。在那个年代，布莱尔持有进步的性别观，他鼓励女性学习新闻学。他是惟一入选女性国家新闻荣誉会员的男性。布莱尔是一个勇敢的人，他有一次站在威斯康星大学校长面前，为一个学生记者辩护，这个学生在《深红日报》上写了一篇批评性的，但又是恰如其分的文章。

布莱尔处于一个优势地位，在大学生新闻教学方面推进他的社会科学观念。作为美国大学新闻教育的非正式的奠基人，1912年，他帮助创建了美国新闻学教师协会(AATJ)，并担任了这个协会的第一届主席。他有好几年都主持美国新闻学院和新闻系协会课程委员会(AASDJ)的工作，这是新闻学院管理者的组织，通过它，布莱尔影响了其他大学的新闻学课程。

布莱尔是新闻问题研究的一个强有力的推动者。他在20世纪20年代后期担任美国新闻学教师协会研究委员会主席，并经常在每年年会上递交论文，这些论文报告了他的研究成果，或概述了需要研究的课题。布莱尔的总体策略是通过以更加学术性的方向——包括对于研究的日益强调——来改造新闻学院的途径，帮助新闻学院生存下来。

社会科学为新闻学提供基础，这个总体思路并非源自布莱尔。他是从哪里得到他的愿景的？布莱尔在1934年写道："这似乎是贯彻普利策和埃利奥特校长的提议——即将社会科学的教育和新闻学教育结合起来——的最初尝试，以达到为学生提供广泛的背景和某些新闻技术培训的目的。"（罗斯，1957）普利策（Joseph Pulitzer）（1847—1911）是一个匈牙利流亡者，曾以《圣路易斯快邮报》创办了他的报业王国，并使之发展成一个重要的报业集团，其旗舰就是《纽约世界报》。《世界报》（《纽约世界报》的简称）因在与威廉·伦道夫·赫斯特的报业集团的竞争中，喜欢采用耸人听闻的手法追求轰动效应，煽动黄色新闻而出名，后来人们也就往往不会将普利策的名字与严肃新闻联系在一起了。但是，在1892年，普利策提出向哥伦比亚大学的洛校长捐赠一所新闻学院。他最初在哥伦比亚大学遭到拒绝，便与哈佛大学校长埃利奥特——他起草了一份新闻教学计划——提起这件事①。根据他们的讨论，埃利奥特和普利策提出了全套新闻学院课程，即强调社会科学和人文学科课程，辅之以新闻技巧课程。哈佛大学没有接受普利策的新闻学院（它1912年最终归于哥伦比亚大学），②但是，普利策和埃利奥特设计的新闻课程成为"老爸"布莱尔在威斯康星大学的样本（尽管不是在哥伦比亚大学，因为在那里，新闻课程主要是专业性的和职业性的）。普利策给了哥伦比

① 埃利奥特校长不喜欢美国新闻记者。在1890年左右，他称他们为"醉汉、游手好闲的人、无赖"（莫特，1950）。

② 哥伦比亚大学校长N·M·巴特勒比起他的前任，更愿接受普利策的馈赠。

亚大学200万美元，用于建造一座新的新闻大楼和设立学生奖学金，并用来为有建树的新闻和文学成就设立普利策奖。（布莱尔，1934）

当时的大部分报纸编辑都嘲笑普利策关于新闻学院的建议。他在一篇刊登在《北美评论》上的文章中对此作了答复（普利策，1904），在那里，他解释说，新闻学院的目的是“培养更好的新闻记者，让他们办出更好的报纸，以更好地服务于公众……我的希望是新闻学院将提高编辑专业的标准……我希望开展一场运动，把新闻提高到一个学识渊博的专业层次。”（普利策，1904）

衣阿华大学新闻学院

衣阿华大学在20世纪初开始新闻学教学，而新闻学院成立于1924年。衣阿华大学的一个早期的新闻教师是盖洛普（George H. Gallup）（1902—1984）。他在西衣阿华州杰斐逊郡所在镇长大。当盖洛普还是一个中学生时，他就因为给他父亲农场中的6头牛挤奶而获得利润分成。他还担任他所在学校的橄榄球队和篮球队队长，直到他们的教练在第一次世界大战中应征入伍，杰斐逊中学决定停止体育运动时为止。盖洛普告诉学校管理者，他会为运动队配备统一服装，并且担任教练。“唯一的条件是比赛门票收入必须归我。他们同意了，”盖洛普回忆说（麦克尔韦恩，1991）。即便在早年的时候，盖洛普就非常有魄力。

盖洛普1923年在衣阿华大学获得学士学位，1925年获得硕士学位，1928年获得心理学博士学位，博士论文题目为“决定读者对报纸内容兴趣的一种客观的方法”。从1924年到1929年，盖洛普在衣阿华大学讲授新闻学课程，包括新闻编辑、审核、广告和杂志写作。同时，他制定了某种基本思想，即从一大批人中抽出一个调查对象的样本，然后对研究结果进行概括。他的专长是研究报纸读者。他在衣阿华大学教书时，建立了“羽毛笔和卷轴协会”（Quill and Scroll Society），这是中学记者的国际名誉协会。若干年以后，也就是在盖洛普迁至纽约、成立美国民意测验所（通常称为盖洛普民意测验）很久以后，“羽毛笔和卷轴基金会”在衣阿华大学以盖洛普的名义建立了一个教授职位，即乔治·H·盖洛普新闻学教授（麦克尔韦恩，1991）。盖洛普是民意测验研究领域的一个重要奠基人，而在美国公众看来，“盖洛普”和“民意测验”这两个词基本上是同义的（事实上，“gallup”是芬兰词，表示民意测验）。

从1927年至1942年，衣阿华大学新闻学院的院长是莫特（Frank Luther Mott）。他生长在衣阿华的一个小城镇的报人家庭，在哥伦比亚大学获得哲学博士学位，然后回到衣阿华市教新闻学，并因其1939年的著作《美国杂志史》获得普利策历史奖。莫特组织了“防止虐待演讲者协会”，这是一个秘密的饮酒俱乐部（在禁酒期间是非法的），为著名的演讲者——莫特说服他们到衣阿华市旅行——提供演讲后的放松。这些演讲者包括：R·弗罗斯特、E·E·卡明斯、C·桑德堡、H·华莱士、L·斯蒂芬斯，以及S·W·贝内。施拉姆是这个协会的16名正式会员之一，而这个协会引以为荣的是：它能够把杰出的公众人物带到衣阿华市来。

领导新闻学院

1942年5月，莫特辞去衣阿华大学新闻学院院长的职务，成为密苏里大学新闻系系主任，学院由此开始了一个寻找替代者的过程。就此职务，有人联系了施拉姆，并要求他对他所提出的新闻学教学大纲作出描述。一个月后，即1942年9月，施拉姆向V·汉彻校长呈交了“一份新闻学院的蓝图，附有14封为他去衣阿华大学新闻学院的推荐信”。他表示：“我希望所看到的新闻学院将不会像其自身那般软弱，而是像这所大学一样强壮。不是一群教师和学生坐在这所大学的边缘地区，摆弄着他们的小玩意，在文章第一段中拼凑着关于谁、什么、哪里和何时的图画——不是那样，而是一个处于这所大学的中心地带的学院，它会以这样的假设开始，即它所要造就的学生将是整个大学中最有能力理解和谈论他们所生活的那个世界的学生。”（卡蒂尔，1988）这个愿景般的陈述部分地反映了施拉姆从波托马克河岸的战时合作者那里吸收的人类传播的视野。它并不是一种职业型的新闻培养愿景，而是呼吁一种布莱尔式的课程，即包括少量新闻学课程，大量社会科学和人文学科课程。①

施拉姆的蓝图显然是有用的；1943 年 3 月，衣阿华大学管理层将这个职位给了他（奥克罗普，1965）。尽管施拉姆只有几年的兼职报纸工作的经历，他还是非常具有个人魅力，并在协助建立衣阿华大学作家工作坊以及领导精确资料办公室和战时新闻局教育处的过程中，证明自己是有行政管理经验的。他当时 35 岁。

施拉姆的蓝图包括一项大众传播博士学位和一个传播研究中心的计划。他在衣阿华大学的传播学愿景要求新闻学院从事研究，并且授予博士学位。施拉姆超出了布莱尔一大步：他建立了大众传播博士培养项目；而不是像在威斯康星大学那样的新闻学博士培养项目。②衣阿华大学的博士课程包括在新闻学院中讲授的课程，涉及传播理论、研究方法、舆论、宣传分析和其他社会科学主题，以及新闻学院以外的课程，即心理学、社会学、政治学方面的课程，从而为这一博士课程提供基础。当时，由新闻学院授予博士学位的想法是新颖的。1934 年密苏里大学已授予第一个新闻学博士，但是直到 1943 年，只授予几个这样的学位（奥克罗普，1965 年）。在衣阿华大学，最早的两个大众传播学博士学位是在施拉姆离开那里前往伊利诺伊大学 1 年后授予的，也就是在 1948 年 8 月授予 C · E · 斯旺森和 D · D · 杰克逊。斯旺森一天下午在衣阿华河

---

① 尽管有的问题还不清楚，即施拉姆当时对布莱尔在威斯康星大学的新闻学课程了解多少，或对在明尼苏达、伊利诺伊、西北和斯坦福等大学的布莱尔的弟子们了解多少。不过，四、五年以后，也就是截至 1947 年，施拉姆（1947a）引用了“老爸”布莱尔在一个陈述中的有关新闻教育的观点。L · 尼尔森是斯坦福大学的传播学教授，也是施拉姆几十年的最好朋友，他说：“我从没有听到他提起过布莱尔，在他的主要著作中，我也没有看到布莱尔的引文。”（尼尔森，1992）

② 布莱尔和施拉姆愿景之间的另一个重要区别是：布莱尔强调新闻学的本科生教育，而施拉姆侧重博士层面的教育，侧重研究。

畔的校园里与施拉姆一起打棒球时，被后者录取到新的博士培养项目之中（麦克尔韦恩，1991）。斯旺森当时正从事他在衣阿华大学作家工作坊的硕士研究工作。施拉姆使他确信自己能够尝试大众传播博士学位这一新事物。

请注意：在20世纪40年代和50年代新的大众传播学院并不位于常春藤盟校①之中，也不位于其他诸如芝加哥大学或麻省理工学院那样享有盛名的大学之中。那些名牌大学是传播学领域的先驱者的所在地：芝加哥学派和拉斯韦尔在芝加哥大学；拉扎斯菲尔德在哥伦比亚大学；勒温、维纳和香农在麻省理工学院；霍夫兰和拉斯韦尔在耶鲁大学。美国最有名望的大学进行了最早的传播研究，但是它们抵制建立有组织的机构来提供传播学研究（它们现在仍是这样）。相反，第一个大众传播学博士培养项目是在中西部的有着大片政府赠与地的大学中创建的：衣阿华、伊利诺伊、威斯康星、明尼苏达以及西海岸外围的斯坦福。这些大学已有了新闻学院，传播学的博士课程被嫁接到这些现存的结构上面。（在后来的岁月中，这些新闻学院一般都在它们的名字上加了“与大众传播”。）并非偶然的是，伊利诺伊、威斯康星、明尼苏达和斯坦福等大学的新闻学院都由布莱尔的弟子们领导。常春藤盟校中惟一的新闻学院是在哥伦比亚大学，这得益于普利策的馈赠。衣阿华大学有一个新闻学院，它有施拉姆及其传播学愿景。当然，还有其他许多的大学新闻学院直到最近才采纳传播学的创新，而且如果采纳的话，也只是部分地或半心半意地采纳。那个时候，众多敢于创新的大学已作为这个领域的首创者而从中获得了巨大的学术威望优势。今天，威斯康星、斯坦福、伊利诺伊、明尼苏达和衣阿华等大学的新闻学院仍被认为是美国顶尖的大众传播学院。

---

①　指美国东北部的哈佛、哥伦比亚、耶鲁、普林斯顿、康奈尔、布朗、达特茅斯、宾夕法尼亚等8所以学术成就及社会地位著称的名牌大学，原为这些大学的体育联合组织的名称。——译者

传播研究所

大众传播博士培养项目的建立在衣阿华大学是1943年，在伊利诺伊大学是1947年，在威斯康星大学是1950年，在明尼苏达大学是1951年，在斯坦福大学是1952年，它们通常都有一个传播研究机构的创建紧随其后，每一个研究所又都松散地模仿拉扎斯菲尔德在哥伦比亚大学的“应用社会研究局”（它在1943年还被称作“广播研究项目”）：

- 明尼苏达大学新闻学院“研究部”，由凯西和纳夫奇格在1944年创建，当时纳夫奇格刚刚结束精确资料办公室和战时新闻局的工作返回。这是美国的新闻学院的第一个传播研究机构。
- 施拉姆1946年在衣阿华大学创建的“受众研究局”。
- 施拉姆1947年在伊利诺伊大学的“传播研究所”。
- 威斯康星大学的“大众传播研究中心”，1949年由纳夫奇格创建，此时，他从明尼苏达迁移到麦迪逊。
- 布什1955年在斯坦福大学创建的“传播研究所”，1957年后，这个研究所由施拉姆领导。
- 密歇根州立大学的“传播研究中心”，由多伊奇曼（他曾在斯坦福大学作过施拉姆的博士生）于1956年创建。

这些研究机构为传播学博士生提供学徒式的培训，并使得其他社会科学的学科更加容易地进入传播研究。如果诸如此类的研究把总部设在新闻学院里，其他社会科学家就很可能认为它与他们的研究兴趣没有关联，社会学家和心理学家也就不大会参与到传播学来。传播研究机构可以发挥源泉的作用，以提高新闻学院的威望，要不新闻学院就可能因为新闻培训这一公认的职业学校的性质而被其他领域的教授看不起。

1946年，锡达拉皮兹的WMT广播电台为衣阿华大学新闻学院提供了

5000 美元的款项，用于建立受众研究局，其使命是为报纸和广播台进行受众研究。L · G · 穆勒应施拉姆之聘领导这个新的研究局。穆勒是一个有经验的报人，是衣阿华新闻协会、即衣阿华报纸同业工会会长。这个研究局旨在为媒介机构提供它们的受众规模和构成方面的调查结果。后来，媒介组织还想知道它们的信息对其受众的效果。在施拉姆的领导下，衣阿华大学受众研究局最早的报纸读者研究是由 G · 盖洛普及其雇主——纽约扬 · 鲁比凯广告公司——提供基金的。后来，衣阿华大学报纸读者群调查由衣阿华新闻协会提供基金。

比起大学的系来，一个研究所可以更加灵活。它比一个系更加容易开创，而且它能够促进跨学科的合作。因此，这些研究所是创办传播学新领域的一个理想场所。但是，它们的灵活性也使之容易受到攻击，而施拉姆时代的大部分传播研究所现已不复存在，或是相对来说不重要了（包括斯坦福大学传播研究所，毫无疑问，它是其中最著名的研究所，它仍然存在，但是似乎没有什么作用）。

施拉姆迁移到伊利诺伊大学

1947 年，施拉姆离开衣阿华市，前往伊利诺伊大学，在那里，他成为传播研究所所长，伊利诺伊大学出版社主编，伊利诺伊大学校长助理。这些职责在 1950 年被大大扩展了，当时传播中心得以诞生，施拉姆为主任。这个中心包括新闻与传播学院、图书馆学院、大学图书馆、大学广播电视台、校友办公室、大学宣传、大学推广、体育部宣传、农业信息、阿勒顿会堂中心、大学出版社和传播研究所。在教师俱乐部的餐桌上，人们一般把施拉姆当作这个大学的“传播沙皇”来谈论，或是就以阿勒顿会堂中心的名字，称他为“阿勒顿公爵”。

为什么施拉姆会从衣阿华大学转移到伊利诺伊大学？伊利诺伊大学校长斯托达德曾在衣阿华大学认识了施拉姆，在那里，斯托达德曾任衣阿华大学儿童福利研究所所长，后来是研究生院院长。他向施拉姆作出承诺，说施拉姆可以在伊利诺伊大学建立一个研究所和开设一种可授予传播学博士学位培养项目。这个承诺具有强大的吸引力。施拉姆之离开衣阿华大学还有其他的动力。他满怀热情地为传播学以后10年在衣阿华大学的发展描绘出了一份计划，这需要一年13万美元的运作资金，而学校的管理人员认为他们无法提供这样的财力（奥克罗普，1965）。所以，1947年4月，施拉姆在衣阿华大学提出辞呈，并在当年的9月开始接手伊利诺伊大学的新职务。施拉姆成为斯托达德校长的助理，参加斯托达德在伊利诺伊大学的"私人顾问团"，并参与到"让我们推动这所大学继续前进"的目标之中（赫德森，1977）。

穆勒1947年替代施拉姆成为衣阿华大学新闻学院院长，并在以后的20多年里一直担任这个职务。穆勒生于1904年，成长在衣阿华的一个农场中，在衣阿华大学的专业是新闻学（穆勒，1970）。在作了20多年报纸工作以后，即当他在美国海军中服役时，穆勒写信给衣阿华大学新闻学院的施拉姆，提出关于新闻在社会中的作用的尖锐问题。他们的来往信件给施拉姆留下了深刻的印象，1946年，他为莫勒提供了一份教师工作，以及作为衣阿华大学新闻学院的报纸研究局的领导人的职位。

施拉姆在传播学史中发挥着关键的作用。他就是这个领域的奠基人，是第一个将自己认作传播学学者的人；他最早在大学中创办以"传播"命名的博士培养项目；他培养了第一代传播学学者。施拉姆在伊利诺伊大学审定了那些有助于建立这个新领域的教科书。就传播研究博士培养项目来说，就他于1947年在厄巴纳所创建的传播研究所来说，施拉姆在衣阿华新闻学院的大众传播学项目是一个试点计划。在伊利诺伊大学，施拉姆开启了传播学的学术工作范式，后者一直延续至今。

第一部分

传播学的欧洲起源

达尔文、弗洛伊德和马克思

19 世纪的三大智者都是欧洲人，分别生于英国、奥地利和德国。达尔文、弗洛伊德和马克思，他们每个人都以其关于人类行为和人类社会的革命性思想改变了这个世界的精神。在某种理智的意义上，这三个人都是创造性的叛逆者，都反抗他们所处的欧洲社会的社会规范，并都为他们的思想激进主义付出了高昂的代价。

查尔斯 · 达尔文因声称人类起源于猿而遭到谴责。这个激进的思想引发了一场激烈的争论，其中，宗教领袖们特别反对他的进化论。关于进化论的公开争论在美国一直持续到今天，即表现在教育学生神创说（相信世界是以《圣经 · 创世记》章节所逐字描述的方式开始的）与进化论的争论上。

西格蒙德 · 弗洛伊德提出男孩们将父亲视作他们母亲的性关注的对手的理论，震惊了因循守旧的欧洲。他声称，歇斯底里症是由童年的性诱惑造成的，男性和女性一样，都有可能患歇斯底里症。1933 年，希特勒将精神分析理论称为“犹太科学”，弗洛伊德的著作遭到焚毁，大部分德国和奥地利精神分析学家被迫移居美国。

卡尔 · 马克思因其革命的政治观点被从他的祖国德国流放，先是巴黎，然后是比利时，最后是伦敦。在伦敦，他只能勉强维持生计，有几个孩子死于饥饿和缺少治疗。今天，马克思主义者因其思想和政治观点而在某些国家遭到迫害。在20世纪50年代的麦卡锡时代，美国的大学教授、电影演员以及其他被指控为具有马克思主义倾向的人遭到解雇、嘲弄和各种各样的迫害。伊利诺伊大学校长乔治·斯托达德——他将威尔伯·施拉姆引入厄巴纳——被解雇，而这部分原因是他的大学雇用了几位左派教授。今天，马克思的著作在几个国家里仍遭到禁止。

达尔文、弗洛伊德和马克思是19世纪的三个最重要的社会理论家。他们的思想越过大西洋，对美国社会科学的起源产生了重要的影响。进化论、精神分析理论和马克思主义等欧洲理论基础间接地影响了1900年后在美国崛起的传播学。芝加哥学派中的社会学家为进化论所吸引，法兰克福学派将马克思主义和精神分析理论结合起来；互动传播的帕洛阿尔托学派通过研究关系传播来反对弗洛伊德的内省理论；拉斯韦尔热心于精神分析的思考；而霍夫兰的劝服研究则在弗洛伊德理论那里发现了间接的基础。

为了理解这些欧洲人对美国学术的影响，我们回溯到5个半世纪以前，看看西方文明的兴起。

文艺复兴，1450—1600

现代科学的早期萌动作为文艺复兴的组成部分，500多年以前发生在意大利北部的佛罗伦萨市及其周围地区。文艺复兴确实是欧洲文明的重生，这种文明早先在希腊人和罗马人的统治下曾有过繁荣，但自从来自俄罗斯大草原的部落横扫欧洲、致使罗马失陷之后，它已失落好几个世纪了。在欧洲中世纪期间，欧洲是一块贫穷与无知的土地，尽管天主教徒劳地试图维持由希腊思想家创造的知识进步。这些思想家是：亚里士多德、苏格拉底、柏拉图等等。残留的希腊手稿是由中东和北非的伊斯兰人所收集，并将之翻译成阿拉伯文。亚里士多德和其他希腊思想家的知识只是通过这种方式才得以为我们保存到今天。

大约在1450年，这种黑暗状况开始以各种重要的方式有了转变，并且在以后的150年中发生了巨大的社会变化。J·谷登堡1457年在德国的一个酿酒区——美因茨——发明了活字印刷术。事实上，谷登堡的印刷机看起来非常像一台酿酒机，前者是由后者改造而来的。①印刷机使欧洲可以更容易地获得书籍。从前，书籍是由手工再造出来的，而一个“抄写员”（通常是一个修道士）一年只能完成两本书。因此，书籍稀少，而且非常珍贵，经常用链条锁在阅读台上。相比之下，一个使用谷登堡印刷机的印刷工人一天就能生产一本书（普尔，1983a）。所以，文艺复兴是以一个使知识的获得大大便利起来的发明而启动的。在文艺复兴最早的50年中，从4万册不同种类的书籍中，大约复制出2000万册。印刷是一个非常重要的社会变革，所以它在欧洲的发明就成为文艺复兴开始的日子。然而，由于欧洲人的识字率不高，所以印刷机的整体影响并非是直截了当的。（实际上，直到376年以后，即1833年，随着本杰明·戴的廉价报纸——《纽约太阳报》——的创办，第一个真正的大众媒介才出现。）

大约在谷登堡发明的同时，勇敢的葡萄牙探险者开始利用先进的航海手段，沿着非洲西海岸、绕过好望角，航行数千英里，抵达印度。通过这样的探险，已知世界的规模急剧扩大。与亚洲的贸易，主要是香料，有助于刺激资本主义在欧洲的兴起。在新生的富人中，有意大利佛罗伦萨的美第奇家族，他们的确非常富有。柯西莫·德·美第奇（1389—1464）是世界上最富有的人之一。美第奇家族或多或少地发明了银行业的思想，并且不久就在罗马（将钱供给教皇并收取利息）、热那亚、那不勒斯和其他重要的贸易中心设立了分支银行。他们慷慨地捐助像伽利略、达·芬奇那样的知识分子以及那些赞助学术活动的机构——大学、修道

① 谷登堡实际上是重新发明了活字印刷术。最早的活字版印刷术是公元1041年左右由毕昇在中国发明的，比谷登堡早了几百年，使用胶泥类型。不久后，1241年，朝鲜人发明了金属制造的印刷机（普尔，1983a）。

院、中学和医院。在今天的佛罗伦萨，人们可以看到美第奇家族盾形纹章(the Medici coat of arms)，即由7只红色球围成的一个圈，这是一个理发师兼外科和牙科医生的象征，暗示着我们的“医学”(medicine)一词也许就来自“美第奇”(Medici)，它500年前被刻在这些建筑物的石墙上。弗罗林，即佛罗伦萨金币成为整个西方世界的标准货币单位，而佛罗伦萨开始成为一切文化、知识和科学的代表。这座意大利的北方城市是文艺复兴的一个司令部，而美第奇代表着新的企业阶级，它促成了现代资本主义的产生。

两个文艺复兴期间生活在佛罗伦萨的人代表着科学的早期萌动。一个是伽利略(1564—1642)，他是天文学、物理学和数学的先驱。伽利略是美第奇家族的孩子们的家庭教师，1608 年当他发现木星的 4 颗卫星时，他就以美第奇的 4 个兄弟的名字来命名它们。这个发现之所以可能，是因为使用了一个放大 30 倍的望远镜，这是第一个用于天文学的此类仪器。伽利略的名望特别来自他对哥白尼理论的支持，即认为地球围绕太阳旋转，而不是像从前人们所相信的那样，太阳围绕着地球旋转。伽利略找到了能够支持哥白尼的、以太阳为中心的宇宙理论的根据，但是天主教教会强迫他放弃他的立场。①

另一个人是列奥纳多·达·芬奇，一个多才多艺的人：艺术、生理学、工程学、医学和一系列涉及广泛领域的新技术的发明者，包括直升机、潜水艇和自行车。今天，我们会把列奥纳多称作一个技术专家，而把伽利略称作一个科学家。与伽利略不同，列奥纳多相对说来未曾受过学校教育，不撰写著作，与大学也没有联系。他不懂拉丁文，这是他那个时代的学术语言。但是他的许多重要贡献使我们想到，文艺复兴具有技术创新的基础。列奥纳多是“多才多艺的人”(Renaissance man)这一词

---

① 1608 年 1 月，伽利略接连几个晚上注意到木星的 4 颗卫星中的一些出现在木星的相反一边，这表明它们正在绕着这颗行星转动。伽利略推论道，太阳系中的地球和其他行星围绕着太阳旋转。

语的起源，这个词指的是能做许多不同的事情、而每件事情又都做得相当出色的人。

文艺复兴前，罗马天主教教会是欧洲惟一有组织的宗教。1457 年以后，由于印刷业的缘故，《圣经》越来越容易获得，因而这一宗教也受到了威胁。天主教牧师不再是《圣经》的惟一解释者；修道院失去了对书籍再生产过程的控制，而天主教教会也因为印刷业而丧失了权力（爱森斯坦，1968；普尔，1983a）。还有，随着贸易的兴起和资本主义的起步，许多人开始相信，可以在现世（而不仅是来世）通过努力工作和道德行为获得拯救。因此，新教徒对于天主教教会的反抗就得助于印刷机，得助于资本主义的兴起（韦伯，1930）。

始于希腊和罗马的西方文明之流后来在欧洲中世纪停顿下来，并且几乎消失，但在文艺复兴时期，又开始涌动起来。

欧洲的大学

1450 年后，大学在社会中发挥着重要的作用。大型的中世纪大学产生于天主教教会，如意大利的帕多瓦和博洛尼；德国的格廷根、柏林、法兰克福和海德堡；巴黎大学；英国的牛津和剑桥。与美国最早的大学——如常春藤盟校——一样，这些早期大学强调我们今天称为文理方法的东西，而美国最早的大学就以它们的欧洲前辈为模式。例如，约翰·哈佛遵照他曾在那里学习过的剑桥大学的模式，于 1636 年创建了美国第一所大学。美国早期的大部分大学都和其欧洲前辈一样，是由宗教教派所创办的，特别是出自新教徒的信仰而创办的。这些大学为本科生们提供道德方面的教育。

德国研究型大学的样板是创建于 1737 年的格廷根大学。由此开始了这样的思想：教授应该从事研究以便发现新知识，而不仅仅是将他们领域的传统智慧传授给他们的学生。要求学生在其学习中发挥积极的作用，而不仅仅是聆听和背诵他们所听到的知识。格廷根图书馆被认为是欧洲最好的图书馆。若干年来，这个大学享有很高的学术威望，后在19世纪初期的拿破仑战争中衰退，而柏林大学(1810年创建后)迅速崛起，并取代了格廷根大学。柏林大学是霍普金斯大学和美国其他创建于1890年左右的研究型大学的主要样板之一。因此，两个不同的大学模式被从欧洲移植到美国：一是常春藤盟校的本科生的模式，即文理教育模式；二是注重研究生学习的研究型大学的德国模式。①

达尔文、弗洛伊德和马克思的伟大思想是建立在一种科学观的基础上的，这三位伟大的思想家都在他们那个时代的一流的欧洲大学——也就是文艺复兴时期所崛起的机构——中受到教育。我们从达尔文的进化论开始。

① 美国大学的第三种本土的模式是：政府赠地大学，它是由《1862年莫里尔法》所确立的，以便在农业和工程方面提供职业教育。对于传播学在美国的推广来说，伊利诺伊、威斯康星、明尼苏达、密歇根州立等大学和其他中西部的政府赠地大学发挥了重要的作用。

第二章

达尔文和进化论

自由选择进化论确实是19世纪最重要的一个科学发明。

——布朗诺夫斯基：《人类的攀升》

《物种起源》问世了，它所产生的影响是巨大的。我想，没有一部涉及科学主题的著作被如此之多的非科学人士所阅读。

——布莱斯：《对达尔文的个人回忆和〈物种起源〉的接受》

《物种起源》是西方文明的伟大著作之一，可与马克思的《资本论》相提并论。“达尔文的进化论是19世纪科学的重大革命。”（科恩，1985）就其科学重要性而言，达尔文的理论可以与哥白尼革命相媲美，但它引起的争论更多。查尔斯·R·达尔文（Charles Robert Darwin，1809—1882）是一个生物学家，但是他的进化论对于社会科学的影响远远超出了对于生物科学的影响（图2.1）。C·达尔文是E·达尔文（Erasmus Darwin，1731—1802）的孙子，后者是一个著名的英国进化论者和博物学家，他的著作《动物生理学或生命规律》（1794—1796）中包含一章关于进化的内容。进化论就在C·达尔文的血统里。“他的祖先将他稳稳地放在英国知识界的显赫位置上。”（米勒和范卢，1982）。他生于英国的施鲁斯伯里，父亲是那里的一名医生（巴洛，1958）。

达尔文在爱丁堡大学学习医学，但是因为他无法忍受看见血，所以

图 2.1　1849年的达尔文(1809—1882)

大英博物馆纪念册版权。

退学了。后来，他在剑桥大学基督学院接受教育以便成为一个牧师。他的“正规教育曾是一系列令人耻辱的灾难”，而“他似乎简直就是一个友善的业余爱好者”（米勒和范卢，1982）。在剑桥的时候，达尔文将许多时间花费在猎游和搜集甲虫上，而不是学习怎样成为一个牧师上。但是，在剑桥大学植物学教授亨斯洛(John Henslow)(1796—1861)的帮助下，达尔文从花花公子式的学生变成认真刻苦的博物学家。他们一起在英国乡村散步，走得很远，观察植物和其他生命。当英国海军部要亨斯洛教授提名一个博物学家在“小比格尔号”（一艘英国海军帆船，其任务是绘制南非海岸的地图)上航行时，教授推荐了他的门徒。临行前，亨斯洛给达尔文的礼物是一本赖尔（Charles Lyell）的书：《地质学原理》，它为达尔文即将问世的进化论提供了有用的背景。

这次航行是达尔文职业生涯中的一个转折点，对于他的进化论的形成来说，也是至关重要的。虽然他的学历令人怀疑，但对于调查在这个世界的南纬度上所发现的生物物种来说，达尔文证明自己是作了一个伟大的选择(图2.2)。他是植物和动物生命的一个敏锐的观察者，在他的航行中采集了大量有价值的标本。此次旅行期间，达尔文在解决科学疑难问题的能力方面，很快有了信心。他所继承的遗产使得他能够像那种出身高贵的科学家一样，将其毕生的全部时间贡献给学术活动。达尔文在把他的进化论予以概念化，以及在这个理论公布以后对之进行捍卫时，也一直与英国最杰出的科学大师保持着日常的通信联系。

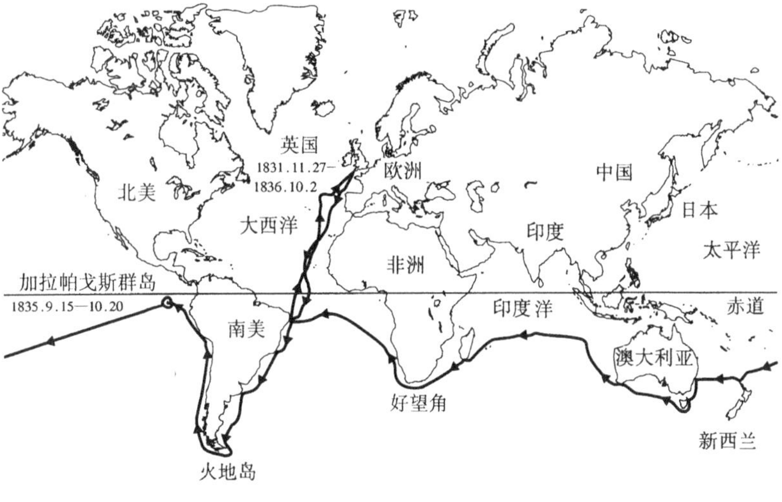

图2.2　1831—1836年“比格尔号”的航程

在达尔文作出重要贡献的前一两个世纪中，公众就开始对进化论有了特别强烈的兴趣。一个原因是探险者从非洲、亚洲和美洲将许许多多种类的新植物和新动物带回欧洲。每隔二三十年，已知植物和动物的数量就近乎翻一番。新的植物学和动物学诞生了。什么东西能够解释生物种类的巨大多样性呢？正是它们的存在开始挑战现有的信念。

在达尔文以前，许多人认为物种的数量是一直不变的，固定在某一个时刻(诸如诺亚方舟和大洪水的时间)。但是，达尔文确认，新物种随着时间的推移而产生——不是借助于神创的行为，而是借助于自然选择，这是一个过程，通过这个过程新的物种产生了，而其他某些物种则由于一个不同的生存过程而灭绝了。其变化最能适应于所处环境的那些个体将最有可能繁殖它们的种类(科恩，1983)。(就T·库恩的关于引起一种科学革命的意义而言，)进化论的确是革命性的，但是，达尔文是一个奇特的革命者："一个异常腼腆的人大半生都过着隐居生活；一个充满疑问的半残疾人，害怕他的理论可能触发争论；不过，也正是这个人最终摧毁了上帝创世的信仰。"(米勒和范卢，1982)

当达尔文的朋友赫胥黎1859年第一次读到《物种起源》时，他说："以前连这个都没有想到，这多么愚蠢。"(米勒和范卢，1982)进化论的思考在那时是一种非常风行的思想，在达尔文的著作发表以前，有关生命如何变化的各种科学解释就已经被提出。事实上，即便在达尔文从1831—1836年(达尔文的著作发表前的28年)乘"比格尔号"作环球旅行以采集生物资料和标本之前，其进化论所必需的大部分事实就已经存在了。但是，在达尔文之前，没有人认识到它们的理论意义。

"比格尔号"的航行

1831年，当年仅22岁的达尔文作为一个博物学家以及该船船长的绅士同伴乘"比格尔号"航行时，进化论之创立的一个关键事件就发生了。达尔文是一名志愿者，他的工作没有报酬，他也刚从剑桥大学毕业。"比格尔号"在去南非的途中停靠许多地方，每到一处，达尔文都一次上岸数日、数周甚至几个月。"每次靠岸，他都上岸，并采集一大批标本，他解剖一些标本，填充了其他标本，并威胁说要使这艘船超载。"(米勒和范卢，1982)尽管达尔文离开英国总共5年，但这段时间他实际上在海上只待了18个月。在他航行的3年零3个月中，他实际上是在陆地旅行。他憎恨航海，在“比格尔号”上经常晕船（布劳威和尼夫，1989）。

达尔文考察了巴西海岸、阿根廷南部的南美大草原、南美洲大陆南端的火地岛、阿根廷沿海的福克兰群岛，然后踏上智利、秘鲁和厄瓜多尔的西海岸（参见图2.2）。在达尔文上岸采集标本、绘制野生动植物图、记录野外观察时，船员们测定海岸线，测量水深。然后，这艘船就将与他会合，并驶向下一个着陆点。在几年的时间内，这艘船的航行路线是沿南美洲东海岸、又回到西海岸，穿过南太平洋抵达新西兰和澳大利亚，穿过印度洋抵达南非的开普敦，然后又回到英国（见图2.2）。

“比格尔号”是皇家海军的一艘单桅帆船，配备10门炮。它比较小，只有90英尺长，由船帆提供动力。它载有74名官员、水手和乘客。达尔文的信仰与船长菲茨罗伊的信仰发生了冲突：“菲茨罗伊是一个难对付的、傲慢的和极权主义的人；但是，他也聪明，喜欢户外活动和自然哲学，是一个健谈者、思考者和同伴。”（布劳威和尼夫，1989）达尔文和菲茨罗伊都对地质学感兴趣，这使他们在漫长的航行中走到一起，但是在许多问题上，他们持完全不同的观点。菲茨罗伊是一个狂热的基督徒，而达尔文已放弃正统基督教。船长坚决反对进化论思想。这两个人在奴隶制（他们在巴西看到了这种制度）和船上的纪律问题上也有分歧。不过，年轻的博物学家在这条小船上保持缄默：“达尔文对于激烈的争论近乎有着病理般的厌恶。”（米勒和范卢，1982）这种避免麻烦的态度是达尔文后来延缓20年才出版《物种起源》的一个原因。他知道它一出现，就将是一枚重磅炸弹。

在“比格尔号”航行时，达尔文“觉得自己非常像一个半吊子的业余爱好者，被派出去为专家把标本采集回去”（鲍勒，1990）。他对于自己的科学才能缺乏自信。但是，逐渐地，经过5年时间的航行，当他发现了新的物种，并收到来自英国科学家的鼓励信件时，他开始更加有信心了。达尔文把他采集标本的盒子、加上他所写的观察意见船运给亨斯洛，后者是他从前在剑桥大学时的植物学教授。亨斯洛发表了达尔文给他的信件摘要，并作为达尔文在英国的一种科学代理人。这次航行的最重要的结果不是“它为物种嬗变所提供的证据，而在于达尔文对于他自己作为科学思考者的能力的日益增长的信心，以鼓励他返程后去处理物种起源的那些更深刻的问题。”（鲍勒，1990）

达尔文的最早科学成就之一是他在阿根廷南美大草原发现的南美鸵鸟（或美洲鸵）的一个新物种。与他一起旅行的加乌乔牧人（牛仔）告诉了他这个新物种。达尔文很晚才意识到它的意义。“在我回忆起（加乌乔人告诉我有关鸵鸟的这一新物种）这个事情之前，这种鸟就被烹饪和吃掉了。幸运的是，它的头、脖子、腿、翅膀、许多大羽毛，还有大部分的皮都被保存下来。根据这些东西，一个近乎完整的标本被组合起来，现在动物学会博物馆展出。”（达尔文，1939）这只鸟的遗留部分足以使人能够认出它是一个新物种。伦敦鸟类学家J·古尔德为纪念达尔文，将这种鸟命名为“达尔文美洲鸵”（鲍勒，1990）。阿根廷的两种鸵鸟的存在引起达尔文思考这样的问题：一个物种是否有可能由另一个物种进化而来。新的小物种主要生活在普通鸵鸟居地的南部，但在某个重叠地区，这两者都繁盛起来，为资源而相互竞争。这个事实导致达尔文对于传统观点——即每一个物种完全适应它的居住环境——产生了怀疑。

1835 年，“比格尔号”在加拉帕戈斯群岛停留了一个多月，这个群岛横跨离太平洋厄瓜多尔海岸约600 英里外的赤道。对于进化论者来说，加拉帕戈斯群岛是一个天然的实验室，因为岛上有着与世隔绝的各种鸟类和其他生命（没有哺乳动物）。在各式各样的物种中，有著名的加拉帕戈斯群岛大海龟；雀类，其喙的形状适合于它们的生态龛；以及嘲鸫，由于这个岛的隔绝状态，嘲鸫的几个独特的种类已进化出来。主要的加拉帕戈斯群岛间距 30 到 50 英里，不同的海龟、雀类和嘲鸫因为这样的隔绝已经得到进化。当时，达尔文没有评价他所遇见的进化论证据。他记录了岛与岛之间的海龟和雀类的差异，但是，当加拉帕戈斯群岛的行政长官说自己能够根据一只海龟的特征说出它来自哪个岛屿时，达尔文大吃了一惊。后来，他在写下对加拉帕戈斯群岛的观察时，仔细地思考了那个行政长官的话。

1836 年，达尔文带着珍贵的生物资料乘“比格尔号”返回英国，他发现，他的观察记录和标本——他曾托“比格尔号”航行时所碰到的其他船只将它们带回英国——已使他成为一个科学名人。他写下了《“比格尔号”航海日记》，后者成了一本通俗游记，但是，他的进化论还没有形成。

我们主要将达尔文看作一个生物学家，但他刚从“比格尔号”航行返回时的最初名声来自他的地质学著作。他通过珊瑚礁潜在地表的下沉来说明它的形成。1834 年 2 月，当达尔文在智利瓦尔迪维亚附近上岸时，经历了一次强烈的地震。几星期以后，“比格尔号”驶入康塞普西翁港口，达尔文发现陆地已被向上推进了两、三英尺，在附近，他还看见在新的高潮位标记之上 10 英尺处有蚌类。在安第斯山脉，他在高度 1300 英尺处发现了更早的贝壳床。达尔文开始推测南美是从海洋中升起的(鲍勒，1990)。两年后，即 1836 年，“比格尔号”停靠在科科斯群岛时，达尔文可以看到珊瑚礁。他已认识到南美经历了一次逐渐的上升，并且推论南海下的土地可能正在逐步下沉。如果这样的话，只能生长在浅水中的珊瑚动物就会围绕着一个岛慢慢地构筑成一道边，而陆地则逐渐消失，最后，留下一个中心为环礁湖的珊瑚环岛(鲍勒，1990)。1842 年，也就是达尔文返回英国 6 年之后，他发表了一本和他的珊瑚礁理论相关的著作：《珊瑚礁的构造和分布》。它代表着他对自己的科学思考能力与日俱增的信心(鲍勒，1990)。他成了地质学会的活跃成员，这个学会将他和赖尔以及其他优秀的科学大师们联系起来。

他在伦敦安家并结了婚，在仔细地列举了结婚生活的利弊以后，“与弗洛伊德和马克思一样，达尔文探究了幸福婚姻给不受干扰地从事某种革命性理论研究带来的那种一成不变的安全感”(米勒和范卢，1982)。达尔文 1842 年 33 岁时退回到“一种隐居的个人主义生活中，一天工作几个小时，然后陷入恶心、虚弱、头痛和心悸的折磨。”(米勒和范卢，1982）事实上，达尔文因患各种疾病而如此虚弱，以至于他放弃了剃须修面，那太累人了。他通常一天只能工作几个小时（考迪尔，1989）。

达尔文搬到肯特郡的唐恩居，这是一所乡村住所，离伦敦约 20 英里，他在那里过着相对与世无争的生活，抚育 6 个孩子，阅读，写作，与其他的科学思想家频频通信。在唐恩居，达尔文逐渐建立起一个科学通信者的网络，这些人为他提供有用的信息，并将在后来有关进化论的公开论战中支持他（鲍勒，1990）。达尔文每天写几封长信，随着他的进化论的逐渐发展，这种通信关系——今天可见于各种档案之中——为他的思考过程提供了一种理解。在返回英国以后的岁月里，达尔文对自己的科学能力有了信心，以至于在攻克有关进化论的难题方面，他成了一个老练的探索者。

达尔文所受到的思想影响

达尔文的进化论在相当程度上是开创性的，但是他的思想也受到其他几个学者的影响（图 2.3）。一个由自然科学家组成的隐形学院把进化思想推向前进，各种进化理论可供选择，其中每一种理论都既有赞同者，也有批评者。这个隐形学院的成员在进化的本质问题上有分歧。当达尔文发展他的进化论时，他解决难题的过程受到什么样的重要影响呢？

从“比格尔号”返回两年以后，达尔文阅读了马尔萨斯的《人口原理》（1797）。马尔萨斯是一个默默无闻的牧师，曾在不列颠东印度公司的参谋学院教书。达尔文出于消遣拿起了这本著作，并非是将之作为认真阅读的一部分，但是，马尔萨斯关于竞争的选择作用的基本思想竟然成了达尔文进化论的关键部分。马尔萨斯说，食物（以 1，2，3，4 等的级数）按算术的比例增长，而人口则（以 1，2，4，16 等的级数）按几何比例增长。某种不加制止的人口会在 25 年的时间内增加 1 倍。马尔萨斯论证

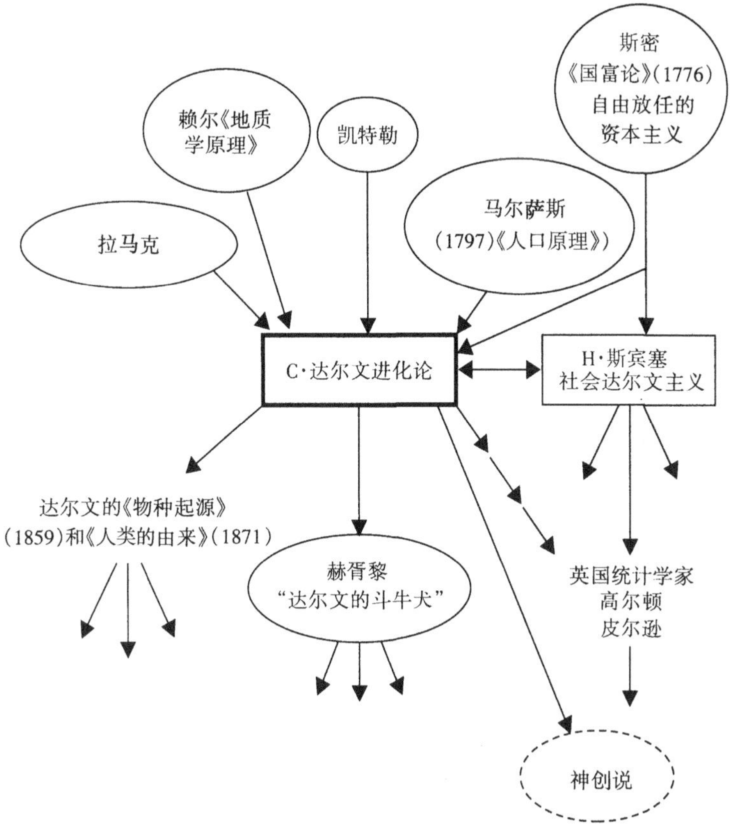

图 2.3　达尔文理论的思想先驱和继承者

道，他的人口论导致像饥饿、战争和自然灾害那样的对于人口增长的可怕遏制。①达尔文意识到，人口压力造成了生存斗争，因为构成人口的单位为了可以获得的食物相互竞争。因此，自然作为一种选择性力量而行事，它消灭弱者，让那些新的、特别适合于其环境的物种得到发展。达尔文推论说，如果这个过程会发生于人类，那么毫无疑问它也肯定会在

① 马尔萨斯的这个论断促使经济学带上了一层悲观的色彩，并导致经济学之被称为忧郁的科学。

其他生物之中。

达尔文已从凯特勒(Adolphe Quetelet)的一个出版物中的引文中知道了马尔萨斯牧师的著作，凯特勒是一个比利时的统计学家、人类学家和社会学家，达尔文从他那里了解到随机变革引起的特征分布频率曲线的思想。凯特勒已为数以千计的个体绘制了诸如高度和重量等变量的此类曲线。在任何确定人口中，某些个体单位有不止一个特征，因此能更好地适应其环境。

达尔文的进化论也受到地质学家赖尔爵士（1795—1875）的影响，赖尔的《地质学原理》（1830—1833）论证说地球已经历了地质变化。达尔文开始认为生物变化也已发生了，尽管赖尔坚持相反的观点。当他乘“比格尔号”返回时，达尔文与这位苏格兰地质学家成了朋友(巴洛，1958)，并和这位年长的知名学者建立广泛的通信联系，这位学者发挥着一种导师的作用。赖尔是一个地质学家，专攻化石记录，但是他的科学兴趣非常广泛。他成为达尔文的一个挚友，后来，他帮助达尔文克服种种困难，相对于华莱士(Alfred Russel Wallace)而持有进化论的优先权。

达尔文反对拉马克(1744—1829)的进化论。拉马克是一个法国博物学家，他引入了“生物学”一词，既包括植物又包括动物。拉马克声称，各种需要决定各类身体器官的发展以及这些获得性状后来的遗传。拉马克的著名例子是以树叶为食的长颈鹿。经过一个相当长的时间，长颈鹿由于不断伸长脖子而获得了长颈。拉马克认为，这个变长了的头颈传给了后代，因此，父母亲解剖结构的改变可以被其后代所继承。后来，拉马克的理论被遗传学研究的发展证明是错误的，但是在达尔文的进化论之前，它是最流行的进化理论。今天，一共有300万到1000万个植物和动物的物种居住在这个地球上(库珀斯，1990)。这个数字是否会一直不变？拉马克是第一个认识到生物进化并提出一种血统论的学者，这见于他的著作《动物学哲学》（拉马克，1809）。达尔文不完全反对拉马克对于新物种进化的解释，但是他提出了一个可供替代的理论：由于有性繁殖的随机变异，有些个体更能适应它们的环境，在一个长期的时间过程中，这些个体就有了略高些的繁殖率，并且更有可能在生存斗争中存活。因此，某些长颈鹿由于突变和遗传变异生来就有比较长的头颈。这些长颈鹿能够吃到更高处的树叶，更有可能存活，而短头颈的动物则会死亡。

对达尔文思想的另一个可能的影响是一个生活在伦敦的同代人，即社会哲学家斯宾塞（Herbert Spencer，1820—1903）爵士，他在以社会达尔文主义著称的理论中将进化论应用于社会生活。斯宾塞赞同将自由放任的资本主义作为系统决策的最有效的机制。工业革命正在英国和美国进行，领导这场革命的强盗资本家——例如安德鲁·卡内基——喜欢斯宾塞的理论。它完全适合于卡内基的关于优秀个人应上升到社会顶层的想法。达尔文将斯宾塞的术语“适者生存”借用到他的进化论中。事实上，对于公众来说，这个词成为达尔文理论中最广为人知的组成部分。“适者生存”意味着最有能力利用其环境所提供的资源的那些生物将在每段时间生育最多的后代。这样一种过度生殖使得这些生物存活下来，而它们的竞争者则将濒临灭绝（库珀斯，1990）。由于遗传物质是以不那么完备的准确性而代代相传的，单位形式就各有不同，所以某种程度的突变就发生了。达尔文否认他的进化论受到斯宾塞的影响，他对斯宾塞的著作不怎么尊重。例如，1865 年 3 月 25 日，达尔文写信给赖尔说：“我已阅读了斯宾塞的《生物学》（两卷本的《生物学原理》，1864—1867）的大部分，我和你有相同看法。他的有些话充满智慧和有启发意义，但是，我在读了他的著作以后，不知怎么很少觉得自己变聪明了，而是经常感到受抑制。”（卡罗尔，1976）然而，斯宾塞尽力普及“进化”一词，而达尔文极少使用这个词（鲍勒，1984）。

经济学之父亚当·斯密（1723—1790）的最著名论断是：通过财务收益而实现的个人私利是社会普遍的人类动机。斯密的所谓看不见的手提供了这样一种机制，通过这种机制，个体——其中每个人都追求自己的收益——之间的自由竞争为社会带来最大利益。斯密论证说，政府的作用应是最低限度的，以至于不去干涉个人的竞争。这个自由市场力量的思想为资本主义提供了理论基础。斯密的有影响的著作《国富论：国民财富的性质和原因的研究》（1776）为分工以及它如何导致交换的必然性提供了一个著名的例子。斯密观察到，一个工人独自工作一天能生产一枚别针。但是凭借分工，10 个熟练工人每天可以生产 4.8 万枚别针，每个工人每天可以生产 4800 枚别针。显而易见，熟练工人会迅速地迫使单个工人离开制造别针的行业。达尔文在生物为食物和领土的斗争中看到了与经济竞争相类似的竞争。这种生物竞争在同一物种的个体中是最为严重的。

加拉帕戈斯群岛的雀类

在达尔文的自由选择理论的发展中，加拉帕戈斯群岛的雀类发挥着关键的作用。从南美陆地到加拉帕戈斯群岛有 600 英里，这个距离很远，所以大多数大陆鸟类都无法穿越。加拉帕戈斯群岛的主要岛屿是荒寂的、由火山爆发所形成的露头，也彼此在太平洋海面相隔很远。在这个居住者稀少的环境中，加拉帕戈斯群岛的雀类进化成各种各样的角色，不这样的话，它们就会被其他鸟类所取代。有些雀类适应于压碎的种子，其他的吃各种昆虫，一组雀类甚至适应于抓住或操纵仙人掌针，将虫子从植物中挖出来(古尔德，1980)。加拉帕戈斯群岛的 13 种雀类的名字标志着每种雀类所占据的地方：树雀、地雀、仙人掌雀、莺雀、蔬菜雀、啄木雀和红树雀(格兰特，1991)。因此，加拉帕戈斯群岛为达尔文提供了一个天然的实验室，在这里，他能够观察物种的隔绝过程、独立的适应过程和进化过程。比起他环绕世界的航行中的任何其他观察来，这些雀类使达尔文更加相信演变的真实性(鲍勒，1990)。他的著作《考察日记》中的文字记载表达了他对在加拉帕戈斯群岛的所见所闻的惊异："我从未想到这些岛屿——大约相隔五六十英里，其中大部分能够彼此相望，都由完全一样的岩石构成，所处气候条件相似——会有这样

如此不同的居住方式。”（鲍勒，1990）

达尔文起先不相信各种雀类都从一群共同祖先进化而来。这个认识直到他结束环球旅行返回到伦敦才开始打动他，这时，大英博物馆的鸟类学家J·古尔德正确地将达尔文从加拉帕戈斯群岛带回的所有鸟类都鉴定为雀类（古尔德，1980）。尽管这样，达尔文只是在广泛阅读了生物学以外的东西时，才理解了他的自然选择进化论。达尔文的个人笔记和他与其他学者的广泛通信对进化论得以发展的那个渐进过程作出了解释。

达尔文在“比格尔号”航行期间所保存的大量笔记表明，他还没有意识到进化论。但是，在1838年12月，达尔文开始作一系列关于物种演变的私人笔记。在公开场合，他假装坚持传统的信念，同时逐渐地搞清楚他的资料的意义。4年以后，达尔文写下了有关进化论的35页的大纲，两年多以后，他手边有了230页的、相当于书本篇幅的手稿。他为这些手稿的出版留下了说明，以防自己万一死亡（米勒和范卢，1982）。

达尔文逐步提出、评估和放弃某些假设——这些假设可用于解释他在“比格尔号”航行期间搜集的生物学资料。他已经在野外采集了几百种标本，而他也可以利用他的野外记录来进行思考和分析。达尔文致力于阐述进化论的一般理论。他阅读奥古斯丁·孔德关于实证主义哲学的著作。然后，他阅读亚当·斯密的自由放任的经济学的，经济竞争作为企业生存斗争的结果在建立经济秩序方面的作用，给他留下了深刻的印象。接着，他又转向比利时统计学家阿道夫·凯特勒的著作，该著作讨论了托马斯·马尔萨斯的观点，即人口呈几何级数增长，而食物供给只是呈算术级数增长的观点。1838年10月，达尔文阅读马尔萨斯的《人口原理》，以便回溯凯特勒的讨论的源头。进化论的最后几个难题现在落在了达尔文的面前。这时距从“比格尔号”返回已有两年时间，达尔文时年30岁。

请注意：达尔文的自然选择理论并不是从他的资料中跳到他面前的，也不是来自生物学的领域。相反，“直接的促成者是一个社会科学家，一个经济学家和一个统计学家。”（古尔德，1980）达尔文的进化论形成的关键是他的广泛阅读，是他能够从其他科学领域中看到与生物学相似之处的能力。他的理论创造是一个高度的社会过程，通过与其他人的思想交流而逐步建构起来，这些交流既借助于阅读而获得，也是与科学同事广泛通信的结果。

暴风雨将来临

至1838年，达尔文已发展了他的自然选择理论，并于1842年和1844年以两个未发表的纲要形式将之记录下来。“然后，从未对自己的理论有过片刻怀疑，但害怕披露其革命内容的他，开始焦急、犹豫、等待、思考，并为以后的15年搜集资料。”（古尔德，1980）在他的挚友的催促下，他开始写一部巨著，其篇幅将是作为最终结果的《物种起源》的4倍。他将这本未出版、也未完稿的著作称为《自然选择》。

从1836年由“比格尔号”返回英国到1859年《物种起源》发表的23年间，达尔文广泛阅读，与同事通信，并进行更深入的研究。他与英国动物饲养员交谈，以便确证个体差异是遗传性的。达尔文敏锐地看到家畜饲养员的选择与自然选择之间的相似之处（米勒和范卢，1982）。他花了8年的时间在英国研究滕壶，想要获得在进化过程的更多资料。他鉴定了大量不同种类的物种，但是它们在幼虫阶段难以区分，这使他想到它们都是同一个祖先的后代。达尔文认定，一个原始的单一物种能够进化成几个不同的物种，后者再也不能杂交了。这种进化的一个例子来自加拉帕戈斯群岛的雀类，但是他也研究和用文献证明许多其他例子。达尔文想要提供极其丰富的证据，这样他的进化论一旦发表，就会得到坚定不移的支持。

达尔文一直等到1859年才发表他的《物种起源》。这种耽搁的原因之一是要在英国建立一个进化论科学家的共同体。随着一个支持者的隐形学院的最终出现，达尔文觉得他更能经受住自己理论预期会产生的那种争论。在《物种起源》中，他只有一句提到人类。然而，他知道一场暴风雨正等待着他的进化论的发表，那特别来自宗教领袖和其他认为进化思想威胁到以神学解释生命起源的人。1844 年，一本名为《自然创造史的遗迹》的书匿名出版了，但是，人们渐渐知道了它的作者是苏格兰博物学家钱伯斯（Robert Chambers）。钱伯斯的书引起了轩然大波，这使达尔文认识到要延缓他的著作的出版，尽管他已起草了这部著作的详细大纲。

达尔文本来要等更长的时间来发表他的理论，但是华莱士迫使他行动起来，后者是一个年轻的博物学家，他独立地阐述了一种自然选择的理论。“华莱士出身贫困，缺乏达尔文家庭的许多优势”（鲍勒，1990）。他是动物标本的专业采集人，为的是把它们卖给动物园和其他人。他到世界遥远的角落去旅行，主要是巴西、印度尼西亚和马来西亚。①1858 年 6 月 18 日，达尔文收到华莱士的一封信，里面含有他的论文草稿《论变种无限地离开其原始模式的倾向》，这篇草稿写于 1858 年 2 月。华莱士将它寄给达尔文，是想听到他的非正式的评价，并且对达尔文提出了这样的要求：如果这篇文章有价值的话，请他将之转交给赖尔爵士。达尔文读完这篇论文以后，立即意识到华莱士也独立地发现了作为进化的关键过程的自然选择。华莱士曾读过马尔萨斯关于人口和食物供应的著作。当华莱士因为疟疾发烧而病倒在马来西亚时，马尔萨斯的论文闪过他的脑海，同样的结果也发生在达尔文身上。达尔文写道：“（华莱士的）这篇论文确实包含着与我的理论相类似的理论。”［也就是达尔文在尚未发表的《物种起源》手稿中写下的进化理论］（鲍勒，1958）。

达尔文该怎么办？他为当时形势下的道德伦理所困扰。华莱士友好

① “华莱士线”最早是由 A · R · 华莱士确定的，它由北至南通过印度尼西亚群岛的巴厘岛和龙目岛之间的 50 英里海峡，构成了澳大利亚的动物区系的物种与欧洲、亚洲和美洲的动物区系的物种的分界线。

地将他的论文寄来了，并征求他的意见。在通过与其朋友赖尔和植物学家J·D·胡克的通信讨论这个问题之后，达尔文写了一篇文章，从他尚未发表的《物种起源》中将进化论的精髓抽取出来。1858年7月1日，达尔文的论文（1858）和华莱士的论文（1858）在伦敦林奈学会①上宣读，然后发表在一期《伦敦林奈学会会刊》（《动物学》）中，并附有由赖尔和胡克的注释（1858）："这些绅士在彼此独立、互不相识的情况下，构想了相同的非常天才的理论，来解释我们星球上的各种物种和特殊形式的出现和存续。他们都可以宣称自己具有作为这一重要探究思路的原创思想家的特点；但是，他们两人都没有发表自己的观点，尽管多年来我们一直催促达尔文先生这样做，而且，这两个作者现在都毫无保留地将他们的文章交到我们手中，我们认为，从它们中提取的精华应摆在林奈学会前，而这将会最好地促进科学的利益。"

达尔文没有出席林奈学会；他因其一个幼小的孩子死于猩红热而正陷入悲痛之中。赖尔和胡克也出示了华莱士在更早些时候寄给达尔文的那篇论文（古尔德，1980）。达尔文在处理共同发明进化论的事情上，以一种适当的科学方式从事。至于华莱士后来则坚持他并不值得被认为是这个理论的共同发现者。他论证说，达尔文就这个理论已工作了数年，而他只不过花了几星期来把它书写成文。

这两篇文章在《林奈学会会刊》上的发表没有引起很大的反响。到这时为止，公开争论的暴风雨还没有发生。但是，它即将到来了。

暴　风　雨

1859年11月24日，达尔文的《论自然选择作用下的物种起源，或

---

① 伦敦林奈学会作为C·林奈（1707—1778）——瑞典伟大的所有生命形式分类学家——的论文和其他材料的一个档案储存地而创建于1788年（布尔斯廷，1983）。这个学会已发展成为英国的几个重要的科学协会之一，它是作为一种绅士科学家的兄弟会而组成的。

在生存斗争中有利种类的保存》在伦敦面市的第一天，便售出了1250本。随后，第二次印刷的3000本也很快销售一空。在《物种起源》出版的几年之内，售出2.5万多本(科恩，1983年)。1859年，公众对进化论的一般思想怀有极大的兴趣。达尔文因为早先发表过“比格尔号”之旅的作品在英国已广为人知，而《物种起源》则立即引起轰动。

按照《创世记》的说法，地球之被创造用了6天，人类是在第7天被创造出来的。与之相对，进化论提出，人类是逐步地从其他生命形式进化而来的。因此，达尔文引起了宗教思想家的强烈反对，这些人相信《圣经》的字面意义。达尔文曾被培养成为一个去教堂做礼拜的基督徒，他也曾在剑桥学习怎样成为一名牧师，但是在他的进化论发表之后，宗教批评家把他列为反基督教徒。达尔文根据来自随机变异的自然选择来解释进化。在此之前，虽然其他进化理论已出现，但达尔文是第一个提出随机变异之机制的人。他的理论否认某个诸如来自上帝那样的神的目的推进进化过程的观点。简而言之，达尔文对《圣经》提出反驳意见。《物种起源》为给“科学与宗教之间为控制人类心灵而正在进行的战争”提供了“又一场战役”(鲍勒，1990)。达尔文的妻子艾玛虔诚地信奉宗教，达尔文不愿伤害她的感情，这是他延缓出版《物种起源》的一个原因。在他们结婚前不久，艾玛出于对达尔文救赎问题的担心写信给他。在这封信的底部，达尔文写道：“当我死时，我知道我曾为此有过多次亲吻和哭泣。”

达尔文身体不好，他需要一个斗牛犬（Dulldog）来公开捍卫他的进化论。赫胥黎成了达尔文理论的副指挥。他比达尔文年轻，身体强壮。和达尔文一样，赫胥黎也热衷于进化论。1860年，英国科学促进会在牛津大学召开会议，在会上的一次著名的对抗中，赫胥黎与牛津的主教塞缪尔(“圆滑的塞缪尔”)·威伯幅士博士辩论。威伯幅士主教在讲台上转向赫胥黎，带着讥讽的口吻质问道，和猴子有血缘关系的是你的祖父还是祖母？赫胥黎回答说，我宁愿有个猿作祖父，也不要一个“拥有优厚天赋和巨大影响，却把嘲讽奚落带进庄严的科学讨论的人做祖先”。

（考迪尔，1989）达尔文的大部分对手都接受进化的基本思想，虽然他们在自然选择是否就是进化发生的机制的问题上，并不一致。他们缺乏连贯一致的东西来替代自然选择。达尔文争辩说，上帝的计划中包括自然选择。他的对手说他声称人类是从猿猴遗传而来（他实际上是说，人类和猿猴有共同的祖先，或许在非洲是这样）。1859 年，带有猿的粗眉峰骨的尼安德特人头骨广为人知。1891 年，爪哇猿人在今天的印度尼西亚的地方被发现。诸如此类的文物的发现导致人们相信达尔文的人—猿从一个共同的祖先进化而来的主张。1871 年，达尔文发表了《人类的由来及性选择》，直接涉及人类进化的问题。达尔文并不喜欢“进化”这个词，因为他觉得它含有生物进步的意思，而由于不存在固定的变化方向，所以上述意思是难以限定的。斯宾塞将社会进化等同于进步，因此他没有与之相类似的烦恼。

哈佛大学地质学和动物学教授阿加西斯（Louis Agassiz）是美国反对达尔文进化思想的领袖（洛温伯格，1933），但是进化论还有许多其他的贬毁者和支持者。最著名的辩论是关于 1925 年在田纳西州代顿对约翰·汤姆斯·斯科普斯——一个年轻的中学教师——的“猴子审判”。斯科普斯被控向他的学生讲授进化的思想，这在田纳西州是一种违法行为。审判以引人入胜的演说者和原教旨主义者威廉·詹宁斯·布莱恩与不可知论者和自由主义律师查尔斯·达罗两人之争为特色。斯科普斯被宣布犯有讲授进化思想罪，罚金 100 美元（考迪尔，1989）。高度公开化的审判的主要结果，如同斯科普斯和进化论者所希望的那样，是增加了公众对进化论的认识。

后来的进化论研究

科学家后来的发现有助于促进我们对进化论的理解，并逐步减少了生物学家对于达尔文理论本身的兴趣。从 1890 年至 1930 年，随着可供替代的进化理论大量出现，达尔文的理论失势了。但是，随着对遗传有了新的理解，达尔文主义在生物学家中又东山再起了。

自1859年以来，遗传学领域发展迅猛，并且是沿着阐明进化过程的方向发展。在与《物种起源》的发表大约相同的时期，一个名为孟德尔(Gregor Mendel)的奥古斯丁教派僧侣也在进行研究。孟德尔曾在维也纳大学学习，后居住在今天的斯洛伐克。他的发现后来湮没无闻长达24年，直到1890年被W·贝特森重新发现和普及时为止。孟德尔的遗传学研究表明，获得性状并不是经由遗传而来的，因此摧毁了拉马克的进化理论。例如，如果一头长角牛被农夫割去了角，它的后代会仍然生来有角。由成年动物的行为所获得的特性不会传给它的孩子。所以拉马克引证的伸长头颈去吃高树上的叶子的长颈鹿不可能将它们的长头颈传给它们的后代。然而，突变和其他的遗传变异可能导致某些长颈鹿有更加长的头颈，而此类长头颈的长颈鹿比起短头颈的长颈鹿来，大概更有可能在争取食物的斗争中生存，并因此更大量地繁殖出它们的种类。

孟德尔通过对几代豌豆的选择性交配，创造了纯种豌豆。然后，他可以辨认出7个相对性状：诸如高的和矮的，皱缩种子和圆粒种子，紫红色的花和白色的花，黄豌豆和绿豌豆，等等。下一步，他将两个具有相反性状——如高和矮——的纯母体杂交，发现所有的高×矮的杂交都是高的，因为高是一种显性基因，而不是一种隐性的遗传特征。接着，孟德尔使这些后代自体受精以获得一个第二代。在子二代中，四分之三的后代是高的，四分之一是矮的。孟德尔之前的传统观点是混合的观点：杂交种的特征将介于父母性状之间(因此，所有后代的高度都介于高和矮之间)。孟德尔1866年在一本科学杂志上发表了他的结果，但是没有引起多大的注意。最后，当孟德尔在破解遗传学的一个基本困惑方面的工作得到承认时，它的进化论意义开始得到理解。

当《物种起源》出版时，达尔文并不知道孟德尔遗传学研究。1890年以后，孟德尔的遗传学广为人知，就在这时它开创性地引导了对于进化论的质疑。进化论现在似乎要由突变来解释，即用由物理损害所造成的遗传物质的变化来解释，而不是像达尔文所坚持的那样，由连续变异来解释。最后，大约在1930年以后，随着人们认识到无论是突变还是连续变异都被包含在进化之中时，达尔文的独创性理论得到了纠正与修改。“只是在遗传突变的现代概念证实个体变异基本上是随机的时候，生物学家才不得不接受这样的观点，即进化可能具有达尔文预测的那种开放性特征。”（鲍勒，1990）

在达尔文的革命性著作发表的20多年之内，大部分生物学家都转向了物种进化。“达尔文的进化思想构成了对自然科学的根本重建，并在进化的生物学的狭窄范围之外产生了重大影响，特别是在社会科学中产生了重大影响。”（库恩，1983）

进化论的影响

卡尔·皮尔逊（Karl Pearson，1857—1936）和弗朗西斯·高尔顿（Francis Galton，1822—1911）是统计学领域的重要奠基人，他们分别发展了卡方检验和相关分析，以检验达尔文的进化论（坦卡德，1984）。皮尔逊的主要专业兴趣是对达尔文的自然选择进化基础作出统计学的证明（格林伍德，1949）。高尔顿是查尔斯·达尔文的堂兄弟，并受到达尔文的极大影响，他通过阅读《物种起源》开始确定研究人类遗传。这部著作也将高尔顿引向颇有争议的优生学思想：即通过鼓励最有能力的个体的繁殖、阻碍最没能力的个体的繁殖，而达到对人种的改进。早在希特勒强行对他认为是劣等的人实行绝育来玷污优生学这个概念之前的一个时代，高尔顿和皮尔逊就信奉这个概念。但是，即便在他俩的时代，优生学也是有争议的。

斯宾塞和社会达尔文主义

赫伯特·斯宾塞是达尔文和马克思的同代人，而且他们在同一时期都生活在伦敦。斯宾塞是他的严格父母惟一的孩子。他只受过 3 个月的正式教育，然后由他的父亲指导，所以他没有同伴。他终身未娶，像一个半隐士、半残疾者那样过着艰难的个人生活。斯宾塞饱受失眠和抑郁之苦，并且神经质。当他 33 岁时，一位富有的伯父去世，留给斯宾塞一大笔遗产，这支撑他得以在后半生作为一个私人学者而生活。

斯宾塞没有学位，也没担任过大学的职务，且没有学生。他很少阅读，不十分博学。他通过与杰出的科学家交谈来发展他的思想，这种交谈经常发生在他所属的伦敦男性俱乐部里。托马斯·赫胥黎（达尔文的"斗牛犬"）是一个经常参与讨论的伙伴。斯宾塞兴趣广泛，涉及心理学、哲学、生物学和社会学。在政治上，他是一个右翼保守思想家，这或许是社会学家——主要是自由主义的社会学家——后来之所以用怀疑的眼光看待他的作品的原因之一。他赞同亚当·斯密的看不见的手和托马斯·马尔萨斯的富有启示意义的人口原理。斯宾塞将社会进化定义为某种现象的不连贯的、无序的分布状态向连贯的、有序的变化状态的转变。他使用来自生物学的类比，追溯社会从简单向复杂的发展。他先于《物种起源》约 10 年发明了"适者生存"的术语。他把他所处的维多利亚时代的英国视为社会发展的最终状态。有人说过："斯宾塞和他的哲学是英国工业主义的产物"。

斯宾塞"终身狂热地仇恨国家权力"，认为最好的政府是统治最少的政府。和达尔文一样，斯宾塞也对马尔萨斯的人口增长理论作出了反应（霍夫斯塔特，1944）。斯宾塞声称，所有系统不可避免地从不那么有序的状态发展到更加有序的状态。与之相对，达尔文对生物进步的思想是持谨慎态度的。斯宾塞和达尔文进入伦敦同一个社交圈内，并在他们的男性俱乐部中不时见面，但是，达尔文说："我不觉得自己的工作获益于斯宾塞的著述。"（巴洛，1958）然而，达尔文使用了斯宾塞的"适者生存"的术语，所以，看来在这两个人之间存在着至少是某种程度的理智交流。从斯宾塞这一边来说，他不隐瞒达尔文对于他的恩惠："我

只是贯彻达尔文先生的观点，将之运用到人类。”（斯宾塞，1891）

斯宾塞的社会进化论足以引起早期美国学者的批评，诸如库利和帕克，但是，在这一过程中，他们对社会学产生了兴趣。库利说：“我料想，我们这些在1870年至（约）1890年开始研究社会学的人几乎都受到了斯宾塞的鼓动。尽管他没有发明这个词（虽然我们中的大部分人以前从未听说过它），更不用说这个思想了，但他赋予了（社会学这个词和它的意义）这两者以新的生命……的确，我们几乎都或迟或早背离了他，也都或多或少地完全背离了他。”（库利，1920）今天，斯宾塞在社会科学家中已不受青睐，这些社会科学家反对他关于社会进化就是进步的思想。

在美国内战以后的30年中，不把握斯宾塞便不可能活跃在理论工作的任何领域。斯宾塞的书在美国非常畅销。在它出版的最初43年中，共售出约37万册，“这一数字对于诸如哲学和社会学之类的困难领域的著作来说，乃是无可比拟的。”（霍夫斯塔特，1944）斯宾塞的支持者包括美孚石油公司总裁约翰·D·洛克菲勒、铁路大亨詹姆斯·J·希尔以及钢铁巨头安德鲁·卡内基，后者成为斯宾塞的私人朋友和崇拜者。①斯宾塞向这些企业领导人讲述他们想要听的东西：自由放任的资本主义是社会进步的关键。他论证说，资本主义所展示的无情的经济竞争应受到鼓励，以便人类社会获得可与展现于自然之中的效率相媲美的效率（米勒和范卢，1982）。在《社会静力学》（1851）中，斯宾塞声称，自由企业保证了个人和机构迅速地适应于其不断变化的环境。那些不能适应的人所遭受的痛苦提供了一种激励因素，以便下一次做得更好（鲍勒，1990）。因此，资本主义是社会进步的理想机制。斯宾塞的社会达尔文主义最终声名扫地，但是，在这个过程中，斯宾塞促使了进化论的普及。事实上，

① 1903年，卡内基给赫伯特·斯宾塞写了一封充满敬意的信，它以“亲爱的大师”开头，结尾如下：“这个世界缓慢行进，还没意识到它那静静地躺在布赖顿沉思的最伟大的心灵。但是，总有一天它会被这颗心灵的教诲唤醒，并宣布斯宾塞的位置是最高的。非常感谢，我的大师，您的虔诚的学生，安德鲁·卡内基。”（皮尔，1971）

他的主要作用就是普及了达尔文的进化论。

非语言传播

对于传播学学者来说，达尔文特别重要的著作之一是《人类和动物的感情表达》，它出版于1873年，即《物种起源》问世13年后，《人的由来》问世1年后。《人类和动物的感情表达》也是一本畅销书。在它出版的那天，引人注目地售出5267本。这部著作创建了非语言传播的领域，尽管达尔文没有这么称呼。他论证说，如果不理解动物的感情表达，就无法理解人类的感情表达。“我们的感情表达在相当大的程度上是由我们的进化论来决定的。”（埃克曼，1973）达尔文通过描绘婴儿和儿童（这部分地依靠观察他自己的男婴而获得）、各种文化中的成年人、精神病患者，以及诸如猿和狗那样的动物的感情表达，来支持他的非语言传播的起源理论。

在纪念《人类和动物的感情表达》出版100周年时，埃克曼（Paul Ekman）（1973）——一位最重要的非语言传播领域的学者——收集了与达尔文的非语言传播理论有关的当代研究证据。他的主要结论是：“达尔文的许多观察，他的大部分理论解释和预测，都被当前的知识所证实。”研究证据表明，诸如生气、害怕和喜悦等某些普遍的面部表情可能源于对面部表情的某些天生的遗传作用。与某些感情相联系的面部肌肉运动的特殊模式来自遗传因素，而不是后天习得的（埃克曼，1973）。

种群生态学理论

作为从单一组织向多个关联组织的分析层面的转变，组织生态观始于20世纪70年代。主要由康奈尔大学社会学系的汉南（Michael Hannan）和约翰·弗里曼（John Freeman）教授发展的种群生态学理论（population ecology theory），是建立在进化论的基础上的，尽管他们没有承认这个基础(汉南和弗里曼，1977；弗里曼和汉南，1989；扬，1988，1989)。①种群生态学理论使用了诸如生态位宽度(niche width)②、环境、争夺稀有资源和生存等进化的概念，以便预测各种组织在时间过程中的生死存亡。这个理论被用来理解种种组织的生存状况。汉南和弗里曼采用诸如一座城市的所有餐馆中的各色种群、北加利福尼亚硅谷中的半导体公司里的各色种群，来检验他们的种群生态学理论。迪米克(John Dimmick)和罗森布勒(Eric W. Rothenbuhler)(1987)以其研究的大众媒介机构的种群生态学，解释为什么有些像无线电广播那样的媒介产业正在部分地被电视产业所取代的问题。

种群生态学理论的一般目的是解释系统内的各种单位的生存或灭绝的原因。种群生态学研究者反对过去许多有关组织行为的研究，后者观察单一组织的内部，并且只就一个时间点搜集资料。相反，种群生态学搜集动态资料，并且在一个不同的分析层次上进行操作：即在种群组织的层次上(由此，就有了“种群生态学”的名称)。研究种群的恰当范围——例如，一个城市中的所有餐馆——并非总是像人们可能喜欢的那样泾渭分明。到底什么是一种组织呢？答案肯定通常多少有些是任意的。

进化论的贡献

自《物种起源》发表134年以来，达尔文的进化论对于社会科学思想和传播学已产生了重要的影响：

1. 它在系统阐述辩证唯物主义方面直接影响了马克思(参见第

---

① 不过，种群生态学家的确承认人类生态学家R·帕克和A·霍利为学术先驱(汉南和弗里曼，1989)。

② “生态位宽度”是种群对于变化的资源水平的容忍度，是抵制竞争者的能力，是对遏制生长的其他因素的反应(弗里曼和汉南，1983)。

四章）。

2. 由赫伯特·斯宾塞的社会达尔文主义所表达的“变异”将库利和帕克那样的美国早期社会学家引向社会学领域，尽管他们后来都反对社会达尔文主义。库利、特别帕克是芝加哥学派的领袖，而帕克是大众传播第一个理论家(参见第五章)。帕克关于城市生态学的著作直接受到达尔文的进化论的影响。
3. 达尔文有助于非语言传播研究的开展，这是传播学的一个专业，它仍引起人们的广泛关注。
4. 进化论的许多重要概念和机制现在都被研究群体生态学的学者们所使用。这个无形的学院包括传播学学者。

与弗洛伊德的精神分析理论和马克思主义不同，除了非语言传播的研究者以外，达尔文的进化论并没被今天的一批传播学学者积极地推向前进，这些人一般说来也不承认达尔文在开创他们的研究传统方面所发挥的作用。

1882 年 4 月 18 日，达尔文因患心脏病去世，他被葬在肯特的家族墓地。但是，由一批科学家、教士和议员签名的一份请愿书呼吁他应葬在威斯敏斯特教堂，因此作出了调整。达尔文的遗体安葬在英国伟大的名流之中，紧靠着另一位著名科学家——艾萨克·牛顿爵士。因此，达尔文的国家以他为荣。

第三章

弗洛伊德和精神分析理论

有人说过，过高估计性在人类事务中的意义，这近乎是不可能的事情，但是，这种不可能被弗洛伊德超越了。

——R·S·林德：《知识的目的？社会科学在美国文化中的地位》

西格蒙德·弗洛伊德(Sigmund Freud，1856—1939)是被作为一名医生来培养的，他创建了精神分析的职业，并创建了精神分析理论(图3.1)。

图3.1 弗洛伊德(1856—1939)70岁时

使用经伦敦弗洛伊德博物馆许可。

弗洛伊德不是一个社会科学家，但他的确对社会科学产生了巨大的冲击。他的精神分析理论对心理学有重要的影响，对社会学、政治学和人类学也有重要的影响。它通过批判学派、帕洛阿尔托学派、拉斯韦尔直接地影响了传播学领域，并且通过霍夫兰较为间接地影响了这个领域。

弗洛伊德的主要贡献是他对于无意识的认识，对于超出我们理性控制的心理力量的影响的认识，对于性欲在个体从婴儿时期起的心理发展中的作用的认识(科恩，

1983)。他的婴儿性欲的发现遭到了强烈的反对，因为儿童从前被认为在青春期前是天真无邪的，是没有性欲的。

弗洛伊德的生平

20世纪初，维也纳成了精神分析理论的诞生地。作为哈布斯堡帝国(奥匈帝国)的首都，这个有着100万人口的美丽城市是一个伟大的知识中心。重要的思想风靡全城：包豪斯的建筑运动，勋伯格的激进的、富有革新精神的十二音体系，奥图·纽拉特的逻辑实证主义的维也纳学派和L·维特根斯坦的哲学。世纪之交的维也纳也表现出清教主义规范、性压抑、严格的道德规范等特征。这构成了弗洛伊德关于心灵的思想、特别是在解释人类行为时对于性的强调的敌对背景。

弗洛伊德的思想攻击了他所生活的维多利亚时代的许多价值观念，特别是攻击了认为性不是科学研究的主题的观点(弗洛姆，1962)。而且，弗洛伊德的理论明显地背离了从前理解人类行为的方法，因为他强调作为解释来源的个体的无意识。在弗洛伊德之前，心理学家和其他学者认为，人性的这个未被探究的阴暗面是不可能被科学地加以探究的。他们怀疑弗洛伊德的精神分析理论，后者奠定在精神分析家理解无意识的能力的基础上。从一开始，弗洛伊德的思想在维也纳便是有争议的。

弗洛伊德生于摩拉维亚的普日博尔，它位于今天的斯洛伐克，但当时是奥匈帝国的组成部分。弗洛伊德的父亲是一个非常成功的木材商。当西格蒙德4岁时，他随家庭迁移到维也纳，在那里，他度过了他83年人生的其他岁月，除了最后在伦敦的一年之外。弗洛伊德认为自己是犹太人。他曾随他的祖父——一个犹太教祭司——被取了一个犹太名字：施洛蒙(Schlomo)。“弗洛伊德终身都是一个‘骄傲自大的、沙文主义的’、甚至‘报复心强的’犹太人”(萨斯，1978)。一个结果是他毕生都对宗教和宗教史感兴趣。他早年所遭遇的敌对的排犹主义给他留下这样的感觉，“他属于遭受迫害的少数人，并将他的创造力部分地归结于这一事实：他不得不用与大部分人不尽相同的方式来思考”（艾伦伯格，1970）。弗洛伊德在他对犹太教的认同中寻找力量，并以此来对抗反犹主义。

弗洛伊德是一个出色的学生，无论在哪里学习，他在班级上总是名列前茅。他在维也纳大学接受教育，当时，那是世界上最著名的大学之一(安尤，1986)。弗洛伊德学习怎样成为一个医生①，目标是一名医学科学家，但他无法获得大学职位，因为他是犹太人，所以1886年，当他30岁的时候，他在维也纳开设了一家私人诊所(表3.1)。订婚4年以后，他

表3.1　弗洛伊德职业生涯大事记

年　份	事　　件
1856	生于当时位于奥匈帝国的普日博尔,不久随家迁往维也纳,在那里,度过了他的大部分余生。
1881	在维也纳大学获得医学学位,希望成为一个医学研究者,但是由于是犹太人,他的事业受阻。
1882	在与朋友J·布罗伊尔讨论歇斯底里症患者安娜·奥的病例时,开始发展精神分析理论。
1885	去巴黎旅行,以便和夏尔科一起研究使用催眠术来治疗歇斯底里症。
1886	开办私人医疗诊所,专治神经病患者。
1887	就作为歇斯底里症一个原因的儿童诱奸的问题与同事布罗伊尔决裂。
1895	与布罗伊尔一起出版《歇斯底里症研究》。
1894—1899	在柏林与W·弗莱斯继续保持广泛的通信往来。
1897	自我分析对其病人的压抑性情感,这导致了他提出俄狄浦斯情结。
1899	出版《释梦》,这是他最重要的著作,以他的自我分析为基础。
1902	星期三晚间小组在维也纳开始活动,6年以后,它被重新命名为维也纳精神分析协会。
1904	在《日常生活的心理分析》中论证弗洛伊德式失误提供了对于无意识的洞见。
1905	发表《性学三论》和《诙谐及其与无意识的关系》。
1908	国际精神分析大会召开,C·荣格被选为主席。
1938	纳粹入侵奥地利,弗洛伊德从维也纳逃亡伦敦。
1939	弗洛伊德死于癌症。

① 弗洛伊德因为阅读了达尔文的著作而选择了医学(舒尔茨，1975)。

与玛莎·伯纳斯结婚，尽管他们没有什么钱——事实上，他们不得不抵押他们的手表(舒尔茨，1979)。弗洛伊德精通神经学，在经过几年开业医生的培训之后，他为神经病患者看病。这些病人到弗洛伊德处求诊和接受治疗，希望他能够治愈他们的神经质倾向。他能够采用什么样的治疗技术呢？首先，他尝试了催眠术。他的病人躺在他办公室的长沙发上，被置于一种类似于睡眠的状态。弗洛伊德坐在病人旁边的椅子上，用手揿压病人的前额，以鼓励他们集中注意力于他的问题。在后来的年代里，尽管那时他不再使用催眠术或揿压前额的方法，但他仍然将病人置于长沙发上。因此，精神分析家的长沙发，连同弗洛伊德的雪茄，成了精神分析的象征(萨斯，1978)。

弗洛伊德曾在1885年和1886年随让-马丁·夏尔科(Jean-Martin Charcot,1825—1893)学习了4个月，通过这个途径他学会了催眠术。夏尔科是一个著名的神经学家，也是巴黎萨尔佩特里女精神病院院长，他使用催眠术来治疗歇斯底里症(萨洛韦，1979)。弗洛伊德希望，催眠术会成为研究个体无意识的一个手段，以便发现歇斯底里症的原因，就是这一疾病已困惑欧洲医生几个世纪了。不过，夏尔科坚持认为，歇斯底里症的原因严格地说是物理方面的，并且阻止弗洛伊德对病人提出精神方面的问题。然而，弗洛伊德坚信，无意识存在于人的意识之外，比起有意识的心灵来，无意识在影响某些个体行为上更强大(弗里曼，1972)。

从巴黎返回以后，当弗洛伊德在维也纳医师协会上宣布巴黎有许多创伤性男性歇斯底里患者时，他受到了嘲笑和藐视(拉斯韦尔，1930)。他的维也纳的医学同事们坚持认为，只有女性才能患上歇斯底里症。①他开始理解他的理论将要遭到的抵制。弗洛伊德发现，维也纳最有名望的医学家的敌视态度令人不安，也是蔑视的反应。“他感到，他正在维也

① 当典型的男性歇斯底里症不再为维也纳的医学权威所质疑时，夏尔科的那种创伤性的男性歇斯底里症又受到了怀疑。弗洛伊德的在维也纳医师协会的医学同事们认为，弗洛伊德在过分热情地描述夏尔科的工作时，表现出对于他们的不屑一顾。

纳领导一场反对医学公认的既有传统或反对他的所有前辈的运动，他全身心地接受他的命运。"（琼斯，1953）。从这时起，弗洛伊德就从维也纳的医学界中脱离出来。他想要作出伟大的医学发现，并且认为他的科学同辈不会给予他恰当的承认。

在其一生中的大部分时间内，弗洛伊德和他的妻子及6个孩子住在伯格斯街19号，并在那里开办私人医疗业务。他的公寓位于这座城市旧城区的中心地带，靠近大学、歌剧院和皇宫。“弗洛伊德是个地道的维也纳人。”（埃伦伯格，1970）他享受着维也纳文化的所有方面：咖啡馆，剧院，音乐和一般的知识氛围。弗洛伊德过着一种平静的、中产阶级的、相当传统的生活方式。1936年，他和他的妻子庆祝他们的50年结婚纪念日。两年以后，即1938年2月，纳粹侵占了奥地利，弗洛伊德逃亡伦敦，随身携带的是他最喜爱的希腊雕塑和其他小古董，他在对病人进行精神分析时这些小古董就放在他的书桌上。他认为自己是一个“心灵的考古学家”，在每一个个体的无意识记忆中挖掘往事。①1939年，在他83岁生日以后，也就是在伦敦住了1年以后，弗洛伊德逝世了，在此之前，他与口腔癌搏斗了16年，疾病使他陷于持续不断的痛苦之中，并经历了33次手术，将越来越多的腭和上颌除去。这种癌症或许是由于弗洛伊德对香烟的喜好而造成的(他每天吸20根)。他从前在伦敦的住所——位于梅尔斯菲尔德花园路20号——现在成了弗洛伊德博物馆。

至1920年左右，即他60多岁时，弗洛伊德赢得了享誉世界的名声。然而，在其一生中，他从未因为精神分析理论而获得重要的科学或医学奖项。但在1930年，他的确在接近其职业生涯的尽头时因文学才能而获得歌德奖。

---

① 弗洛伊德喜爱希腊和罗马艺术，他去雅典和罗马的旅行是他一生中最大的旅行经历。他十分迷恋考古学，认为他的事业就是对个体过去的、不被承认的内在特征进行探究（布尔斯廷，1983）。

精神分析理论：一种解释

弗洛伊德最重要的概念化工作之一涉及无意识。精神分析理论试图通过考察个体内在的东西、特别是探究个体的无意识来解释人类行为。弗洛伊德将人的心灵分为三个自我意识的层次：（1）意识，对此，个体可以不怎么困难地予以理解和向他人描述；（2）前意识，个体可以将之召唤到意识层次；（3）无意识，它在大部分情况下都不能进入个体的自觉意识，除非个体依靠精神分析家的帮助。压抑（repression）是这样一种过程，通过它，个体阻止某些儿时的事件和其他东西成为在自觉意识中可以获得的东西。投射（projection）是这样一种过程，通过它，无意识层面的神经性的或精神的焦虑被转化为有意识的恐惧。因此，对于个体来说，有意识层次和无意识层次之间有可能发生交换。弗洛伊德试图采取诸如催眠术、自由联想、梦的分析和对弗洛伊德式失误和玩笑的研究等方法来理解他的病人的无意识。

或许弗洛伊德是在个体之内、而不是在个体与他人的关系之中寻求对于人类行为的解释，因为就由于宗教偏见而曾阻止他进入他所选择的医学研究的职业而言，他已对社会有了某种令人不快的观点。弗洛伊德认为，社会对于他所医治的病人的生活产生否定性的影响。他并非强调如何改变社会以解决他所治疗的个体失调，而是试图通过帮助他的病人理解其精神失调的原因来治疗他们，因此他们就能以一种更有效的方式继续生活下去。精神分析理论作为对一种内在的个体行为的解释，是通过对无意识的理解而发展起来的。

弗洛伊德的方法

弗洛伊德采用了各种各样的方法以探讨无意识。首先，他尝试催眠术，但当发现催眠术转移了症状却没有彻底医治他的病人时，他最终对催眠术产生了不满。后来，他转向与个人进行长期深入的访谈。弗洛伊德要求他的病人躺在长沙发上放松，与此同时，他鼓励他们说出心中想到的任何事情。因为这样一种自由联想常常受到抑制的限制，所以弗洛伊德帮助他的病人克服他们的阻抗（resistance），其途径是以一种完全不作判断的方式来接受他们所说的任何东西。1892 年，弗洛伊德开始使用长沙发，1896 年，他发明了“精神分析”一词。他越来越多地使用自由联想技术，从不审查或判断他的病人所说的话，希望以这种方式了解被压抑在他们的无意识中的创伤性事件。

精神分析理论建立在一系列相对较少的详细病例研究的基础上。弗洛伊德通常每天为每个病人看 1 个小时，连续几个月或几年，所以每个病例研究都代表着一种非常有条理的分析。弗洛伊德的主要知识基础由 12 个诸如此类的病例研究构成，尽管他也治疗其他几百个病人。他进行过深入研究的 12 个人是相当狭窄的样本。他们都非常富有（他们必须富有，以足够支付弗洛伊德的深入细致的研究的费用），大部分都是精神失调的妇女。她们患有神经质，但不是精神病；就是说，她们并非如此严重地精神失调，以至于非得被送进疯人院。一个例子是安娜 · 奥，一个维也纳的年轻病人，她的真实姓名是伯莎 · 帕彭海姆（舒尔茨，1957）。安娜 · 奥是一个聪明、迷人、富有魅力的 21 岁女子。她为剧烈的咳嗽、斜视、恶心、记忆丧失、幻觉和言语问题所困扰，而她的右臂和头颈瘫痪了。尽管德语是安娜 · 奥的母语，但她只能讲英语。安娜有 6 个星期的时间不能喝水，尽管她感到口渴。安娜 · 奥是一个多少有点典型的歇斯底里症患者，而且她是一个典型的弗洛伊德的病人，因为她来自奥地利的一个最富有的犹太商人家庭（安佐尔，1986）。

弗洛伊德的工作资料由他的病人对于他们过去的生活事件的口头表述所组成，特别是他们童年时期的经历。因此，资料——出现在他的病人意识中的每一件事——是定性的。弗洛伊德并不使用诊断检测，也不使用任何其他有关他的病人的人格特点的量化测度，当他的病人和他交谈时，他也从不记笔记，所以他的资料就由他的记忆组成（舒尔茨，

1975）。他不以一种正式的方式来检验假说，而是确认概念、建立分类、提出他的这些概念间的可能关系，或许用一两个个别病例研究来对之进行阐述，用这一种解释的方式来推论出精神分析理论的组成部分。弗洛伊德将自我分析作为他的研究方法论的一个重要组成部分。他留下每一个工作日的最后半小时用于分析他自己的思想、梦和记忆。精神分析理论的许多重要组成部分都产生于弗洛伊德的自我分析，特别是对于他的梦的自我分析。事实上，创造精神分析理论的关键转折点发生在 1896 年和 1901 年之间："弗洛伊德在 40 岁至 45 岁期间，通过亲自动手分析他自己的梦而发明了精神分析。"（安佐尔，1986）

批评者们指出，弗洛伊德试图通过描绘在很大程度上都是不成功的病例——就是说，在这些病例中，病人作为精神分析治疗的结果，并没有得到完全的恢复——来阐述精神分析的效用（萨洛韦，1991）。弗洛伊德发表了 6 个详细的病例史，但是，这 6 个人中的 2 个病人仅仅几个月之后，在未获得任何确定性的结果之前便中断了治疗。弗洛伊德一度为被恐马症所困扰的"小汉斯"治病，并从男孩的父亲那里获得大部分有关这个病例的资料。弗洛伊德从未看见他的第四个病例中的病人：丹尼尔 · 保罗 · 施赖伯，但是通过施赖伯所发表的自传而分析了这个病例。剩下的两个病例，即鼠人和狼人的病例，是最完全、似乎也是最成功的病例，但是即便在这些病例中，被弗洛伊德认为是有效的治疗结果也不可能由其他精神分析学家复制出来（萨洛韦，1991）。由于精神分析的有效性缺乏确凿的科学依据，所以对弗洛伊德的理论的接受在很大程度上不得不以它表面上的有效性为基础。

弗洛伊德是对他的病人的语言和非语言的行为的一个有意识的观察者。他是一个富有创造力和勇气的理论建构者，并且将其他有才能的人的思想吸引到精神分析领域之中，因此，他的理论——作为充分表现其思想力的一种理智运动——被推向前进了。不过，弗洛伊德最终和他的几个主要的追随者们发生了争吵，所以，分裂了精神分析运动，并摧毁了这个统一体。

谈话疗法

弗洛伊德是一个仔细的倾听者，在一个钟点、一个钟点地倾听他的神经病人的谈话时，他逐渐地开始创建精神分析理论。这有助于他通过与专业同行们讨论这些病例的途径来延伸他的理论。其中，弗洛伊德早年创立精神分析理论时，他最重要的同事之一是布罗伊尔博士(Josef Breuer，1842—1925)，一个杰出的维也纳医生，在所谓谈话疗法中与病人讨论他们的症状，由此达到对这些病人的治疗。精神分析理论产生于弗洛伊德对布罗伊尔的谈话疗法的使用及关于他们病人的讨论。精神分析理论是社会性地建立起来的，从弗洛伊德与其病人，与其同事(尤其是布罗伊尔)，后来又与其追随者的谈话发展而来(图3.2)。

布罗伊尔是弗洛伊德的一个年长的同事，比弗洛伊德大14岁，在维也纳医学界德高望重。他有一个委托人是维也纳最富有者之一，他还将病人转诊给弗洛伊德。布罗伊尔是弗洛伊德的一个热情的、愿意提供资助的朋友，他借给弗洛伊德一大笔钱，而弗洛伊德多年来都无法偿还这些资金，所以布罗伊尔最终对这种长期的依赖感到忿忿不平。布罗伊尔也是弗洛伊德的私人医生。不过，从主要方面来说，布罗伊尔将他自己的业已被确认的科学声誉提供给弗洛伊德，这对于将人们引向弗洛伊德的创新思想来说，也是必要的(奈特，1984)。

布罗伊尔的医疗业务主要由被称为“歇斯底里症患者”的年轻女性组成：她们抱怨身体的种种病症，但实际上不是真的有病。1882年，布罗伊尔告诉他的朋友弗洛伊德有关安娜·奥的病例。她这个病例在弗洛伊德与布罗伊尔的讨论中起着至关重要的作用，通过这样的讨论，他们推进了精神分析理论。当安娜·奥告诉布罗伊尔医生有关她早年生活的不愉快事件时，她暂时从许多病症中解脱出来。例如，在催眠状态下她告诉布罗伊尔，她有一次看见一只狗喝杯子里的水，这是一件令人厌恶

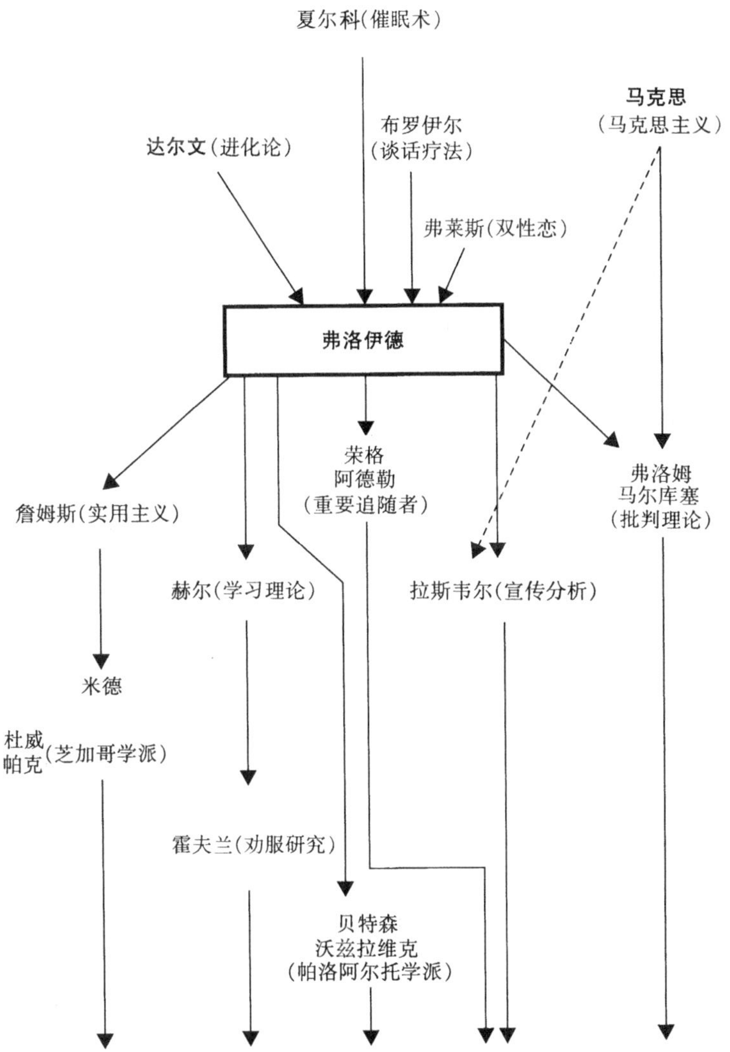

图 3.2　弗洛伊德理论的思想先驱和继承者

的事，所以妨碍了她喝水。当安娜·奥从催眠的昏睡状态下苏醒过来时，她要了一杯水，并大口喝起来。她瘫痪的右臂也被布罗伊尔治好了，这时他强迫她回忆早年生活中的一件痛苦的创伤性事件。

最终，安娜·奥从她的歇斯底里症中恢复过来，并成为一个杰出的社会工作者（这在德国是第一个人，在世界上是首批人之一）和女权主义者（阿皮格南奈斯和扎拉特，1979）。谈话疗法——安娜·奥也将之称为“扫烟囱法”（chimney sweeping）——被布罗伊尔和弗洛伊德重新命名为“宣泄”（catharsis）。①“宣泄”是通过替代性手段对个体的强烈情感进行清洗。这个概念最初来自希腊悲剧，如同亚里士多德所提到的那样，这些悲剧常常通过在戏剧舞台上描绘悲剧事件来净化或纯净观众的情感。出于某种“水压式的”（hydraulic）情感理论，宣泄被看作是有益于个体的释放：内在情感必须得到释放，否则，它们就会“沸溢”或“爆发”。对于弗洛伊德来说，宣泄是精神分析治疗的前兆。正像在安娜·奥的病例中那样，凭借从潜意识中回忆已被忘却的、不愉快的事件的途径，病人的症状被消除了。

弗洛伊德说服布罗伊尔和他合作撰写《歇斯底里症研究》，这部著作出版于1895年，它考察了6个歇斯底里症的病例，其中之一就是安娜·奥的病例。这是世界上第一部有关精神分析的著作（尽管“精神分析”一词直到1896年才被弗洛伊德所使用），它阐明了诸如移情、阻抗和压抑等基本概念。在以后的50多年中，弗洛伊德的精神分析理论逐步展开，在他的各种著作中都得到了论述，其中的每一本著作都是他当时工作的一种总结。他不断修正他的理论，从未提供过他的理论体系的完整论述。

在与布罗伊尔合作的岁月里，弗洛伊德渐渐相信歇斯底里症是由性的原因所造成的。他认为，患有歇斯底里症的个体在儿时曾被诱奸过，这种儿时的虐待造成了成年生活中的歇斯底里症。弗洛伊德的病人叙述说他们儿时曾受到成年人的骚扰，弗洛伊德认为这是真的。这种诱奸理论震惊了世纪之交的维也纳公众，反对意见爆发出来，布罗伊尔最终也

---

① 安娜·奥在发展精神分析的某些思想方面起了重要的作用，她“是宣泄方法的真正发现者”（琼斯，1953）。

与弗洛伊德绝交，认为自己曾经是在压力之下赞同弗洛伊德的诱奸理论的。1896 年春季之后，布罗伊尔和弗洛伊德停止了他们的思想合作；他们再也没有说过话。在弗洛伊德的整个职业生涯中，像这样断绝私人关系的做法竟成为反复出现的模式。

1897 年，弗洛伊德自己也放弃了诱奸理论，尽管他仍然坚持认为性的问题是他的病人的精神问题的一个主要原因。取而代之的是，他提出了病人们关于性虐待的叙述是来自性想象的观点。当弗洛伊德意识到他的病人有关诱奸的叙述只是幻想时，他受到了令人震惊的打击。这个严重的失望使他转向探讨无意识的其他方法。

弗洛伊德的创造性疾病和梦的分析

1896 年，弗洛伊德的父亲去世，引起了一场中年危机和神经系统疾病，由此导致弗洛伊德对他的梦进行自我分析。在对付他自己的神经病，即一种创造性疾病(creative illness)时，弗洛伊德开始写作《释梦》(1899)，这是他最重要的著作。弗洛伊德认为，梦对于理解情感失调的原因来说，包含着有价值的线索。梦发生在睡眠中，这时心灵的有意识的那一部分最为放松，也不设防线。对于弗洛伊德来说，梦代表着希望的完成，它们通常是——但并非总是——性的。在从 1896 年至 1899 年这几年内，弗洛伊德能够回忆起他的几百个梦的细节，有些回溯到他的儿时经历。然后，他分析这个被回忆起来的材料，就像对他的病人的报告进行精神分析一样，那些报告是病人们与他谈话时作出的。因此，弗洛伊德使用自我分析来与他的抑郁倾向作斗争。随着《释梦》的出版，弗洛伊德的神经系统疾病也痊愈了。“这本书可以被称作是一部伪装起来的自传。”(埃伦伯格，1970)

弗洛伊德认为他的主要发现为：梦是某种希望的实现，是某种压抑的、不可接受的性欲的间接表达。梦是睡眠的监护者，在梦中通常能够唤醒睡梦者的那些情感被伪装起来，所以它们并不干扰睡眠(埃伦伯格，

1970）。梦为弗洛伊德提供了观察无意识心灵的一扇窗户——最初是他自己受困扰的心灵，然后是其他人受困扰的心灵。他关注梦的分析，这是他职业生涯中的一个关键转折点，有助于他搞懂自己的神经系统疾病，并阐述精神分析的基本原则。1900 年以后，弗洛伊德的“自我分析将这个缺乏信心的年轻开业医生变成了一个新学说和新流派的充满自信的奠基人，他相信他已经作出了一个伟大的发现，他将这一发现视为他对这个世界所负有的使命。”（埃伦伯格，1970）

移情和认同

移情（transference）是病人的情感态度从父母或过去的其他个体向治疗者的转变（舒尔茨，1979）。弗洛伊德认为，对于治疗者的这种非理性的爱的情感或敌对的情感就使病人摆脱童年的依赖来说，是重大的和必要的。但是，有时候，移情对于治疗者来说可能是令人烦恼的事情。例如，当布罗伊尔认为他近乎治愈安娜·奥的症状时，她有一天晚上却将他叫到床前，告诉他说她怀上了他的孩子。布罗伊尔如此震惊，以至于次日即离开了维也纳，带着他的妻子去度第二次蜜月。当弗洛伊德从布罗伊尔那里听说这些事时，他认定治疗者必须得对移情过程有所意识，并学会控制它，以便帮助病人从他们的神经系统疾病中得到康复。

移情概念成为弗洛伊德的理论机制的一个重要部分。移情被认为是病人能够被治愈的一个必要步骤，因为它可以帮助个体想出他们过去的那些令人不快的人际关系。与移情相关的一个概念是“认同”（identification），通过这个过程，一个个体接受了另外一个个体的特性，并将之体现在他或她的个性之中。一个个体可以采用另一个人的方式、服装、讲话的风格和其他特性，这另一个人被认为是值得敬佩的，且不易产生导致这个个体焦虑的那种危险。弗洛伊德将“认同”看作是持续长久的心理依恋。他认为模仿——模仿另一个人的行为——是一种短暂的认同。①

精神分析理论的发展

我们今天对弗洛伊德的许多了解都来自他与弗莱斯(Wilhelm Fliess，1858—1928)的大量通信，后者是一个医生，鼻喉科专家，住在柏林。当弗莱斯在维也纳被录取在一个研究生培训课学习时，邂逅弗洛伊德。在那个时候，很少有人愿意倾听弗洛伊德的声音，而弗莱斯就是这少数人中的一个。从 1887 年至 1902 年这 15 年间，特别是从 1895 年至 1902 年这 7 年间，弗洛伊德一直与弗莱斯保持着著名的通信联系。他们每星期都通长信，并在假期和其他时间个别会面，弗洛伊德将这些会面美言为“会谈”(萨斯，1978)。②

弗莱斯有一些奇特的理论，而弗洛伊德和弗莱斯的关系带有“某种悲喜剧的味道”(琼斯，1953)。例如，弗莱斯认为，性病是由鼻子粘膜的失调所造成的；弗洛伊德鼻子感染了，弗莱斯因此为他作过两次手术。从弗莱斯那里，弗洛伊德得到了人类双性体(human bisexuality)的概念，即每一个人都既有男性倾向，又有女性倾向。弗洛伊德与弗莱斯——这是一个智力在其之下的人——的强烈友情似乎受到某一时期弗洛伊德对于院校交流的需求的激励，在这个时期，弗洛伊德正在探讨自己的无意识心灵，并构想他的精神分析理论(琼斯，1953)，就 1896—1899 年弗洛伊德患神经系统疾病这一时期来说，弗莱斯可能对他特别重

---

① 弗洛伊德的认同概念为 T · 阿多诺等人在《权威人格》(1950)——在美国的一种偏见研究——中所使用。有大量的关于认同概念和模仿的文献，它们在传播研究中都是重要的。

② 弗洛伊德给弗莱斯的信件保存在美国国会图书馆弗洛伊德档案中，现在也可从那儿获得。其中许多信件都已发表。不过，弗洛伊德销毁了所有弗莱斯寄给他的信(琼斯，1953)。对于史学目的来说，幸运的是，像弗洛伊德和达尔文那样的知识分子都有大量的日常通信，他们的主要思想因而得到保存。历史学家担心的是，当代知识分子可以通过电话或电子系统进行交流，而这可能无法留下文字记录。

要，但是最终，亲密关系退化成竞争和冲突的感觉。友谊变成了仇恨，在 1900 年 9 月的最后一次“会谈”以后，弗洛伊德和弗莱斯彼此再也没有说过话。

弗洛伊德对精神分析理论的主要贡献是在 1896 年至 1906 年期间作出的，这 10 年包括他与弗莱斯关系密切的那 6 年。他将有关歇斯底里症、压抑、梦、婴儿性欲和无意识等经典的精神分析思想摆在了科学界和公众面前。在传播精神分析理论的这些方面时，他并没有碰到任何特殊的困难——他能够为他的著作找到出版商，他的大多数著述都受到好评，尽管“它们也引起了愤怒和反对”（萨斯，1978）。弗洛伊德的俄狄浦斯情结——存在于母亲和儿子之间的一种乱伦的诱惑——遭致特别厉害的批评。有些批评者说，弗洛伊德并没有十分准确地理解希腊的俄狄浦斯情结的故事。“实际上，弗洛伊德通过抓住这个故事的某些部分而建构了俄狄浦斯情结，而忽略了其他的部分，并且相当任意地重新解释了他所保留的那些特征。”（萨斯，1978）弗洛伊德借助写出他的梦、然后分析它们、并在《释梦》中将之写出来的途径，从他自己的儿童时代中发现俄狄浦斯情结。他在自己的许多梦中找到了婴儿性欲的根据，包括对其父亲与母亲的性关系的妒忌。他区分了两种类型的愿望的实现：

1. 快乐原则，这主要由某种性本质的愿望和欲望所构成，它对于个体来说可能是破坏性的，因为它们可以要求并不十分文明的行为。快乐原则统治着无意识。
2. 现实原则，它由更有逻辑的、有组织的思想所组成，其中许多思想有助于个体达到快乐原则的目的。现实原则主要在意识层次发挥作用。

这两种类型的愿望的实现经常处于冲突之中，而个体的行为也许代表某种妥协。①

人格发展

弗洛伊德的理论特别注重儿童和整个生命周期中的人格发展阶段。他与他的病人的交谈往往是探讨这些病人的童年，因为正如弗洛伊德喜欢说的："儿童是成人的父亲。"他确定了人格发展的以下阶段：

1. 儿童早期性器官发育前的三个阶段。在"口唇阶段"，从出生到第二年，婴儿注重嘴的刺激，就像在吸和吃的时候一样。这对于婴儿来说，一般来说是一个幸福的阶段，在此，饥饿的哭声导致了给喂东西的反应。但是，然后牙齿从婴儿的牙床中冒出来，这对婴儿来说是一个痛苦的过程。在"肛门阶段"，幼儿注重身体的排泄功能。首先，这样一种排泄是种不受禁令约束的快乐，但是，然后如厕训练开始了。对某种本能冲动的外在控制教会孩子延迟缓解肛门紧张的即时快感。最后，在发展的"生殖器阶段"——这始于3岁末或4岁的时候，孩子注重性器官。这里，又一次不受禁令约束的过分的性感的快乐被成人社会所控制，导致了俄狄浦斯情结、伊莱克拉特情结（在此，女孩感到受其父亲的性吸引，并对其母亲感到嫉妒）、（女孩的）阴茎嫉妒和（男孩的）阉割焦虑。
2. 漫长的"潜伏期"，大约从6岁到青春期，在这个时期，随着个体慢慢地成熟，性欲望似乎逐渐消失。
3. "青少年时期"，在这个时期，性器官发育前的性冲动在青春期复活了。

---

① 施拉姆（1949b）用弗洛伊德的快乐原则和现实原则的对比理论解释这样的问题：个体为什么将大众媒介用于娱乐和新闻？

4. 成熟期的“生殖器阶段”，在这个阶段，异性恋的行为通常开始。

弗洛伊德提出，个体人格由三个系统组成：

1. 本我(the id)，由出生时遗传的所有心理特性组成，例如本能。由人格的生物成分构成的本我，借助于作为减少紧张的手段的快乐原则来发挥作用。对于本我来说，不存在善或恶；它不知道道德。
2. 自我(the ego)，是人格的心理组成部分。这里，现实原则暂时中止了快乐原则。由此，个体学会区分心灵中的思想与围绕着个体的外在世界的思想。自我在自身和其环境之间进行调节。弗洛伊德认为自我是人格的执行者。
3. 超我(the superego)，这是人格的社会成分，代表着自我控制，由社会的传统理想的内在化表征所构成，如同父母向其孩子所解释的那样。在这里，个体被教会区分正确和错误，并学会追求完美而不是快乐。因此，超我与本我是相冲突的。

在所描绘的生活周期阶段中，人格的这三个组成部分往往有着不同的发展。弗洛伊德还发明了“利比多”(libido，用来表示“欲望”的拉丁文)的概念，描绘诸如饥饿、渴和性这样的生命本能(这些生命本能也被称作性欲)的力量。利比多被包括在本我之中。

1904年，弗洛伊德出版了《日常生活的心理分析》一书，在书中，他讨论了导致健忘的各种原因。这本著作还描述了动作倒错（parapraxis），它是发生于日常生活中的舌头、笔和记忆方面的种种错误。这些错误揭示了无意识的希望，弗洛伊德认为后者提供了对于个体心灵的洞见，如同他在《诙谐及其与无意识的关系》(1905)中所论述的那样。今天，我们将我们的无意识的错误陈述称为弗洛伊德式失误，以此来缅怀弗洛伊德对于这种行为的洞见。1905 年，弗洛伊德还发表了《性学三论》，这本著作由于强调性作为人类的主要动机而激怒了公众。性始终处于弗洛伊德精神分析理论的中心。或许弗洛伊德之所以强调性，是因其生理方面及其与人类生物学的关联。他受过医学教育，在他的职业生涯中，他只是逐步地给予精神分析理论中的社会和文化因素以更多的关注。弗洛伊德将性看作是导致个体功能障碍的原因之一，这或许反映了他对当时维也纳人的性压抑的内化。

精神病学在欧洲的兴起

精神分析理论最初在维也纳获得发展，然后扩展到瑞士和德国。今天，欧洲将弗洛伊德作为一个昔日的天才来缅怀，同时在很大程度上忽略精神分析学。美国现在是世界精神分析的中心。精神分析理论如何从维也纳扩展到其他欧洲国家，然后又越过了大西洋的呢?

弗洛伊德不是一个孤立的科学天才。他与其他人一起发展了他的科学理论；先是约瑟夫·布罗伊尔，然后是威廉·弗莱斯，再以后是一群规模迅速扩大的追随者。1902 年，他开始在家里举行每周一次的讨论小组，以便将精神分析学传授给四个主要的追随者。到了 1906 年，这个星期三的晚间小组扩大为 17 个成员，此时弗洛伊德开始与苏黎世的卡尔·G·荣格通信，后者已就精神分析方法作了好几年的实验。1907 年，荣格来到维也纳会见弗洛伊德，他们之间建立起了一种牢固的联系。一年以后，荣格在奥地利的萨尔茨堡组织了第一届国际精神分析大会，来自 6 个国家的 40 个人参加了大会(萨洛韦，1991)。弗洛伊德的星期三晚间小组重新命名为“维也纳精神分析协会”。在 1910 年的第二届国际精神分析大会上，一个国际协会得以组织起来，荣格为其主席。①精神分析理论

① 不久，每年的会议就发展成国际精神分析协会，它在精神分析家构成的主要专业团体中延续至今。

迅速地扩展开来。

伴随着它的成功，这场非正式的社会运动逐渐被机构化为一个正式的组织。弗洛伊德及其追随者决定，任何希望成为精神分析者的个体都首先应该由经验丰富的精神分析师进行个人培训分析。这个要求限定了谁能够成为开业精神分析师，并且要求作出重大的经济牺牲，以及放弃个体隐私，而且的确是放弃整个自我(埃伦伯格，1970)。“弗洛伊德不是留在业已建立的医学机构中培养神经学家和精神病医生，而是创造了他自己的培训机构，并试图使精神分析学家独立于医学院。”(萨洛韦，1991)在弗洛伊德精神分析理论的早期年代，其他国家的一些人为得到弗洛伊德的精神分析来到维也纳，并因此被培养成精神分析师。不久，越来越多的个人受到弗洛伊德的著作及其日益高涨的声望所吸引，到维也纳来寻求精神分析培训。后来，精神分析培训中心在柏林和维也纳建立，尽管没有建立在大学里，这或许表明：在人们看来，精神分析离开传统的知识结构是多么的遥远。精神分析师培训作为一种博士后专业，主要限于医科医生，而没有成为心理学教育的专门领域。

最终，精神分析运动被机构化为一套专业协会、培训机构以及其他相互竞争和重叠的组织。弗洛伊德和他的直接追随者的最初迸发的科学创造力没有能够延续下去。对于对个体机能障碍和人类行为都持有某种理论观点的医生来说，精神分析成为一种专业技术。

弗洛伊德认为，作为1910年国际精神分析大会的主席，荣格的知名度有助于将精神分析建成某种超出维也纳人和犹太人的科学的东西(阿皮格南斯和扎拉特，1979)。一方面，弗洛伊德是一个特别和善的人，充满智慧和幽默，而且相当有魅力。但是，他也是一个很专制的领导者，经常在保留对关键问题的真正决定权的同时，将其他人置于一种傀儡的位置，这一策略是导致弗洛伊德和他的主要追随者之间的冲突的一个原因。与荣格的分裂就是其中最有名的一个例子。

卡尔·G·荣格(1875—1961)是苏黎世伯格尔茨利精神病院的一名精神病医生。他比弗洛伊德小19岁。作为一名瑞士医生，荣格曾在苏黎世大学任教，后来辞职开了一家私人诊所。他对弗洛伊德的兴趣始于他1900年阅读《释梦》一书时。两个人开始通信，最终在1907年会面。不久，弗洛伊德将荣格称为精神分析运动的“皇太子”。荣格写信给弗洛伊德，说他对弗洛伊德的尊敬就像某种“宗教狂热”一样（阿皮格南斯和扎拉特，1979），但是，荣格不是全盘接受弗洛伊德的精神分析理论，他还在1912年出版的著作《无意识心理学》中对弗洛伊德的思想进行了批判，该著作的出版造成了他与弗洛伊德的分裂。这一分裂在1914年成为决定性的，他们再也没有见面（舒尔茨，1975）。两者的主要分歧涉及“利比多”的性质。对于荣格来说，“利比多”是一个普遍的生命能量。对于弗洛伊德来说，它是一种性的动能。荣格还反对俄狄浦斯情结。他因其“原型”（archetypes）概念而广为人知，这是宇宙的原始意象。最终，荣格不仅中止了与弗洛伊德的关系，而且彻底离开了精神分析运动。

面对来自公众、特别是来自医学界的强烈反对，弗洛伊德借助其追随者的崇拜，完善了他的精神分析理论。但弗洛伊德的每个追随者最终都和他决裂了。荣格论证说，弗洛伊德过分强调儿童性欲。另一个弗洛伊德的早期追随者——卡伦·霍尼（Karen Horney，1885—1952）——认为他误解了女性，并对他的阴茎嫉妒概念提出了质疑。霍尼曾在柏林大学获得医学学位，1914—1918年在柏林精神分析研究所学习，后来成为那里的教员，直到1932年流亡芝加哥。她对弗洛伊德的大部分理论都持反对意见，声称弗洛伊德在他的构想中过分强调了生物学，却不那么看重文化因素。她坚持认为，当儿童在一个有潜在敌意的世界中感到孤立无助时，他会有一种基本的焦虑（舒尔茨，1975）。

阿德勒（Alfred Adler，1870—1937）比弗洛伊德小14岁，是弗洛伊德的一个虔诚的维也纳追随者。阿德勒出生在维也纳的一个富有家庭里，在维也纳大学获得医学学位。他是弗洛伊德星期三晚间讨论小组的一个创始成员，最终因为降低“性”的重要性而与弗洛伊德发生分歧，他认为个体心理学是由社会因素决定的，是由人与他人的关系决定的（舒尔茨，1975）。阿德勒并不认为“利比多”是精神生活的主要动力源泉。1911年，阿德勒与弗洛伊德决裂，并成立了一个持不同意见的社团。

精神分析理论向美国的转移

1909年，弗洛伊德在克拉克大学做了5次演讲，代表着将精神分析理论引入美国的一个重要转折点。他应霍尔（G. Stanley Hall）的邀请前往美国，霍尔是一位颇有影响的美国心理学家，曾在德国接受教育，是位于马萨诸塞州伍斯特的克拉克大学的校长。弗洛伊德的演讲受到美国许多学者的热烈欢迎。他的著作开始在美国得到广泛的阅读，他的精神分析理论也开始影响某些社会科学，特别是人类学和心理学。

第一次世界大战使得精神分析兴盛起来，因为它可以作为一种治疗患战斗疲劳症的军人的手段，但是，弗洛伊德思想在美国的较大范围的传入是20世纪30年代希特勒上台以后、随着几百名精神分析师从德国和奥地利流亡到美国的事件而发生的。这些受过欧洲教育的精神分析师无需寻找工作；他们只要作为一名精神分析师就可以开办私人诊所。大众媒介开始向公众推广精神分析，其使用不久便家喻户晓。琼斯（Ernest Jones）是弗洛伊德的一名早期门徒，后来是弗洛伊德主要的传记作者之一，他创建了美国精神分析协会。美国非常乐于接受精神分析，它在那里用来治疗被诊断为精神病患者以及神经系统障碍患者的人。促使精神分析理论得到推广的是C·荣格。

精神分析理论开始在许多领域发挥重要的知识影响：文学，宗教，哲学，艺术和社会科学。H·D·拉斯韦尔——芝加哥大学的一名政治学家——在哈佛随梅奥（Elton Mayo）学习精神分析，然后在维也纳和柏林接受精神分析培训。拉斯韦尔为政治领导人进行精神分析，在芝加哥大学实施非专业的精神分析者，并在他的大量作品中利用了精神分析理论（参见第六章）。将精神分析学说引入美国的另一个关键人物是耶鲁大学的沙利文（Harry Stack Sullivan，1892—1949），拉斯韦尔曾与他有过合作。20

世纪30年代由洛克菲勒基金会慷慨资助的耶鲁大学人类关系研究所，打算在弗洛伊德精神分析理论的基础上建立一种统一的社会科学（西尔斯，1985）。心理学家赫尔（Clark Hull）的行为理论从弗洛伊德那里借用了诸如挫折、侵略、退行和压抑等概念，然后，对于那些将这些概念与实验的方法连接起来的假设进行了检验。弗洛伊德理论的有些部分得到了这一心理学研究的普遍支持；其他方面则没有得到（霍斯坦，1992）。①通过赫尔的门徒霍夫兰的努力，耶鲁大学人类关系研究所、因而也就是弗洛伊德的理论影响了传播学。

可以理解的是，弗洛伊德被认为是心理学的重要奠基人之一。②不过，美国心理学的主流朝着不同于精神分析理论的方向发展。现代心理学从冯特（Wilhelm Wundt）演化而来，冯特是实验心理学家，他于1879年在德国的莱比锡大学创建了第一个心理学实验室，这比弗洛伊德开始创立精神分析理论的时间约早10年。尽管心理学和精神分析理论都注重人类行为的个体内部的解释，但它们在几个重要方面有所不同：

1. 心理学以（实验室实验）方法为中心，而精神分析理论以（神经系统障碍）问题为中心。心理学试图通过使用实验方法而成为科学的学科，但这对于精神分析理论来说是不适合的（舒尔茨，1975）。
2. 受自然科学（特别是生理学）的影响，心理学的资料是定量的，而精神分析理论涉及个体心理生活的复杂性，使用取自深度案例研究的定性资料。
3. 心理学的时间框架是实验的此时此刻，而精神分析理论与个体以前的生活有关，利用回忆童年时期的事件来解释成人的神经系统

① 就以弗洛伊德理论为基础的那些假设来说，有支持的根据，也有不支持的根据，费希尔和格林伯格（1977）对此作了总结。

② 事实上，重要的心理学史学家波林（1929）认为弗洛伊德是心理学中最伟大的人物。

障碍。

4. 对于心理学家来说，主要感兴趣的个体是正常的成人或儿童；精神分析家则涉及神经系统障碍患者。

心理学和精神分析理论不太一致，因此，它们主要是作为两个独立的、经常是相互竞争的学术和专业领域而发展起来的。美国早期的社会学家和他们的心理学同僚一样，采纳了弗洛伊德的一些概念，例如自卑情结、压抑、合理性、升华、移情，特别是愿望的满足（伯吉斯，1939）。但是，他们反对弗洛伊德的深度分析方法，更喜欢他们自己的研究技术，喜欢调查访谈（这种访谈提供了大量个人的有限数据）。精神分析理论对于人类学产生了相当大的理智影响，因为比起其他社会科学领域，在人类学中，有关资料的性质和某些研究的问题（诸如文化对于个性社会化的影响）具有更加紧密的适应关系。精神分析理论对于传播学的理智影响是直接通过拉斯韦尔而产生的，也是比较间接地通过霍夫兰而产生的。

精神分析理论对于传播学的贡献

对于社会科学在美国的发展，弗洛伊德是自19世纪以来欧洲的三大影响力量之一。达尔文的进化论和马克思的历史唯物论处于社会的宏观层次，而弗洛伊德的思想是个体性的，是在个体的范围之内、特别是在个体的儿童经历——它们掩盖在无意识之中——之中寻求对于行为的解释。弗洛伊德坚持认为，儿童经历构成了成人的行为，同时无意识解释了人类行为。

精神分析理论假定，人类行为的解释存在于个体之中，特别是存在于无意识之中。今天使用的许多重要的传播学理论都在个体当中寻求推动行为改变的力量，尽管这些理论不是精神分析理论。例如海德（Fritz Heider）（1946）的平衡理论，费斯廷格（Leon Festinger）（1957）的认知不和谐理论以及派蒂(Petty)和卡乔鲍(Cacioppo)(1981，1986)的态度变化的详尽可能性模式。这些理论都假定，个体失衡的、不一致的或不和谐的状态，由于对于个体来说乃是不舒适的事，所以导致了这个个体的行为和变化。人格研究的学术传统由霍夫兰所开创，这个传统是从赫尔的学习理论发展而来的，赫尔的学习理论反过来又受到弗洛伊德理论的影响。弗洛伊德的理论也对拉斯韦尔有关政治领袖的精神分析研究产生了影响，尽管它没有同样直接地影响拉斯韦尔的传播研究(参见第六章)。

法兰克福学派在20世纪30年代和40年代将弗洛伊德精神分析理论和马克思主义结合起来，从而为我们提供了今天的批判的传播理论。批判学派对于偏见的颇有影响的研究可见于阿多诺等人(1950)的《权威人格》，它代表了一种以量化心理学方法来研究人格问题的精神分析理论。显而易见，弗洛伊德思想的长长影子清晰地嵌在今天人类传播学的各条线索之中。

帕洛阿尔托小组和互动传播

帕洛阿尔托小组(Palo Alto Group)重视作为理解个体行为手段的个体与他人的传播关系。帕洛阿尔托小组的学者们已提供了一种有关人类行为的可供替代的概念化做法。一个主要的范式转换发生在临床领域，它始于20世纪50年代，而在20世纪60年代，随着从弗洛伊德的对个体内在动力的侧重转向对个体互动或关系模式的临床侧重，而得到加速发展(罗杰斯，1992)。帕洛阿尔托小组是这个范式转换的一个重要组成部分。

帕洛阿尔托小组的形成

在过去的40年中，有关交往传播的一种独一无二的、具有丰富理论意义的方法为一群热诚的帕洛阿尔托学者所采纳。帕洛阿尔托小组产生于帕洛阿尔托地区的两个更为早期的理论小组的逐渐融合，这两个理论小组的观点在很大程度上是一致的。其中一个由格雷戈里·贝特森(Gregory Bateson)领导，以毗邻帕洛阿尔托市的门洛帕克中的退伍军人管理局医院为中心。“他们正在研究范围非常广泛的传播，但总是按照这样的原则，即传播具有实用的行为效果。”(怀尔德，1978)退伍军人管理局医院小组研究精神分裂症患者的传播，双重束缚，它还更为广泛地研究悖论。9 年来，贝特森在这个医院的研究项目由各种各样的基金提供资助，首先是由洛克菲勒基金会(1952—1954)资助，后来是由梅西基金会赞助。

另一个小组由唐·杰克逊(Don Jackson)博士领导，他曾经参加退伍军人管理局医院的研究，并于 1959 年在帕洛阿尔托创建了心理研究所(MRI)。心理研究所的成员最初从事有基金资助的研究项目，后来，资助停止了，他们的重点转向家庭治疗方面的培训。心理研究所小组以杰克逊为核心，杰克逊是医学博士和精神病医生，曾与 H·S·沙利文在华盛顿—巴尔的摩精神分析研究所受训；维克兰德(John Weakland)是一名受过人类学教育的工程师；哈利(Jay Haley)是一名家庭治疗专家。1960 年加盟心理研究所的沃兹拉维克(Paul Watzlawick)是今日帕洛阿尔托小组的关键人物。沃兹拉维克 1921 年生于奥地利，1949 年在维也纳大学获得心理学和现代语言学博士，然后，在苏黎世的荣格分析心理学研究所学习心理疗法。如今，他除了是心理研究所的一个重要人物以外，还作为心理治疗师开办私人诊所，并在斯坦福大学医学中心的精神病学和行为科学系兼职。

加入一个致力于以一种新的方式理解人类传播的、由杰出的知识分子所构成的网络，这是非常具有吸引力的。心理研究所对于今天的帕洛阿尔托小组来说，是一个地理的和社会的中心，但小组除心理研究所的家庭治疗专家外，还包括其他人。他们在早晨和下午聚集在咖啡茶座上讨论他们的病例，参加星期四员工会议，观看和评论治疗期的录像磁带，并为心理研究所短期治疗中心——这是心理研究所内的一种研究与发展单位，在那里对各种病例进行讨论，并提供治疗，以发展和传授新的治疗技术——的病人提供联合家庭治疗。当今以及过去几年，心理研究所是惟一在没有所长、甚至没有多少等级结构的条件下运作的组织。小组的核心人物凭借为病人提供服务和通过心理研究所的培训项目而自足。这个小组积极地关注研究，并试图发展互动传播的观点。

贝特森是帕洛阿尔托的两个互动传播小组的理论导师，这两个小组的学者们在他们的互动观点上是完全相容的。最终，贝特森在退伍军人管理局医院的研究资助用完了，两组学者逐渐合并为至20世纪70年代末被称为帕洛阿尔托学派或帕洛阿尔托小组的组织（怀尔德，1979）。或许，更准确的是把这些学者称为互动传播学派，因为这是它的主要理论侧重点。20世纪60年代中期，贝特森迁移到维尔京群岛，并到夏威夷研究海豚传播。后来，他于1977年来到距帕洛阿尔托70英里的圣克鲁斯，为加利福尼亚大学圣克鲁斯分校的教师上课，直到1980年去世。

唐·杰克逊1968年去世。几个主要人物从帕洛阿尔托地区转移。例如，贝弗拉斯（Janet Beavin Bavelas）加盟加拿大（不列颠哥伦比亚省）维多利亚大学心理系；哈利迁移到华盛顿；而斯卢茨基（Carlos Sluzki）则前往马萨诸塞州。今天，在心理研究所中继续工作的帕洛阿尔托小组的核心成员包括沃兹拉维克、维克兰德和菲什（Richard Fisch）。

贝特森起初是帕洛阿尔托小组的核心人物，随着他的离去，某种创造力也从这个小组中分离开去。贝特森有许多振奋人心的想法，他激励帕洛阿尔托的学者们把他们自己认作是“稀奇古怪的人”。这个小组近乎是一场社会运动，以作为互动者的人类传播行为的理论观点为中心。如同怀尔德（Carol Wilder，1979）在她关于帕洛阿尔托学派的评论中所说：“在回溯这段岁月时，我经常感到我正在涉及的与其说是一种传播理论，不如说是一场社会运动——甚至是宗教运动，或许，传播意识形态是一个更加准确的术语。”

贝特森：奠基者

格雷戈里·贝特森生于1904年，是英国著名遗传学家威廉·贝特森(William Bateson)——他1908年发明了“遗传学”一词，并且重新发现和普及了G·孟德尔的重要的遗传学实验——的儿子。G·贝特森就是以这位著名的修道士的名字命名的。“贝特森们是一群学术泰斗中的一部分，其中包括达尔文、赫胥黎和怀特海(Whiteheads)。”(戈尔曼，1978)年轻的格雷戈里抵制来自家庭要他成为一个生物学家的压力，1930年在剑桥大学获得了人类学硕士学位。①1936年当他在新几内亚作田野调查时，遇见了人类学家米德(Margaret Mead)，后与之结婚。1950年他们离婚以后，作为同事继续一起工作。贝特森的知识兴趣广泛，涉及心理学、精神病学、社会学、进化论及动物传播和人类传播。

第二次世界大战期间，贝特森成为一名美国公民，因此他能够在南太平洋的战略情报局中服务。对于他来说，这是一次令人沮丧的经历；他无法说服美国军事机构利用有关南太平洋文化的人类学理解。战后，他回到美国，参加小乔赛亚·梅西控制论基金会会议，在那里，N·维纳激励了贝特森对于控制论理论的兴趣(参见第十章)。在旧金山大学的兰利·波特诊所，贝特森随鲁斯克(Jurgen Ruesch)研究精神病学和传播。根据他们的合作，贝特森和鲁斯克撰写了《传播：精神病学的社会母体》(1951)一书。他与荣格学说的信奉者霍伦斯伯格(Elizabeth Hollensberg)一起从事精神分析。他的下一步是在1952年，方向是位于加利福尼亚门洛帕克的退伍军人管理局医院，由此发起成立帕洛阿尔托小组。

贝特森是一个真正的跨学科的学者，在他的知识兴趣中不存在什么

---

① 有关格雷戈里，已经出了好几本优秀的著作，其中包括利普塞特(1980)、M·贝特森(1948)、M·贝特森(1977)等人的著作。

界限。“在他的大半生中，贝特森试图发展一种普遍的认识论，它将在本质上是系统理论的参照框架中，对于所有生物的整合信息、组织和重新组织信息、向外传播信息的能力提供综合性的说明。”（里伯，1989）贝特森在新几内亚进行人种学探讨，研究海豚之间的传播，将诸如元传播、悖论和双重束缚等概念带入传播学。他是家庭治疗运动的守护神。不过，他那涉猎广泛的心灵并非始终容易追随，在他的著述中，他喜欢复杂性和模棱两可，并且无法将他的理论思想解释得能让读者便于理解。他的最重要的著作《心灵生态学导论》（1972）复杂难懂。贝特森论证说，人类心灵不在大脑或身体的其他部位之中，而是外在于身体，在个体与他人的关系之中——因此有了这样的标题：“心灵生态学”。这样一个概念强调个体与他人的传播关系的重要性，因此反映了帕洛阿尔托小组的中心论题。

“贝特森的职业生涯是知识流浪者的生涯，从一个地方旅行到另一个地方，从一个领域来到另一个领域，从未驻足在一个安全壁龛的保险地带。他常常被安置在并不完全适合于其天赋的位置上，或被提供那些出于理智良心他所不能接受的位置。”（里伯，1989）贝特森的学术边缘化部分地来自他的跨学科兴趣，他不适合于通常的学术分类。贝特森在加利福尼亚大学圣克鲁斯分校度过了他生命中的最后 10 年，那是惟一的主要在住宿学院而不是在学科部门组织起来的学术机构。在那里，贝特森以“贝特森”教授的身份授课，即不受学科围墙的限制，直到他去世。

帕洛阿尔托小组和传播学

相对来说，帕洛阿尔托小组的成员少，但它并不低调。它的成员发表了大量研究成果。在 C · 怀尔德（1979）对帕洛阿尔托小组进行评估时，这些相关学者已经发表了 20 多部著作和几百篇文章。自那以后，他们的知识产品大大增加。怀尔德（1979）在她的研究中得出这样的结论：“这个小组的工作……在人类传播研究中被极大地忽视了。”今天，帕洛阿尔托小组的确获得传播学学者更广泛的承认。比起在欧洲来，互动传播的观点在美国更难以生根和发展(罗杰斯，1992)。为什么帕洛阿尔托学派没有引起美国的传播学学者更多的学术关注呢？原因来自两个因素。首先是一个流传广泛的误解，即认为这个小组成员只研究传播病理学，诸如精神分裂症。包括贝特森在内的几个小组的成员 20 世纪 50 年代和 60 年代初期在帕洛阿尔托退伍军人管理局医院工作，他们的研究之所以得到资助是为了探讨精神分裂症患者传播，但是这个小组的中心兴趣始终是更普遍的东西，即阐述一种互动传播理论。精神分裂症只是一个能够适用于互动理论的问题。这种观点也被心理研究所的学者们应用于家庭治疗和组织变化问题。

其次，由贝特森及其追随者所进行的传播概念化工作具有某种特性，它“难以在我们(传播)学科中盛行的认识论范围内创造有效可行的研究计划”(怀尔德，1979)。将诸如悖论、双重束缚和元传播等概念变成研究性的问题，经证明是非常困难的，主要是因为传播学学者大多从中得到培养的那些(以量化技术为中心的)强调个人研究的方法对于研究关系行为来说，不是令人满意的工具。而且，我们发现，在丰富的理论概念和用来检验这些概念的有效方法之间缺乏适应关系。再有，贝特森用如此复杂的语言表达他的概念思想，以至于似乎不想使它们得到理解。

帕洛阿尔托小组的学术构成在很大程度上是跨学科的。贝特森接受的是人类学教育，D · 杰克逊接受的是精神病学的教育。J · 哈利获得传播学的硕士学位，J · B · 贝弗拉斯也是这样；沃兹拉维克学习哲学、语言学，也学习精神病学。J · 维克兰德曾是一个化学工程师，后来对人类学发生兴趣，他特别关注中国。帕洛阿尔托小组的这一跨学科性导致了一种混合性的活力。

沃兹拉维克、贝弗拉斯和杰克逊撰写了《人类传播语用学：互动模式、病理学和悖论的研究》(1967)，以便对帕洛阿尔托学派的主要观点进行概括。这是表述互动观点的核心文献，也是这个小组最著名的著作。贝弗拉斯作为其作者之一，主要通过参与国际传播协会(ICA)的人际传播部的工作，而帮助将帕洛阿尔托小组的工作和传播学领域连结起来。

帕洛阿尔托小组中的另一个有重要影响的人物是H·冯·福斯特(Heinz von Foerster)，他(1911年)生于维也纳，并在那里成长。他的叔叔就是哲学家L·维特根斯坦。冯·福斯特获得物理学博士学位，第二次世界大战时期为德国军队研究高射炮火力的准确性问题，维纳和香农为同盟国的事业也承担着与之相类似的科学任务。1949年，冯·福斯特来到美国，成为位于厄巴纳的伊利诺伊大学的一名工程学教授。后来，他创办了伊利诺伊大学生物计算中心。1975年，他从伊利诺伊大学退休，迁移到佩斯卡德罗，这是旧金山南部太平洋海岸边上的一个村庄，距离帕洛阿尔托约20英里。

冯·福斯特在第二次世界大战后的梅西基金控制论会议——贝特森是这些会议的关键参与者——中发挥着重要的作用，沃兹拉维克就是通过这一点而认识他的。1976年，冯·福斯特应邀在一次心理研究所的会议上发言，一同前往的还有贝特森。冯·福斯特指出，行为的观察者、被观察的现象和观察过程构成了一个控制体系。这个观点暗含着这样的意思，即科学家所观察的是一个社会结构，有关绝对客观性的尝试是徒劳的。因此，按照冯·福斯特的观点，例如，某个家庭治疗专家也是那个正在得到帮助的家庭的参与者。对于当代的帕洛阿尔托小组来说，冯·福斯特仍然具有思想影响。

除来自维纳的控制论和一般系统论的强烈的理智影响之外，帕洛阿尔托小组还借鉴了埃里克森(Milton H. Erickson)的工作，他是菲尼克斯的一个精神病医生，因使用催眠术而出名(哈利，1976)。①精神研究所与埃

① 1936年，当贝特森在巴厘作田野调查时，开始对恍惚状态发生兴趣，这后来促使他就催眠术的使用问题与埃里克森联系(沃兹拉维克，1990)。

里克森的联系始于1953年，帕洛阿尔托的学者们继续与他保持了几年的咨询关系。此外，自20世纪50年代中期，伯德惠斯特尔(Ray Birdwhistell)作为宾夕法尼亚大学非语言传播的专家，也在家庭治疗过程中有关病人身体运动的分析方面影响了帕洛阿尔托小组(哈利，1976)。

请注意：帕洛阿尔托小组并未被组织成为一个大学的系或学院——它们以单一学科为中心，而是被组织成松散地连结在一起的学者小圈子，这些学者从事精神健康、家庭治疗和精神分裂症等与传播有关的问题研究。小组有一个问题中心(如果人们愿意的话，它可能是限制性的)，对它而言，人类传播被解释为主要的答案。在退伍军人管理局医院和精神研究所中与病人直接接触，是小组成员的理智灵感的一个源泉。当贝特森在访问一个导盲犬训练学校时，他对似是而非的传播的性质获得了有用的认识。诸如当训练者命令狗“前进”，同时又紧紧地往回拉狗的颈圈时，狗被教会应对矛盾的命令。这样的训练旨在为狗准备它们会碰见的似是而非的环境，诸如当它们失明的主人命令它们穿过一条街，而狗却能够看到危险的时候(维克兰德，1992)。

帕洛阿尔托小组和弗洛伊德的观点

帕洛阿尔托学派与弗洛伊德的方法形成强烈的反差，因为它在其传播思想中表现出系统理论的观点。“就控制论、信息论和一般的系统论对于贝特森的思想所产生的作用而言，怎样过高的估计都不过分。”(怀尔德，1979)20世纪40年代和50年代，贝特森参加了在纽约召开的10次梅西基金控制论会议中的绝大部分，在那里，他受到维纳和其他控制论专家的强烈影响。

贝特森和帕洛阿尔托小组肯定“不是”弗洛伊德学说的信奉者：“帕洛阿尔托小组对于弗洛伊德的重视个体精神内部的模式近乎完全不感兴趣，那样的模式强调个人认识的重要性，而这种认识是在与治疗专家的一对一的关系中，通过剖析过去和无意识而获得的。”(怀尔德，

1979)帕洛阿尔托小组将焦点个体与其他个体之间的关系网络作为它的分析单位。因此，小组的关系理论内在地具有人际传播的性质。“这是从个体向社会网络(从客体向模式)的焦点转变，它与把关系宇宙的中心从地球转向太阳的做法相类似：(它是)行为科学中的哥白尼革命。”(怀尔德，1979)沃兹拉维克等人(1967)声称，弗洛伊德的精神分析理论“假定：行为主要是假设的内部心理力量——这些力量被认为是严格地遵循物理学中的能量守恒和转换定律——相互作用的结果。”关系力量与这样一种重视个体的方法是相冲突的。

“准确说来，它们(精神研究所和贝特森的退伍军人管理局项目组)的共同特性是反对线型的、单子式的、心理内部的模式，并用互动的观点取而代之。”(沃兹拉维克，1981)帕洛阿尔托小组原先的两个组成部分都反对有关治疗的医学模式。按照这种医学模式，一个人可以“被改变，只要将他从他所处的社会环境中脱身出来，并在一间私人办公室或一家医院中得到个体性的治疗。一旦被改变，他就会返回到他的社会环境中，他变了，因为他已被‘清除掉’造成他的困难的那些心理内部的问题……因为重要的是病人对他的真实世界的感知，所以这个真实世界本身就被认为是次要的了。”(哈利，1971)

20世纪50年代，试图改变一个家庭的想法作为临床领域一般范例转变的组成部分，出现在各种治疗学家的脑海里。贝特森当时是加利福尼亚门洛帕克中的退伍军人管理局医院的工作人员，在那里，他的人种学者的头衔使他能够自由地研究近乎任何问题(贝特森，1972)。J · 哈利(1971)是贝特森在退伍军人管理局医院的传播项目的一个成员，他这样描绘当时的情况：“我们把一个精神分裂症的病人和他的父母放在一起，以试图发现为什么这个病人在探视日与他的父母一起待不上几分钟，就会陷入焦虑状态。这是一段收集信息的时期，不是一种对家庭治疗的评论。然而，我们的观察改变了我们关于治疗精神分裂症患者的观点，以至于到了次年年初的时候，我们已开始了一种对付精神分裂症患者家庭的系统程序。”

住院者从严重的精神分裂症发作中恢复过来。“当他的母亲来看望他的时候，他感情冲动地搂着母亲，母亲呆住了。他收回他的手臂，母亲问他，‘你还爱我吗？’他脸红了，母亲说，‘亲爱的，你不要这么容易难为情，也不要害怕你的感情。’”（贝特森等，1956；怀尔德，1979）这个病人从他的母亲那里得到混合的信息，这将他置于双重束缚之中，作为一个精神分裂症患者，他对此没有能力去认识或逃避。

帕洛阿尔托小组在医学模式上的视野转换需要一种不同的理论观点，这个观点以个体和他人的人际关系为中心。“始终最受到欢迎的模式是一种源于控制论的系统理论。这个模式能够处理以自我纠正的方法来彼此响应的互动要素，而家庭成员似乎就是以这种自我纠正的方法来行事的。传播技术开始成为这个领域的语言的组成部分。”（哈利，1971）今天，与控制论和系统思想的理智联系仍由帕洛阿尔托小组完成，特别是通过冯·福斯特而实现的。

帕洛阿尔托小组最为激进地偏离了弗洛伊德对于作为一种治疗工具的“洞见”（insight）的重视。贝特森并不认为无意识能够被弄得有意识。相反，他（1972）声称，“无意识持续地表现在信息交换之中，人们无需超出行为资料就能够理解互动的必要维度。”（怀尔德，1979）帕洛阿尔托小组相信，个体的问题无论其起源怎样，都可以得到缓解。这个小组的学者们将他们的方法看作是实用主义的，因为他们的重点是传播如何影响人类行为的问题（沃兹拉维克，1967）。

元传播、悖论和双重束缚

一天，当贝特森在旧金山动物园观察猴子的时候，他注意到，一个猴子开玩笑地咬另一个猴子时，两个猴子都明白这只是一个玩笑而已，尽管它们看上去像是真正的战斗。贝特森（1972）得出结论说，这个咬的信息肯定是以一个元传播（metacommunication，关于传播的传播）的信息（message）——它说：“这是一个玩笑，不是战斗。”——为先决条件的。

贝特森在1946年3月的第一届梅西基金会会议上获得了传播和元传播的思想，当时，来自伊利诺伊大学芝加哥分校医学院的神经生理学家麦卡洛克(Warren McCulloch)声称，每一个神经细胞的发送都既具有“报告”的方面，又具有“命令”的方面。贝特森把这个隐喻运用到传播中。传播的内容(沃兹拉维克等，1967)——它传递着信息(message)中所包含的信息(information)——是报告的层次。传播的关系方面(相当于命令的层次)传递传播过程中的两个或更多参与者的人际关系。一个信息(message)的关系维度对于信息的内容进行分类或进行构建。因此，它是一种元传播。

罗杰斯(L. Edna Rogers)和法拉斯(Richard V. Farace)(1975)发展了一种方法，以便对于传播双方的关系维度予以操作化。他们当时都在密歇根州立大学传播系。按照这样的分析，每一个信息都是由对话参与者之一作出的语言干预。每一个这样的信息都被分类为(1)“胜人一筹”(one - up)，一种争取控制交流的活动；(2)“略逊一筹”(one - down)，或让步于另一方来控制，或(3)“纵横一致”(one - across)，一种争取中和控制的活动。诸如此类的相互作用分析在传播研究的分析单位方面，侧重于关系，而不是侧重于个体。例如，看看以下丈夫和妻子之间的信息(message)交流(罗杰斯和法拉斯，1975)：

	控制码
妻子：我们再也不一起做任何事了。	胜人一筹
丈夫：你什么意思?	略逊一筹
妻子：好吧，作为一个家庭，我们一起做得不算多。	胜人一筹
丈夫：噢，我不知道。	交叉一致
妻子：你不觉得在教育孩子方面我做了大部分的事情吗?	略逊一筹
丈夫：我们一起做的时候你就不觉得了。	胜人一筹
妻子：噢，郑重声明，我反对。	胜人一筹

丈夫：噢，郑重声明，你是错的。　　胜人一筹

妻子：那么，好吧，我们根本说不到一块去。　　胜人一筹

罗杰斯和法拉斯（1975）借鉴了贝特森（1936）的《纳文》（*Naven*）研究，这是贝特森关于新几内亚的一个部落的人类学研究，他们用其代码来确定两类基本的关系控制：（1）对称，或等效控制信息（message）的交换，这样，一个人对待另一个人就像另一个人对待他或她一样；（2）互补性，在这里，一次传播谈话中的两个参与者交流非常不一样的控制信息。于此，我们看到帕洛阿尔托小组的概念如何能够在谈话分析的微观层次上得到操作。

当一个陈述似乎将自身包括在它自己的范围内——诸如“别理这个陈述”的命令——时，一个悖论，即从一致的前提（沃兹拉维克，1967）中正确地推论出来的矛盾就产生了。如果一个人接受了这个命令，他就不能接受它——因而就有了悖论。另一个例子是“我撒谎”。对于悖论的解决是意识到陈述和元陈述属于不同的逻辑类型。一个是一个成员，一个是一类成员（怀尔德，1979）。由怀特海（Alfred North Whitehead）和罗素（Bertrand Russell）（1910）提出的类型论是以抽象层次上的等级存在为基础的，它主张，为了避免悖论，类的成员不能是类，类也不能是成员本身。换句话说，每一个类型层次必须相互排斥，不能混淆层次。贝特森在他的有关精神分裂症的双重束缚理论中，利用了怀特海和罗素的作为描绘悖论的手段的类型逻辑。怀特海和罗素式的逻辑悖论类型描述了一种计算机，这种计算机以一种“是—不是—是”的方式摆动。①

帕洛阿尔托学者详尽阐述了双重束缚的以下组成部分：

1. 一个重要关系中的两个或更多个体。
2. 从前具有双重束缚模式的经历反复出现。

① 贝特森是第一个运用人类传播的逻辑类型论的学者（哈利，1976）。

3. 一个主要的否定性命令(例如，“别做这件事，要不，我将惩罚你”)。
4. 一个次要的命令，它在一个更抽象的层次上与第一个命令相冲突。
5. 第三个否定性命令，它阻止个体逃离这个局面。

换句话说，当一个个体将两个层次上的信息(message)传播给另一个人时，双重束缚便出现了。“当这两个层次上的信息彼此既相互限定、又相互冲突时，另一个人就面临着一种不可能的境地。他不可能在不触犯其他层次上的禁令的条件下来回应这两个层次上的任何一个层次，因此，不管他做什么，都是错误的。”(哈利，1976)双重束缚的情境发生在例如父母—子女和老板—雇员中。①我们说孩子认为他的一个家长生气了。家长否认她生气了，并坚持要孩子也这么否认。孩子应该相信他自己的感官，还是相信他的家长？如果是前者，孩子就维持了一种现实感，但失去了与家长的关系。如果是后者，那么孩子就维持了这种关系，但是歪曲了现实。

贝特森论证说，一个精神分裂症患者丧失了元传播的能力，即能够理解某种情景是有约束力的，并且能够上升到一个更高的抽象层次，以便逃避这种束缚，诸如通过说“你给了我一个混乱的信息(message)”(怀尔德，1979)。因此，个体通过重新构造传播环境而摆脱双重束缚。构造传播交流意味着在语境中确定它。重新构建就是改变信息交流的语境。

“人不能不传播”

帕洛阿尔托学派本质上将传播等同于人类行为，正如他们的著名的格言所指出的那样：“人不能不传播。”(沃兹拉维克等，1967)这个断

① 威斯鲍(1987)对于双重束缚传播的实验证据提供了一个有用的总结。

言使我们意识到并非所有的传播都是有意图的。传播既通过文字(也就是语言传播)发生，也通过诸如耸肩、人们的衣着、使用的须后水或香水、约会是否迟到等非语言信息(message)而发生。因此，传播的定义必须非常宽泛。对于沃兹拉维克等人(1967)来说，传播实际上等同于行为(莫特利，1990)——这的确是一个非常广泛的定义。如果传播必须涉及编码(将某种思想转变成某种信息的形式)，那么，它肯定可能“不”传播，由于产生非编码性行为而不传播(莫特利，1990)。问题是：诸如不由自主的眼部抽搐那样的无意识行为是否应被认为是传播。大部分学者都认为它是的。

或许沃兹拉维克等人关于“人不能不传播”的断言是有用的，因为它迫使我们根据基本需要来定义传播概念，以便能使某个行为符合传播。例如，传播一定就是有意图的吗？传播一定是相互作用的，具有来回往返的活跃的信源和接受者吗？为使传播能够发生，一个信息(message)必须被编码和解码吗？这些都是重要的问题，沃兹拉维克等人(1967)在断言“我们不能不传播”时，使我们想到了这些问题(莫特利，1990)。

作为“我们不能不传播”的最早断言的提出者之一，贝弗拉斯(1990)希望通过确定两个子陈述——她认为这两个子陈述能澄清原意——以修改她的最初观点：(1)“‘并非’所有行为都是传播”，但是，(2)“人们在某个社会背景下可能无法避免传播。”设想一下某个不想传播的人的情形，例如，一个飞机乘客闭着眼睛坐在那里，以便传播他不想与邻座上的人说话的意图(沃兹拉维克等，1967)。相邻处的其他人的出现迫使这个人传播他不想传播的信息。但是，并非所有个体行为都是传播性的。“并非所有行为都是传播性的，尽管它有可能是提供信息的。”(贝弗拉斯，1990)

帕洛阿尔托小组对传播学的贡献

对于传播学来说，从帕洛阿尔托小组的工作中吸取的一个重要教训是：既重视假定的积极因素，也重视传播的问题。“贝特森、沃兹拉维克等人对于悖论、混乱、操纵、不可测、甚至‘虚假信息’的重视表明一种看待人类传播的方法，它截然不同于那种在最近的知识活动中占据主导地位的方法。”（怀尔德，1979）因此，例如，诸如自我披露和开放等论题的传播研究就应该由关于模棱两可（爱森伯格，1984）、欺骗和偏离等方面的研究来平衡。某些类似外交、爱情和商务谈判等情境需要故意的模棱两可，而不是直率和清晰。帕洛阿尔托小组的观点要求人们意识到模棱两可的传播（贝弗拉斯等，1990），理解传播反常现象，研究诸如悖论那样的自我指涉矛盾的性质，并提出更多、更清晰的传播是否始终有用的问题。

该小组声称，人类传播作为两个或以上参与者相互理解的一个阶段，不仅是有意识的、有目的的和成功的。个体之间的信息交流也可能是非语言的、无意图的、可产生悖论的，也可用作一种治疗的手段。关系传播学学者的观点是控制论的、生态学的，以系统论为基础。它不适合传播学的占统治地位的认识论，这是帕洛阿尔托小组的互动理论之所以没有对传播学产生更多影响的原因之一。传播研究的占统治地位的重点是探讨效果。相反，互动理论试图回答一个完全不同类型的重要问题。这种差异可以解释为什么帕洛阿尔托小组没有得到美国主流传播学学者的更多注意，后者主要关注研究效果。

帕洛阿尔托学者反对根据单向模式而构造起来的效果研究。“人们可能会论证说，S-M-C-R［信源—讯息（message）—渠道—接收者］未被扩展为一个传播‘模式’，它不能满足理论模式的任何一种检验，它被开发成为一种视听辅助工具，以激发起对某个传播关系的组成部分的回忆。”（伯洛，1977）对于劝服、宣传和研究大众传播效果来说，单向模式有可能是非常适用的，但是，由此类直接的模式所假定的线性因果关系并不适合作为相互关系与作为相互影响的过程的人类传播的认识。

贝特森的退伍军人管理局医院的研究项目具有人类学的方向，因为它的基本方法是将传播看作是在自然背景中发生、而没被调研者所闯入或干预的东西。贝特森有一种反实验方法的偏见，认为在自变量和因变量之间寻求因果关系是愚蠢的。考虑到他的系统理论的方向和作为帕洛阿尔托小组来源的人类学视野，“在双重束缚理论和传统的实验方法之间存在着一种不相适应的关系，也就不是什么令人惊奇的事情了。”（怀尔德，1979）许多关系传播的研究都使用了罗杰斯—法拉斯的编码系统（胜人一筹，略逊一筹和纵横一致），以便量化传播信息(message)交流。“除了临床及非临床的婚姻与家庭系统等更普遍的背景外，这一编码系统也在大量其他背景下得到使用：从电视交互作用到劳工协商，从学习障碍儿童到工作面试，从课堂互动到员工会议、直到管理者—下属的关系，等等。”（罗杰斯，1992）在传播学学者中，互动的视野终将得到更加广泛的理解和接受。而帕洛阿尔托学派将肯定会得到它应有的尊敬。

第四章

马克思和批判学派

> 无可争辩，马克思是有史以来最有影响的社会理论家。因此，他的理论的正当性发挥了“某种类似于”20世纪社会科学中心问题的作用。但是，在各个方面，关于马克思的“巨大争论”强烈地带有意识形态的倾向，而不是科学的倾向。
>
> ——李·本森：《马克思关于社会冲突的一般的和中级的理论》

没有任何其他的理论家像马克思那样构成了历史进程。人们可能认为，他的理论（即马克思主义）会得到所有社会科学研究者的认真研究；不过，在不少国家里，马克思的著作是被禁止的。仅仅几十年以前，在美国，许多人都由于阅读马克思的著作，或由于研究或传授他的思想而遭到惩罚。美国的麦卡锡时代是一个极端的反马克思主义的时期。因此，马克思主义理论——一种用来解释当代社会变化的富有想象力的尝试——的思想力量经常受其政治影响的限制。

这里，我们描述马克思和马克思主义，然后侧重于批判学派，一个由杰出学者所构成的小组，这些学者代表马克思主义和弗洛伊德理论的融合，对传播学具有特别重要的影响。

马克思的生平

卡尔·马克思（Karl Marx，1818—1883）生于德国摩泽尔河流域的特里尔城，这是一片紧靠卢森堡和法国边境的优质葡萄园(图4.1)。他65年的生涯经历了好几次由暴力颠覆所导致的欧洲王国的垮台，包括1848年的法国革命。马克思的理论与革命直接相关。马克思的成长时期也是资本主义日益上升、工厂扩张、欧洲各国建立殖民帝国的时期。他的生活带有个人失意、流离失所和灾难悲剧的印记(布尔斯廷，1983)。尽管他的父亲是一个富裕的律师，但马克思同情欧洲的穷人、潦倒者和受剥削的产业工人。马克思的家庭有着悠久的犹太教士传统，然而他在年轻时成为一个路德教徒，并在读大学时成为无神论者。在后来的生活中，马克思声称："宗教是人民的鸦片。"(马克思，1867)

图4.1　马克思(1818—1883)约60岁时在伦敦

使用经谢夫纳(Corinne L. Shefner)许可。

马克思在波恩大学学习法律，但他不是一个认真的学生，而是将许多时间花费在饮酒和决斗上。他在波恩大学获得了法律学位，并成为一名青年黑格尔主义者。J·W·黑格尔(1770—1831)的理论是：由于战争、革命和其他被压迫者反对压迫者的斗争，社会得到进步（鲁伊斯，1979）。后来，当马克思住在科隆和巴黎时，他受到 L · 费尔巴哈的影响，成为一个反黑格尔主义者。黑格尔主要从事有关宗教斗争、精神观念之间的冲突方面的写作（鲁伊斯，1979）。费尔巴哈想把黑格尔的理论带入实践，并运用到阶级斗争中，运用到反对黑格尔关于宗教事务的王室权威的思想中。马克思吸收了费尔巴哈关于阶级冲突的观点，并将其多少有点含糊不清的思想运用于当时。他在提倡推翻工厂主和政府权威方面，头脑敏锐，态度明确。他还是学生时就参加过无数次的咖啡馆里的讨论，由此，他成为一个激进的颠覆分子，以阶级斗争作为其理论的动力。

马克思是“有史以来最有影响的知识分子之一”（韦斯特鲁姆，1991）。他在耶拿大学获哲学博士学位，主攻当时被称作政治经济学的领域，这个领域包括社会学、经济学和政治学等方面。由于他是政治领袖的直言不讳的批判者，所以他进入德国大学任教的途径被阻断，因此，他积极投身于揭露腐败的政府官员，并记录穷人状况的活动。他的社会主义政治学和他的激进的作品导致他从德国被流放。

马克思是一位杰出的作家，一名能干的记者。1842 年，他担任《莱茵报》主编，并将之变成政治新闻学的一个工具，揭露摩泽尔地区农民的可怕的生活条件。他的报纸的发行量迅速增长，直到德国政府因其激进性质而查封了它。

马克思是资本主义的强烈批判者，也是“资本主义曾有过的最称职的批判者”（韦斯特鲁姆，1991）。例如，他分析了工厂的劳动生活，特别是雇用妇女和儿童的纺织厂。马克思认为，资本主义将工人同生产资料所有权分开，因此造成工人与其自身的异化，将他们沦为不完整的人（韦斯特鲁姆，1991）。这样，工人便无力影响管理决策。马克思提倡一种共产主义社会，在那里，每个人都享有生产资料的所有权和控制权。

1843 年，马克思 25 岁的时候转向共产主义，这主要是阅读法国革命历史的一个结果（本森，1979）。马克思因其越来越多的激进作品而遭到德国政府的迫害。他与一个富有家庭的女儿结了婚，然后被流放到巴黎，在那里，他主编了一本激进的杂志。但是，德国政府迫使他再次移居，1845 年，在德国政府的压力下，法国政府将他驱逐。马克思迁移到比利时，在那里，他为共产主义者同盟写作《共产党宣言》。最后，1849 年，马克思再次遭到流放，这次是到伦敦，在伦敦，他于极度的艰难困苦中度过了生命后来的 34 年。他的 6 个孩子中有 3 个由于缺少食品和药品而死亡。马克思以写作勉强糊口。1863 年的一段时间，他作为一名记者为《纽约每日论坛报》工作，但是他拒绝寻找正式工作。他觉得那样做的话，会使资产阶级社会将他变成“一台赚钱的机器”（布尔斯廷，1983）。他的许多阅读、研究和写作工作都是在伦敦大英博物馆的阅览室中完成的，在那里，他阅读了英国工厂视察员的“蓝皮书”，此书记载了当时工人受剥削的情况（科瑟，1977）。也是在那里，他写下了《资本论》3 卷本，①这部著作侧重于工人阶级的悲惨状况，诸如以捡破烂为生，当泥瓦匠或在工厂里做工的妇女和儿童。正如政府视察员的报告所记载的那样，他们工作过度，收入过低。马克思在批判现存制度的过程中成长。

马克思的朋友、编辑和合作者恩格斯（1820—1895）在经济上帮助他。马克思在居住巴黎时期与恩格斯会面。恩格斯是德国一个富有的纺织厂主的儿子，与工人阶级悲惨生活的亲身接触使他变得激进起来。恩格斯成为马克思一个重要的合作者，在巴黎与后者一起写作《共产党宣言》（1848）。这部著作的开头是：“一个幽灵，共产主义的幽灵，在欧洲徘徊。”它还宣告：“全世界无产者，联合起来！”这部著作以及马克思的《资本论》（1867）可以和达尔文的《物种起源》（1859）相提并论。马克思曾想把《资本论》题献给达尔文，因为他受达尔文进化论的影响非常之大。事实上，恩格斯就把马克思称作“社

① 《资本论》第一卷于 1867 年出版；其他两卷在马克思逝世后由恩格斯根据马克思的笔记进行整理和出版。

会学的达尔文”。马克思采纳了一种严格的革命观点。他说，冲突和斗争——而不是和平增长和渐进式变化——是社会进步的主要引擎。他的有关变革的社会冲突理论是奠定在阶级斗争的基础上，即奠定在被剥削者和剥削者之间的不可调和的冲突的基础上，后者又以个体对于生产资料（一种稀有资源）的不同占有为基石。进化机制推动着马克思主义。

在马克思1883年逝世以前，他的理论几乎没有什么直接的影响。1917年，列宁的俄国革命标志着对马克思主义予以关注的一个转折点。从那以后，马克思的著作成为“工人阶级的圣经”（鲁伊斯，1979）。“很少有社会理论家是以这样的方式形成了我们世界的进程。他的理论和概念激起了想象力，触发了运动，哺育了革命，促生了新的政府形式和经济体系。”（韦斯特鲁姆，1991）马克思具有一种强烈的社会底层者情结；他重视受压迫者，试图以人道的方式引起社会变革。“马克思能够在强大的社会运动中使他的思想制度化，这些运动而后会建立政府，并将他的思想（通过重大调整）变成实践。”（韦斯特鲁姆，1991）与其说马克思是共产主义体系——他认为，这些体系将取代资本主义社会——的一个建设性的设计者，远不如说他是资本主义社会的一个优秀的批判者和分析者。

1883年3月17日，马克思逝世于伦敦，享年65岁。他葬于海格特公墓，离自由放任的资本主义的狂热信奉者赫伯特·斯宾塞先生的墓地不远。几十年来，来自苏联、东欧国家、中华人民共和国、古巴等国的川流不息的参观者对马克思的遗体致以敬意。不过，近年来，随着东欧国家对于马克思主义哲学的抵制，参观者的数量急剧下降。

什么是马克思主义

在这本书中，我们讨论的是学术的马克思主义，而不是政治的马克思主义，政治的马克思主义在诸如苏联、中华人民共和国、古巴那样的国家中被以社会主义政府的形式予以贯彻。关于学术的马克思主义和政治的马克思主义的区分并非始终是清晰的，即便在社会科学家那里也是如此，而这一混乱已经限制了对于马克思主义思想的研究。

马克思的历史唯物主义理论的中心是诸如这些概念：无产阶级、社会主义、共产主义、阶级斗争、无产阶级专政和“异化”——个体被其自身的创造物（它作为异己的力量与之相对抗）的力量所支配的程度（西曼，1959；马茨，1987）。马克思的一生在时间上与欧洲的工业化相吻合，这种工业化的特征是人类通过“效率”（个体对于自己的未来施加控制的感知能力）与内在的控制日益增强对于自然的控制。马克思自然而然地将异化看作是其理论体系中的一个关键概念。

“马克思主义”是这样一种信仰：诸如经济力量等物质条件决定社会变革。马克思主义也被称作历史唯物主义，因为它有赖对于唯物主义（也就是经济）的历史分析，并以经济决定论为基础。历史唯物主义是被用来赋予马克思关于人类社会进化学说的名称，而人类社会是由物质商品的发展所推动的（鲁伊斯，1979）。人类对于自然越来越具有控制力，诸如工厂电力和工业生产的增长，导致了生产力的发展，导致了从奴隶社会到封建社会、到资本主义社会、到社会主义社会、到共产主义社会的转变。

按照马克思的观点，社会阶级的消灭、向无阶级和无国家体系的过渡是由无产阶级专政所导致的，而无产阶级专政是一种短暂的局面。社会主义是一种学说，它表明：为争取财富平等分配的斗争，可以通过消灭私有财产、消灭剥削的统治阶级、以公有制取而代之来实现（鲁伊斯，1979）。共产主义是跟随在社会主义之后的历史唯物主义阶段，在此，社会阶级将不再存在。社会经济平等的目的内含在马克思于1875年写下的名句中：“各尽所能，按需分配。”

“为什么要研究人类行为？按照马克思的观点，是为了改变这个世界。更准确地说，是为了发展有益于努力创造一个更美好的世界的人类的理论。”（本森，1979）马克思提出了一种宏观层次上的社会变革的理论，他希望这种理论能引向一个更加平等的社会。马克思主义在社会层面上解释社会变革，而不仅仅是通过个体层面变化的聚集。因此，马克思处于宏观分析层次，而不是微观分析层次的位置。在这个意义上，它在本质上与其说是社会心理学的，不如说是社会学的。马克思主义者认为，社会亟需重大变革。这一悲观与激进的观点将他们置于政治信仰系列的左侧。

马克思提倡一种基本的理论观点："在任何社会，获取维持生活所必需的基本资源方面的不平等不可避免地造就一种文化，这一文化引起某种重大的社会冲突。"（本森，1979）请注意这一观点中所包含的规范性意识形态：不平等和社会冲突是令人不快的。这里还包含马克思主义的批判性——社会是不完美的，应该加以改革。而且，人们还可以看到作为马克思主义理论重要部分的达尔文的自然选择和生存竞争的含义。

由生产方式所导致的社会阶级差异造成了一个系统内对于资源获得的不平等。马克思认为，无产阶级是依靠出卖劳动力而生存的社会阶级，它起源于英国工业革命。他说，资本主义社会大量需要由产业工厂工人组成的无产阶级，因此后者发挥着普遍的社会阶级的作用。无产阶级通过联合起来，能够获得改变社会所必需的力量（本森，1979）。这种联合有赖于无产阶级形成一种阶级意识，也就是对于在社会中承担某种共同角色的自我确认。马克思一直希望即将到来的革命，但是这一革命从未到来。他论证说，产业工人未发展出无产阶级的阶级意识，因为资本主义的资产阶级控制着社会的精神生产资料（例如艺术和大众媒介），因此在无产阶级中制造了一种虚假的意识。马克思主义者认为，大众媒介属于社会上层建筑，大众媒介的内容由社会阶级关系所统治。媒介巩固社会的占统治地位的价值，并主要是反对革命和反对变革的。因此，大众媒介经常受到马克思主义者和新马克思主义者的批判，包括批判的传播学派。

批 判 学 派

批判学派又以法兰克福学派著称，它是马克思主义和弗洛伊德理论的一种理智结合(图4.2)。这一独特的理论团体最初的正式名称是社会研究所，它1923年成立于德国的法兰克福。法兰克福学派是由其他人在20世纪60年代给予他们的名称，此时，这个学派已经度过了它的理论高峰。一般来说，他们喜欢被称作批判的理论家，这个名称是由他们的领导人霍克海默在他的文章《传统理论和批判理论》(1937)中发明的，而霍克海默1930年成为社会研究所所长。批判理论是霍克海默对于马克思主义的理解；这个词是从把马克思主义描述为政治经济学批判和资本主义的批判的传统做法中派生而来的。

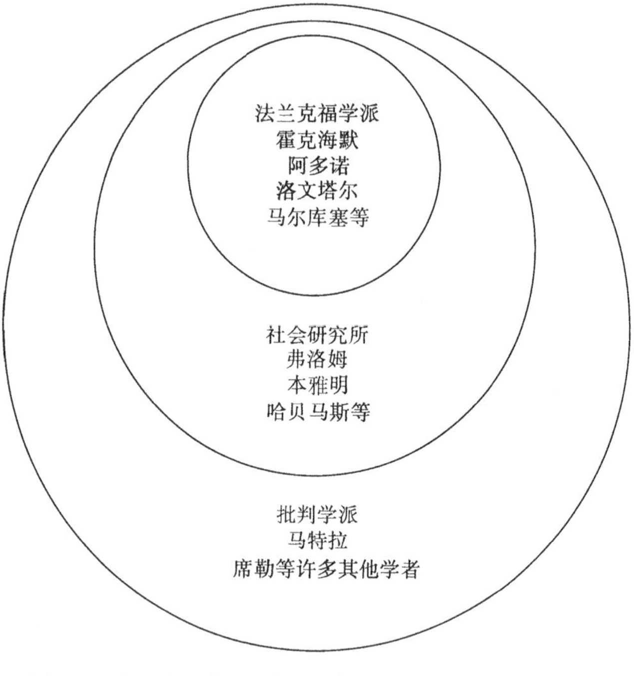

图4.2 法兰克福学派、社会研究所和批判学派的关键人物

“批判学派”这个名称不仅适合于最初作为法兰克福学派成员的十几个重要知识分子，而且也适合于几百个其他当代学者，他们认为自己是早先的法兰克福学派学者的精神后裔，或至少在思想上与其十分接近（图4.2）。一个可能提出的问题是：今天的批判学派是否始终足以被视作单一的思想流派，但是，我们这里沿循着将他们称为批判学派的通常惯例，同时承认无论是今天的批判学派，还是20世纪30和40年代的法兰克福学派，都不能代表一个统一的理论事业。

批判学派的重要历史事件都被列在表4.1中。关于这个学派，有几十本著作和几百篇文章，但最有权威的论述是马丁·杰伊(Martin Jay)的《辩证的想象》(1973)，这部著作在写作时，“主要的人物仍然在世，并可接受采访，通信和他们的私人文件没有丢掉和散失，而且他们的年事已高，已不介意使用从他们那里得到的东西。”（昆顿，1974）

表4.1　批判学派历史大事记

年　份	事　　件
1923	社会研究所在德国法兰克福成立，它隶属于法兰克福大学，由C·格吕堡领导。研究所由来自H·韦尔的一笔资金资助，后者是德国的一个谷物商，从阿根廷进口谷物，他通过他的信奉马克思主义的儿子F·韦尔博士提供这种资助。
1930	霍克海默成为社会研究所所长，研究所的理论纲要这时被称作“唯物主义”。研究所与法兰克福大学的隶属关系被霍克海默由经济学研究所改为哲学研究所。研究所的重点开始由历史转为社会心理学，这种心理学越来越受到由E·弗洛姆引入的弗洛伊德精神分析理论的影响。 希特勒在德国掌权，对于其学者由犹太人和社会主义者组成的研究所带来威胁。
1932	《社会研究杂志》开始出版，研究所转而出版它的成员的长篇文章，而不是著作。
1933	研究所被德国纳粹政府关闭，研究所的学者分散到日内瓦、巴黎、伦敦和美国。
1934	社会研究所通过拉扎斯菲尔德和林德的帮助，隶属于哥伦比亚大学，并设在纽约西117大街429号公寓。
1937	霍克海默在他的文章中为批判学派起了一个名字：“传统理论和批判理论”。

（续表）

年　份	事　　件
1938	T·阿多诺通过加入拉扎斯菲尔德在新泽西纽瓦克广播研究项目而逃离希特勒的纳粹统治，但是，经验的学者和批判的学者在广播音乐方面的尝试性合作却以失败而告终。
40年代初	研究所的几个学者分散到华盛顿，参加“战时新闻局”、“秘密情报局”以及其他联邦机构从事战时工作。部分地出于健康原因，霍克海默和阿多诺于1941年迁往洛杉矶，该研究所也随之前往。
1950	阿多诺等人出版了《权威人格》，这是由美国犹太人委员会资助的、对于偏见进行的一次大规模调查，与加利福尼亚大学伯克利分校的心理学家们合作进行。 社会研究所在法兰克福得到重建，隶属于约翰—沃尔夫冈—歌德大学，并由霍克海默领导，1958年他退休以后，则由T·阿多诺领导，直到阿多诺1969年去世。
60年代	在美国和欧洲的学者中，批判的视野逐渐变得更为普遍，这部分地是由于诸如马尔库塞的《单向度的人》（1960）和《启蒙辩证法》（1949）等著作的结果。1960年的学生运动追随批判学派发展出一种类似于狂热崇拜的东西，这是令批判学派感到失望的事。
今日	哈贝马斯是德国批判学派的领袖。在拉美国家，马特拉（比利时人，曾在一所智利大学教了好几年书，直到1973年，现在巴黎大学）是最著名的批判学者。

法兰克福学派

法兰克福学派侧重于马克思、弗洛伊德以及先锋派艺术和文学。法兰克福学派的批判学者是新马克思主义者，他们受到“由于斯大林主义暴政的堕落，由于正统学说的思想僵化，即将艺术和文学置于宣传的奴役之下，并恶语中伤当代文化中任何不能明确实现俄国国家权力的直接目的的内容（从弗洛伊德到超现实主义），批判学者脱离了正统学说，也就是莫斯科式的马克思主义。”（昆顿，1974）因此，他们的意识形态是左派马克思主义的，但也是弗洛伊德主义的、哲学的、文学的、人道主义的和智能主义的。

这些学者所受的训练主要是哲学方面的，所以他们并不强调经验的资料收集工作，但是，把他们看作是非经验主义的或反经验主义的学者，也是一种过于简单的做法。更确切地说，他们观察他们正在批判的社会的组成部分，并在很大程度上利用其研究对象的历史。在有些场合，他们进行调查研究，如20世纪30年代初他们在德国、奥地利和瑞士对工人阶级家庭和权威态度进行调查。在一些罕见的场合下，他们偶尔使用量化类的态度量表，如阿多诺等人的著作《权威人格》(1950)。

法兰克福学派的核心人物——霍克海默、阿多诺、马尔库塞和洛文塔尔——是真正杰出的知识分子。他们除了具有高层次的学术素质外，学术研究的合作程度也是独一无二的。他们写作，仔细地相互评论文章(尽管不是和谐一致的)，并在大量反复修改后将这些文章发表在他们的杂志上。他们之间的对话是这个学派的理论特性的一个重要方面。他们的整合得益于研究所并不隶属某个单一大学的系或科，也得益于研究所重视学术研究，而不是大学教学(杰伊，1988)。

批判的理论家享有一种不受阻碍的思想自由和表达自由，这先是在德国的魏玛共和国出现的，然后，自希特勒于1933年掌权之后，是在美国发生的(昆顿，1974)。①法兰克福学派不仅有政治自由，而且还有经济独立性，这种独立性得益于谷物巨商H·韦尔所提供的慷慨资助。因此，批判理论家作为社会良心而自由行动，支持冷门事业，反对权势集团。几乎所有的法兰克福学者都能够逃脱希特勒的控制(阿多诺等了很长时间，差一点儿没做到，W·本雅明以为自己无法逃脱，所以在法国和西班牙的边境上自杀)。②法兰克福学派的学者能够把他们的基金从

① 希特勒逐渐地加紧了对于德国犹太人的控制。1933年春，他将大学位置上的所有犹太人都驱逐出大学。1938年5月10日，大批书籍被焚，包括犹太作者和激进作者的著作。1938年，在“水晶之夜”犹太人商铺被毁之后，犹太人越来越难以从德国移居国外。

② 1940年9月，48岁的本雅明自杀。在脱离德国占领的法国时，他因为移民文件上的一个技术故障而在与西班牙接壤的边境被遣返。那天晚上，他结束了自己的生命。次日凌晨，本雅明一行中的另一个流亡者获当局许可穿过边境，奔向自由。

法兰克福转移到美国，尽管这笔基金最终不足以支持他们在纽约的工作。①

法兰克福学派的基本学说由以下批判所构成：(1) 对于实证主义(关于真实的、“实证的”事实可以从观察和实验中获得的信念)的批判，声称社会科学是一种虚假意识，它“在价值中立的虚幻外衣的掩盖下认可现状”(昆顿，1974)；(2) 对于马克思主义的批判，因为它没有完全摆脱实证主义，也因为它认为，“无产阶级将不可避免地引起革命，这场革命将消灭异化和统治”(昆顿，1974)；(3) 对于社会的批判，因为它具有引导个体虚假接受其状况的非理性因素。批判学派试图将资本主义社会的基本矛盾带入意识。因此，批判理论家的行为旨在导致一个没有人类剥削的理想社会。在这方面，他们反映了马克思主义理论的规范立场。

愤世嫉俗的观察者们将在曼哈顿逗留时期的社会研究所称为“马克斯咖啡厅”(Café Max)，就是说，不带“r”的“马克思咖啡厅”(Café Marx)，以纪念它的导师：马克斯·霍克海默。②他们声称，法兰克福学派的学者正在丧失他们的马克思主义方向。这个马克思主义学者的聚会竟然会重新安顿在纽约——一个比法兰克福更大的资本主义世界中心，这也的确是个自相矛盾的事。这个悖论或许能够部分地解释为什么社会研究所在旅居期间强烈地抵制与美国文化的融合问题。例如，研究所继续用德文出版它的杂志，尽管第二次世界大战期间其潜在读者中很少有

① 社会研究所将它的资助作了不明智的投资，所以，到达纽约以后，处于经济困境之中。1942 年，研究所的几个成员离开晨边高地前往华盛顿参与有关第二次世界大战的工作。霍克海默 1942 年与美国犹太人协会取得联系，并领导了一个有关偏见的研究项目。作为项目之一的“权威人格”研究，由阿多诺和他的加州大学伯克利分校的同事进行。在旅居美国期间，研究所能够维持生存，这应该归功于霍克海默。如同西尔斯(1970)所说，法兰克福学派不仅是一个在德国、在美国，然后又在德国总有好运的故事，而且是一个精明管理的故事。

② 研究所的批评者们还用英语将研究所称为“大酒店深渊”(Grand Hotel Abyss)(海布特)；另一个批评者卢巴西(1975)说：“马克思主义是关于无产阶级实践的资产阶级理论。”

人能够读懂这种语言。法兰克福学派的学者们只是将纽约当作他们的暂时家园，虽然他们在美国一待就是 17 年。

哪些人是法兰克福学派学者？

法兰克福学派的核心人物是犹太中上层家庭的子弟。他们的父辈是成功的资本主义者：霍克海默的父亲是一个优秀的工厂主，阿多诺的父亲是一个酒商，洛文塔尔的父亲是一个医生。他们父母的影响使得未来的法兰克福学派学者受到了极好的正规教育。一般来说，法兰克福学派的学者们的父母都强迫他们的儿子随同其父亲参与家庭的事业，这样的职业安排遭到他们儿子的反对。他们也从其父母的资本主义倾向转向马克思主义。在纳粹德国，犹太主义是一种异己的经历，它使法兰克福学派的学者们特别意识到作为权威主义之基础的偏见和反犹主义（他们所研究的一个题目）。或许他们的犹太身份帮助他们认同了偏见的其他对象，而且更一般地认同了社会底层群体。

当社会研究所 1923 年正式开始运行时，在法兰克福学派的核心人物中，只有霍克海默是它的成员，洛文塔尔 1926 年成为其成员，阿多诺 1928 年成为其成员，马尔库塞 1933 年成为其成员。学派的主要兴趣随着新成员的增加而发生变化。由于阿多诺的加入，有了对于音乐的重视；由于洛文塔尔的加入，有了对于文学的分析。后来，具有精神分析实践经验（尽管未受过以医生为目的的培养）的弗洛姆引入了对于弗洛伊德理论的兴趣，马尔库塞也是这样。就将马克思理论与弗洛伊德理论结合起来而言，法兰克福学派的作用是独一无二的。其他学术团体都还没这么尝试过。这两个有着强烈反差的理论似乎不能融合，但是，它们在法兰克福学派学者那里却携起手来。

有几个法兰克福学派的学者在他们接受正规教育期间没有作为社会科学家来培养，尽管他们认为自己是从事社会研究的人。霍克海默（1895—1971）以一篇关于康德的论文获得哲学博士学位，在加入社会研究所之前，他作为助理教授在法兰克福大学教哲学。阿多诺（1903—1969）也获得了哲学博士学位，并作为阿诺德·勋伯格先锋派音乐人圈子成员在维也纳学习音乐。阿多诺被描绘为“（法兰克福学派的）最令人炫目的、高深复杂的人，（也得说）是最难以理解的人”（昆顿，1974）。他表现出一种生硬的个性和转弯抹角的写作风格。在居住美国的日子里，他傲慢地坚持他的欧洲生活方式。他撰写了反对爵士乐的讽刺文章，滔滔不绝地谈论“严肃音乐”的优越性（对于阿多诺来说，“严肃音乐”不一定是古典音乐，而是使个体能够认真思考的音乐）。

洛文塔尔（生于1900年）尽管也学习文学、历史和社会学，却获得哲学博士学位。弗洛姆（1900—1980）受到强化的犹太教教育，以便与他的姓——“fromm”（弗洛姆）意思是“pious”（虔诚）——保持一致（伯斯顿，1991）。他学习哲学人类学，专攻宗教研究，22岁时在海德堡大学获社会学博士学位。后来，他开始对精神分析发生兴趣。“在对临床心理学、社会心理学以及精神分析运动都作出贡献的精神分析家中，弗洛姆一度位于最受欢迎和最多产的人之列。他的著作，《逃避自由》（1941）、《健全的社会》（1955）、《爱的艺术》（1956）和《禅与心理分析》（1960）均为畅销书，拥有广泛的热情专一的读者……他对于20世纪50年代、60年代和70年代的人文学科及社会科学的影响和关联丝毫不亚于其他精神分析学说的作者。”（布尔斯廷，1991）弗洛姆的这些流传广泛的著作写在他于1938年与社会研究所中断来往之后。

马克思主义与弗洛伊德理论的结合

当法兰克福学派在20世纪20年代开始出现的时候，把马克思主义和弗洛伊德主义结合起来的想法似乎还是离奇的。那时，有一个追随马克思主义施政哲学的政府——即苏联——使弗洛伊德的思想不受欢迎。而且，弗洛伊德关于社会变革的悲观主义似乎与马克思的革命思想也不相吻合（杰伊，1973）。虽然社会研究所从一开始就是马克思主义的，但法兰克福学派对于精神分析理论的兴趣是慢慢滋长起来的。研究所的头 7 年，就是直到 1930 年霍克海默成为所长时，主要是一个正统马克思主义的时代。1926 年加入研究所的洛文塔尔从事精神分析，并鼓励霍克海默进行同样的工作。在弗洛伊德的学生兰道尔(Karl Landauer)的指导下，霍克海默从 1929 年开始这么做了(赫尔德，1980)。由于霍克海默的帮助，一个弗洛伊德精神分析研究所在法兰克福大学得以成立，它由兰道尔任所长。法兰克福大学社会研究所与这个新成立的弗洛伊德研究所保持着松散的联系，不久，弗洛伊德研究所的一个核心人物弗洛姆加入了社会研究所。

世界性事件促使法兰克福学派逐渐从其马克思主义方向转移开来。1933 年，希特勒接管魏玛共和国，结束了德国社会党，也结束了对社会主义革命的希望。后来，1939 年 8 月 22 日，希特勒和斯大林之间的互不侵犯条约(它导致了对于波兰的侵略)标志着马克思主义意识形态在俄国共产主义(它始于 1917 年的俄国革命)中的终结。法兰克福学派的学者最终成为新马克思主义者，成为古典马克思主义的批判者。

随着他们逐渐摆脱对于正统马克思主义分析的迷恋，他们也慢慢地采纳了弗洛伊德的理论，以弗洛伊德关于个体的社会心理学的微观层次来补充马克思主义关于社会变革的解释的宏观层次。弗洛姆是一个热诚的马克思主义者，但是他认为马克思的框架不完整；他主张，弗洛伊德的观点也需要得到充实。弗洛伊德将社会结构当作一个既定的事实接受下来。马克思将心理因素排斥在他对于决定社会结构的经济因素的解释之外。弗洛姆认为，个体的家庭社会化是社会中的一个重要的心理机构，甚至成人的社会化作为社会变化的一个手段都是重要的。

弗洛姆特别对弗洛伊德理论的某些方面展开批判。例如，他反对弗洛伊德对于俄狄浦斯情结的解释，声称这个情结只有在父权社会才会发生。这个批判是一种马克思主义的观点，即某种社会分析应该被限制在特殊的历史和文化背景之中，而泛化则是危险的。1938 年左右，弗洛姆退出法兰克福学派学者的队伍，移居美国。当他主动退出时，霍克海默和阿多诺在他们的著述中对他进行了攻击。尽管弗洛伊德理论在20世纪40年代有点儿不被法兰克福学派的学者所重视，但这些学者继续研究权威和家庭，并最终导致了阿多诺等人的重要著作：《权威人格》。它表明了一种经典的社会科学研究。

权威主义、法西斯主义和反犹主义

考虑到德国纳粹对于法兰克福学派学者的迫害，这些人之对法西斯主义根源发生兴趣也就是情理之中的事了。他们对于法西斯主义根源的解释既依据于马克思主义，又依据于精神分析理论。他们论证说，竞争的资本主义为法西斯式的垄断资本主义所替代，以对付资本主义危机——这种危机反映在20世纪30年代初世界范围内的经济萧条中。法兰克福学派的学者采纳了弗洛伊德将文明作为对人类本能的压抑来批判的做法，论证说法西斯主义压迫是权威人格的一种功能，它之所以产生是由于被灌输给资产阶级家庭的这样一种观点：极权主义是面对经济危机而保存现存社会结构的一个手段。

思想影响的漫长踪迹导致了美国20世纪40年代的“权威人格”研究项目。1930年左右，弗洛伊德精神分析家和马克思主义者赖希(Wilhelm Reich)观察到，性压抑助长了法西斯主义。在迁移柏林——他本人在那里经历了希特勒的上台——以后，赖希将法西斯主义的根源追溯到德国中下层阶级和工人阶级成员的个性结构(萨姆森，1986)。

弗洛姆也从一个精神分析者转为马克思主义者，并且认识赖希，他随后接手了权威主义的研究。1929年和1930年，希特勒掌权后不久，弗洛姆和他的社会研究所的同事们对德国、奥地利和瑞士的1150名蓝领工人和白领工人进行了调查。个人访谈被记录下来，然后进行精神分析(这是精神分析方法的一种独特运用，在美国有关权威人格的研究中也被以类似的方法加以运用)。欧洲研究的理论框架、它的某些结果(诸如受过权威主义父母培养的受压抑的个体后来受到法西斯主义的吸引)为霍克海默的《权威和家庭研究》(1936)和弗洛姆的名作《逃避自由》(1941)所探讨。这一关于权威主义的欧洲研究促成了《权威人格》的诞生，它是一项在美国进行的关于偏见的大型实证研究。

反犹主义并不是1920—1930年欧洲调查研究的一个重要组成部分——当时希特勒对犹太人的迫害还没有开始，但它是“权威人格”研究的重点。阶级意识作为一个因素在美国的权威研究中退出人们的视野。“赖希原来的问题被加以改造，以适应一种自由的、经验主义的、个体心理学的框架。”(萨姆森，1986)相对于欧洲的《权威和家庭研究》，美国的对应物是阿多诺的批判理论(它将马克思主义与精神分析理论结合起来)和美国式的量化心理学(它以阿多诺在加利福尼亚大学伯克利分校的合作者列维森(Daniel Levinson)、R·N·桑福德和E·F·布伦斯维克为代表)的混合物。这四个合作者都具有精神分析的倾向。四个学者怎样走到一起从事最为著名的偏见研究？这只是件偶然和机遇的事了。

权威人格

用于《权威人格》研究的资料收集始于1943年，此时，加利福尼亚大学伯克利分校教务长征求该校心理学家桑福德(Nevitt Sanford)的意见，问他能否使用一位匿名的资助者的500美元，以从事一项关于反犹主义的研究。桑福德接受了这笔基金，雇用了他的一个博士生列维森，很快又邀请了伯克利儿童福利所(今天，它的名称是人类发展研究所)的心理学家布伦斯维克(Else Frenkel - Brunswik)加入这个项目。后来，霍克海默开始对伯克利分校的研究发生兴趣，并通过美国犹太人委员会获得更充足的资金(从1945—1948年3年中，每年约4万美元)，以从事对偏见的一系列研究项目。①霍克海默建议阿多诺加入伯克利的研究队伍，所以阿多

① 这个系列中的另一部重要著作是洛文塔尔的《欺骗的先知》(1940)，它是关于德国宣传的一项研究。

诺每隔几个星期往返于洛杉矶(他当时住在那里)和伯克利之间，参加一次项目成员会议。

有多名作者介入的著作很少是真正合作性的，但《权威人格》似乎就是这样一部著作。四个作者中有三个是犹太人，第四个人——内维特·桑福德——是一个南部的新教徒。毋庸置疑，他们的背景对他们研究的性质产生了作用。弗洛伊德的影响以几种不同的方式进入《权威人格》研究。桑福德与默里(Henry Murray)一起学习过，后者是一个曾在哈佛大学介绍精神分析的心理学家。当时，桑福德从萨克斯(Hans Sachs)——他是弗洛伊德的同事——那里接受精神分析培训课程(桑福德，1986)。1940 年，当桑福德开始在伯克利心理学系教书时，他坚持进行兼职精神分析实践，在一大早和傍晚给病人看病(桑福德，1986)。

布伦斯维克也曾从事精神分析，但将对弗洛伊德的倾向与量化心理学的爱好结合起来。布伦斯维克(1908—1958)是一个中欧人，曾在维也纳大学随比勒(Karl Bühler)攻读心理学博士学位。她继续留在这个大学，从事研究工作，同时进行精神分析，直到 1938 年纳粹占领奥地利、迫使F·布伦斯维克和她的丈夫——E·布伦斯维克(Egon Brunswik)——移居美国时为止(列维森，1990)。在当时有关(禁止)裙带关系的规则影响下，(她的丈夫) E·布伦斯维克在伯克利的心理学教师的任命排斥了她取得终身教师职位的可能性，所以，F·布伦斯维克为伯克利儿童福利研究所所聘用，从事研究工作(史密斯，1990)。1943 年，她参加了由桑福德、列维森和阿多诺所进行的权威研究。

阿多诺“是一个最令人兴奋的理性伙伴。他具有在我们看来是对精神分析理论的深邃把握的知识，熟知德国法西斯主义的内部和外部，尤其是，有说不完的黄色笑话。在开始思考‘F’(Fascism，法西斯主义)量表项时，他这个人非常有帮助。”(桑福德，1986)曼(Thoms Mann)是德国流亡知识分子，20 世纪 40 年代初住在洛杉矶离阿多诺不远的地方，他这样描绘批判的理论家：“阿多诺……与他的老朋友本雅明相似，也是一个智力型的人，不妥协，悲壮而辉煌，从事最高层次的工作。他生长在一个完全由理论（也包括政治理论）和艺术——主要是音乐——兴趣所笼罩的氛围内，因此，他研究哲学和音乐……在其一生中，这个具有非凡才能的人拒绝在哲学职位和艺术职位之间进行选择。他认为，他在这两个不同领域中实际上追求着同样的东西。他的辩证思维转向以及对社会史的爱好是与对音乐的热情相互连结在一起的。”（曼，1961）

列维森是加州大学伯克利分校心理学博士生，曾上过桑福德带有精神分析观点的课程。因此，《权威人格》的四个合作者除他们个人的定量心理学方法的技能，以及除阿多诺的批判马克思主义的倾向外，也都具有某种弗洛伊德的观点。

这四位学者给自己提出了这样的问题：对犹太人有偏见的个体是否也是对其他外在群体有偏见？他们编制了“E”（ethnocentrism，种族中心主义）量表，以便发现问题的答案。接着，这些学者又想弄清楚造成偏见的深层情感是否需要以其他的方式得到表达的问题，这里，出现的是“F”（Fascism，法西斯主义）量表（桑福德，1986）。5 点“李克特型”（非常同意、同意、不一定、不同意、非常不同意）的典型选项“E”和“F”量表是：

1. 犹太商人的一个麻烦是：他们相互忠诚，以防其他人有公平竞争的机会（E）。
2. 在过去的 50 年中，真正的美国精神的最大危险来自外国的思想和煽动者（E）。
3. 对于权威的服从与尊重是儿童应学习的最重要的美德（F）。
4. 侮辱我们荣誉的行为应受到惩处（F）。

他们发现，这些量表是如此紧密地相互关联，以至于他们可以得出结论说，反犹主义、种族中心主义和法西斯主义统统都是被他们称为“权威主义者”的一般性格结构的组成部分。在一篇书评中，史密斯(Brewster Smith)(1950)声称：“就比喻的意义来说，加利福尼亚大学的研究者们开始追踪豺狼的足迹，却发现他们自己在与巨兽搏斗。”他们的研究时间增加了这一研究的社会意义：希特勒对于欧洲犹太人的迫害已使反犹主义的问题变得突出起来。随着对希特勒的集中营的发现，美国对于大屠杀的恐惧变得明显了。麦卡锡主义在美国蠢蠢欲动，这个国家似乎要转向一个极权主义国家。然而，反犹主义还没有在社会心理学家那里得到足够的研究。

由伯克利分校的研究者们所确认的权威主义人格是软弱的和依附性的，但是试图通过实施一种惩罚性的、传统的道德来维系法律和秩序。权威主义个体以刻板范畴思考，并对所有外部团体持有强烈的偏见。个体潜在的软弱和自卑心态导致了一场“痛苦的斗争，以向自己和他人证明他实际上属于强者和优者”(史密斯，1950)。

研究资料主要来自2099名被访者——伯克利分校的学生，旧金山的精神病病人，圣昆廷的监狱犯人，“狮子会和扶轮社”的会员，以及各种其他团体。他们填写E和F量表的问卷，并提供了有关他们自己的其他资料。这个样本虽然大而多样，但在美国人口中并不具有代表性。然后，伯克利的学者从数以千计的调查对象中挑选了80个被访者——他们的分数位于E量表中的最高处和最低处，并对他们进行无限制的个人访谈。提出的问题有关职业、收入、宗教、政治、对少数民族的态度和种族。访谈记录然后根据种族中心主义来打分，一种盲法分析得以形成，以便预测每一个被访者根据E分数是处于高的还是低的种族中心主义的类别。两种测度方法(开放式访谈和种族中心态度量表)在85%的案例中是一致的。80个高或低的种族中心主义(测试)个体也被要求回答TAT(The-matic Apperception Test，主题统觉测验)的投射技术，这些资料然后得到分析，以用作偏见指数。最后，有关两个人—— 一个是高的种族中心主义，一个是低的种族中心主义——的深度案例研究通过精神分析技术得以进行。

总之，《权威人格》既标志着心理测试观点和精神分析观点的混合，也代表着调查、临床和投射法的三角测量。它所产生的1000页篇幅的著作是“图书馆书架上的一个物理地标”（史密斯，1950），也是弗洛伊德—马克思主义思想运用于当时的一个重要问题（偏见）的令人赞叹的表现。

1950年前，偏见研究在美国心理学家中并不流行。《权威人格》引发了大量的研究。在从1950年至1980年的30年中，F量表在已经出版的研究中得到应用，包括3万名美国被访者，加上来自23个其他国家的1.5万名被访者(桑福德，1986)。不管用什么样的指标来衡量，《权威人格》都是一个非常重要研究，它的确是法兰克福学派成员的最著名的作品。不幸的是，从这一重要的研究中没有引发出关于个体如何成为有偏见的问题的探讨。此类探讨本该从一种社会学的和传播的视野出发。不过，20世纪60年代的一系列传播研究借鉴了罗基奇(Milton Rokeach)的教条主义量表①，将它作为确定劝服试验中个体受传播信息的影响程度的一个中介变量。

返回法兰克福，返回弗洛伊德

1950年，霍克海默和阿多诺在德国重建社会研究所以后，法兰克福学派恢复对于弗洛伊德的重视。研究所再次对精神分析理论发生兴趣，而这种兴趣是由马尔库塞所引导的，后者在1932年已经加盟了研究所，但他的主要工作是在20世纪50和60年代表现出来的。和其他法兰克福学派学者一样，马尔库塞(生于1898年)是一个富裕的犹太家庭的儿子，他获得哲学博士学位。20世纪30年代后期，由于西班牙内战和苏联的斯

① M·罗基奇在加利福尼亚大学获得心理学博士学位，并作为一名研究助理参加《权威人格》项目的工作，他发展了一种教条主义量表来测量心胸狭窄（问题）（罗基奇，1960）。他论证说，一个可能的左派政治偏见可以由阿多诺量表来代表，因为左派自由主义个体可能恰恰被偏见认为是右派保守主义者。

大林清洗，他开始对马克思主义产生不满，并成为一名新弗洛伊德主义者(杰伊，1973)。在一个漫长的酝酿期之后，马尔库塞的重要著作《爱欲与文明》(1955)出版了。这部著作建立在弗洛伊德的生命本能(eros)和死亡本能(thanatos)的概念的基础上，并将其置于社会经济的背景之中。马尔库塞论证说，在某些物质条件下，个体能够摆脱性压抑和死亡本能，因此一个不受限制的生命本能会繁盛起来。马尔库塞的其他重要著作是《单向度的人》(1964)，这部著作使他成为20世纪60年代美国和欧洲学生运动的崇拜人物。

第二次世界大战以后，法兰克福学派主要批判晚期资本主义，因为晚期资本主义用大众媒介广告操纵着人们的精神，这样人们就会渴望消费品，就会丧失他们的批判的和抗争性的思路(昆顿，1974)。但是，当20世纪60年代的学生运动真正反对现存制度时，法兰克福学派批判的学者们则因为学生的激进主义的幼稚破坏而感到灰心丧气。

在最近几十年中，法兰克福歌德大学的社会研究所的思想影响逐渐黯淡。随着早先一批法兰克福学派学者们退休和去世，批判理论的精神力量扩散开来，吸引着不同国家的众多学者都运用批判的观点。因此，一个广泛的批判学者的小圈子崛起了。

传播研究中的批判学派和经验学派

批判学派和经验学派对于大众传播在社会中的作用的看法极其不同。批判学者认为，大众传播被现存制度用来控制社会，而经验主义学者认为媒介能够帮助改进社会中的社会问题，并能够引导渐进的社会变革。对于批判学者来说，关键的问题是谁拥有和控制大众媒介，这是一种宏观的看法。经验主义学者主要关注媒介对于个体受众成员的效果，这是一种微观的看法。

第二次世界大战之前及期间，批判学者强烈地反对法西斯主义，因此，他们的学术兴趣自然而然地转向宣传、偏见和其他与希特勒上台有关的主题。大多数当代批判学者都不是马克思主义者，但是在他们的一般方向上，或多或少可能是左派的。的确，他们质问社会现状，并且经常反对现存制度。

由于可追溯到他们20世纪30年代在德国起步时的历史原因——批判学者一般都反对实证主义，而且他们中的许多人都倾向于哲学。他们对经验主义数据持批判态度，尽管这些数据在《权威人格》中得到了应用，且在1950年后社会研究所返回法兰克福时也得到了应用。事实上，1950年以后的研究所在将美国社会研究方法介绍给欧洲学者方面是颇有影响的。

批判的学者注重解放。他们提出这样的问题：从社会研究中谁有所得，谁有所失？在大众传播和社会的问题上（海巴特，1983），他们探求媒介使个体异化、使通俗文化商业化的途径。有些批判学者从事文学批评，有时候将这种批评和内容分析结合起来。一个最著名的例子是洛文塔尔对有关名人的杂志文章的研究（1944），这些文章发表在1901年的《科利尔》和1941年的《星期六晚邮报》上。洛文塔尔表明，在美国历史上的这40年期间，发生了从生产英雄到消费英雄的变化（海布特，1983）。

有一个批判的学者相信媒介唤醒意识的能力，他就是W·本雅明（1892—1940）。他生在德国一个富裕的犹太家庭，受到良好的教育，是一个杰出的学者。作为阿多诺的一个朋友，本雅明与社会研究所长期保持联系，在他们的杂志上发表文章，并从研究所的捐款中获得了一笔津贴。在与德国学术界的一次不幸交往之后，本雅明迁移到巴黎。他与布莱希特（Bertolt Brecht）的友情导致了对于通俗艺术的革命性潜力的信念，这种信念表达在《理解布莱希特》（本雅明，1966）中。1940年，当希特勒的装甲部队侵入法国的时候，本雅明延误了他的逃亡，尽管他在纽约的法兰克福学派的同事们不顾一切地请求他不要耽搁。他几乎得到了自由。

今天，批判主义学者和经验主义学者的截然相反的理论视野经常将他们带入尖锐的冲突之中。事实上，批判主义和经验主义之间的裂痕是今日传播领域中的最明显的分歧。

今日批判理论

批判学派在今日的地位如何？欧洲、北美和拉美的回答是不同的。在最近几十年复兴起来的法兰克福学派中，J·哈贝马斯及其学生韦尔默(Albrecht Wellmer)成为主要人物。哈贝马斯1954年在波恩大学获得博士学位，然后从1956—1961年加入法兰克福大学社会研究所。在担任了各种学术职务以后，1983年他作为所长返回社会研究所。他也是法兰克福大学的哲学教授。哈贝马斯是一个伟大的理论家，活跃在高度抽象的层次上，他反对实证主义，强调唯物主义。他希望传播成为解放性的，从其效果研究中摆脱出来。他的著作有英文译本，但非常难读。在欧洲，法兰克福学派从前的思想活力已经一去不复返。不过，在今日欧洲，还有几百名批判的传播学者，也出版几本批判的传播杂志。

在北美，存在着几个批判的学术中心，例如，伊利诺伊大学，衣阿华大学，加利福尼亚大学圣地亚哥分校。在美国，几百名批判的传播学学者属于一个专业协会：民主传播协会。美国没有专门的批判理论的杂志，尽管有一份传播学杂志以“批判研究”命名。

在拉美，许多传播学学者对批判理论有兴趣。由多尔夫曼(Ariel Dorfman)和马特拉(Armand Mattelart)撰写的著作《如何解读唐老鸭：迪士尼漫画中的帝国主义意识形态》(1975)被广泛阅读，这部著作1971年最早以西班牙语出版。当迪士尼的唐老鸭漫画发表在拉美的报纸上时，这些批判的学者对之进行内容分析，发现这些漫画包含着面向第三世界国家的美帝国主义的微妙主题。多尔夫曼和马特拉从其研究中得出结论说，迪士尼制片厂的工作人员具有帝国主义的动机。他俩假定，这些漫画对拉美的读者们产生了作用，这个假定可以由从漫画读者那里收集到的有关效果的资料来证实(罗杰斯，1985)。

拉美的传播学领域是一个混合物，它强烈地具有欧洲批判的学术研究和北美经验主义方法的色彩（查菲，冈麦茨和罗杰斯，1990）。这个混合物在墨西哥和巴西尤其兴旺，在那里，大学的传播教育建立得特别完善。例如，1992年，巴西有3万名学生录取在8个大学级别的传播系学习（参见第十二章）。

马克思和批判学派对传播学的贡献

马克思主义及其后期批判学者的理论团体可被看作是经验学者的思想和概念的一个来源（罗森格伦，1983）。批判学派注重大众媒介的所有权和控制问题，这些主题没有引起像拉扎斯菲尔德那样的经验主义研究者的学术兴趣，后者沿着探讨传播效果的方向来对待传播领域。批判学派重视社会的贫困和微势群体，这对于非批判学者能够产生提升意识的影响。美国批判主义传播学者和经验主义传播学者之间的张力提出了一个富有成果的理智挑战；不过，这一冲突使得批判学者为传播研究提供的有趣线索未能得到来自经验学派的研究方法和资源的探讨。

第二部分

传播学在美国的生长

传播学在美国的开始是这一领域之欧洲起源的直接产物。1930年左右，由于希特勒的上台，学术思想跨越大西洋的步伐大大加快了。

知识分子从欧洲向美国的迁移

今天的美国人认为他们的大学是世界上最优秀的大学，这一民族主义概念受到诸如美国诺贝尔获奖者①人数这样的指标的支持，也受到科学杂志文章中美国作者占统治地位的数量的支持。在众多引人注目的科学成就方面，美国人的确是一流的，例如，20世纪40年代制造了原子弹，20世纪60年代将人送上月球。

今天的美国人容易忘记大部分美国大学直到大约100多年前才创建起来(尽管哈佛大学可追溯到1636年)，而几所欧洲大学——其中有剑桥、牛津、巴黎等大学——已存在600多年。而且，在20世纪30年代之前，无论怎样说欧洲大学都立于世界之巅。德国的科学大学特别突出。一代美国社会科学家进入德国大学，在那里攻读博士学位，然后，通过将欧洲理论带入美国的社会科学的途径，架起了一座与欧洲学者联系的重要的知识桥梁。其他早期的美国传播学学者在欧洲学习，但是没在那里获得他们的博士学位。

德国大学在世界范围内出类拔萃是因为几个理由。第一，德国人极其重视教育，公众非常尊敬大学教授。研究型大学之存在主要是为了通过科学研究推进知识，而不是对将成为未来专业人员的本科生施以培养。一个世纪以前，德国的大学既有教学自由的特点，又有学习自由的特点。大学教授自由地选择授课主题，并不受阻碍地表达他(或她)的观点(多布森和布鲁斯，1972)。人们认为，教授应该从一定距离之外看待日常世界，并且自由地对之进行评论。德国大学生并没有课程测验。相反，在学生的课程结束时要完成一个综合考试。因此，学生对于讲课细节的了解与是否听课，都是无关紧要的。学生们可以去听任何他们感兴趣的题目的课，也可以在德国自由地从一所大学转到另一所大学。不论是教学人员还是学生，在德国的研究型大学里都享有相当程度的自由。

直到第一次世界大战前，就任何领域在一流大学里学习，以及跟随真正的大师学习，这就意味着在欧洲、特别是在德国学习。德国大学吸引了9000名美国人，其中大多数人是在1870—1900年间学习的(罗斯，1991)。美国学者在学术上对于他们的大陆祖先的依赖，可在下述事实中得到表现：美国的老牌大学要求所有的博士生能够证明他们在阅读法语和德语方面的能力。最终，社会科学和其他领域的许多经典作品都被译成英语，所以20世纪60年代后期大部分美国大学都取消了对外语方面的要求。②

欧洲送给美国知识生活的最宝贵礼物是希特勒的一个成果，希特勒于1933年在德国掌权并迫害犹太人与其他人，诸如吉卜赛人和社会主义者。在1938年——当时许多犹太人的商店被毁——的“水晶之夜”(Crystal Night)以后，希特勒使得犹太人和其他人通过流亡到美国、英国

① 第二次世界大战之前，在129项物理学、化学和医学诺贝尔奖中，美国只得了18项(占14%)。从1945年至20世纪70年代中期，美国科学家赢得了56%的物理学奖，42%的化学奖，60%的医学奖(朱克曼，1977)。显而易见，第二次世界大战标志着美国科学杰出地位的一个阶段性变化。

② 社会科学的特别重要的翻译作品的例子是H·格特和C·W·米尔斯的《韦伯社会学论文集》(1946)；K·H·沃尔弗的《齐美尔的社会学》(1950)；E·C·帕森斯对塔尔德的《模仿律》(1930)的翻译；T·帕森斯对韦伯的《新教伦理和资本主义精神》(1930)的翻译。

或其他避难处而逃离迫害的行动变得越来越困难了。但是，这批人中的许多知识分子精华还是想方设法离开德国，随着希特勒的德国军队侵入奥地利、法国和其他邻近欧洲国家，他们也想方设法离开这些国家。欧洲知识分子向美国的移居包括19名最终赢得诺贝尔奖的科学家（海布特，1983），他们中的几位，例如：爱因斯坦、泰勒（Edward Teller）、西拉德（Leo Czilard）在1945年原子弹的发明中起了重要作用。与此同时，希特勒的原子弹项目却陷入了困境（科塞，1984）。

知识分子流亡者包括物理学家、化学家、数学家和社会科学家。迁移到美国的人是德国大学所有学者的43%，是所有社会科学家的48%（海布特，1983）。来到美国的著名社会科学学者的长长名单中有：柏林大学著名心理学家勒温、维也纳数学家和社会学家拉扎斯菲尔德以及整个法兰克福学派。法兰克福学派有它自己的资助，安顿在哥伦比亚大学附近，并与哥伦比亚大学建立了一种松散的附属关系。在更远些的纽约市中心那边，由美国人约翰逊（Alvin Johnson）领导的“社会研究新学院”为逃亡的欧洲学者提供了一个家园。大部分社会科学家都住在纽约，尽管最终许多美国大学以及差不多每一个学科和领域都从欧洲知识分子的迁移中大大获益。

欧洲流亡者丰富了美国文化生活的近乎每个方面。流亡作家、音乐家、演员和导演主要居住在洛杉矶。名人中包括德国剧作家布莱希特，他成为好莱坞编剧；普雷明格（Otto Preminger）和怀尔德（Billy Wilder），从柏林移居到好莱坞，从事电影剧本作家和导演工作；维也纳先锋派音乐家勋伯格（Arnold Schoenberg）；德国知识分子和《浮士德医生》的作者曼（Thomas Mann）；还有演员黛德丽（Marlene Dietrich）、嘉宝（Greta Garbo）和洛（Peter Lorre）等等。

1933年至1941年间，13.2万名流亡者离开纳粹德国来到美国。这个知识分子的迁移是将传播理论的欧洲根源转移到美国的过程中的关键事件。

美国社会科学的直接来源

在其思想被传入北美的欧洲理论家中，哪些人是主要的呢？①

孔德(Auguste Comte)和实证主义。孔德(1798—1857)是社会学之父，1839年论证社会学之被承认为社会科学的问题。孔德还为这个世界贡献了“实证主义”。实证主义信念认为，科学方法能被运用于人类社会行为的研究，以便帮助解决社会问题。

涂尔干(Emile Durkheim)。涂尔干(1858—1917)在巴黎大学稳坐社会学第一把交椅(1913年)。他撰写了《自杀论》(1897)一书，这是关于自杀率的一个重要的早期经验研究。涂尔干还以一部《社会学方法的规则》(1895)而开社会学方法论的先河。他(与齐美尔一起)被认为是“现代”社会学的共同奠基者。

齐美尔(Georg Simmel)和“芝加哥学派”。齐美尔(1858—1918)是现代社会学的创立人之一，他特别对芝加哥学派产生了影响。在齐美尔那里，我们可以看到关于社会网络、城市生态学和社会距离以及边缘人等概念的研究。芝加哥学派的R·帕克在柏林大学随齐美尔学习时，获得了对于报纸在舆论方面的作用的洞见。后来，帕克把齐美尔的这一理论视野转变成美国大众传播的经验主义研究。

塔尔德(Gabriel Tarde)。塔尔德(1843—1904)是一名法国律师和法官，后来成为一名社会学家，他将其关于摹仿的最初研究建立在他在审判室看见的行为的基础上。塔尔德从法国司法体系中脱颖而出，成为司法部统计局局长。在那里，他收集了有关犯罪的统计资料，出版了几本犯罪学方面的著作。然后，他成为巴黎法兰西学院现代哲学教授。他撰

① 1927年，人们要求258名美国社会学家说出最有影响的外国社会学家的名字。首选者依次为：斯宾塞，齐美尔，塔尔德和涂尔干(莱文，卡特和戈尔曼，1976)。在后来的几十年中，马克思和韦伯受到了重大的关注，而齐美尔和涂尔干仍然是有影响的。

写了《舆论与群众》（1901）、《地下人》（1905）等著作，是有关未来社会风气变化的未来主义乌托邦。他的《模仿律》发表于他逝世前4年的1900年，这部著作影响了两个当代的研究传统，即扩散理论和社会学习理论。

“扩散”是这样一个过程，通过它，随着时间的推移，某个创新思想凭借某些渠道在一个社会体系的成员中传播(罗杰斯，1983)。塔尔德观察到，新思想的采纳率在时间流动中遵循一条S形曲线，而地位比较高的个体相对早地采纳某种创新思想。通过摹仿另一个已经接受了新思想的个体的行为，某个个体受到了影响，也采纳了这个创新思想。社会学习理论认为，一个个体对于另一个体的公开行为的观察往往发挥着作为这个观察者的行为指南的作用。斯坦福大学的心理学家班杜拉(A. Bandura)开创了关于个体如何从人际模式中学习，如何从他们在大众媒介中观察到的模式中学习的研究。在电视暴力对于儿童的侵略性行为的影响的研究方面，班杜拉的理论特别重要。

韦伯(Max Weber)。韦伯(1864—1920)始终是最重要的社会学家之一，尽管他直到生命晚期都一直是个经济学教授。①他开创了各种学术论题的研究。在《新教伦理与资本主义精神》（1930）中，他论证说，新教价值是与文艺复兴时期的资本主义的崛起联系在一起的。他为我们提供了科层制(bureaucracy)概念，这是一个由许多个体在一个等级制中构成的组织，目的是为了执行管理的任务；“理解”(verstehen)概念，这是通过将自身置于另一个人的角色中，从而对人们的研究对象具有移情体验，它也是理想类型(ideal types，即某些行为或制度的一组截然不同的极端，而现实生活中的案例可以与之构成比较)的方法论工具；而“个人魔力”(charisma)概念是一个被赋予超自然力量的个体的品质，它也在韦伯

① 欧洲(和美国)的一代开创性的社会学家除了社会学以外，都得有某些其他领域的学位，尽管他们的工作基本上是社会学的。他们往往不认为自己是社会学家，只是后来他们的著述被限定为社会学的。韦伯接受的是法律和经济学的教育，塔尔德和涂尔干研究法律，斯宾塞和齐美尔是哲学家。

那里得到了阐述。

冯特(Wihelm Wundt)和“心理学”。冯特(1832—1920)首开将实验的科学方法用于心理学之风(舒尔茨，1975)。他是被作为一个心理学家来培养的，在莱比锡从事教学的那些年间，他也逐渐地成为一名心理学家，在那里创建了世界上第一个心理学实验室，并且最早进行实验。冯特对于美国几个重要的社会科学家具有相当大的思想影响。例如，杜威和G·H·米德的反射弧(reflx arc)思想就直接来自冯特的手势概念。冯特反过来又受到达尔文的《人和动物的感情表达》(1872)一书的影响。

下面七章中的每一章都阐述了这些理论以及其他的欧洲理论向美国的转移，在美国，它们在传播学中得到了经验主义意义上的研究。

第五章

芝加哥学派

哈佛大学的实用主义者詹姆斯(William James)在1903年10月29日的一封信中说："过去的6个月中，在芝加哥，由杜威领导的历时10年的酝酿过程已经结出果实。这颗果实是令人赞叹的——'一个真正的学派'，'一个真正的思想'。也是一个重要的思想！你听说过这样一座城市或这样一所大学吗？在这里(哈佛)，我们有思想，但是没有学派。在耶鲁，有学派，但是没有思想。芝加哥既有学派，又有思想。"

——给詹姆斯的信

由于若干原因，芝加哥学派对于传播理论与研究的影响非常重要：

1. 它代表着社会科学在美国的第一次大繁荣，就那些重要的欧洲理论来说，特别是就德国社会学家齐美尔的那些理论来说，它发挥了知识登陆点的作用。
2. 它使美国有关社会问题的社会科学研究有了强烈的经验主义方向。芝加哥学派是改良的、进步的和实用的，它试图通过研究这个世界的社会问题而对之进行改造。芝加哥学派研究的问题是：在迅速成长的城市中拥挤不堪的移民贫民窟里，诞生于乡村共同体中的美国民主制能否有生存之地。
3. 芝加哥学派的学者构成了一个以人类传播为中心的人格社会化

的理论概念。对于芝加哥的社会学家来说，要成为社会的存在、人类的存在，就需要传播。他们抨击对于人类行为的本能解释，取而代之强调一种观点，即后来被称作符号互动论的观点。

4. 芝加哥学派构筑了后来有关媒介效果的大众传播研究的模型。

对于那些在芝加哥大学获得博士学位的人来说，那里的学习经历具有深远的影响。希布塔尼(Tamotsu Shibutani)于20世纪40年代后期在芝加哥获得社会学博士，他说："在我(从伯克利获得社会学学士学位)来到芝加哥前，我像是一个待在黑房间里的人。我可以制定目标，但我实际上看不清。后来在芝加哥，遮蔽物被打开了。阳光照射进来，我能够理解人类的行为了。在我生命的所有其余时间，我将自己认作是一个芝加哥社会学家。"(希布塔尼，1990)芝加哥学派培养的学者对于这个学派怀有巨大的忠诚，它"对于许多当代社会学家来说，还代表着一种神秘的伊甸园，这些社会学家从植根于芝加哥的家谱中追溯自己的门第，从而将他们个人的出身和目的置于社会学这一职业之中。"(冯·马奈，1988)

芝加哥学派对美国社会科学的重要影响被完好地记录下来；库尔茨(Kurtz)(1984)的有注解的文献目录列举了1000多本关于这个学派的出版物。这里，我就芝加哥学派发展的最重要的方面作一综合，强调它对传播学的影响。我首先注意帕克，这个学派的最有影响的成员，也是开创了大众传播研究的学者。其他芝加哥学派的学者，诸如库利、杜威和米德也将传播置于他们关于人类行为概念的中心地位。

感谢J·彼得斯批评性地阅读了本章的提要，我将此提要呈交给威奇托研讨会，它作为那次会议公报的一个章节而发表(罗杰斯，1993)。

西部扩张和强盗资本家

内战结束以后，从1865年至1890年，美国出现了巨大的增长。由于建造铁路，使用铁和煤炼钢，筹集资本，开展企业家的冒险活动，以及把大草原分割为农场和牧场，自然资源得到开发。一批强盗资本家引导了主要产业，通过控制他们的企业竞争者而聚敛财富，并经常涉足令人怀疑的商务活动。J·D·洛克菲勒是其中最大的资本家。事实上，“谢尔曼反托拉斯法”之执行最初是为了限制洛克菲勒的“美孚石油公司”近乎垄断的权力。L·斯坦福、A·卡内基和C·范德比尔特都出身贫寒，工作努力，领先超前，并积聚了大批的财富。强盗资本家糟蹋环境，剥削人民，尽管他们的企业行为在当时是合法的。强盗资本家很少受过大学教育，许多人基本上没有受过教育。这些人都是企业家，敢于冒险，制造事端，促使社会变革。在其晚年，强盗资本家会向私立大学、图书馆或医院捐赠资金，并且经常是以前所未有的规模。一个持久的影响就是他们所投资的那些优秀的私立大学。

霍普金斯大学1876年开办，由霍普金斯(Johns Hopkins)的一大笔捐赠所创建。霍普金斯是一个成功的巴尔的摩商人，他拥有俄亥俄和巴尔的摩铁路的大宗股票。12名大学理事不想再建造一所仅与美国业已存在的400所大学一样的大学本科学院(施米特，1986)。他们选举了曾在柏林学习的吉尔曼(Daniel Coit Gilman)为这所大学的第一任校长，因为他致力于强调研究生教育和研究。霍普金斯大学是第一所真正的大学，而不仅仅是一所学院，它之建立标志着美国高等教育史上的一个重要转折点，发挥着为美国其他研究型大学树立榜样的作用，包括15年后的芝加哥大学(图5.1)。愤世嫉俗型的新闻记者门肯(H. L. Mencken)(1922)说：“当(吉尔曼校长)创建了这所大学时，他取得了某种巨大无比的成就；他使美国的高等教育发生革命，近乎在将其变得明智起来的方面获得成功。”霍普金斯创造的革命是研究型大学，这一机构致力于进行研究和研究生教育。

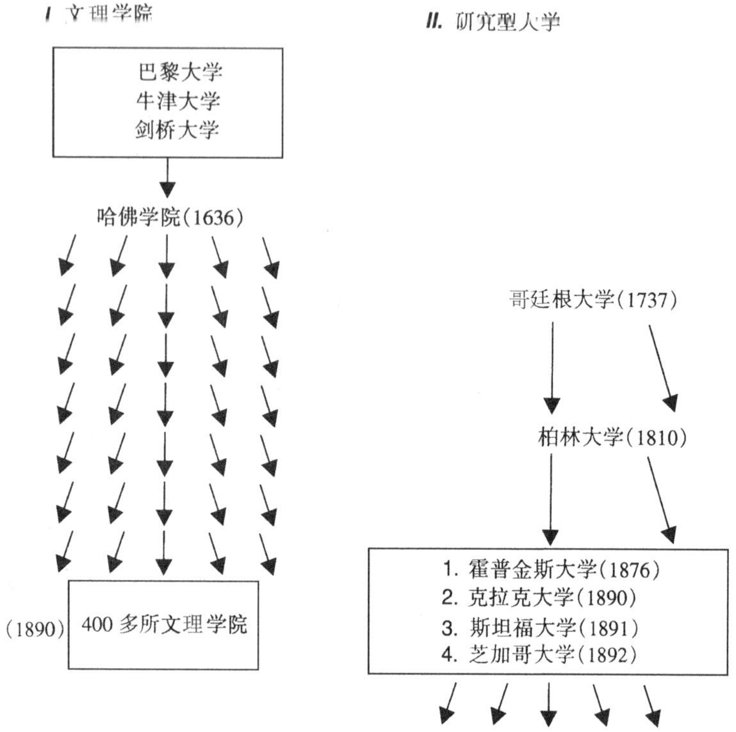

图 5.1　作为文理学院的一种替代模式的研究型大学在美国的发展

芝加哥大学的创立

面向美国的大迁移发生在1860—1912年间，它是伴随着欧洲人逃离战争、革命和经济困境而奔向美国所能提供的工作机会、所许诺的自由土地而发生的。但是，这批移民中的绝大部分被困在迅速城市化的地区——其特征是人类剥削和其他社会疾病——中的贫民窟里。诸如此类的问题在芝加哥南部、靠近密歇根湖的地方清晰可辨，芝加哥大学就建造在那里。

由于“美孚石油公司”总裁洛克菲勒的3500万美元的慷慨资助，这所大学于1892年得以创建，当时，芝加哥是美国的第二大城市，约有110万人口。在1880年至1890年这10年中，城市人口翻了一倍，至1910年，又翻了一倍。芝加哥在文化的多样性方面特别突出。1900年，170万人口中的一半是生于外国的人（布尔默，1984），其他许多人是外国出生的父母的后代。“许多移居的男人和妇女在堆料场、南芝加哥钢铁厂、服装厂、麦考密克农业（机械）厂、铁路和普尔曼卧车厂工作。芝加哥的贫穷和财富、污秽和奢侈、动荡和犯罪，引起国际注目，它的管理不善的、腐败的市政府也是如此。”（迪纳，1975）1904年，当伟大的德国社会学家韦伯访问芝加哥时，他将这座城市描绘为“像一个被剥光了皮的人，人们可以看见这个人的肠子在蠕动”（1926）。

这一巨大的、迅速发展的城市没有一所大型大学。浸礼会的领导人已经决定在芝加哥建造一所与浸礼教相关的大学，这部分地是由于他们在那里已有了一个神学院，他们向洛克菲勒——一个虔诚的浸礼教徒——请求资助。他们向他要一大笔用于建造一所新的芝加哥大学的资助，洛克菲勒最后同意捐助60万美元，条件是它要与来自其他捐资人的40万美元相匹配（古德斯皮德，1916）。几个月后，浸礼会的基金筹集活动达到了它的目标，因为芝加哥百货公司的老板菲尔德（Marshall Field）同意提供一大块地，它毗邻1英里长的哥伦布世界博览会中途乐园（因此，这个校园被称为中途校园）。与洛克菲勒签订的协议说明，新的大学将坐落于城市里，而不是富饶的郊区，所以现存的浸礼会同盟神学院迁往中途校园。

一当浸礼会领袖开始启动基金，另加一块用于校园的土地时，他们就聘用了一名校长哈珀（William Rainey Harper），他当时35岁，在耶鲁大学教希伯来语。哈珀18岁时在耶鲁大学获得古典语言博士学位，并在迁往耶鲁大学以前，在好几所大学教过书，包括浸礼会联盟神学院。通过肖托夸(Chautauqua)成人教育运动，①哈珀见过他那个时代的许多著名的社会科学家，特别是那些涉足旨在帮助解决社会问题的研究的社会科学家。在领导哈珀的新大学趋向于社会改良方面，这段经历证明是重要的。

哈珀是一个精明的讨价还价者，他提出如果洛克菲勒另捐助用于神学和研究生教育的100万美元，就同意来芝加哥。洛克菲勒接受了这个条件，由此开始了雄心勃勃的年轻大学校长和他的富裕资助人之间的独特关系(古德斯皮德，1916)。在以后的20年间，这个强盗式资本家和哈珀玩起了一场两人都能理解也似乎都喜欢的游戏。每年，哈珀校长都使大学的预算大大超支，然后就向洛克菲勒要求另外的约100万美元，以便挽救这个新的、洛克菲勒已投资如此之多的大学。以这种方式，哈珀逐渐从洛克菲勒那里诱取了越来越多的百万美元。这个策略之所以会起作用，是因为哈珀的新大学非常成功。哈珀具有敏锐的辨别学术人才的眼力，当他追逐每个领域的一流学者时，他又是一个颇有说服力的商人。一般来说，他使愿意成为芝加哥教职人员的教授的工资翻倍。截止1900年，也就在芝加哥大学成立8年以后，该校在学术质量方面被认为是美国的一流大学之一。它是中西部的名牌大学，是美国5所最有名望的大学之一。洛克菲勒曾慷慨地回应这一成功，但是，最后，他告诉哈珀校长，他将给出最后的1000万美元资助；然后这所大学就得靠它自己。以后，洛克菲勒会继续与哈珀交谈，但不是有关这所大学的预算赤字问题了。哈珀同意了。不久，他亲赴纽约看望洛克菲勒，后者说他会高兴地与哈珀会面，但不讨论赤字的事。哈珀同意了，当他走进洛克菲勒的办公室时说：“我们来祈祷吧。”(这是当时的习惯)所以，他俩跪下作祈祷，哈珀校长告诉上帝有关赤字的一切。洛克菲勒再一次耐心地认

① 肖托夸运动因纽约州的一个城镇命名，在那里举行了第一次肖托夸运动。每一次运动都由二、三天的公开会议组成。在会议上，由著名的演说家发表演讲。肖托夸运动是一种较早的成人教育形式。

捐了。

哈珀的芝加哥大学设想是一种新型的城市大学。1902 年，他在巴特勒担任哥伦比亚大学校长的就职典礼上说："一所大学应该使自己适应城市的影响，应该发挥作为城市文明的表现的作用，应该满足城市环境的要求，最后，应该与坐落在乡村和小城市中的大学有本质的不同。"

传播研究的洛克菲勒基金

盖茨(Frederick T. Gates)(1853—1929)是一个年轻的浸礼教教长，美国浸礼教教育协会干事，在说服 J · 洛克菲勒捐助最初的 60 万美元用以创建芝加哥大学的问题上，他是一个至关重要的人物。洛克菲勒为盖茨所打动，一两年以后，他聘用盖茨管理洛克菲勒的慈善事业。本质上，盖茨经营着一个后来成为洛克菲勒基金会的机构，几十年以后，当这个基金会建立起来(1913)时，盖茨是最早的理事之一。他阐述了聘用专业人员向值得投资的事业发放基金的思想。诸如此类的专业人员，以及他们被聘入的私人基金会为像洛克菲勒那样的富人所需要。在聘用盖茨之前，洛克菲勒总是被寻求基金的个人和团体所追逐。即便借助于盖茨的帮助，洛克菲勒也不可能增加他的捐赠比率，以便和他的财富的增长相匹配。盖茨向洛克菲勒建议，他应该"批发"而不是"零售"他的捐赠。在某种意义上，盖茨发明了现代基金会，即在各个科学领域中聘用主题专家来管理洛克菲勒的慈善事业。洛克菲勒决定资助研究事业，因为虽然他不愿意把钱施舍给街头乞丐，但认为资助对有关贫困之根源的研究是合适的(普鲁伊特，1991)。洛克菲勒基金会始于医疗和公共健康的研究，扩大到农业研究，最后囊括其他类型的研究。

最初，基金会反对资助社会科学研究；相反，L · 斯佩尔曼 · 洛克菲勒纪念基金会(以洛克菲勒的妻子命名)负责通过研究来改善公共福利，它在20世纪20年代开辟了将洛克菲勒的资金投入社会研究的途径。这个纪念基金会由拉姆尔（Beardsley Ruml）领导，他是毕业于芝加哥大学的年轻的心理学博士。20世纪20年代，纪念基金会完全控制了社会科学的基金投入。从1923至1932年（这时它与洛克菲勒基金会合并），它所提供的约2100万美元中，约340万美元投向了芝加哥大学。这笔基金构成了由美国社会科学所采纳的方向，例如，它对于经验主义方法的重视。

在L·斯佩尔曼·洛克菲勒纪念基金的帮助下，芝加哥学派著述甚丰。从1923年至1932年，由地方共同体研究委员会及（其继任者）社会科学研究委员会所支持的研究使84部著作和专著得以出版，以及120篇文章发表（康弗斯，1987）。截止1929年，79个地方共同体研究项目得以完成，但没发表，尽管其中的一些后来发表了。那时一共有162名研究助理被地方共同体研究委员会聘用（史密斯和怀特，1929）。这是巨额研究基金，是第一笔用于社会科学的基金。在这些巨大资助之前，社会科学的研究主要是由个体学者来进行的。芝加哥学派发起了一个研究计划，它由一系列相互协调的经验研究所构成，处于R·E·帕克的总体领导之下。

20世纪20年代对于美国社会科学的发展来说是一个关键的10年，而这里的骰子主要投向芝加哥大学。在芝加哥，与20世纪民主制中的工业革命相连的新的社会问题特别突出。在芝加哥大学，特定的环境由于洛克菲勒纪念基金会为其经验研究提供的资助变得有利起来，而一批极有能力的社会科学家就在这样的环境下工作（普鲁伊特，1991）。

洛克菲勒和洛克菲勒纪念基金会不仅是芝加哥的重要组成部分，而且洛克菲勒基金会还资助了传播学的每一个其他先驱者。没有洛克菲勒基金会，美国早期传播学就不可能繁荣起来。这个领域就建立在一个由石油所提供的基础之上（表5.1）。

表 5.1　洛克菲勒基金会对于传播学领域的资助

年　份	来　　源	接　受　者	数　　量
1891—1910	洛克菲勒	芝加哥大学	3500 万用于建立和支持芝加哥大学
1923—1932	L·斯佩尔曼·洛克菲勒纪念基金会（1932 年与洛克菲勒基金会合并）	芝加哥大学的社会科学	340 万美元
1933—1935	洛克菲勒基金会（T·基特里奇）	拉扎斯菲尔德	赴美国的旅行资助约 8000 美元
1937—1944	洛克菲勒基金会（J·马歇尔）	拉扎斯菲尔德	广播研究项目，189450 美元
1929—1939	洛克菲勒基金会	赫尔、霍夫兰和其他耶鲁大学教员	200 万美元用于建立和支持耶鲁大学人类关系研究所
1948—1964	洛克菲勒基金会	霍夫兰	416300 美元用于耶鲁大学传播研究项目（关于劝服研究）
1935—1945	洛克菲勒基金会（L·K·弗兰克）	勒温	315000 美元用于支付他和三个衣阿华大学的研究助理的工资
1939—1940	洛克菲勒基金会（J·马歇尔）		1500 美元用于 10 次每月一次的洛克菲勒传播研讨班
1940—1944	洛克菲勒基金会（J·马歇尔）	拉斯韦尔	85400 美元用于战时传播项目（关于宣传分析），美国国会图书馆
1948	洛克菲勒基金会	施拉姆	2000 美元用于伊利诺伊大学传播研究班
1951—1953	洛克菲勒基金会（J·马歇尔）	施拉姆	9150 美元用于伊利诺伊大学教育电视会议
1946—1952	洛克菲勒基金会	维纳	28000 美元用于麻省理工学院大脑生理学控制论的合作研究
1952—1955	洛克菲勒基金会	贝特森	30000 美元用于控制论研究和互动传播

社会学系的创建

哈珀校长召募了当时科尔比学院——缅因州沃特维尔的一个小浸礼

会机构——院长斯莫尔（Albion W. Small）加盟芝加哥大学的教师队伍。斯莫尔曾从1879年至1881年在柏林大学和莱比锡大学学习历史和政治经济学，后于1889年在霍普金斯大学获得博士学位。他也是一个得到委任的浸礼教教长，这适合于芝加哥大学的双重要求：学术上优秀，又有宗教方面的适当地位。（从一开始，芝加哥大学就不是很倾向浸礼会的。）斯莫尔在科尔比学院开创了一门社会学课程的教学，他还写过一部社会学方面的入门教科书。他告诉哈珀校长，他想成为芝加哥大学社会学系系主任。

斯莫尔对美国第一个社会学系抱有某种设想，并直接将其付诸行动。他已翻译出版了齐美尔的主要著述，并希望他的系成为德国社会学的美国前哨。①但是，斯莫尔不希望芝加哥大学的社会学家仅仅是将齐美尔的理论通俗化。芝加哥学派要扩展德国的社会学理论，将它们运用到城市社会问题的研究中。芝加哥为社会学研究提供了一个天然实验室，以便检验这样的问题：世纪之交，在美国新的城市环境中，美国民主制如何被调节、才能够更加有效地发挥作用。斯莫尔并不想让他自己的思想支配他的同事和学生。②相反，芝加哥大学社会学要成为多元的，成为一个自由的思想市场。由此导致的理论灵活性使得芝加哥学派能够从其原来与神学的紧密联系转到社会问题的方向。在20世纪的20和30年代，芝加哥大学社会学就因这样的方向而闻名。斯莫尔将社会学看作是一种改良的科学。在（他所创建和编辑的）《美国社会学杂志》的第一期，他坚持认为，社会学不应是一种“什么都不做”的社会科学。相反，他要它“做得好”。

为什么哈珀校长在当时还不为人所知的社会学领域雇用了斯莫尔、

---

① 齐美尔在对芝加哥学派的欧洲影响中占有优势，这种影响始于斯莫尔，后者1880年在柏林大学是齐美尔的一个追随者，两人通过信件和个人访问保持友情（克里斯塔克斯，1978）。

② 如同在美国社会学的另两个主要中心所发生的情况那样：在耶鲁大学是由W·G·萨姆纳领导；在布朗大学是由L·沃德领导。

将之作为他的新大学的一流教授的最初 13 个入选者中的一个呢？首先，斯莫尔是少数几个既有博士学位、又受过德国研究生训练的浸礼会教友中的一个（克里斯塔克斯，1978）。作为一种额外的东西，斯莫尔还是一个学院院长，因此具有管理经验。所以，看来哈珀校长真的需要斯莫尔；他不过碰巧是社会学家。“显而易见，很大程度上，在芝加哥大学建立一个社会学系的决定，以及它以后的理论发展是哈珀对特殊人物的任命政策的产物，他任命这些人是因为他们是杰出的，而不是因为他已对社会学系应成为什么样子有了确切的想法。”（迪纳，1975）如果哈珀校长聘用了另一个不同的学者（如同他确实想尝试的那样），而不是斯莫尔，那么，芝加哥大学的社会学系将隶属政治学系。①

因此，由于一种聘用方面的偶然事件，芝加哥大学有了美国第一个社会学系。它完全支配了美国早期社会学。例如：

- 截止 1909 年，即芝加哥大学社会学系创立 17 年以后，在当时美国 200 所大学教授的 1000 门社会学课程中，芝加哥提供了 100 门课程。
- 从 1895 年至 1915 年，在美国的 98 名社会学博士中，由芝加哥大学授予学位的有 35 名（欣克尔，1980）。
- 从 1915 年至 1935 年，芝加哥大学毕业了 60 名博士，其中 11 名位于美国社会学协会的最早的 27 名会长之中。
- 截止 1929 年，在美国社会学的所有研究生中，有三分之一是在芝加哥大学。他们在那里获得了博士学位，分散到其他大学执教，并将他们的优秀生送回芝加哥大学攻读博士学位。因此，美国其他大学中的许多社会学系实际上成为芝加哥大学的虚拟“棒球分会”。

---

① 大约在世纪之交的美国，5 个核心的社会科学学科已建立起来。1885 年，经济学创建了它的专业协会，心理学在 1892 年、人类学在 1902 年、政治学在 1903 年、社会学在 1905 年都相继创建了自己的专业协会。社会科学之分为 5 个学科的行为是任意的，并且经常受到质疑，但是对美国的学术生活已经有了支配力（普鲁伊特，1991）。

- 社会学的主导性教科书写于芝加哥大学：由帕克和伯吉斯(Ernest Burgess)编辑的《社会学导论》(1921)，由托马斯(W. I. Thomas)和兹纳涅茨基(Florian Znaniecki)撰写的《身处欧美的波兰农民》，是社会学的经典之作。

1905年，斯莫尔创办了美国第一本社会学的科学杂志：《美国社会学杂志》，他也是这本杂志的最多产的撰稿人，在其创刊后的20年中，他共发表了38篇文章(欣克尔，1980)。芝加哥大学控制了这本杂志，因此对于美国社会学产生了非常大的影响。而且，在美国社会学联合会(现为协会)——社会学家主要的专业组织——存在的前几十年中，芝加哥大学社会学系也发挥着该会行政办公室的作用。

齐美尔和芝加哥学派

齐美尔和他法国的同代人涂尔干经常被描绘为现代社会学的共同创立者(卡普洛，1968)。齐美尔(1858—1918)生于柏林的犹太家庭，其父母亲归依天主教。他在柏林大学学习，并在其学术生涯的大部分时间都在柏林大学教书。齐美尔是造诣极高的"大都市人"，他在家里为当时一流的哲学家、艺术家和知识分子举办气氛融洽的沙龙。他继承了一小笔财产，作为一个独立的学者而生活。齐美尔著述甚丰，他的许多作品都是有关今天会被称为现代性的东西。受达尔文和斯宾塞的影响，齐美尔围绕着社会进化、城市社会生活、城市生态学等问题从事教学和写作。他的理论成果直接影响了芝加哥学派，而对于齐美尔的概念化来说，芝加哥学派发挥着经验主义实验室的作用。

"齐美尔是一个有教养的人，思想丰富，超然独立，善于处世。他就意大利的建筑写作，针对德国诗歌发表讲演，关注现代绘画、女性时尚和泛神论史……除社会学以外，他对于理智问题也有兴趣：自由和自由意志，死亡形而上学，大都市生活的心理影响，等等。对他的思考来说，没有什么主题太大或主题太小的问题，只要该主题具有某种理论特征。”（卡普洛，1968）齐美尔的工作范围特别广泛，这是他之所以难以和德国的学术制度相融的一个原因，后者对非专业涉猎者怀有不敬的态度。

如果齐美尔没有就如此范围广泛的主题——从（《货币哲学》中的）交换的本质到陌生人的作用，再到影响人类行为的人际网络——写作的话，他就不会引起人们的高度重视，事实上，齐美尔近乎就任何题目撰写论文。他能够通过运用他的社会学视野来使某个论题“齐美尔化”，而不管这个论题是时尚，是资本主义，还是异化。齐美尔的工作本质上是思辨的，他没有进行经验性的调查。

齐美尔很少得到他的德国同代学者的尊敬，他的教职也没有提升（莱文，1989）。从1885年至1900年的15年内，他只是柏林大学的一个助理教授；按照这样的学术地位，他在大学里的工资取决于学生的学费。齐美尔是一个颇受欢迎的讲课者，他在柏林大学最大的礼堂讲课（弗里斯比，1984）。他之受欢迎或许引起了他的大学同事的嫉妒。齐美尔的提升必须经教育部长的同意，这位德意志帝国的部长对齐美尔与社会主义者的友谊、对齐美尔在社会主义者出版物上所发表的文章，都持不赞同的态度。在世纪之交的德国，社会学是一个新的、边缘性的学术领域，直到1918年，大学里才有了社会学的位置。出于所有这些理由，齐美尔的学术生涯是受冷落的。最后，到了1900年，他被提升为柏林大学副教授的级别。他在各种大学申请正教授的职位，但是每一次都被拒绝。齐美尔哀叹道，他会在没有知识继承人的情况下死去。只是到1914年，当他56岁的时候，他才获得斯特拉斯堡大学的教授职位，而那是一个不很重要的大学。而且，他所获得的是哲学的位置，而不是社会学的位置（弗里斯比，1984）。4年后，也即1918年，齐美尔因患肝癌去世。

在齐美尔的重要著作中，有这样两本著作：《陌生人》——这部著作激励了芝加哥的R·帕克；《群体亲和网》（1922）——它导致了网络分析。齐美尔写到了三人群体，①也就是一个由三个人组成的群体。他论证说，一个三人群体构成了一种不稳定的关系，因为二人群体中的两个成员通常构成了一个二元体，以对抗第三个成员。20 世纪 50 年代和 60 年代，在卡普洛（Theodore Caplow）的领导下，美国社会学家进行了大量的有关三人群体的研究。

齐美尔认为，社会学分析的进步是通过更深刻的思考、而不是通过积累和分析事实来获得更充分的理解。与之相比，涂尔干的社会学风格的构成有赖于通过经验研究而获得的统计资料，韦伯的方法围绕特殊的概念而构建了社会学分析。现代美国社会学追随涂尔干和韦伯，却偏离了齐美尔（卡普洛，1968）。齐美尔认为，社会学的中心问题是对社会化的理解（斯派克曼，1966），这个观点由芝加哥学派的库利、米德和杜威推向前进，并将之系统地阐述为符号互动论。

帕克将齐美尔有关传播的理论观点反映在他的研究和著述中，这种观点可以概括如下（莱文，卡特和戈尔曼，1976）：

1. 社会作为社会学的核心概念，是由个体之间的传播所构成。
2. 一切人类传播都代表着某种交流，这种交流对于所涉及的个体来说具有相互影响。
3. 传播在彼此之间的社会距离不断改变的个体之间发生。
4. 人类传播满足某些基本需要，诸如友情或侵略，或追求收入、教育或其他预期目标。
5. 某些种类的传播随着时间的推移而成为稳定的或固定的，因此代表着文化和社会结构。

---

① 齐美尔实际上使用了德语“dreierverbindung”一词，它不包含英语“triad”（三人群体）所含有的更完整和更和谐的关系的意思（卡普洛，1968）。但是，斯莫尔在一本早期的《美国社会学杂志》中，将齐美尔的这个词译成“triad”。所以，自那以后，它就保留下来了。

齐美尔对于人类传播的关注以各种方式影响了芝加哥学派。他有15篇文章发表在《美国社会学杂志》上，这是芝加哥大学社会学系的内部刊物，也是当时一流的美国社会学杂志。帕克注册学习了齐美尔的课程，包括在柏林大学的一门社会学课程，后来，当帕克在芝加哥大学执教时，他是引入齐美尔关于人类生态学、种族关系和社会问题研究的理论观点的一个渠道。米德受到齐美尔的影响，或许也听过齐美尔在柏林大学的课。

库利、杜威、米德和帕克

社会心理学和社会学在芝加哥的繁荣只是几个学者的工作：库利、杜威、米德和帕克(图5.2)。这四个重要的美国学者具有一些共同的特征：

- 他们都生于1859—1864年间，大约是美国内战时期，并且都是在小城市长大。他们都有新教和道德主义的背景，但是由于科学的教育，他们都试图成为社会生活的客观观察者。他们都是改良主义者——通过更准确地理解社会问题而对抨击社会问题发生了兴趣。他们也都是乐观主义者，主张为了美国民主制能够在城市社区中繁荣兴盛，社会进步是需要的。
- 他们都与密歇根大学和芝加哥大学有联系，这两所大学是美国当时具有很高名望的大学。杜威在密歇根大学做过库利和帕克的老师。库利影响了米德关于自我的概念。杜威将在密歇根大学做教员的米德带到芝加哥，在那里，他们成为好朋友。尽管这四个学者被连结成一个理论相互影响、职业生涯相互交叉的人际网络，但是他们各自都作出了不同的理论贡献。
- 库利和米德创建了互动社会心理学(后来被更普遍地称为符号互动论)。他们反对以本能构成人类个性的基础，认为人际传播是个性构成的中心。

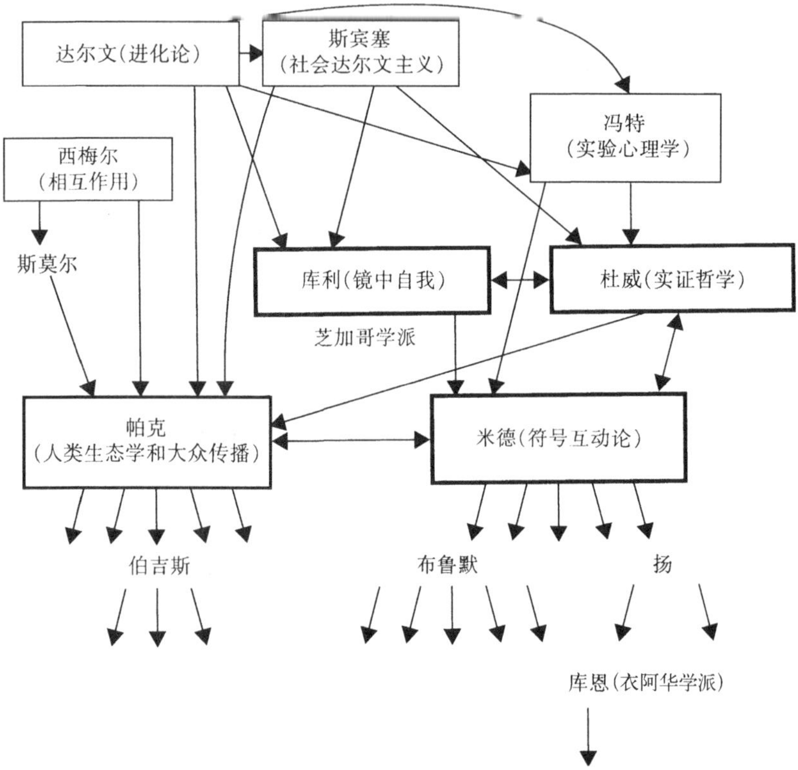

图 5.2　芝加哥学派的思想先驱和继承者

- 他们强调人类传播的主观主义——就是说，信息的接收者以某种为其所特有的方式解释信息的内容(而不是完全如同信源所意图的那样)。这种主观主义后来被香农的数学通讯(传播)模式所淹没(参见第十一章)。
- 早期芝加哥学派是经验的，但并不是非常量化的。帕克认为，统计方法是“要特技”，直到 20 世纪 30 年代，芝加哥社会学才开始将统计法运用到量化资料的分析中。

安阿伯的开端：库利

芝加哥学派实际上从密歇根州安阿伯起步，这是距离底特律45英里的一座大学城。密歇根大学是美国高质量的公立大学之一，它早就强大起来，尽管它对传播学的贡献不十分直接，除了早期和通过芝加哥学派而产生的间接影响以外。

查尔斯·霍顿·库利(Charles Horton Cooley, 1864—1929)是一个道地的安阿伯人。他出生在那里，整个一生的大部分时间都在那里度过，也在那里去世。他的父亲是大学法学院院长，库利的妻子是大学医学院院长的女儿(比尔斯泰特，1981)。芝加哥学派的所有其他关键人物也都是在小城镇中长大：杜威在佛蒙特州伯灵顿；帕克在明尼苏达州雷德温；米德在马萨诸塞州哈德利。但是他们都尽可能地割断了他们的乡村之根，过起了城市生活。而库利则一生都留在安阿伯。

年轻的库利是一个敏感的男孩，阅读广泛，过分腼腆，患有口吃，并饱受慢性便秘的折磨(切特罗姆，1982)。他终身写日记，他的许多有关人类行为的洞见都来自反省。通过作为一种研究方法的观察，库利为我们对于个性社会化的理解作出了贡献。他是“扶手椅上”的社会学家，在家中观察他的三个孩子玩耍的情景，并研究他们对于诸如“我”(主格)、“我”(宾格)“我的”(所有格)和“我的”(物主代词)人称代词的用法。库利不相信测度和统计。所以，他是经验的，而不是定量的。

1893年，库利作为密歇根大学的博士生，选了一门由杜威开设的政治哲学课。他为杜威的讲课所深深吸引，并将这些课的主要论题结合到自己的社会学理论中，即：大众传播媒介能够恢复一种社区意识(匡特，1970)。

库利40岁以后，耳朵越来越聋，但是他的课在密歇根大学仍然非常受欢迎。1928年，他64岁，450名学生注册了他的导论性的社会学课。

作为一个知识的隐居者，库利发现参加学术会议是一种痛苦的经历，特别是当他 1918 年被选为美国社会学协会主席的时候，更是如此（比尔斯泰特，1981）。

库利发展了两个主要的概念：

1. （与次要群体相对应的）"首属群体"（primary group）——它在构成一个人的社会本性方面是面对面的、亲近的和重要的。他称之为"首属的"，因为它在个性社会化方面的重要意义，也是因为诸如父母亲、兄弟姐妹、同事和教师等首属群体是最早进入一个人的一生之中的。
2. "镜中自我"（the looking-glass self）——这是关于人类的交互作用反映了个体的当下环境、因此起到了心灵的镜子的作用的思想。①"我想象在你的眼里我是什么人，我就是什么人。"库利喜欢引用的话是："人们彼此都是一面镜子，映照着对方。"库利（1902）的丰富多彩的镜中自我概念强调个体社会化中的人际传播的重要性。这个概念被米德进一步发展成为"自我"的概念。

库利是一个道德主义者，但是没有涉足改革。他的作品按今天的标准来判断就很尴尬，其中暗含着盎格鲁-撒克逊人和基督教的优越性的意思。他要在迅速城市化的时代保存乡村社会的美德。库利阅读了斯宾塞、②孔德和塔尔德的著作，他敬佩达尔文的科学想象力；在他的作品中，他没有提到马克思和弗洛伊德。库利受詹姆斯的《心理学原理》（1890）的影响，这是一部重要的早期著作，它展示了心理学的本质，也解释了实证主义观点——即所有的思想都是假说，它们可以通过将科学

① 库利接受了斯密"镜中自我"的概念。
② 当杜威和库利都在密歇根大学的时候，杜威要库利注意斯宾塞的著作。

方法运用到社会行为科学中去来得到检验。

库利撰写了三本主要的著作：《人性和社会秩序》(1902)，它涉及儿童个性社会化的问题，其中包括他的“镜中自我”的概念；《社会组织》(1909)，它论证说，社会是由大众媒介连结在一起的，在这部著作中，库利解释了“首属群体”的概念；《社会过程》(1918)，它讨论了传播在社会中的作用。

芝加哥学派的关键人物

芝加哥大学社会学系的教师不多。即便将杜威和米德包括进来(社会学博士生经常在哲学系注册学习他们的课程)，我们正在谈论的也就是6个重要的学者(任何一个时期，社会学的教师都由5—8名教授组成)。考虑到芝加哥学派的非凡成就和一群群的博士生，几乎难以令人相信只有这么少的教师。他们主要是：

- 斯莫尔，社会学系的创建人，他在这个系的早期岁月中占有统治地位，为芝加哥学派的重要地位奠定了基础。
- W·I·托马斯，他在芝加哥获得社会学博士学位，也在柏林和哥廷根学习人种学，他认为：“如果人们把情境界定为真实的，那么它们在结果上也就是真实的。”知觉是有重要意义的，因为它构成了被托马斯称之为个体的“情境定义”的组成部分。《身处欧美的波兰农民》一书有5卷，一共2250页，讨论涌向美国的移民问题，它是与波兰社会学家兹纳涅茨基合写的，发表于1918—1920年间。《身处欧美的波兰农民》是“美国经验社会学的第一部伟大的经典之作”(科瑟尔，1977)。对于在美国建立社会学学科来说，这一研究是最重要的工作，它强调社会失序概念，因此在芝加哥社会学中引起了一个基本的变化，即使“学者们从对社会问题的人道主义兴趣转向对造成这些问题的失序的社会学过程进行分析"（法里斯，1970）。社会失序使个体摆脱了群体的社会控制。从1880年至1910年，200万波兰人迁移到美国，其中80%在大型生产企业中从事无技能的工作：钢铁厂，屠宰场，纺织厂和煤矿。从波兰农村转向芝加哥城市，这代表着首属群体关系的断裂和依存关系的丧失，因此导致了社会失序状态。托马斯对芝加哥社会学的强烈的理论影响终止于1918年，这个时候他犯了性生活不检点的过错。①

- 伯吉斯，家庭社会学家和人类生态学家，他提出了城市结构的同心圆理论：一座城市有一个中心商务区，周围是由下层、中层和上层居住区所构成的一层又一层的圈子。伯吉斯与帕克（他们在大学里是同一办公室的人）合作进行有关芝加哥的生态学研究，开辟了人类生态学领域，这一领域以个体和他们的环境的关系为中心，并且直接借助于达尔文的进化论。
- 杜威，他从1894年到1904年一直都在芝加哥大学哲学系执教，后来，他出于愤怒离开这里前往哥伦比亚大学。他是实证主义的倡导者，后者是这样一种哲学，即认为关于信念的意义的解释应该根据信念的实际效果或内容、并根据进步教育来形成。
- 米德，他也在哲学系，教的是高级社会心理学课程，大部分社会学的博士生都注册学习了这门课。他的重要著作《心灵、自我与社会》是他去世后由他的一个学生莫里斯（Charles W. Morris）编辑的，其根据是在1927年米德的课上所做的课堂笔记。米德论证说，个体人格是通过与其他人的传播而形成的，正像是借助于与他人的互动，自我形象得到发展一样。

① 托马斯因对"曼法令"的所谓亵渎行为而被联邦调查局逮捕，这个法令禁止那些出于不道德的目的、或为了在旅馆里进行虚假登记而在州与州之间运输妇女的行为。尽管对于他的指控被庭外驳回，但托马斯被迫从芝加哥大学辞职（库尔茨，1984）。

- 帕克，他是最能代表芝加哥学派的学者，也可以被认为是大众传播的第一个学术研究者。

在这一章中，我们侧重于杜威、米德，特别是侧重于帕克。

芝加哥社会学的特征

在美国，第一个从外部获得资助的社会研究是在芝加哥大学进行的，它为与教师一起从事研究项目的研究生提供支持。就芝加哥大学如何教会学生进行社会研究而言，师徒之间的关系是至关重要的。帕克和他的博士生一起走进这个领域，花费时间和每一个博士生在一起，讨论他们的研究。帕克喜欢对他的学生说，“在‘真正的’研究中，摸爬滚打”（布尔曼，1984）。

正如人类学家受B · 马林诺夫斯基和F · 博厄斯的影响而从事实地田野工作一样，“城市人种志的芝加哥学派通常被认为是社会学田野调查工作背后的主要动力。”（范马南，1988）芝加哥研究有赖于调查者和他们的调查对象之间的亲密的私人关系，以便在移情的意义上了解他们的对象的观点。芝加哥社会学家注重对偏离常规的亚文化研究，即芝加哥的各种贫困群体的成员：歹徒（思拉舍，1927）、流浪汉（安德森，1923）、贫民窟居住者（佐尔博，1929）、自杀者（肖勒，1926）、少数民族居民（沃斯，1926）和“职业舞女”（克雷西，1929）。

芝加哥学派关于解决城市社会问题方法的一个典型调查是克雷西（Cressey，1929）对一个有职业舞女伴舞的舞厅的研究，该舞厅以10美分一场舞的价格为男性提供女性舞伴。跳舞者“在交谊舞的掩盖下，与付费舞客从事一定的色情活动”。克雷西并不以某种统计或客观的方式对职业舞女伴舞现象作出分析。相反，他把这一被改革家视为不健康的行为描述成一种“出于道德震惊而作出富有同情心理解的一个合法的题目”。因此，帕克之前的芝加哥学派——它曾具有新教改革主义的意识形态色彩——转向了对社会问题的科学研究。芝加哥社会学的新兵“通过一番改造，从‘不切实际的社会改良主义’转向某种类似于知识分子窥阴癖(intellectual voyeurism)的东西。”(特纳夫妇，1990)芝加哥社会学家认为，解决社会问题的适当政策可以通过社会学研究得到确定。他们想研究某个逼至眼前的社会问题，主要依靠的是诸如观察和深度访谈那样的民族志方法，尽管他们也使用累积性的量化资料，比如在这个城市的不同地区的卖淫率或青少年犯罪率等。①

芝加哥的博士生通常选择一个社会问题来作学位论文研究，进行调查，然后出版一本关于这个问题的著作，它带有帕克的一篇长序。“据说帕克讲过，他情愿鼓励10个学生写10部著作，也不愿意他自己写一部著作。”(伯内特，1964)芝加哥学派是一个密集的学者网络，他们在一个城市进行有关这个城市的社会问题的研究。早期芝加哥学者通常认为调查是不科学的，所以芝加哥学派关注内在效度(对于行为的准确理解)的程度胜于关注外在效度(对于结论的普遍化)的程度。典型的芝加哥大学博士论文是关于某个社会问题的个案研究，在芝加哥存在着大量诸如此类的问题可供选择，在这个大学的步行距离之内就有巨大的贫民窟和牲畜市场。②“芝加哥的社会学家……试图建立一个与道德有关的、对于社会有用的学科。”(史密斯，1988)“进步主义”是一种信念，它认为社会问题可以通过科学研究得到解决。所以，进步主义、实证主义和改良是芝加哥学派的特征，它们都处于人们尝试追求的科学客观性的背景之下。

---

① 由于他们与芝加哥大学的人类学家具有组织上的亲近关系，所以芝加哥社会学家可以便利地使用民族志方法。直到1929年，人类学在这个中途校园里才分成一个独立的系(斯托金，1979)。

② 在这个世纪之交的年代，典型的揭露丑闻的文献是辛克莱的《屠场》(1906)，它是对芝加哥肉类加工业的不卫生的条件和劳动剥削的揭露。这本抗议性的小说为1906年的纯净食品和药品法案的通过作出了贡献。辛克莱与芝加哥学派没有联系，尽管他的著作为芝加哥学派的学者所阅读。

芝加哥学派使美国社会学偏离了斯宾塞和宏观层次的进化论，转向一种更细微的、微观层次的社会心理学。互动论(interactionism)是这样一种观点，它认为，人类行为是社会性的，受到与其他人的交谈的影响。符号互动论则是这样一种理论立场，它主张，人类通过与其他人的互动来认识他们自己是谁。人们借助于与其他人的人际传播而建立意义。

杜威和实证哲学

约翰·杜威(John Dewey, 1859—1952)是“这个国家有史以来的最广

图 5.3　杜威(1859—1952)约 1904 年离开芝加哥大学

使用经芝加哥大学档案馆许可。

为人知的、最有影响的哲学家”（霍沃斯，1960）。在他的著述甚丰的学术生涯中，他发表了36部著作，815篇文章和论文——不幸的是，都是以一种单调乏味的风格写就的（伊斯门，1941）。杜威认为，个体只有在与其他人的联系中才能发现自我意识；因此，对于民主制度来说，社区乃是基本的。杜威被称作“民主制度的哲学家”（迪尔伯恩，1988）。在杜威看来，传播是使人民成为社会的完美的参与性成员的手段（彼得斯，1989a）。他主张，“社会不仅是由于传递、由于传播而得以持续存在，而且还应该说是在传递、传播之中存在着。”然而，“杜威……的道路没有被美国大众传播研究所采纳”（彼得斯，1989）。事实上，大部分传播学学者不将杜威认为是他们的前辈之一；他的著述远远高于他们的视野，以致使其影响不能为之所认识，而且，他的许多思想的确只是当代传播学的间接先行者。

杜威生于佛蒙特州伯灵顿，他的父亲是当地的一个小店店主，佛蒙特大学的学生就在杜威家搭伙。在佛蒙特大学的学院读三年级的时候，他阅读由（达尔文的“斗牛犬”）赫胥黎撰写的进化论方面的教科书。年轻的杜威“为科学知识而欣喜若狂”（伊斯门，1941）。他也阅读斯宾塞关于社会达尔文主义的著作。怀着对理解这个世界的新的兴奋之情，杜威热切地投入学院的学习之中，他在班上第一个毕业，获得哲学学士学位。摆在杜威面前的实际问题是：作为一个19岁的哲学家该干些什么？

在1879年，美国的哲学教授通常都是从前的牧师；他们的讲课包含大量的说教，大学管理者们希望他们的哲学教授能够“看到科学并没有控制学生的心灵”（伊斯门，1941）。杜威并不合适于这种作为道德说教者的哲学家模式，事实上，他促使这一形象得到改变。他具有实际的和进步的一面，相信科学实验能够为认识世界提供一个基础。在公立学校的三年令人不快的执教生活以后，他前往霍普金斯大学攻读哲学博士学位，在那里，他的导师莫里斯（George Sylvester Morris）传授给他一种黑格尔的视野。①黑格尔认为，心灵和自然有一种基本的统一，所以在研究自然的时候，人们就是在研究自然的基本现实。杜威也听了霍尔的实验心理学课程，后者曾随冯特在莱比锡接受教育。在获得博士学位之后，杜威得到密歇根大学的一个教职，在那里，他的导师莫里斯已经离开。不久，杜威转移到明尼苏达大学一年，但是后来（在 1888 年他 30 岁时）又返回密歇根大学，在莫里斯去世后担任哲学系的教授和系主任。

1894 年，芝加哥大学校长 W · R · 哈珀为杜威提供了哲学、心理学和教育学三系合一的系的系主任职位，年薪 5000 美元，比杜威在密歇根大学得到的 3000 美元要多得多（伊斯门，1941）。这个合并系对于杜威是有吸引力的，因为他对思想过程的心理学和进步教育越来越有兴趣。

不久，他就涉足亚当斯（Jane Addams）的赫尔馆，它坐落在南霍尔斯特德大街 800 号，在芝加哥大学以北靠近卢普区（the Loop，又称“环区”，指芝加哥商业中心）的一个拥挤的欧洲移民贫民窟中。亚当斯是一个具有改革精神的年轻女性，她组织芝加哥的知识分子帮助下层阶级，并且经常通过在赫尔馆举行的会议来做这件事。这个街坊文教馆（settlement house，指为城市贫民区居民提供教育、娱乐等社会服务的场所。）以其原主人赫尔（Charles J. Hull）的名字命名；它后来的主人卡尔弗（Helen Culver）1889 年由于亚当斯的说服将赫尔馆捐作美国第一个街坊文教馆。赫尔馆为精英们来到贫民窟居住下来观察社会弱势群体的问题、

---

① 虽然杜威在霍普金斯大学攻读博士学位期间，为黑格尔所吸引，但他没有学习马克思的哲学。当被学生和其他人问起马克思主义时，他会说：“我从未读过马克思。”（伊斯门，1941）最终他阅读了马克思，并且在 20 世纪 20 年代成为美国第一个访问苏联的自由主义者。促使杜威发生观点转变的部分原因可能是他与一个漂亮的、红头发的波兰流亡者 A · 尤齐斯卡的婚外恋事件。在 1917—1918 年，60 岁的白发杜威对她怀有深厚的感情（迪尔伯恩，1988）。杜威将热情的诗歌送给尤齐斯卡，后者撰写了 6 本有关移民生活的著作，在 20 世纪 20 年代风行一时。她的著作中的一个典型主题是一个“血汗工厂的灰姑娘”爱上了一个严谨的新英格兰人。尤齐斯卡在她失去纽约的教职时遇见了杜威，她向时任哥伦比亚大学教师学院院长的杜威请求帮助。杜威鼓励她继续她的写作事业，并送给她一台打字机。后来，他俩在费城的犹太人居住区进行了一项有关波兰移民的调查。

讨论可能的解决办法提供了便利。①截止20世纪20年代中期，它发展到涵盖整个城市街区的程度，这个时候，它有70名入住者，他们每星期为9000名女性、男性和儿童提供服务。1931年，亚当斯因她的人道主义贡献而被授予诺贝尔和平奖。②在芝加哥生活的岁月中，杜威参加了各种各样的社会改良活动，特别是在教育方面，也特别是与赫尔馆有关的活动。他非常敬佩亚当斯，并以她的名字为自己的女儿取名。

杜威被描述为“瘦高个、文静、内向、喜欢沉思”（麦考尔，1961）。另一种说法将他描绘成“一个可以想象出的最伟大、最谦和的崭露头角的人……你看，他穿着灰色的宽松外套站在讲台上，小胡子下垂，头发从当中分开，口里说着‘对不起，插一句’。”（麦考尔，1959）杜威并不是一个衣冠整洁的人。“他过去常常这样走进逻辑理论教室：领带耷拉在领子下面，一只袜子卷在脚踝上，或是一只裤腿钩在吊袜带上。”（伊斯门，1941）他性情温和，但在原则问题上也可能顽固不化。有一次，他告诉芝加哥大学校长，如果他的年薪能够从5000美元增加到7000美元的话，他原则上可以考虑额外承担教务长的行政职责。哈珀校长说，那样的薪水会使杜威在他的同事面前为难，但是杜威认为他能够应付这种不快。后来，杜威回忆说，“比起我一生中的任何其他行为来，那一要求加工资的举动使我更像一个人！”（伊斯门，1941）

在芝加哥大学的10年(1894—1904)间，杜威主要致力于心理学。离开中途校园以后，他将心理学运用于教育和哲学问题，而不仅仅致力于心理学本身(舒尔茨，1975)。杜威的著名文章《心理学中的反射弧概念》(1896)借鉴了冯特的手势思想，并且后来被他的芝加哥同事米德所扩展。芝加哥学派运作之时，心理学的主要传统是个人主义的，不太注

---

① 赫尔馆受到这样一个住所的启发，在那里，牛津大学的研究生住在伦敦的一个贫民窟中。亚当斯参观过这个英国的街坊文教馆，并返回芝加哥对她原来的思想进行修改。

② 1913年，斯莫尔在芝加哥大学社会学系为亚当斯提供了一份兼职的教师工作，但是她拒绝了这个工作机会(迪纳，1975)。不过，在这个社会学系和赫尔馆之间有着紧密的关系。

意个人的社会关系。刺激反应(S－R)理论占据统治地位。一个外在的刺激为个体所感知，然后它沿着到达适当肌肉的神经通路，而适当肌肉的行为就是反应，它是这个过程的终结。这种刺激反应模式的确可以描述某些行为——例如，膝跳反射，但是对于许多更富有社会性的人类行为来说，它是一个不完整的模式。在其他方面，刺激反应模式也是不合适的。一声尖叫似乎会刺激一个人令人惊奇的反应(回应)，但是只有在我们忽略了这个声音之前的平静的条件下才是这样。而且，刺激和反应可以被认为是一个过程的并列阶段，通过这个阶段，个体的反应赋予刺激以意义(法里斯，1970)。因此，杜威、米德和其他芝加哥学派的学者对由刺激反应模式、反射弧所代表的过分简单化的做法提出质疑，声称在大部分情况下，个体对于刺激的解释也牵涉到对于反应的确定。所以，刺激反应模式就被改变成为一个刺激—解释—反应的模式，它带有作为一种重要组成部分的意义(这种意义来自与他人的互动)。

杜威进一步论证说，反射弧概念是靠不住的，因为它区分了刺激和反应，前者被认为是在个体外的；后者被认为是完全在个体内的。这个区分是早期心理学的身—心二元论的组成部分，包含着刺激和反应不是一个并列的整体的组成部分的意思。准确地说，被个体定义为刺激的东西有赖于在这个个体从前的经历中发生作用的东西。例如，一旦个体学会了一个新概念(例如，像“训练性无能”)，他就会以令人惊奇的频率碰到有关那个概念的说明。解释是人类行为的一个重要组成部分。

杜威有5个孩子，这些孩子在他的越来越强烈的改革教育的愿望中发挥了某种作用。①杜威的教育哲学产生于他自己早年学校经历的枯燥和抽象。他从生活中学习的东西比在学校学习的东西远远要令人激动得多

① 杜威在家中的工作方式经常是把一个孩子放在膝上抖动，而此时另一个孩子已将一个手指伸进了他写字台的墨水瓶里(迪尔伯恩，1988)。

(拉格曼，1989)，他希望正规教育能够捕捉到孩子们的自然好奇心。杜威在芝加哥大学创建了一个小学，用作哲学系的试验点。这个学校通常被称为“杜威学校”，根据它的口号“通过做来学习”(To learn by doing)，它可以被写作“实验学校”(Do－y School)(伊斯门，1941)，“在整个美国教育史上，它是最重要的实验冒险行动”(胡克，1939)。杜威反对死记硬背的学习，反对向学生灌输全部的知识。相反，他希望学校就像社会那样充分地运作，这样孩子们会通过自然好奇心——这引导他们积极地投入教学过程——而自发地对学习产生兴趣。教师的作用是为孩子提供学习的工具。杜威的格言是：“教育全面的儿童。”例如，数学是通过烹饪和木工经历而被传授的。杜威学校由其精英学生的家长和来自芝加哥富裕家庭的馈赠所支持。它的优越的环境(140 名学生就有 23 名教师)为杜威的改良主义思想提供了理想的条件，并在美国教育中发起了进步主义的运动，而杜威领导这场运动长达几十年。

在没有征得哈珀校长同意的情况下，杜威任命他的妻子艾丽斯(Alice)为“杜威学校”的校长，因此犯了行政过错。对于哈珀这个大学校长来说，这样的裙带关系是不可接受的。杜威的妻子是杜威教育改革思想的热情支持者。最终，1904 年，作为杜威学校的负责人的杜威夫人受到哈珀校长的排挤。她从学校辞职，杜威也离开了芝加哥大学。①

在那个时候，杜威非常有名气，以致“他本可以在美国近乎任何大学的哲学、心理学，或教育学系获得教职”(伊斯门，1941)。在向芝加哥大学辞职的几个星期内，当时 45 岁的杜威就被任命为哥伦比亚大学的哲学教授。他在那里度过了余下的职业生涯，最后在 1930 年退休，但是继续写作和发表有关民主、教育改革和实证哲学方面的研究成果，直到

---

① 杜威和哈珀之间的冲突是复杂的，涉及的方面远远超出杜威夫人(麦考尔，1961)。例如，在杜威学校和另一所进步主义的学校的合并问题上，杜威和哈珀有分歧。

1952 年去世。①

杜威声称：“由蒸汽和电创造的大社会(the Great Society)可能是一个社会，但是它不是共同体。”不过，共同体感觉的恢复是可能的。“直到大社会被转变成一个大共同体(Great Community)，公众才不会处于遮蔽之中。仅凭传播就能够创造一个大共同体。”(杜威，1927)1926 年，杜威在俄亥俄州的肯扬学院作了系列演讲，在演讲中，他表达了对于美国民主制的关切。这些演讲后来以《公众及其问题》(1927)为名发表，它们论证道，早期美国的农业定居点是共同体的基础，也是民主制的基础。杜威怀疑民主制能否在一个城市化的大众社会中存活，除非乡村共同体的某些精华部分能够得以保存。他希望，诸如报纸那样的现代传播媒介可以在大城市的社会中将人们再次彼此连结起来。因此，民主制能够存活。杜威关于美国民主制如何能够适应城市生活的思考的问题，被他的芝加哥学派的同事米德和帕克推向前进。

今天，佛蒙特大学的心理学系坐落在“杜威厅”内。按照杜威的意愿，他和他的妻子被葬于佛蒙特大学的校园中，由此可以俯瞰整个尚普兰湖。杜威出生时的房子仍然存在，离佛蒙特大学校园一个街区之遥。

冯特：实验心理学的奠基人

杜威关于反射弧概念的研究和米德的符号交互论的基础在于威廉·冯特的实验心理学。社会科学在欧洲、特别是在德国开始的程度是由实验心理学的情况来说明的(多布森和布鲁斯，1972；布林曼、巴兰斯和埃文斯，1975；本-戴维和柯林斯，1966；希尔加德，1987)。19 世纪 80 年

① 女权主义是杜威的强烈信念之一，在这个问题上，他远远超出了他的时代。他有一次走在纽约第五大道上，拿着一块牌子，上面写着：“男人能够选举，为什么我不能？”旁观者被此逗乐的表情把杜威给搞糊涂了(迪尔布恩，1988)。

代，实验心理学这一新学科主要作为生理学和哲学的派生物在德国运作。生理学领域在德国已经得到充分的发展；事实上，与大学生理学教授职位的有限数量相比，这个领域的合格博士已有了过剩。因此，为相关领域——即心理学——造成了压力，在那里，生理学家能够获得他们认为自己应该获得的教授职位。19 世纪 80 年代，哲学在德国也是一个学术过剩领域。哲学主要是一个思辨的领域，但是某些哲学家正在开始使用诸如实验那样的经验方法。

冯特(1832—1920)是实验心理学的奠基者，他的例子足以说明心理学领域是如何作为德国大学机构中的一个公认单位而运行的。①冯特 1879 年在莱比锡开创心理学研究所——包括一个心理学实验室——之前，心理学主要被组织为哲学中的一个专业。冯特将心理学从哲学家的“扶手椅”中转移出来，将之引入实验室(法尔，1983)。他(作为医生)受过生理学方面的教育，并从事了几年生理学研究。后来，在 1875 年，他成为莱比锡大学的哲学教授，并最终创办了世界上首批心理学实验室之中的一个，这个实验室最初由他自己的基金所支持，直到几年以后莱比锡大学正式承认他的心理学研究所时为止(布林曼，巴兰斯和埃文斯，1975)。冯特“是第一个可以毫无保留地被恰当地称为心理学家的人”(波林，1929)。事实上，他培养了德国和美国的近乎每一个第一代心理学家。②那些许多不是他的学生的人是他的“孙辈学生”。在 60 年的大学教学生涯中，他令人瞩目地培养了 2.4 万名学生(布林曼，巴兰斯和埃文斯，1975)。

冯特对于早期一批重要的社会科学家产生了巨大的精神影响。霍尔(1844—1924)是美国第一个获得心理学博士学位的人，他访问了莱比锡并返回美国介绍心理学实验，先是在霍普金斯大学(他在那里教过杜

① 令人尊敬的心理学史学家蒂奇纳(1921)说，“冯特不仅是实验心理学的奠基人，而且是心理学的奠基人。”

② 1879 年，当冯特开始他的莱比锡实验室的时候，“比起在国内攻读研究生的情况来，越来越多的美国学生参加在欧洲的研究生学习”(本雅明等，1992)。

威），然后是在克拉克大学。J·M·卡特尔随冯特学习，然后在哥伦比亚大学建立了一个心理学实验室。C·E·斯皮尔曼是英国统计学家，他设计了等级相关法。他在莱比锡师从冯特获得博士学位，然后在剑桥大学教书。冯特也在心理学之外产生了影响。B·马林诺夫斯基创建了英国的社会人类学，他在莱比锡大学学习。米德和托马斯都随冯特学习，他们也都属于芝加哥学派。杜威和米德关于反射弧的思想直接来自冯特的手势概念。冯特反过来又受到达尔文的《人和动物的感情表达》（1872）一书的影响，这本书是有关今天被称作非语言传播的内容的。弗洛伊德撰写了《图腾和禁忌》，它是对冯特关于人类进化中的图腾时代概念的一种反驳（法尔，1983）。

实际上，心理实验的思想在19世纪80年代始于欧洲的两个地方：莱比锡和巴黎。莱比锡的实验模式由冯特开创，它要求教授和学生都参与研究。在冯特的研究所，他和他的学生既作为实验对象、又作为实验者，随意交换角色。每次实验对象的数量不多，有时只有一个，实验对象的名字通常被发表出来。“作为资料来源的角色或实验对象被认为具有比实验者的地位更高、更重要的地位。”（丹齐格，1985）实验对象和实验者并不是陌生人，而是认为他们在进行一项共同的事业。莱比锡实验研究诸如记忆等人类的思维过程。

在冯特从事早期心理学研究的同时，一个与之形成对照的心理学实验风格也在巴黎发展起来。在那里，实验者是男性医生，受试者一般是被诊断为歇斯底里症或其他疾病的女性病人。实验者被认为高于受试者，后者被划分为反常的人。巴黎的实验模式在实验中用“受试者”（subject）一词表示个体反应者，这是一个来自医学实践的术语。

美国心理学主要采纳巴黎的模式：语词“受试者”得到了使用，个体受试者完全是匿名的，每个实验中的受试者数量通常非常之大，或许有好几百个（丹齐格，1985）。合作性的、友好的关系不再是受试者和实验者之间的关系特征。

直到19世纪80年代，也就是心理学的最初十几年，这个学科近乎完全是德国式的。冯特为实验心理学撰写了主要的教科书，并编辑了第一本杂志《心理学研究》。德语出版物的统治地位一直持续到1915年，这时，作为一门学科的心理学中心随第一次世界大战而转向美国。1933年以后，由于希特勒对于犹太学者的迫害，以及后来由于第二次世界大战，德国心理学迅速衰落，并近乎消失，而美国的出版物则以15∶1的数量超过了德国的出版物（本·戴维和柯林斯，1966）。

米德和符号互动论

乔治·赫伯特·米德（George Herbert Mead，1863—1931）生于马萨诸塞州的小城镇哈德利，他的父亲是当地的一名公理会牧师。后来，老米德成为俄亥俄州奥伯林学院的一名教授，米德就在该校读学士。大约在那个时候，他开始怀疑宗教教义，并因为怀疑他自己的宗教信仰而感到困惑。由于哲学领域和基督教信仰是如此紧密地联系在一起，所以米德对于宗教的怀疑态度为他将来成为哲学教授的想法带来了困难。米德在哈佛大学随著名的实证主义者詹姆斯学习了一年，为其孩子作家庭教师。然后他在莱比锡大学注册入学，随冯特学习，专攻手势理论。米德说，行为是社会科学的基本单位，因为行为具有符号意义。行为是社会的，因为它由另一

图5.4　米德（1863—1931）
使用经芝加哥大学档案馆许可。

个体来解释。米德也在柏林大学学习，可能是跟随齐美尔，但是他并没有完成博士学位。在安阿伯教了几年书以后，1894 年，应杜威的邀请，米德从密歇根大学迁往芝加哥。他在芝加哥大学执教 37 年，直至 1931 年逝世。

米德和杜威的关系十分密切。尽管他们在公众面前都非常腼腆，两人彼此相处却极其融洽。他们在密歇根大学哲学系一起工作，当杜威获得芝加哥大学系主任职位的提议时，他的条件之一是让米德也随他一起离开安阿伯。米德的孩子和杜威的孩子一起进入中途校园的杜威实验学校，而米德积极参与了学校的事务，包括募集资金。“将米德和杜威联在一起的这种私交成为大量思想交流的渠道。”（拉格曼，1989）

米德具有开创性精神，他通过开创后来被称为符号互动论的理论观点而对社会科学作出了卓越的贡献。这个社会心理学的观点受到皮尔斯（Charles Sanders Peirce）、詹姆斯、罗伊斯（Josiah Royce）、鲍德温（James Mark Baldwin）、杜威、库利，加上冯特和赖特（Chauncey Wright）的影响，但它是米德的独特的概念（林库特和黑尔，1973）。后来的芝加哥社会学家布鲁默（Herbert Blumer）将米德的思想带入到他自己的符号互动论的视野之中，并奋力捍卫这种符号互动论，使其免受攻击。米德的理论还有其他的变种，尽管布鲁默的理论是最著名的。对于社会学家来说，米德的理论观点特别具有吸引力，因为它本质上是社会的。多年来，在社会学家眼中，米德就是“这样的”社会心理学家（布尔默，1984）。

米德攻击身心二元论。他将“主我”定义为个体要对他人作出反应的冲动倾向。与之形成对照，“宾我”是在个体内得到整合的他人，它由他人的所有态度构成，而个体就与这些他人发生互动作用，并将这些他人吸纳到自身之中。因此，“宾我”是个体关于他人如何看待“他”或“她”的观点——是个体所认为的他人的态度。对于米德来说，一个重要的概念是“角色扮演”（role taking），即自我个体像对待他人那样社会性地对待他自己或她自己的能力。米德认为心灵是社会性的，是通过与他人的传播而发展的。米德理论声称，个体通过与他人的互动而认识他们自己，他人告诉这些个体他们是谁(罗杰斯，1986)。

记得库利发明了“镜中自我”的概念，就是通过想象他人如何反映个体对于自己的想象的途径，来建立个体的自我概念。不过，库利没有对于自我如何得以构成的问题提供解释。米德做到了这一点。他论证说，没有人生来就有自我，它也不是本能地发展起来的。相反，米德说，自我是通过与他人互动的社会过程而得到发展的(法里斯，1970)。个体将对各种他人的解释和意义——它们特别是在早年获得的——内在化，以创造一个“普遍化的他人”(the generalized other)，后者是由许多其他个体的平均期望建立起来的。“从心理学上说，人是动物界中处于最无助和最有依赖性的生物之一，由此获得了一种新生力量，它使人成为地球上占有统治地位的物种。”(法里斯，1970)普遍化的他人是个体与之发生互动、又成为个体行为的一般指南的那些人的期望。逐渐地，个体不仅学会根据几个特殊的人的期望行事，而且按照其他一般个体如何期望他怎样行事的想法来学会行事。①自我的本质是反省，是将自我看作是一个人自己的思考对象的能力。

米德讲授一门颇受欢迎的博士课程：“高等社会心理学”，它是芝加哥社会学学派的一个重要组成部分，也可能是美国社会心理学的第一门课程。社会学的大部分博士生都注册学习了他的课，因此受到米德符号互动论观点的熏陶。在某种理论的意义上，他们热情地接受了它，可是并没有将之直接反映在他们的博士论文研究中，或没有以他们的研究对其进行检验，许多听过米德的著名课程的学生在其学术出版物中也很少引用他们老师的观点。然而，符号互动论的观点将这些博士生引向他

① 因此，米德的“一般化他人”解决了由库利的“镜中自我”的理论所提出的问题，“镜中自我”理论包含这样的意思：一个个体与多少人交往，他就可以有多少个自我。米德说，我们使许多他人一般化了，因此使得对个体的期望变得更容易管理。

们所研究的特殊的人类行为。

40年来，米德从事着纯哲学的工作，但是在芝加哥他成为改革家。他积极帮助建立亚当斯的赫尔馆。①他是亚当斯的好朋友，担任一家芝加哥街坊文教馆协会的财务主管。米德也是芝加哥城市俱乐部的成员和干事，这是一个私人协会，致力于社会问题的改良（巴里，1968）。他作为芝加哥主要的改革人物之一而闻名（布尔默，1984），并在1910年和1912年间，主持了一次有关芝加哥的堆料场工人的调查。

如果米德不是另一个系——即哲学系，米德在此讲授社会心理学——的教师的话，他就可能在芝加哥学派的社会学方面更加有影响。米德为社会学系的博士生提供了一种微观层次的个体视野，这些学生后来就主要从事微观层次的社会问题的研究。“芝加哥学派远不限于米德的社会心理学。它采用帕克的方法。托马斯、伯吉斯和其他许多人，他们也都是芝加哥学派社会学整体的重要组成部分。”（希布塔尼，1990）

1915—1935年，即在其鼎盛时期，芝加哥大学的教师和学生并没有采用符号互动论的名称。相反，布鲁默（1969）在离开芝加哥学派之后才以该名称命名这一理论观点，并成为符号互动论的主要提倡者和捍卫者。对于芝加哥学派的学者们来说，符号互动论只是由米德在他的“高等社会心理学”课程中提出的观点。如果米德要用什么来称呼他的理论的话，那么，它是“社会行为主义”。芝加哥学派的学者们显然要避免给贴上任何定义“主义”的标签（法里斯，1990）。（事实上，芝加哥学派在其鼎盛期并不这样称呼它自己。相反，那个名称是许多年以后主要被非芝加哥学派的人加诸芝加哥大学的社会学课程的。）②

---

① 赫尔馆和杜威学校今天都仍然存在。赫尔馆现位于伊利诺伊大学芝加哥分校校园之中，是一个博物馆。杜威的实验学校位于芝加哥大学校园内，它作为精英学校，主要为教职员工的子弟服务。

② 除了这个混乱以外，还有一个芝加哥经济学学派，它与芝加哥社会学学派没有关系。

显而易见，符号互动论是美国的理论视野，由芝加哥的社会心理学家所发展，植根于实证哲学。它是一个宽阔的视野，而不是一种特殊的理论，认为人类传播通过符号及其意义的交流而发生。因此，可以通过认识个体如何赋予他们与他人交流的符号信息(information)以意义，从而理解人类行为。符号互动论建立在这样的思想基础之上，即个体基于客体对于他们所具有的意义——这些意义产生于与人们的同伴的社会互动，这些意义也通过个体的解释过程得到修正——而对对象采取行动(布鲁默，1986)。

米德不是在一本书或一篇文章中编纂符号互动论，我们对他的理论观点的大部分了解都是以编自他学生的笔记的出版物为基础的，并且是在他1931年逝世以后发表的。①其中主要是《心灵、自我与社会》(1934)。考虑到在表达米德思想方面的这一含糊性，他的理论传人并不是完全一致的，也就不是什么令人惊奇的事了。实际上，米德留下了一笔混乱的遗产。H·布鲁默是一个杰出的门徒，他引导米德的追随者们重视符号互动论，将之作为一个理论方向，作为有关研究问题的一种思考方式。困难的是：使米德的诸如自我和一般化他人的概念具有操作性，特别是在调查研究之中(马林斯，1973)。②

20世纪50年代和60年代，一小群符号互动论者聚集在衣阿华大学的库恩周围，他们都曾在威斯康星大学随芝加哥学派的学者扬(Kimball Young)学习。衣阿华大学和布鲁默的符号互动论学派的基本区别在于方法论方面(梅尔策和彼特斯，1970)。库恩及其追随者以一种被称为20个陈述测验(TST，the Twenty Statements Test)的方法使符号互动论具有操作性，这个方法要求调查对象提供20个答案以完成这样的句子，“我

① 为什么米德不发表他的理论？“米德和杜威一样害羞，以至于认为他的工作太微不足道了，整个一生发表的东西也很少。”(迪纳1980)

② 体现米德符号互动论的经验研究的一个例子是H·S·贝克尔的《成为一个大麻使用者》(1953)，它采纳了调查对象的观点，遵循一种现象学的方法，从行为者的角度对作为理性个体的行为进行了描述。另一个例子是E·戈夫曼的《日常生活中的自我呈现》(1959)，它论证说，人类行为就像是舞台上的一场戏剧。

是……”个体可能回答说，“……一个年轻的姑娘，”“……一个学生”，等等(库恩和麦克帕特兰，1954)。诸如此类的自我认同被用来对调查对象进行分类。①不过，其他芝加哥大学的社会学家也认为他们自己是符号互动论者，但是既不严格地站在布鲁默的那条线上，也不严格地站在库恩的那条线上。②米德对于当代传播学学者的意义在于：他的符号互动论将传播置于社会学解释的中心。

把H·布鲁默对于米德的符号互动论的改造推向前进的一个著名的传播研究是戈夫曼(Erving Goffman)的《日常生活中的自我呈现》(1959)，这部著作以他1953年在芝加哥的博士论文《一个岛屿社区的传播行为》为基础。戈夫曼(1922—1982)在苏格兰海岸的设得兰群岛上的安斯特岛(人口900)度过了两年时间，这是“大不列颠最遥远的岛屿”(温金，1992)。

比利时列日大学的传播学学者温金(Yves Winkin)回溯了戈夫曼在安斯特岛上的足迹，重建了这一重要研究如何得以进行和为什么进行的过程。戈夫曼在芝加哥大学社会学系的指导老师是沃纳(Lloyd Warner)，后者因对杨基城社区所进行的一系列社会阶级的民族志调查而知名。戈夫曼到安斯特的目的是从事一项社区研究，但是通过研究一个社区中的谈话互动而成为一种新型研究的开拓者。他观察、记录和分析在安斯特的谈话，注意人们如何用他们的话语将自己置于扮演角色的位置，几乎就像他们在戏剧舞台上那样。他们是站在公共生活的舞台上。受米德著述的极大影响，在芝加哥时也受到米德的学生布鲁默的教学的极大影响，戈夫曼得以将符号互动论的观点融入一种新型的经验研究。尽管芝加哥大学的社会学家是符号互动论者，但他们

① 当国家航空和航天局对首批宇航员实施TST时，TST被用于100次调查之中，并引起了全国的注意(梅尔策和彼特斯，1970)。

② 在1972年至1986年的15份主要的传播学杂志中，麦克斯温(1987)对其中涉及符号互动论的地方作了引文分析，发现H·布鲁默被引用的次数最多，其次是米德，库恩几乎未被传播学学者所引用。这三个符号互动论者主要被引用在以人际传播为宗旨的杂志上，诸如《传播学专论》、《演讲季刊》等，但很少被引用在大众传播的杂志上。

并没有研究互动。戈夫曼分析人类互动的方法根本背离了芝加哥大学社会学。后来，当戈夫曼作为宾夕法尼亚大学教师时，他研究精神病患者(《精神病院》，1961)、残疾人(《污记》，1963)和妇女(《性广告》，1979)等的谈话，开创了被称为话语分析的传播研究传统，他将之称为“互动秩序”。

帕克和芝加哥学派的鼎盛期

罗伯特·E·帕克(Robert E. Park，1864—1944)生于美国内战近乎结束的时候。他与库利和韦伯同年，比涂尔干和齐美尔年轻6岁。不过，帕克是在第一次世界大战期间开始他的社会学职业生涯的，而这时库利和欧洲社会学家们即将结束他们的社会学职业生涯。原因是帕克1913年50岁高龄时才在芝加哥大学开始学术生涯。不管使用何种标准，他都是一个大器晚成的人，39岁时获得博士学位，50岁时开始社会学教学，59岁时获得第一次教授任命。在最初从事社会学大学教职的大约10年中，他于1925—1926年间当选为美国社会学协会主席。

图5.5 帕克(1864—1944)在芝加哥大学

使用获芝加哥大学档案馆许可。

帕克被描绘成“或许是美国社会学中最有影响的一个人”(博斯卡夫，1969)，据说“可能没有其他人如此深刻地影响了美国经验社会学所采纳的方向”(特纳，1967)。帕克开创了4个重要论题的学术研究：大众传播，种族关系，人类生态学和集体行为。“因此，一个在50岁的时候认定自己是失败者的人，成了一场伟大的社会调查运动的中心。”（休斯，1964）

帕克和他的芝加哥学派的同事一样，具有乡村的新教背景。他出生在宾夕法尼亚的一个农场，在明尼苏达州雷德温长大，这是密西西比河岸的一个小镇。雷德温有许多来自外国的斯堪的纳维亚家庭，年轻的帕克对他们着了迷，想知道他们是如何适应美国社会的。帕克是一个活跃的男孩，不是一个书呆子。他不是在知识分子的背景下成长起来的。

帕克的教育

帕克进入密歇根大学，在那里，他是杜威的门徒之一。他从杜威那里学习6门哲学课。他回忆(帕克，1929a)说：“正是在那里，我遇见了杜威。他是一个知名的哲学家，……一个鼓舞人心的教师，他的影响——尽管可能不是有意地或有目的地这样做——鼓舞和激励我对世界产生一种理智好奇心，而在我的成长传统里，并不存在关于这个世界的证明或解释。”显然，杜威对他的学生产生了强烈的精神影响(表5.2)。“受杜威的影响，帕克对传播作为一种整合社会的力量的作用，对传播的手段——特别是报纸和电话——等问题有了终身的兴趣。”（马修斯，1977)帕克1887年毕业以后，成为明尼阿波利斯、底特律、丹佛和纽约等地的新闻记者。他是一名调查记者和改革家。例如，在1887—1890年受雇于《明尼阿波利斯日报》时，他揭露赌场和鸦片馆。当一场白喉流行病暴发时，他在城市地图上标出疫情，确定可能的根源是一条露天阴沟(帕克，1929a)。

1892年，帕克决定放弃他的记者生涯，加盟他父亲的杂货生意，他父亲当时住在南达科他州的沃特敦。在去沃特敦的途中，他在底特律停了下来，在那里获悉他从前在密歇根州的哲学教授杜威正在创办一份新的出版物《思想新闻》，目的是通过提供关于长期社会趋势的有用信息

表 5.2　帕克职业生涯大事记

年　份	事　　　　件
1864	生于宾夕法尼亚州哈维维尔附近的一个农场;随父母迁移到明尼苏达州雷德温。
1887	在密歇根大学获得哲学学士学位,在那里他受到杜威的影响。
1887—1897	为下列报纸担任政法记者、刑侦专访记者、戏剧评论员、综合新闻记者和编辑:《明尼阿波利斯日报》、《底特律时报》、《丹佛时报》、《纽约晨报》、《纽约世界报》、《底特律论坛报》、《底特律新闻报》和《芝加哥日报》。
1892	与杜威和福特一起从事《思想新闻》的出版。
1897—1898	在哈佛大学获得哲学硕士学位。
1899—1903	在柏林皇家弗里德里克—威廉大学(选修齐美尔的一门社会学课程)、斯特拉斯堡大学和海德堡大学进行研究生学习,并在海德堡大学以《群众与公众》为题的论文获得哲学博士学位。
1903—1905	任哈佛大学哲学系助教和"刚果改革协会"的秘书。
1905—1912	任亚拉巴马州的华盛顿塔斯基吉学院的公共关系主任。
1913—1922	任芝加哥大学社会学系专业讲师。
1921	(与 E · W · 伯吉斯)合著教科书《社会学导论》,它对社会学领域作出了限定。
1922	撰写《移民报刊及其控制》。
1923—1933	被任命为芝加哥大学社会学系教授。
1925—1926	当选为美国社会学会(现为协会)主席。
1929—1933	在日本、印度尼西亚、菲律宾、中国、印度和南非等国旅行,并在夏威夷大学执教。
1936—1944	任纳什维尔菲斯克大学社会学客座教授。
1944	2 月 7 日在纳什维尔逝世,享年 79 岁。

而将大学学者的专业知识和报纸读者连结起来。杜威这一活动的合作者是一个有点神秘的人物——福特(Franklin Ford),后者曾在纽约编辑过一本金融杂志:《白氏》。①杜威教授"一生酷爱江湖郎中",所以完全被福特这个"假货推销员"吸引住了(库格兰,1975)。他将帕克介绍给福特,帕克也参加了他们的梦幻般的出版冒险活动。《思想新闻》第一期的稿件完成于 1892 年 4 月,但从未出版过;对于订户来说,每年 12 期的 1.5 美元的定价太贵了,难以接受。这一冒险活动失败了,帕克回到报社

① 《白氏》和它的竞争者《邓》后来合并成邓白氏公司,一家信贷金融公司,如今出版《华尔街日报》。

工作，少了25美元，但是他与《思想新闻》的经历却改变了他的生活道路（劳申布什，1979）。从那时起，帕克就对报刊与舆论的关系发生了兴趣，10年以后，他在博士论文中研究的就是这个问题。“就在……我是一个（新闻）记者和城市新闻编辑时，我开始了我的社会学研究。正是在一个非同一般的人物——F·福特，他本人也是一个报人——的指导下，我第一次理解了社会调查作为社会研究的一种工具的意义和可能性。”（帕克，1929a）

1893年，帕克在底特律的一家报社中工作时遇见了米德，后者当时是密歇根大学的一个年轻的哲学教授。20年后，他们在芝加哥再一次相遇。

帕克不断地写信向距底特律100英里的兰辛的一个州法官的女儿卡希尔（Clara Cahill）求爱。他写信向她介绍他自己和他的报社工作：“我热爱这个疯狂的混乱世界；如果我不热爱它，我就不能描写它。”（劳申布什，1979）帕克告诉后来与他结婚的卡希尔，最终他会离开报社工作去做“思想的事情”。他确实想成为一个哲学家，然后成为一个社会学家。1898年，帕克辞去了报社的工作，开始了研究生的学习：“我回到大学，在那里一共度过了7年时光——在安阿伯、哈佛和德国。我这样做是因为我对传播和集体行为有兴趣，并想知道这些大学对于传播学会说些什么。”（劳申布什，1979）在19世纪和20世纪交替的时候，大学里还没有出现学术性的传播研究。所以，从前的报人帕克研究哲学，而当时的哲学包括我们今天称为心理学和社会心理学的学科。1898年秋，34岁的帕克和他的越来越大的家庭迁至坎布里奇，一年以后，他在哈佛大学获得哲学硕士学位。

帕克来到哈佛大学为的是理解传播，但是哈佛没有为他提供他所寻求的东西。他随三个优秀的哲学家——W·詹姆斯、J·罗伊斯和桑塔亚那（George Santayana）——学习，也随实验心理学领域的冯特以前的学生孟斯特伯格（Hugo Munsterberg）学习。在获得硕士学位以后，帕克与他的妻子和孩子来到柏林，在那里他进入皇家弗里德里克—威廉大学。1900

年春，他选修了齐美尔的社会学课程，这是帕克关于这个主题的惟一能够注册的课程。它为帕克提供了有关报纸研究以及他正在探讨的社会的基本观点(帕克，1929a)。

接着，帕克转学到斯特拉斯堡大学，随文德尔班(Wilhelm Windelband)学习两年，在他看来，文德尔班拥有必要的方法论专业知识。帕克注册了哲学和社会科学课，并开始写他的论文，《群众与公众：一种方法论的和社会学的探讨》。[①]1902 年，文德尔班转到海德堡大学，帕克随之前往，并于 1903 年完成了他的博士论文。后来，他回到美国，在哈佛得到哲学助理教授的职位。帕克这时被当作大学教授来培养了，但他对这个角色并不向往。他厌倦了学术界。而且，他为他的博士论文以及根据该论文所出版的小册子而感到羞愧，那代表着他 7 年研究生学习的成果。他感到自己是一个失败者。后来他说："我讨厌我在大学里所做的事，并得出了这样的结论：我不能靠我自己作出任何一流的事情。我断定我能做的最好的事情是使自己依附于某个正在做某些一流事情的人。"(休斯，1964)

帕克成为"刚果改革协会"的编辑秘书，这是浸礼传教士协会的一个分部，它反对比利时对刚果的残酷统治，抵制欧洲对非洲的殖民化。在刚果改革协会工作期间，帕克遇见了 B · T · 华盛顿，他那时是亚拉巴马州塔斯基吉师范工业学院院长，那是一所专为南部年轻的非洲裔美国人所开设的职业培训学校。华盛顿当时是一个享有国际盛名的美国领袖(休斯，1964)。他督促帕克在访问刚果之前看一看塔斯基吉。帕克来到塔斯基吉，在那里他作为华盛顿院长的编辑助理待了 7 年，主要负责公共关系。学院招收了 1600 名学生，是南部黑人社区的一个充满活力的学院。帕克利用他在塔斯基吉学院的地位，获得了对美国黑人问题的洞察。他漫游了整个南部，观察穷人的生活。

---

① 1904 年，帕克的博士论文作为一本书被拉克和格鲁纳(用德文)在瑞士伯尔尼出版。C · 艾斯纳的一个英文版本《帕克：群体与公众以及其他论文》于 1972 年出版。

1910年，华盛顿和帕克一起作了一次漫长的欧洲旅行，收集有关农民、工厂工人和政府旨在帮助弱势群体的政策方面的信息。在主要借助铁路的旅行中，他俩讨论了他们的所见所闻。当他俩到达下一个城市时，华盛顿会向一个速记员口述他的结论，而帕克会将最终手稿编入和改写进他俩的重要著作——《最底层的人》（华盛顿和帕克，1912）——中。帕克曾说，他对于华盛顿及其妻子克拉拉的作品的编辑，能够比他们任何一人都"使克拉拉听起来更像克拉拉，华盛顿听起来更像华盛顿"（劳申布什，1979）。《最底层的人》论证说，欧洲所做的帮助工人阶级的事远远多于美国为帮助黑人所做的事情。①在1910年欧洲之旅以后，华盛顿对公民权问题采取了一种更加强烈的立场，这大概是在欧洲帕克帮助他学习的结果。

帕克迁至芝加哥

在这个时期，帕克在密歇根的罗灵布鲁克——他在那里有一个避暑小屋——遇见了斯莫尔。斯莫尔就在芝加哥暑期学院教书的事情征求帕克的意见，但是帕克不感兴趣（劳申布什，1979）。几年以后，也就是1912年在塔斯基吉召开的、由帕克组织的黑人问题国际会议期间，这个态度有了改变，在会上，芝加哥的托马斯和帕克都分别提交了论文。

当托马斯和帕克一起来到塔斯基吉会议上时，他们立刻产生了一种亲近感。"托马斯接受了去塔斯基吉的邀请，希望能够逗留几天。他待了两个星期，②在郁郁沉思的、有着无限好奇心和博览群书的帕克的陪伴

① B·T·华盛顿在美国国会图书馆的文献表明，帕克也帮助华盛顿写了另外两本著作：《黑人的故事》（1909）和《我的大教育》（1911）。华盛顿的著作部分地是为了吸引对于塔斯基吉学院的捐助（劳申布什，1979）。

② 实际上，它可能不是两个星期；1912年4月24日，也就是会议结束4天以后，托马斯从芝加哥给帕克写了一封信。信是这样开头的："亲爱的兄弟，我惊喜地发现，在遇见你以前，我是多么的无知，现在，我似乎又是多么的聪明。"（劳申布什，1979）

下，走在红砖路上，而他以前从未听说过帕克这个人。”（休斯，1964）这不仅仅是两位社会学大师的会面，而且是正在改变美国社会的两股相关力量中的一流专家走到了一起。帕克“比美国任何社会科学家都更了解黑人与美国白人的关系”（休斯，1964）。托马斯在了解美国城市中的欧洲农村移民方面，是一位重要的学者。他的不朽研究《身处欧美的波兰农民》在塔斯基吉会议期间正处于进行之中。美国城市中的大量欧洲移民加剧了诸如贫穷、贫民窟和犯罪等社会问题。“所以，当帕克和托马斯于1912年在塔斯基吉走到一起，然后成为芝加哥的同事时，北美经验社会学就开始研究移民和种族群体问题，研究这样几个群体生活在同一城市会发生什么事情、在同一经济体中工作时会发生什么，以及当他们是同一政体的公民时又会发生什么，等等。”（休斯，1964）

在1912年塔斯基吉会议以后，托马斯督促芝加哥大学社会学系主任斯莫尔聘用帕克，但是斯莫尔已同意校方的意见，即社会学系的教职编制不再扩充。帕克开始作为一个非常边缘性的人在芝加哥大学执教。1913年夏，他开设了一门关于种族关系的课程，这不管在什么地方或许都是关于这个题目的第一门课程（劳申布什，1979）。他最初的教职任命是在芝加哥大学神学院。然后，他被任命为社会学系的专业讲师，他拥有这个头衔长达9年时间，直到1923年最终被任命为全职教授时为止。1914年，帕克的薪水是教一门课500美元，几乎不够维持他的家庭。

塔斯基吉学院也支付帕克一笔固定的薪水，在他到芝加哥大学的最初9年，这种格式一直继续着。帕克热爱他的工作，不在乎他的不丰厚的工资。大约在帕克迁移到芝加哥的时候，他的父亲去世了，其遗产可让帕克过上舒服的日子。“确切地说帕克不是一个富人，但他继承了一笔财产，因此没有经济烦恼。他可以去他高兴去的地方，到他喜欢的地方去旅游。”（法里斯，1944）截止1916年，帕克在芝加哥大学执教了4门课：报纸，群体与公众，调查，美国黑人（劳申布什，1979）。

当帕克来到社会学系的时候，芝加哥学派正在受到关注，这个学派以斯莫尔为创建人，托马斯为精神推动力。在1913年帕克到达之前，芝加哥大学已经授予了30个社会学博士学位。到1934年，又授予了77个博士学位，这时帕克成为荣誉退休教授(法里斯，1970)。帕克使芝加哥社会学系享有国际声望，铸造了一种新型的、以经验为基础的社会科学。

人类生态学和社会失序

帕克和托马斯成为同事的这个地方的环境具有独一无二的地形："如此平坦和结构简单，以至于建设这座城市的力量能够以这样的方式展现自己，即一张地图也是一张系统的图表。"(休斯，1964)帕克、他的同事(特别是E·伯吉斯)以及他的学生在一张芝加哥的地图上绘制了青少年犯罪、卖淫、精神病和其他社会问题的位置［他们将之称为一张"标点地图"(spot-map)］。这张图的特色是有一个同心圆(由于密歇根湖的原因，在芝加哥是一个半圆)，社会问题最集中的地方恰好位于市中心大环的外围。这种类型的社会学分析就被称为"人类生态学"(human ecology)，1926年当帕克就这个主题开设第一门课时使用了这个术语(休斯，1968)。①帕克和他的学生主要根据达尔文的进化论研究了植物生态学和动物生态学，他们从进化论中借用了诸如入侵、支配、演替和生长梯度等概念。

有关芝加哥城市社会问题的研究以帕克"作为这场充满活力的运动的天然领袖(如果从来都不是官方领袖的话)"，它既由社会学家所进行，又由历史学家、政治学家、经济学家、人类学家和地理学家所进行

① 生态学概念——生物之间的相互关系以及这些生物和它们的环境之间的相互关系——19世纪90年代由E·海克尔所发明，他是一个德国生物学家，也是达尔文进化论的普及者。

(休斯，1964)。芝加哥学派不仅仅是一个社会学学派，在某种程度上，它是一个社会科学的学派。的确，芝加哥经验研究的实用性和进步性既影响了社会学，也影响了人类学、社会心理学、哲学和政治学。侧重于芝加哥城的市区问题的研究受到“地方社区研究委员会”及其继任的“社会科学研究委员会”的鼓励，在1923—1932年间，它主要由洛克菲勒纪念基金会资助(帕克，1929b)。

帕克对于城市生活的兴趣由齐美尔所激发，它以这座城市的分裂和社会失序为中心，特别是新移民中的分裂和社会失序。考虑到帕克早年乡村环境的生活经历，并根据1913—1935年间移民极难适应迅速发展的芝加哥城的情况，这样一种“反城市的偏见”是可以理解的。帕克和他的博士生的研究方法由安德森(Nels Anderson)的流浪汉——或今天被称为无家可归的人——研究所阐明。20世纪20年代，芝加哥估计有3万个流浪汉(吉勒特，1928)，大多集中在麦迪逊—霍尔斯特德大街一带被称为“流浪者生活区”的地方。安德森是一个芝加哥大学的博士生，他本人熟悉流浪汉的生活方式(因为他从前曾当过流浪汉)，1921年，他开始对流浪者生活区的个人进行非正式访谈，以便收集他们的生活史。他扮作一个流浪汉，作为一个参与性的观察者在游民区活动(他或许是第一个参与性的观察者)，白天则在中途校园里听课。帕克告诉安德森：“像新闻记者那样，只把你看到、听到和知道的事情写下来。”这项研究由一笔300美元的馈赠资助。安德森开始草拟章节，描绘芝加哥城市的流浪汉世界，这些流浪汉遭到社会的遗弃。帕克和伯吉斯赞同安德森的博士论文，帕克(在事先未征得安德森允许的情况下)还将其编辑成书，并加了一篇序言，6天以后，将手稿发往芝加哥大学出版社。《流浪汉》(安德森，1923)是芝加哥大学出版社社会学系列丛书的第一部。它描述了公众对于流浪汉的厌恶，以及流浪汉对于被当作社会弃儿时的反应。

帕克借鉴了进化论，特别是借鉴了达尔文生存竞争的观念，由此区分了4种主要的社会进程：

1. “竞争”，系统中的各种单位为获得稀缺资源所进行的斗争。
2. 冲突，彼此相互联系和传播的单位之间的竞争。“传播”被限定为当心灵相遇时所发生的活动，因此两个或更多的个体可以彼此相互影响。这样，传播被限定为有效的传播。
3. “适应”，这发生在冲突停止之时，由于地位和权力的分配，所以上下属的关系由社会结构所确定和控制。
4. “同化”，文化要素的交流和共享，由此导致一种共同的文化。例如，帕克研究了欧洲移民被美国文化同化的问题（美国文化本身是各种移民文化的混合）。

芝加哥学派的社会学家发现，每一次相继涌入这个城市的贫民窟的欧洲移民浪潮都带来同样严重的社会失序状态。随着时间的推移，随着这些人口的繁荣和向外迁移至高级居住区，社会失序的比率下降了（法里斯，1970）。帕克和他的学生发现，这个过程之所以发生，是因为大部分移民来自欧洲的乡村地区，并且必须学会如何在一座城市中生活。在某种意义上，贫民窟是城市生活的一种非正规的学校。在城市犹太人区居住了500年的欧洲犹太人迁移到美国时，并没有经历同样程度的社会失序状态（沃思，1926）。

芝加哥贫民窟在社会意义上是失序的，但并非是无组织的。诸如家庭、学校和教堂等机构在拥挤的贫民窟中可能瓦解，但是其他形式的组织——例如青少年帮派——则兴盛起来。这些帮派吸引了在外国出生的移民的孩子，并且经常将这些年轻人诱入严重的犯罪之中（法里斯，1970）。芝加哥学派的社会学家发现，青少年犯罪者很少独自从事第一次犯罪活动。帮派给他们提供信息（information）、动力和群体支持。

P·G·克雷西对于有职业舞女伴舞的舞厅的研究多少代表了芝加哥学派对于社会失序状态的调查。克雷西和4名学生研究助理作为隐蔽的观察者在这种舞厅里收集资料。他们假装是这种舞厅的常客，和老顾客混在一起，以便不暴露他们的真实身份。克雷西相信，通过与他的调查对象的这种非正式的接触，他获得了否则就不能被揭示的信息(布尔默，1984)。克雷西还通过要求其调查对象描绘其整个人生的途径，从职业舞厅的姑娘及其顾客那里收集生活史，以便了解他们的调查对象情况的全部情境。自芝加哥学派的时代之后，生活史方法没有得到广泛应用，因为研究者们越来越多地依赖于将调查访谈作为收集定量资料的一个更有条理的工具。不过，芝加哥的多重方法的途径仍然是有价值的。关于社会失序的人类生态学研究可能因其城市标点地图而最广为人知，在这种地图上，离婚率、自杀、犯罪和社会失序的其他指标被标示出来(每种情况都以一个粘在地图上的圆点为标志)。芝加哥学派将定量资料和他们主要通过民族志方法(这些方法使得他们能够贴近他们的调查对象)而获得的洞见和理解结合起来。

陌生人和社会距离

帕克阐述了齐美尔的社会距离的概念，即两个及更多个体或其他范畴之间的能察觉到的亲近感的缺乏。①帕克从齐美尔的陌生人的思想中得到这个概念，而他的一个学生博加德斯(Emory Bogardus)发展出一种社会距离量表。②帕克也从齐美尔的陌生人概念中采纳了边缘人的角色的思想。边缘人就是生活在两个世界之间、又不属于其中任何一个世界的人，例如，来到美国的移民的孩子一般都抵制他们父母的语言和文化，但又不认为他们自己是美国社会的正式成员。帕克的学生斯通奎斯特(E. V. Stonequist)在帕克的概念的基础上，撰写了《边缘人》(1937)。

---

① 帕克在他对于种族关系的分析中使用了“社会距离”概念。他论证说，两个个体之间的社会距离越大，他们相互间的影响就越小(科塞，1977)。

② 例如，博加德斯的量表会标明，一个白种人是否认为比起与美国黑人的关系来，他与作为华裔后代的个体的关系更加亲近。

齐美尔的某些基本概念，例如陌生人和社会距离这样的相关思想，在很大程度上激发了美国的研究(莱文，卡特和戈尔曼，1976)。齐美尔的陌生人——即群体以外的人——具有某些优势，如在理解群体及其行为方面具有客观性和确定性。同样，社会科学家与他或她的研究对象或多或少都保持一定的距离，从而使客观性达到最大化。有关创新者(即系统中最先采纳新思想的个体)的研究表明：他们具有世界性，与他们的系统相对来说不相融。因此，他们享有免于遵守这个系统的规范的自由(罗杰斯，1983)。帕克和他的芝加哥大学的学生们不仅研究社会距离和边缘性，而且，帕克还坚持要求他的学生成为他们所研究的对象的客观公正的观察者。①

工作中的帕克

帕克在芝加哥大学社会学中的作用在海纳(Norman Hayner)的经历中得到阐述，海纳一直通过日记将攻读博士学位过程中的日常活动记录下来。1921 年，海纳注册学习帕克的“社会调查”的课程，并对帕克关于流动性和陌生人方面的讲课产生了兴趣(法里斯，1970)。不久以后，帕克同意海纳关于研究芝加哥公寓旅馆以及入住个体的计划。在市中心的旅馆和邻近芝加哥大学的旅馆中，海纳开始通过观察和个人访谈收集资料。帕克有一次全天步行陪伴海纳访问了芝加哥的几家旅馆，并追溯有关它们的信息来源，海纳的记录是：“吃中饭的时候，帕克讲述他自己的生活故事”(法里斯，1970)。几天以后，海纳在帕克的博士生研讨班上提交了他的研究计划，受到了好评。他继续通过与旅馆居住者的

① 尽管帕克强调，一个学者应该通过有重点、有想象力的参与调查对象的生活来获得对其的主观看法，从而得到对于社会活动的真正理解。帕克经常引用 W · 詹姆斯《论人类认识之盲点》的观点，后者论证说，我们中的每一个人都有可能误解其他人的生活意义(帕克，1950)。当帕克在哈佛大学攻读硕士学位时，曾听过詹姆斯关于这个论题的一次演讲(N · 怀特和 L · 怀特，1962)。

个人访谈而收集资料，定期与帕克会面，讨论他的论文计划。1922 年 5 月，海纳开始写作他的论文的第一章，这得到帕克的同意，只是作了一些建议性的修改。海纳于 1923 年完成博士论文，并在他的博士委员会上作了答辩。帕克为海纳的研究感到高兴，鼓励他以书的形式将之发表。《旅馆生活》一书最终于 1936 年问世，它涉及了齐美尔和帕克关于流动性和分离行为的概念，并与关于旅馆居住者的经验研究有关联。

帕克因此将这篇指导过的论文介绍给芝加哥大学社会学系。在那以前，一直是这样的情况：一个攻读博士学位的学生沿用德国的方式选择论题，独自闭门撰写论文，然后，将最终成果递交给某个教授对其理论价值作出评价(拉扎斯菲尔德，1962a)，而帕克则将他的博士生当作一个学者共同体中的年轻同事。他充当他们的指导，告诉他们如何以一种师徒关系从事社会研究。帕克与他的学生的关系特别融洽，代表着卓有成效的博士生和教授关系的模式。布朗(William Oscar Brown)在 1930 年的博士论文中讨论种族偏见问题，称帕克“在我的一生中给予最大的思想影响……他从不亲近学生，但他尊敬他们，理解他们，最重要的是，他对他们有兴趣。他总是把你当作一个人来尊敬。”帕克的另一个博士生斯通奎斯特提到：“在我们的早期讨论中，他不是提出关于步骤、视野或特殊关注点的建议，而是更喜欢讨论思想……通常，他总是等待一个问题，然后在心里仔细考虑这个问题，并作出自己的评论。他有一种天赋，即使我感到自己更像是一个合作者，而不是一个学生。”布鲁默在芝加哥大学获得博士学位，然后留下来任教。他说：“在我对于研究生工作领域的 30 多年的观察过程中，我从没看到任何教师能像帕克那样在启发、调动和指导学生的才能，并使他们发挥其最大潜力方面做得如此成功。”(劳申布什，1979)

希尔斯(Edward Shils)(1981)听过帕克在芝加哥大学所教的最后一门课，他将帕克描绘为“身体强壮得像头熊，俯着身子走动像头熊，把他的鼻子伸向任何东西像头熊，咆哮和咕哝像头熊。”按照 1928 年至 1931

年师从帕克在芝加哥大学攻读博士学位的法里斯(Robert Faris)(1990)的说法，芝加哥学派的这个领导人是一个粗暴的、直率的“男子汉”，他有一次在教室里大叫“一个蠢得要命的问题！”时，一个女博士生给弄得哭了起来。不过，就是这同一个帕克教授经常请他的博士生到他靠近中途校园的家中吃饭，并邀请他们在他家的度假小屋与他和他的家人一起过周末和假期。帕克对待他的博士生就像是对家人一样。他给他们提出忠告(他们并非总是采纳它)，用他对学术研究的巨大热情影响他们，为他们的成就而骄傲，当他们获得博士学位时，帮助他们获得稳定的教职。他们一旦离开芝加哥，他就与他们通信，与他们合作，并且只要有空，就到他们的大学校园里看望他们(法里斯，1990)。

法里斯记得帕克的课“非常丰富，提出了许多值得思考的新东西。他独一无二地在让你感到每天都处于前沿，……帕克具有某种与他的研究生建立真正的私人关系的方式，即长时期地进行谈话，实际上是和他们谈论一本书，或谈论一个项目，然后让他的学生做这个项目，并因此得到学分……帕克是一个思想家，一个心不在焉的人，他忘记理发，某些日子忘记系领带，忘记诸如此类的事情。(他)来到教室，耳朵上还有肥皂(沫)。”(法里斯，1972)

芝加哥大学的有些博士生才华出众，有些则能力平平。帕克与所有这些人一起工作，讲出每个人最好的方面，向他们发起挑战，让他们在自己认为不可能的层次上从事学术研究。事实上，许多人在离开芝加哥以后，在其职业生涯中都无法达到一个可以与之相媲美的学术卓越水平。帕克认为，社会学与其说是等待更有能力的个体，不如说是必须塑造它所吸引的大部分人(劳申布什，1979)。“如果学生们动摇了，帕克就善意地、有时也是粗暴地一再提醒他们。”(希尔斯，1981)

确定社会学的意义

芝加哥学派，特别是在帕克的领导之下，从两个重要的方面确定了社会学的意义。在芝加哥学派之前，欧洲社会学本质上是理论性的、抽象的。就此而言，齐美尔是一个典范。他的讲课才华横溢，写作善于分析，但不是(在收集和分析资料的意义上的)经验性的。芝加哥大学社会学牢牢地植根于资料，在芝加哥学派之后，美国社会学就以经验世界为基础。帕克相信经验的研究，但不相信统计分析。“有时候，帕克教授会威风凛凛地怒斥统计学家或误入歧途的弗洛伊德学者的愚蠢。”(戈德曼，1973)他认为，在各种变量中寻求统计关系会使社会学家偏离对于个体关系的本质的理解。

芝加哥社会学对于社会学还作了另外一个同样重要的重新限定，即使之摆脱原来主要关注规范的做法，以一种强调客观性、相对轻视社会工作的应用领域的态度来取代这个方向。如同帕克(1929a)本人所陈述的那样：“直到此时，社会学一般被想象为、并经常被描述为‘社会改良的科学’，或‘人类福祉的科学’。”美国社会学的许多早期人物都是新教牧师或新教牧师的儿子，他们受到激励要通过直接干预来解决社会问题；总之，社会学被定义为“行善主义”。帕克(1922)以这些措辞来描绘芝加哥学派的社会学的特征：“这一方法成为一个逻辑系统，对无处不在的社会机构的起源和功能进行公正的研究，并且，在本质上是将某种实证观点——米德和杜威已将其在(芝加哥大学)哲学系普及了——运用于社会和社会生活。”

帕克(1922)认为，托马斯的功绩在于建立了芝加哥的经验的和客观的社会学传统，但是，在托马斯于1919年(因被拘留和受道德指控)被迫离开芝加哥大学以后，帕克在推进芝加哥学派社会学思想方面是领头人。他经常在课堂上用世俗语言告诉博士生，他们应该为能够研究社会问题而感到高兴，但是他们应该独立于自己的道德价值来进行这样的研究。例如，芝加哥大学的社会学家可以从事一项卖淫的调查，但是这个学者对于这一职业的厌恶不应影响研究的方式、研究的结果及其对于结果的解释。帕克关于社会学家在社会改良中的作用的观念是：个体的改革思想应该被排斥在研究之外。帕克时常向一个芝加哥大学的博士生发出他的权威性的责备:“你是又一个该死的行善主义者。”(劳申布什,1979)当帕克在中国教学一年返回以后,他描绘那里普遍存在的贫穷和饥饿的情景,并恳求芝加哥研究生社会学俱乐部予以帮助。被恳求的学生提出这样的问题:“帕克博士,你描绘了在中国的这些可怕的事情。告诉我们,你对这些会做些什么?”帕克回答说:“年轻人,我不会做任何事。我不会做讨厌的事情。”(林斯特龙和哈德特,1988)帕克是一个进步论者,希望通过调查来努力逐步解决社会问题,但是他本人不直接涉足改良活动。他认为,这样做会使社会学家偏离他们进行社会研究的主要任务。

帕克将社会学家和社会工作者区分开来。1920年,社会服务行政学院在芝加哥大学创办,以培养社会工作者。这个新单位综合了芝加哥大学从前的家政学课程,它以艾博特(Edith Abbott)为领导人,她是从社会学系转过来的。由此在芝加哥大学为这一领域构成了一般的模式:社会工作被限定为女性的领域,而社会学则主要是为男性学者所设立。社会改良是社会工作的领地,社会学则不再关注直接解决社会问题。理智方面的敌意损害了芝加哥大学的社会学和社会工作之间的关系,别的地方也是如此(迪纳,1975)。“社会工作中的学术训练一旦与某个系的社会学普遍联姻,就近乎全面地撤回到独立的系和学院,留下的是那种作为离婚夫妇之间的冷漠特征的感受。”(法里斯,1970)“社会学变得更有学术性、更远离社会问题,远离推进社会变革。那些对改革有兴趣的人(‘应用者’)被引导到社会工作,一个‘女性的领域’(原文如此)中,而社会学家对之不屑一顾。因此,‘纯粹与应用’的区分体现了性别内涵,早期还看不见女性社会学家的出现。”(索恩,1990)芝加哥学派黄金时代的社会学应用性在1920年终结了,与之相伴随的是美国社会学家对于社会问题的社会改革越来越感到不自在。

在芝加哥学派中,美国社会学的奠基之父确实是父亲,而不是母亲,而且男性继续统治这个新学科。从其1906年创办直至1931年,没有一个女性社会学家当选为美国社会学协会会长。在芝加哥大学,整个

1935年，112个人获得社会学博士学位，其中仅13名(12%)是女性(法里斯，1970)。女性社会学家通常在女子学院，或社会工作学校中执教。如同迪根(1988)所提及的那样，早期女性社会学家从事当时被称为主流社会学的工作，但在1920年后，则从事着被认为是社会工作的事业。

1916年，当伯吉斯返回芝加哥(他过去在此获得博士学位)从事介绍社会学导论课程的教学时，帕克与他一起合写《社会学导论》(1924)。他俩合作计划这门课程，选了196篇读物说明14个社会学主题。由此产生的1000页的教科书(按顺序)最为频繁地引用了下列学者的观点：齐美尔、达尔文、斯宾塞、涂尔干、塔尔德、勒邦(Frederic Le Bon)、库利、托马斯、帕克和萨姆纳(William Graham Sumner)，而“本书中有显著影响的人物是……帕克的导师：齐美尔”(劳申布什，1979)。齐美尔被引用了43次，超出了任何其他的学者(科塞，1977)。众多对于达尔文和斯宾塞的引用表明，进化论也对帕克和伯吉斯的著作产生了重要的影响，他们的著作以“绿色圣经”(green bible)的名称而广为人知，它在社会学的形成期构成了这个领域，并且是“迄今为止社会学方面的最有影响的著作之一”(法里斯，1970)。在它出版以后，大部分后来的社会学教科书都遵循一般标准化的模式。如同法里斯(1970)所总结的那样：“1921年以后，美国社会学的方向和内容主要是由帕克和伯吉斯的教科书所确定的。”

帕克领导的芝加哥学派将社会学这一新领域界定为经验的、价值中立的和偏离社会应用的，一个男性的领地，倾向于达尔文的进化论和齐美尔的互动论等欧洲理论。

帕克的传播研究

帕克认为，他以前作为调查性新闻记者的工作对于他的社会学职业生涯来说，是良好的准备阶段。“毕竟，社会学关注的问题与新闻记者必然会得到大批第一手知识的问题有关……可以说，社会学家只不过是更准确的、更负责的和更科学的记者。”（帕克，1939）帕克的报社经历极大地帮助了他后来对于这座城市所作的社会学调查：“我期望比起任何其他活着的人来说，我确实已踏遍了更多的土地，走遍了世界上不同地方的城市。除了所有这些以外，我还从其他方面获得了关于这座城市、社区和地区的概念——不仅作为一种地理现象，而且作为一种社会有机体。”（法里斯，1970）

帕克的《移民报刊及其控制》（1922）（他所写的惟一的一本著作）是作为一种民族担忧的结果而问世的，即担忧美国的欧洲移民——由美国1917年介入第一次世界大战所造成——可能出现的不忠诚。成千上万的德国裔美国人会忠诚于美国，还是会忠诚于德皇威廉？他们会扩散宣传、还是会从事破坏？另一方面，移民忠于美国的公民权如何能够得到保护？卡内基公司赞助了关于移民的10项研究。帕克指导了对外文报纸的研究，他发现，意第绪语、波兰语、德语等报纸主要帮助新近移民学会如何在北美生存下来。很少有报纸内容鼓励对于原先祖国的忠诚。美国的外文报纸通过帮助它们的移民读者融入美国文化，而逐渐地构成了自己的角色。事实上，外文报纸的数量和它们的读者的规模在第一次世界大战以后的几十年中急剧下降。①

帕克被称为“大众传播的第一个理论家”（弗雷泽和盖齐诺，1979）。他将传播限定为“一个社会心理的过程，凭借这个过程，在某种意义和某种程度上，个人能够假设其他人的态度和观点；凭借这个过程，人们之间合理的和道德的秩序能够代替单纯心理的和本能的秩序。”传播涉及一个人的交流伙伴的移情感受，因而使得社会的社会性成为可能。帕克和他的芝加哥同事们将传播看作人类连结的同义词（温肯，1922），将它称为城市社会问题的潜在的解决办法。不过，传播不是他们研究的主要变量或重点。

---

① 最近，即在20世纪80年代和90年代，由于又有来自拉美的大批移民，美国的外文媒体又重新变得重要起来，尤其是西班牙语的电视。

有关电影效果的佩恩基金研究

每当一个新的大众媒介技术在美国广泛扩散时，它往往总是首先被儿童和青少年所接受。这个模式对于20世纪20年代的电影来说是合适的，对于20世纪50年代的电视来说是合适的，对于20世纪80年代的微型计算机和电子游戏来说也是合适的。一般情况下，新的传播技术被年轻人所大量使用，这引起了成年人的关注，由此导致了对新技术效果的学术研究，有时候，还引起决策者的行动。通常，父母亲和决策者的主要兴趣在于新传播技术的效果，特别是这种技术的潜在的负面效果（沃泰拉和里夫斯，1985）。这种“以儿童作为媒介效果的石蕊试纸”（children-as-litmus-paper-for-a-medium's effect）的原型是由佩恩基金研究提供的。

20世纪20年代，电影在美国开始吸引大量观众，特别是儿童。1922年，每星期电影观众人数是4000万，到1930年，一跃而成为9000万。有关电影对美国儿童的效果调查的13个关联项目于1929年至1932年进行，它们得到佩恩基金会的资助。有关“电影与青年”的研究项目由西伯利（William Marston Seabury）所发起，他从前是电影业的律师，逐渐关心电影对于青年的效果问题。西伯利和肖特（W. H. Short）牧师一起为佩恩基金研究起草了计划，并为这些研究建立了“纽约总部办公室”。肖特获得了一笔65800美元的资助，它由弗朗西斯·佩恩·博尔顿（Frances Payne Bolton）捐助，这笔钱来源于博尔顿从其父亲——一个克利夫兰的工厂主（乔伊特，1992）——那里继承的遗产。

佩恩基金研究的目的是确定观看电影对于青少年可能的有害效果。从事这项研究的大部分学者都在芝加哥大学工作，但有些是俄亥俄州立大学的学者，有些则是其他大学的学者，例如，儿童心理学家斯托达德（George Stoddard）在衣阿华大学工作。研究工作由查特斯（W. W. Charters）指导，他是俄亥俄州立大学教育研究处处长。他邀请帕克参加，但是帕克正要旅行去中国，所以帕克让他的芝加哥的同事H·布鲁默参加了（帕克后来在香港进行了类似的有关电影对于中国儿童的效果研究)。总之，佩恩基金研究代表了至那时为止的关于媒介效果的最大的科学项目之一，并且“还是迄今所从事的关于电影在美国社会的作用及其对儿童的影响的最广泛的评估。”(乔伊特，1992)在1929年至1932年的研究期间，成千上万的青少年成为调查对象。

佩恩基金研究表明，美国儿童大约一个星期去一次电影院，72%的故事片涉及犯罪、性和爱情主题。电影经常表现烟草和酒(此时正处于禁酒时期)的使用。可以理解的是，父母关心这一新技术对于其孩子的影响及其原因。在一项研究中有一份儿童样本，当被问及他们在看过暴力电影以后是否做了噩梦时，这些儿童回答说是的。

佩恩基金研究是以一种客观的方式而进行的，但是对于其结果的解释方法则与电影工业相敌对。来自各种佩恩基金项目的10本著作发表于1933年，它们一般都是以谨慎的社会科学的平铺直叙的文体而写就的，包括查特斯的总结卷，但是，由佩恩基金委托进行的一种常用疗法《我们的被电影所塑造的儿童》，在语气上则是耸人听闻的(尽管查特斯也得出“商业电影是令人讨厌的大杂烩”的结论)。这些研究表明，电影对于青少年产生了效果；其中许多效果的确不为父母、宗教领袖和其他人所赞同。①

比起典型的芝加哥学派的研究来，佩恩基金研究具有不同的方法论特性。统计方法在20世纪20年代已进入社会科学研究，佩恩基金研究本质上主要是定量的。洛厄里和德弗勒(Lowery and DeFleur，1988)的结论是：“在美国社会中，两大社会变革结合在一起——一方面是社会科学中更准确的研究能力的发展，另一方面是公众对于电影如雨后

① 这10部著作是：布鲁默的《电影与行为》；布鲁默和豪泽的《电影、青少年犯罪与犯罪》；查特斯的《电影与青年：摘要》；E·戴尔的《电影院的儿童观众》和《电影的内容》；戴辛格和拉克米克的《儿童对于电影情景的情感反应》；霍拉迪和斯托达德的《从电影中得到的想法》；彼得斯的《电影与道德标准》；彼得森和瑟斯顿的《电影与儿童的社会态度》；夏特沃斯和M·A·梅的《社会行为与影迷的态度》。

春笋般发展的深切关注，由此促成了大众传播的科学研究的兴起。”传播学学者侧重于媒介效果的做法确实始于关于电影和儿童的佩恩基金研究。

芝加哥学派为什么会衰落?

1935年(帕克大约在这时退休)以后，芝加哥学派的影响迅速下降。这有几方面原因：首先，它的博士生离开这里到其他大学执教，因此它造就了自己的竞争者。社会学其他好学校赶上了芝加哥大学。例如，1941年以后，哥伦比亚大学有两个杰出的社会学家：社会理论家默顿(Robert K. Merton)和研究大众传播效果的定量的方法论者拉扎斯菲尔德。芝加哥学派的另一个竞争对手是哈佛大学，在那里，社会学理论家帕森斯(Talcott Parsons)正在脱颖而出。

1945年，芝加哥大学的一个博士、方法论者斯托弗加盟哈佛大学。随着芝加哥大学从领先地位上滑下来，其他大学——特别是哥伦比亚大学，但也有密歇根大学、威斯康星大学、北卡罗来纳大学和加利福尼亚大学洛杉矶分校——的地位上升了(法里斯，1970)。芝加哥大学聘用了自己的博士生作为新的教职人员。尽管学院的凝聚力和思想的同质性能够产生优势，但是它们被诸如教师中的缺乏多样性、杂交活力的丧失等劣势所抵消。某种由人员继任问题所带来的组织枯竭加快了芝加哥学派的卓越地位的终结(希布塔尼，1990)。

另一个问题是芝加哥大学社会学系的教师之间的不和，这使他们偏离了学术工作，并使他们不能作出重要的决策，诸如在有关新教师的问题上。第二次世界大战以后的六、七年间，芝加哥大学社会学系没有聘用一个终身职位的教师，与此同时，重要的教师离开了：布鲁默去了加州大学伯克利分校，沃纳去了密歇根州立大学，休斯去了布兰迪斯大学。刚刚毕业的芝加哥博士被雇为临时教师，以填补那些离开了的教师的岗位。1950年左右，社会学系没有助理教授，只有一个副教授，其余教师都是正教授(希布塔尼，1990)，这是一种头重脚轻的人员结构，它不能为博士生提供适当的榜样。

社会学领域本身也发生了变化。美国社会学从侧重有关犯罪、卖淫、贫穷和社会失序等其他方面的社会问题，转向侧重于社会地位和社会工作。只不过几年的冲突以后，芝加哥学派最终从重视定性的民族志方法转向定量的和统计的方法。在芝加哥大学社会学系的垒球赛中，研究生和教员分成两个队：统计学家对定性分析者。对于其他的美国社会学来说，芝加哥学派开始看上去有点儿过时。因此，虽然芝加哥大学社会学是解释性的和广泛意义上的人文主义的，20 世纪 30 年代以后，美国社会学则随着对芝加哥学派的方法的背离而成为高度定量的和统计性的。社会科学的主要模式是自然科学，后者已被完好地建立起来，并且受到极大的尊敬，所以这种对于自然科学的摹仿使得社会科学趋向于经验主义和量化的方法。20 世纪 30 年代的美国社会学越来越关注这个学科的科学地位，特别是方法论问题。以奥格本(William F. Ogburn)为例，社会学方法论开始以统计学为中心。奥格本 1929 年加盟芝加哥大学的教师队伍，他影响了方法论，使之成为"更有自我意识、更准确、更有统计学视野、更坚决地排斥偶然的洞见和透露了轶事却未被同化的观点。"(马修斯，1977)①

有关芝加哥学派的衰落，还有一个重要因素是诸如韦伯理论等其他欧洲社会学理论来到了美国。芝加哥社会学是奠定在由齐美尔所提供的

① 当美国总统 H·胡佛 1928 年上台时，他任命了近期社会趋势研究委员会，由 W·米歇尔和 C·梅里亚姆领导，前者是一个经济学家，后者是一个政治学家，他们都在芝加哥大学工作。奥格本是刚刚到达的芝加哥社会学家，任委员会研究主任。他们的目的是确定导致大萧条的社会和经济因素。胡佛要求洛克菲勒基金会为这个委员会提供基金，这个要求得到了同意。4 年以后，一份 1600 页的报告产生，它以奥格本的文化滞后论为中心，即技术变化造成了诸如离婚、失业和犯罪等社会问题。报告提议对社会规划增加重视，这个规划以社会科学研究的日益增加的作用为中心。但是，当胡佛在连任竞选中败给F·D·罗斯福时，委员会的报告几乎没有引起直接的行动(普鲁伊特，1991)。近期社会倾向研究委员会和佩恩基金研究会在同一时间运行，它们都在社会科学家(以芝加哥大学为中心)中构筑了专业知识交流的重要网络(鲁宾逊，1988)。

理论基础之上的，而到了20世纪30年代，齐美尔在美国的影响下降了(尽管后来再次兴起了他的理论的关注)。美国社会学在选择其欧洲祖先方面的阶段性变化可追溯到哈佛社会学家帕森斯的著作《社会行动的结构》(1949)，这本著作吸收了韦伯、涂尔干、弗洛伊德和帕累托(Vilfredo Pareto)的思想，但是没有吸收齐美尔的思想。

最后，1935年职业社会学家的反叛结束了芝加哥学派对于主导性的社会学杂志和专业协会总部的垄断控制。这一反叛并没有结束芝加哥学派在社会学学科方面的重要作用，但它削弱了这种作用。①作为美国社会学家主要专业杂志的、芝加哥学派的《美国社会学杂志》(AJS)在1935年被撤销，这一举动是由伯纳德(L. L. Bernard)所领导的，当他于1932年出任美国社会学协会主席时，任命经过精选的委员会来审阅《美国社会学杂志》，并提议对美国社会学协会进行章程改革。伯纳德"采取这些步骤(任命了两个委员会)，是因为当时芝加哥大学社会学系由于其领导人的缘故，已变得骄傲自大，并有使美国社会学协会的利益从属于芝加哥大学社会学系的利益之嫌。"(奥德姆，1951)一个历史分析表明，1935年反抗芝加哥大学社会学系的那场成功的运动是由一批反对芝加哥大学社会学系的统治地位的社会学家充当先锋的，他们在巨大的压抑下产生了对于职业的担忧，并且意识到芝加哥学派的理论影响正日益下降(伦格曼，1979)。这是一场反对芝加哥大学社会学系的政治运动，而不是建立在社会学观念差异基础上的思想反叛。

1959年美国社会学协会的成员资格说明了芝加哥学派在美国社会学中的统治地位的下降。在1930年以前，20%的具有社会学博士学位的成员是在芝加哥大学获得他们的博士学位的。这个数字从1950年至1959年下降到只有8%(赖利，1960)。芝加哥学派的衰落还表现在社会学家对于

---

① 芝加哥学派的持续重要性由这样的事实所表明：美国社会学协会的一半以上的会长曾一直是芝加哥大学的教师或学生。1935年后，这种统治地位以与从前差不多的比例继续存在(库尔茨，1984)。

作为其主要专长的社会心理学的兴趣也相应地降低了。①

科尔曼(James S. Coleman)(1980a)在哥伦比亚大学获得社会学博士学位，然后在芝加哥大学度过了他的大部分职业生涯，他论证说，芝加哥学派的衰落部分地归结于美国社会的更加广泛的变化："芝加哥学派的衰落不仅仅是形成这个学派的强势人物的衰落。它是芝加哥学派所关注过的种种问题的衰落。移民已经减少了，城市生活已经多少有些秩序，人的边缘性减少了。"围绕拉扎斯菲尔德建立起来的哥伦比亚学派赢得了统治地位，"因为纽约是新兴的传播业中心，是新兴的广告业的中心，是新的国家市场决策的中心。"(科尔曼，1980a)在美国社会学的中心舞台上，拉扎斯菲尔德和哥伦比亚学者取代了帕克和芝加哥学派的学者，也取代了诸如芝加哥的欧洲移民的适应性，以及随后的边缘或另类亚文化等地方社区问题的研究，而强调诸如大众媒介传播效果的国家一级的研究课题。

芝加哥学派和传播学

关于传播学史的传统观点认为，随着几个学科的社会科学家开始从事有关宣传②(拉斯韦尔，1927)、广播对于听众的效果(拉扎斯菲尔德和斯坦顿，1942)等方面的经验研究，传播学出现于20世纪20年代、30年代和40年代。我以前批评过有关四个奠基人的神话，即关于拉斯韦尔、拉扎斯菲尔德、勒温和霍夫兰开创了传播学领域的看法。彼得斯(1989)

---

① 无论是在1930年，还是在1959年，美国社会学协会的成员都选择了社会心理学作为其最喜欢的专业兴趣。1930年，在社会学协会的1832名成员中，约37%的成员选择了社会心理学。到1959年，社会心理学仍然是最受欢迎的社会学专业，但是在社会学协会的6345名成员中，只有25%的成员选择了它(赖利，1960)。社会学的社会心理学尤其成为芝加哥大学的社会学家的一种自我认同。截至1990年，在美国社会学协会的13265名成员中，有19%的成员将社会心理学选为他们的专业(恩尼斯，1992)。

② 宣传分析促使大众传播研究在20世纪20年代和30年代起步，但后来则在很大程度上被忘却(斯普劳尔，1987)，要不就是在过多的媒介效果研究(它逐渐支配了大众传播领域)中失去了它的特色。

也对这一传统的观点提出质疑，主张大众传播研究涉及更大的问题，即大众媒介在一个健全的民主制中的作用。这个更加广泛的观点意味着大众传播的根源可追溯到芝加哥学派的学者，追溯到李普曼(Walter Lippmann)(1922)，对于他们来说，传播是人类关系的本质。帕克在《社会学导论》(它是早期几代美国社会学家的圣经)中通过引述杜威的话而为芝加哥学派的观点定了调："社会不仅是由于传递、由于传播而得以持续存在，还应该说是在传递、传播中存在着。在'公共'、'共同体'和'传播'这几个词之间不仅有字面上的联系。"(帕克和伯吉斯，1924)对于芝加哥学派来说，传播远远超出单纯的信息(information)传递和交流：传播创造和维持社会(贝尔曼，1975)。

与所谓传播学的四位奠基人(他们在芝加哥学派衰落以后的岁月里声名显赫)相比，芝加哥学派提供了有关传播在社会中的位置的更为统一的理论。不过，奇怪的是，芝加哥学派的理论观点很少为今天的传播学学者所引用。彼得斯(Peters)(1986)提出，拉斯韦尔、勒温、拉扎斯菲尔德和霍夫兰之所以被提高到奠基人的地位，是因为他们成功地进行了新型方法的复杂的、定量的、有资助的研究："这一(关于'四位奠基人'的)传说没有思想体系，或说没有文本原则，但它却包括更多的社会研究的态度或风格。"

所谓传播学四位奠基人的说法将传播学的侧重点压缩成一种个人主义的、短期效果的样式。因此，他们关闭了许多最近刚刚被学者们重新打开的研究领域。帕克进行了有关报纸内容、读者、所有权结构的第一次大众传播研究——一个例子是他 1922 年的著作《移民报刊及其控制》，他在探讨中提出了与今天极有关联的研究话题(罗杰斯，1986)：

1. 媒介内容如何影响舆论？(今天，这被称为议题设置过程)
2. 大众媒介如何受到舆论的影响？
3. 大众媒介如何能够导致社会变化？
4. 人际网络如何与大众媒介相连结？

除参与后来关于议题设置过程的传播研究以外，帕克（1922）还确认了大众媒介的另一个作用："在每天发生的由通讯员、记者和新闻机构记录的所有事件中，编辑选择某些他们认为比其他消息更重要或更有趣的消息来发表。他将剩余消息视为废物，丢入废纸篓。每天都有大量新闻被'枪毙'。"勒温将这一过滤过程称为"把关"，后来的传播学学者研究了新闻媒介机构中的把关过程。

帕克将"传播"定义为"一个社会心理过程，凭借这个过程，在某种意义和某种程度上，个人能够假设他人的态度和观点。"这个定义以传播过程中的参与者彼此之间的、米德式的移情为中心。两个或更多的个人对于他们接收的一个讯息（message）中的同一信息（information）可以给出不同的意义。这种双向的观点与香农（1949d）的线型传播模式形成对照，后者的定义是：传播作为一个单向的有意图的过程，就是一个人的思想如何影响另一个人的问题。

"对于芝加哥的社会学家来说，传播是一个基本的人类过程，尽管除了帕克以外，他们都没有指出今后传播研究要选择的特定方向。或许这就是为什么芝加哥社会学学派与现代传播学学科之间的关系受到如此之少的评价，并最为经常地被其他追溯传播学史的观察家所忽略的一个原因。"（罗杰斯，1986）我们应该承认芝加哥学派对于我们的过去所发挥的重要作用。

芝加哥是一个学派吗？

最后，或许我们应该提出芝加哥社会学家是否真的是一个学派的问题。学派的概念是一个松散的抽象，为便利描绘一群学者而使用，他们的观点代表着某种程度的一致。有些学者（例如哈维，1987）坚持一个学派必须具有：（1）一个提供精神领导的中心人物，（2）一个学术的和地理的位置，（3）财政支持，（4）传播其工作的手段。按照所有这些指标，芝加哥是一个学派，它具有：（1）帕克这位精神领袖，（2）芝加哥大学的位置，（3）来自洛克菲勒的基金资助，以及（4）通过由芝加哥大学出版社出版的大批著作来传播它的研究工作。

对于芝加哥学派是不是一个学派的怀疑主要涉及其成员观点一致的程度。的确，芝加哥学派的学者并没有一个完全单一不变的观点。事实上，芝加哥学派鼓励多种多样的观点，在方向上也是相当跨学科的；它的信条中的一个基本要素是社会学的所有方面都应该有代表。斯莫尔从1892年建系开始直到1924年都担任系主任，他的方向趋向于德国社会学理论，特别是齐美尔的社会学理论。斯莫尔还强调一种社会问题的视野，关注作为一个研究实验室的芝加哥城市。托马斯、伯吉斯和帕克都是经验的研究者。伯吉斯和帕克研究人类生态学，探讨城市社会失序的本质。杜威和米德是符号互动论的代表，这是社会心理学的一种社会类型。后来，在1927年，芝加哥大学从哥伦比亚大学聘用了奥格本，以便将统计的方法带入对社会学资料的分析。显而易见，芝加哥学派是兼收并蓄的，它从各种源泉吸纳理论思想。它的思想中心甚至在其鼎盛期都有着相当大的变化。

芝加哥大学的社会学家学派与人类学、哲学和社会心理学的学者们合作，也与政治学和经济学的学者们合作。1929年建造的“社会科学研究大楼”是社会科学的第一个跨学科的中心。芝加哥社会学学派与该大学的其他社会科学学科之间进行着自由的交流。

芝加哥学派如何以米德的符号互动论为中心？刘易斯（Lewis）和史密斯（Smith）（1980）“能够通过计算文章、博士论文和著作等对于米德的引用，通过课程的注册，通过早期芝加哥社会学家对于调查问卷的反馈和其他有关资料，来表明米德不是芝加哥社会学程序中的中心人物。”他们得出这个结论的事实基础是：所有芝加哥大学的博士生中只有大约四分之三的人注册学习了米德的课程（主要是他的高等社会心理学课程），在那些人当中，又有许多人在其博士论文中没有运用他的理论（甚至在他们的注脚里都没有引用他的出版物）。早期芝加哥学派的学者选修了米德的在我们今天称为符号互动论的博士课程，尽管他的理论影响了他们关于人类行为的观点，但是这些芝加哥学者后来都离开了，在没有对米德的理论给予多少明显关注的情况下撰写他们的博士论文。他们的论文的确没有证实米德的理论。

这里一般的看法是：从1915年至1935年，芝加哥学派并没有一个被严格遵循的单一连贯的观点。它的思想大多是由帕克的有关社会失序的生态学方法所组成的，还有来自杜威和米德的社会心理学和哲学的影响。芝加哥学派没有一个统一的理论观点，但是芝加哥学派的学者在其思想行为的许多方面都是一致的。他们缺乏完全的一致性，这不应阻止我们将芝加哥学派作为一个便利的范畴来使用。

芝加哥学派处于北美社会科学崛起的中心位置。它不仅是通过它的理论成就，而且也是通过它广为人知的形象而获得这一殊荣的。目前，关于它的出版物有1000多本。如果等量的注意力在世纪之交被投向哥伦比亚大学、威斯康星大学或耶鲁大学的社会学，那么这些地方中的任何一个都会被认为是社会学的圣地吗？我不这么认为。社会学的这些其他的早期强势地带主要是一个人的节目。当一个人衰落了，那个大学的社会学也衰落了。它们的社会学观点是单一的和有限的，不像芝加哥学派那样具有多元性。而且，诸如在学术文献中被引用次数的计算、所产生的出版物数量、早一代美国社会学家在哪里获得博士学位的模式等客观指标都说明了芝加哥学派的中心地位。

芝加哥学派的贡献

芝加哥社会学对于美国社会科学的主要理论贡献是：为社会问题的研究奠定了经验的基础。芝加哥学派对美国式的社会科学产生了应用的和改良的影响，因为它的学者假定阐述一个社会问题就能够导致它的解决。①它还有其他的影响：

---

①　这一策略的一个引人注目的例子是由克里米亚战争期间的F·南丁格尔所提供的。她使用了统计图表来展示英国军队医院中死亡率和卫生条件的缺乏之间的关系。她匿名公布自己对可预防死亡的大量数据的分析，舆论由此迫使英国政府采取行动（普鲁伊特，1991）。

1. 它使符号互动论概念化了，而符号互动论是一种将传播置于人类个性如何形成和变化之中心的理论观点。
2. 它认为大众传播是美国民主社会面临城市社会问题而生存下去的一个可能的手段。
3. 它在20世纪20年代后期进行了关于电影对于儿童影响的佩恩基金研究，这些研究为许多后来的传播效果研究提供了一种早期的模式。
4. 它使像J·亚当斯及与赫尔堂相关的社会学同事那样的女性学者转入作为独立与应用领域的社会工作之中。
5. 它的方法论途径导致被称为解释学派的一批当代传播学学者的出现。

解释学派

“在刚刚过去的40年中，一般传播学理论中的最大变化是逐渐放弃了被动受众的思想，并以异常活跃、异常有选择的受众概念取而代之，这种受众操纵信息(message)，而不是被信息所操纵，他是传播过程中的一个完美的合作者。”(施拉姆，1971)一旦活跃的受众(或更准确地说，传播过程中的参与者)概念被接受了，探求传播讯息对于受众个体的标准效果的做法看来就成问题了。相反，学者会探讨每个受众个体给予被接受的信息的独特意义。

探索人们如何构筑意义的问题是解释的传播学学者的主要兴趣。传播学的解释方法强调传播信息(message)对于个人的主观意义。“解释的范式具有这样的特征，即关注于按照世界的本来面貌理解世界，关注于在主观经验的层次上理解世界的基本性质。与行为的观察者相反，它在个体意识和主观性的领域范围内寻求解释，在参与者的关联框架的范围内寻求解释。”(伯勒尔和摩根，1979)

对于信息的解释，人们通常采用相对松散而更加定性的探讨方法来进行研究，但是解释的观点和定性的方法并不是一回事。解释研究往往是归纳的，从经验的层面移向理论的层面。理论确定研究的方向，但是理论通常并不被用来推导有待检验的特定假设。“从资料(往往是定性资料)开始并不意味着缺乏理论，而是说理论发挥着一种不同于在实证主义方法中的作用，在实证主义方法那里，理论内涵被假设所证实，这些假设与在经验层次上发挥作用的概念之间的关系有关。相反，理论确定解释的研究兴趣的目的，并且从关于社会情境中的行为者的主观意义资料中引导命题的形成。”(威廉，赖斯和罗杰斯，1988)解释学者的中心问题是意义(爱森伯格，1984)。这些学者特别借鉴了社会学、人类学、语言学和文学。芝加哥学派主要以一种解释的风格从事它的田野研究，所以它有可能为当代解释学派的学者提供一种有用的模式。

民族学方法论由一些收集资料的方法组成，这些方法使得调查对象能够以由他们自己构建的方式、而不是由学者们构建的方式提供资料。这样的人种学资料反映了调查对象的观点，捕捉到调查对象的意义——他们对于现实的建构。因此，解释的学者一般通过观察和相对松散的访谈来收集定性资料。他们寻求“深描”，即人们对于所提供的现象的深度建构。解释的学者通常研究一个相对小型的传播系统，他们非常详细地对之予以报道。他们与其说是关心结果的普遍性基础，不如说是更关注获得深度理解。

解释的方法具有某些弱点。一个重要的困难在于以田野笔记和文字记录的形式处理和概括大量的定性资料。对于一位花一两年时间收集资料从而写出一篇20页的杂志文章的解释学者来说，如此浩繁的资料造成了困难。如同M·迈尔斯(1979)在他的《定性资料是一个有吸引力的麻烦》一文的标题中所暗示的那样，解释资料的丰富性给解释学者造成了资料整理方面的问题。

定性的研究方法可能碰到道德问题(庞奇，1986)。一个例子是隐蔽的参与性观察，在此，研究者在从调查对象那里收集资料时，隐去了他或她作为研究者的身份(希尔伯特，1980)，就像克雷西在对芝加哥的职业舞女的研究中所做的那样。

组织传播的学者采用解释的方法获得个人对于组织文化的看法(普特南和帕卡诺斯基，1983)。文化概念作为研究组织文化的方法，取自于人类学(格尔茨，1973)。一个例子是帕卡诺斯基(Paconowsky)(1988)对于戈尔联合公司的研究，戈尔(W. L. Gore)是特拉华州一个富有创新精神的纺织业主，帕卡诺斯基认为这个公司是一个能够自给自足的系统。解释学派所从事的另一个著名的工作是对加利福尼亚州拉霍亚的索尔克研究所的研究人员之间的科学传播的研究，它由拉图尔(Bruno Latour)和伍尔加(Steven Woolgar)(1979)进行。其他的解释学者从事了话语分析，包括"警察话语"(特吉洛和狄尼索普洛斯，1987)或城市贫民窟里的男人谈话(菲利普森，1975，1976)等。

最近，由于注重个体如何"解读"媒介信息的问题，媒介传播研究发生了重要的新转折。例如，关于电视观众的研究表明，个人是信息内容的活跃的解释者，而不仅仅是一个被动的接受者。其他定性和定量的收集资料的方法也都被研究者们所使用，以便理解个人如何解释媒介信息。这些关于当代收看电视的研究探讨电视人物如何为观众所解释、因而效果如何通过中介的问题，所以比起相对简单的拉扎斯菲尔德式的媒介效果研究来是前进了一步。例如，考虑一下老年妇女对于美国电视连续剧《豪门恩怨》的看法。如果她们认为女主人公A·C·科尔比是一个成功的、强有力的老妇人，那么她们主要会增强自尊心。但如果她们认为她是一个高不可攀的理想人物，那么她们就会感到更懊丧和更失望(利文斯通，1992)。这里，我们看到观众对于媒介信息的看法是其效果的中介。显而易见，个人如何从媒介讯息中获得意义是解释研究的一个范例。

解释研究是对占有统治地位的传播研究风格的一种反抗，这种研究在今天是定量的，而在解释的学者看来是完全机械的。人数相对少、但仍在增加的解释的传播学学者发现，它们的研究目前正被有影响的传播学杂志所发表。如同拉扎斯菲尔德在20世纪50年代所论证的那样，传播学的定性方法可以卓有成效地与定量方法结合起来。传播学不一定要么是定性的，要么是定量的。

在某种连当代解释学者自己都没有意识到的程度上，他们已经回复到芝加哥学派 70 年前所使用的研究方法论上去了。

第六章

拉斯韦尔和宣传分析

行为科学的达·芬奇。

——B·L·史密斯，《H·D·拉斯韦尔的神奇知识史》

社会科学的大师，每一门社会科学学科的先锋；全身心地致力于打破社会研究之间的人为障碍，并且致力于使社会研究彼此互相理解；政治学、心理学和社会学之间的学科空隙的填补人；……维也纳的逗留者，也是向他的美国同事有选择地传播弗洛伊德的观点的人。

——美国学术团体理事会，1960

拉斯韦尔是被作为一个政治学家来培养的，但是他的思想如此兼收并蓄，涉及范围如此广泛，以至于他不适合任何学科的束缚。"这样一个跨学科的心灵不能忽略像传播那样的基本的人类过程"（罗杰斯，1976）。拉斯韦尔领导了宣传研究，并且实际上创建了内容分析的传播研究方法。在他职业生涯中，他发表了600多万字的学术著述，他所编辑的大型三卷本著作——《世界历史中的宣传与传播》——在他逝世时正逢印刷。不过，大部分传播学学者只是因为一句话就知道了他，这句话将传播学领域描绘为："谁？说什么？对谁说？通过什么渠道？取得什么效果？"（拉斯韦尔，1948）

图 6.1　拉斯韦尔(1902—1978)69 岁时

拉斯韦尔论文、手稿和档案,耶鲁大学图书馆,使用经许可。

拉斯韦尔的生平

哈罗德 · D · 拉斯韦尔(Harold D. Lasswell, 1902—1978)生于伊利诺伊州唐奈森，当时当地人口数为 292。他的父亲是那里的一个长老会牧师，母亲是中学教师。①他们两个都很活跃、充满好奇心，每年夏天带

感谢 S · R · 布朗对于本章的评论。

① 拉斯韦尔在他职业生涯中的最初几十年，给他的父母写长长的家信。这些信件分析了他所到之处的历史和政治状况，并报告了他的日常活动情况。学者们可在耶鲁大学和芝加哥大学的档案中看到他的大量信件。在穆特(1990)那里，拉斯韦尔给父母的许多信件都得到展示和讨论。

着儿子到“肖托夸夏季教育集会”①，聆听诸如布赖恩（William Jennings Bryan）（因其“黄金十字架”演讲而闻名）和威斯康星州的自由主义者拉福莱特（Robert La Follette）等政治演说家的扣人心弦的演讲（穆特，1990）。

拉斯韦尔是一个早熟的孩子，阅读广泛。小拉斯韦尔的叔叔是一名医生，他为拉斯韦尔提供了一本弗洛伊德1909年在克拉克大学的演讲集，因此开始了拉斯韦尔长达一生的对于精神分析理论的知识兴趣，更广泛地说，是对于性格在政治中的作用的兴趣。拉斯韦尔16岁时是芝加哥大学的一名大学生，就在这时，他惊奇地发现弗洛伊德是一个有争议的人物（赖斯顿，1969）。

拉斯韦尔是他的中学校报的编辑，是毕业典礼上致告别词的毕业生代表。他的学术潜力使他获得了芝加哥大学的奖学金，②在那里，他主修经济学，并且是一名出色的辩论家（穆特，1990）。1922年，拉斯韦尔进入芝加哥大学的政治学博士培养项目；他认为政治学对他来说极富挑战力，因为这个领域没有得到那么好的发展。实际上，拉斯韦尔从来不让政治学这一学科限制他的知识兴趣，这一兴趣囊括社会学、精神分析、历史、社会心理学和传播。“到他进入研究生院的时候，拉斯韦尔在社会科学中跨学科地发表作品。”（史密斯，1969）这一多学科的特性给他的整个职业生涯都带来了问题。例如，他的有些著作受到了恪守学科界限的人的严厉评判，而他与芝加哥大学政治学系难以相处，后来，与耶鲁大学法学院也难以相处。拉斯韦尔是知识分子偶像破坏者（马威克，1980），是理论观点和研究方法的一个激进的创新者。

---

① 19世纪末、20世纪初流行于美国的类似暑期学校的活动，常在野外举行，把教育与娱乐结合起来，因创始于纽约州肖托夸而得名。——译者

② 拉斯韦尔通过了在芝加哥大学举办的、现代历史科目的择优录用考试，其奖励是进入这所大学的一笔奖学金（史密斯，1969）。

表 6.1　拉斯韦尔职业生涯大事记

年　份	事　　件
1902	生于伊利诺伊州唐奈森。
1918	16 岁时在芝加哥大学注册,获得一笔奖学金。
1926	在芝加哥大学获得政治学博士学位,在此之前,前往瑞士、英国、德国和法国学习和收集资料。他的博士论文是关于第一次世界大战期间的宣传信息的内容分析。
1927	被任命为芝加哥大学政治学助理教授;发表博士论文《世界大战中的宣传技巧》。
1930	发表《精神病理学与政治学》,标志着将精神分析理论首次主要用于分析政治领袖。
1936	发表《政治学:谁得到了什么,在什么时候和如何得到的》,他的这部著作以政治学研究的著名警句为标题,它论证说,政治学的目的是研究权力;被提升为芝加哥大学的终身副教授。
1938	从芝加哥大学辞职;两辆载有他的全部资料和个人财物的卡车在去纽约途中翻车和烧毁。
1939	(与 D · 布卢门泰克一起)发表《世界革命宣传:芝加哥研究》。
1939—1940	成为洛克菲勒基金会大众传播研讨班的最有影响的成员,在那里,他将传播描绘为:"谁?说什么?对谁说?通过什么渠道?取得什么效果?"
1940—1945	担任美国国会图书馆的战时传播研究实验部主任。
1946—1970	被任命为耶鲁大学法学院教授(以及 1952 年以后的政治学教授)。
1970—1972	担任纽约城市大学杰出教授。
1972—1976	成为坦普尔大学法学院杰出教授,哥伦比亚大学国际事务的施韦策教授。
1976—1978	当选为纽约政策学中心的主任。
1978	11 月 18 日逝世于纽约。

拉斯韦尔是一个充满热情的学者，对各种主题都有学术兴趣。他在芝加哥大学的同事戈斯内尔(Harold Gosnell)说，“(系主任梅里亚姆)派他(拉斯韦尔)去英国，他回来时带有英国的口音；派他到维也纳，他将成熟的精神分析的词汇带回来；派他到苏联，他回来时表明了马克思可以与弗洛伊德一致的观点。”(布尔默，1984)尽管他不认为自己是一个传播学学者，但是“在我们今天可称作传播学观点的东西中，弥漫着拉斯韦尔的许多思想和作品，而不管学术界关注的确切主题是什么。”(罗

杰斯，1986）他的学术兴趣包括宣传研究、舆论信息、政治领袖的作用和大众媒介的内容分析。

精神分析理论与政治学

拉斯韦尔受其叔叔的指导，对精神分析的兴趣在他青少年时代就开始了，且在他成为芝加哥大学政治学教师时变得非常强烈。拉斯韦尔结识了特立独行的精神分析家沙利文，此人在将弗洛伊德理论引入美国方面发挥了关键性的作用（佩里，1982）；他还结识了萨丕尔（Edward Sapir），此人先为芝加哥大学、后为耶鲁大学的人类学家，他热情支持精神分析理论，并在人类学中开创了文化与性格的分析方法。1927 年，拉斯韦尔花了 6 个月跟随梅奥（Elton Mayo）学习，梅奥是哈佛大学产业关系教授，因其在芝加哥西部电子厂所从事的霍索恩研究而闻名。梅奥是一名英澳医生和精神病学家，梅奥教拉斯韦尔如何利用精神分析的访谈和记录方法，拉斯韦尔后来将这些方法运用于政治人物的心理要素的探讨。梅奥还教拉斯韦尔如何进行精神分析的访谈，然后让他的学生自己进行这样的分析，主要是与梅奥执教的哈佛商学院的学生一起，从事工厂里的管理部门和工人之间关系的研究，并且作为一名精神分析师而发挥作用（特拉海，1981—1982）。

1928 年，拉斯韦尔获得由社会科学研究理事会颁发的一笔旅行奖学金，用于精神病访谈的研究。他将其中的一部分用于在波士顿与梅奥的进一步的合作，其余的部分用于维也纳和柏林，在那里他接受了弗洛伊德的追随者赖克（Theodor Reik）的精神分析。一回到芝加哥，拉斯韦尔就对志愿者们（其中一些是芝加哥大学的学生）进行分析，这个工作是在一个他建于社会科学大楼的办公室中的模型实验室中进行的，但此种分析引起了正统的精神病学家的反感。他给“病人”接上电源，以测定他们的皮肤电反应、脉搏率和呼吸，然后将这些情感状态的指标与他们所说出的话联系起来（阿尔蒙德，n. d.）。对于批评性的观察者来说，拉斯韦尔的测量仪看上去像是一台测谎仪。他试图将精神分析理论与行为主义联系起来，这个企图受到上述两个阵营的学者们的抵制。拉斯韦尔知道学术界将对精神分析理论持强烈的对抗态度。精神分析学家也对拉斯韦尔关于精神分析理论的创新运用感到不快。弗洛伊德是令人恐怖的。

政治学家也坚决抵制拉斯韦尔的思想。“（拉斯韦尔的）《世界政治和个人不安全》（该书是关于精神分析理论和政治领导的著作）一出版，就在许多方面遭遇到一种瞠目结舌的怀疑和惊愕。它在《美国政治学评论》中受到了前所未有的、最充满敌意的评论。”（史密斯，1969）十几年中，即从 1937 年至 1950 年，拉斯韦尔没有在任何一本政治学杂志上发表过文章。相反，他将他的有关精神分析理论和政治学的文章发表在精神病学杂志上。最终，年轻的政治学家们接受了他的观点，1955 年，他被选为美国政治学协会会长，这对于一个试图将像弗洛伊德的精神分析理论那样激进的理论观点引入政治学的学者来说，确实是一个很高的荣誉。拉斯韦尔极大地影响了他原来的学科：“当代政治学的思想几乎都能见之于拉斯韦尔的早期著作。”（尤劳，1962）

政治学家尤劳（Heinz Eulau）对拉斯韦尔基本上是持同情态度的，他说，“我搞不懂触犯了政治学家情感的是拉斯韦尔所说的话，还是他将这话表达出来的方式。在有关他的谈话中，我感到了一种对于未得到理解的理智努力的极大尊敬，但是总有某种评论，说他有点疯了，说对他所写的东西不应该太认真。”尤拉认为，这种抵制不仅仅是由于拉斯韦尔的精神分析的词汇，不仅仅是由于他的令人困惑的表达风格，而且也是由于“某种隐隐约约的意识，即认为比起政治学中的‘行为革命’（它在 20 世纪 20 年代后期和 30 年代郁积在芝加哥大学中）的其他人来，拉斯韦尔是一个更坚定和更有威胁力的倡导者。”（尤劳，1962）

拉斯韦尔创建了政治心理学领域。他 1930 年的著作《精神病理学与政治》对于心理学和政治学的融合来说，是一个重要的出版物。他用精神分析理论来解释为什么有些政治领袖成为鼓动家，而其他政治领袖则成为管理者。他提倡收集和分析政治领袖的精神分析传记，而且有一些诸如此类的研究后来就被拉斯韦尔和其他政治学家所进行(史密斯，1969)。拉斯韦尔关注理解，认为自由联想和长时间访谈的精神分析方法可以帮助政治学家理解他们的调查对象的政治动机，因此，拓宽政治措施得以立足的证据基础(布朗，1992)。

20世纪20年代后期，当拉斯韦尔在政治学中首次运用精神分析理论时，对于弗洛伊德理论的学术兴趣也在其他地方表现出来。例如，在E·萨丕尔的研究和著述中，人类学和精神病学在有关性格和文化的研究中相汇。M·米德的《萨摩亚人的成年》(1928)和本尼迪克特(Ruth Benedict)的《文化模式》(1934)，是新兴的有关文化与性格的研究传统的里程碑。拉斯韦尔的《精神病理学与政治》发表在法兰克福学派的《权威与家庭研究》(霍克海默，1936)问世前不久，后者是欧洲人关于权威主义的研究，它最终导致了阿多诺等人的《权威人格》(1950)。所以，拉斯韦尔的著作虽然在政治学方面被认为是带有危险的激进，但它是弗洛伊德的精神分析理论对于社会科学的一般影响的组成部分。

拉斯韦尔在倡导马克思的政治理论方面也是一个异端，20世纪20年代美国政治学家很少提到马克思(史密斯，1969)。最初，拉斯韦尔从伊利诺伊中学的一个不寻常的教师那里接触到马克思主义理论，20世纪20年代他在欧洲旅行时扩展了对于马克思主义的理解。他对马克思和恩格斯的主要批判在于：他们认为世界无产阶级革命是资本主义达到其顶峰之后的惟一可能的结果(史密斯，1969)。相反，拉斯韦尔(1941)论证说，资本主义国家和共产主义国家之间的漫长斗争可能非常剧烈，以致只有警察和军队才能维持秩序，由此创立一个军事国家，在这个国家中，监视和镇压将支配社会。

为什么拉斯韦尔在开创政治学研究新视野方面是这样一个激进的创新者？有关他的折衷主义的一个原因是："拉斯韦尔尽管经常得到有才华的阐述者的帮助，但由于未被约束到追随者的队伍之中，所以他可以继续作为这场运动的先锋。"(尤劳，1962)此外，在其芝加哥的导师 C · 梅里亚姆的鼓励下，他从其他领域中广泛地寻求有用的思想，而梅里亚姆本人就是政治学中的某种行为科学方法的开创者。梅里亚姆也与社会科学研究理事会有着密切的联系，他帮助拉斯韦尔获得前往欧洲旅行的资助，这使得拉斯韦尔能够学习弗洛伊德理论和马克思主义。

拉斯韦尔的兴趣不受空间的限制，更不受学科的限制。他利用了今天会被称为是一种比较跨国分析的方法。他周游世界，以便理解其他国家的政治，并因而更好地理解美国的政治体系。作为一个来自伊利诺伊州的小小的唐奈森人，他的生活方式却极其世界主义。1923 年和 1924 年，他在欧洲学习和旅行，在他整个生命的其他时间，他也是到处漫游。拉斯韦尔的后半生住在纽约大学广场 1 号的一套公寓中，他因工作经常来往于美国国会图书馆、耶鲁大学等地和这套公寓之间。显而易见，拉斯韦尔克服了作为思想传播之障碍的空间和距离。

宣传信息的内容分析

拉斯韦尔在芝加哥大学的导师 C · E · 梅里亚姆(1874—1955)长年任政治学系系主任，是 20 世纪 20 至 30 年代政治学的一个重要人物，他提倡一种研究政治学的行为主义科学方法。政治学曾由历史的、法律的和哲学的方法所支配(阿尔蒙德，n. d.)。梅里亚姆和拉斯韦尔将这个领域推向关于个人政治行为的经验资料的分析。

这一政治学的新方法始于芝加哥大学，与梅里亚姆和戈斯内尔对于 1923 年芝加哥市长选举中的 6000 名非选民的研究同步，并在拉斯韦尔那里得到发展，他主张这样的思想：政治学家应该研究政治行为，而不是政治思想，而权力是理解政治学的关键概念。梅里亚姆鼓励拉斯韦尔探索政治学的精神分析方面，追求他对于精神分析的爱好，并且帮助拉斯韦尔获得社会科学研究理事会的研究基金，以便可以到哈佛大学和欧洲旅行和学习。梅里亚姆还将定量分析引入政治行为的研究，所以他欣赏拉斯韦尔关于内容分析的工作。考虑到他的博士导师的这些学术兴趣，拉斯韦尔的论文题目——关于第一次世界大战的宣传的内容分析——似乎就是对于要研究的问题的一个逻辑选择了。①不过，这个题目是大胆的，从前很少有人就此进行过研究。

宣传研究的崛起

最初，“宣传”是一个非常中性的词，意思是“散布或宣传一个思想”，来自拉丁词“to sow”。但随着时间的推移，特别是自第一次世界大战以后，普通的用法往往赋予它以一种非常否定性的涵义，至少在英国是这样。宣传信息被认为是不诚实的、操纵性的和洗脑子的(乔伊特和奥唐奈，1986)。在人们看来，第一次世界大战结束时，协约国的宣传在加速德国士气的崩溃方面是有效的，这保证了从那以后，宣传往往成为每个大的军事冲突的组成部分(奎尔特，1962)。第一次世界大战期间，美国政府成立了“公共信息委员会”，由克里尔(George Creel)领导，通常被称为“克里尔委员会”，负责进行大量的国内和国际的宣传工作。有关美国理想和战时目的的30种不同小册子的大约7500万份复制品在美国国内得到分发，几百万份被分发到国外。克里尔委员会还组织了一支由7.5万名讲演者组成的队伍，这些人因其讲话冗长而被称为“4分钟人”，他们作了75.5万次爱国演讲(克里尔，1920)。

克里尔的公共信息委员会在努力激起公众对于战争的支持方面非常成功，所以美国人都学会了仇恨德国人。“克里尔过分宣扬其成果。宣传成为战后幻灭时期的一只替罪羊。”(温克勒，1978)克里尔自己撰写了一本有关其委员会成就的言过其实的著作：《我们如何大肆宣传美国——第一次讲述公共信息委员会的惊人故事，它将美国福音带到全球

① 梅里亚姆(1919)在第一次世界大战期间，曾在意大利为(美国宣传机构)克里尔委员会工作。

每个角落》(1920)。这是一本畅销书，它使美国公众相信：宣传如果未受阻止的话，便是一股阴险的力量(乔伊特，1987)。学术注意力被吸引到有关宣传的研究上，特别是被吸引到有关此类说服信息的效果的研究上。

20 世纪 20 至 30 年代，宣传分析的研究项目与下述情形不相适应了，即公众对于美国及其同盟法国和英国以及它的敌人，特别是德国所使用的宣传手段的幻想破灭了。宣传被认为是一个社会问题，它引起了学者们的注意。虽然有关宣传的社会科学研究成为早期传播研究的最重要的类型之一，但在 20 世纪 40 年代以后宣传分析近乎消失了，这条路线是由可与之相竞争的、高度统计性的传播研究范式所确定的，后者采用调查和实验方法、而不是内容分析方法来研究传播效果问题(斯普劳尔，1987，1991)。为什么诸如霍夫兰及其同事的说服实验，以及像拉扎斯菲尔德等人所进行的那些媒介效果调查，会将宣传逐出传播研究的中心舞台呢？一个理由是私人基金会和联邦政府更愿意支持对政策制定者有用的研究，而不愿意提出有关说服者的利益和动机等令人烦恼的问题(斯普劳尔，1987)。现存权力机构不急于资助它所使用的、可能暴露出问题的宣传技巧方面的研究。

关于宣传分析的学术兴趣下降的另一个理由是这种分析缺乏连贯一致的理论，这部分地来源于研究宣传的那些社会科学学科的多样性。在 20 世纪 20 年代末和 30 年代初，社会科学研究理事会赞助了一个常设委员会，由拉斯韦尔担任主任，包括各个学科的学者，①他们试图为宣传研究提供更大的连贯性。在拉斯韦尔借助他的博士论文和以之为结果的著作开创了宣传研究以后，关于这个论题的进一步研究由“宣传分析研究所”所促成，该研究所 1937 年在纽约成立，通过 E · A · 费林的慈善基金会得到(波士顿菲林百货公司)费林的资助。这个机构的全名解释了它的方向——宣传分析研究所：帮助有理解力的市民解读和分

① 其中之一是 R · 凯西，明尼苏达大学新闻学院教授，布莱尔弟子中的一个。

析宣传的一个非营利社团。普林斯顿大学心理学家坎特里尔(Hadly Cantril)担任它的第一任主任，哥伦比亚大学教授米勒(Clyde R. Miller)指导着这个研究所，其总部就位于哥伦比亚大学校园附近。研究所是由来自各个大学的学者所组成的一个松散网络。除了鼓励在宣传方面的学术研究以外，它确定了7个宣传策略，诸如：辱骂法、粉饰法、洗牌法和听众效应法，等等。研究所特别关注纳粹权力在德国的崛起，以及纳粹宣传在美国可能产生的效果，或关注希特勒形象在美国上升的可能性。

到1941年，宣传研究的问题已成为高度决策性的了，几年后，宣传分析研究所关闭。第二次世界大战以后，由社会科学研究理事会和其他基金来源所提供的、对于宣传工作的资助停止了。像“大众传播”和“传播研究”等术语在20世纪40年代中期开始被使用，取代了诸如“宣传”和“舆论”之类的术语，用以描述从事传播研究的学者们的工作(迪莉娅，1987)。①

定量的传播方法的兴起对于拉斯韦尔的宣传研究产生了某种影响。他的第一个研究(关于第一次世界大战的宣传)在风格上是定性的和批判的(拉斯韦尔，1927)。他主要揭示了冲突双方都采用的宣传技巧的性质。15年后，他在第二次世界大战期间的宣传研究主要是定量的和统计学的(拉斯韦尔和莱特斯，1949)。

拉斯韦尔关于第一次世界大战的宣传研究引用了为德国人、英国人、法国人和美国人所采纳的各种宣传技巧的特殊例子，在这个意义上，他的研究是以经验为根据的。他的博士论文代表了一种严谨的学术成就：主要概念的定义，宣传策略的分类，限制或促进诸如此类的宣传策略的效果的阐述(阿尔蒙德，n. d.)。他的宣传分析建立在与欧洲国家的官员的访谈的基础上，建立在档案材料之使用的基础上，也建立在他

① 尽管近年来出版了诸如库姆斯和尼莫的《新宣传》(1993)等几部著作，而这表明，关于宣传的学术工作可以经历某种复兴。

关于宣传信息的定性内容分析的基础上。①拉斯韦尔将博士研究的重点放在第一次世界大战中的宣传信息所使用的符号上。在对于符号这种关注中，拉斯韦尔(1971)说，他主要受到米德的影响，尽管他在芝加哥的时候并没有选修米德的课(也没有选修帕克的课)。

拉斯韦尔对于第一次世界大战宣传的论述令人读之不安，因为他表明，现代战争是一种整体战争——在此，全民都发挥着积极的作用。战争不再只是将军和军队的事情；它是一场完完全全的冲突，舆论在这场冲突中举足轻重(梅雷尔曼，1981)。宣传战对民主政府提出了一种特别严重的威胁。拉斯韦尔的结论是宣传具有强大的效果："当所有的让步都被作出，所有的过分估价都被削减到最低限度时，事实仍然是，宣传是现代世界中的最有力的工具之一。"

什么是宣传?

拉斯韦尔(1927)将宣传定义为"通过操纵有意义的符号控制集体的态度"。在他看来，宣传本身无所谓好坏；对于它的判定依赖于一个人的观点，依赖于宣传信息是货真价实的还是弄虚作假的。宣传是试图"改变其他人的观点，以便推进人们自己的事业或损害与之相对立的人的事业"(佩蒂和卡乔波，1981)，那就是说，它是一种控制舆论的方法。因此，它与说服工作有着紧密的关系。②说服和宣传都是有意图的传播，由一个信源所进行，以改变受众成员的态度。在宣传中，努力劝服

---

① 拉斯韦尔的首次定量的内容分析是他关于德语教科书的研究，在此，他把提到民族优越性、外国的劣势和军事英雄等方面的出处列表显示(拉斯韦尔，1925)。拉斯韦尔关于宣传的首次定量的内容分析，来自第二次世界大战期间他从事战时传播项目几年之后。

② 宣传的另一个定义是由乔伊特和奥唐奈(1986)所提供的："宣传是试图有意图地和系统地形成感知，操纵认知，指导行为，以获得促进宣传者预期中的意图的反应。"不过，另一个著名的宣传定义是："某个个体或集团有意识地试图通过传播手段形成、控制或改变其他集团的努力，其意图是在任何特定的环境下，如此被影响的那些人的反应将是宣传者所期望的那种反应。"(奎尔特，1962)后来，奎尔特(1985)修正了他的定义：宣传是"少数人通过操纵符号传播而有意图地影响多数人的态度和行为的企图"。

的目的对于劝服者来说是有利的，但是对于被劝服的个人来说则是不利的。所以，广告、公关和政治竞选运动是宣传。劝服往往被认为是面对面的、人际传播，而宣传是借助于大众媒介的劝服（因此，它的目标是广大受众）。不过，这个以信道为基础的区分不是十分重要的，因为劝服策略可以被用来构建大众媒介信息，而宣传策略也可以在人际关系的意义上被使用。然而，宣传往往是单向的，而劝服经常被认为是一个人际交往过程，因此，更加具有互动性，尽管它在意图上是单向的（就是说，有一个试图劝服接收者的信源）。简而言之，宣传是大众化的劝服工作。

内容分析

内容分析是通过将信息内容分类、以便测度某些变量的途径对传播信息进行研究。它“从密码学、图书馆藏书的主题分类、圣经索引，以及法律判例的标准指南那里学习它的方法。”（马威克，1977）拉斯韦尔对第一次世界大战的宣传信息进行了内容分析，诸如从气球或飞机上落下的传单，或由炮弹向敌方战线发射的传单，以及征兵宣传画等等，以确定所使用的宣传策略。协约国广泛使用宣传气球向德军后方150英里的地方散发传单。1918年夏季和秋季，通常借助于背面的大风，协约国每个月投放500多万份传单（拉斯韦尔，1927）。①作为回应，德国的宣传家在法国出版了一份非常畅销的报纸，上面登载了被俘法国士兵的名单。拉斯韦尔分析了这些宣传传单所使用的劝服策略，包括分裂敌人（诸如协约国努力使奥匈帝国疏远德国），摧垮敌人的士气（诸如强调有成千上万的美国军队正如何抵达法国），控诉野蛮暴行的敌人（诸如德国士兵对于比利时儿童的虐待），等等。

---

① 在拉斯韦尔分析的协约国宣传传单中，有许多是由在法国的美国陆军远征军上尉W·李普曼创造的。

内容分析者通常试图推断他们所分析的信息的效果，尽管他们很少能够得到关于诸如此类的传播效果的实际资料。拉斯韦尔对于第一次世界大战的宣传的描绘相当恐怖，他 1927 年的书提高了公众对于战争的非人道性的关注。第一次世界大战的 20 年以后，宣传在第二次世界大战中甚至更彻底地被用作一个战争的工具。拉斯韦尔也对那些信息进行内容分析。

因此，从他最早的研究出发，拉斯韦尔发展了一种重要的传播研究工具，即内容分析，并用它来研究他那个时代的一个具有社会意义的问题——宣传。第一次世界大战使冲突双方的战斗者第一次能够如此广泛地使用宣传。可以理解的是，美国的政策制定者和公众担心此类权术手段的使用。拉斯韦尔的研究有助于在大学教学中开设宣传和舆论方面的课程。自 1926 年最初被任命为政治学助理教授后，他本人也在芝加哥大学教了十几年这类课程。他在芝加哥大学开设的"舆论和宣传课"（或许是关于这个主题的第一门课）以及几门在政治学系开设的其他课程，涉及的就是在今天会被认为是传播的内容（"传播"这个术语在 20 世纪 20 至 30 年代还没用于大学课程）。更具体地说，在拉斯韦尔开设的那些课程中，被称为宣传的东西今天也会被称为大众传播。第二次世界大战以后，"宣传"这个词逐渐地退出了传播学。（斯普劳尔，1987，1989 和 1991）①

拉斯韦尔的中年危机

从 1924 年至 1938 年，拉斯韦尔在芝加哥大学执教 14 年，培养了一批杰出的博士生，包括麻省理工学院诺贝尔奖获得者西蒙（Herbert Simon）和麻省理工学院的普尔（Ithiel de Sola Pool ）等人。在任芝加哥政治学 2 年

① 宣传作为一个学术论题的早期普及见于 4500 种出版物中，包括关于这个论题的一个注释参考目录（拉斯韦尔，凯西和史密斯，1935）。

讲师、6 年助理教授以后，拉斯韦尔于 1932 年被提升为终身副教授。6 年以后，他辞职了。这个决定在拉斯韦尔的职业生涯中是一个重要的转折点，代表着一种中年危机。它标志着他从对政治学的忠诚中偏离开来，但倾向于更加跨学科的兴趣，并促使他 20 世纪 40 年代在开创传播学新领域方面发挥更加重要的作用。

施拉姆(1980，1985)论证说，拉斯韦尔之离开芝加哥是因为芝加哥大学校长哈钦斯(Robert Maynard Hutchins)拒绝提升他，这个传统的说法得到了普遍的接受。实际情况却不是这样，而且更加复杂。有关芝加哥大学和耶鲁大学的档案材料分析表明，在拉斯韦尔 1938 年离开芝加哥大学这件事上，“推”和“拉”都发挥了作用。的确，哈钦斯校长不喜欢拉斯韦尔所代表的经验的社会科学。政治学系不仅因其私自招收教师而受到批评，也因为强调量化方法和心理学而受到批评(托格森，1991)。作为法学学者，哈钦斯校长对于政治学具有非量化的、人文取向，也不赞成拉斯韦尔的精神分析爱好。政治学系主任、拉斯韦尔的支持者 C · 梅里亚姆即将退休，或许也不能向大学管理层提供留住拉斯韦尔的强有力的事实根据。然而，拉斯韦尔与梅里亚姆和哈钦斯校长在以后的岁月中，都保持着良好的关系：他与梅里亚姆通信频繁，在信上称呼对方为“亲爱的主任”；梅里亚姆则尊称他为“亲爱的法官”；哈钦斯校长则于 1946 年任命拉斯韦尔为“新闻自由委员会”(通常被称为哈钦斯委员会)的成员。①

与施拉姆的解释相反，拉斯韦尔 1938 年从芝加哥大学辞职(他在那里已经有了终身职位，并且已经是一名副教授)，以便与沙利文和萨丕尔一起在美国首都华盛顿创建一个精神病学、文化和政治学的研究所(阿尔蒙德，n. d.)。他在 1938 年 6 月 29 日致雷德菲尔德(Robert Redfield)

① 1944 年，时代—生活公司创始人 H · 卢斯向新闻自由委员会进行的 3 年期大众传媒研究提供资助。13 位成员组成的委员会由芝加哥大学校长哈钦斯担任主席，成员中包括拉斯韦尔。哈钦斯委员会关注美国媒介所有权的日益集中，这股潮流正在降低报纸竞争的层次。委员会的建议，诸如创办一个独立的机构以评估新闻界的运行在大多数情况下没有引起行动。不过，它重视由第一修正案所代表的新闻自由，这是美国媒介从业人员的一个中心价值。

主任的辞职信上说，他“不是请假，而是转到华盛顿”。[①]不过，在最后时刻，当拉斯韦尔已经辞去了芝加哥大学的工作以后，打算资助新的研究所的基金会撤回了它所许诺的财政支持，因此拉斯韦尔没了着落。

马威克(Dwaine Marvick)(1977)在对拉斯韦尔的职业生涯的分析中说，拉斯韦尔对他在芝加哥的职业前景感到失望，因此在没有任何确定的工作计划的情况下辞职。但我的看法是，拉斯韦尔在芝加哥大学的年薪增加了(这是从芝加哥大学图书馆校长文件档案中的拉斯韦尔的任命书中获知的)，这表明他受到了很好的待遇。[②]然而，拉斯韦尔也许感到，尽管他事业辉煌而又成果丰富，他不会以应有的速率被提拔。毕竟，他6年来一直是一个副教授。

拉斯韦尔本人描述了他1938年离开芝加哥大学的事情：

> 按照一个酝酿已久的计划，决定离开芝加哥大学，去华盛顿创办一个研究所，这个研究所致力于政治和社会方面的心理学与人类学的研究。这个计划打算与纽约和华盛顿的医学博士沙利文以及耶鲁大学的人类学家E·萨丕尔一起创建新的研究所。对于我拉斯韦尔本人来说，1938年的目标是成为华盛顿精神病学学院(W·A·怀特精神病基金会)[③]的成员，并且在这个学院的全部财政项目能够得到实现的时候，发展一种多样化的咨询业务。(拉斯韦尔，1951)

沙利文是一个颇有影响的美国精神分析家。他是纽约州一个农场的子弟，在芝加哥内外科医学院获得医学学位。他特别擅长于治疗精神分

① 这封信保存在芝加哥大学雷根斯坦图书馆、特殊藏品部校长文件的36盒第6文件夹中。

② 在他离开芝加哥的前一年，拉斯韦尔1937—1938的学年年薪从4000美元提高到4500美元(哈钦斯，1937)。

③ 这个基金会是新成立的华盛顿精神病学院的保护伞，也是跨学科杂志《精神病学》的一个庇护伞。

裂症病人，也擅长于分析治疗情景中的传播问题(沙利文，1953)。他对精神病的生物方面和社会方面都作了论述，并呼吁精神病学和社会科学的融合。沙利文1926年在芝加哥大学遇见萨丕尔，因此影响了萨丕尔对于文化和性格的学术兴趣。

萨丕尔(1884—1939)生于德国，孩童时随家庭移民到纽约。1909年，他在哥伦比亚大学师从F·博厄斯获得人类学博士学位，并发展成为一个杰出的语言学家和美国印第安文化的人类学家。从1925年开始，他在芝加哥大学执教，直到1931年转到耶鲁大学为止。他的名字因为沃尔夫—萨丕尔(the Whorf-Sapir)假说而为许多人所知晓。这个假说是与其学生B·L·沃尔夫一起制定的，它认为，人类的思想是由语言所建构的；例如，爱斯基摩部落对于不同种类的“雪”有12种词，比起讲英语的人只有一个“雪”(snow)的词来，能够区分物质的更多形式。尽管萨丕尔未被作过精神分析，但他将精神分析理论带入人类学。沙利文和萨丕尔在理论上非常接近，20世纪30年代拉斯韦尔加入他们的计划，即在华盛顿创办跨学科的精神病学学院。但是萨丕尔生病了，并于次年去世，而用于华盛顿的新的精神病学学院的财政支持又没有落实。①后来，拉斯韦尔与沙利文发生了根本的分歧，由此中止了他们的关系。

在印第安纳州北部的一条结了冰的高速公路上，载有拉斯韦尔的所有个人物件、文章和资料的两辆行进中的卡车打滑、撞车并燃烧起来(穆特，1990)。他的知识记录因此被抹得干干净净，这结束了他的政治学生涯，并激励他将学术兴趣重新集中于正在崛起的传播学领域上。②

这些未曾预料的事件给身处华盛顿的36岁的拉斯韦尔留下了不确定的前景。他有一两年临时找事做，靠为NBC(美国全国广播公司)制作有

---

① 曾答应资助W·A·怀特精神病院基金的富有的赞助者就在这笔馈赠确定之前去世(佩里，1982)。

② 有些未被焚毁的拉斯韦尔的个人藏书留在了印第安纳的高速公路上，包括马克思的一本书。这件事为《芝加哥论坛报》所报道；后来，在20世纪50年代的麦卡锡时代，它给拉斯韦尔带来了与联邦调查员之间的相当大的麻烦。

关以往伟大政治人物的广播节目度日。后来，他成为耶鲁法学院的兼职教授，并担任联邦政府的各种机构的顾问，以及洛克菲勒基金会的顾问。在耶鲁大学法学院的兼职客座教授职位是由耶鲁法学教授麦克杜格尔(Myres S. McDougal)安排的(穆特，1990)，他也是拉斯韦尔的一个多年的朋友和崇拜者。

不久，第二次世界大战爆发，拉斯韦尔成为美国国会图书馆的战时传播研究实验部主任。这一宣传研究得到一笔来自洛克菲勒基金会捐给国会图书馆的基金的资助。实际上，通过他在1939—1940年的洛克菲勒基金会大众传播研讨班(由基金会的J·马歇尔组织)中的颇具影响的作用，拉斯韦尔帮助创建了国会图书馆的这个项目。针对联邦政府在即将到来的战时紧急状态中如何使用大众传播的问题，洛克菲勒传播研讨班还拟定了一个颇有说服力的计划，这个计划得到拉斯韦尔的强力鼓励，并在他的帮助下被送往华盛顿的高级官员。

在度过6年的边缘性生活，包括在国会图书馆参加与第二次世界大战有关的研究后，拉斯韦尔在他职业生涯的其余时光(1946—1970)安定下来接受耶鲁大学法学院的一个占三分之二时间的任命(麦克杜格尔，1991a)。耶鲁法学院没有博士生，所以拉斯韦尔不能培养一支门徒队伍以继续他的工作，但是他的学术出版物创了纪录。在耶鲁大学的岁月里他“出版了许多著作，但是很少增加智慧或知识”。(希尔斯，1981)

洛克菲勒传播研讨班

从1939年9月至1940年6月这10个月间，洛克菲勒传播研讨班每月在洛克菲勒中心(洛克菲勒基金会在这座大厦中有其办公室)第64层的研讨班房间里聚集一次。它有12个固定成员：①

① 洛克菲勒基金会的其他3个高级职员是：D·史蒂文斯，S·梅和R·J·哈维格斯特，他们也定期参加研讨班。

- 哥伦比亚大学师范学院的布莱森(Lyman L. Bryson)，他编辑了研讨班的会议公报。
- 普林斯顿大学心理学系的 H · 坎特里尔。
- 普林斯顿大学《舆论季刊》总编、洛克菲勒基金会资助的广播研究项目的成员弗里(Lloyd A. Free)，他担任研讨班的秘书。
- 耶鲁大学人类关系研究所的戈勒(Geoffrey Gorer)。
- 纽约 W · A · 怀特精神病学基金会的拉斯韦尔，他也是耶鲁法学院的客座教授。
- 哥伦比亚大学广播研究项目主任拉扎斯菲尔德。
- 哥伦比亚大学社会学系的林德(Robert S. Lynd)。
- 洛克菲勒基金会广播研究项目研究经理马歇尔(John Marshall)。
- 剑桥大学语义学专家理查兹(Ivor A. Richards)，他(当时)在哈佛大学。
- 曾经为英国广播公司(BBC)工作过的英国广播专家西普曼(Charles A. Siepmann)。
- 美国电影中心(洛克菲勒基金会在纽约资助的一个项目)的斯莱辛格(Donald Slesinger)。
- 芝加哥大学图书馆学研究生院的瓦普尔斯(Douglas Waples)，他正在进行读者调查。

在致研讨班的参与人员的邀请信中，马歇尔声明，研讨班的目的是为他提供有关传播研究的一般理论指导，这样，洛克菲勒基金会就会知道今后资助什么样的项目。但是，1939 年 8 月，德俄互不侵犯条约的签订和希特勒 9 月对于波兰的入侵标志着第二次世界大战在欧洲的爆发。1939 年 9 月开设的这个每月一次的研讨班几乎从第一次活动开始，其目的就有了引人注目的改变，也就是重点研究联邦政府如何能够利用传播，以便对付日益临近的战争。洛克菲勒传播研讨班的最终报告《必要的传播研究》的日期是 1940 年 10 月 17 日，它宣称，美国政府有义务对它的人民福利承担更大的责任，“如果这种责任的履行是民主的，那么就会创造出保持政府和人民沟通的更有效的方式。”

每月一次一共10次的研讨班备忘录(如今，它们已经成为L·L·布莱森在美国国会图书馆的文件的组成部分)表明，拉斯韦尔在导致研讨班的讨论倾向于传播效果方面，具有特别的影响。事实上，他的5个问题的传播模式就是在这个研讨班上发展起来的，即：“谁?(who)说什么(what)? 对谁(whom)说? 通过什么渠道(what channel)? 取得什么效果(what effect)?”拉斯韦尔的模式成为整个研讨班的基本框架，渗透到其中的许多讨论之中。提交会议的大部分论文和许多自发的会议交流都涉及大众传播的效果问题。

“(5个)问题模式——谁? 说什么? 对谁说? 通过什么渠道? 取得什么效果? ——成为限定美国传播研究的范围和问题的占有统治地位的范式。行为传播学开始局限于一个非常狭窄的模式中，它将传播解释成本质上是一个说服的过程。”(切特罗姆，1982)拉斯韦尔的5个问题的模式并不包括“为什么(why)”，就是为什么那些控制传播的人会选择将它用于实现他们的功能? 拉斯韦尔的5个问题的模式被解释成使传播研究侧重于媒介效果，这个侧重点使传播研究有了一种连贯性，但是它也引导传播学学者偏离了其他重要的主题。

按照贝雷尔森(Bernard Berelson)的观点，洛克菲勒传播研讨班在发展大众传播研究方面具有创新意义(莫里森，1988)。它建立了网络，将有志于传播研究的杰出学者们连结起来。会议公报(proceedings)卷(布赖森，1948)是论证作为一门研究领域的传播学的首批著作之一。次年，由参加洛克菲勒传播研讨班的传播学学者所组成的隐形的传播学院几乎全部转移到华盛顿，在与第二次世界大战有关的传播活动中发挥着重要的作用。

在1940年6月的最后一期研讨班之后，拉斯韦尔提议说，研究报告应该在联邦官员中传阅，然后应该与之一起召开一个会议，以便根据即将到来的第二次世界大战探讨它的意义。1940年11月，一份来自洛克菲勒传播研讨班的特殊报告《舆论与非常时期》准备好了。它的开头是："这份备忘录出自一个非正式团体的讨论，这个团体原先打算为当今社会的大众传播研究制定规范的方法。不过，由于大战在欧洲的爆发，这个团体赞同——至少目前是这样——将其注意力转向大众传播在如此产生的非常时期中的特殊作用。"（洛克菲勒传播研讨班，1940b）这份报告描绘了正在进行或被推荐的各种类型的传播。

1941年1月18日，在纽约的普林斯顿俱乐部召开了一次小型会议，联系美国即将卷入第二次世界大战的背景，之前传阅过的研讨班备忘录在会上得到了讨论(洛克菲勒基金会，1941)。现在，除了洛克菲勒传播研讨班的参加者以外，还有诸如司法部、国会图书馆、海军部、联邦通讯委员会、农业部和内政部等美国政府机构的代表。

会议一开始，拉斯韦尔就总结了洛克菲勒传播研讨班的讨论，并提出它可适用于即将卷入战争的政府。他的战时传播项目已在美国国会图书馆进行，它作为一个联邦决策者的协调单位的作用也得到了讨论。第二次会议在华盛顿举行，那一个月关于传播研究的备忘录得以出售。诸如伊克斯(Harold Ickes)的秘书、内政部长的秘书等有影响的联邦官员参加了那次会议(马歇尔，1973)。

对于传播领域的创建来说，J·马歇尔和洛克菲勒基金会发挥了至关重要的作用，充当了促使传播研究诞生的强力催化剂。在1939—1940年的洛克菲勒传播研讨班之前，"传播研究"的词汇甚至没有得到普遍使用。马歇尔在他1939年8月邀请12名学者参加为时一年的研讨班的信上，创造了"大众传播"这个术语。①

拉斯韦尔在洛克菲勒传播研讨班上占据统治地位。他所描述的传播

① 在1939年8月16日致剑桥大学的I·A·理查兹的信中，马歇尔说："在过去几年中，越来越清楚的是，我的大部分工作都是在这样一个领域之中：它缺乏一个更好的名称，所以我开始称之为大众传播。"这也许是"大众传播"术语的第一次使用。这封信现保存在洛克菲勒档案中心，RG藏品，记录组1.1，200系列，223盒，2672文件夹。"传播"和"大众传播"的术语在20世纪40年代初开始使用，然后，迅速由新闻学和大众传播的相关领域中的学者推广为普通用法，这一过程是以施拉姆为领导的(阿塞纳斯，1991)。

以5个问题模式的方式得到了表达，这一模式迅速地流传开来，范围极其广泛。①显而易见，实际的传播行为的许多复杂性未被拉斯韦尔的5个问题的陈述所涵盖，所以就任何完整的意义来说，它并不是一个传播模式。例如，拉斯韦尔的5个问题似乎假定：传播是时下的，传播是有意图的，信息单向地从信源流向接收者，没有反馈（韦斯特利和麦克莱恩，1955）。实际上，在他和当时其他学者如何看待传播的问题上，拉斯韦尔的5个问题没有向我们提供多少知识：如同拉斯韦尔本人所承认的那样，他们把传播看作是行动，而不是过程。是单向和有意图的，旨在达到预期的效果。5个问题使传播研究侧重于效果。

拉斯韦尔对洛克菲勒传播研讨班的贡献还包括他关于传播在社会中的3个功能的阐述（拉斯韦尔，1948）：

1. 监视环境，媒介的这一作用可以开拓个人的视野，以了解更加广阔的世界上的事件。
2. 协调社会对于某种环境下的事件的反应，诸如当大众媒介传播告诉个人如何解释某些新闻事件的时候。在此，媒介帮助个人了解世界上正在发生的事件的意义。
3. 传承文化遗产，例如儿童接受有关他们的民族历史的教育，接受什么是正确的、什么是错误的教育，接受有关他们与其他人有什么不同的教育。

后来，传播学学者增加了传播的第四种功能：娱乐。这4个功能仍被传授给注册学习大部分传播学入门课程的学生。

---

① 拉斯韦尔可能是受R·吉卜林的记者小调的激励，而创作他的5个W的模式的：
我有6个忠实的仆人
我所知道的一切都是他们教我的。
他们的名字是：什么、为什么和什么时候
以及怎样、哪里和究竟是谁。

拉斯韦尔的战时传播项目

从第二次世界大战一开始，拉斯韦尔就与诸如拉扎斯菲尔德、勒温和施拉姆等其他传播学先驱一起，帮助将传播学推荐给联邦政府。在一场争夺人民心灵的战斗中，美国政府面对着轴心国军队，而传播将是这个努力的基本方面。即便传播不是美国大学里被教授的一个学术科目，它对于联邦政府来说，也正在成为一种神奇的指挥棒。拉斯韦尔促使它做到了这一点。

第二次世界大战期间，波托马克河沿岸是社会科学家的一块令人兴奋的土地："在大学里被学术分隔弄得困难的东西，在战时华盛顿则变成容易的事情。个体学问让位于团队研究，学科间的孤立让位于跨学科的合作。有几年我们从被称作'学科'的东西中解放出来。我们不再限制自己，而是研究问题。"（尤劳，1968）希特勒的法西斯主义在欧洲的邪恶本性，产生了将美国学者团结在一个合力的团体中的作用。

第二次世界大战中，拉斯韦尔在华盛顿的主要任务之一是从事有关宣传信息的内容分析。他进行了大量的同盟国宣传和轴心国宣传的内容分析（概括见于拉斯韦尔和莱特斯，1949）。1940—1943 年，洛克菲勒基金会资助的项目基金是一笔 85400 美元的馈赠，它的目的是通过发展某些更好的宣传分析方法来研究战时传播。如同拉斯韦尔（1951）所解释的那样："它还有望提供有关技术人员的训练基地，以防万一，就像所预期的那样，美国将在宣传和情报活动方面变得更加活跃。另一个目的是使作为一个专业的宣传研究者的拉斯韦尔能够在华盛顿得到使用，在那里，他能够就发展政府的宣传和情报的项目问题与政府官员进行协商。"拉斯韦尔不仅分析了宣传，也促进了宣传的产生。

在其给洛克菲勒基金会的计划中，拉斯韦尔证实了他计划中的研究是建立在这样的基础之上的："如果美国要更深入地卷入这场战争，对于我们来说，重要的是制定战争的目的，它应该根据加强、而不是削弱我们联盟的士气来形成。因此，必须密切注视政治符号在我们潜在的联盟的生活中的作用。”①

最为经常地请求拉斯韦尔帮助的部门之一是美国司法部。他在这个部门里训练了60名成员，除了那些由战时传播项目所进行的研究以外，他还教他们如何对39份外文报纸进行内容分析，这样在美国就可以调查对外宣传。其结果有望能被用作法庭证据。拉斯韦尔是美国政府审判宣传者——他们被控助长了美国的国内宣传，这是一项为1938年麦考密克法所禁止的活动——的专家证人。②拉斯韦尔还是涉及共产主义者、德国国家社会主义者和美国的法西斯主义者等案件的、政府方面的专家证人。他担任专家证人，直到内容分析作为证据的可接受性被美国最高法院的一项裁定所确立时为止。拉斯韦尔和他的工作人员继续为与宣传管理部门相连的各种联邦机构提供职业咨询意见，这些机构是：精确资料办公室，战时新闻局，联邦通讯委员会外国广播情报服务处，审查局，战略情报局，美国陆军部心理战分部，以及美国国务院（拉斯韦尔，1951）。战时传播项目远非只是一个研究项目；它在很大程度上是一种情报工作……作为一种情报活动，它不是特别成功。它的运作超出了（当时的）技术，作为一种结果，它对内容分析方法的贡献远远超出了它对当时敌方的实际理解的贡献（普尔，1969）。

如今为美国国会图书馆所保存的拉斯韦尔的“战时传播项目”文件表明，各种报纸——《同盟报》、《法兰克福报》、《真理报》、《晨报》、《埃及报》、《奥马哈世界先驱报》，等等——的内容得到了分析。拉斯韦尔和他的宣传分析员队伍的办公室位于国会图书馆附楼（现称亚当斯大楼）内，靠近美国华盛顿国会大厦。拉斯韦尔等人用表格排列了诸如“战争”、“国家”、“和平”和“帝国主义”等语词的出现率。宣

① 拉斯韦尔的计划保存在洛克菲勒档案中心，记录组RF RG1.1，系列200R，239盒，文件夹2852。

② 例如，联邦政府声称，海通社（Transocean）是在美国开业的一个纳粹新闻机构，拉斯韦尔则通过与《纽约时报》的比较、海通社对于新闻的歪曲性处理，而指控海通社。

传分析的主要侧重点是始于1939年第二次世界大战在欧洲爆发时期的媒介内容。拉斯韦尔的项目发现，德国宣传机构谴责其他国家发动了第二次世界大战，揭露了法国和英国宣传机构的所谓不真实性，并强调指出了德国的敌人的弱点和堕落。德国的宣传机构还描述了犹太人的某种危险特性，这是即将到来的大屠杀的一个预兆。

政治学家尤劳(Heinz Eulau)(1968)描绘了拉斯韦尔的“战时传播项目”的工作：“看上去无穷无尽的编码活动，符号流动中所有代表强势的加号和代表弱势的减号，以及对于拉斯韦尔乏味讲话的思考，都得到拉斯韦尔在国会图书馆开设的机构的丰厚回报。他聚集了一支由年轻人组成的研究队伍，包括人类学家、心理学家、社会学家和政治学家，几乎所有这些人都对战后行为科学的进程产生了影响。”I·普尔、E·希尔斯、贾诺威茨(Morris Janowitz)、卡普兰(Abraham Kaplan)和格拉齐亚(Sebastian de Grazia)等人与其他人一起从事内容分析项目的工作。

在这个项目中，戈德森(Joseph M. Goldsen)是位于拉斯韦尔之后的负责人，他描绘说项目的成员大约由20个编码员组成，他们分析挑选出来的同盟国和轴心国的报纸，加上国内外的无线电广播(戈德森，1991)。通过拉斯韦尔的各种网络关系，这些编码员得以被招募进来。有些是他原来在芝加哥大学的学生，其他人受朋友和同事们的推荐。①戈德森监督日常的编码活动，拉斯韦尔则帮助建立编码范畴，解释内容分析的发现，并将结果提供给各种政府机构，以试图影响决策。

拉斯韦尔的项目位于美国国会图书馆内，因为这个图书馆收藏有相当多的各种各样的报纸以供分析，也因为美国国会图书馆馆长A·麦克利什是一个狂热的爱国者，他将此项目当作美国为即将到来的战争作出准备的一个重要步骤来欢迎。麦克利什和其他大部分美国知识分子一样，相信当1940年6月法国沦陷、只留下英国单独反抗希特勒对于欧洲的军

① 在内容分析方面，有一个受过拉斯韦尔训练的人是R·O·纳夫齐格，他是明尼苏达大学新闻学教授，那时告假在精确资料办公室和战时新闻局服务。

事统治的时候，美国之进入第二次世界大战便不可避免。国会图书馆为拉斯韦尔的项目免费提供了空间。

宣传项目在1940年启动之时，美国还没有介入第二次世界大战。罗斯福总统正在竞选，他告诉美国人民，他将使美国不进入欧洲战争，同时悄悄地援助英国，并作好(战争的)动员准备工作。因此，这个项目涉及一个特别敏感的主题，所以它不能由联邦政府所资助，而洛克菲勒基金会的J·马歇尔愿意将其作为使美国对即将到来的战争有所准备的一个手段来资助。

L·凯西1929年在威斯康星州师从“老爸”布莱尔获得政治学博士学位，辅修新闻学。他是将拉斯韦尔的宣传分析扩展到新兴的传播学领域的一个关键人物。如同其标题所显示的那样，凯西的博士论文《1928年总统竞选中的宣传技巧》直接借鉴了拉斯韦尔的博士论文和著作《世界大战中的宣传技巧》(1927)。1930年，凯西成为明尼苏达大学新闻学院院长，并在以后长达28年一直担任这个职务。拉斯韦尔和凯西以几种方式进行合作。从1930年至1934年，他们都在社会科学研究理事会的“压力集团和宣传形式委员会”中服务。由于这项工作，他们出版了一部带注释的文献目录：《宣传与推销行为》(拉斯韦尔，凯西和史密斯，1935)，它在1946年得到修订和增补(史密斯，拉斯韦尔和凯西，1946)。第二次世界大战期间，拉斯韦尔和凯西都是精确资料办公室和战时新闻居的顾问。通过这种联系，宣传分析成为施拉姆的正在形成的传播学愿景的一个重要注入成分。

在第二次世界大战之前，大部分的宣传研究本质上都是改良主义的，试图用文件证明宣传信息的力量，并确认那些能够帮助遏制这种力量的策略。但是，在拉斯韦尔的战时传播项目(它开了有关同盟国宣传和轴心国宣传的内容分析的定量方法之先河)之后，研究者成了中性的观察者。第二次世界大战、宣传分析的量化、拉斯韦尔在美国国会图书馆的项目，这三者共同代表着一个转折点。最终，“宣传分析”这个承载着价值的术语让位于“传播研究”(斯普劳尔，1989)。

政 策 学

1947年，拉斯韦尔参与了一个大型的研究项目《我们时代的世界革命》(也以“革命与国际关系的发展”〔RADIR〕著称)的顾问工作，这个项目在斯坦福大学胡佛战争、革命与和平研究所进行，该所是由美国总统H·胡佛在第一次世界大战以后创办的一个保守主义智库，藏有丰富的世界报纸和其他媒体材料。项目的进行时间是从1949年至1953年，由卡内基公司资助，目的是研究从1890年至1950年的60年时间内主要的政治和社会变化。这是继拉斯韦尔的宣传项目之后的又一个逻辑步骤。

在与I·普尔和勒纳(Daniel Lerner)的合作中，拉斯韦尔对5个国家的最有名望的报纸的2万篇社论进行了内容分析，以便确认国家精英及其政治话语中的变化。在整整60年的时间跨度中，诸如民主制、独裁主义、暴力与和平等政治力量的盛衰浮沉得到了追溯。由普尔等人写作的《有名望的报纸》(1952)是报道这一研究结果的最出名的著作。如同项目的名称所标示的那样，胡佛研究由三个部分组成：(1)精英研究，它侧重于政府和政治领袖，例如德国的纳粹领导人；(2)制度研究，诸如关于苏维埃经济组织的一次调查；(3)符号研究，诸如对有名望的报纸的分析。这些后来的研究以大众传播为重点。在行政上，拉斯韦尔只是这个项目的正式顾问，但是他的世界革命的理论框架(拉斯韦尔，1951)则指导着整个研究程序，而且，许多研究是由他从前的学生与曾和他一起在战时传播项目中工作过的学者们所进行的。

胡佛研究代表着“当代政治学中第一次大规模的、以量化为基础的经验研究计划”(尤劳，1977)。用于分析大型数据集群的手段是先进的，由此促进了量化型的内容分析。拉斯韦尔(1972)注意到，内容分析的多样化和大量使用出现在1970年左右：“这一(内容分析)发展受到有待包括的材料的数量和重复性的阻碍。因此，巨大的、在这种情况下也是永久性的飞跃伴随着计算机的出现而到来。”

胡佛研究的一个重要副产品是拉斯韦尔对于政策学发展的论证，它由政治学、法律、社会学和心理学综合而成，重点在公共选择和决策。这一混合领域并没有发展得强劲成熟，但对于大学的跨学科研究来说，它是一个重要的推动力。拉斯韦尔说，是杜威激励他从事政策学的研究的（马威克，1980）。拉斯韦尔还是一个中学生时就见过杜威，后来，他读了杜威的许多著作（托格森，1990）。在拉斯韦尔成为芝加哥大学的学生时，杜威已经离开中途校园十几年了，但是杜威的有些思想可能通过帕克——拉斯韦尔对他有“一种真诚的敬重”（希尔斯，1981）——传递给拉斯韦尔。

拉斯韦尔将政策学作为一种手段来提倡，通过这个手段，现代社会所面对的特定政治和社会问题能够得到解决。他不仅提倡诸如此类的直接方法，还直接地参与这类改良行动。一个例子是秘鲁的“维科斯计划”。拉斯韦尔涉足这个非同寻常的、有关社会权力的田野实验是在他遇见霍姆伯格（Allen Holmberg）时开始的，后者是康奈尔大学的人类学家，专门研究秘鲁的印第安人，他俩于1954—1955年一起在斯坦福的行为科学高级研究中心工作。拉斯韦尔从霍姆伯格那里了解得到安第斯山脉的维科斯庄园的情况。约有1700个印第安人住在布满岩石的山顶上的70平方英里左右的土地上，在令人震惊的半封建的贫困状态中生存。霍姆伯格以每年500美元的代价从其外出的主人那里租了一个庄园，构建了一个自我发展的方法，以此方法，维科斯的农民家庭在得到北美学者的一些建议的情况下，被赋予运作它们自身系统的权力（孔克尔，1986；多宾斯，道蒂和拉斯韦尔，1964）。这一政治权力的变化在维科斯掀起了经济和社会发展的浪潮。新的马铃薯播种和栽培方法被引入，导致了马铃薯产量的翻番和后来的再翻番。小企业形成了，就像由维科希诺斯人（他们分割和出售在庄园里所发现的冰川的冰）所创建的那种。他们将来自诸如此类的企业的利润投资于创办学校；5年以后，农民们就能够购买这个庄园，结束了他们事实上的农奴地位。在美国，拉斯韦尔以同样的方法涉足了将耶鲁精神病学研究所的控制权交到其病人手中的工作（鲁本斯坦和拉斯韦尔，1966）。

1946 年，拉斯韦尔接受了耶鲁法学院的一个教授职位，在那里，他试图通过使法学教育国际化和引入社会科学思维的途径来拓宽法学教育的性质。拉斯韦尔认为，律师对于政策学就像工程师对于物理学和医生对于生物学一样。1952 年，出于礼貌，他还在耶鲁政治学系中得到任命。拉斯韦尔在耶鲁法学院的主要同事是麦克杜格尔教授，他是一个出生在密西西比州的律师，在密西西比大学、牛津大学（在那里，他是一个罗兹奖学金获得者）以及后来在耶鲁大学接受教育，并在耶鲁大学获得国际法博士。1934 年，麦克杜格尔被任命为耶鲁法学院教师，1935 年他在芝加哥大学作客席教授的时候与拉斯韦尔相识。他们以一个高效团队形式一起工作了 25 年，围绕国际法律问题撰写著作。他们的合作一直持续到拉斯韦尔逝世时为止。

1970 年，拉斯韦尔从耶鲁大学退休，但是他仍然从事学术创作，直到 1978 年 12 月 18 日在纽约病故于肺炎为止。在逝世前一年，拉斯韦尔曾严重中风一次，且再未康复。

拉斯韦尔的风格

拉斯韦尔的个人风格非同一般。政治学家罗格（Arnold Rogow）是一个开业的精神分析家，也是拉斯韦尔的一个朋友，他这样描绘拉斯韦尔：“首先，他是一个美好生活的鉴赏家，一个享乐主义者和一个食物品尝家。他知道许多关于建筑、东方文化、诗歌、文艺复兴的家具和绘画（在这方面，他拥有几个上品）、科幻小说和电影史的知识。他对于现代艺术的评价往往是精辟中肯的。他还充满了创造性的想象力，或具备创造性的天赋，因而对无论什么样的主题都能产生想法……他不仅是四个最著名和最受尊敬的行为科学家中的一个，而且毫无疑问也是美国最杰出的政治学家。”（罗格，1969）拉斯韦尔在耶鲁法学院的多年同事麦克杜格尔(1991)将他描绘成"一个深刻的人道主义者，一个没有知识界限的学者。他本人是一个腼腆内向的人，但他是最高等级的政治家的朋友，并且喜欢这些政治家们长谈。"

拉斯韦尔和施拉姆都对传播学有兴趣，且在第二次世界大战期间曾同时待在华盛顿，拥有许多共同的朋友，尽管如此，他俩直到 1954 年至 1955 年才相遇。当拉斯韦尔身为斯坦福大学行为科学高级研究中心的一名研究人员时，刚加入斯坦福大学教师队伍的施拉姆下午 2 点来到拉斯韦尔的研究室，以讨论他正在进行的资料分析问题。拉斯韦尔向施拉姆展示某些复杂的分析，它们可以用施拉姆的资料来操作，他俩开始非常深入地涉入关于这种资料有何意义的讨论。施拉姆说，最后，他们才意识到天已黑了，他们肯定已吃不上晚饭了。这是晚上 8 点。每当受到智力挑战时，这种情况便是拉斯韦尔的心灵本性使其然。

南加利福尼亚大学安南伯格传播学院的克拉克(Peter Clarke)也证实了拉斯韦尔的激情。20 世纪 60 年代初，在美国舆论研究协会(AAPOR)的年会上，克拉克和拉斯韦尔一起参加了一次非正式的午餐会。这个会约有 30 名与会者，他们向拉斯韦尔提出有关舆论、大众传播、内容分析和宣传的问题。拉斯韦尔采用他通常的抽象用语作出了冗长的、相当复杂难懂的回答。在与拉斯韦尔的一小时的聚会结束时，克拉克说，他的心里充满了太多太多的知识，所以他必须回到旅馆房间里睡上几个小时。这就是直接面对拉斯韦尔所产生的效果。

拉斯韦尔是一个多产的学者。他的漫长的学术生涯始于 1923 年刊登在《国家市政评论》上的一篇论及机器政治的文章——《芝加哥旧第一区》，终结于他 1978 年逝世以后出版的几部著作。在这么长的时间内，拉斯韦尔撰写或编辑了 325 篇文章和章节，撰写或合作了 52 部著作(穆特，芬利和穆特，1990)。他属于那些特别少有的喜欢写作的人。他在战时传播项目工作时的助手 J · 戈德森描绘了上午 10 点到他部门送材料时的情景。当戈德森在那天下午5点返回时，拉斯韦尔仍然坐在打字机旁。他已经写了令人难以置信的50页隔行打出来的学术文章。“他不认为写作是工作，对他来说，这完全是愉快的事。”（戈德森，1991）不过，拉斯韦尔的写作风格是“简练和冗长的结合，这使得他的信息偶尔会显得不清楚。”（马威克，1980）

曾在芝加哥大学当过拉斯韦尔的学生的罗斯滕（Leo Rosten）①（1969）将他描绘成“有点反常：学究式的，啰嗦，非常不自在。他的头发短而硬，剪成普鲁士人的式样，而他传播知识的方式高深、拘谨、生硬。他只有25岁，但给我们上课时目空一切，呆滞地凝视空间，有意识地不去考虑我们是否理解他的意思，也明显地不关心我们可能正在想些什么。”拉斯韦尔的语言风格的确非常有特色：“对于他来说，谈话是一种测验的形式，是将（测量水深的）铅垂线抛入他的巨大的知识水库的一种形式。他以其他人所幻想的那种方式谈话。他的独白就是与隐形同行之间的讨论会。”（罗格，1969）拉斯韦尔借助于他双手的姿势来谈话，“我被他双手的芭蕾动作所打动。它们是自由的双手，非常苍白、柔软，未被体力劳累所玷污。当哈罗德谈话、吃饭或喝水时，他的双手以同样的姿势作着小小的回旋。左手不动，大拇指和食指构成一个圆圈，右手围绕着这个圆圈盘旋和舞动……在一条与左手构成的圆圈的内心圆相平行与相分离的轨道上，右手通过一根看不见的针拉动着一条看不见的线。”（罗斯滕，1969）

拉斯韦尔对传播学的贡献

拉斯韦尔对传播学领域作出了以下永久的贡献：

① 罗斯滕研究华盛顿新闻记者（罗斯滕，1937）和好莱坞电影制作人（罗斯滕，1941），后来写了一本关于意第绪语幽默的著作。

1. 他的5个问题的传播模式导致了传播学对于确定效果的重视。①拉斯韦尔的同代人拉扎斯菲尔德使得对于传播效果的这种重视更加具体化了。
2. 他开创了内容分析方法，实际上发明了定性和定量测度传播信息（例如，宣传信息和报纸社论）的方法。
3. 他关于政治宣传和战时宣传的研究代表着一种重要的早期传播学类型。“宣传”一词后来有了否定的含义，在今天已不大常用，尽管还有更多的政治宣传。宣传分析已被纳入传播研究的一般体系之中。
4. 他将弗洛伊德的精神分析理论引入美国社会科学。拉斯韦尔使弗洛伊德理论与政治分析结合起来，就像他在关于政治领袖的精神分析研究中所做的那样。他通过内容分析的途径将弗洛伊德的本我–自我–超我运用到政治学问题之中。从本质上说，他在社会层面上运用了个体内部的弗洛伊德理论。
5. 他帮助创建了政策学，这是一门将社会科学知识与公共行为整合起来的跨学科的运动。不过，社会科学一般会抵制这种被整合和运用于公共政策问题中去的努力。

李普曼和议程设置

沃尔特·李普曼（Walter Lippmann，1889—1974）在宣传分析和舆论的工作方面，与拉斯韦尔是同行学者，而且，他开创了今天被称为议程设置的早期思想。这个有影响的报纸专栏作者因其1922年的著作《舆论学》而广为人知，在这部著作中，他谈到“我们头脑中的图画和外在的

① S·布朗（1992）指出，拉斯韦尔是各种知识线索的一个整合者，而且他并不打算将传播研究限于对效果的注重。效果方向出自后来那些使用拉斯韦尔的模式指导他们的研究的传播学者之手。

世界”。他这样描绘议程设置：这是一个过程，通过它，某个新闻论题被大众传播、公众和政治精英赋予优先的关注（罗杰斯和迪林，1988）。和其他重要的早期传播学人物不同，李普曼没有在大学获得研究生学位，他从未教过大学课程，他也从未采用过社会科学的研究方法或理论视野，不过，就大众媒介在构成舆论方面的作用而言，他是最有影响的一个作者，他开创了今天蓬勃发展的议程设置过程的研究传统。毋庸置疑，李普曼对传播学产生了最重要的非学院式的理智的影响。《舆论学》被凯瑞（James W. Carey）（1982）认为是传播学领域的奠基之作。

李普曼的生平

李普曼是他的富有的犹太父母的惟一孩子，父母亲是德国后裔，渴望融入纽约社会（斯蒂尔，1981）。年轻的李普曼被送入朱利叶斯·萨克博士男子学校，这是一个为纽约最富裕的犹太家庭所喜欢的私立学校。他夏天与父母在欧洲避暑，学习到的魅力和生活方式对于他以后在生活中与富人和名流打交道来说，是非常有用的。作为哈佛大学的一名大学生，他随W·詹姆斯，G·桑塔亚那和英国左派政治学家沃拉斯（Graham Wallas）学习。后来，他继续在哈佛攻读哲学硕士学位，但是在毕业前几个星期退学，为波士顿的一家社会主义报纸工作。

新闻工作对李普曼具有吸引力，因为它使之能够将学术性阅读和写作与直接接触强大的决策者结合起来。在其早期职业生涯中，李普曼认为，社会主义为美国的社会问题提供了解决办法，并且，他帮助揭露黑幕的著名记者斯蒂芬斯（Lincoln Steffens）撰写有关华尔街的系列杂志文章。但是，李普曼对于社会主义、对于斯蒂芬斯的幻想逐渐破灭了。他成为《新共和》的一名编辑，持续工作9年，这是一本重要的知识分子杂志。第一次世界大战期间，他作为一名美国陆军上尉在法国服务，在那里，他是前线宣传传单的一名主要作者。

李普曼与拉斯韦尔之间除了对宣传和舆论的共同兴趣以外，还有几种联系，其中之一是美国陆军上尉李普曼是在法国的陆军远征军宣传机构的一名传单作者，他创造了许多为拉斯韦尔所分析的美国宣传。①和拉斯韦尔一样，李普曼受到弗洛伊德的影响，特别是受到《释梦》的影响，他将之用于他的"伪环境"概念之中(1922)，他说，伪环境是个人在他或她的头脑中所构建的图画。和拉斯韦尔一样，李普曼的早期职业生涯受到马克思理论的影响，当他是一个大学生的时候，就组织了"哈佛社会主义俱乐部"。

总统们的顾问

1921 年，李普曼为纽约最有影响的自由派报纸《纽约世界报》聘用撰写社论。《世界报》1931 年停刊，李普曼转到保守派报纸《纽约先锋论坛报》，在那里开始写作每周 4 次的"今日与明日"专栏，他因此而声名大振；他的专栏通过辛迪加销售，为几百家美国日报所登载。1963 年，李普曼转到《华盛顿邮报》，一直写作他的专栏，直到 1967 年退休。

在 86 年(1889—1974)的漫长生涯中，李普曼除了作为记者报道和解释政治事件以外，还是一个有影响的政治事件的构成者。1918 年，他帮助起草 W · 威尔逊总统的"十四点原则"，这是围绕第一次世界大战之后的世界和平所提出的计划。36 年来，李普曼撰写社论和每周 4 天的"今日与明日"专栏。他写了 20 部著作，其中《舆论学》最广为人知。令人难以置信的是，他作过 12 位美国总统的顾问，从 T · 罗斯福到 L · 约翰逊，直到他因为越南战争而与约翰逊断交时为止。李普曼频繁地到其他国家旅行，在那里他与国家首脑商谈，这些首脑经常来找他。他的

① 如同拉斯韦尔所承认的那样(拉斯韦尔，1971)。

名字打开了每一扇门(斯蒂尔，1981)。20 世纪 50 年代中期，在一次去希腊的旅行中，李普曼随手将这个条目记入日记：“看到了国王，首相等等——普通百姓。”他因为他的由辛迪加管理的报纸专栏而成为有影响的人物，这个专栏对政治事件作不带偏见的分析，为成千上万的读者所阅读。李普曼的作品清晰，具有将复杂事物简化的特殊能力。“他是有一种少见的能吸引新闻界的才智”（斯蒂尔，1981）。毫无疑问，“李普曼是 20 世纪美国最有才华、最有影响的政治记者”（柯蒂斯，1991）。他还是宣传、舆论、议程设置过程的一个起关键作用的分析者，在这些方面，他在整个职业生涯中都是一个重要的参与者。①

我们头脑中的图画

《舆论学》不管是在出版的时候，还是在出版以后的岁月中，都是一部有重大影响的著作。它主要凭借了李普曼在法国的第一次世界大战的宣传经历。例如，法国政府认为，战争最终将根据军事人力的损失来决定。1917 年年末，法国负责凡尔登——一个重要的战场——的情报的官员发明了一种计算军队损失的方法，它产生了神奇的结果。每隔两个星期，德国损失的估计数都增加 10 万左右：从 30 万增加到 40 万，再增加到 50 万伤亡数。法国情报公报谈到血淋淋的牺牲，成堆的尸体和其他恐怖的细节。李普曼说，这种错误的信息就是宣传。当一群人能够阻止一个受众接触一个新闻事件，并编发有关这个事件的新闻以适应他们的目的时，宣传的潜力便存在了。“为了进行宣传，必须在公众和事件之间设置某种障碍。”（李普曼，1922）诸如此类的受限制的传播流通往往发生在战争时期，此时政府的宣传家是重要事件新闻的惟一把关者。因此，李普曼将宣传确定义为在一种情景，在此，传播流通是受到限制

① 李普曼既是一个舆论构成者，又是一个舆论报道者，这种矛盾角色的内在冲突为他自己所承认。在回忆往事的时候，他提倡记者和国家领导人之间的“一种大空间”。

的，一群人希望歪曲新闻。

对于设法使公众理解宣传在民主社会的作用方面，《舆论学》具有至关重要的理论影响。人是非理性的，对于由大众传播传递给他们的符号产生反应。李普曼表明一个政府如何能够通过宣传技巧来审查新闻与歪曲信息的流通。对于诸如此类的问题，他提出了怎样的解决办法呢?他认为，专家可以成为美国民主制的拯救者，其途径是广泛传递他们的专业知识，以便告知舆论。

李普曼(1922)认为，在舆论过程中“刻板印象”是一个关键的因素。“刻板印象”(stereotype)是一种代码，它能简化现实以至于一个信源能够轻易地将之传递给其他个体——例如，宠坏了的大学生，有天赋的黑人运动员和成功的亚洲商人。

李普曼以“外在世界和我们头脑中的图画”为题的一章作为《舆论学》一书的开头。他描述了1914年的北海中的一个岛屿，岛上居住着英国人、法国人和德国人。一艘邮船每两个月来一次，它是这个岛与广袤世界的惟一联系。1914年9月，岛上的居民“得知他们的英国人与他们的法国人为了条约的神圣性与他们的德国人开战已经6个星期了。在这不可思议的6个星期中，他们相处得还像是朋友似的，而实际上他们已经成了敌人了。”“头脑中的图画”——它在这6个星期中指导他们的行为——与“外在世界”不相符合。一旦岛上的居民阅读了由邮船送来的报纸，外在世界就影响了他们头脑中的图画。这里，我们看到关于大众媒介效果的一个引人注目的例子。

李普曼(1922)说，我们头脑中的图画往往因为几个原因而与事实真相不相吻合：我们需要简化了的代码(像“刻板印象”)，以便为这闹哄哄的、模糊不清的混乱世界提供解释。还有由媒介传递给我们的伪环境，它是新闻过程中高度把关所产生的结果。他指出，每一份报纸都是一系列把关决定的结果。李普曼和梅茨(Charles Merz)(1920)对《纽约时报》关于1917年俄国革命的报道进行了内容分析，并得出结论说，记者们写他们想要看见的或希望看见的东西，而不是实际发生的事情。①在李普曼写作的时代，普通读者每天只花 15 分钟阅读一份报纸。作为此类限制的一个结果，李普曼论证说，我们无法指望普通人就当天的重要事件形成明智的观点。关于知情的公众的民主理想就像是一个胖子之成为芭蕾舞演员一样不可能。这种对于舆论的怀疑主义也表现于李普曼的下一部著作的标题：《幻影般的公众》（1925）。

议程设置研究

拉斯韦尔的早期工作，特别是李普曼的早期工作如何最终导致有关议程设置的重要的传播研究的呢？②

议程设置的概念化

议程设置研究始于李普曼的《舆论学》的第一章，“外在世界和我们头脑中的图画”，在这里，他论证说，大众媒介是现实世界的某个事件和我们头脑中对这个事件的想象之间的主要连结物。李普曼谈论的是我们今天称为的议程设置，虽然他没有使用这个词。40 年以后，议程设置的概念化工作由政治学家科恩（Bernard Cohen）（1963）所提出，他观察到，新闻界“在告诉人们‘怎样想’这方面大都不怎么成功，但是在告诉人们‘想什么’那方面却异常有效。……依据于……报纸文章的作者、编辑和发行商为人们所描绘的图画，这个世界在不同的人看来是不同的。”在李普曼原先思想的基础上，科恩表达了这个导致议程设置研究的隐喻。他提出，大众媒介除了可能具有的不管什么样的直接效果（“告诉人们怎样想”）之外，还具有重要的间接效果（“告诉人们想

---

① 真实事件和媒介报道之间的差异后来被称为“伪事件”（布尔斯廷，1961）。
② 这一节借鉴了罗杰斯、迪林和布雷格曼的资料（1993）。

什么”）。

但是，直到麦库姆斯（Maxwell McCombs）和肖（Donald Shaw）（1972）所进行的一次经典性研究之前，议程设置还只是一个理论想法，还没有被命名。这个经典性研究就是有关在1968年北卡罗来纳州查珀尔希尔的总统竞选活动中的媒介作用的研究。他们从对报道了总统竞选活动的主要大众媒介——报纸、新闻杂志和电视新闻——的内容分析中，计算查珀尔希尔的媒介议程。他们确定每一个问题（例如外交政策、通货膨胀）被媒介在其关于总统竞选的报道中所提到的相关频率，然后通过调查居住在查珀尔希尔地区的100名尚未作出决定的选民来测度公众议程。每一个调查对象都被问道：“总统竞选中的最重要的问题是什么？”媒介议程几乎与公众议程完全相关；就是说，诸如外交政策、法律与秩序，以及金融政策等问题，在媒介议程和公众议程中排名相似。或许，公众议程是由媒介议程所设定的。要不，公众怎么能知道（和赞同）这个问题是什么？

由大众传播学学者、政治学家、社会学家和其他学者所进行的这一探讨开创了一种研究传统，这些人试图回答这个至关重要的问题：某个问题如何进入政策议程？1992年中期，议程设置研究传统由233种学术出版物所构成（罗杰斯，迪林和布雷格曼，1993），这使之成为大众传播研究的最热门的主题之一，最近，每年大约有十几种出版物问世。

议程设置过程包括媒介议程设置、公众议程设置和政策议程设置（罗杰斯和迪林，1988）。媒介议程设置是这样一个过程：通过它，一个特殊新闻问题之报道的相关数量由大众媒介把关者、重大新闻事件的影响、受众的兴趣所决定。媒介议程通常由内容分析来测定（这是由拉斯韦尔所发展起来的研究方法）。公众议程设置是这样的过程：通过它，公众决定哪些问题相对来说最为重要。有关公众的民意测验和调查被学者们用来测定公众议程。例如，美国公众的一个全国性样本被问道：“美国面临的最重要的问题是什么？”政策议程设置是这样的过程：通过它，政府机构或当选官员的问题议程得以确定。政策议程可以借助法律的通过或基金的分配(例如，联邦政府为艾滋病的研究、预防和治疗预算了几百万美元)来索引。人们通常假定，议程设置过程的构成是：媒介议程影响公众议程，后者反过来又影响政策议程：

媒介议程设置→公众议程设置→政策议程设置

议程设置过程描绘了舆论在一个民主制中如何发挥作用。从最终意义上来说，有关它的研究试图对现代社会中的社会变化——特别是作为大众媒介传播的一个结果——是如何发生的问题提供解释。请注意，媒介议程可能开启了议程设置过程，表明在社会宏观层次上，大众媒介或许在决定我们想什么的方面具有强效果。媒介议程在议程设置过程中的重要作用也引导我们想知道媒介议程是如何得以确定的。

关于议程设置的传播研究

传播学学者为议程设置研究所吸引，这是因为就有关媒介对于明显行为变化的直接效果的学术研究而言，它似乎提供了一个大有希望的可供替代的方向。早期大众传播研究只看到有限效果，这在许多大众传播的研究者看来，好像是反直觉的，特别是那些先前具有大众媒介经历的人(诸如麦库姆斯和肖)。而且，早期大众传播学博士们认为，媒介的主要目的是告知，而不是说服，所以他们寻求认识效果，就像在议程设置过程中，人们被告诉想什么，而不是诸如态度变化那样的情感效果。许多由大众传播的研究者所撰写的议程设置出版物都阐明了它们的主要理由，即试图克服过去传播研究的有限效果论的缺陷。例如，麦库姆斯在1981年的一次概述中声称，“它(议程设置)最初的经验探索恰逢其时。它出现在大众传播研究史上的这样一个时期，当时对于作为因变量的态度和观点的幻想的破灭，以及对于作为一种恰当的理论概括的有限效果模式的幻想的破灭，正在引导学者们转向别处。”正如库恩(1962)的预言应该发生在他关于科学革命的概念中一样，议程设置范式正是在大众传播学学者对于之前的直接媒介效果模式感到沮丧时出现的。

大众媒介如何能够具有较小的直接效果、但同时在设置公众议程方面又具有强大的间接效果？麦奎尔（McQuail）和温德尔（Windhal）（1981）认为："这个假说（议程设置）似乎会摆脱早期经验研究对于近乎任何有关大众媒介强效果观点的那些怀疑，主要是因为它重点涉及学习，而不是涉及态度变化，也不直接涉及观点变化。"个人从大众媒介那里获得什么问题比其他问题更加重要的信息。大众媒介很难直接改变态度和观点，但是它们能够告诉我们想什么。这个议程设置的效果并不是接受一个或一些信息的结果，而是归结于许多的信息的累积性影响，其中每一个信息都有不同的内容，但是所有的信息又都涉及同样的普遍问题。例如，在美国第一批艾滋病病例（1981）被报道以后的4年间，大众媒介只登载了一些有关这个流行病的报道。它还没有被列入媒介议程之内，（民意测验的结果表明）美国公众也没有充分意识到艾滋病问题。后来，在1985年中期，两个新闻事件导致了有关艾滋病问题的媒介报道的大量增加。其中一个是电影演员R·赫德森死于艾滋病；另一个是印第安纳州科科莫的学校拒绝患有艾滋病的男孩R·怀特入学。几乎是与此同时，公众对于这个流行病的意识增加了；短短几个月的时间，95%的美国成年人知道了艾滋病，并且了解了它是如何被传染的（罗杰斯，迪林和钱，1991）。

1966年，也就是李普曼的《舆论学》一书发表近50年以后，麦库姆斯来到加利福尼亚大学洛杉矶分校的书店，买了一本B·科恩的《新闻与外交政策》（1963）。①他刚刚与教师同事们坐在洛杉矶的一家酒吧里，讨论那天的《洛杉矶时报》的头版。标题涉及三个不同的新闻事件。麦库姆斯和他的同事们思索这些头版标题对于阅读一个或其他标题的个人所

① 麦库姆斯从施拉姆在斯坦福大学的博士研讨班上知道了科恩的著作，在这个研讨班上，科恩的这部著作被作为指定读物。

产生的效果。麦库姆斯的下一步就是加利福尼亚大学洛杉矶分校的书店，这是去查珀尔希尔地区的途中，他要在那儿与肖进行议程设置的经典研究。

麦库姆斯1938年生于亚拉巴马州，就读于杜兰大学，并于1960年在该校获新闻学学士学位。然后，他来到斯坦福大学师从布什(Chick Bush)攻读硕士学位，布什坚持，要他在继续攻读博士学位之前应该获得媒介经历。这样，麦库姆斯在《新奥尔良时代花絮报》作为记者工作了两年，然后返回斯坦福大学攻读博士。在加利福尼亚大学洛杉矶分校执教几年以后，麦库姆斯转至北卡罗来纳大学新闻学院，在那里又教了6年书(后来，麦库姆斯的事业又把他带到雪城大学，再带到得克萨斯大学奥斯汀分校)。

在北卡罗来纳，麦库姆斯遇见了肖(1936年生于北卡罗来纳)，后者以威斯康星大学传播学博士的身份返回到了查珀尔希尔。肖已经在查珀尔希尔获得了他的学士学位和硕士学位。在麦迪逊注册博士课程之前，他作为一个记者在《阿什维尔市民时报》工作了几年。他的博士论文是对报纸的内容分析，以确定电报对于新闻报道中的客观性的效果。

肖和麦库姆斯在北卡罗来纳大学的教师办公室彼此相邻，1967年秋，他们向“全国广播业者协会”(NAB)递交了一份小额基金申请计划，要求对即将到来的总统选举进行有关媒介对于选举行为的效果的研究。这两个传播学学者决定在他们的查珀尔希尔小城采访100名未作决定的个人，因为他们预料此类犹豫不决的人最容易受到媒介关于选举问题的议程的影响(坦卡德，1990)。这些人的确是这样。麦库姆斯和肖发现，在媒介认为相对来说是最重要的问题与犹豫不决的选民认为是最重要的问题之间这两者近乎完全相关。在确定议程设置研究的议题的过程中，关于议程设置的这一首次研究的结果1972年发表在《舆论学季刊》杂志上。在233种关于议程设置的出版物中，有超出一半(57%)的出版物引用了麦库姆斯和肖的论文，迄今为止，它是这一研究传统中被最为广泛地引用的成果。它之取得这样的殊荣，是因为它：

- 为这个新的研究专业提供了一个名称，并通过将媒介议程的内容分析与关于公众议程的调查相并列的途径，为研究议程设置的过程提供了一种经验的方法。
- 报告了媒介议程与公众议程之间的极高的相关度(+98 的等级顺序相关)，提出通过议程设置过程，大众传播具有间接的效果，这一发现满足了当时大众传播学学者的期望。
- 最初作为一篇论文出现在 1971 年“全国舆论学研究协会”上，后来于 1972 年发表在《舆论学季刊》上，因此能够将之既展现给大众传播学学者，又展现给政治学家和社会学家，前者主要研究公众议程设置，后者则主要研究政策议程设置。

我们今天称为议程设置的研究始于李普曼的《舆论学》，在这部著作中，他表达了这样的基本思想：媒介创造了我们头脑里的象征性的想象，这些想象有可能与我们经历的“外在”世界完全不同。①不过，这一媒介如何设置公众议程的模糊想法直到科恩(1963)提出关于议程设置的有影响的隐喻——即媒介告诉我们“想什么”，才直接导致了议程设置研究范式的形成。然而，麦库姆斯和肖(1972)于 1968 年在查珀尔希尔进行总统竞选研究之前，这一范式的研究课题又经过 9 年多时间而未发表。这些学者提供了一个手段，以便据经验检测媒介议程与公众议程之间的关系。他们的重要文章引导了议程设置过程研究的繁荣，包括近年来的各种各样的方法论研究，它们不同于麦库姆斯和肖的内容分析和受众调查。在最初 15 年左右，一个由议程设置学者构成的隐形学院经历了

① 好几项议程设置的研究已发现，真实世界的指标(例如，一段时间艾滋病病例的数量，或每年与吸毒相关的死亡数字)与一个问题在媒介议程中的优先地位几乎没有关联。分别参见罗杰斯、迪林和钱(1991)，以及丹尼利恩和里斯(1989)。

一个被T·库恩(1962)称为“常规科学”的阶段，在此，每一个经验的研究都递增性地建立在前面工作的基础上。这些研究证实了麦库姆斯和肖关于媒介议程影响舆论的发现。换句话说，在构成舆论方面，媒介发挥着重要的作用。

20世纪80年代后期，议程设置的学者们在媒介议程和公众议程的关系问题上，开始打破内容分析和受众调查的相当刻板的模式。各种有创见的研究方案和概念开始被使用。例如，某些学者通过议程设置过程来追溯在时代中的某个单一问题(毒品、艾滋病或环境)。其他人(伊格和金德，1987)则在微观层次上从事公众议程设置过程的实验。调查对象观看晚间电视新闻广播的篡改视频——其中被拼接了关于某个问题的额外材料。正如人们可能预料的那样，这些人随后便将那个问题排在了其议程的较高位置上。

因此，在六、七十年前，凭借其关于舆论和宣传方面的成果，拉斯韦尔和李普曼开创了这一传播研究的潮流，现在，这股潮流正在被今天的议程设置学者们推向前进。尽管“宣传”与“舆论”的词语已被诸如“大众传播”和“议程设置”等语词所替代，但早期的概念化工作仍然影响着传播学。

第七章

拉扎斯菲尔德和大众传播效果

他是一个绝妙的交谈者，热情、机敏，有说不完的奇闻轶事。但是，当他来访时，正是他的活力极大地改变了我们全家。

——B·贝林（拉扎斯菲尔德的女婿）：《回忆拉扎斯菲尔德》

拉扎斯菲尔德……实际上创造了数学社会学领域，多变量调查分析以及对投票行为和大众传播的经验研究。

——D·L·西尔斯：《拉扎斯菲尔德……他告诉我们社会学是什么、或应该是什么》

1941年11月23日，星期六的晚上，R·K·默顿教授偕其妻子来到拉扎斯菲尔德在曼哈顿的寓所吃饭。①几个月以前，默顿和拉扎斯菲尔德都已被任命为哥伦比亚大学社会学系的新成员。他们代表着社会学系的一个妥协，该系被分成理论与方法两条战线：默顿是一个有前途的年轻理论家；拉扎斯菲尔德是一个方法论者，他正在领导着“广播研究室”，该室松散地依附于哥伦比亚大学。“在来到哥伦比亚大学之前，我们彼此从来没有听说过对方。各自不仅没有阅读过对方的著作，也确实从未听说过对方。”（默顿，1987）哥伦比亚大学社会学系的每一个人都期望拉扎斯菲尔德和默顿继续开展理论对方法论的争论，但是，在来到晨边高地校园的最初几个月中，他们几乎没有什么联系。

11月，拉扎斯菲尔德决定采取一个友好的行动，邀请默顿一家来吃饭。默顿毕竟比他年轻10岁，又是一个助理教授(由于更富有经验，拉扎斯菲尔德被任命为哥伦比亚大学副教授)。但是，当教授和默顿夫人在那个星期六晚上到达时，拉扎斯菲尔德在寓所门口迎接他们，并解释说他必须立刻赶到位于纽约的全国广播公司(NBC)播音室，评论一个广播节目《这就是战争……》，因为美国精确资料办公室(OFF)这个新的政府机构打算将美国希望介入第二次世界大战的准备事项告知公众。精确资料办公室很着急，那天下午他们刚刚打电话给拉扎斯菲尔德，要求他和他的广播研究室评论这个广播信息，以便使之更有效果。

默顿陪同拉扎斯菲尔德去电台播音室，把他们的妻子留在了拉扎斯菲尔德的公寓中应付那顿未开始的晚餐。默顿(1987)说："因此，正是拉扎斯菲尔德把我拖进了广播研究的新奇世界。"调查者要求播音室的实验对象将他们对无线电广播节目的反应写在"斯坦顿—拉扎斯菲尔德节目分析仪"上——这是一种用来测定广播信息效果的多种波动描记仪。然后，他们成为一个小组，由拉扎斯菲尔德的一个研究助理就他们喜欢和不喜欢的东西进行访谈。在电台播音室，默顿对拉扎斯菲尔德低声说，采访者正在以他提问的方式引导接受访谈者。拉扎斯菲尔德请默顿向采访者解释这个问题。默顿就展示如何向下一个进入播音室的听众小组正确地提出问题。拉扎斯菲尔德(1962a，1月8日)感到，默顿是一个非常有成效的采访者。与此同时，默顿夫人和拉扎斯菲尔德夫人在寓所里正等得不耐烦。在那个星期六晚上的晚些时候，丈夫们打电话给妻子们，要她们到西57街的俄罗斯茶室喝香槟和吃鱼子酱。四个人一直谈到过了午夜，谈的内容是关于广播研究、即将到来的战争和拉扎斯菲尔德在哥伦比亚大学的研究所。

默顿(印制中)说："我去吃饭，然后待了35年，这一切就是这么

感谢R·K·默顿、D·L·西尔斯、A·H·巴顿、R·威根德和A·帕桑尼拉批评性地评论了这一章，此章也借鉴了罗杰斯(1992)书中的内容。

① 关于这个值得纪念的夜晚的论述可见于默顿(1979，1987，印制中)、拉扎斯菲尔德(1975e)和亨特(1961)。

发生的。”拉扎斯菲尔德—默顿小组成为他们的领域历史中的最有效与最重要的合作之一，它将哥伦比亚大学社会学系提高到全国的支配地位。他们花了相当于连续三年半的时间面对面地谈话，在以后的35年中，则估计有1.8万个小时面对面地谈话。①考虑到拉扎斯菲尔德和默顿是“某种类似于本来不相配的人”（默顿，1992）——因为一个是工具制作者，另一个是理论家，他们之间的这种热切的相互影响就更令人惊奇了。

从那个异乎寻常的夜晚中，除产生了拉扎斯菲尔德和默顿的合作外，还出现了“焦点小组访谈”（focused group interview）的概念，在此，一个小组的调查对象就其刚刚接触的一个传播信息而接受提问。在随后的几天内，默顿被引向对来自焦点访谈研究的资料进行分析。“一个星期以内，研究报告就出现在精确资料办公室了。”（默顿，1987）当美国介入第二次世界大战之后，默顿就军事训练影片的效果问题，对军营里的美国士兵进行焦点访谈，其测定由程序分析仪来完成。1943 年，默顿、菲斯克（Fiske）和柯蒂斯（Curtis）（1946）对 100 个刚收听了出售美国战争债券的K · 史密斯广播马拉松节目的纽约人进行了逐个（不是小组）焦点访谈，以探讨史密斯如此有说服力的原因。

几个月以后，1942 年 3 月，默顿在给一个朋友的信中抱怨说，他已“被套进”广播研究中，但它是如此有趣，以至于他每天晚上一、两点才回家（拉扎斯菲尔德，1975）。拉扎斯菲尔德和默顿的合作进展非常顺利。

在这一章，我们回溯了第二次世界大战期间拉扎斯菲尔德创立大众传播研究，并引导它转向大众媒介效果的研究方向。我们这里的主题也涉及批判的思想与经验的思想以及理论的研究和实用的研究之间的紧张关系。

---

① 默顿估计，在35 年的30 年（他们在哥伦比亚大学有 5 年没在一起）中，他和拉扎斯菲尔德在每个学年的40 个星期里，平均每个工作日讨论 3 个小时。

拉扎斯菲尔德的生平

在形成现代传播研究方面，拉扎斯菲尔德毫无疑问具有最重要的思想影响。但是，他并不认为自己主要是一个传播学学者，我们也的确难以用任何单一学科来确认他。有时，他称自己为数学家，他曾在维也纳大学获得这个领域的博士学位；其他时候，他称自己为社会心理学家，而在职业生涯中期以后，他认为自己是一个心理学家(西尔斯，1987)。①1962 年，当被任命为哥伦比亚大学社会科学的凯特勒（Quetlet）教授时，拉扎斯菲尔德异常高兴。因为他既喜欢“凯特勒”——取名自比利时统计学家 A · 凯特勒，拉扎斯菲尔德视他为经验的社会研究的奠基人，又喜欢“社会科学”，它范围广泛得足以囊括拉扎斯菲尔德所致力研究的近乎所有学科(默顿，1979)。拉扎斯菲尔德的确是多学科的研究者。他从前的一个同事西尔斯(1987)称他为“现代的列奥那多 · 达 · 芬奇，(他)在很大程度上忽略传统的知识专业化，试图通过将人和思想结合起来的途径发现新真理。”拉扎斯菲尔德不是很注意学科界限，他更愿意侧重学术问题。他是一个优秀的方法论者，一个制作工具的人，他将这些工具运用到范围广泛的学术和非学术的问题上。如同默顿(印制中)所注意的那样，拉扎斯菲尔德的“基本兴趣不是独立存在的”。

不过，拉扎斯菲尔德又不仅仅是一个多学科的研究者。他几乎就是一个学科方面的不可知论者，就像他在 1973 年的一次访谈中所说的那样：“你看，(在哥伦比亚大学)……我被认为是一个社会学家，这实际上什么意义也没有。我的意思是，我始终在做同样的工作。在维也纳，它被称作心理学，而在这里，它被称为社会学。”（莫里森，1976a)的

① 在拉扎斯菲尔德和默顿作为哥伦比亚大学同事的 35 年间，拉扎斯菲尔德经常地问默顿：“什么是社会学？”（默顿，1991）。虽然他们关于这个主题的没完没了的讨论对于双方都有启发，但默顿(印制中)说：“保罗从不相信存在着一个像社会学这样的学科。”

图 7.1　拉扎斯菲尔德(1901—1976)和斯坦顿(右),约 1937 年操作拉扎斯菲尔德—斯坦顿节目分析仪

使用经斯坦顿许可。

确，在其整个一生中，拉扎斯菲尔德都在研究某一社会背景下的个人行为(投票、购买消费品等等)。他始终如一，但是在其职业生涯中，他的学术标签则一直在变化。

拉扎斯菲尔德(1982)说他自己“总是一个移民”。他把自己视为一个陌生人，一个没有真正归属的什么人。杰出的社会学家 J · S · 科尔曼(1980b)——拉扎斯菲尔德从前在哥伦比亚大学的一个博士生，这样描绘拉扎斯菲尔德的旺盛精力和冲动，以及他的不安全感：“拉扎斯菲尔德感到不安全，但这并非出自什么充足的理由。他（是）美国最有影响的社会学方法论家。”不过，“拉扎斯菲尔德觉得自己在美国不知怎么的却是个局外人，是一个边缘人，从不在中心……他认为这是他的犹太人血统、外国人身份、浓重的口音和对于像市场研究这种低等行为感兴趣的结果。”（西尔斯，1987）他认为自己永远是一个外来人：“我不属于什么俱乐部。”（拉扎斯菲尔德，1975b）在他看来，俱乐部就是某个机构，在那里，他由于是个犹太人和外国人而感到被排斥。或许因为想到自己是个二等公民，所以拉扎斯菲尔德试图更加努力地工作。

拉扎斯菲尔德的教育

保罗·F·拉扎斯菲尔德（Paul F. Lazarsfeld，1901—1976）生于维也纳，并在那里度过了他生命中的前30年。他的父亲是“一个非常贫穷而且不成功的律师”（拉扎斯菲尔德，1961a），所以年轻的拉扎斯菲尔德决定，他不要成为一个律师，或任何其他类型的专业人员。他讨厌不得不追在客户后面，管理一个办公室，使他的雇员依赖他来筹集资金，并且不得不催他的客户付费。考虑到拉扎斯菲尔德职业生涯中的很多时间都要花费在追逐客户上，以便使研究所能具有偿付能力，这个意向就特别具有讽刺意义了（纽拉斯，1983）。他的职业生涯是在企业和学术界之间走钢丝，因为他的每一个与大学相关的研究机构都受到经济崩溃的威胁。拉扎斯菲尔德创造了大学研究机构的思想，但是也树立了一个如何从财务上管理这样的组织的不成功的榜样。

拉扎斯菲尔德的母亲索菲没有受过正规教育，但却因其1931年的书《女性如何体验男性》而广为人知。①她撰写以婚姻指导为特色的报纸专栏，并为维也纳的政治人物和学术人物开办周末沙龙。拉扎斯菲尔德的

① 这部著作1934年译成英文出版时，名称是《生命的节奏：女性性和谐指导》（伦敦：劳特利奇父子出版公司）。

家是世纪之交的知识分子的避风港，是社会主义政治学的温床，也是弗洛伊德思想的中心。生长在维也纳，的确使人感到兴奋，它构成了拉扎斯菲尔德一生的兴趣："你所处的这个时代的维也纳，是一座令人难以置信的知识顶峰，你看，政治学、精神分析学和马克思主义融合在了一起。"（拉扎斯菲尔德，1961）维也纳的位置横跨欧洲几条重要的交通干道，多瑙河又为它带来了大都市的气息。

年轻时，拉扎斯菲尔德作为一个社会主义者，积极投身政治活动。他是维也纳"社会主义中学生"的一个领袖，领导"红色猎鹰群"（由10到12名成员组成的一个小组）——这是奥地利的年轻社会主义者组织，并在"红色猎鹰"夏令营中讲授社会主义原则。拉扎斯菲尔德主要因为骚扰法庭和在法庭外的大街上举行抗议示威，而遭受短期监禁，当时，1916年阿德勒(Friedrich Adler)因刺杀奥地利总理斯特吉格被判有罪。拉扎斯菲尔德和他的母亲经常去斯泰恩要塞的监狱探望阿德勒，那里距维也纳40英里。①阿德勒是一位杰出的物理学家和数学家。当拉扎斯菲尔德15岁时，他为阿德勒的批评爱因斯坦相对论的专著打印手稿，而阿德勒正是在斯泰恩遭监禁的时候撰写这部著作的。（拉扎斯菲尔德，1961a）阿德勒从他的牢房里给年轻的拉扎斯菲尔德写信说："亲爱的保罗，得知你在数学上干得很出色，我很高兴。以后不管做什么，数学对你总是有用的。"（莫里森，1988）对于"一个光荣的谋杀犯"从监狱里给他写信，并告诉他坚持学习数学，拉扎斯菲尔德为此而深受感动。他终其一生都这么做了。他早年接受的数学教育为他的方法论专长提供了基本的

---

① 凶手F·阿德勒与年轻的拉扎斯菲尔德关系密切。阿德勒在索菲生病和居住在一个疗养院时曾去看望过她。"在那里，阿德勒对我的母亲产生了浓厚的兴趣……那一直持续了50年……阿德勒和我母亲开始经常互相看望。"（拉扎斯菲尔德，1962a）阿德勒送书给索菲读，并成为她的周末沙龙的一名常客。索菲的丈夫被应征到奥匈军队，一次大战期间被派到意大利前线。"到了那个时候(1916)，这个家庭由我母亲、阿德勒、我妹妹和我组成，就是理所当然的事了。"（拉扎斯菲尔德，1962a）事实上，阿德勒刺杀斯特吉格时就住在拉扎斯菲尔德的家中，而犯罪行为受到阿德勒关于制造一个无政府状态——由此社会主义政党或许能够得到政府的控制权——的想法的激励。由于第一次世界大战的事件，对阿德勒的判决延迟了，他从未因其所进行的谋杀而受到惩罚。

技能，这反过来又为他从一个社会科学学科转移到另一个社会科学学科、并创建大众传播研究领域提供了手段。

在1973年的一次访谈（莫里森，1976）中，拉扎斯菲尔德回忆起他如何喜欢上了量化方法："我站在维也纳的一个书亭前。我快19岁了，恰好那儿有一本书，它的封面是一个散点图——它像某个人用来描绘（两个变量之间的）相关性的东西。我一点也不知道它是什么，但是我发现它非常令人兴奋。天知道……就像在那个年龄看见裸体女孩或某种东西的照片。"拉扎斯菲尔德喜欢与数据打交道。"出于某种我根本不知道的理由，我将问卷列成表格。我能够花上几个小时制作它们。我在它们那里发现无穷无尽的快乐。所以，这不只是对于社会科学和对于数学的知识兴趣的聚合。它是对解释表格的一种享受，而我从一开始就发现这非常有趣。"（拉扎斯菲尔德，1961a）

拉扎斯菲尔德受到一种良好的正规教育，维也纳中产阶层家庭的孩子一般来说都是这样。1925年，他24岁的时候，在维也纳大学获得应用数学博士学位。在博士论文中，他将爱因斯坦的万有引力理论运用于水星的运动，导出了一种能够用于描述这个行星轨道函数的数学解法。他用了三个晚上撰写论文（拉扎斯菲尔德，1961a）①。大学教师的位置是稀少的，所以拉扎斯菲尔德依靠在维也纳高中教数学和物理来养活自己。手中有博士学位，因此对于中学课程的教学来说，他的资历过高了。

拉扎斯菲尔德：青年社会主义者

在拉扎斯菲尔德的青壮年时期，奥地利，特别是维也纳经济形势严峻。第一次世界大战失败后，奥匈帝国于1919年签订了圣日耳曼条约，

① 考虑到数学博士论文常常非常短，这一任务也就可能不像它听上去那样不可置信。

将拥有5000万人口的哈布斯堡帝国缩小为只有650万人口的奥地利，其中250万生活在维也纳。这个城市的规模可以统治一个大帝国，但是那种帝国已不复存在。维也纳在政治上由社会党所统治，这个政党主要由工人和知识分子组成。占整个维也纳人口10%的犹太人特别愿意支持社会党。一个人如果在20世纪20年代作为犹太人和知识分子在维也纳生长，这就意味着他有可能是一个社会主义者。拉扎斯菲尔德如何从奥地利的一名年轻的社会主义者转变成美国的“行政研究”(administrative research，这是他自己发明的名称)的领袖，这里面有一段非常有趣的过程。

拉扎斯菲尔德与K·布勒(Karl Bühler)教授和C·布勒(Charlotte Bühler)教授夫妇有来往，他俩在1923年创办了维也纳大学心理学系。① “布勒们”代表着当时德国和奥地利的两个主要的心理学中心一个(另一个是柏林大学的W·柯勒的格式塔心理学)。在拉扎斯菲尔德参加由C·布勒主持的关于O·F·卡宁茨——一个社会主义者领袖——问卷研究结果的研讨班之后，布勒邀请他在维也纳大学与她合作(凯普希，1978)。卡宁茨在青年社会主义会议上已经散发了2000份问卷，而拉扎斯菲尔德对数据作过分析。“在大约24岁的时候，我听了年轻的社会主义工人运动的一名领袖的讲话(卡宁茨)，他阅读(几份)问卷……他用个别的引文描绘工厂生活的悲惨状况。我立刻提出了他为什么不计数字的问题；他对这个想法很吃惊，并转而将问卷递给了我。我作了统计分析，这后来构成了我的首批论文之一的基础。”(拉扎斯菲尔德，1982)拉扎斯菲尔德必须手工制作2000份问卷表格。帮助制表的是M·雅霍达，她后来成为拉扎斯菲尔德的第一任妻子。(他一共结婚三次。)

拉扎斯菲尔德交给布勒研讨班的调查结果给C·布勒留下了深刻的

---

① 这个单位在德语中被称为一个“所”，译成英文是“系”。心理学所是“一个温和而又绝对的君主国，由K·布勒和C·布勒负责”(史密斯，1990)。

印象，拉扎斯菲尔德后来就成为布勒们的心理学系一个教员，讲授统计方法方面的课程(莱厄格，1977)，以后又讲授社会心理学和应用心理学方面的课程，并指导博士论文(拉扎斯菲尔德，1969a)。不过，他从维也纳大学领的薪水有限，所以他必须继续在高中上课。布勒们的维也纳大学的心理学系从事诸如失业者的精神状态、年轻人如何成为努力工作的人、退休的人怎样使其生活具有意义等当代社会问题的研究。“布勒们”及其学生从年轻人那里收集日记，对老年人进行个人访谈，并观察家庭生活。拉扎斯菲尔德后来的学术生涯部分地是由这种社会研究的经历所构成的。

在“布勒们”的系里，“精神分析在正式场合下是遭禁止的，但这不妨碍系里的几个成员接受精神分析，只限在所涉教授中秘密进行。尽管‘布勒们’和弗洛伊德多年来都住在同一个城市，并附属于同一个大学，但是他们从未见过面。”(雅霍达，1983)拉扎斯菲尔德作为一个年轻学者与维也纳著名的精神分析家和弗洛伊德的学生阿德勒交往密切。但当他在阿德勒非正式的研讨班上展示出一个心理学测验时，阿德勒的反应是让他退出研讨班(拉扎斯菲尔德，1961b)。年轻的拉扎斯菲尔德知道了定性方法论和定量方法论之间的冲突，他后来试图打破这个两分法，但是它一直持续到今天。

拉扎斯菲尔德(1947)在给蔡塞尔(Hans Zeisel)的著作《用图形表达》所写的序言中解释说：“作为‘布勒们’的一个助手，我负责训练学生处理这样的材料……比起通常由定量的方法的处理来，这种分类要更加复杂……目的不是发现孤立的关系。结果必须结合在一起，每一个结果都是作为连贯整体的组成部分。这种情景导致了一种经验的工作，在此，定性分析由概念体系(在这些体系中，每个经验的程序都被详尽地研究出它的逻辑内涵)所引导。”拉扎斯菲尔德在维也纳大学形成的这种一般的研究方法将构成他以后的学术生涯的特色。

拉扎斯菲尔德的维也纳大学研究机构

1925年，拉扎斯菲尔德试图通过开办“经济心理学研究中心”(the Research Center for Economic Psychology)来缓和他个人的财政问题。对于后来美国社会学和传播学的发展来说，这个组织是至关重要的。在移居美国之后，拉扎斯菲尔德于1936年创办了“纽瓦克大学研究中心”。一年以后，在1937年，他领导了普林斯顿大学的“广播研究室”，这个机构于1939年迁往哥伦比亚大学，最终成为“应用社会研究局”。①应用社会研究局持续运作了40年，直到1977年，即拉扎斯菲尔德逝世后的一年(后为“社会科学中心”)。许多其他的美国大学研究所都仿照拉扎斯菲尔德的模式，包括施拉姆1947年在伊利诺伊大学创办的传播研究所，以及他于1955年在斯坦福大学创办的传播研究所。今天，在美国大学和国外有几十个传播研究中心。它们的组织形式都得益于拉扎斯菲尔德的思想影响。

拉扎斯菲尔德在维也纳大学的一个学生丹奇格(Lotte Danziger)被一家美国公司雇用作市场调查(莫里森，1976a)，这有助于拉扎斯菲尔德意识到，在市场调查和个人为什么会有其行为方式的学术研究之间，可能存在着“某种完美的结合”。市场调查提供一种资金来源，它能够资助有关人类行为的学术研究(拉扎斯菲尔德，1975a)。(今天能够得到的、可供选择的研究资金的来源，诸如私人基金会和政府，在1925年的维也纳还不存在，在1941年以前的美国也没有广泛提供的。)

维也纳大学经济心理学研究中心是欧洲第一家与大学有联系的研究

---

① 拉扎斯菲尔德在1976年的一次访谈中说：“(如同我愿意的那样)我能够待在美国的惟一途径是通过强调我作为一个研究人员和作为一个研究的组织者的能力。”(斯特尔，1982)拉扎斯菲尔德开创研究机构的另一个理由是他对于地位的渴望；在欧洲，教授应为其研究所的主任(即教授兼系主任)。拉扎斯菲尔德认为，他在维也纳大学成为教授的事受到了他的犹太身份的阻碍；在美国，这一志向因他是移民而变得困难。

机构(蔡塞尔，1976—1977)。它的运作不稳定，所以拉扎斯菲尔德只需从中学的教学工作中请假，而不用辞职。他的研究中心为各种公司进行市场调查，他希望从履行市场调查合同中获得适当的薪水。研究所从事关于啤酒、黄油、巧克力、咖啡、牛奶、醋、鞋、香水和其他产品的消费品市场研究项目。它还进行“维也纳电台”的听众研究，这是世界上首批媒介受众研究之一(海曼，1991)。要得到市场调查合同是不容易的；奥地利正在经历非常艰难的时期，通货膨胀猛增，失业普遍。拉扎斯菲尔德采取了一个聪明的办法，他将K·布勒列为他的研究所由20名成员组成的顾问委员会的主席，因此保证了与维也纳大学心理学系的联系。这个顾问委员会包括商业领袖、城市官员和维也纳大学的教授(莫里森，1976a)。

研究所的雇员大部分是拉扎斯菲尔德的左派朋友，其中许多在“红色猎鹰”中接受过他的社会主义原则的教育。他将这些年轻的社会主义知识分子(许多人失业，比拉扎斯菲尔德小四、五岁)改造成社会研究者(莫里森，1976b)。研究所是“一个灵活的、适应性很强的无等级制的组织”(雅霍达，1983)。雇员们都有相当强烈的推动力，尽管不是出自经济奖励。他们的工资即便有的话，也是非常之低。事实上，研究所在经济上几乎无法生存。拉扎斯菲尔德“在一个接近崩溃的社会里创办了一个一贫如洗的研究中心，并且为他的朋友找到了研究失业状态的工作。”(巴顿，1982)H·蔡塞尔是拉扎斯菲尔德在研究中心的一个同事，他这样描绘碰到一名已1个月没领到工资的雇员时的情景：“噢，是的，4个星期毕竟不算长。我们惟一的定期支付是合作者的咖啡，而他们就在维也纳的咖啡窖中干活。我相信，除了这个以外，我们再不会给他们什么了，因为到这个月的月底，我们中间的那些有第二职业的人(例如，我在我父亲的公司里学习做律师)就要把他们的一部分工资投进去了。”(莫里森，1976a)在1973年的一次访谈中，雅霍达提到：“研究中心每一天都处于倒闭的危险之中，保罗不是一个很好的管理者。他糟糕透顶。你知道吗，他用新研究项目的钱支付老项目，账目当然碰不起来。他是

一个非常混乱的管理者。”（莫里森，1976a）

拉扎斯菲尔德的维也纳研究中心的雇员G·瓦格纳这样描绘这个组织：“噢，研究中心于1925年设置在几个房间里，保罗开始从公司那儿接受订单，我们则开始进行市场调查。我们起步时一无所有，仅一个朋友在这幢公寓里的两个房间，人们做问卷，我们试用它们——这些问卷实际上非常出色。保罗找到一些合作者来帮忙——我们其实都是他的朋友。”（莫里森，1976a）

在研究中心的几个客户中，有法兰克福社会研究中心。它的领导人霍克海默计划了一系列的研究，这些研究最终都发表在由他编辑的《权威与家庭研究》中(1936)，它在后来影响了阿多诺及其合作者关于偏见的重要研究，即：《权威人格》。拉扎斯菲尔德的维也纳研究中心组织了这一资料搜集工作的奥地利部分，而搜集工作是在法兰克福学派的E·弗洛姆的总体指导下进行的。①

拉扎斯菲尔德研究中心的一个早期研究是试图理解维也纳的乞丐的生活和前景。“令我们吃惊的是，我们发现他们认为乞讨是工作，而且他们已经建立了一个非正式的、强有力的组织，这个组织规定工作的时间和地点，以及雇用各种年龄的儿童的费用。”（雅霍达，1983）乞丐研究很可能帮助了几年以后进行的对于失业者的著名的马林塔尔研究的设计。

维也纳研究中心在几个重要的方法方面开了先河：“提问—访谈设计的第一个真正的进步是在这里作出的……交叉表的思想，不同的方法以及最终将这些方法整合起来、以便对问题从整体上有更好的理解。”(蔡塞尔，1986)这一重视社会研究的方法论技术的做法，在拉扎斯菲尔德的美国职业生涯期间得以继续下去。

---

① 不过，直到1934年，拉扎斯菲尔德凭借洛克菲勒基金会的奖学金去美国旅行时，才碰见了弗洛姆、霍克海默或法兰克福学派的其他成员，当时他与弗洛姆(那时是逃离希特勒政权的一个流亡者，居住在纽约)一起从事他几年前在奥地利收集的资料的分析工作(拉扎斯菲尔德，1961b)。

1936年11月，奥地利国家警察搜查了研究中心。雅霍达是拉扎斯菲尔德去美国时期的执行主任，自1934年2月社会党呼吁进行总罢工以来一直积极从事地下活动。警察将她监禁了10个月，然后释放，条件是要她立即离开奥地利。研究中心在蔡塞尔的领导下勉强支撑着，直到1938年被国家社会主义者关闭为止。拉扎斯菲尔德流亡至美国时，将他的研究中心留在了深深的债务之中。“布勒们”对这一债务负有经济上的责任，他们非常着急，后来拉扎斯菲尔德找到了一个富有的瑞士商人，一个名叫戈尔德的先生，他以担任当时已名存实亡的研究所的主任这一靠不住的荣誉为交换条件，偿还了这笔债务。（莫里森，1976a）

表7.1　拉扎斯菲尔德职业生涯大事记

年　份	事　件
1925	创建“经济心理学研究中心”，它与维也纳大学保持松散的联系。
1931—1932	进行马林塔尔失业研究。
1933—1935	受洛克菲勒基金资助去美国旅行；1935年，从奥地利流亡。
1935—1936	被聘为新泽西州纽瓦克学生救济工作的指导者。
1936	被任命为他所创建的“纽瓦克大学研究中心”的执行主任。
1937	广播研究项目在普林斯顿大学建立，由洛克菲勒基金会资助，由坎特里尔、斯坦顿（CBS）和拉扎斯菲尔德担任领导，他们在“纽瓦克大学研究中心”进行了研究。
1939	“广播研究室”项目基金办公室被洛克菲勒基金会恢复，并随拉扎斯菲尔德迁往纽约，在纽约，它附属于哥伦比亚大学，拉扎斯菲尔德被任命为不属教员编制的兼职讲师。
1941	被任命为哥伦比亚大学社会学系副教授，默顿被任命为助理教授。
1944	“哥伦比亚大学广播研究室”更名为“应用社会研究局”。
1948	被任命为哥伦比亚大学社会学系主任。
1950	失去对传播研究的兴趣，辞去“应用社会研究局”主任的职务。
1962	被任命为哥伦比亚大学社会科学的“凯特勒教授”。
1969	从哥伦比亚大学退休，开始每周去一次匹兹堡大学讲授社会学。
1976	死于癌症。

拉扎斯菲尔德的维也纳研究中心的全部思想似乎有点是超现实主义的：“一个由社会主义者组织的中心，要推进社会心理学，后来又从事

市场调查以便增加企业家的利润，这看起来似乎是矛盾的。”（海曼，1991）但是必须记住：20 世纪 30 年代早期，其他用于研究的基金来源在维也纳是无法得到的。市场调查支付了这些账单。

关于马林塔尔失业研究

最终，拉扎斯菲尔德的维也纳研究中心提前得到了一点钱，所以它能够出于严格的学术目的进行一项研究。拉扎斯菲尔德提出调查人们如何度过他们的闲暇时间的问题。他与奥地利社会党领袖O · 鲍尔讨论这个计划，这位政治家告诉他，在严重的失业时期研究闲暇问题是愚蠢的（拉扎斯菲尔德，1969a），所以，拉扎斯菲尔德将研究重点转向失业者。马林塔尔研究是首批关于失业的探讨之一，这是 20 世纪 30 年代初世界范围内的萧条中的一个重要的社会问题（拉扎斯菲尔德，1976）。项目得到来自洛克菲勒基金会的一小笔资助，再加上来自维也纳的一个中央贸易委员会的少量资金。洛克菲勒基金会的支持后来之所以变得重要起来，是因为它促使拉扎斯菲尔德注意基金会的高级职员，并导致他获得去美国的旅行研究基金（莫里森，1976a）。

拉扎斯菲尔德选择了马林塔尔作为他的研究基地，这是一个位于维也纳东南部 16 英里的小城镇。雅霍达在蔡塞尔和拉扎斯菲尔德的帮助下指导这个项目。马林塔尔是研究失业状况的一个理想场所；在 1931—1932 年的研究期间，这里的 478 户家庭中有 77% 的人失业（海曼，1979）。除调查住户以外，维也纳的研究者们进行个人访谈，从事深度案例探讨，收集历史资料。而且，诸如图书馆登记簿这样的不起眼的测度指标都被获取，以便决定个人的阅读是否随失业而下降（弗罗因德，1978）。答案是肯定的，大约比过去下降了一半（西尔斯，1987）。需要 6 个月时间来进行实地资料的收集工作，18 个月的时间分析这些资料并整理出结论（拉扎斯菲尔德，1962a）。马林塔尔研究的全部费用是 1000 美元，加上拉扎斯菲尔德及其同事在维也纳收集的许多旧衣服，这些旧衣服随后在马林塔尔地区分发，以报答地方对于资料收集工作的帮助。研究者们还为马林塔尔的贫困人口安排了每星期一次的免费医疗咨询。

马林塔尔是一个工业镇，曾被奥地利最大的纺织厂支配了近100年。这个纺织厂，即马林塔尔—杜鲁莫尔·A·G公司于1929年倒闭，使镇上的居民陷入失业之中(弗罗因德，1978)。拉扎斯菲尔德和他的同事们实施了一个简洁有序的研究计划，来探讨失业的影响。它不同于R·林德和H·林德的“米德尔敦”以及W·L·沃纳的“扬基城”(它们是作为美国的代表性或一般城镇而被选择的)，马林塔尔之被选为研究基地，是因为它是某个尖锐的社会问题的典型(弗罗因德，1978)。

马林塔尔的发现展示了“一幅生活在巨大压力之下的社区图景，在此，大部分人正失去参与感，感受不到希望，甚至感受不到时间。对于失业的抵制作为一种‘心灵状态’慢慢地崩溃了。”(弗罗因德，1978)指导这次研究的主要的探讨问题之一是：失业个人的反应是革命的，还是冷漠的。答案是后者，而这影响了奥地利社会党，它预示了几年以后这个国家对于希特勒的占领所持有的不抵抗态度(西尔斯，1987)。

马林塔尔的失业者的绝望情绪渐渐地加剧了。一个失业工人起初可以领取7个半月的失业救济，随后是一年的紧急救助。两者都是每天领取10到20美分。在此以后便没有什么经济上的帮助了。拉扎斯菲尔德和他的同事们发现，尽管只有15%的马林塔尔的儿童健康状况正常，但不再得到救济金的工人的孩子却都是不健康的。这些家庭几乎一无所有：“食品肯定更少了，质量更差了。糖肯定是一点儿也没有了。房租，尽管每月仅60分，但肯定要小心翼翼地积存起来。晚上可能没有灯。冬天，家人白天必须大部分时间待在床上以节省燃料。肉的惟一来源是偶尔得到的一只猫或狗。”一个奥地利的父亲用这样的话来描述失业者的彻底绝望：“昨天，我们吃掉了我们的狗。我不愿意这样做，因为它曾是我们的宠物，但是我已3年没工作了，而我们有1个多月没吃肉了。我告诉我的妻子和孩子们说那是马肉，他们非常喜欢吃。”(麦克默里，1933)

马林塔尔的居民，特别是男性居民，的确在混时间。“从必须准时的约束中摆脱出来，甚至从急匆匆的状态中摆脱出来，时间也就失去了意义。”（麦克默里，1933）他们单独或成群地站上几个小时，无目的地长时间谈话。许多人不再戴手表，甚至不能判断一天的时间。人们意识到，在马林塔尔或整个奥地利，都没有他们的工作。他们放弃了希望。

马林塔尔的许多人达到了拉扎斯菲尔德所说的崩溃边缘：“有些人开始酗酒，其他人出走。如果是丈夫而不是妻子垮掉了，妻子通常将维持家庭。如果是妻子垮掉了，这个家就崩溃了。孩子们不再得到照顾或被送到学校；吃饭变得没有规律；家务顾不上了；每一个行为都带有不负责任的草率。”（麦克默里，1933）这些被划分为垮掉了的个人占马林塔尔家庭总数的约三分之一（拉扎斯菲尔德，1932）。随着越来越多的家庭耗尽了失业补助和紧急补助，维也纳的学者们估计马林塔尔的大部分其他家庭也将崩溃。拉扎斯菲尔德相信，如果这些垮掉的人被某个煽动者允诺食品、住处和工作，那么不管这个煽动者的政治方案多么极端，他们也会跟随他（麦克默里，1933）。几年以后，希特勒轻而易举地占领了奥地利。

马林塔尔项目是“维也纳经济心理学研究中心”的最著名的研究。①1933 年 1 月，莱比锡的一个德国出版商出版了报道这项研究的著作，但是，“不久，大部分第一版的书都成为（纳粹）焚书的牺牲品，因为该书的作者是犹太人。”（雅霍达，1983）这项研究使拉扎斯菲尔德有了一种学术荣誉，一种可以帮助他获得去美国的旅行资助的荣誉。他最初是以一种非同寻常的方式引起美国的重要学者的注意的。拉扎斯菲尔德的导师 C · 布勒教授将他的名字列入 1932 年在德国汉堡举行的“国际心理学会议”的计划中。拉扎斯菲尔德告诉她，他要谈论提问“为什么”的艺术，这是他在当时的最热切的学术兴趣。拉扎斯菲尔德回忆起她说的话：“你真傻。在一

① 在马林塔尔最初研究的 50 年以后，M · 迈克尔博士又对它进行了再次研究。迈克尔是一名维也纳大学社会学家，在哥伦比亚大学获得博士学位。

个国际会议上，谁要听一篇方法论的论文？那是白费精力。但是你正在研究马林塔尔……你关于1931年失业的影响所说的任何东西都是非常现代的。”（拉扎斯菲尔德，1975b）他的演讲轰动一时。在他后来到达美国的时候，好几个美国学者，其中有哈佛大学的奥尔波特（Gordon Allport）、哥伦比亚大学教师学院的G·华生，加州大学伯克利分校的托尔曼（Eduard C. Tolman），都还记得他关于失业问题的研究。

移居美国

以巴黎为基地的洛克菲勒基金会高级职员T·B·基特里奇那时正寻找需要美国研究经历的年轻的欧洲研究者（卡佩奇，1978）。拉扎斯菲尔德通过非常罕见的境遇得到了洛克菲勒的研究基金。由于他是犹太人而被排除在学校的晋升外，所以他被列入研究基金的一种“二等奖”的提名中。1932年，K·布勒（他的妻子和他的两个助手都是犹太人）认为，他不能将拉扎斯菲尔德提升为“Dozent”——一种兼职助理教授，尽管他感到拉扎斯菲尔德已经赢得了这一晋升（莫里森，1976a）。取而代之，布勒任命了一个非犹太人E·布伦斯维克博士，他教理论和实验方法。“通过协商，（K·布勒）推荐拉扎斯菲尔德申请洛克菲勒奖学金。因此，在某种程度上，总是威胁拉扎斯菲尔德的反犹主义，那种既阻挡了他的政治生涯、又阻挡他的学术生涯的反犹主义却帮助了他获得了这笔奖学金。”（莫里森，1988）拉扎斯菲尔德（1975a）后来评论说：“当然，如果我能在维也纳大学获得‘兼职助理教授’的职位，那我现在就死在毒气室里了。”

这样，通过布勒，基特里奇注意到拉扎斯菲尔德的学术才能①，并在1932年夏天为洛克菲勒基金会的奖学金事宜与他进行了面谈（莫里森，1976a）。他给了拉扎斯菲尔德一份申请表，并督促后者将之交上来，但是，拉扎斯菲尔德认为自己没有这样的机会，所以没有申请。12月，他

① 他还从洛克菲勒1931年对马林塔尔研究的资助项目中知道了拉扎斯菲尔德。

收到基特里奇从巴黎寄来的电报："你的申请表在这个办公室里被归错文档了。急需新的一份，因为在今年年底前必须作出决定。"（拉扎斯菲尔德，1961a）拉扎斯菲尔德立刻"重新申请"，并且及时地获得了赴美的研究资助。

在1933—1935年赴美资助旅行期间，拉扎斯菲尔德遇见了许多美国的杰出学者，包括芝加哥大学的斯托弗和哥伦比亚大学的R·S·林德，加上各种各样的市场调查者（诸如纽约"心理学公司"的利克特）。在后来的岁月里，这些私交对拉扎斯菲尔德证明是非常有用的，特别是他与林德的关系。R·林德是中西部的一个银行家的儿子，他在普林斯顿获得大学学位以后，在纽约的协和神学院注册学习。他对怀俄明州埃尔克贝森的美孚石油公司工人的恶劣生活状况的观察，促使他在《哈泼斯》月刊和其他知识分子杂志上撰写批判文章（史密斯，1991）。结果，由洛克菲勒基金会资助的"社会和宗教研究所"为林德提供了资金，以进行在印第安纳州曼西（米德尔敦）的一次研究。在美国社会学历史上，R·林德和H·林德夫妇进行的米德尔敦研究是一个转折点，因为社会阶级和权力成了各种假说中所探讨的变量。"'米德尔敦'研究是第一次大规模的经验研究，它采用了新功能方法。"（利普塞特和斯梅尔塞，1961）这个研究最初侧重于在印第安纳州曼西的教堂的作用，但是林德断定，只有通过分析宗教机构作为其组成部分的更大系统，他们才能理解教堂（林德夫妇，1929）。这对夫妻搭档1924年首次开进曼西，1935年又返回那里再次进行研究，他们将这次研究在他们的第二部著作《变迁中的米德尔敦》中作了报告（林德夫妇，1937）。①

米德尔敦研究对于R·林德职业生涯来说关系重大。它是一个经典的社会学研究，或许是自托马斯和兹纳涅茨基（1927）的波兰农民研究——10年前进行的芝加哥学派的经典——以来最重要的社会学实证研究。他们的第一部米德尔敦的著作为林德夫妇赢得了广泛的赞誉。仅在

① 1977—1979年，弗吉尼亚大学的T·卡普洛再次对曼西进行了研究。

1929年初版当年它就印刷了6次。凭借“米德尔敦”，R·林德被授予哥伦比亚大学的正式教授职位和社会学博士学位。①麦基弗（Robert MacIver）当时是社会学系系主任，他于1931年作出上述任命，后来又对这个决定感到后悔。林德是一个经验主义的学者，他希望社会学研究社会的应用问题；与之相反，麦基弗注重理论，他认为社会学应该是对社会组织的研究（利普塞特，1955）。由此产生的哥伦比亚大学社会学系的这个分歧一直持续到拉扎斯菲尔德和默顿在1941年走到一起的时候。

拉扎斯菲尔德（1962b）这样描绘他与R·林德在哥伦比亚大学的第一次会面：“在这里，我遇见了伟大的林德，天正下着雪，这个人不停地担心我没有胶鞋，他开始从一个办公室跑到另一个办公室（去看看）能不能找到一双胶鞋，这样我就不会弄湿。噢，首先我不在意会不会弄湿。其次，一个完全的陌生人的想法是……。”在拉扎斯菲尔德1933年于哥伦比亚大学与林德交谈期间，他了解到林德已经完成了一次关于经济萧条对于新泽西州蒙特克莱的中上层家庭的影响的调查，但是却为资料分析问题感到为难。拉扎斯菲尔德想免费提供这项服务，但是林德拒绝了，以免剥削拉扎斯菲尔德（拉扎斯菲尔德，1961a）。不过，拉扎斯菲尔德参加了林德在哥伦比亚的博士生研讨班，在这个研讨班中，学生们正在撰写关于蒙特克莱项目的论文（该项目的研究结果从未发表）。拉扎斯菲尔德晚年谈到过他与林德的关系：

> 在来到这个国家生活的最初几年内，我所获得的几乎所有东西在某种程度上都归功于林德……我所作的首次演讲——它有点使我更加出名了；我在纽瓦克的第一份工作；当然还有我在哥伦比亚大学的任命。我几乎没有什么事不是多亏了他。如果我不过是一个“倒霉鬼”，不过是一个贫困的流亡者，可以说，他也会毫不含糊地予以认同。后来，当我开始自己学习时……这个研究局的存在甚

① 除去他们的著作中由H·林德所撰写的章节（福克斯，1983）。

至都归功于林德。要不是林德的话，哥伦比亚大学实际上永远不会接受它（拉扎斯菲尔德，1962b）。

1933—1935 年，当拉扎斯菲尔德依靠洛克菲勒基金会的研究基金在美国逗留期间，他的妻子雅霍达领导着经济心理学研究中心。1936 年，这个研究中心因其政治地下活动而遭警察袭击，并在两年以后关闭。雅霍达因为她的社会主义活动而遭逮捕和监禁。拉扎斯菲尔德的父母亲也被逮捕。1934 年 2 月，在拉扎斯菲尔德的第一个研究基金年的中途，右翼政治家陶尔斐斯罢黜了"红色维也纳"的市长，一个社会民主党人。由墨索里尼式的法西斯主义所支持的陶尔斐斯政府控制了奥地利。由于这些政治变化的结果，拉扎斯菲尔德失去了他已告假的维也纳中学的教学位置。他在奥地利已经没有能够重返的工作。

由于维也纳的这些不祥事件，1935 年拉扎斯菲尔德决定移居美国。洛克菲勒基金会将他的研究基金延长到第二年，他不顾一切地在一所美国大学寻找工作机会（帕萨尼拉，1990）。匹兹堡大学的"零售培训研究局"的一个职位看来有希望，但是它在最后关头落空了。①至 1935 年中期，洛克菲勒基金会给予拉扎斯菲尔德的研究资助用完了，他回到维也纳。不过，R · 林德帮助他找工作，并在 1935 年中写信对他说："现在有一件与维也纳人'无关'的事情，但是我要立刻告诉你：星期五下午在纽瓦克，我发现了一个你所渴望的工作：社会机构需要某个人寻找和评估所有可获得的有关纽瓦克的社会资料。"拉扎斯菲尔德申请并得到了这个工作，还用洛克菲勒基金会资助剩下的最后 150 美元订购了去纽约的机票（纽拉思，1983）。他抵达纽瓦克后，成为全国青年总署失业研究

① 不过，幸运的是，当拉扎斯菲尔德在维也纳申请美国签证时，手边有匹兹堡大学提供工作的录用文件。但当签证由美国大使馆签发一天以后，拉扎斯菲尔德收到了匹兹堡大学的那个研究局的主任 D · 克雷格的电报，告知克雷格正迁移到华盛顿，匹兹堡大学的那个职位因此而落空了（莫里森，1976a）。

项目的领导人。拉扎斯菲尔德在曼哈顿百老汇西面的西113街租了一个小房间，并乘公交车往返于纽瓦克。

广播研究项目①

仅仅几年时间内，拉扎斯菲尔德就从维也纳的那个一贫如洗的研究机构的领导人一跃而成为位于哥伦比亚大学的“应用社会研究局”主任，这个研究局很快就成为“世界上最有影响的传播研究组织”（施拉姆，1981）。

拉扎斯菲尔德的“纽瓦克研究中心”

拉扎斯菲尔德在纽瓦克的工作是指导一个接受补助的学生小组的研究工作——他们把失业的年轻人所完成的约1万份问卷的资料制成表格（西尔斯，1987）。一年以内，拉扎斯菲尔德被任命为纽瓦克大学研究中心的执行主任，这是由他白手起家的一个研究所。它不是一个负担很重的工作。研究成员由一个有经验的学者——拉扎斯菲尔德——和他的一小队靠补助的学生工作者所组成。②他的合同规定他年收入4800美元中的一半必须从研究合同中挣得（拉扎斯菲尔德，1969a）。其他一半来自在纽瓦克大学的授课。换言之，这所大学的校长金登（Frank Kingdon）并不

① 广播研究项目对于形成当代大众传播方向的重要作用，由罗杰斯作了追溯（1992）。

② 为了给人留下纽瓦克中心是在更加实质性地运作的印象，拉扎斯菲尔德用另一个名字出版他的某些作品，因此造成了一个并不存在的同事，“E·史密斯”。海曼（1991）说，“拉扎斯菲尔德的化名是他的奇异创造力及其喜剧性的嘲讽含义的极好说明。”拉扎斯菲尔德原先创造出他的另一个名字，是用作培育这样的印象，即：他的纽瓦克研究中心不仅仅是一个人的表演，也是为了使他看上去不是那么一个杂志文章的多产作者。后来，在麦卡锡时期，联邦政府当局因为拉扎斯菲尔德30年代冒充E·史密斯而对他产生了怀疑。

十分相信拉扎斯菲尔德的研究中心会成功。①具有象征意义的是，“纽瓦克研究中心”就坐落在一家陈旧的酿酒厂内。

次年，由于拉扎斯菲尔德与“广播研究室”的关联，他的经济生存问题向前迈进了重要的一步，而“广播研究室”是在1937年9月由洛克菲勒基金会给予普林斯顿大学的“公共与国际关系学院”的资助下建成的(拉扎斯菲尔德，坎特里尔和斯坦顿，1939)。这个“广播研究项目”的全称是“广播对于所有类型的听众的基本价值”。

广播研究项目的背景

拉扎斯菲尔德以一种偶然方式介入到大众传播研究；他在最合适的时间、最合适的地点成为一个最合适的人。至拉扎斯菲尔德在20世纪30年代中期开始研究广播这个新型的大众传播形式时，广播业已经发展了大约15年。广播史的研究者们将广播业的起点追溯到匹兹堡的KDKA，这是第一家商业广播电台，1920年由“西屋电气公司”为出售它所制造的广播接收设备而建造。两年后，即1922年，“电话电报公司”在纽约创办了WEAF，这是第一家推销广告的广播电台。早在这个新兴产业的最初阶段，就存在着对于广播的一种强烈的商业兴趣。

美国家庭的广播普及率是快速的(尽管20年以后，黑白电视甚至以更快的速度被普及)。截至1925年，如同图7.2所显示的那样，所有美国家庭中的10%拥有一台收音机；截至1930年，收音机的拥有率达到46%；1940年，是82%。与此同时，收音机的平均使用是每天4个半小时。1937年“广播研究项目”开始时，比起拥有电话、汽车、抽水马桶、电器或报纸来，有更大比例的美国家庭拥有收音机。

20世纪30年代末期，正在崛起的希特勒法西斯主义德国的幽灵，促

① 不过，拉扎斯菲尔德的不太多的薪水足够保证为他的父亲、母亲、姐姐、姐夫和外甥办理法国签证，这样，他们就能够逃离纳粹的迫害(拉扎斯菲尔德，1975a)。

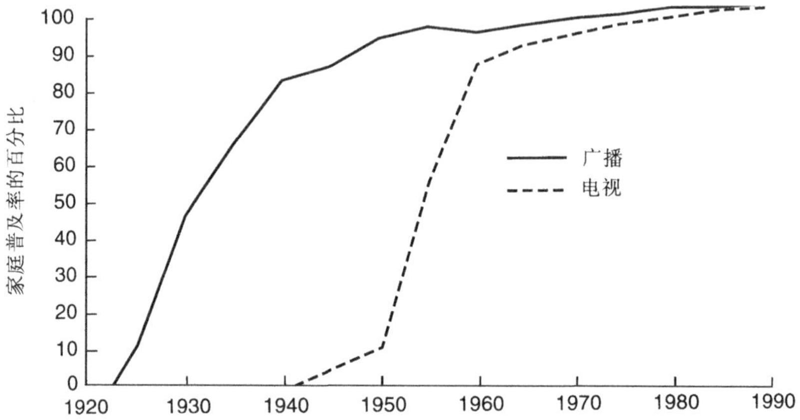

图 7.2　美国家庭广播和电视的普及率

来源：美国人口普查局报告。

使联邦政府对宣传和舆论的形成，进而对传播研究产生了兴趣。广播的迅速扩散和这个新媒介为希特勒的宣传部长戈培尔的使用方式，使得特定的兴趣集中在电子传播手段上。在美国，广告公司的兴起导致文化的商业化，并导致了对作为设计和推销产品、以迎合消费者需要的一种手段的市场调查的需要。最后，作为 F · D · 罗斯福的“新政”纲领（它旨在使这个国家摆脱最糟糕的经济萧条）的一个组成部分，越来越严格的政府管控威胁了无线电广播业的绝对自由。对于大众传播业的这些重要潮流中的每一个潮流，拉扎斯菲尔德的职业都以各种各样的方式发生着兴趣（鲁宾，1988）。拉扎斯菲尔德从中欧移居到美国的纽约地区，这一事实将他置于这些重要事件的地理交叉点上，而正是这些重要事件引发了大众传播研究的兴起。

在无线电广播开始后的几十年中，电台管理者与正在发展的市场调查专业建立了合作关系，以便获得有关广播对于其听众的效果的经验资料。这样的资料之所以必需是为了说服广告商购买广播广告（赫维茨，1988）。商业无线电广播业的发展与越来越重要的市场调查相并行。报纸和杂志的读者由发行量来测定，所以广告商知道一个平面广告能够接触的潜在人数是多少。但是无线电广播接触的是未知规模的隐形受众(切特罗姆，1982)。因此，市场调查技术就被创造出来，以便测定各种广播的听众规模，以及听众的人口学特性。可以理解的是，广告商想知道谁听他们的广告以及广告是否引导人们购买广告产品。A · C · 尼尔森(Nielsen)等其他市场调查者收集决定广告播放率和影响广播节目内容的收听率数据。

“广播研究项目”并不是美国的第一个有关广播及对其听众的影响的经验研究，但是从前的调查都是小型和零散的，适合于广播公司的利益(赫维茨，1988)。拉扎斯菲尔德的“广播研究项目”，特别是由他和哥伦比亚广播公司的斯坦顿合编的关于广播研究的三次年度评审，给广播研究赋予从未有过的连贯性和可视性(拉扎斯菲尔德和斯坦顿，1942，1944)。

设计广播研究项目

“广播研究项目”的起源可追溯到小约翰 · D · 洛克菲勒，他是石油业的那个强盗资本家的儿子，负责洛克菲勒家族的慈善事业。“1929年，他有了一个想法，就是通常可以做些事情来提高广播节目的质量。”①当洛克菲勒家族的某个成员对某个题目表达出哪怕一丁点儿兴趣时，洛克菲勒基金会的管理者就急于得到相关的信息，写出可供选择的方案，并考虑各种各样的调查方法。“广播研究项目”就出自洛克菲勒基金会的这个看法和规划工作。

洛克菲勒基金会高级职员 J · 马歇尔(1977)是这样解释“广播研究

① 引自一封日期为 1931 年 7 月 27 日的信，它由洛克菲勒基金会高级职员 A · W · 阿穆尔写给洛克菲勒纪念基金会高级职员 L · K · 弗兰克。(洛克菲勒档案中心，GEB 藏品，918 系列，358 盒，文件夹 3696)

项目”如何开始的：“1933 年，理事们任命了一个审查委员会……并提出基金会可以推动的领域之一是广播。我开始阅读并与广播网中的人交谈。当我读到 H · 坎特里尔（和 G · 奥尔波特）的《广播心理学》（1935）——它认为听众调查是必需的——时，历史的时刻就到来了。”马歇尔（1903—1980）长期以来就对广播有兴趣，这个兴趣始于他孩童时拥有一个无线电发射机的时期。他在波士顿的一个中产阶级家庭中成长，继而在哈佛大学学习中世纪史，但在 1933 年为了参加洛克菲勒基金会的工作，中断了哈佛大学的博士研究。他职业生涯中的其他时光（37 年）都与洛克菲勒基金会一起度过，主要是在“人文学科部”（它包括社会科学）。在大众传播研究的兴起方面，马歇尔发挥了非常重要而又不太引人注目的作用。1939 年，他创造了“大众传播”这个词，并资助了许多早期调查。

1936 年，马歇尔相信，广播可能不仅仅是当时的大众/商业/娱乐媒介，能够发挥大得多的作用。他要向广播网论证：听众之存在是为了质量更高的文化食粮（莫里森，1976a），他与普林斯顿的坎特里尔教授都主张这样的观点。①马歇尔对于广播网所制作的广播节目有一种理智上的厌恶，他将“广播研究项目”视为一个更加广泛的有关提高公众文化水平计划的组成部分：“基本上，我认为我们基金会对于广播研究的兴趣是：我们相信它具有某些可能性，即：表明我们不一定要有像以前那样的广播节目。就是说，存在着一种教育的文化价值，通过研究向广播公司证实这一点，我们就可利用杠杆效应来采纳更有文化的与教育价值的节目类型。”（莫里森，1976a）他的希望被证明是天真的；广播网被定位在通过对大众市场有吸引力的广播节目而获得更高的收听率上。

广播研究是需要的，但广播网本身并不想资助它。一个无线电广播

---

① 坎特里尔与洛克菲勒基金会的高级职员、与洛克菲勒家族的成员关系密切。他与小约翰 · D · 洛克菲勒的孙子 N · 洛克菲勒曾是达特茅斯大学本科生室友。

业委员会已审查了洛克菲勒基金会的研究计划，但拒绝资助这项研究，因为它担心研究结果可能有损于他们与广告公司以及他们的广告赞助商的关系(莫里森，1976a)。①不过，只要哥伦比亚广播公司的斯坦顿介入了，他们就不反对洛克菲勒基金会赞助的研究。斯坦顿后来谈到他在其中的作用：

> 我在“广播研究项目”中的作用与坎特里尔平分秋色，直至我们将拉扎斯菲尔德带入这个局面。我和坎特里尔一起写了交给洛克菲勒基金会的计划，甚至用打字机将之打出来以待坎特里尔的签名，因为赞助得给予一个非营利的组织。最初……我们计划一起从事这个项目。后来，坎特里尔(从哥伦比亚大学)去了普林斯顿，而我在哥伦比亚广播公司的工作扩展了，所以到洛克菲勒基金会给予赞助的时候，我们都深深地陷入了自己的事务之中，因此谁也没有能够全身心地进行这个项目的工作。由于洛克菲勒基金会的充分理解和支持，我们在普林斯顿大学提议了这个项目的组织方式，我们两个都是副主任，并将任命一个主任。(斯坦顿，1991)

马歇尔引导该提案通过洛克菲勒基金会董事会获得批准。项目的

---

① 当时的广播网络一般来说对研究缺乏兴趣，这一点在1936年被哥伦比亚广播公司的研究主任F·斯坦顿的经历所说明。广播业的传统看法是：收听率主要由无线电信号的强度所决定，不依赖于广播节目的内容。不过，斯坦顿在一次试点调查中发现，大部分听众为了接收质量，都转向第三或第四广播台。斯坦顿敦促哥伦比亚广播公司研究听众喜好的基础。他所计划的研究被哥伦比亚广播公司的管理者驳回，因为它没有商业价值(莫里森，1976a)。不过，后来斯坦顿开始将研究运用于哥伦比亚广播公司的其他实际问题：“当我最初进入这个(广播)产业时，日间连续剧由音乐、诗歌等诸如此类的节目所插入，你在连续剧方面得到的是高(评)分，在诗歌方面得到的是低(评)分。有一天，我找到管理人员说：‘我们为什么不把这些节目连放在一起呢？’”(巴托斯，1977)当哥伦比亚广播公司将一个个的连续剧放在一起播，将晚间新闻放在另一时段，它们总体评分就更高。将类似节目分组为格式的做法持续到今日。

资助额是两年共计6.7万美元，并规定它可以延长。①斯坦顿在哥伦比亚广播公司刚刚被安排了额外的职责，所以拒绝了领导这个项目的机会。坎特里尔在普林斯顿促成了《舆论季刊》的创办，也正在普林斯顿建立“舆论研究室”，以便参与J·盖洛普的民意测验研究。这两个人都担任“广播研究项目”的副主任，但在开始寻找一个全职主任，R·林德推荐了拉扎斯菲尔德，后者当时(1937年8月)正在奥地利度假。坎特里尔打电报向他提供这个期限为两年、年薪为7000美元的工作机会，并为他的第二任妻子赫塔·赫佐格在“广播研究项目”中提供一个研究位置(海曼，1991)。经过一些艰难的谈判以后，拉扎斯菲尔德说服了坎特里尔让他在他的“纽瓦克研究中心”里从事广播项目的工作，而资助则通过在普林斯顿大学广播研究室提供。拉扎斯菲尔德写信给林德说：“整个的安排是如此顺利，以至于不知怎的，我简直还不能相信这是真的。”(海曼，1991)“广播研究项目”的预算是纽瓦克研究中心预算的3倍以上。

上交给洛克菲勒基金会的长达7页纸的计划《广播对于所有类型的听众的基本价值》，为那个即将进行的研究几乎没有提供什么细节。事实上，项目持续时间的前两年主要需要发展广播研究中所使用的研究方法。考虑到美国社会从前没有很多关于广播和与这个媒介相关的新特点的研究，所以这种忽略特性研究的做法可能是合适的。松散的结构使得拉扎斯菲尔德能够不受限制地让这个研究按照他将选择的方向进行，这是一个被他立刻就意识到了的优势。1937年8月8日，当他正在商谈关于领导“广播研究项目”的事宜时，他写信给坎特里尔(莫里森，1976a)说：“广播是这样一个题目：围绕着它，实际上任何种类的研究方法都

① 几个月以后，“普通教育委员会”(与洛克菲勒基金会相并列的一个单位)资助了24.7万美元，用于学校无线电广播研究，时间从1937年至1941年，由俄亥俄州立大学教育研究局主任W·W·蔡特金领导。马歇尔既是洛克菲勒基金会的高级职员，又是普通教育委员会的管理者，他也涉足于学校无线电广播项目。大约也在那个时候，马歇尔还通过洛克菲勒基金会资助了有关电影和书籍的研究。

能够得到尝试，并都能被令人满意地加以应用。”事实上，“拉扎斯菲尔德主要强调的是方法论的问题，而且……他选择了便于获得且有基金资助的实质性研究领域来尝试这些新方法。”（巴顿，1991）拉扎斯菲尔德认为：“看来，你得理解我对什么大众传播不感兴趣。我的意思是，在某种程度上，一个方法论家会对每一件事情都感兴趣。”（莫里森，1968）显而易见，拉扎斯菲尔德在研究大众媒介传播的效果方面是一个与众不同的开拓者。他视自己为一个方法论者，而传播不过是一个便利的洗澡盆，在上面可以漂浮起他的那些研究小船。

由坎特里尔和斯坦顿提交的“广播研究项目”（所谓的“旧约”）与拉扎斯菲尔德实际运作的项目截然有别，他将后者称为“新约”。斯坦顿—坎特里尔的提议主要要求实验室实验，与坎特里尔—奥尔波特在《广播心理学》(1935)中所报道的那些实验相类似。拉扎斯菲尔德的风头要大得多。他利用了调查研究、广播节目的内容分析、收听率和其他种类的第二手资料，而广播听众和印刷媒介的读者之间的比较使得他和“广播研究项目”趋向于一种大众传播的科学(切特罗姆，1982)。他将“广播研究项目”迈向传播研究的广泛领域，并在他所经之处作出创新和即兴创作。

这个项目的领导在纽瓦克大学，可它的资助为什么在普林斯顿大学提供呢？拉扎斯菲尔德(1961a)说，之所以会有这样的拙劣安排是因为洛克菲勒基金会的管理者们认为纽瓦克大学“不是杰出的”。当纽瓦克大学1936年关闭时，这个项目随拉扎斯菲尔德一起转移到纽约市联合广场的办公室，在正式场合下，它仍然被称为“普林斯顿大学广播研究项目”。对于拉扎斯菲尔德来说，本该有一种被任命为普林斯顿大学教员的选择，但他是维也纳的犹太移民，在那里不被接受。（莫里森，1976a)

斯坦顿

拉扎斯菲尔德未到场却成为“广播研究项目”的领导人，这是因为除他以外，坎特里尔忙于他的教学和其他学术职责，而斯坦顿则正在为哥伦比亚广播公司广播网指导受众研究。不过，“广播研究项目”的这两个副主任对于项目的成功作出了重要的贡献。坎特里尔与盖洛普关系密切，他帮助拉扎斯菲尔德获得有关广播听众及其对不同类型的广播节目的反映的民意测验资料。由拉扎斯菲尔德和他的项目组成员对这些民意测验资料二次重分析，这有助于使他们的成就远远地超出了洛克菲勒基金会慷慨的资助所能够允许的程度。坎特里尔提议，该项目进行少量开放式的、深度个人访谈，特别是与那些受广播节目影响的个人进行访谈，诸如广播肥皂剧粉丝，以便补充来自大型样本的更加量化的调查资料或收听率资料。这种将广播效果方面的定量资料和定性资料结合起来的做法成为“广播研究项目”的一个常用的手法。

“除了理智能力以外，坎特里尔特别能够征服有钱人，并有能力赞助研究。”（海曼，1991）拉扎斯菲尔德-斯坦顿-坎特里尔的领导造就了某种协同作用，而他们关于威尔斯（Orson Welles）1938年的广播剧《星球大战》的研究（坎特里尔、高德特和赫佐格，1940）则是这一协同关系的典型表现。它在万圣节前夕广播，有600万美国人收听，引起约100万人的恐慌。“广播研究项目”抓住了这个前所未有的事件，以了解广播节目在制造大众的歇斯底里方面为什么会有如此引人注目的效果。在那个广播剧播出之后的清晨，拉扎斯菲尔德打电话给斯坦顿，要求从斯坦顿的哥伦比亚广播公司的研究预算中拨款资助一个“突发研究项目”（海曼，1991）。坎特里尔和拉扎斯菲尔德说服洛克菲勒的“普通教育委员会”又额外拨出3000美元给“广播研究项目”，用于广播听众样本的资料收集工作。①赫佐格对小样本的恐慌听众进行了深度访谈，斯坦顿设计了两份有关广播效果的定量调查，盖洛普也从事了一个调查。所有这4套资料那时由坎特里尔伙同高德特和赫佐格进行分析，并在他们的《火

① 关于这笔资助的获准文献的日期是1938年11月29日，它可见于洛克菲勒档案中心，藏品GEB，盒361，文件夹3723。

星人入侵》(1940)这部传播研究中的经典之作中予以报道。

斯坦顿也对“广播研究项目”作出了重要的贡献。他保证了强大的广播业的合作，这是项目有效运作的基本条件；他为《火星人入侵》的广播剧的效果研究提供了基金，还为默顿关于1943年K·史密斯的出售美国战争债券的广播马拉松节目研究提供了5000美元；他将各种重要的研究方法带入这个项目中的对于广播效果的研究，其中尤其重要的是“拉扎斯菲尔德—斯坦顿节目分析仪”；他与拉扎斯菲尔德合编了三部系列丛书，对“广播研究项目”的资金状况和其他媒介效果的相关研究作出了总结(拉扎斯菲尔德和斯坦顿，1942，1944，1949)。

1935年，斯坦顿在俄亥俄州立大学完成了博士论文：《现行方法批判和研究广播听众行为的新计划》，随后，他加盟纽约哥伦比亚广播公司广播网的两人研究部。当时，CBS(哥伦比亚广播公司)试图赶上NBC(全国广播公司)，后者是占有统治地位的无线电广播网。比起NBC来，CBS的附属电台更少，全国性的听众也更少。它对作为说服广告商购买CBS的广告的一个手段的市场研究特别感兴趣。事实上，CBS的研究处是这个广播网的销售和推广部的组成部分。作为俄亥俄州立大学产业心理学的新博士，斯坦顿来到曼哈顿的首要任务是进行CBS广播听众情况的研究。广播研究始于这样的问题：有多少听众，他们是什么人。

斯坦顿非常适合研究广播听众行为的工作。他1908年生于密歇根州马斯基根，在俄亥俄州代顿市长大成人。父亲是一个中学手工艺术的教师，母亲是一个陶工，所以，斯坦顿知道如何使用工具工作，如何创造小玩意儿。这一能力在他俄亥俄州工业心理学的博士生学习中派上了用场。凭借CBS广播网的100美元的小笔资助，斯坦顿设计了一个小装置，记录一台收音机在特定的时间间隔中可调出的电台。几乎一完成学位，他就被纽约的CBS聘用。当时斯坦顿27岁，是新兴的广播业的第一个博士。他要在广播业中尽享漫长而又重要的生涯。

加盟CBS以后不久，斯坦顿调查了宾夕法尼亚州斯克兰顿周围的家庭样本。他注意每一台收音机所调出的电台，它在那个时候是关还是开，并且询问那些家庭成员喜欢听什么样的广播节目。斯坦顿向华盛顿特区的“联邦通讯委员会”（FCC）的听证会递交了他的听众调查结果（史密斯，1990）。通过展示CBS地方台的听众超出人们的想象，这些结果在CBS与NBC的大卫与歌里亚（David-and-Goliath）之争中，对CBS是有利的，并且给CBS的总裁佩利（William Paley）留下了有关研究价值的深刻印象。斯坦顿在这个公司里的地位开始上升。他工作勤奋，有新颖独创的思想，而且能干；他还善于与人打交道，是个努力工作的完美主义者。回顾20世纪40年代，当时CBS的秘书们奉命开始打出信件开头的称呼语，斯坦顿甚至使用左上边缘的小小的、几乎看不见的圆点，设计了CBS的印有抬头的正式信笺（梅茨，1975）。我在1992年从斯坦顿那里收到的一封信就是打在CBS的印有抬头的信笺上的；小圆点仍旧在那里。①他“对于他所涉入的领域的每一方面的风格的持久关注”都是传奇式的（默顿，1992）。在CBS中，斯坦顿之注意细节是有名的。诸如此类的关注花费时间，大量的时间，所以，斯坦顿在晚上、周末、圣诞节、美国独立纪念日和其他假日都在工作。

当CBS有了什么问题——它来自广告销售商、CBS网的附属电台，或来自“联邦通讯委员会”的政府监管机构，而斯坦顿又没有现成答案时，他就会说：“让我们来研究它！”（史密斯，1990）1938年，即他到CBS 3年以后，斯坦顿被任命为广播网研究主任，有100名研究人员。4年后（1942年），他成为副总经理，负责调研、广告、公共关系、销售和诸如管理由CBS网络拥有和操作的广播电台等其他工作。1946年，即加盟哥伦比亚广播公司11年后，斯坦顿被该公司的创办人和董事长佩利任命为总经理，并连续担任该职务，直至1971年，在这25年任职期间，CBS跃升为头号广播网，在美国的电视收视率中占有统治地位。对于斯

① 斯坦顿还创造了CBS最初的“观看的眼睛”（seeing eye）标识，它是艺术设计的一个著名的例子；此外，1955年，他为“行为科学高级研究中心”设计了精美简单的信笺信封，当时他是这个中心董事会的主席。这些由斯坦顿设计的书写物今天仍被使用。

坦顿处理人际关系的技能最大赞誉是：他竟然能够在专制的 W · 佩利的领导下连续担任 CBS 的总经理那么多年(史密斯，1990)。

拉扎斯菲尔德：工具制造者

一般来说，比起正在被研究的实际内容来，拉扎斯菲尔德对于研究方法更有兴趣，他与斯托弗都采纳了这个方向，后者是社会学家，指导第二次世界大战期间军人行为的美国士兵研究。事实上，1935—1936 年间，正是斯托弗通过“有一天在纽瓦克的一次午餐桌布上画表格的途径”向拉扎斯菲尔德介绍四格列联表(fourfold contingency tables)(西尔斯，1987)的。斯托弗向拉扎斯菲尔德展示如何根据教育、然后根据职业地位来对个人进行分类。拉扎斯菲尔德打算大量地利用 2 ×2 表格，以及三格变量(2 ×2 ×2)列联表，以便梳理出研究变量之间的关系。“我完全被这个设计(三格变量表)迷住了。我以前从未听说过它。我立刻开始思考诸如此类的东西能够有什么样的含义的问题。”(拉扎斯菲尔德，1962a,1 月 8 日)

这种对于制造工具的兴趣与拉扎斯菲尔德建立和领导诸如“广播研究室”，以及后来的哥伦比亚大学“应用社会研究局”那样的研究机构的作用相吻合。为了维持他的学术研究目的的经济偿付能力，拉扎斯菲尔德进行了有关牙膏、洗发香波和其他消费品的市场调查。这些研究对于学者们几乎没有什么实质性的利益，但是它们能够提供推进研究方法论的机会。为了获得学术方面的信誉，工具制造者拉扎斯菲尔德需要一个事业上的合作者，主要是一个理论家。他在默顿身上发现了可以和他互补的东西，他俩成了 20 世纪 50 年代美国社会学的明星，为哥伦比亚大学造就了这个国家的一流社会学系。严格说来，涉足类似市场调查这样的应用性工作在美国社会学家中是有失身份的。因此，鉴于拉扎斯菲尔德以明目张胆的方式藐视学术性的社会学规范的做法，他还能够有极高的学术威望就更加令人惊奇了。

“广播研究项目”由于许多原因而生逢其时。调查研究方法在20世纪30年代随抽样和态度测定方面的进步而变得更加成熟。拉扎斯菲尔德利用了这些方法，并且加以推进。通过将调查访谈与多变量数据分析方法结合起来的途径，他将民意测验变成了一种科学工具，以便促进对于个人如何作出决定的问题的理解。

拉扎斯菲尔德的两个重要的方法论贡献是：“拉扎斯菲尔德—斯坦顿节目分析仪”和焦点小组访谈。两者都是合作的产物，两者也都出自“广播研究项目”。

小安妮：拉扎斯菲尔德—斯坦顿节目分析仪

“广播研究项目”的一个副产品是一种资料收集仪器的开发，它在“广播研究项目”中被称作“拉扎斯菲尔德—斯坦顿节目分析仪”（在CBS中被称作斯坦顿—拉扎斯菲尔德节目分析仪）。这个仪器的爱称是“小安妮”（Little Annie），它能使研究者们将广播节目、或广告内容与其对受众个人的情感影响连结起来。使实验对象当下的喜欢和不喜欢得到测度和记录。作为倾听广播节目的人，他或她被要求按动绿钮表示“喜欢”，按动红钮表示“不喜欢”。这些回答由一根记录针在一卷不断移动的纸上记录下来。当一组调查对象完成对某个节目的反应之后，他们就被要求填写一张有关这个节目的问卷。然后，这个广播节目就由一个研究人员重新放给他们听，该研究者带领他们进入一个焦点小组，讨论他们之喜欢和不喜欢的理由。这个节目分析仪可以同时记录10个调查对象的回答。就对广播节目进行评估来说，这是一个有用的装置，所以广播信息的有效性可以通过对这种信息的修正而得到改进。更一般地说，节目分析仪能够被用来了解更多的、有关广播听众行为的知识，特别是广播节目的效果。

广播节目分析仪产生于拉扎斯菲尔德和斯坦顿两人从前用来测度传播效果的仪器。在维也纳，拉扎斯菲尔德曾用一种非电子型的节目分析装置研究音乐的情感效果。当6个或更多的受访者倾听一段音乐时，他让节拍器滴答作响。他要求这些受访者随每一次滴答声在台历上写出他们喜欢还是不喜欢那个音乐，然后把这一页台历翻过去。当这段音乐结束时，拉扎斯菲尔德访问一组研究对象，询问他们为什么喜欢或为什么不喜欢每个时间段上的音乐。他的装置的优点在于：如果同样的受访者听过某个音乐作品数周或数月以后他再作访谈——就像通常的关于音乐听众的受众调查中的情况那样，他就不能获得这么精细的资料。听后立刻就进行的访谈可以测度倾听者喜欢或不喜欢的原因，而这时他们还能够记得那些音乐(利维，1982)。翻台历装置的主要缺点在于：由于必须作出书面记录，所以研究对象倾听音乐的体验受到了干扰。

1937年的一个星期六下午，在普林斯顿大学心理学系的实验室里，拉扎斯菲尔德和斯坦顿正在讨论如何最好地测度广播对于其听众的效果。拉扎斯菲尔德向斯坦顿描绘他在维也纳音乐研究中所使用的装置，斯坦顿告诉拉扎斯菲尔德他的小装置，这个小装置在熏烟纸上记录了广播听众的电台选择。斯坦顿在俄亥俄州立大学教书的时候，使用了一个记波器(一种在一条时间线上记录资料的仪器)来测度他的心理学学生对于某些电影的理解，这些电影是他用实验室的各种实验所制作出来的(斯坦顿，1981)。从对于此类装置的共同经历中，两人产生了“节目分析仪”的想法，并由斯坦顿安排实验室车间的技术人员将之制造出来。“节目分析仪”是一个木制的盒子，2英尺长，1英尺宽，1英尺高，内有一个恒速电子表，它带动一卷6英寸宽的白色记录纸，后者以每秒五分之一英寸的速度转动(利维，1982)。在这卷纸的上面装有10支墨水笔，每支都连着一块电磁铁，电磁铁又与一根6英尺长的电线相接，在电线的另一端有一个开关。“节目分析仪”被安放在桌子上，总共有10个受访者围坐在桌子旁边，每个人都有一个开关，绿纽表示“喜欢”，红纽表示“不喜欢”。当不喜欢的开关被按下时，它就将相应的笔从记录纸上轻轻地抬起。这样当某个被测者改变他或她对广播信息的反应时，这个笔就固定在了时间的某一点上。随后进行的小组访谈使得调查者能够探讨诸如此类的变化的原因。来自所有10个调查对象的资料可以被累积成作为小组访谈之基础的一个复合分布。

拉扎斯菲尔德的研究者们声称，“节目分析仪”在一种“以听众为陪审员的陪审团审问中”，“将注意力放在了作为广播节目最终审判官的听众身上”（霍朗奎斯特和萨奇曼，1944）。它使得广播公司能够确定“听众对于一个特别关键的陈述的反应，某种复杂的生产工艺的效果，对某个微妙的双关语的认识，播音员的音质，听众对于节目中所表现的材料的真实性的接受程度。如果导言太长，如果声音效果无助于听众的定位和娱乐，如果某句妙语被发送得太快，如果节目的结构普遍说来是脆弱的……”（霍朗奎斯特和萨奇曼，1944）换句话说，“节目分析仪”为无线电广播公司提供了有关特定听众效果的反馈意见。

“节目分析仪”有着广泛的用途。拉扎斯菲尔德和默顿及其研究成员在“广播研究项目”中使用了它。“小安妮”作为测度美国士兵喜欢或不喜欢训练和鼓舞士气的电影的一个工具而走进战争。在纽约哥伦比亚广播公司，斯坦顿在一个特殊的房间里建立了一个实验室，而这个仪器就安装在隔音的控制间（威贝，1981）。后来，哥伦比亚广播公司建造了“大安妮”，以容纳50名以上的调查对象。有几个麦迪逊大街的广告机构开始使用“节目分析仪”，先是针对广播和电影，后来则是针对电视。节目分析仪“在好莱坞、百老汇、麦迪逊大街的企业家中相当风行”（艾布拉姆斯，1977）。最终，它不再被使用了，尽管20世纪70年代末，“儿童电视工场”制作了一个微型计算机式的“节目分析仪”，用以预测与8到12岁儿童的“3—2—1接触”时段（迈尔克和切，1983）。

今天，人们仍在使用拉扎斯菲尔德—斯坦顿的“节目分析仪”来评估新的电视节目的试播——例如，CBS在它的“节目分析仪”测试一个试播节目之结果的基础上，告诉N·利尔（《全家福》的创作者）重新塑造女儿和女婿的角色（迈耶，1972）——以测度受众对广告的反应，并更好地了解受众对于既定节目是否喜欢。从本质上说，拉扎斯菲尔德—斯坦顿的“节目分析仪”是一种媒介效果的测度仪。

焦点小组访谈

1941 年 11 月 23 日，默顿和拉扎斯菲尔德在“广播研究项目”中走到了一起，这之所以是一个重要事件，也是因为正是在那个夜晚，“焦点小组访谈”（focus group interviewing）被创造出来。①“节目分析仪”和“焦点访谈”最初是连在一起的，因为除非有关于这些个人喜欢或不喜欢的“原因”的访谈紧随在后，否则特定间隔时间的喜欢或不喜欢的资料就几乎没什么价值。

一个焦点访谈包括在特定情景下（诸如听某个广播节目，观看一场演出，等等）收集调查对象有关他们的情景定义的资料。因此，它侧重于调查对象的特殊经历。通常是以一种开放式的方式提问，以便得出有关待研究的媒介信息的高度自发的资料。访谈假定，调查者事先对于以下问题不是很了解，即调查对象对于情景的定义能否提出所有要问的问题。它往往遵循一般的论题或主题列表，但是事先并不特别指定要被提问的那些问题。在本质上，由此得出的资料主要是定性的，对于后来诸如问卷那样的系统的资料收集手段的设计是能够提供帮助的（默顿、菲斯克和肯德尔，1956）。

焦点小组访谈有某种附加的动力，因为每一个小组成员的回答往往倾向于激发小组的其他成员的陈述。正是这种小组互动才使资料带有自发讨论的方向，而不是带有由调查者事先所确定的方向。焦点小组访谈的回报之一是引发出未曾预料的回答。一个焦点小组往往由 6 到 12 个人组成，通常围坐在一张桌子旁边，面对一个调查者（或一个主持人）。焦点小组的讨论可以通过单面镜被一个研究者或一些研究赞助人所观察，

① 默顿（1987）原先使用了“聚焦小组访谈”和“聚焦访谈”的语词。编辑们坚持将“聚焦”（focussed）变成“焦点”（focused）。然后，通过市场调查者的日常用法，“焦点小组访谈”变成了“焦点小组”，这是我在这里所使用的当代用法。

也可被录像。今天，焦点小组是商业市场研究的主要工具之一。它们在政治竞选中发挥着重要的作用，也被学院的传播学学者所使用。①一个例子是利布斯(Liebes)和卡茨(Katz)(1990)关于美国电视剧《达拉斯》对于各种文化的观众之意义的调查研究。这些学者在人们看完一集《达拉斯》以后，立刻就在他们的家中进行焦点小组访谈。

焦点访谈将注意力集中在个人对于某个媒介信息的感知上，它们由深入细致的自由访谈所引起，以便帮助回忆。访谈可能以事前确定的假设为中心，这些假设然后被用作访谈的焦点，但是焦点小组通常被用来产生假设，后者然后用通过调查或实验而获得的更加量化的资料来得到检验。就拉扎斯菲尔德的“广播研究室”所进行的媒介效果研究而言，由焦点小组访谈所产生的假设是：一个特定的信息(诸如一个广播节目或一个广告插播)会有某些特定的效果，诸如改变了购买美国战时公债的态度，或改变了那些教育层次较高的人的态度，其程度甚于那些教育层次较低的人的态度。焦点小组产生了某些有关劝服的假设，它们后来在第二次世界大战中，被霍夫兰就训练影片的效果问题对军人所做的实验进行了检验。

广播研究项目的新生

“拉扎斯菲尔德的广播研究项目实际上创造了大众传播研究领域。”(西尔斯，1987)这个项目的杰出成果包括H·赫佐格对日间广播肥皂剧的研究，H·坎特里尔对于著名的1938年O·威尔斯的广播剧《火星人入侵》所引起的恐慌性反应的研究，T·阿多诺对于流行音乐与严肃音乐的研究，以及拉扎斯菲尔德自己关于听广播与阅读(印刷品)的

① 有关如何进行焦点小组的大量文献中包括：考尔德(1977)、弗恩(1982)、摩根和斯帕尼西(1984)和摩根(1988)。关于焦点小组的问题，摩根(1988)引用了24份“如何做”的出版物。

效果比较研究。按照创作力来说，“广播研究项目”非常成功：它导致了 4 部著作和 40 多篇文章（帕萨内拉，1990）。事实上，拉扎斯菲尔德本人在广播项目中发表的作品如此之多，所以他使用了一个化名，以便显得不是那么一个过度生产者。

不过，到了 1939 年，拉扎斯菲尔德和普林斯顿大学学者坎特里尔已经有了不和，后者是“广播研究项目”副主任。当拉扎斯菲尔德因为一篇有关《火星人入侵》研究的学生报文章——它认为是坎特里尔领导了这一研究——而批评坎特里尔时，这位普林斯顿大学的教授写信（1939 年 1 月 27 日，此信现保存在哥伦比亚大学巴特勒图书馆中）给拉扎斯菲尔德说：“我很高兴你对《普林斯顿大学学生报》发表了你自己的看法，但是我必须得说，这个反应似乎有点儿幼稚。”那时，在谁应该被列入上述研究的出版物的作者名单的问题上，拉扎斯菲尔德和坎特里尔又有不一致。最后坎特里尔退出“广播研究项目”的领导工作，这个项目转移到了哥伦比亚大学。

洛克菲勒基金会高级职员马歇尔监督“广播研究项目”的进行，他在 1939 年开始担心拉扎斯菲尔德会使研究方向过于分散，因为他追求他自己的个人兴趣，而不是严格地遵守某个详尽的项目计划，后者实在说来也根本不存在。“广播研究项目”似乎是拉扎斯菲尔德的一时的突发奇想。随着来自洛克菲勒基金会最初两年支持的结束，拉扎斯菲尔德督促马歇尔再去争取资助，但是马歇尔感到，拉扎斯菲尔德应该将已在手边的研究结果——它们来自业已完成的各种各样的广播研究——整合起来。他给拉扎斯菲尔德 5 个月的时间来完成出自“广播研究项目”的占一本书篇幅的专论。拉扎斯菲尔德如期完成，1940 年，345 页的报告得以发表，题目是：《广播和印刷品：广播研究及其在思想传播中的作用导论》。马歇尔向基金会理事会作了推荐，要求再资助这个项目 2 年，每年 2 万美元。然而，他仍感到，这个项目缺乏连贯性，所以他成立了一个由杰出学者组成的传播研讨班，他们一年中每个月碰一次头，审查这个项目，并规划大众传播研究未来的方向。洛克菲勒传播研讨班在传播学史研究上发挥了极其重要的作用。研讨班的最初目的——即侧重于拉扎斯菲尔德在“广播研究项目”中的突击销售法——被拓宽到协调与激发大众传播研究领域，这是一个方向性的改变，它与美国即将介入第二次世界大战的举动是相吻合的。

阿多诺和“广播项目”

“广播研究项目”在纽瓦克大学研究中心的短暂停留期间，拉扎斯菲尔德邀请法兰克福学派的阿多诺参加这个项目。他的动机部分地出自帮助阿多诺逃离德国。阿多诺在欧洲已待得太长，尽管霍克海默和法兰克福学派的其他那时流亡到纽约的同事们竭力请求他离开那里。拉扎斯菲尔德的那张提供纽瓦克工作的电报，让阿多诺能获得一张移居美国的签证。但是，拉扎斯菲尔德也有其他动机。他需要阿多诺的特殊帮助。阿多诺因其音乐专长而知名，“广播研究项目”的一个子项目涉及广播音乐的作用。在1973年的一次访谈中，拉扎斯菲尔德解释说：“我邀请阿多诺的动机首先是(广播研究项目)需要一个音乐部；其次，我需要某个……具有理论背景的人，而且我认为一个非常重要的方面是：当我在纽瓦克这个研究中心得到这个小小的位置时，霍克海默研究所曾经给予我很大的帮助。霍克海默资助了我们——为我们的秘书支付工资或其他什么，[①]所以我觉得非常感激霍克海默，而我知道他想把阿多诺弄到这里来，这确实多半是对他曾给予我的帮助的回报。”(莫里森，1976a)

在某种广泛的意义上，或许拉扎斯菲尔德为阿多诺提供“广播研究

---

① 莫里森(1976a)说，拉扎斯菲尔德将广播研究项目的位置提供给阿多诺，作为交换条件，霍克海默的社会研究所1936年给了拉扎斯菲尔德纽瓦克研究中心一笔1000美元的贷款，这笔资金使得这个新“中心”在它的最初4个月中得以生存，直到纽瓦克大学提供的基金到位为止。法兰克福学派学者还出了另外1000美元，用于资助科玛洛夫斯基(1940)关于失业对于家庭影响的研究。

项目”的工作，是因为他想看一看批判学派和经验学派是否能够在一个共同的研究事业中进行合作。拉扎斯菲尔德发现它们不能，至少是在这一研究中。问题部分地出在阿多诺身上：他粗暴，傲慢，不容人，而且无礼，他的写作风格也是转弯抹角的，尽管才华横溢和富于想象力（莫里森，1978）。拉扎斯菲尔德请求阿多诺不要在他的文本中充斥那么多的拉丁文，也不要用如此无礼的话语来谈论有关广播业的问题（莫里森，1978）。阿多诺忽略了这些建议。

阿多诺为“广播研究项目”的“类似于工厂的气氛”所震惊，“我对业已进行的研究的第一印象是：完全没有任何深刻理解的痕迹。按照拉扎斯菲尔德的建议，我从一个房间走到另一个房间，和同事们交谈，听到诸如‘喜欢和不喜欢的研究’和‘某个节目的成功或失败’之类的话语，对于这些说法，我一开始几乎就听不懂……我第一次面对着‘行政研究’。我记不起来是拉扎斯菲尔德发明了这个词，还是我自己因对一种以实用型科学、因而是完全陌生的科学感到震惊而发明了这个词。”对于一个像阿多诺那样的杰出的欧洲学者来说，“广播研究项目”看上去像是一个高度应用性的研究，而且非常低劣。他以完全藐视的眼光看待它。拉扎斯菲尔德将阿多诺描绘成“难对付的人”（莫里森，1976a）。他与阿多诺之间的分歧不仅是学术上的争吵，而且是有关传播研究性质的基本理论争论（托尔斯，1977）。

不过，尽管洛克菲勒基金会的管理者和广播业业主对阿多诺不断地抱怨，但拉扎斯菲尔德忠于他的批判学派的合作者，保护阿多诺免受斯坦顿和坎特里尔的攻击。“对我来说，最大的安慰是拥有某个人——围绕他的问题是他有太多的思想，而不是太少的思想。”（拉扎斯菲尔德1938 年 3 月 7 日致斯坦顿和坎特里尔的信，《拉扎斯菲尔德论文集》，哥伦比亚大学贝特勒图书馆。）拉扎斯菲尔德试图让脾气暴躁的阿多诺与威贝（Gerhard Wiebe）合作，后者是一位说德语的门诺派教徒，在俄亥俄州立大学获得心理学博士学位，也是一个专业的爵士乐演奏者（莫里森，1976a）。他们的私人关系没有起作用：阿多诺反对威贝，而威贝后来被斯坦顿聘用在哥伦比亚广播公司研究(部门)中工作。

阿多诺把自己看作是一个博学的欧洲人，具备比他打算要研究的美国音乐素材要高得多的文化。例如，他不喜欢爵士乐。①阿多诺真的拿不准广播听众对于不同音乐的喜好是否能被测量，而且即便能够的话，他也厌恶有关广播节目应由诸如此类的听众喜好来指导的思想。他认为，广播听众应该学会喜欢“好音乐”。“广播研究项目”与无线电广播网的密切联系为阿多诺所憎恨。他感到，学术研究的进行应该推进知识的新领域，而不是为了使富有的媒介巨头能够变得更加富有。把像音乐这样的艺术形式当作商品是荒谬可笑的。最后，阿多诺认为，将因果关系强加到广播音乐对于听众的效果上面是成问题的。“认为在刺激物中发现的社会含义与体现在‘反应’中的社会含义之间理所当然地存在一致性，这是天真的做法。”(阿多诺，1969)不过，阿多诺也说，“认为这两者完全不相关联”，这“同样是天真的”。

拉扎斯菲尔德的“阿多诺计划”最终失败了。洛克菲勒基金会管理人员反对阿多诺的报告，并中止了对于广播音乐研究子项目的资助。拉扎斯菲尔德1941年要求马歇尔继续资助阿多诺3000美元，但是马歇尔拒绝了这个要求(莫里森，1976a)，所以阿多诺离开了这个项目，转至洛杉矶。拉扎斯菲尔德—阿多诺合作的失败为经验主义学派和批判学派日后的棘手关系奠定了基调(托尔斯，1977)。不过，它们的不融洽与其说是不可避免的，不如说是可以接受的。两个阵营能够一起工作，至少在不同的条件下能够这么做。几年以后，挑剔的阿多诺在《权威人格》中成功地与经验主义学者合作。那个研究确实是经验的研究，且主要是定量的，但它不是行政的研究(至少某种程度上阿多诺认为“广播研究项目”是行政的)。

---

① 事实上，拉扎斯菲尔德最早是从阅读其文章《论爵士乐》中知道阿多诺的，此文发表于1936年的法兰克福学派的机关刊物《社会研究杂志》上。阿多诺以“洛特维勒”(Hektor Rottweiler)的笔名发表这篇文章。(莫里森，1976a)

批判的研究和行政的研究

为回应霍克海默的《传统理论和批判理论》(1937)一文，拉扎斯菲尔德(1941a)写下了《评行政的传播研究和批判的传播研究》。他提议，批判理论应与拉扎斯菲尔德自己的研究风格、即他命名的“行政的传播研究”一起被囊括在美国传播学中。这个名称(“行政的”研究)的选择充分揭示了拉扎斯菲尔德如何将他的经验主义研究看作是为政府和大众媒介机构服务。通过与霍克海默、弗洛姆、阿多诺和“社会研究所”的其他批判学者的私人关系，拉扎斯菲尔德非常熟悉法兰克福学派的批判理论①，并认为这一工作值得引起美国学者的更大注意。他试图建立一座通向批判的学术思想的多元桥梁，希望它与美国式的经验主义研究的融合，将作为“对于解释已知的事情与寻求新资料有用的那些挑战性的问题和新概念”的一个源泉(拉扎斯菲尔德，1941)。他尝试建设这样的桥梁，但遭到了失败。

拉扎斯菲尔德认为，批判的学术思想对于提出能为经验研究者们所用的挑战性问题和新概念来说是有帮助的。“如果有可能按照批判研究来制定一种能与经验工作相结合的实际的研究工序，那么，涉及的人、要处理的问题，以及最终这项工作的实际效用都将极大获利。”不过，他也认为批判理论具有“思辨的”的特征(拉扎斯菲尔德，1969a)，并在“有关建设性建议的实情调查”方面贡献甚微(拉扎斯菲尔德，1941)。拉扎斯菲尔德(1969)断言：“批判理论藐视定义的使用”，所以它具有危险的不准确性。拉扎斯菲尔德认为，批判的学术思想的效用是经验主义传播研究的前提和补充(麦克卢斯基，1975)。在1973年的一次访谈中，D·莫里森(1988)问拉扎斯菲尔德是否真心与法兰克福学派有关

① 事实上，拉扎斯菲尔德和默顿曾帮助建立“社会研究所”与哥伦比亚大学的依附关系。

联。拉扎斯菲尔德坚持说，他的确是认真的，因为法兰克福学派学者具有“一种理智整合的精髓，但与此同时又似乎是愚蠢的和不负责任的。（就拉扎斯菲尔德而言，）好奇、兴趣、尊敬和恼怒总是混合在一起”。

许多批判学者不赞同拉扎斯菲尔德试图要他们发挥作用的那种角色。大部分人反对行政的传播研究，他们不接受有关他们要被并入这个事业的想法。拉扎斯菲尔德关于建造桥梁的尝试注定是要失败的。

定量研究与定性研究

拉扎斯菲尔德的社会研究传统试图将定性方法和定量方法、参与性观察和深度访谈、内容分析和个人传记、固定样本连续研究和焦点访谈结合起来（默顿和肯德尔，1946）。许多方法论的创新都是由拉扎斯菲尔德及其“应用社会研究局”的同事们所开创的。例如，拉扎斯菲尔德引入了偏差个案（deviant case）分析，在此，个体案例得到分析，而这不适合于一般的统计模式。这种研究方法被用来对某些个人——他们的行为与研究中体现其他大部分人之特征的关系不相一致——进行较深层次的探讨。我们说，在对共和党或民主党总统候选人的投票中，俄亥俄州伊利县的选民被分类为显示高层次或低层次正规教育的2×2表格。大部分个人处在表格的对角线上，在4个单元格的2格上，是高层次教育/共和党或低教育层次/民主党，但是有几个人位于其他2格上。一个研究者应该通过例如重新阅读他们的调查问卷，并且重新对他们进行访谈来仔细地考察这些偏差个案。也许第三个变量可以对一个人之偏离自变量和因变量之间的、通常的正相关行为作出解释。例如，也许一个教育程度高的/民主党选民是一个家庭妇女，她嫁给了一个教育程度低的/民主党的丈夫，而这个丈夫影响这个妻子投票赞成民主党候选人。

拉扎斯菲尔德将他的数学背景和终身致力于的社会研究工作结合起

来，以便富有成效地创作出有关大众传播、失业、高等教育、政治行为等著作和文章的学术成果，并获得一系列重要的方法论进展。从根本上来说，拉扎斯菲尔德是一个制造工具的人，只有在第二位的意义上他才是一个传播学学者，尽管在开创大众传播研究方面他是最重要的一个人。

拉扎斯菲尔德是三角测量法——就是采用测量、收集资料和资料分析的多重方法，以获得对研究对象的多侧面了解——的一个早期提倡者，他早在这一方法的思想普遍流行于社会科学家之中以前就这么做了。他以4条规则的形式来论述他对社会研究的信念，这4条规则都要求三角测量法，而他是从他的维也纳的研究经历中得出这4条规则的（格洛克，1979；拉扎斯菲尔德，1969a）：

1. 任何现象都应该既以内省报告来测度，又以客观观察来测度。
2. 案例研究应该与统计信息结合起来。
3. 资料收集应该与有关正在研究的问题的历史信息结合起来。
4. 来自不引人注目的测量方法的资料应与问卷和其他自我报告的资料结合起来。①

1940 年的伊利县研究

伊利县研究导致了拉扎斯菲尔德在美国的第一部闻名的著作《人民的选择》（1944）。最初，这一媒介效果的经典之作被设计成这样一种调查：它旨在研究美国农业部关于宣传联邦农场政策的广播节目的影响。尽管拉扎斯菲尔德（1969a）也不能准确地记得是怎么回事，但美国农业部

① 格洛克（1979）这样区分拉扎斯菲尔德的“资料”的含义，即“自然资料”是不引人注目的测量方法；而“实验资料”是主要来自问卷的资料，他在他的原话中使用了这两个术语。

的这个计划不知为什么变成了关于1940年11月美国总统选举的固定样本连续研究。这主要因为“拉扎斯菲尔德只想做一次固定样本连续研究”（西尔斯，1987）。①在一些抽样个人被问及他们为什么作出其投票选择的意义上，俄亥俄州伊利县的政治研究是按照拉扎斯菲尔德的市场调查的传统而进行的（查菲和霍赫海默尔，1985）。与其在维也纳和在美国的市场调查一样，拉扎斯菲尔德研究大众媒介和人际传播对于个人的决定的影响。在伊利县研究中，他期望媒介在改变个人投票的选择中起到非常重要的作用。

与书籍、杂志、报纸等印刷媒介不同，广播听众的规模并不反映在公共记录中，因此随着广播听众在美国的迅速增长，民意测验的采用也渐渐发展起来，以便测定听众的规模、其社会人口构成以及广播的效果。拉扎斯菲尔德采用民意调查——它曾主要被用于描述目的，并用它来测定广播对于其听众的效果。“将民意调查转变为多方位的调查研究，这是拉扎斯菲尔德的主要成就之一。”（西尔斯，1976a）一个固定样本小组是这样组成的：在一段时间内，对同样的调查对象一遍又一遍地进行测定。伊利县的固定样本小组的设计由7次个体访谈组成，从5月至11月隔月进行，以600名调查对象为一个样本。这个研究小组的设计完全适合于研究广播效果问题。因为个人对某个广播节目自由开关，所以固定样本小组设计允许拉扎斯菲尔德根据投票意向的因变量的变化——它们是媒介效果的指标——来决定各种自变量的时间顺序。

拉扎斯菲尔德必须为伊利县的项目找到10万美元。他手边还有洛克菲勒基金会资助给哥伦比亚大学的“广播研究室”基金中剩下的1.5万美元。他将研究结果的首次转载权卖给《生活》杂志，得了1万美元或1.5万美元。他从收音机制造商那里又得到了1万美元，交换条件是将他的

① 拉扎斯菲尔德的第一次固定样本连续研究是针对1938年新泽西州长选举而进行的（拉扎斯菲尔德和罗森堡，1955；拉扎斯菲尔德，1961b）。

调查对象喜欢用什么牌子的收音机的问题放入调查之中。但是，伊利县项目的基金还是不够，所以他将他的调查对象喜欢什么牌子的冰箱的调查问题也放进去了(康弗斯，1987)。通过这样的点滴积累——这也是他杰出的企业家能力的一个写照，拉扎斯菲尔德得以筹足所需要的资金。(请记住，在1940年，对于经验的和方法论的研究来说，来自私人基金会、或像“国家科学基金会”那样的联邦政府来源的资金实际上是匮乏的，当1950年“国家科学基金会”成立时，它只是勉强地包括一点对于社会研究的资助［默顿，1991］。)

早期的宣传理论家支持强有力的大众媒介，但是后来的传播学学者在研究媒介对于投票行为、消费决策和其他类型的行为变化时，没有找到这类强效果的证据。开始怀疑强有力的大众媒介观念的主要学者就是拉扎斯菲尔德，而且正是他的伊利县研究引发了他的怀疑。这一民意测验研究开创了大众传播研究的有限效果论时代。拉扎斯菲尔德希望的是：伊利县项目能够证实大众媒介在构成人们关于总统选举的投票意向上具有直接的与强有力的效果。(但)他发现了相反的方面：媒介只能告知和说服几个重要人物，即被“应用社会研究局”的研究者们称作意见领袖的那些人，他们转而通过与其追随者的人际传播关系而将这种效果加以扩大，即以一种两极传播的模式。在1944年的《人民的选择》发表几十年以后，意见领袖一直是大众传播研究的一个非常重要的思想，尽管拉扎斯菲尔德对于意见领袖的测度还有许多不尽如人意的地方，两极传播模式的经验证据实际上也是不充足的。换句话说，伊利县研究的思想贡献远远超出了它有关意见领袖和两极传播的研究成果。

拉扎斯菲尔德认为，他的意见领袖的概念在理论上受到美国公共关系之父伯奈斯(Edward L. Bernays)的影响。1933年他到达纽约后不久，就在伯奈斯的曼哈顿办公室里拜访了他，以便对公共关系领域有更多的了解。伯奈斯已撰写了几部有关公共关系和舆论的著作(1923，1928)，并且是公共关系的一个早期有影响的实践者。伯奈斯和拉扎斯菲尔德在纽约成为朋友，伯奈斯说，拉扎斯菲尔德从他们的讨论中得出了意见领袖的概念（伯奈斯，1991）。反过来，伯奈斯是从李普曼的颇有影响的著作《舆论》中得出意见领袖的一般思想的，尽管李普曼没有使用这一术语。

在构思伊利县研究时，拉扎斯菲尔德假定，在总统选举中的投票决定会在竞选过程中作出，并会受到大众媒介中出现的有关选举问题和候选人的新闻和专题报道的影响。不过，许多伊利县的选民都在竞选活动开始之前就拿定了主意。600 名调查对象中仅有 54 名曾从一个候选人转向另一个候选人，而这些转变者中只有几个人是直接受到大众媒介的影响才这么做的（康弗斯，1987）。对这些问题和候选人没有先入之见，然后基于什么才最有利于这个国家的考虑来作出决定，这样的选民是一种杜撰。总之，拉扎斯菲尔德的结论是：媒介在 1940 年的总统大选中产生最小的效果。自此以后，这个结论的有效性就一直受到某些批评家的争论，这些人论证说，其他证据表明媒介的确具有某些效果。例如，查菲和霍赫海默尔（1985）指出："（伊利县调查对象的）约一半以上的人说，要么收音机，要么报纸是（关于这次竞选的）一个最重要的来源，但不足四分之一的人将个人来源引为重要的。尽管这看起来是关于媒介影响的有利证据，但是作者们得出结论说，'相比其他事，人更有可能推动他人。'"因此，在 1940 年选举中，媒介效果如何重要的问题部分地只是一个解释的问题，是什么类型的资料得到考虑的问题。拉扎斯菲尔德的结论是，媒介效果相对较弱，所以他开创了有限媒介效果论的时代，这个理论在以后的几十年内主宰了美国传播学学者的思维。媒介效果的确比他的预期要弱，但的确存在着诸如此类的效果。

《人民的选择》研究"标志着选举研究的新学科的开始"（蔡塞尔，1976—1977）。不久，拉扎斯菲尔德的政治调查研究的方法被密歇根大学的"社会研究所"的学者们所采纳，从此以后，这些学者们在每次美国总统大选时都进行全国性的样本调查，并在每次调查中提出某些同样的问题。①这些每4年举行一次的全国调查与伊利县的固定样本小组设计非常不同，就伊利县设计而言，在1940年罗斯福参加竞选的6个月之前，600名市民都在每个月的访谈中被问及有关他们的投票意向的问题。

拉扎斯菲尔德最激烈的批评者之一是社会学家吉特林(Todd Gitlin)(1978)，他声称："显而易见，自第二次世界大战以来，这个(媒介社会学)领域占支配地位的范式是与拉扎斯菲尔德及其学派相连的思想、方法和成果的集合：是有关媒介内容的特殊的、可测度的、短期的、个人的、态度的和行为效果的研究，以及媒介在舆论形成中并不是非常重要的结论。"研究方法论影响着学者们将媒介效果概念化的方式。或许，效果被定义为受众调查能够测度的东西：短期的个人层次上的态度变化(吉特林，1978)。当然，除态度变化外，调查还可以测度其他的效果指标，诸如关于一个论题从媒介那里可以知晓多少信息，以及各种问题的相对重要性(例如在议程设置研究中)。

关于大众媒介传播最小效果的问题，克拉珀(Klapper)(1960)作出了一个有力的、经常被引用的陈述，这个陈述代表着拉扎斯菲尔德的"应用社会研究局"在20世纪50年代的极端立场，它说："一般来说，大众传播不能作为受众效果的必要与充分的原因，倒不如将它看作是通过一系列中介因素而发挥作用。这些中介因素通常使大众媒介在巩固现存状况的进程中成为一种分担性的力量，却不是惟一的原因。"

应用社会研究局强调大众媒介短期效果的社会心理学，强调有限效果研究的结论，这使许多学者从一度是热门的研究题目中转移开来(卡茨，1987)。查菲和霍赫海默尔(1985)说："市场导向的研究与许多传播研究如此紧密地纠缠在一起，以至于它似乎与许多学者都分不开了。媒介'效果'研究起源于商品生产者要通过使用广告、生产和包装设计、

---

① 拉扎斯菲尔德(1975b)认为，在仔细复制了展示在伊利县研究中的"应用社会研究局"的研究方法之后，密歇根的"社会研究所"在投票研究方面，完全超过了他的"应用社会研究局"。有关投票研究的中心从哥伦比亚大学向密歇根大学的转变过程的追溯，参见欣戈尔德(1973)，他阐述了在这一过程中，有关网络对于投票行为的效果研究如何被克扣掉了。

价格决策等出售其产品的动机。”市场调查为什么贴近大众传播研究?因为有一个学者将这两者都创建起来，他就是拉扎斯菲尔德。

应用社会研究局

“应用社会研究局”不是美国大学里的第一个社会科学研究中心，但是，就形成定量的研究方法而言，它是迄今为止最有影响的研究机构(康弗斯，1987)，它还是大众传播研究的诞生地。①

哥伦比亚大学的“应用社会研究”的制度化

拉扎斯菲尔德的研究所逐渐地设定在哥伦比亚大学，而R·林德在每一个阶段上都帮助了它。②1939年，拉扎斯菲尔德被任命为社会学系的一个没有教师身位的讲师。次年，他的“广播研究室”迁移到靠近哥伦比亚大学校园的地方，当时这所大学在内科医生和外科医生学院的旧建筑里为之提供了办公场所，距离主校区60个街区。这个场地现在是林肯中心区的组成部分，但当时是高犯罪率的地区，它被恰如其分地称作“藏污纳垢之地”。在内科医生和外科医生学院的旧建筑很大，有三、四层高，占地半个街区(默顿，1991)。办公场所是免费租用的；事实上，这座建筑已被认为没用了，并最终被摧毁了。

林德继续作为拉扎斯菲尔德的后台老板。他是社会学系主任，因此促成了拉扎斯菲尔德被任命为讲师。他还是哥伦比亚大学委员会主席，

---

① 如果不是“应用社会研究局”地下室的一场水灾毁坏了从20世纪40年代后期至60年代的大部分历史资料的话，我们还可以知道更多的有关“应用社会研究局”黄金时代的事情。

② 在此以前已经建立了两个研究中心：20世纪20年代芝加哥大学的社会科学研究项目，以及1924年北卡罗来纳大学的“社会科学研究所”，后者由H·奥德姆创立，研究南方种族和经济问题。这两个研究机构与拉扎斯菲尔德的“应用社会研究局”都有相当大的差异。

这个委员会监督哥伦比亚大学的社会科学研究，所以为“广播研究项目”提供了免去租金的办公场所(康弗斯，1987)。“广播研究室”是由拉扎斯菲尔德的洛克菲勒基金会的基金资助的，再加上为《生活》与《时代》杂志、绿河威士忌、葡萄酒、斯隆搽剂、冰箱、贺卡和牙膏(科利诺斯牙粉)、维生素和铋索多尔(一种健胃散)所做的市场调查研究。一首由“应用社会研究局”的研究者1949年写下的匿名诗(谢里登，1979)是这样开头的：

> 研究局，作研究，
> 除了性关系，什么都研究，
> 牙膏、肥皂和早餐麦片，
> 威士忌、服装等等，等等。

在其早年的岁月中，由商业资助的研究构成了“广播研究室”的约一半的预算(康弗斯，1987)。哥伦比亚大学除提供免费场所以外，没有资助这个机构，令人惊奇的是，在这几年中，“应用社会研究局”和这所大学竟然没有一份书面协议。它们的关系只是逐步地发展起来的。1945年，一个调查委员会发现“没有什么书写物能够认可‘应用社会研究局’的存在”(康弗斯，1987)。

截至1944年，洛克菲勒基金会给“广播研究室”的资助终止了，该室的广播研究仅为其整个研究项目的一部分。由于它的名称不再适合它所做的事情，所以拉扎斯菲尔德在默顿的建议下，将其更名为“应用社会研究局”(尽管“应用”一词是拉扎斯菲尔德所竭力坚持的)。①“广播研究室”继续存在，但是现在成了“应用社会研究

① 默顿提出“哥伦比亚大学社会研究局”，但是，“保罗实际上说了他‘情愿去死’的话”(默顿，印制中)。拉扎斯菲尔德非常希望有“应用”一词进入名称，因为他认为这准确地描绘了这个局的工作，即便大部分社会学家都认为应用研究声誉不高。默顿认为这个局主要是拉扎斯菲尔德的组织，所以在其名称上作了让步(默顿，1991)。

局”几个部门之一。20世纪40年代中期，哥伦比亚大学认识到了“应用社会研究局”在培养研究生方面的重要作用，开始每年出资5000美元(后增至1万美元)支持它。1949年，研究局迁移到毗邻哥伦比亚大学校园的地方。

“应用社会研究局”逐渐整合到哥伦比亚大学中，不仅如此，拉扎斯菲尔德也跃上了教师位置的阶梯。1941年，(由于R·林德的努力)他被任命为社会学副教授，后来，被任命为教授、社会学系系主任，最后，是“社会科学的凯特勒教授”。默顿1943年成为研究局副主任，正式开始了他与拉扎斯菲尔德的终身友谊和密切的专业合作。①他们的私人关系代表着理论和研究方法论的紧密结合，它使哥伦比亚大学社会学系在20世纪50年代和60年代初期占据着全国的理智优势，它还将默顿的天才思想带入传播研究长达几十年。拉扎斯菲尔德和默顿的合作反映在默顿的“中层理论”(the middle range)的重要概念中(默顿，1957)，他用这一思想来表示处于一般规律等级上的理论，它们有助于对从理论中得出的假设进行以经验为依据的检测。②他关于中层理论的论文被多次引用，而这篇论文就出自作为工具制造者的拉扎斯菲尔德和作为社会学理论家的默顿之间的那些深入细致的讨论(莫里森，1976a)。③

研究局能如此繁荣(20世纪60年代初期，它聘用了约100个人，并获得每年约50万美元的预算)，这有点儿像个奇迹。它的成功的确不能归结于哥伦比亚大学管理层的强有力支持。他们不完全理解研究

① 拉扎斯菲尔德因默顿的知识分子派头和学术地位而敬佩他。

② 默顿遵循他自己的指导方针来进行中层研究。在20世纪50年代，他从事了几个规划中的住宅区的社会结构的研究，但拒绝根据这一出色的调查发表著作，因为它还没有充分的理论基础。

③ 默顿是一个被多次引用的社会科学学者，从1954年(这是“科学引文索引”创立的年代)和1970年(这是“社会科学引文索引”创立的年代)至1992年期间，他的颇有影响的著作《社会理论和社会结构》(1949)被引用了约5000次，估计占默顿所有引用的60%(加菲尔德，1980)。

局所做的事情，这样一个“软性捐款”研究机构不适合于哥伦比亚大学的其他大部分学术单位的模式。“凭借它的实力和它的出版物以及毕业生的扩散，研究局‘无视’哥伦比亚大学的管理人员和其他学者而崭露头角。”(康弗斯，1987)研究局的研究者对于外在资助方的基金的依赖，必然意味着一种勉强维持的方向。研究局的研究项目中的学术著作和其他科学出版物的完成给耽搁了，有些给耽搁了10年。研究局不得不进行市场调查，并研究其他“处于学术声誉边缘的”主题(康弗斯，1987)。拉扎斯菲尔德必须花大量的时间筹集调查基金，这使他不能集中精力从事学术研究，也不能集中精力从事哥伦比亚大学的博士生工作。只是凭借巨大的精力才使他能够充当这些多重且相互冲突的角色。

研究局的鼎盛期

“应用社会研究局”的鼎盛期出现在20世纪40年代末期直至60年代中期，此时，拉扎斯菲尔德担任主任、副主任和一个活跃的研究者。①许多值得称颂的研究项目都是在这一时期进行的：科尔曼—卡茨—门泽尔(1966)的医药扩散研究，大众媒介在中东现代化中的作用的研究(勒纳，1958)，拉扎斯菲尔德和蒂伦斯(1953)关于麦卡锡主义对美国教授们的影响的研究。

在其鼎盛期，“应用社会研究局”有12到20名教员，大部分是兼职的，加上约100名工作人员，主要由哥伦比亚大学社会学系的博士生组成(康弗斯，1987)。在其顶点时，每年的预算近100万美元(海曼，1991)。第二次世界大战标志着政府对于研究局研究资助的上升，这种资助始于陆军部对于有关军事训练电影的评估研究。几年之内，政府资助基金构

① 当拉扎斯菲尔德辞去研究局主任的职务以后，他的继任者按先后顺序是K·戴维斯，C·Y·格洛克，B·贝雷尔森，D·西尔斯和A·H·巴顿。

成了研究局一半以上的年预算。①

1941 年，随着美国介入第二次世界大战，拉扎斯菲尔德对研究局全体成员说，他们必须学会西班牙语，因为他认为战后当美国帮助拉美发展时，西班牙语对未来的研究将是重要的(莫里森，1976a)。拉扎斯菲尔德猜错了。战后美国政府通过“马歇尔计划”援助了欧洲和日本。

研究局的成果丰富得令人难以置信。从 1937 年至 1960 年，它发表了 52 部著作，350 篇文章、著作章节和其他出版物(康弗斯，1987)。这批学术出版物可以与 1946 至 1960 年密歇根大学的“社会研究机构”相媲美，后者或许是与“应用社会研究局”最为相似的、以大学为基础的社会研究所(康弗斯，1987)。比起密歇根的研究所来，拉扎斯菲尔德的研究局出版更多的著作(52 对 22)，但是“社会研究所”发表了更多的杂志文章(102 对 62)和著作章节(94 对 45)。

应用社会研究局的一个重要影响是通过它所帮助培养的博士生而体现出来的，其中许多人在社会学领域中都引起了学术关注：J · S · 科尔曼，P · 布劳，P · H · 罗西，S · M · 利普塞特，A · S · 罗西，D · 西尔斯，C · Y · 格洛克，E · 卡茨和 M · 罗森堡。美国社会学协会最近(直到 1992 年)20 位会长中有 7 位是在哥伦比亚大学获得博士学位的，其大部分又都曾在应用社会研究局中工作过。

研究局中的罗宾汉

拉扎斯菲尔德作为“一种学术罗宾汉”管理着应用社会研究局(莫里森，1988)。B · 贝雷尔森(莫里森，1983)说：“你知道，研究局里流传的一句笑话是，你用下一个研究的资助支付了上一个研究的赤字；这就

① 谢里登(1979)是研究局最后 10 年的管理者，他报道说，在 1949—1950 年，研究局 50%的收入来源于政府，包括国家科学基金会和劳工部。这个数字在 1951—1952 年上升到 83%，1973—1974 年又上升到 91%。

是这里的人的生活方式。”巴顿(Allen H. Barton)(1982)长年受聘于研究局，并担任了几年的主任职务，他记得拉扎斯菲尔德“将新的意义带入词语‘非营利’，即从一个债台高筑的项目攀爬到另一个债台高筑的项目”。

特别是在20世纪40年代、50年代和60年代初期的鼎盛期，研究局项目的独特之处在于：拉扎斯菲尔德可以使许多项目都能在那么一个高层次上得到私人公司的资助，这个高层次指的是他可以在为企业赞助者从事应用研究的同时，开展一种学术研究的项目(特纳和特纳，1990)。一般情况下，在研究之后立刻就有描述性的报告提供给赞助者，然后，经过几年的延缓后，一部通常由拉扎斯菲尔德或默顿与研究局的一个或多个成员所合著的学术著作便会出现，其对象是学术性的读者。只有在特殊条件下，两个大师的这种特殊服务才能够有效地发挥作用。一个基本的组成部分是像拉扎斯菲尔德这样的企业家型的和具有性格魅力的教授，他可以向公司高管高价出售研究项目。出于便利，他和赞助人都居住在当时大公司的集散地——曼哈顿。“拉扎斯菲尔德的任务是与公司领导人进行午餐谈话，这是一项蕴含着无限机遇的活动。当会见者中的一个成员向他描述他自己的公司已经产生的某个类似问题时，拉扎斯菲尔德就会安排与他一起午餐，并试图说服他赞助一个研究项目以便来研究这个问题。”(特纳和特纳，1980)

对于研究局来说，拉扎斯菲尔德与哥伦比亚广播公司的斯坦顿的密切关系是一个有用的资源。“广播研究室”就突发事件的效果问题进行了两次大型的定量研究。一是《火星人入侵》，是1939年关于O·威尔斯的虚构的外星人入侵的广播节目的听众效果研究；另一个关于突发事件的“紧急研究”是关于K·史密斯战时公债马拉松广播节目的默顿—菲斯克—柯蒂斯(1946)研究。在两个研究中，拉扎斯菲尔德(1982)都“在事件发生后的清晨打电话给斯坦顿，斯坦顿就从其CBS的研究预算中为当下的前期工作提供资金。今天，研究申请的官僚化使得诸如此类的突发性研究变得困难了。”

西尔斯(1976)是哥伦比亚大学的一名学生，也是拉扎斯菲尔德在哥伦比亚大学的一名长达12年的同事、批评者，他说："20世纪50年代这10年，哥伦比亚大学社会学被有些人当作'黄金时代'来回忆，但它几乎不……不过，有一个地方的确有某种神秘之处，在那里，拉扎斯菲尔德是我们老师、老板、同事以及——像我们希望的那样——是我们的朋友。他的令人难以忍受的工作习惯，他对我们的时间的蛮横要求，他的近乎是不可理解的维也纳口音，他从不间断的雪茄，他在开往市区的出租车上的紧急会议上的评论，他在教师俱乐部预定了三桌午餐，并逐桌和所有的人周旋，他同时应付十几个项目和研究助理的能力，都是我们无穷无尽的玩笑话题。"

拉扎斯菲尔德具有不同寻常的能力，能够发现有前景的研究课题。事实上，他以如此之快的速度产生出研究问题，以至于它们超出了他的时间、经费和其他资源所及。他不断地招募其他人来研究他的问题。哥伦比亚大学社会学系的大部分教员和博士生都至少在某种程度上参加了拉扎斯菲尔德所研究的问题的工作。其中有些人怨恨他想出人头地的企图，把他看作是一个诡计多端的阴谋家。科尔曼(1992)从1951年至1955年与拉扎斯菲尔德一起在哥伦比亚大学，他把后者比作某个将骨头扔给人们的人："喂，你拿着这根骨头。你拿着这根骨头。拉扎斯菲尔德可以从某个人那里拿走一根骨头，又扔给其他的什么人。"当他把一个智力任务交给他的一个研究者时，他期待着与他自己所展示的专业水平相类似的东西。诸如此类的高标准是难以达到的。

西尔斯(1987)说拉扎斯菲尔德在吸引人们加盟他的研究局的项目方面，具有"个人的魅力"。拉扎斯菲尔德"和其他人一起工作，通过其他人而工作，在这方面达到了不同寻常的程度；哪怕是夜深的时候，他都很少独处。"(西尔斯，1981b)拉扎斯菲尔德的大部分重要的出版物都是与他人合作的(西尔斯，1987)。

拉扎斯菲尔德并不是绝对地统治着研究局。例如，研究局的成员从道义上反对一项由菲利普·莫里斯公司资助的吸烟研究。因此，拉扎斯菲尔德通过与这家公司的私下联系——而不是通过研究局——从事这项研究，并重新制定了项目的框架，以使其在方法上更加平衡，既研究吸烟的理由，又研究不吸烟的理由。①“在研究局里，拉扎斯菲尔德领导下的研究是集体的(但不是平等主义的)事业……所有参加者都受到鼓励而带入新思想，提出问题，提出批评，或者建议新方向。但是，正是拉扎斯菲尔德作为研究局主任，在会见客户、指导报告和来自这些项目的出版物等方面承担主要的责任。”(帕萨尼拉，1990)

个人影响的迪凯特研究

“应用社会研究局”之存在部分地是由于它的名称中所蕴含的东西——为政府、劳工、企业、社区组织进行应用研究，但是这些赞助者带给研究局的实际问题通常转变“成了具有某种社会学意义的问题”(格洛克，1979)。研究局最有影响的一项研究导致了众所周知的著作《个人的影响》(卡茨和拉扎斯菲尔德，1955)，这项研究始于一个“相当小的问题”(格洛克，1979)，它是由一家通俗家庭杂志的出版商向研究局的研究人员提出的。麦科法登出版社希望将它们的读者提升到更高层次的家庭。《个人的影响》是1945年对伊利诺伊州迪凯特的800名女性调查对象的研究，它确定个人如何获得信息，如何获得有关他人决定看什么电影、怎样投票、购买什么样的时装等方面的见解。这个调查促进了对于意见领袖过程中的大众媒介和人际传播之间的相互影响的学术理解(格洛克，1979)。《个人的影响》是应用社会研究局发表的、仅次于《人民的选择》的享有盛名的著作。

迪凯特项目得到麦科法登出版社的3万美元的资助，起源于研究局更早的一个由默顿在新泽西州多佛领导的项目(它被称作“罗维尔”，Rovere)，后者曾由《时代》杂志资助。《时代》杂志知道自己能够为银

① 从吸烟研究得出的研究结果为迈耶、弗里德曼和拉扎斯菲尔德所报告(1973)。

行家、医生和其他中上层阶级，以及受过良好教育的意见领袖所阅读。是否有其他类型的意见领袖存在于美国的社区之中？研究局的“罗维尔研究”对一个滚雪球样本的约100名调查对象进行了调查，以期回答这一问题。①对于项目资助人来说，不幸的是，研究局的学者们发现，罗维尔的许多“有影响的人”（这一术语被用来替代“意见领袖”）并没有阅读《时代》，有些人甚至可能从未阅读过。②然后，麦科法登出版社——它的《真实的故事》为罗维尔下层社会中的有影响的人所阅读——同意资助迪凯特研究（拉扎斯菲尔德，1962b）。

拉扎斯菲尔德有了基金。现在，他需要合适的学者来领导这个研究项目。米尔斯（C. Wright Mills）是一个年轻有为的社会学家，当时在马里兰大学任教，在默顿的建议下，他被任命为哥伦比亚大学的教员。当加盟研究局的时候，米尔斯正因为他有点激进的社会学而出名。米尔斯和拉扎斯菲尔德之间的争论揭示了有关他们两个人的某些事情。米尔斯生于得克萨斯州韦科市，在得克萨斯大学奥斯汀分校获得学士学位，他在那里创下了优秀的学习记录，然后在威斯康星大学攻读社会学博士学位。基于一种反权威的态度，他与系主任和几个教师关系不和，常发生争执，而这一态度成为他后来职业生涯的特点。继而，米尔斯在马里兰州大学教书，但常去纽约的格林威治村，在那里，他与批判的知识分子建立了经常性的联系，包括法兰克福学派的霍克海默、阿多诺和马尔库塞，这些人当时都流亡纽约（霍罗维茨，1983）。默顿知道米尔斯有要迁移到纽约的愿望，所以推荐他给哥伦比亚大学的教职队伍和拉扎斯菲尔德，后者在1945年任命米尔斯参加研究局的工作。

与拉扎斯菲尔德的冲突很快就发生了。拉扎斯菲尔德声称，米尔斯在从社区的领袖——诸如报纸编辑、城市官员——那里收集有关迪凯特

① 滚雪球样本由对受访者初始样本的资料收集工作组成，这些受访者被问及与谁交往；第二个样本再遵循类似的程序。

② 关于罗维尔研究的详细报告由默顿所提供（1949）。

的社区权力(这是米尔斯的主要兴趣所在)资料的同时，忽略对于调查样本的技术监督(这是拉扎斯菲尔德的主要兴趣所在)。所以，拉扎斯菲尔德撤销了米尔斯作为迪凯特项目负责人的职务，后来又将他从研究局中解聘(拉扎斯菲尔德，1962b；霍罗维茨，1983)。米尔斯使这个项目超出了其预算，因此被指派通过义务指导一个有关波多黎各人在纽约的移民研究项目来补偿这笔赤字。在20世纪50年代，米尔斯写了一系列引起人们广泛关注的著作：《白领：美国的中产阶级》(1951)、《权力精英》(1956)——它们是关于那些位于社会顶层的人物的著作；以及《社会学的想象力》(1959)——这是他关于将社会学视为一个领域的做法的对错问题。这后一本著作也起到了与拉扎斯菲尔德清算旧账的作用。截至1959年，米尔斯已获得“一种英雄般的光环”，所以对他的迪凯特研究与对拉扎斯菲尔德所代表的研究传统的批评在社会科学家中引起了热烈的讨论(霍罗维茨，1983)。根本的争论是一种学术视野的问题：米尔斯致力于激进的社会变革问题，而他声称拉扎斯菲尔德的视野以制度的维系为中心(霍罗维茨，1983)。

最后，在迪凯特研究于1942年得以酝酿的14年以后，以及在关于它的调查资料于1945年得以收集的10年以后，一部报告其研究成果的著作《个人的影响》(卡茨和拉扎斯菲尔德，1955)出版了。第一部分是勒温式的群体动力学研究的综合，表明群体影响对于个人决定的重要性，并论证说来自小群体研究的概括可以被扩展到大众传播过程中。(因此，卡茨和拉扎斯菲尔德论证说，本质上，人际传播和大众媒介传播属于同一个领域。)第二部分报告了迪凯特研究的经验成果，即关于大众传播和人际传播对家庭主妇类的调查对象的决策行为的作用。《个人的影响》的中心思想是在大批个体受众中重新发现了库利的“首属群体”，它通过人们中的社会关系——邻居、朋友和亲戚——而得到表达。大众媒介中的消息给许多个人提供信息，但是只有当这个信息作为个人影响从一个人那里传递到另一个人那里的时候，这些个人才被激发着作出决定和采取行动。

医药扩散研究

同样一个劣材成器的故事发生在20世纪50年代中期，当时，负责辉瑞制药公司市场研究的普雷克(Joseph Precker)就决定辉瑞是否应该继续在《美国医学协会学报》上为一种新药作广告的事与研究局商谈(格洛克，1979)。卡茨(Elihu Katz)是研究局的一个研究人员，他已经起草了一份研究计划来探讨一份由个人样本，按照要求，这些个人中的每一个都将从社会测量学的意义上被指派给几个网络合作伙伴，他们和这些合作伙伴讨论某个问题。然后，网络合作伙伴也要接受有关同样的问题的访谈(卡茨，1990)。继罗维尔研究和迪凯特的个人影响的研究之后，滚雪球式的设计是下一个逻辑步骤，以便更准确地确定：思想在大众中扩散的人际传播过程。辉瑞的乏味的广告问题与卡茨的滚雪球计划的基本思想融合起来，从而造就了一种研究——它代表着理解创新扩散的一个重大进步。事实上，这个研究一直是最有价值的扩散研究之一。

研究局的研究者通过与伊利诺伊州4座城市的有关专业医生进行个人访谈收集资料，询问他们在什么时候采纳了四环素，即辉瑞公司新的抗生素。根据药剂师给作为研究对象的医生的处方记录，这些采纳资料得到核实。研究对象还被要求报告他们与其他医生的人际关系网络(科尔曼，卡茨和门泽尔，1966)。研究局的药品研究认定创新扩散基本上是一个人与人之间谈论一个新思想的社会过程(罗杰斯，1983)。最先采纳创新思想的人，即创新者不被系统中的其他个人所尊敬，所以采纳的速度最初增长缓慢。然后，当这个系统中的意见领袖采纳了这个创新思想之后，人们中间关于这个创新的讨论促使“S”形的扩散曲线向上飙升。①这样，随着

① 在原始资料收集工作的约32年后，伯特(1987)通过重新分析药品扩散资料，进行了医生之间的关系模式的网络分析。瓦伦特(1991)后来重新分析了这些资料，以便更好地理解伊利诺伊州的4个共同体中的S形扩散曲线之临界量的性质。

时间的推移，采纳的速度呈现“S”形的特征(如同图7.2所描绘的美国的广播和电视之被采纳的速度那样)。

研究局的研究风格

应用社会研究局在几个重要的方面是独一无二的。它没有进行全国性的样本调查，它也没有固定的访谈人员。拉扎斯菲尔德认为，诸如此类的全国性调查的基础设施会导致他的研究局追求某些种类的研究合同——它们缺乏当下的、潜在的学术价值(格洛克，1979)。研究局项目的一般风格是选择有代表性的社区，从其调查对象的样本(或人口调查)中收集资料。与美国人口的随机样本相比，此类本土化设计使得研究者们能够调查人际传播和社会关系，诸如新药品在医生之间的扩散，政治信息在选民之间的传递，以及消费信息在家庭主妇之间的蔓延。研究局的研究人员是主要对传播过程感兴趣的社会学家。他们的本土化调查的社会计量学风格与他们致力于研究社会对个人决策影响的学科和知识的兴趣相吻合。这是拉扎斯菲尔德早在维也纳就开始的研究传统，而且他在其职业生涯中一直如此。拉扎斯菲尔德侧重于个人的社会行为，这引导他研究个人如何作出决定的问题。大众媒介、群体和其他对个人决策的影响可以方便地以调查方法进行研究，而这种调查方法是拉扎斯菲尔德所擅长的领域之一。将个人作为分析单位的做法还将拉扎斯菲尔德引入媒介效果的研究方向。

令今天大部分的研究生极其难以置信的是，研究局的另一个研究特色是：它从未使用统计显著性检验(statistical tests of significance)。考虑到在20世纪40年代、50年代和60年代，美国社会科学研究，特别是社会学研究，深深地沉湎于统计显著性检验中，所以研究局的出版物缺乏检验假说的测试值x^2、F、t就的确令人惊异了。拉扎斯菲尔德可以说是一个数学家，但是他不同意将统计显著性检验用于调查资料。研究局反对统计显著性检验的立场可以从他们的几部著作和其他出版物的方法论附录中得到说明。[1]这一观点主张：哥伦比亚大学的研究者在本质上主要是探索性的，目的是制定有关人类行为的假说，而不是对这样的假说提供某种确定无疑的检验(这个任务留给其他后来的研究者)。换句话说，在人类行为的问题上，应用社会研究局的工作是确定尝试性的理解，而不是复制和严格地检验假说。典型的研究局项目的研究设计是对一个体系的细致研究，往往是一个当地社区或者一个组织。这样的设计没有必要对来自大量人口的随机抽样结果进行概括。他们继续论证说，显著性检验，以及它们所提供统计推论，对于研究局的大部分研究者来说，是没有必要的，也是不恰当的。不过，有些批评者认为，如果没有统计显著性检验，在接受或反对那些假说的问题上，哥伦比亚大学的研究者就只能以直觉判断为基础了(康弗斯，1987；戴维斯，1970)。

记得在1959年我应曾领导医药扩散研究的H·门泽尔邀请访问了应用社会研究局。研究局设在一座陈旧的、被称作范德比尔特大楼的建筑物内，靠近哥伦比亚大学校园。小小的办公室内挤满了博士生研究助理，还有一堆堆的问卷和其他资料。研究局的研究者们的认真、专注和高效的态度给我留下了深刻的印象。午间时分，一份新的研究计划被提出，并在吃自带午餐的时候进行了讨论。研究局的学者们在穿过狭窄大厅时，没有相互打招呼和闲聊。我与门泽尔及其同事讨论的工作处于社会研究的最前沿。那天傍晚时分，当我离开研究局的时候，我感到我已经看到了状况最佳的社会研究，尽管它是以一种有点像工厂的高效率的方式而进行的。

研究局的许多研究都作为著作发表了。20世纪50年代的一段时期，自由出版社实际上成了应用社会研究局的出版机构。在那么许多的著作中，包括以下一些：

① 例如，利普塞特、特罗和科尔曼(1956)、肯德尔(1970)和塞尔温(1957)。这些论证反对使用统计显著性检验，批评研究局立场的人所提出的相反论点可见于莫里森和亨克尔(1970)。

- 拉扎斯菲尔德的《社会科学中的数学思考》（1954）。
- E · 卡茨和拉扎斯菲尔德的《个人的影响：个人在大众传播流通中的作用》（1955）。
- 利普塞特、特罗和科尔曼的《工会民主：国际印刷工会的内部政治》（1956），这是纽约报业的一个重要工会。这部著作首开使用调查资料来描述组织结构如何影响个人行为的先例。
- 默顿、菲斯克和肯德尔的《焦点访谈：问题和程序手册》（1956）。
- 西尔斯的《志愿者》（1957），这是“全国小儿麻痹症防治基金会”的一项研究，该基金会通过每年的“畸形儿基金会运动”来筹集研究资金，在进行这项研究的时候，它是美国最大的志愿卫生组织。
- 科尔曼的《社区冲突》（1957）。
- 拉扎斯菲尔德和 W · 蒂伦斯的《学术思想：危机时期的社会科学家》（1958），这是关于麦卡锡时代的社会科学教授的一项研究。
- 勒纳的《传统社会的消失：中东的现代化》（1958），这是关于 6 个中东国家的大众媒介和现代化的一份调查研究报告。
- 克拉珀的《大众传播的效果》（1960），这是对研究局关于大众媒介最小效果研究的总结论述。

这些重要的著作展示了各种方法论和实质性的学术方向。它们表明处于黄金时代的研究局所进行的一流研究喷涌而出了。这些著作也使得自由出版社闻名遐迩。事实上，自由出版社一度成为社会学的主要出版机构。①

---

①　不过，新的出版社的这一迅速崛起不仅仅归功于拉扎斯菲尔德和应用社会研究局。自由出版社编辑 J · 卡普兰通过芝加哥大学的 E · 希尔斯结识了哈佛大学的 T · 帕森斯。自由出版社出版了帕森斯的《社会行动的结构》（1949）和他的其他重要著作。卡普兰在 1949 年还出版了另一部社会学的主要经典之作，即默顿的《社会理论与社会结构》。20 世纪 50 年代自由出版社之所以成功的另一个因素是对于社会学著作的日益增长的市场需求（卡普兰，1991 年 11 月 27 日）。

拉扎斯菲尔德辞去了应用社会研究局主任的职务，以担任哥伦比亚大学社会学系系主任。20世纪50年代期间，他已逐渐失去对于传播研究的兴趣，而且，在他不担任研究局的领导人之后，他也不再需要为负担研究局的其他成员而筹集资金。与之相应，他不再寻求应用性的、通常涉及某个传播方面的小型研究项目(例如，某种新品牌咖啡的广告活动的效果)。相反，他向私人基金会和联邦政府机构申请大笔资助，以便直接进行实质性的和方法论的问题研究，从而使他在其社会学同辈中赢得尊重。例如，1952年左右，拉扎斯菲尔德从“海军研究办公室”那里得到一大笔资助，用于有关人类行为的数学模型的研究(科尔曼，1992)。哥伦比亚大学社会学系被认为是美国一流的社会学系，而拉扎斯菲尔德的个人工作风格逐渐变得不那么狂热了。他正在经历一种学术生涯的变化，这种变化使他从传播研究中抽身出来，尽管他并没有完全丧失对于传播研究的兴趣。1974年，他与社会心理学家麦圭尔(William J. McCuire)向马克尔基金会提交了一份研究计划，打算重新研究日间连续剧问题，这与应用社会研究局最初有关这个论题的工作相隔已40年了。这是拉扎斯菲尔德的最后一个计划，它没有成功。1976年8月30日，他在纽约死于癌症。

施拉姆(1981)讲述了这样一个故事：拉扎斯菲尔德曾告诉施拉姆有关他广播研究早期岁月的事情。拉扎斯菲尔德着手进行了对于WOI广播台(衣阿华州立大学的教育广播台)的受众调查，并亲自前往埃姆斯上交已完成的研究报告。衣阿华州立大学校长C·弗赖利乘坐一辆黑色豪华轿车来到埃姆斯市火车站迎接他。拉扎斯菲尔德不习惯如此礼遇，在像衣阿华州立大学这样一个“乡村大学”中也感到不自在，当他们驱车穿过田园般的校园时，他试图随便谈谈。这时他们经过学校的无线电发射塔，令拉扎斯菲尔德自己都感到十分震惊的是，他听见自己脱口向这位大学校长说：“噢，那么你们有一个广播台。”拉扎斯菲尔德真想钻到汽车的底板下，但幸运的是，弗赖利校长把它当作了一个笑话。

从那一刻起，拉扎斯菲尔德意识到大众传播对他来说意味着什么：信息及其对人们的效果。“对于(广播)节目制作过程或报纸生产过程中发生的事情，或对于传播产品自身背后的任何运作，他一无所知。”(施拉姆，1981)这样一种方向导致拉扎斯菲尔德脱离了对于大众媒介传播信源组织的研究。①他是在对一个新的研究机构的领导人给予忠告的背景下告诉施拉姆上述故事的。拉扎斯菲尔德告诉施拉姆（印制中）：“这是我们最羡慕你和你的同事的地方。你们中的大部分人都在媒体中工作过。你们中的大部分人都知道在一个报纸办公室内或一个广播电台内所发生的事情。”

拉扎斯菲尔德的学术兴趣最终使他脱离了传播研究。但是，他曾投身传播学 17 年，赋予传播学以巨大的理论推动力，并使其具有了与美国最著名的社会学方法论者相连的名望。拉扎斯菲尔德引导传播学沿着在社会背景下研究个人行为的方向行进。他将传播学领域引向效果研究。

与默顿一起工作

默顿在理论上对拉扎斯菲尔德的学术贡献产生了相当大的影响，但是这一影响还没有得到人们的充分认识(科尔曼，1980b)。事实上，默顿对于应用社会研究局的传播研究项目是如此关键，以至于我们或许应该将“拉扎斯菲尔德—默顿”看作美国大众传播研究领域的最重要的创始人。

默顿 1910 年生于南费城贫民区的移民家庭。1931 年，他在坦普尔大

① 拉扎斯菲尔德在 1975 年 2 月 21 日的口述史访谈中说：“我从未理解研究传播业内部的重要性。”诸如媒介机构的所有权、控制和功能这样的问题，与他关于个人行为的调查研究的主导性方法论风格并不十分吻合。另一方面，巴顿(1992)提请我注意由研究局的学者们所进行的几个有关大众媒介机构的研究，所以媒介机构在研究局中并没有完全被忽视。

学获得社会学学士学位，1936 年作为第一批社会学博士生中的一员在哈佛获得博士学位。他继续留在哈佛教了 3 年书。他成为杜兰大学的一名副教授，次年成为教授和社会学系系主任，他担任这个职务直到 1941 年受聘于哥伦比亚大学时为止。默顿 1938 年的论文《社会结构和失范》为他奠定了杰出的年轻理论家的地位。“它使他立刻就受到美国社会学联谊会的注意。”（比尔施泰特，1981）默顿论证说，顺从和离轨都是社会结构的产物。因此，社会结构不仅如同弗洛伊德所认为的那样，限制个体的行为，而且有助于激发行为。

哥伦比亚大学社会学系系主任 R · 麦基弗希望聘用默顿。他在系里的 R · 林德希望聘用方法论者拉扎斯菲尔德。这个冲突最后由哥伦比亚大学校长 N · M · 巴特勒解决，后者作了一个明智的调停：两个人都被聘用。①拉扎斯菲尔德—默顿这两个人将要提供一种成功的组合，并将会把哥伦比亚大学社会学系提高到出类拔萃的层次。

当拉扎斯菲尔德正在被考虑给予哥伦比亚大学的教职时，斯托弗（1941）在给哥伦比亚大学遴选委员会的一封信中说：“他（拉扎斯菲尔德）不是一个受过传统训练的社会学家，但是鉴于我所提到的三个特性（创造性、多面性和灵活性），他便如此居于一般的社会学家之上，以至于我想象不出还有其他什么人能够与之相媲美。他不是一个循规蹈矩的工作者，如果他有了一个闪光的思想，他有可能以损害常规的代价去追求它。我自己非常敬佩这样的家伙……从统计学能力的观点出发，我会给保罗极高的评价，尤重视他的独创性和发明才能，而不是他的系统的文献知识。”

贝雷尔森在 1973 年的一次访谈中（莫里森，1976a）说，拉扎斯菲尔德“通过默顿给予他的某些影响”而获得了理论上的地位。哥伦比亚大学 20 世纪 40 年代后期的一名博士生、著名的社会学家布劳（Peter Blau）说：

① 有关这个重要的聘用决定的详细情况由麦克利弗（1968）和利普塞特（1955）所讲述。

“在那些岁月中，即当默顿逐渐涉入经验研究，并已开始了与拉扎斯菲尔德的富有成效的合作的时候，哥伦比亚大学的气氛有助于摧毁我们大部分学生起初都有的这种成见：社会理论家不关心系统的经验研究。我对将理论和研究结合起来的新兴趣促使我参加拉扎斯菲尔德的所有研究方法课和研讨班，并且决定从事某种经验研究。”（布劳，1964）哥伦比亚大学社会学系这时有两个颇具影响的学者，他们的工作如此紧密，所以这个系的博士生课程将严格的理论训练和在职研究工作结合起来。

科尔曼(1992)记得一次由拉扎斯菲尔德和默顿开设的有关科层制的博士生研讨班。拉扎斯菲尔德充当无知的初学者角色，不断地向聪明的默顿提出一系列略为基本的问题。这些问题是这门课程的一般博士生想要知道的问题，但是或许害怕将之提出来。据科尔曼回忆，两位教授的对比角色赋予这个研讨班一种非常有效的动力，尽管通常说来，拉扎斯菲尔德实际上不是一个有成效的教师。

默顿是一个温文尔雅的知识分子，因其在书写和言谈中对于语词的出色选择而广受敬重。拉扎斯菲尔德的确很尊敬他，称之为“这个国家的社会学先生，令人难以置信的优秀。”（莫里森，1976a)20 世纪 50、60 和 70 年代期间，默顿在美国社会学领域中非常有影响，如同拉扎斯菲尔德(1962a)所提到的那样：“你近乎可以向年轻一代(社会学者)作出社会学的定义了，那就是默顿选择(研究)的东西。”确实如此，默顿在他漫长的职业生涯中，开创了科学的社会学，①分析了科层制中的地位关系，提出了指导经验研究的中层理论，并且成为社会学的结构和功能分析的主要提倡者之一。②有关从 1970 年至 1977 年引述默顿的大约 2500 篇文章的内容分析表明，三分之二的文章引述的是他的概念，而不是他的研究

① 他是以在哈佛大学的博士论文来从事这项工作的。该论文的修订本后来在 1938 年出书，1970 年和 1993 年以名为《17 世纪英格兰的科学、技术和社会》的一篇关于宗教、经济和科学的关系的研究论文发表。

② 斯托姆卡(1986)、克罗瑟斯(1987)、克拉克、莫迪吉和莫迪吉(1990)、科瑟和比尔施德特(1981)描述了默顿的理论贡献。默顿备受推崇的《社会理论与社会结构》(1949)代表了他的一些贡献。

结果（加菲尔德，1980）。概念的形成和阐述是默顿的主要理论贡献之一（斯托姆卡，1986）。

默顿（1949）将理论限定为一组从逻辑上被连结起来的命题，由此可以引申出经验的一致性。每个命题都由两个或更多的概念变量之间的某种假设关系所组成。显而易见，每个概念都必须以一种准确的方式来限定，因为概念是构建理论的砖和瓦。在一套理论命题（或假设）中对某些关系作出假定的基础是由底层机制或理论动力所提供的。

拉扎斯菲尔德和默顿一起共事35年。在科学史上，很少有这样的例子：两个如此优秀和如此有才华的同事在如此长的时期内发展和维持了如此牢固的私人的和科学的关系……在拉扎斯菲尔德发表的近乎每个著述中，默顿都是无名的合作者。在一本书中，拉扎斯菲尔德给了默顿长长的一个章节以分析“潜在结构”（latent structure），拉扎斯菲尔德在书的扉页上写道：“鲍勃，这是20年来第一部你不必为保罗工作的著作。”（西尔斯，1987）而且，默顿的交际能力被用来使拉扎斯菲尔德从他与哥伦比亚大学、他的同事和他的研究赞助人产生的各种问题中脱身出来。在一本纪念拉扎斯菲尔德的论文集中，默顿称他为“兄弟”（西尔斯，1987）。

默顿除了对于拉扎斯菲尔德工作的影响以外，还是大众传播的一个重要学者。他与菲斯克和柯蒂斯（1946）一起进行的一项研究，是关于CBS广播网中的K·史密斯战时公债运动的研究，它以发生于1943年9月21日的一个相当异乎寻常的事件为中心。史密斯（Kate Smith）是一个流行歌手和广播人物，连续播出18个小时，从早上8点到次日下午2点。这个广播马拉松节目的特色是由史密斯进行了65次诉诸情感呼吁，每次一、两分钟，它们与音乐混合在一起，为美国战时公债带来了令人难以置信的价值3900万美元的购买及其承诺。以前的两次运动只分别获得100万美元和200万美元。默顿、菲斯克和柯蒂斯的著作《大众说服》是以对纽约受访者的100次焦点访谈为基础的，其中75名已呼吁承诺购买战时公债。在上述广播节目之后不久，这些人就接受了访谈。纽约另一个978 人的样本被以调查问卷的形式进行访谈。默顿的调查结论是：当说服性信息充满情感，并来自某个被“情感专家”弄得令人可信的源泉时，媒介就可能具有大规模的直接效果。

史密斯的这一显然是故意安排的广播节目引出了“伪礼俗”(pseudo-Gemeinschaft)的概念：一个人对另一个人关心，以便更有效地操纵那个人(默顿，菲斯克和柯蒂斯，1946)。①研究局的学者们发现，史密斯能够说服美国广大听众购买战时公债，因为她传递了一种对于战争努力和美国士兵的真挚的、高度个性化关注的印象。调查对象往往将K · 史密斯的真诚与他们在自己日常经历中观察到的虚伪与对抗作比较。她是关心和信任的象征。她恳求自己的广播听众购买战时公债，以便“把美国参战男孩带回家”。从那以后，假礼俗的概念就为各种学者所阐述和使用(贝尼格，1987)。

“除很少的例外，研究几乎完全关注宣传的内容，而不是宣传的效果。这个领域的调研注重呼吁和修辞手段，以及构成宣传材料的刻板成见和情感语言。但是，说服的实际过程大部分都是在未经考察的情况下进行的。”(默顿，菲斯克和柯蒂斯，1946)有关史密斯战时公债研究既使用了焦点访谈，又使用了更常见的调查访谈。1943 年的研究主要涉及研究媒介效果，就像那个时代的应用社会研究局的大多数其他研究的一般模式那样。

考虑到默顿自身作为一个传播学者的重要作用，以及与拉扎斯菲尔德的通力合作关系，他的贡献还没有更完全地被当代传播学者所认识，这便令人困惑不解了。

---

① 与默顿的“伪礼俗”概念相关的是“准社会互动”(para-social interaction)的概念，是指一个个体接受大众媒介的程度就像接受一种人际关系一样(霍顿和沃尔，1956)。例如，我发现，在印度，有些电视通俗肥皂剧的观众在播放期间，实际上是与他们所喜欢的电视人物进行交谈(辛格哈尔和罗杰斯，1989a，1989b)。

拉扎斯菲尔德对传播学的贡献

拉扎斯菲尔德因其对传播学的三个贡献而闻名。①

1. 他开创了媒介效果研究的传统，这一传统成为美国大众传播研究的占有统治地位的范式 。1930—1931 年，他在维也纳帮助发起了首次对于广播听众的大众传播研究(海布特，1983)，这项研究在 1937 年后为“广播研究项目”所继续。他凭借自己的声望投身正在美国兴起的大众传播研究领域。拉扎斯菲尔德提出了几个重要的理论概念，诸如“意见领袖”和“两极传播”等。他开创了人际传播渠道与大众传播在传播活动中的作用的研究。
2. 他通过收集资料的方法提出了调查方法论。这些收集资料的方法包括收集不显著测度、焦点访谈、三角测量策略以及各种资料分析方法。他将民意测验的方法变成调查分析，即分析性地利用样本调查“来作出影响个人行为的因果关系推论”(科尔曼，1980b)。这样一种方法论风格与拉扎斯菲尔德一生对于个人行为的经验分析的重视是相吻合的。他对他的实地调查得以进行的社区没有进行分析，相反，他研究了社区中的个人决策。不幸的是，这一方法没有掌握许多有关社会结构的理解(科尔曼 1980b)。

① 拉扎斯菲尔德在回顾即将结束的职业生涯时，认为他的三个最重要的贡献(按顺序)是开创大学研究机构，强调研究方法论，研究个人如何在投票、职业选择、购买咖啡等方面作出决策(拉扎斯菲尔德，1976)。我大体上同意这一看法。在 1973 年的一次个人访谈(莫里森，1976a)中，拉扎斯菲尔德说，他的目标也是“培养拉扎斯菲尔德们”。他认为他从前的 6 名博士生属于能够获得此项殊荣者之列，他们已经非常出类拔萃。

3. 他创造了以大学为基础的研究机构的原型。①他于 1927 年在维也纳创办“经济心理学研究中心”，在这以后，他在美国又创办了两个大学研究机构。其中更著名的是位于哥伦比亚大学的“应用社会研究局”，它发挥着其他许多大学研究机构的榜样作用，包括今天的许多传播学研究机构。拉扎斯菲尔德将自己看作是一个“管理型的学者”，一个领导一个研究局的大学教授(拉扎斯菲尔德，1976)。与大学的各系相比，研究机构更灵活，更有重点，也不大容易因采纳了创新方向而受到批评。这就是传播学学术领域之所以始于伊利诺伊大学、斯坦福大学和其他地方的研究机构的原因。拉扎斯菲尔德创造并通过某种组织形式，使传播学首次被引入几所大学。他开创了作为美国研究型大学的一个重要组成部分的研究机构。在这个过程中，拉扎斯菲尔德促使传播理论具有了行政研究的特色，更广泛地说，他使许多社会科学研究具有了这种特色。

最后，拉扎斯菲尔德将默顿引入了他的应用社会研究局，并因此引入了传播学。

行为科学高级研究中心

1950 年，拉扎斯菲尔德试图将应用社会研究局变成一个从事社会研究培养的专业学院(拉扎斯菲尔德，1972)。经与默顿的合作，他写了一份备忘录给哥伦比亚大学管理层，但是这个计划没有得到哥伦比亚大学的部门间的支持；对于这所大学来说，这个计划中的专业学院的费用是另一个障碍(格洛克，1979)。20 世纪 50 年代初，拉扎斯菲尔德是为福特

① 现存大量有关美国大学研究机构的文献，其中许多是有关此类机构的边缘性问题：西伯(1972)、伊肯伯里与弗里德曼(1972)和谢里登(1979)。与拉扎斯菲尔德的应用社会研究局一样，许多以大学为基础的研究机构仍处于在大学的边缘，在其生存期间，它们的95%左右的预算依靠外来基金(谢里登，1979)。

基金会出谋划策的人员之一，他们正计划“行为科学高级研究中心”的事，其位置毗邻斯坦福大学校园。这个智库凭借由贝雷尔森安排的福特基金会的基金所建立，而贝雷尔森是拉扎斯菲尔德在研究局中的老同事。①1951 年，贝雷尔森成为福特基金会的“行为科学项目”主任。麦卡锡主义盛行，右翼极端分子将社会科学与社会主义混为一谈。“行为科学”具有一种不会引起争议的光环，而且是一个更广义的概念，例如，包括历史、哲学和精神病学。贝雷尔森“实际上创造了‘行为科学’这一术语”（西尔斯，1981）②。

拉扎斯菲尔德关于帕洛阿尔托智库计划的要求是：它要组织得使有前途的博士生和新博士们能够与资深教师们合作从事共同的研究活动（格洛克，1979）。相反，行为科学高级研究中心主要邀请了行为科学方面的社会知名学者（以及大有前途的年轻学者）。拉扎斯菲尔德沮丧地说，“我希望福特中心（行为科学高级研究中心）成为一个应用社会研究的中心”，但它却成了“与我的想法完全相反的东西”（拉扎斯菲尔德，1975c）。所以，无论是在哥伦比亚大学还是在帕洛阿尔托，拉扎斯菲尔德都没有实现他的专业的社会研究学院的梦想。

作为福特基金会的一个顾问，拉扎斯菲尔德 1963 年帮助建立了维也

---

① 贝雷尔森（1912—1979）生于华盛顿州斯波坎市，1941 年在芝加哥大学获得图书馆学博士学位。他的博士论文论述了来自伊利县投票研究的结果，他与拉扎斯菲尔德合作进行了那个研究。然后，贝雷尔森作为教授继续留在芝加哥大学，并成为图书馆学院的院长，他把这个学院里引向传播学研究的方向。他的早期研究是关于图书读者的研究。在第二次世界大战期间，贝雷尔森作为德国舆论和士气的一个分析员为“战时新闻局”工作。战争即将结束时，他转到哥伦比亚大学的“应用社会研究局”，帮助拉扎斯菲尔德分析来自伊利县投票研究的资料，并成为拉扎斯菲尔德的《人民的选择》一书的合作者。他还利用了纽约的一次报纸罢工，以便确定失去报纸对于读者来说意味着什么（贝雷尔森，1949）。

② 贝雷尔森热衷于经验的社会研究，他自己就从事这样的研究，并为其他人的研究提供基金。例如，他资助了 L · 费斯廷格的研究，结果产生了《认知不和谐理论》这一著作。贝雷尔森主张，将命题资料目录当作一种方法来制作，以便把以研究为基础的知识综合成为一种形式，后者对于政策制定者来说，是更加有用的。他的最著名的例子是与 J · 斯蒂纳合作的著作：《人类行为：科学发现的成果》（1964）。贝雷尔森最终是以人口委员会主席的身份结束其职业生涯的，后者是一个由洛克菲勒基金资助的组织，它促进了第三世界国家的计划生育。

纳社会科学高级研究所（蔡塞尔，1976—1977）。因此，他关于研究机构的设想走了一个圆圈，它始于拉扎斯菲尔德20世纪20年代创办的维也纳经济心理学研究中心。现在的研究机构是“一种社会民主的策略，它要打破奥地利学术界保守思想的统治地位”（弗罗因德，1991）。

对于拉扎斯菲尔德的工作的批评

拉扎斯菲尔德全身心地致力于以经验为依据的社会科学研究。R·S·林德（1939）这样评价经验研究的诱惑性：“为了使之进行下去，一个人通常将自身置于正在运行的体系之内，暂时地接受它的价值和目的，着手进行收集资料工作……（一个人）往往深陷于假设之网，通过这些假设网，他正在研究的机构自称在运作。”经验研究可以使人避免对所研究的体系之适当性提出令人烦恼的问题（罗杰斯，1986）。例如，拉扎斯菲尔德考虑大众媒介的受众效果问题，但不考虑生产这些信息的媒介机构问题。

C·W·米尔斯是拉扎斯菲尔德在芝加哥大学社会学系的年轻同事，他尖锐地批评被他称为“抽象的经验主义”的东西：“作为社会科学的一种风格，抽象的经验主义不具备任何实质性的命题或理论的特色。”米尔斯的这句话针对的是哪个特定的学者，对此几乎没有什么疑问。他说：“对于政治学家来说，考察一种全方位的投票研究肯定是件有趣的事情：它没有提到政党动员投票的机制；或者，确实没有提到任何政治机构。不过，这正是发生在《人民的选择》中的事情，它是关于1940年俄亥俄州伊利县选举的一次当时得到公认的著名研究。从这本著作中，我们了解到富有的乡村新教徒往往选举共和党人；相反类型的人往往选举民主党人，如此等等。”最后，米尔斯因为社会研究的官僚化问题批评拉扎斯菲尔德：“这些把事实混乱的研究的浅薄俗套、甚至空洞的一个原因在于：这些研究中很少包含或根本没有研究主管人的直接观察。‘经验事实’是由一组受官僚主义指导的、通常是半专业的个人所收集的。人们已经忘记了社会观察需要熟练的技能和敏锐的感受力；当一个有想象力的心灵将其置于社会现实之中时，往往正是有所发现的时候。”（米尔斯，1959）①

拉扎斯菲尔德是一个学院型的企业家，跨越大学对于理论和研究的学术侧重与政府和私人企业的实际利益之间的界限。这种企业家的角色是令许多美国社会学家担心的，他们对使学术性的社会学远离帮助解决实际问题的应用要求的做法给予高度的评价。拉扎斯菲尔德从直接应用的角度涉足社会学，因此违背了这些规范。社会学既定机构对他的怀疑态度或许可以由这样的事实来说明，即：直到第三次努力之后，他才被选为美国社会学协会的主席。②一次在办公室，他斗胆选择了“应用社会学”作为美国社会学协会1962年会议的主题。面对来自协会的其他高层人员的强烈反对，拉扎斯菲尔德将这一会议的主题改为“社会学的应用”。一般来说，会议主席无论怎样都会忽略正式的主题，并通常安排理论性的文章。但是，拉扎斯菲尔德坚持应用的主题，并最终出版一本基于会议公报的著作：《社会学的应用》（拉扎斯菲尔德、休厄尔和威伦斯基，1967）。

拉扎斯菲尔德的学术同事之一贝雷尔森（莫里森，1988）谈论了要维护社会学纯洁性的人对拉扎斯菲尔德的批评：“噢，学术界人士实际上不信任他。他……太爱出风头，他是个外国人，他太活络，他太自信，（有时候对他们）傲慢，并且与企业界和商业界联系过于紧密。”科尔曼（1982）解释了人们对于拉扎斯菲尔德怀有敌意的原因：“拉扎斯菲尔德是那些少有的社会学家中的一个，他们为下一代人确定了这一学科的方向……如果不是拉扎斯菲尔德，他们（许多社会学家）也许会遵循相当不同的社会学方向，并以某种不同的方式遵循这些方向。这也是有些社会

① 的确，当米尔斯1945年领导迪凯特研究时，拉扎斯菲尔德只到芝加哥来面谈有关实地调查的工作，而不是再旅行至少150英里来到迪凯特（拉扎斯菲尔德，1962b）。

② 拉扎斯菲尔德连续三年竞选美国社会学协会主席的职务。1958年，他输给H·贝科尔；1959年，他输给了R·E·L·法里斯；1960年，他战胜了T·塞林。

学家对拉扎斯菲尔德怀有敌意的关键所在(特别是那些从事欧洲传统的学术性的、非经验的社会哲学研究的社会学家)。他们看到一个学科从他们那里被夺走，被转向他们既不喜欢也没有能力去探索的方向。”科尔曼(1980b)批评拉扎斯菲尔德因重视对于个人行为的分析而影响了社会学，而没有站在更宏观的(和社会的)分析层次上考虑那些表明社会结构的社会学因素。

或许拉扎斯菲尔德的最重要的作用之一是作为欧洲和美国之间的一座桥梁。在回忆录中，拉扎斯菲尔德(1969a)说：“当我的学术生涯开始时，欧洲的社会科学被哲学的和思辨的思潮所支配……与此同时，美国行为主义和操作主义支配着知识界……在这种情况下，我成为一个连结的齿轮。一个欧洲的‘实证主义者’是一个稀奇之物，受到那些对美国社会科学中的微妙趋势有所意识的人们的欢迎。”

科尔曼(1980a)已经看到：部分地由于美国社会的变化，即从研究有关欧洲移民所导致的当地的社会问题，到对诸如大众媒介传播的效果这样的全国性问题的兴趣，在美国社会学的中心舞台上，芝加哥学派衰落了，哥伦比亚大学崛起了。正如芝加哥位于城市社会问题的交汇处一样，对于调研由国家媒体、广告业，以及既服务于广播业又服务于广告业的市场调查机构所提出的问题和议题来说，拉扎斯菲尔德和他的应用社会研究局的位置也是恰到好处，它距离麦迪逊大街只有几个街区。

美国社会学中心的这个阶段性变化与另一个转变是相并列的：“从无基金资助或由关心社会问题的慈善家资助的研究，到由利益相关方资助的研究。”(科尔曼，1980a)在拉扎斯菲尔德的研究中，利益相关方就是大众传播业，涉及广告和向公众推销消费品的公司、工会和美国政府。“这种从无基金资助或‘无利害关系’资助的研究到研究集团的财政资助的变化，从那时起就一直未被扭转，尽管在利益相关方方面发生了某种变化。”(科尔曼，1980a)在过去的几十年中，社会科学研究的政府基金资助已经变得日益重要。

哥伦比亚大学社会学的学术统治地位最终也走到尽头，“20 世纪 60 年代可能是这一终结的开端。”（科尔曼，1980a）和芝加哥学派一样，在短暂的几十年中，哥伦比亚位居于美国社会学中心舞台上。然后，这个领域继续前行，使哥伦比亚大学社会学系只是成了几个杰出的社会学系之一。

传播研究的效果方向

在引导传播研究趋向于效果研究方面，拉扎斯菲尔德的作用超出了任何其他人。效果方向是以牺牲未被采纳的那些路径为代价的。其他重要的研究问题未得到研究或足够的重视；例如，正像批判学者所指出的那样，大众媒介的所有权和控制权的问题一般来说被忽略了。由于对微观层次上的效果研究的特别强调，涉及传播背景的宏观层次上的问题便被消除了。从单向效果模式出发，电话的双向的、互动的效果无法得到充分研究，因此传播学学者忽略了对它们的研究，而侧重于单向的媒介：电视、广播和报纸。这一侧重点的理由是：在传播学领域起步时，研究中的主要媒介都是单向的(电影、广播和电视)和具有效果的，特别是对儿童有效果，后者是公众普遍关心的问题。某种理论模式——即香农的信息论(香农和韦弗，1949)——和一套用以考察截面数据的方法论工具，在拉扎斯菲尔德那里得到了特别的发展，并成为大约在那个时候的可资利用的东西，导致了传播研究中的对于传播效果的高度重视，尤其是在美国。

电话和其他双向媒介——诸如电报和私人信件——代表着未被传播学学者所采纳的路径。从 1945 年至 1982 年，世界范围内电话用户的数量从 4100 万增加到 4. 94 亿(增加了 1200%)，而这一媒介的效果却被忽略了。对于这样一个交互性的媒介研究来说，传播学学者的效果模式是不适合的。进而言之，由于在传播学开始之前，电话已在美国家庭中广泛地普及，所以有关电话的研究就被忽略了。此外，对于电话普及和社会影响的考察被以下事实被弄得更加困难了，即：诸如此类的研究只能在几乎所有美国家庭都安装了电话以后才能开始。最后，电话是一个去大众化的信道，任何特殊种类的内容都可以通过它得到传播。这一情况对于研究媒介效果的通常方法提出了严峻的问题，后者依赖于某种标准的内容，诸如可接触到的受众中的每一个人所看到的电影或电视节目。

由拉扎斯菲尔德所进行的早期大众传播研究导致了最小效果的结论（就是说媒介几乎没有强效果），这个结论引起了对于可供替代的研究途径的探讨，诸如议程设置研究。从本质上看，这一视野转换意味着传播学研究者开始寻求间接的效果（例如效果的效果），而不仅仅是直接的效果。

1941 年 11 月 23 日，拉扎斯菲尔德和默顿首次走到一起，这对传播学研究具有至关重要的意义。50 年以后，也就是 1991 年 11 月 23 日，我和一些朋友回到纽约的俄罗斯茶室。它仍然是由红色丝绸所装饰，带有旧式的欧洲风味。人们可以容易地想象拉扎斯菲尔德、默顿和他们的妻子坐在邻桌旁，谈论有关焦点小组访谈、节目分析仪和拉扎斯菲尔德的广播研究所的事情。也许，那就是传播效果研究诞生的夜晚。

第八章

勒温和群体动力学

第二次世界大战以后的10年间，群体动力学运动成为(社会心理学)这一学科的最前沿，它是(由战争造成的)外在需要的一个恰当反应。研究人员焕发出来的大部分热情都与勒温连在一起。

——麦圭尔：《20世纪心理学中的态度变化和类似的表征结构》

图8.1　K·勒温(1890—1947)在衣阿华大学

使用经M·勒温许可。

库尔特·勒温(Kurt Lewin，1890—1947)是柏林大学的一位著名的实验心理学家，他作为流亡者逃离希特勒政权，成为美国的一位社会心理学家，并开创了群体传播中的经典实验。与传播学史中的其他几个重要人物一样，他中年遭遇动荡，由此促使他转向传播学。和拉扎斯菲尔德的情况相类似，勒温的危机也是由希特勒的法西斯主义造成的，这使他流亡美国，从更加个体的心理学转向小群体传播的社会心理学。“如果有人要我说出一个对这个(社会心理学)领域产生最大影响的人的名字，那一定是希特勒。”(卡特赖特，1979)心理学在其发展的最初几十年间，主要是一个美国的事业，但是在20世纪30年代流亡的欧洲学者将一种浓烈的德国色彩带入美国社会心理学。

勒温以开创群体动力学的研究与教育，并创建参与性组织管理的模式而知名。他不认为自己是在研究传播过程，尽管他的研究对正在兴起的传播学领域有着直接的贡献，它有助于将群体置于传播理论和传播研究之中。

勒温的生平

勒温1890年9月9日生于东普鲁士(位于今天的波兰)的莫吉尔诺。他的父母是贫穷的犹太农民，也开一家小的干货店。当时，德国的种族偏见非常强烈，莫吉尔诺的反犹主义尤其厉害。为了让孩子们得到更好的教育，勒温的家庭迁移到柏林，但是这个家庭仍然遭遇到反犹主义。在勒温后来的职业生涯中，这一偏见对他的学术兴趣产生了某种影响。

1914年，勒温在柏林的皇家弗里德里克—威廉大学获得心理学博士学位，这所大学是当时德国的一流大学之一。在心理学理论形成过程中，他受到他以前学习的医学、数学，特别是物理学的影响，他也直接受到他的哲学教授卡西尔(Ernst Cassirer)的影响，后者激励了勒温对于科学哲学的持久兴趣。柏林大学的心理学研究所由实验方法的提倡者斯托夫(Wilhelm Stumpf)领导，当时这个研究所是格式塔心理学的中心，也因此而声名远扬。1894年至1921年间，格式塔心理学在那里建立，后又盛行起来。格式塔心理学研究个体直接经验的主观过程；它涉及整体，涉及个体所知觉的环境如何影响个人的行为。①格式塔心理学家关注“整体中的特性，后者在整体由以构成的个体部分那里，是不存在的。”(萨哈

感谢D·卡特赖特、M·勒温和S·T·墨菲对本章初稿提供了有益的评论。

① 格式塔心理学直接影响了F·海德(1946)的平衡理论，L·费斯廷格(1957)的认知不和谐(理论)，C·E·奥斯古德和P·H·坦嫩鲍姆(1955)的一致性原则。

金，1974）格式塔心理学侧重于一个物体之被知觉的方式如何受到这个物体之被嵌入的整个情境的影响（霍尔和林泽，1957）。例如，个体喜欢几何图形的对称，这往往导致他们去完成有缺口的圆圈。同样，我们倾向于填满有关个人信息的缺失部分，以便构成一个完整的印象。

柯勒（Wolfgang Köhler，1887—1967）接替斯托夫成为心理学研究所所长，他是格式塔心理学的奠基人之一，其他的奠基人是韦特海默（Max Wertheimer，1880—1943）和考夫卡（Kurt Koffka，1886—1941）。格式塔心理学在方法上是实验的，但是它代表着对于W·冯特的心理学研究传统的一个转折，这一传统在莱比锡已经沿袭了25年。柏林的格式塔心理学家重视个体知觉和学习的研究问题。尽管勒温在柏林大学获得了他的博士学位，并于第一次世界大战以后在那里执教——与柯勒和韦特海默是同事，但他不是一个严格的格式塔心理学家。他的工作是"类似于格式塔型的，但是以需要、人格和社会因素为中心，而格式塔心理学家强调知觉和学习。"（舒尔茨，1975）勒温主要对导致个体行为的力量感兴趣。1933年希特勒的崛起最终瓦解了柏林的格式塔学派，它的核心人物流亡到美国。①

尽管勒温已经从斯托夫教授那里听了14门课，但是习惯做法不容许他就自己的博士研究直接与斯托夫交谈，相反，一个助手将勒温的论文开题报告交给斯托夫，然后将斯托夫的收条转交给勒温，后者正焦急地等候在他的教授的办公室外面。在以后的4年中，勒温从事自己的实验，没有再与斯托夫联系，直到他的博士考试的时候。这就是德国大学文化中关涉学生—教授联系的规范，勒温后来在他自己的教授生涯中全盘否定这些规范。勒温是一个天生的民主主义者，完全没有地位意识，非常不喜欢德国教授的刻板印象。他要他的柏林学生和美国学生称他为"库尔特"。他经常邀请他的博士生到他家吃饭，并认为不打招呼就走

① 柯勒1935年流亡到美国，在斯沃斯莫尔学院教书，直到1958年。M·韦特海默流亡到纽约的"社会研究新学院"，K·考夫卡迁移到马萨诸塞州的北安普敦的史密斯学院。

访他们的家没有什么关系。他特别谦虚，拒绝被拖入与C·赫尔及其追随者就他的场论所展开的激烈争论之中。相反，勒温友善地鼓励有关他的观点与心理学其他观点之间的差异的讨论。

在柏林大学获得博士学位之后，勒温1914年加入德国军队，成为一名二等兵，在第一次世界大战的4年战斗后，他作为一名佩戴铁十字勋章的中尉离开了军队。战争期间，勒温受伤并住进了医院。他利用这段时间写了一篇文章：《战争景观》，于1917年出版。勒温提出，“和平的事情”之被感知不同于“战争的事情”之被感知。例如，勒温已经注意到：一个农民的、位于无人地带上的粮仓，与一个类似的和平景色中的粮仓相比，具有相当不同的意义。在军队医院里的时候，勒温还开始写作他的特许任教资格论文，以便获得德国的高级学位，它超过了博士，是担任教授的必要条件。

1921年，作为一个非终身教师，勒温开始在柏林大学心理学研究所教书。他着手通过一系列由他的博士生所从事的重要实验来确立他的学术声望。最初的7个博士生是女性，来自俄国。勒温在吸引年轻学者从事心理学研究方面具有非凡的能力。20年代期间，勒温的场论（也被勒温称为群体动力学和拓扑心理学）开始成型，这个理论后来使他闻名于大西洋两岸。“截至1930年，勒温成了心理学中的一个世界性人物。”（沃尔夫，1973）在来到美国之前，他在德国发表了40篇文章，流亡之后，发表了大约60种出版物（斯蒂弗斯和惠兰，1986）。

场　论

“场论”（field theory）的一般观点是研究处于他或她的“场”中的个体，因为事件是由个体的当下环境中的各种力量所决定的。这个“场”也被称为一种生活空间，它是个体行为的私人环境，或是围绕个体的社会环境。场论非常笼统；它是有关理论构建的一种元理论（metatheory）。不过，它不仅是一种通向理论的方法；它还是一套完整的概念以及这些概念之间的理论关系。勒温从物理学（在那里，人们例如谈论“磁力场”）处借用了代表他的场论的方法，尽管他没有全盘从物理学中借用概念及其理论关系，并将之直接运用于心理学中去（霍尔和林泽，1957）。相反，他吸取了物理学的概念，并赋予它们某种适合于心理学的特殊意义。例如，他将“价”定义为个体在某一时刻的紧张——一种动机或需要（某种类似于弗洛伊德的“希望”的东西）。一个矢量就是一种力量，它推或拉个体朝着对于一个物体的否定或肯定的知觉行进。一个障碍阻止个体实现一个愿望（就是说，阻止其释放一种紧张）。这些概念——价、矢量和障碍——描绘了勒温如何一般地受到物理学的影响，又如何特殊地受到拓扑学的影响。拓扑分析适合于他的“黑板心理学”（blackboard psychology）（舒尔茨，1975）。

20世纪30年代，勒温和场论对于美国心理学的一个影响是将主观主义重新植入其中（怀特，1992）。E·C·托尔曼和勒温都针对C·赫尔的行为主义提出了一种认识类型的替代物，那种行为主义侧重于刺激—反应（S-R）学习，并且是以弗洛伊德理论为基础的（怀特，1943）。托尔曼是“实验心理学的认知主义者”，勒温是“社会心理学的认知主义者”，他们开创了心理学的认识方法，这种方法在今天的心理学领域中占据中心地位（扎莱次，1992）。在这个意义上，勒温在他的理论立场中与传播紧密相连起来，因为“认识既是传播的结果，又是传播的起源。在你心中的东西是业已获得的传播的结果，你告诉其他人的东西是来自同一心灵的内容——这些内容正经历变化，并相互发生作用。”（扎莱次，1992）正是场论的认知论重点和人类传播过程之间的这一紧密的对应关系，将勒温提升到一个传播学前辈的高度。

勒温在其场论研究中，遵循某种现象学的方法，将人文主义与科学主义结合起来。例如，在实验后他亲自询问他的每一个调查对象，以便了解他们对于自己行为的看法。他很少使用统计显著性检验，因为他担心个体情况会在统计分析所固有的聚合物中丧失。不过，他并不阻止他的博士生学习统计方法课程。无论在衣阿华大学，还是在麻省理工学院，这些课程都由费斯廷格所教授，他是勒温的一个优秀的追随者。

作为其美国化的组成部分，勒温从关心心理学的哲学基本问题转向更实用的问题（海姆斯，1991）。他说："没有任何东西像一个好的理论那样实用。"有关勒温的主要传记就命名为《实践理论家》（马罗，1969）。勒温对于应用感兴趣，这一活动最终需要他大量的时间。当时的其他许多心理学家都反对这个方向，但是勒温相信，应用某种理论是检验其有效性的一个方式。然而，他的研究显然是由理论驱动的，而不是由资料驱动的。他的工作既是实践的又是理论的。

勒温的柏林研究

勒温与他的柏林大学的博士生关系密切，这种教学风格在当时德国大学里并不多见。每个星期日上午10点，他都从柏林大学心理学研究所出发穿过"宫廷广场"（Schlossplatz），在施韦德斯希咖啡馆将他的研究生聚集起来，从事他所戏称为"Quasselstrippe"（大致可译为"聊天活动"）的每周活动。他利用这些团体讨论来促进他的理论和研究。

勒温在柏林大学时期的最著名的实验始于一次通常的"聊天活动"的例会期间：

> 按照欧洲咖啡馆的习惯，你来一杯咖啡，谈话和聊天，然后你要一块蛋糕，又过了一段时间以后，再要些蛋糕和一杯咖啡，这个过程有可能持续两、三个小时。在一次这样的场合下，有人要结账，服务员只知道每个人都点过什么了。尽管他没有保留一张书面账单，但是当有人要结账时，他给每个人都展示了一个准确的数字。大概半小时以后，勒温招呼那个服务员，要他再将账单写一遍。那个服务员生气了。"我不再知道你们这些人点过什么了"，

他说，“你们已经付过账了。”（马罗，1969）

勒温在施韦德斯希咖啡馆用场论解释这件事。他推论说，要完成某个特殊任务的意图构建了一种心理学的紧张，当这个意图中的任务被完成了，这种紧张就释放了。如果这个任务被中断了，紧张就没有得到释放，未完成的行为就将比一个完成了的任务被记住的时间更长。这一观点与弗洛伊德的陈述是相似的，即希望持续到它们被满足了的时候为止。口误、梦和类似行为都是一个寻求释放紧张的个体系统的流露（马罗，1969）。

蔡格尼克（Bluma Zeigarnik）是勒温心理学研究所的一个俄罗斯博士生，她被指定从事一个实验室实验，以检验中断任务和紧张减除理论。她假设了对于中断任务的更强烈记忆。她的调查对象是164名儿童和成人，每个人都被指定完成22项任务，其中有制作一张城市表格，画出一个人（缝或印在衣物上）的交织字母，穿珠子，解谜和从55开始倒数。每个人都被允许完成一半的任务；随意决定的另一半任务在完成之前被中断。随即，每个人都被要求尽可能多地记忆这些任务。未完成的任务之被记忆往往是完成了的任务之记忆的两倍：90%的中断任务得到了记忆，但只有45%的完成了的任务得到记忆。蔡格尼克的研究（蔡格尼克，1927）受到世界范围内的实验心理学家的特别关注（应记住的是：德国那时是心理学学科的国际中心），对于被中断了的任务的比较强烈的记忆被称为“蔡格尼克效应”（Zeigarnik effect）。这个研究促使勒温成为心理学家中的知名人物，因为它的发现展示了精神紧张的存在，后者是勒温场论的基础部分。这个实验也是首次尝试测量紧张或意志的努力之一。实验表明勒温是一个如何将日常问题转换为心理学实验的大师。始于勒温在施韦德斯希咖啡馆里的敏锐观察的“蔡格尼克效应”，带他走上了一条漫长的道路。

来到美国

1929年，勒温①应邀从柏林前往耶鲁大学，参加在那里召开的国际心理学会议。如今，会议参加者的黑白照片表明出席会议者是令人惊奇的少——仅六、七十人。将这个不起眼的群体与今天参加美国心理学协会会议的成千上万名心理学家作一比较吧。但是，许多当时著名的心理学家——巴甫洛夫、皮亚杰和C·赫尔——都出现在纽黑文会议上。勒温的演讲“环境力量的效应”对于听众来说难以理解。它是用德语表达的，以场论为基础，听众那时还不熟悉场论，但是他们被勒温所讲述的关于一个德国金发小孩的短片所深深打动，这个小孩叫汉娜，她盯着一块大石头，想坐在上面。②当退回到那块石头的地方时，她好几次错过了它，跌落在地上。最后，她绕着石头走了好几圈。然后，她从两腿之间向后看，小心翼翼地又回到石头边，坐了下来。成功了。勒温对于这部电影的讲述说明了他的场论。这部影片“给人留下了深刻的印象”（帕特诺，1988）。一名深受打动的心理学家是特尔曼（Lewis Terman），斯坦福大学心理学系系主任。1932年，特尔曼邀请勒温到斯坦福大学讲学6个月。③

希特勒1933年开始执政，此时勒温正在从斯坦福大学返回德国。④

---

①　在美国，他的名字被叫成“卢温”（Luh-veén，德语发音）和“列文”（Léw'-in，美国发音）。

②　小汉娜是勒温妻子的18个月大的外甥女。关于这部影片的拷贝可以在阿克伦大学心理学史档案中看到。在当时的心理学家中，勒温是有创意的，他将他的实验制作成电影，以便用作记录一类资料的手段，也用作描述他的各种发现的手段。

③　在斯坦福，勒温指导了一个名叫A·坎贝尔的心理学博士生。1947年勒温逝世以后，这个博士生在密歇根大学为勒温的“群体动力学研究中心”寻找一个学术家园的方面，发挥了关键性的作用。

④　在作为从斯坦福大学回到柏林的中转站的莫斯科逗留的时候，勒温决定离开德国。1933年4月30日，他在德国一听到希特勒上台的消息，就马上打电报给波士顿地区的F·海德：“德国不可能。停留。那里有可能吗？电告博林、拉什利、托尔曼、奥格达、麦克杜格尔，与维戈茨基待到5月6日，Serpuchouska17/1，勒温。”

他从柏林大学心理学研究所辞职，流亡美国。比起德国的其他犹太学者来，他相对早地流亡美国，因为他与美国教授以及德国以外的其他人有着广泛的联系。他之迁移到美国对他的学术工作有某种强烈的影响，使他从早期的对知觉和学习心理学的特别关注，成为一个对偏见、权威领袖和群体影响发生兴趣的社会心理学家。①勒温在柏林所经历的反犹主义对他的学术兴趣具有持久的影响。他的记忆中萦绕着20世纪30年代初在柏林大街上听到的口号声："Juden heraus！ Juden heraus！"（"犹太人滚出去！犹太人滚出去！"）（马罗，1969）

勒温来到美国之后，主要兴趣在于群体对于个体行为的影响。他说："群体中的成员资格是一个人立足之'地'的组成部分。"（M·勒温，1976）勒温相信，对群体的认同为个人提供了一种观点、一种视野和一种自我的意义。当个人通过传播过程接受了信息，该信息的意义就部分地由这个人所属于的群体所决定。

勒温对犹太人中的"自我怨恨"特别感兴趣，1941年他就这个问题写了一篇重要文章，论证少数人群体中的成员往往容易自我怨恨（勒温，1948）。他的一个例子围绕犹太儿童夏令营，这个夏令营只雇用非犹太辅导员，做基督教礼拜，没有犹太教活动。此类明显的自我怨恨的根源何在？勒温（1941）解释说，一般来说，当一个群体的消极方面大于积极的吸引力，那么个人就会离开这个群体，但是，由于多数人群体的更大力量，少数人群体的成员不被允许离开他的群体。因此，一个皈依了的犹太人在其他人看来仍然是个犹太人。例如，具有犹太血统的个人生活在德国，但不信奉犹太教，也不认为自己是犹太人，可仍然被纳粹划分为犹太人，并被送往集中营。不再信奉犹太教的个人将尽可能地远离传统的犹太活动，但是因为被别人仍然划分为犹太人而将有挫折感，这种情

① 当勒温在美国的时候，他的母亲死于纳粹集中营。她从德国迁移到荷兰，勒温试图为她办一张移民古巴的签证。但是，他的努力被搁置了，德国占领了荷兰，他的母亲被押送到波兰集中营。

景导致了侵略。多数人群体过于强大，难以攻击，所以这个人转而进攻他或她的少数人群体和他或她自己。勒温论证说，结果就是犹太人和其他少数人群体中的自我怨恨。

由勒温移居美国所代表的危机使他日益成为一个社会心理学家，而离个体学习和知觉的心理学家越来越远，这一中年变化导致他去研究人类传播问题，尽管当时传播学作为一个学术领域还不存在。在衣阿华大学生活的9年间，勒温逐渐对群体心理学发生了兴趣，特别是通过他的一个博士生——利皮特——的影响，这名学生带着小组工作的学士学位来到衣阿华大学(帕特诺，1988)，并具有美国童子军执行官的背景。勒温和利皮特进行的有关独裁、民主、自由放任领导的群体领导层实验结果，对公众和学术界产生了巨大的吸引力，勒温越来越认为自己是一名社会心理学家，其他人也是这么对他定位的(怀特，1992)。

尽管勒温是社会心理学的主要奠基人之一，但在他涉足这个领域的多年前，该领域就已经在发展了。G·奥尔波特、谢里夫(Muzafer Sherif)、纽科姆(Theodore Newcomb)和卡茨(Daniel Katz)等人已经做了和正在做着重要的研究。但是，勒温将新的成分带入社会心理学，并选择了具有社会意义的问题进行研究，其中许多都与现实世界的事件和过程相关。他试图“在实验室里创建那些曾造成巨大区别的强有力的社会环境”(费斯廷格，1980)。勒温对美国社会心理学的持久影响的一个标志是：这个领域一直对偏见问题持有兴趣。

勒温的边缘性大学地位

尽管勒温在柏林是著名的德国心理学家，并且在美国社会心理学领域发挥了创建人的重要作用，但“他从未在任何大学获得过终身的学术任命”(帕特诺，1988)。在柏林大学心理学研究所，他从1921年至1933年一直是一个非终身职位的研究人员。在德国大学系统中，一个学者为了有资格提升到教授职位，必须在博士论文之后从事一项重要的研究，并为之作出答辩。1921 年勒温通过了他的教授资格考试，1927 年，被提升到没有文职地位和终身教职的副教授学术级别上。这个名誉级别是大部分犹太人在那时的德国体系中能够达到的高度(马罗，1969)。

勒温 1933 年到达美国的时候，马上能够获得的惟一位置是康奈尔大学家政学院一个短暂的两年期的任命，由来自洛克菲勒纪念基金会和“援助流亡学者紧急委员会”的基金资助。在康奈尔，勒温在大学的幼儿园从事社会压力对于幼儿饮食习惯的影响的研究，探讨为什么那么多“可怕的两个人”拒绝吃饭的实际问题。

对于一个来自柏林大学的著名德国心理学家来说，在康奈尔大学教家政学降格了许多，但是，大萧条正在发生，学术工作特别稀少。勒温通过某些好运气，获得了康奈尔的这个位置。康奈尔大学儿童发展学教授E·B·沃林曾在柏林访问勒温两个星期，并带着他摄下的勒温实验的电影拷贝回到美国。R·M·奥格登是康奈尔艺术和科学学院院长，也曾在柏林见过勒温。康奈尔大学校长法兰德是“援助流亡学者紧急委员会”的主席。勒温每年薪水 2000 美元中的一半是由紧急委员会保证的，①而其他一半来自洛克菲勒纪念基金会，后者从前曾经资助康奈尔的儿童发展研究。纪念基金会的这个研究资助项目由弗兰克(Lawrence K. Frank)博士管理，当他 1928 年在柏林会见勒温的时候，后者也对他留下了深刻的印象(阿什，1992)。

勒温在康奈尔大学担任这个职务正好两年。第二年期间，即 1935 年 1 月，弗兰克邀请勒温和 G·斯托达德——衣阿华大学衣阿华儿童福利研究所所长——参加在普林斯顿大学召开的有关皮亚杰心理学的一次小型会议，在那里，“勒温显然给斯托达德留下了深刻的印象”(阿什，1992)。一个月之内，斯托达德在弗兰克的帮助下，开始了招募勒温到衣阿华大学的进程。几年中，洛克菲勒纪念基金会已每年资助斯托达德的

---

① 当法兰德在康奈尔教员中传递一份备忘录，询问对欧洲各种移民学者的兴趣印象时，沃林是惟一帮勒温说话的教授(韦林，1964)。

衣阿华大学儿童福利研究所9万美元，是衣阿华大学预算捐款的两、三倍，所以对于弗兰克来说，指定这一基金的一部分用于勒温和他的三个研究助手的薪水(阿什，1992)，是比较容易的。弗兰克给勒温在衣阿华大学工作的资助为3年期，并且是可延续的。①

1935年，45岁的勒温接受了衣阿华大学儿童福利研究所的教职。衣阿华儿童福利研究所由七、八个教师层次的人组成(其中有几个是兼职)，加上研究助手、秘书和其他成员，办公室位于大学校园里的教育大楼的地下室。尽管衣阿华大学儿童福利研究所看上去地位不高，但它是整个美国的其他儿童发展研究所的典范，那些研究所也由洛克菲勒基金会资助。“衣阿华”的气氛“对于勒温来说，在某些方面是紧张的”(帕特诺，1988)。他被指派到儿童福利研究所，不是心理学系，并由儿童福利研究所所长G·斯托达德介绍，后者也是衣阿华大学研究生院院长。心理学系不久就由斯彭斯(Kenneth Spence)担任系主任，他是C·赫尔在耶鲁大学的一个行为主义合作者，也是勒温场论方法的一个强烈的反对者。斯彭斯和勒温之间很快就爆发了学术争论。

在勒温1945年离开衣阿华大学以后直至1947年逝世的3年间，他是麻省理工学院的教师，在经济和社会科学系中领导“群体动力学研究中心”。这时，他在美国非常著名，但是仍然没有终身职位。是不是他的边缘性的大学地位影响了他的学术工作的方向？他对于软性捐款的依赖意味着他必须花费部分时间来从校外寻求研究基金，在麻省理工学院的最后岁月里，他大部分时间都在校园外奔波(帕特诺，1988)。研究基金通常与附加条件相伴而来，诸如期望在研究中能够找到针对某一实际问题的解决办法。对于软性捐款的这种依赖或许是为什么勒温之重视解决社会问题的一个原因，特别是在衣阿华大学和麻省理工学院。如同拉扎斯菲尔德在哥伦比亚大学应用社会研究局所发现的那样，应用研究支付

---

① 弗兰克为勒温在衣阿华大学提供资助，部分地是为了阻止他成为耶路撒冷希伯来大学的教师(海姆斯，1991)。

着它自己的费用。但是大部分心理学家担心，应用研究会使他们偏离有关学术问题的基础研究。不过，勒温声称，应用研究能够被严格地予以进行，人们也可以在应用研究中检验理论判断。勒温主张，就本质而言，基础研究和应用研究之间的两分法在物理学和化学中也许是有效的，但在社会科学中则无需存在。

无论是在衣阿华大学还是在麻省理工学院，勒温都把非常优秀的、年轻的社会心理学家吸引到他的博士培养项目中。显然，他的研究的应用性并没把有才华的研究生赶跑。不过，他对于行为研究的侧重却没有从美国心理学领域中为他赢得他认为自己应得的荣誉。“勒温位于主流心理学之外，并且似乎被置于心理学‘界’的边缘。”（沃尔夫，1973）学术界缺乏对他的重视可以归因于勒温对于实际应用的兴趣，再加上他的场论的复杂性，使某些心理学家望而却步。对于一些学者来说，由于勒温使用了矢量、箭头标志和其他可视化的东西，所以他的理论观点令人困惑不解（怀特，1992）。

权威的、民主的和自由放任的领导方式

勒温并不十分关注学术思想的所有权问题，的确，要准确无误地判定谁提出了某些概念也是困难的事，因为许多研究计划都发生在集体讨论之中。一个例子是勒温有关领导风格的著名实验。这个项目始于利皮特——一个新的博士生——1936 年来到衣阿华大学儿童福利研究所，并被指派给勒温教授之时。利皮特曾作为一个本科生主修过群体工作，勒温开始与他讨论德国与美国在领导风格方面的差异，因为德国的风格更倾向于专制，而美国的风格更倾向于民主。在勒温的鼓励下，利皮特的硕士论文研究比较了领导风格对于两组男孩行为的影响。他们的任务是用纸板和其他材料制作戏剧面罩。比起由专制的领导人所领导的小组内的男孩来，由民主的领导人所领导的小组内的男孩做得更好，这一研究成果与美国的民主价值观相吻合。

这一首次实验的结果大有前途，勒温鼓励利皮特为他的博士论文重新设计和扩展这个实验。有关实验所创造的群体气氛的研究由利皮特和一个新来的博士后相伴进行，这个博士后名为怀特(Ralph K. White)，被巴克(Roger Barker)招收进来替代衣阿华大学的博士后研究人员的位置。①巴克和怀特在斯坦福大学就已彼此相识，当时他们都在那里进行博士学位的学习。怀特后在近波士顿的卫斯理大学执教了3年，再后来到衣阿华大学。他已阅读过勒温的著作《人格动力学》，并听过勒温1935年在耶鲁的讲座，但直至1937年到达衣阿华大学的时候，他才知道正在进行的有关领导方式的实验(怀特，1992)。

两个实验得以进行，它们都针对由衣阿华市的5个11岁男孩组成的小组。在1938年进行的第一个研究，即“实验Ⅰ”中，4个男孩小组3个星期内各碰面11次，以便制作戏剧面罩。他们都给配备了所需要的材料(诸如纸板、胶水、颜料和工具)，并有一个小组长(利皮特和怀特担任着小组长的角色)。两个男孩小组以民主的方式运行：成人领导与男孩协商，并经常征求他们的意见。另两个小组中的成人领导以专制的方式行事，下达命令，并要求遵循这些命令。

实验在衣阿华大学教育大楼的宽敞的或空关着的顶楼进行。人们搭建了一个15英尺×20英尺的特殊房间，用铁丝网作隔板，用粗麻布覆盖。在一块幽暗、但能够看得见两组男孩的地方，是一台电影摄像机，6个观察者和4个速记员②，这些速记员保留了完整的互动记录。每一小组的3个观察者记录了男孩们的各种行为。(两组男孩同一时刻在房间碰面，但是由一个长凳分开，长凳上放有工具和制作材料。)

人们发现，独裁小组的男孩不快活，比起民主小组的男孩来，制作

---

① 由此产生的研究为勒温和利皮特(1938)所报告；勒温、利皮特和怀特(1939)；怀特和利皮特(1980)。

② 其中一个速记员是J·K·拉斯科，这是一个心理学专业的本科生，得到这个工作是因为会速记。当实验完成的时候，勒温要她帮助分析资料。后来，她成为勒温的兼职秘书，最后她在衣阿华大学获得硕士学位，并在俄亥俄州立大学获得心理学博士学位。拉斯科是许多人中的一个，他们的职业生涯都由于与勒温的神奇接触而受到了影响(拉斯科，1991)。

的东西也不多，而民主小组的男孩彼此友好，也表现出更强的团队精神。独裁小组的男孩变得好动、有侵略性，并在他们自己之间进行争斗。他们的敌对程度和寻找替罪羊的程度要比有民主的领导人的小组高出约30倍。男孩们作为个体发挥作用，不怎么关注群体的目标或其他群体成员的利益。

“实验Ⅰ”在许多重要方面是有缺陷的——样本规模非常小，每个实验条件下只有两个小组，男孩们不是随机分配给两种领导条件下的这一个或那一个——报告研究结果的文章在今天社会心理学杂志上不可能被接受发表。但是，这个研究赢得了极大的名声，成了一个社会科学的经典。毫无疑问，其主要理由是它涉及了这样一个有社会意义的题目。1938—1939年，希特勒正在侵占奥地利、捷克斯洛伐克和波兰。对于民主领导方式和专制领导方式的影响的研究是一个意识形态方面的成功举措。

第二年，即1939年，“实验Ⅱ”被设计出来，以避免从前研究的某些方法论问题。4个男孩小组再次得到了研究。①每个小组都有一个领导，且都实行三种类型的领导方式中的一种：专制的、民主的和自由放任的。这第三种条件是无意中产生出来的，当时怀特以一种无所事事、袖手旁观的风格扮演着一个民主的领导人的角色，勒温就决定将这第三种类型的领导方式结合到实验之中。利皮特回忆说：“拉夫尔(怀特)已经在第一时间段中描绘了民主领导的作用，他的行为方式非常不同于我们已限定的其他民主领导的行为方式。从孩子们的反应来看，他显然获得了相当不同的效果。库尔特站在麻布屏障之后，操纵着电影摄像机，他的观察引起了一道在他看来是令人激动的曙光，因为他想到了民主的领导模式和我们称之为自由放任的领导模式之间的一个基本的、遗传型的差异。所

① 参加“实验Ⅱ”的20个男孩是从衣阿华市的两所公立学校5年级中选出的，他们被要求完成诸如下列的社会测量问题：“你想和哪些男孩在一组？”“你不想和谁在一个小组？”两所学校中最少被选择的男孩未被邀请参加这个实验(怀特和利皮特，1980)。

以，我们不是纠正拉夫尔的模式，而是让它更接近一种纯粹的自由放任模式的情况。”（马罗，1969）事实上，将第三种（自由放任的）领导模式作为一个实验条件增加进来，这有助于澄清民主的领导模式的意义，并成了这项研究的最重要的方面（怀特，1992）。

专制的领导方式被定义为“在群体决策中，由领导者所实施的一种高度的控制，成员们没有多少自由，也不参与”。民主的和自由放任的领导人控制程度低，但区别在于民主的领导人“积极鼓励群体讨论和群体决策”，而自由放任的领导人发挥着“消极的、袖手旁观的作用”。由实验者所进行的操作检查表明：三种类型的群体领导人的确对男孩们实施着他们被指派的那种领导。如同群体观察者所记录的那样，专制的领导人在其45%的言论中都是发布命令，例如：“戴上工作围裙”，“文尼，帮助一下本”，“好啦，把刷子收拾好”。相反，民主的领导人说话时只有3%是发布命令，自由放任的领导人只有4%是发布命令（怀特和利皮特，1980）。

“实验II”除主要涉及领导类型的问题外，还有几个独创性的手法。例如，当实验在进行之中时，每一个小组的成年领导人都被叫到房间外面，一个为男孩们不认识的研究生穿着像个工友似的走进他们的聚集点，以便换灯泡或是扫地。然后，他会批评由某些男孩或整个小组所制作的戏剧面罩。这个伪装的程序测量这个群体成员是对陌生人形成统一的抵制，顺从地对待批评，还是让他们中的一个成员充当替罪羊（怀特和利皮特，1980）。

4个小组中的每一个小组都在6个星期内实行三种领导方式中的一种，6个星期后换另一种领导方式，所以每个男孩都有在一个小组内面对两种领导方式的工作经历。结果再次表明：民主领导方式的小组是最快乐的和最多产的，专制领导方式的小组最不快乐，也生产得最少，自由放任领导方式的小组则居中。从前曾经历过专制的领导方式的自由放任小组的成员是惊恐的和烦躁的。在整个实验中，20个男孩中除了一个以外，其余的后来都说他们更喜欢民主的领导方式（马罗，1969）。今天，在50多年以后再来观看勒温的电影是一种令人激动的体验，因为影响男孩制作戏剧面罩的行为的三种领导方式的效果是易于觉察的。①尽管这一黑白影片已经褪色，并且质地粗糙，但拥有民主的领导人的男孩看上去是快乐和多产的，那些在自由放任条件下的男孩子们似乎是漫无目的的，而拥有专制的领导人的男孩则是僵化的和受控制的。

第二个实验没有完全克服所有的设计缺陷。例如，只重复了4次实验处理，这对于统计显著性检验的使用来说是不够的，而一个命令是否发生效果——例如，一个专制的领导方式的结果是否受到它在前面6个星期是遵循一种民主的领导方式、还是遵循一种自由放任的领导方式的影响？——是不能被确定的。然而，考虑到军事独裁的日益增长的威胁，在一个实验中操作群体领导方式的想法还是具有独创性与及时性的。

M·米德称领导方式的研究是一种“实验人类学”，因为勒温等人在他们的实验室里创造了群体文化。有关民主的和专制的小组的研究“最终确立了勒温在美国的声望”（阿什，1992）。领导方式的实验在勒温从个体心理学向社会心理学的变化中是一个决定性的转折点。“当然，利皮特在构成勒温的社会化方面，在使他转向社会心理学的意义上，发挥了至关重要的作用。”（卡特赖特，1989）随着领导方式的实验给勒温带来了越来越多的荣誉，随着他对这个实验的讲述使听众产生了痴迷般的兴趣，便越发增加了勒温对于群体影响个体行为的问题的研究爱好（怀特，1992）。

显然，一个社会科学家应该在他或她如何研究一个问题方面持有客观的态度，尽管价值的确可以决定人们的研究对象。能够理解的是，德国独裁政府对待勒温的做法导致了他去研究专制的群体领导方式与民主的群体领导方式。但是，这使他带有偏见地研究这个问题？或许没有，尽管几乎毋庸置疑的是：他希望以民主的方式加以领导的群体能够胜过以专制的方式加以领导的群体。如同他在当时衣阿华儿童福利研究所的

① 这部影片保存在阿克伦大学心理学史档案馆中。

同事西尔斯(Robert R. Sears)所说："他坚持民主制的专制方式有些惊人。这没有什么好指责的——但是人们不能不注意到这种激情和这种侧重点。"(马罗，1969，p.127)勒温自己的话恰恰表明他给予民主制多么高的评价：

> 民主制……它是我们所拥有的最宝贵的财富……你注意到从法西斯欧洲新到达的流亡者对美国的那种绝望、好奇和怀疑的奇特看法吗？……他最最痛恨法西斯主义。他非常渴望着相信这个"被压迫者的天堂"，渴望亲眼看看一个拥有屹立在国家门户的自由女神，并以"人人平等"作为其法律的民族……民主制不仅仅是一份空洞的宣言吗？对于政治家们来说，它不仅仅是一个阶段吗？民主制是某种"真实"的东西吗？(怀特和利皮特，1980)

衣阿华大学的博士生巴维拉斯(Alex Bavelas)告诉勒温，即便是在领导一个工作小组时非常专制的人，都有可能被训练得具有民主的领导风格。巴维拉斯描绘出某些可能性，并将之运用到开拓有关弗吉尼亚的一个制造厂的参与性管理的开创性项目之中。

改变食品习惯的实地实验

勒温和他的博士生在衣阿华大学儿童福利研究所进行了一系列重要的营养改变的实验，由华盛顿特区全国研究委员会的食品习惯协会资助。协会的执行秘书M·米德曾在一次拓扑学协会①的会议——于1935

① 拓扑学协会是由勒温作为一年一度的系列讨论而组织的，首次会议在1933年召开。许多著名的心理学家以及其他领域的学者出席了这些会议。拉斯韦尔1936年递交了一篇论文，F·海德在1945年的会议上首次提出了他的平衡理论。由于L·弗兰克的努力，拓扑学协会的会议支出由洛克菲勒纪念馆提供。最后一次会议在1965年举行，当时出席会议的那些人投票赞成解散(马罗，1969，p.112)。近年来，场论发展协会已被组织起来，每年碰头一次，通常是在罗格斯大学。

年圣诞节期间在费城的布林莫尔学院召开——遇见勒温（马罗，1969）。勒温的营养研究与美国第二次世界大战的努力相吻合，后者主要应付食品短缺、政府的食品配给，并需要饮食方面的变化，以改善公共营养和健康。各种与食品有关的实地实验由衣阿华的勒温主义者们所进行，包括食用全麦面包和白面包的研究，增加牛奶消费的研究，说服母亲们给她们的婴儿既喂牛奶、又喂鱼肝油和橘子汁的研究，等等。就某个对有关群体对于个体行为变化的影响问题感兴趣的人来说，采纳新的饮食习惯是一个引人入胜的应用研究问题，从第二次世界大战的角度而言，做这个研究题目是一件爱国主义的事情。

勒温在衣阿华大学的最著名的食品研究是所谓的胰脏研究，其目的是要增加牛心、胸腺（胰脏）、肝和肾的消耗，这些东西都是腺肉。一般说来，衣阿华州的大部分家庭主妇都认为它们不受欢迎，她们更喜欢给家里买牛排、猪排和火腿。不过，这些更受欢迎的肉类在战争时期供应不足，是配给的，所以美国政府鼓励食用不受欢迎的肉类，它们既有营养，又价格低廉。

勒温通过6个红十字志愿者小组——这些小组以前就被组织起来，从事家庭护理的研究——进行了有关动物胰脏的实地实验。每个小组由13—17个家庭主妇组成，她们住在衣阿华城附近的锡达拉皮兹，所以已经彼此很熟悉了。其中3个小组听了将营养问题和战争努力联系起来的45分钟演讲。演讲强调那些不受欢迎的肉类的维生素和矿物价值，展示它们的经济优势，并对如何制作它们作了解释。用来烹调胰脏肉类的菜谱手册得到分发。这些演讲由一名营养学家所做，她也是一个家庭主妇，描述了如何为她的家庭将不受欢迎的肉类制成美味佳肴。因此，这3个小组接受的是勒温实地实验的演讲条件。

另外3个小组接受了一种讨论式的演示，这种课堂所给予的信息与演讲条件下所给予的信息一样。这3个讨论小组由巴维拉斯所领导，他是衣阿华大学的一个博士生，特别擅长于群体领导方式（研究）。讨论的中心是烹饪那些不受欢迎的肉类可能碰到的障碍，诸如烹饪时它们所发出的味道、丈夫不喜欢这些肉类，等等。在会议结束的时候，实验者要求家庭主妇们用举手来表明她们是否在下个星期内愿意制作胰脏肉类。

会议结束几个星期以后，又进行了一项跟踪调查，它表明“在听过演讲的家庭妇女中，只有3%的人(已经)烹饪了以前从未做过的肉类中的一种，而在小组决定以后，则有32%的人(已经)烹饪了其中的一种。”(勒温，1958)两个实验过程在效果方面的巨大差异或许是由于讨论条件下的参与程度比较高，在那里，家庭妇女们发挥着积极的作用，提出问题，分享她们的经验。毫无疑问，在讨论小组结束时，由家庭妇女举手表示的公开承诺在获得32%的饮食行为的变化方面起到了重要的作用。但是，动物胰脏实地实验的设计存在明显的缺陷：讨论主持人与营养学家—演讲者不是同一个人，由举手所表示的公开承诺也未被包括在演讲条件中，只有3个讨论小组被告知将要进行一项随后的跟踪调查。①这些设计问题使对于以下一点的了解变得困难了，即：哪些因素造成了讨论小组产生了比演讲小组的更大的行为改变?

在有关相互作用的人际传播(由讨论的条件所代表)和单向大众传播(近似于演讲条件)之间的差异方面，勒温的动物胰脏实验成为一个经典性的研究。勒温将胰脏研究结果以及他在衣阿华大学所进行的其他研究概括为行为改变的三步骤：解冻、行动和凝固新的行为(勒温，1958)。常见的现象是，当个体的行为发生改变时，这个行为不久就会回复到它从前的状态，尽管人们渴望有持久性的改变。②在改变和维持那样的行为方面，群体的其他成员对于每一个体行为的影响是一个重要的因素。如同勒温(1943)所归结的那样：“群体决定对于未来的行为具有某种‘凝固’的作用。”

---

①　勒温的追随者们后来进行的实验克服了动物胰脏研究的许多设计缺陷(佩兹，1958；拉德克和克利斯尤里斯，1947)。

②　例如，大多数在禁烟培训课上停止吸烟的人一、两个月内又会重新吸烟成瘾。

把关

“把关人”(gatekeepers)是控制信息在信道里的流通的个人；他们可以扣压信息、构成信息、扩展信息或重复信息(休梅克，1991)。在有关改变食品习惯的动物胰脏实验中，勒温发现：家庭主妇是她们家庭消费新食品的把关人。如果一个家庭主妇不打算烹饪腺型肉类的话，那么她的家庭就不会食用它们。把关概念可以适用于范围广泛的各种传播环境，如同勒温(1951)所陈述的那样：“这种情况不仅适合于食品渠道，而且适合一条新闻通过某种传播渠道在群体中的流通。”

在勒温(1947)英年早逝前的最后一篇文章中，他对传播系统中的把关过程作了理论说明，这对于后来的研究来说，是一个有着广阔前景的方向。不久，怀特(David Manning White)(1950)和其他传播学学者研究了把关人在大众媒介机构中的作用，诸如报纸的新闻电讯稿编辑，他控制着国内和国际新闻向一家地方报纸的流动。怀特1939年来到衣阿华大学参加当时由施拉姆领导的衣阿华大学作家工作坊。他一直渴望写小说，直到施拉姆使他相信，按照他的写作才能，那是一个不可企及的目标(怀特，1991)。

1942年，D·怀特在衣阿华大学获得英国文学博士学位，随即离开，在华盛顿战时新闻处参加战时工作。战后，当他在波士顿大学担任新闻学教授时，他进行了著名的有关电讯编辑的研究，电讯编辑负责的工作是：从来自三个新闻通讯社的大量电传信息中，挑选出要在他的报纸上发表的新闻消息。1949年2月的一个星期，怀特采访了“盖茨先生”——他这样称呼这个电讯编辑，问他对电讯稿上的许多条新闻报道的每一条为什么使用或为什么不使用。只有约10%的新闻报道被“盖茨先生”所使用。怀特(1950)向他的调查对象提出这样的问题：他是否有任何影响他选择新闻报道的偏见。“盖茨先生”回答说：“我不喜欢杜鲁门(总统)的经济学、夏时制和热啤酒……我对总部设在罗马的、寻求公众关注的少数派也有偏见，我不怎么帮他们。至于偏爱来说，我非常喜欢有人情味的报道。”怀特说，施拉姆当时在衣阿华，为他的关于电讯编辑研究的设计提供建议，但是直到他写下他的研究结果时，才偶尔发现勒温 1947 年的关于作为“把关人”的衣阿华的家庭妇女的文章（怀特，1991）。

怀特有关电讯编辑的新闻报道选择的文章带动了一系列类似的“把关人”研究，成为大众媒介机构如何发挥作用的研究传统的组成部分。例如，斯奈德（Snider）（1967）在 17 年以后重新调查了同一个电讯编辑盖茨先生，并再次发现，他在自己喜欢的东西的基础上，在他想象他的读者会认为有趣的东西的基础上，选择新闻报道。后来对“把关”传统的研究包括新闻“把关人”的样本，而不只是一个“把关人”。新的报道选择的标准与盖茨先生所使用的那些标准往往迥然不同。例如，有一项关于印第安纳波利斯的一家电视台如何在 4 星期内拥有 391 条潜在报道（包括国际、国内和地方新闻）的研究，它表明，“把关”的决定取决于哪些报道容易得到解释，哪些报道会吸引受众，哪些报道可以轻而易举地编辑（伯科威茨，1990）。“把关”在本质上是一个群体（而不是个体）过程，因为一个报道在电视台新闻演播室里通过一道门，然后在行进中又通过另一道门，以便被播放出去。

今天，勒温的“把关人”概念为传播学学者所广泛使用，特别是在组织传播研究中，以及在新闻组织研究以外的其他研究之中。如同休梅克（Pamela Shoemaker）（1991）从她近期的回顾中得出的结论那样：“‘把关’或许是一个得到充分研究的概念，或许是一个使用过多的概念，但它几乎没有过时。”

“聊 天 活 动”

勒温经常通过在黑板上画出他的概念之间的关系图来发展他的理论。当他画图表的时候，他的思想最为精彩，他甚至在给其他学者的私人信件上画出小小的图画。勒温说，不与别人谈话，他就不能卓有成效地思考(勒温，1936)。“他的工作方式是借助于与其他人的谈话。他往往谈论他的工作、他们的工作，这无关紧要。他与人们个别交谈，或群体交谈；他没完没了地与人们合作。”(帕特诺，1988)

通过谈话来思考的方法导致勒温在他所执教的每一所大学都创建了一个名叫“聊天活动”的小组。在柏林大学，“聊天活动”在心理学研究所附近的施韦德斯希咖啡馆聚会。在20世纪30年代大萧条时期的衣阿华市，“聊天活动”(被勒温的衣阿华大学的学生戏称为“夸夸其谈俱乐部”)每周二在圆窗餐厅聚在一起共进午餐(马罗，1969)。餐厅老板允许勒温的博士生自带简易午饭，只要他们买咖啡和饮料就餐即可。作为勒温追随者的核心团体的七、八个参加者，围坐在一张长桌旁(怀特，1992)。①一般来说，一个学生交上一篇研究计划或讨论对某些研究结果的解释。“聊天活动”的讨论是开放的，但不允许任何非难，因为这些讨论的目的是帮助和鼓励有关场论的研究。勒温当然总是在那里，但是他不居主导地位。任何人都可以谈话，也鼓励每一个人谈话。施拉姆参加了衣阿华市的“聊天活动”，他描绘这段经历是令人激动和紧张的。②尽管每星期一次的会议安排的持续时间是从中午到下午2点，但有时讨论进行了8个小时或更长时间。

当勒温和他的小组从衣阿华市迁至麻省理工学院时，他们随之带走了“聊天活动”。在麻省理工学院，每星期一次的会议安排在星期三下午，当然会有一块黑板。勒温逝世后，当群体动力学研究中心迁移到安阿伯时，周二晚间研讨班规模非常之大，大部分谈话都由教师进行，所以研究生们开设了他们自己的每周例会。但是，没有勒温，安阿伯的“聊天活动”就不一样了。

---

① 除了“聊天活动”外，勒温还每星期一个晚上为一个博士层次的研讨班上课，面向任何人开放(怀特，1992)。

② 施拉姆参加“聊天活动”的活动，这或许对他在后来开设的传播研究的三门课中如何教导博士生产生了影响。

随着勒温的博士生完成了他们的学位，并分散到各大学的教学岗位上，他们创造了他们自己的“聊天活动”。勒温的两个追随者——一个是北卡罗来纳大学的J·蒂鲍特；另一个是附近的杜克大学的N·琼斯——合力组织了一种联合的“聊天活动”，称为“组织研究小组”（帕特诺，1988）。勒温的一个孙辈学生A·阿伦森帮助在明尼苏达大学建立了一个周二晚间聊天活动，当他转到得克萨斯大学奥斯汀分校时，又将这个思想带入进去。勒温的“聊天活动”在L·费斯廷格那里，先是在明尼苏达大学举行，然后又是在斯坦福大学举行，每星期一次，通常是安排在周二晚上。

各种“聊天活动”的作用表明：研究是一个非常社会化的过程，在这个过程中，研究计划和初期结果的自由交流讨论有可能是卓有成效的。它们也是非常有趣的。个人在每个星期返回到讨论中，并且期待着下一次的聚会。一个人当着他的科学同辈大声讲话，这会激励其他人也这么做。诸如此类的讨论在对付研究过程的不确定性方面，特别有用，尤其是在设计阶段和解释各种调研结果的时候。各种各样的“聊天活动”的一般经验是：在会议上宣读已完成的研究论文是非常单调的事情，并且没有充分利用令人激动的讨论机会。宣读业已完成了的研究对于论文递交人来说也是个威胁，因为他将面临批评。“聊天活动”为勒温提供了这样一种场合，在这里，他可以畅谈他的学术思想，并将他的富有感染力的热情传递给他人。讨论是直接的，尽管非难是被限制的。多伊奇（Morton Deutsch）作为麻省理工学院勒温思想小组的成员获得了博士学位，他将“聊天活动”描绘为“一场非常艰难的知识分子会战”（帕特诺，1988）。

哈伍德睡衣厂的参与式管理

勒温早就对今天被称作企业管理的问题感兴趣了，他在1920年（用德文）写过一本书——《泰勒系统的社会化》。他批评泰勒的作为工厂管理基础的工时与动作工程，代之以对工人参与工厂体系的人性化论证（阿什，1992）。与之相应，他和他在柏林大学的学生进行了重复性工作、各种层次的愿望和其他有关装配线工作的单调性的论题的实验。

20 年以后，也就是迁移到美国之后，勒温在 1939 年获得了一个惟一的机会，即研究哈伍德制衣公司在弗吉尼亚的一家工厂的参与性管理。勒温的一个门徒——A · J · 马罗（1969）——是这家公司的一个高层领导。哈伍德已在弗吉尼亚州马里恩新建一家睡衣厂，这是一个山区，当地人从前几乎没有在工厂工作的经历。600 个雇工主要是妇女，她们的薪水以每日裁剪和制作睡衣的计件工资为基础。这是单调的工作，这家工厂的特点是低运作，士气不高，经常缺席和怠工，以及高流动率。总的说来，新工厂的产量只有北方睡衣厂的产量的一半（马罗，1969）。显而易见，需要采取激烈的行动。哈伍德公司邀请勒温参观弗吉尼亚的新工厂，在对问题进行了研究之后，他建议：为了获得更高的产量，管理上不要再对个体雇工们施加压力；勒温已发现，雇工们认为生产指标是不可能达到的。他告诉工厂的管理者，他们应把他们的工人当作群体的成员，而不是当作个体。雇工们在工厂内调动频繁，基本上与现存的工作群体相脱离。在勒温的鼓励下，这个哈伍德的工厂从另一座城市——在那里，一家工厂已经关闭——引入 60 个有经验的工人。新工人完成了管理层的生产指标，不久，其他雇员也受到激励来增加他们的产量。他们意识到这些生产指标是可以达到的。

勒温对哈伍德工厂作了大量的访问。工人们起初不信任这样一个带着德国口音的心理学教授，但是勒温既了解他们的问题，又充满幽默，所以打消了工人们的疑虑。工人们的南方口音使他感到困惑，但不久他就开始捕捉到他们的某些表达。例如，当一种解释是假的时，勒温学会了说：“那是废话。”（马罗，1969）

勒温设计了一系列有关参与式管理的实验，从 1940—1947 年，这些实验在勒温的博士生——特别是在 A · 巴维拉斯（他被任命为研究这家工厂的全职负责人）——的领导下得以进行。在他之后，是勒温的另一个门徒

J·R·P·弗伦奇担任领导。巴维拉斯在高产量的工人们中举行规模不大的小组会议，以便发现他们是如何取得高产量的。从这些讨论中，产生了行动的建议，而工厂的管理者们同意采纳这些建议。雇工们被要求在一个小组环境的强化背景下，制定他们自己的生产指标。睡衣厂的一个部门的工人们决心为生产 87 件的指标努力，超出他们(原来的)75 件的定额，并用 5 天来完成这个指标。他们这么做了。这个高度以前从没达到过。后来，工人们将他们的指标提高到 90 件，并将该纪录保持了 5 个月。与此同时，工厂里的其他小组作为控制方则没有增加它们的产量(马罗，1969)。

哈伍德企业正在失去市场份额，所以不得不改变生产睡衣的方式。管理者们与小组的某些雇工讨论这一改变，但是没有与其他雇工讨论，后者中的个人产量在上述改变发生以后，下降了 35%。然而，已讨论过这个改变的工人继续保持他们从前的成绩水平。参与式管理似乎是促进行为变化的一个手段。

不过，在哈伍德工厂的另一个实地实验中，管理者们接受由巴维拉斯开设的民主领导方式的培训。培训工作坊是高度参与性的，很少讲课，代之以角色扮演和小组讨论。管理者们自我检查其领导风格，并就之作出或得到反馈意见。后来，类似的培训技术被用于缅因州贝塞尔的全国群体动力学培训实验室。

由勒温等人在哈伍德制衣厂进行的一系列实地实验表明：参与性管理导致产量增加。因此，勒温成为组织学者和企业管理教授中的著名理论家。他和麻省理工学院的教授麦格雷戈(Douglas McGregor)发展了一种友谊，这是他和他的小组之所以在 1945 年从衣阿华大学迁移到麻省理工学院的原因。

群体动力学研究中心

20 世纪 40 年代早期，勒温经常去华盛顿旅行，以便与“战略情报局”(OSS，中央情报局的前任机构)商谈二战中的心理战和宣传事宜。他的衣阿华市的同事因其常常离开校园而批评他。与此同时，K · W · 斯彭斯(1907—1967)——他来自耶鲁大学，是C · 赫尔式的行为主义的一个热心的提倡者——成为衣阿华大学心理学系系主任，并导致了一场对于勒温式的社会心理学的批判。由于衣阿华大学对勒温和他的小组不那么友好了，所以他开始寻求另一个学术家园。

麦格雷戈教授和C · 康普顿校长邀请勒温及其追随者到麻省理工学院来。①因而，群体动力学研究中心就坐落在麻省理工经济和社会科学系之内，并可授予群体心理学博士学位。勒温指导15—20个博士生，有4个教员随他从衣阿华大学迁来麻省理工学院。研究中心的基金主要来自马歇尔 · 菲尔德基金、洛克菲勒基金会和美国犹太人会议②，加上由麻省理工学院提供的大学经费，用于回报勒温及其教员所做的教学工作。当勒温在麻省理工学院的时候，他帮助建立了“社区相互关系委员会”，这是纽约的美国犹太人会议的一个分支机构，旨在从事某些行动计划，以减少社区层次上的偏见。勒温希望，他在麻省理工学院的群体动力学研究中心将进行种族偏见方面的研究，然后社区相互关系委员会将把研究成果付诸实践。

勒温和他的思想追随者是一个团结的集体。当勒温1945年从衣阿华大学迁移到麻省理工学院的时候，他的核心人物跟随他成为“群体动力学研究中心”的成员：卡特赖特，费斯廷格，雷德克和利皮特。所有的成员都是坚定的勒温思想的信奉者，所以基本上是以一种理论声音对他们的麻省理工的博士生讲话的。例如，麻省理工一年级博士培养项目的核心读物主要由勒温所作，或由勒温与他人合作。麻省理工培养出来的

① 这个邀请由L · 利克特所安排，他在1944年8月邀请勒温和麦格雷戈与他相见并在华盛顿的宇宙俱乐部共进午餐。然后，麦格雷戈返回麻省理工学院去说服康普顿校长。与此同时，勒温也与加利福尼亚大学伯克利分校心理学系的E · 托尔曼教授商谈，后一个邀请正待学校董事会的批准。托尔曼的工作录用函晚了两天到达勒温的手中(马罗，1969)，这是伯克利两次企图吸引勒温主义者的第一次失败。

② 美国犹太人会议是由美国最高法院大法官L · 布兰代斯和其他为美国支持以色列独立进行疏通工作的犹太领导人所组织的。

勒温式的骨干学者(例如，H·凯利、S·沙赫特、K·布莱克和J·蒂博特)是出类拔萃的。他们都是社会心理学领域的成功人士，并将勒温的思想贯彻到未来几代社会心理学家之中。

从衣阿华市到马萨诸塞州坎布里奇，勒温主义者们来了个大转移，给衣阿华大学什么都没留下。1955年，(通过在衣阿华州立大学听群体动力学的课)被勒温的理论迷住了的我来到衣阿华市，以寻找勒温9年颇有影响的教学生涯所留下的踪迹。但它们一去不复返了。所有一切都转移到麻省理工去了，1948年，又继续转移到密歇根大学。与之相类似，当本尼斯(Warren Bennis)——现为南加利福尼亚大学企业管理教授——1951年到达麻省理工学院攻读博士学位时，所有的勒温主义者也都走了，除A·巴维拉斯外，后者曾随勒温在衣阿华大学学习，然后加入麻省理工学院教师的行列(但未在群体动力学研究中心工作)。整个一批学者和他们的博士生全都从一个大学转移到另一个大学，这在学术界是非常罕见的情形。勒温主义们两次做了这样的事。

勒温式的群体心理学研究的基本范式围绕“凝聚力”(cohesion)——即个体成员实现群体期望的程度——这一因变量而构成。因此，凝聚力标志着群体对于个体的重要性(卡特赖特和赞德，1953)，并被用来解释一个群体中的成员资格能够预示一个群体成员的行为变化的程度。勒温和他的追随者研究了使一个群体凝聚起来的原因，诸如一种群体行为如何必须增强个体在实现他或她自身的目标方面的机会(马罗，1969)。

如同勒温通常所假定的那样，群体凝聚力往往产生有益的效果，但它也导致群体思维，“这是一种心理效率、现实检测和道德判断的退化，它来自群体内部的压力”(贾尼斯，1972)。贾尼斯(Janis)分析道，群体审议的一个例子是1961年对于卡斯特罗领导的古巴猪湾入侵的失败。这次入侵是由像J·F·肯尼迪总统及其白宫顾问那样的精明能干的人所策划的。在一个联系紧密的、有凝聚力的、高度团结的群体中，发生了一种心理传染病，就像猪湾入侵中的情况一样，这种传染病来自一个注定要失败的拼凑计划。

西门研究

群体动力学研究中心由6个研究项目所组成，其中一个涉及传播和影响的扩散。在勒温小组生活于麻省理工的3年间，这个研究项目进行了西门(Westgate)公寓研究，它是由费斯廷格领导的一个重要的传播调查。西门项目研究了1946年居住在麻省理工西门公寓的所有已婚学生中的传播网络联系(费斯廷格，沙赫特和巴赫，1950)。为什么一个像费斯廷格那样的实验研究者要从事这个非实验室的研究呢?

> 我认为，如果你一直待在实验室里，你就没法不感到无聊。因为你从一个实验室的实验中能够学到的，只是你投入进去的东西。你不会看到任何你没有植入的变量的作用。你不会发现任何可能是有趣的相互作用，因为你已经把事情弄得如此纯净，以至于能够看见你正在寻找的东西是否在那里。我总是想在实验室的研究和现实世界的研究之间走来走去。如果你愿意的话，也可以把后者称为实地研究。实地研究不是为了一个实际的目的而被进行的。它们之被进行是为了澄清理论，得到预感之类的东西。西门研究没有实际的目的(费斯廷格，引自帕特诺，1988)。

西门公寓的每一个住户都被问道："在社交的意义上，西门的哪三个人是你最常看到的?"由此产生的网络数据被加诸到一张标有公寓单位的地图上。物理的距离是任何两个住户之间的对偶关系是否发生的主要决定因素之一。经报道的426个并向量中的大约三分之二发生在同一公寓楼中，连结个体的联系不超过4个大楼(180英尺)远。即便是在同一楼层的建筑内的选择中，谁与谁发生相互作用也受到物理距离的极大影响。西门有一半以上(60%)的选择是针对最近的邻居，他们的房门只相隔22英尺。费斯廷格、沙赫特和巴赫论证说，空间对于谁与谁发生相互联系之所以具有强大作用的原因之一在于：由于比较近的物理距离，任何两个人都更有可能偶尔地互相接触，这或许会导致友谊："在晾衣服的时候，在倒垃圾的时候，或只是坐在凳子上的时候，一个人更有可能碰见隔壁邻居，而不是住在四、五家之外的人。"儿童们通常选择住得非常近的游戏伙伴，他们的父母通过儿童的友谊也就可能成为朋友。两个人之间的偶尔联系由于空间的靠近而得到大大增加。西门研究为后来的网络研究所证实，从中得出的一般结论是：空间距离是谁对谁谈话的主要决定因素之一，通常就是主要的因素（罗杰斯和金凯德，1981）。

网络研究

受到勒温思想影响的一个当代重要的前沿研究问题是关于传播网络（或如它们常被称呼的"社会网络"）的调查。①除了西门传播网络的研究以外，巴维拉斯还就诸如链条、轮子和星星等实验性地创造出来的网络，建立了一种关于实验室调查的研究传统。因此，勒温群体动力学的一个分支发展成为社会网络的数学研究。②

勒温有一个思想，即群体关系可以被描绘成带有将之连结起来的线条的细胞（他受到细胞生物学类比的启发）。巴维拉斯接受了勒温的思想，并将之发展成一种关于不同网络结构中的传播模式的实验室实验（帕特诺，1988）。例如，他允许一个网络结构（所谓的轮子结构）中的5个人彼此自由交换便条，而另一个网络结构（所谓的星星结构）中的个体只可

① 对于当代网络研究的另一个思想影响来自莫里诺，他在1934年写了一本关于社会测量法——它是对网络资料的分析，说明了传播网络的结构——的重要著作。第一次世界大战期间，莫里诺在欧洲管理了一个难民营。他观察到，那些获得允许在营地中组成他们自己的团体的个人更快乐，也更适应于他们的环境。后来，在美国，莫里诺将社会测量法的使用扩大到组织工作团体和其他类型的相互作用上。

② 勒温逝世以后，巴维拉斯留在了麻省理工，而勒温的其他追随者都转移到密歇根大学。1956年，巴维拉斯离开麻省理工前往贝尔实验室，1960年转到斯坦福管理学院，1969年，又到温哥华的维多利亚大学，在那里，他度过了其活跃职业生涯的其他岁月。

和一个中间个体交换信息。还有一个网络结构（所谓的链条结构）在谁与谁能够传播方面被限制得更多。巴维拉斯发现，除了星星结构超出轮子结构（它受到信息过载的问题的损害）外，不怎么受限制的传播结构网络在解决群体问题方面的成效更高。

这一研究说明：社会网络的传播结构可以从数学角度得到分析。当群体动力学研究中心1948年迁移到密歇根大学时，卡特赖特和费斯廷格获得了来自洛克菲勒基金会的基金，以雇用一个数学家与他们合作进行网络结构的定量的概念化研究。密歇根大学数学家哈拉里（Frank Harary）与卡特赖特和诺曼合作了由此产生的图论著作，诺曼（Norman）也是一个数学家（哈拉瑞、诺曼和卡特赖特，1965）。对于今天的由约700名有数学头脑的网络学者组成的隐形学院来说，这本著作具有重要的影响。这些人有他们自己的杂志（《社会网络》），专业协会（“社会网络分析国际网”）和年会。与勒温的群体动力学的追随者们不再有多少直接的联系。

迁往安阿伯

随着勒温的生活越来越狂热，他在麻省理工学院的最后几年是一种过度工作的着迷安排。他原来开会和约会总是迟到；现在，他似乎被他的过分投入所折磨，并被弄到混乱的地步，他的麻省理工学院的博士生很少看见他。勒温从纽约的美国犹太人会议获得他的研究资助，而且最终促使一个应用研究中心在以色列得以建立，①所以他经常乘车往返于麻

① 勒温居住美国的时候成了一个深感忧虑的犹太复国主义者（在1933年德国对欧洲的犹太人进行迫害之前，他的犹太认同感不是十分强烈）。勒温一度被考虑担任耶路撒冷希伯来大学的教授，但是S·弗洛伊德横插进来，他给这个大学的校长写了一封信，强调在以色列，教授的位子应该用来开创精神分析，而不是社会心理学。勒温高度评价弗洛伊德的精神分析理论，尽管他认为这个理论不是十分科学的，因为研究者不能客观地测度像利比多或压抑那样的概念。“精神分析理论已经发展成一种思想体系，它在丰富性和详尽阐述诸如需要、梦和人格领域方面无与伦比”，勒温说（马罗，1969）。

省理工学院和纽约，以及华盛顿之间。勒温不仅为他的麻省理工学院的群体动力学中心筹集资金，而且为其他几项活动筹集资金。他在高度紧张的状态下工作，1947 年 2 月 11 日 56 岁的时候，死于心脏病。

勒温逝世后，D · 卡特赖特领导麻省理工学院的群体动力学研究中心。第二次世界大战以后，随着用于军事研究的联邦基金的停止，这个大学缩减开支，对于研究中心的继续支持看来成问题了。卡特赖特询问了十几个大学是否有兴趣设立这样一个研究中心。第二次世界大战期间，他曾经在华盛顿特区美国农业部的“项目调查”中为利克特工作。利克特已将他的小组从美国农业部迁移到安阿伯的密歇根大学，在那里，他们成立“调查研究中心”。利克特邀请群体动力学研究中心加入他的调查研究中心。这个联合体——即社会研究所——靠软性捐款（soft money）养活自己。1948 年，在麻省理工学院工作 3 年以后，卡特赖特、他的同事和博士生们作为一个单位从那里迁移到安阿伯。

“迁移到密歇根以后，事情发生了变化。在以后几年之中，他们在密歇根最初居住的两间大房子——再次忽略了地位差别——被传统的办公空间所取代。‘聊天活动’变成一种会话，其重点改为展示已完成了的研究。”（帕特诺，1988）没有勒温，群体动力学研究中心完全变成了另一个出色的研究组织。有些老的魔力一去不复返了。但是研究中心在密歇根大学一直生存到今天，并且仍然是社会心理学领域的一股重要的知识力量。与群体动力学研究中心紧密相连的密歇根大学心理学系提供了美国最好的博士生培养项目之一。

勒温的风格

勒温通过与他人的交谈而工作；他认为，他不能作为一个人而卓有成效地思考（帕特诺，1988）。他在每一个他执教的大学里都组织了一个“聊天活动”：柏林大学，衣阿华大学和麻省理工学院。勒温相信，创造力是一个社会过程，而不是一个个体行为。一般来说，他把他的全部工作日都花费在谈话上。蒂鲍特(John Thibaut)是20世纪40年代中期勒温在麻省理工学院的一个博士生，他与他的教授经常沿着查尔斯河散步。他们讨论理论题目，例如准稳态平衡。蒂鲍特的工作是记笔记，然后把他们的讨论撰写成报告(帕特诺，1988)。勒温的讨论不是漫无边际的交流，它们通常针对一个理论要点。

M·米德是一个人类学家，她在第二次世界大战时期与勒温合作进行食品实验，她说，勒温“喜欢与其他人围坐在炉火旁取暖，借助于火光，更清楚地阅读他们自己的思想。”(马罗，1969)勒温具有与他人合作的罕见能力，他能够让他们把自己最好的理智能力发挥出来。对于博士生，他友善地批评，热情地鼓励。所有勒温的出名的研究者都是作为他的博士生由他培养出来的，先是报告他们的博士论文，然后以勒温作为合作者将之发表。勒温不仅研究群体传播；他和他的学生、同事还将群体传播用作计划、实施和解释研究的一个手段。勒温在制造学术氛围方面有异乎寻常的能力，在这样的氛围里，才华横溢的人感到舒适，在这样的氛围里，他们创造了相当多的精神产品。

除有被别人围绕的习惯以外，勒温还感到有必要把他的理论思想形象化。在他的博士讨论班和“聊天活动”的讨论中，黑板是一个基本的工具。勒温邀请任何想要形成一个观点的人走到黑板面前，将其思想用图表表述出来，但他总是保留黑板的一个中心地带以备他自己使用。个体生活空间被画成椭圆形，勒温的学生们用各种不同的名字称呼它，如“鸡蛋”、“马铃薯”，或“澡盆”。在这个椭圆物中，勒温会画出个体的紧张、效价和阻抗。椭圆物的外部代表着影响个体学习行为的非心理的因素，即个体环境中的力量。

勒温有近乎神奇的与人接触的力量。只是在短暂来往以后，他们的整个生活就会发生变化。例如，1933年，在勒温旅经英国到斯坦福大学作为访问学者教学的途中，特里斯特(Eric Trist)——当时剑桥大学的研究生——被安排来带领他在剑桥大学校园里转一圈。①仅仅交谈了2个小时，特里斯特就认为自己是一个勒温追随者了，许多年后，他与勒温的群体动力学研究中心联系，要签订一份和他在伦敦的塔维斯托克研究所的合作协议，以创办一份新杂志：《人类关系》。勒温对人们的影响的另一个例子涉及马罗(Alfred Marrow)。1934年，马罗为了征求他在纽约大学的博士论文的意见而在康奈尔大学拜访了勒温。他打算与勒温交谈一、两个小时，但是待了整整一个周末，并发展成终身的友谊。几年以后，马罗邀请勒温将其场论运用于弗吉尼亚的哈伍德制衣厂——它为马罗的家庭所拥有——的雇工关系问题。由此开始了勒温对于参与式管理的研究。勒温逝世以后，马罗为他作传："勒温具有某种特殊的人格……他常常在某个地方与人们会面，在会议上讲话，这就改变了他们的生活。"(卡特赖特，1989)

凯利(Hal Kelley)在麻省理工学院的群体动力学研究中心获得了博士学位，他讲了一段轶事，那是他的一个20世纪30年代末访问衣阿华大学的朋友告诉他的(凯利，1991)。他的朋友注意到，一群人一边走在校园的人行道上，一边激动地谈论着。有些人倒着走，为的是能够面对这群人中间的一个人；那人就是勒温。

勒温说着有点蹩脚的英语，有时夹带一些德语词，有时以德语的方式说出一些英语词。例如，他喜欢这样表达他的不赞成："Can be，but I sink absolute ozzer"。他的人格力量克服了他在口头谈话中的语言缺陷，但是，他的有些英文书难以读懂。杰出的美国心理史学家波林(Edward G. Boring)(1929/1950)在勒温研究的新版本中说："他具有令人信服的人格魅力，但这并没有使他的著作变得有生气。"比起诸如他的《解决社会冲突》(勒温，1948)——这本书很容易读——之类的著作来，这种批评似乎对于描述他柏林时期(被译成英文)的著作更

① 当勒温离开剑桥大学时，他在站台上与特里斯特谈得很投机，以至于特里斯特真的不得不将勒温推上火车(M·勒温，1992)。

准确。

勒温雄心勃勃地要把他的场论方法运用于社会心理学，但是，他并没有采用强行推销的手法。如同波林(1929)所说：“除非结合由他的豪爽、友好、始终如一的狂热所产生的热情，否则我们就不能理解勒温1933—1947年在美国心理学中的地位。”在另一页中，他谈到“勒温的富有感染力的人格”。勒温的场论不无批评者，特别受到热衷于耶鲁大学心理学家C·赫尔的刺激—反应学习方法的那些人的批评。当勒温巧妙地捍卫他的场论，不赞同赫尔的刺激—反应心理学时，他总是带着温和的笑容。

终其一生，勒温始终具有非凡的能力使其他人对他的方法发生兴趣。现为加利福尼亚大学洛杉矶分校心理学教授的H·凯利这样回忆他：“我非常强烈地感到他对一个问题能够多么地有热情，他可以多么丰富地将他的热情传递给就这个问题进行工作的人们，他又是多么友善地使问题看上去非常重要、紧迫和令人兴奋……真是难以想象一个人竟会具备勒温那样的全部品质：充满魅力，兴趣广泛，具有活力以及对活力的‘兴趣’——但不是强迫性的，还有对于系统化的渴望。”(帕特诺，1988)关于勒温的与之相类似的图景来自德里弗(De Rivera)(1976)的描述：

> 勒温是一个对思想特别投入的人，并将这种激情传递给周围的人。他要根据人本身来认识人，理解他们以及他们如何看待这个世界。他与学生们谈话的内容非常丰富，而且具有激发力，能够在完全不顾及时间和空间的情况下持续好几个小时……他这个人认为与其他人交往最会出成果，思想的交叠激励着他，他也的确需要这种相互交流。他不是一个孤寂的人，那样的人在孤独中最有思想……看来他的惟一缺点是：他的紧迫感经常导致他尝试着去做太多的事情。

第一次碰见勒温就决定在他的大学里攻读博士学位的M·多伊奇描述勒温是“一个非常有魅力和令人兴奋的人。与他交谈的时候，他洋溢着一种热情，这种热情非常有吸引力和影响力——我被他和他的观点所征服，所以我决定到那里去(即去麻省理工学院学习新的博士课程)。”(帕特诺，1988)或许与勒温一起在衣阿华大学工作的拉斯科(Joan Lasko)一语中的：“他非常近似于圣人。”有时候，当他的行为不怎么像圣人的时候，拉斯科就会责备说：“勒温博士，请别这样！”勒温会感到受伤害，因为他更喜欢他的学生们称呼他为“库尔特”。

费斯廷格和认知不和谐

L·费斯廷格在衣阿华大学获得博士学位，有些人认为，是他——而不是他的导师勒温——是实验社会心理学之父。①“在勒温的学生和同事当中，费斯廷格的理论创造性和实验创造性显然是出类拔萃的。”(史密斯，1983)费斯廷格对勒温后来所有的学生都产生了重要的影响，他向他们传授统计方法和实验设计。达利(John Darley)当博士生时接受勒温追随者们的教育，他使用了一个“勒温家族”的隐喻。事实上，勒温追随者的各种家族之树已被建构起来。达利说：“如果你将这整个事件看作是一场社会运动，勒温就有点像是基督的形象，而费斯廷格则发挥着圣保罗的作用，他促使这件事的发生。”(帕特诺，1988)

费斯廷格1919年生于纽约，在纽约市立大学获心理学学士学位。他最初在1939年来到衣阿华市学习如何从事勒温的柏林式研究：个体记忆和中断任务的完成，心理饱和和场论。那时，他对社会心理学没有兴趣

① 费斯廷格论证说，勒温在衣阿华大学提出了将“非常‘复杂的’社会过程置于实验室中”的思想，由此开始了实验社会心理学(帕特诺，1988)。费斯廷格的确也在非常重要的方面推进了实验社会心理学。

（费斯廷格，1980）。不过，到1939年，即专制的和民主的领导方式实验——这正是勒温的学术兴趣所在——以后的一年，勒温正在研究群体对于个体行为、偏见和把关的影响。一种紧张关系出现于勒温和费斯廷格之间（帕特诺，1988）。它是柏林的勒温与美国的勒温之间的冲突，是个体心理学和社会心理学之间的冲突。

1942年，费斯廷格在衣阿华大学完成了他的博士学位，在罗切斯特大学执教了2年，然后于1945年去麻省理工学院加盟勒温，后又与勒温的追随者们一起迁移到密歇根大学。但是他只在那里待了4年就前往明尼苏达大学，①后又在1955年去了斯坦福大学。1955—1956年间，费斯廷格在行为科学高级研究中心撰写了他的名著：《认知不和谐》。认知不和谐的理论立刻在社会心理学、传播学和社会学中风行起来。相当多的文献围绕这个题目发展起来，费斯廷格仍然是社会科学中被引用最多的学者之一。②

费斯廷格的认知不和谐理论既受到勒温的场论的影响，受到勒温柏林时期的格式塔观点的影响，也受到海德（Fritz Heider）的平衡理论③和奥斯古德—坦南鲍姆（Osgood-Tannenbaum）的一致性原则的影响。这个理论的起源可以追溯到费斯廷格对于世界末日崇拜的研究，后者有关世界末日的预言并没有实现（费斯廷格、里肯和沙赫特，1956）。个体的态度与行为相互冲突的思想也受到费斯廷格阅读的一篇有关印度地震谣言的文章的启发，灾区之外的人们相信那个地震会再次发生。为什么人们竟然会自己吓自己（埃文斯，1980a）？必须有某种解释。不和谐是个体面临两

---

① 费斯廷格在明尼苏达大学的时候，和勒温的另一个追随者S·沙赫特培养了G·霍克鲍姆，后者用勒温的理论解释预防性健康行为，诸如进行胸透。后来，学者们将健康信念模式用到诸如获得筛查、采用避孕措施和通过安全的性行为实施艾滋病的防治等个体预防性健康行为的研究上（罗森斯托克，1966；贝克尔，1974）。整个模式得到成功的修订，尽管它仍然包含着诸如"行动提示"那样的勒温要素。

② 参见ISI（"科学信息协会"）数据库的引用计数。

③ F·海德（生于1896年）是奥地利的心理学家，勒温的朋友，他职业生涯中的大部分时间都在堪萨斯大学度过，他这样描绘人际关系的平衡状态，即：当一个人喜欢个体A和个体B，并被个体A和个体B所喜欢的时候，个体A和个体B就会彼此喜欢。

种冲突着的认知要素的程度。①这个概念作为一个变量难以测度，因为它是高度情景化的，不过，实验条件可以被创造出来，以便将个体置于某种不和谐的状态中，费斯廷格杰出地设计了一系列诸如此类的独创性情景。

"理论和支持理论的研究具有巨大的吸引力。理论就是简洁本身……学生和同事们认为特别迷人的东西是费斯廷格的实验风格，即通过精巧的场景管理操纵'社会现实'，以创造出条件，使实验预言能够实现，尽管完全不可能计算和谐的与不和谐的'认知要素'的数字，也完全不可能直接测量不和谐状态的强度。"（史密斯，1983）对于个体来说，不和谐的一个效果是避免接触冲突的信息。例如，当一个人购买一辆新车时，他往往避开那些竞争品牌汽车的广告。显然，不和谐的过程存在着传播的方面。传播学学者迅速开始研究费斯廷格的理论，在20世纪50年代末的几年之内，不和谐实验是传播学的一种重要类型。②

1968年，费斯廷格离开斯坦福大学和社会心理学领域前往（纽约的）"社会研究新学院"从事知觉方面的工作，后又研究考古学，再后来专攻中世纪史。费斯廷格（1980a）说："我在1964年离开了社会心理学领域。"他认为，他停滞不前了，需要来自新源泉的知识刺激。费斯廷格逝世于1991年。

群体动力学

群体动力学思想是勒温场论的更普遍的运用，它作为一门培训课始

---

① 费斯廷格从音乐领域借用了"不和谐"的术语，在音乐中，"不和谐"的意思是两个或以上的不一致的音符同时发生作用的作品，导致了一种令人不快的声音。

② 回顾20年来关于认知不和谐的研究，格林沃尔德和罗尼斯（1978）提出，这个理论的较新陈述已发展成将认知不和谐限定为"保持自我尊严的一种需要，而不是在认知中维护逻辑式的一致性的需要"。

于1946年，由勒温和他在麻省理工学院群体动力学研究中心的教工提供，对象是“康涅狄格州种族委员会”，这是一个试图克服种族偏见的组织。在康涅狄格州新不列颠教师学院举办的为时两星期的培训课，像当时存在的许多其他培训工作坊一样，主要由关于群体心理学和偏见的讲座组成。

群体动力学培训运动实际上是偶然诞生的，勒温抓住了这个机会，并因其培训价值而利用了它。1946年的康涅狄格州工作坊的教师们每天晚上碰头讨论一天的事情，计划第二天的工作。一天晚上，三个受训者询问他们是否能够旁听教师的讨论。勒温感到窘迫，但回答说，“好的，当然，来吧，坐下听。”利皮特后来回忆说：

> 我们先到了，他们还不在那里，不久，他们中的一个人被提到，她的行为也得到了描述和讨论，培训者和研究者对于已发生的事情持有略为不同的观点和看法，她非常生气，说事实根本不是那样，她表达了她的看法。这个添加出来的材料令勒温异常兴奋，他将它写在黑板上，并对它进行理论分析，后来到了晚上，另外两人中的一个也发生了同样的事情……那天晚上结束的时候，三人问道是否第二天晚上可再来，勒温相当肯定地说可以；而我们关于这事还有更多的疑问。第二天晚上，全部50个(参加者)都在那里，而且每天晚上都在那里，这样，它成为一天中最有意义的训练事件。(巴克，1972)

下一个逻辑步骤是取消在白天已进行的训练讲座，以小组练习、反馈以及关于小组和个人进步的讨论取而代之。

次年，即1947年，群体动力学研讨班迁移到缅因州贝塞尔的古尔德学院，从那以后，他们一直在那里集会。最初，“海军研究办公室”提供研究群体动力行为(这种行为是在工作坊期间所观察到的)的基金。多年来，贝塞尔发挥着培训群体动力学之圣地的作用，每年的培训班上，约有100个受训者，再加上50多个培训和研究人员。工作坊越来越不适合于研究，并且越来越被当作一种培训经历。最终，群体动力学成为一个社会运动，在美国和国外的各个地方举办了几百个近乎一模一样的贝塞尔工作坊。所有的工作坊都有许多共同的东西，但是用于贝塞尔的"美国训练实验室"的群体方法通常被称作"T—组"［T-group，（训练组）］。"谈心治疗组"（encounter group）是在加利福尼亚州北部的伊莎兰学院使用的名称，"敏感性训练"（sensitivity training）是用于勒温式的群体训练的一般名称（贝克，1972）。20世纪60年代，随着伊莎兰学院和EST的广为人知，群体动力学培训兴趣的大爆发影响了那10年的文化。今天，群体动力学运动仍在继续，这是勒温将他的场论运用于受群体影响的行为的现实世界问题的兴趣在当代的表现。

勒温对传播学的贡献

勒温自己有一个成功的事业，又在美国成功地创建了一个独具特色的社会心理学学派，在美国，他"被提高到实验社会心理学之父的偶像地位"（阿什，1992）。对于一代著名的社会心理学家们来说，勒温既是教师，又是导师，上述社会心理学家包括：巴维拉斯、卡特赖特、费斯廷格、凯利、沙赫特和其他许多人。勒温最大的学术影响是通过他所培养的那些出色的学生而体现出来的。20世纪80年代中期后，阿伦和阿伦（1986）对一些杰出的社会心理学家作了访谈，他们的结论是："我们现在比以往任何时候都更加相信：勒温是现代社会心理学的开创性人物。"

勒温在柏林时期，主要研究个体的心理过程（诸如"蔡格尼克效应"），后来他转向群体传播对于个人行为的效果研究（例如，衣阿华大学的小组领导方式研究和动物腆脏研究），勒温也转向了更加应用型的研究，如：他关于改变食物习惯的战时场论研究以及他的偏见研究，这受到曾非常强烈地影响了他的反犹主义的激励。更一般地说，我们在勒温的生活中看到日常事件如何变成重要的研究思想：例如，施韦德斯希咖啡馆的服务生和“蔡格尼克效应”，以及自由放任的领导方式的偶然发现。

离开柏林以后，勒温成为一个更加应用型的研究者，他的每一个主要研究都涉及一个重要的社会问题：偏见、食品改进和独裁主义领导方式。“的确，勒温肯定属于那些竭尽全力地工作，以便将理论和实践结合起来的人之列。”(桑德兰茨，1990)勒温在美国的学术归属不是心理学系。相反，他的任命来自(衣阿华大学的)一个“儿童福利研究所”和(麻省理工的)一个“群体动力学研究中心”。这些大学的任命性质包含着他的应用方向。一般来说，其他心理学家都抵制应用的方向。美国心理学协会反对勒温关于开办一个应用心理学的特殊分支的计划，所以，他创办了“心理学问题研究协会”取而代之，这个协会出版了《心理学问题杂志》。在大学层面上，心理学领域在组织上通常被分成临床心理学(即应用心理学)和实验心理学，后者在两者中代表着更高的学术威望①。勒温逆社会科学中强烈的反对应用工作的潮流而动；不过，他作为一个实践的理论家获得了成功，他论证说应用的东西可以由理论来指导，理论可以通过将之运用到现实生活的社会问题之中得到检验。

利皮特是勒温的一个学生和同事，他(1968)这样评论勒温的致力于社会变革的方向：“勒温对社会问题有深刻的感受，承诺以他作为一个社会科学家的资源为(解决)社会问题做些事情。因此，在40年代早期，他画了一个三角形代表研究、培训(或教育)和行动在促成社会变化方面的相互依赖关系。”对于勒温来说，应用研究正是检测理论的另一个手段。

对于群体动力学研究的学术兴趣继续贯穿在整个20世纪50年代，这

① 自20世纪20年代芝加哥学派的时代以来，社会学以一种类似的方式在大学层面上被分成社会工作与社会学。政治学作为一门学科往往被分成公共行政、公共事务、国际事务与政治学系。在每一种情况下，应用的机构一般都具有较低的学术地位。

是勒温主义者的一个黄金时代。但是，在20世纪60年代期间，社会心理学的兴趣中心转向认知研究，转向对个体行为的个体内部的解释。今天，小群体传播研究相对来说已经过时，勒温开创的研究前沿不怎么活跃了，所以削弱了勒温的直接的理论影响。在今天的学术文献中，很少看见有关勒温的研究和理论的引用，自从1960年左右，它们就已经很少被看见了(费斯廷格，1980)。但是，在几个不同的方面，诸如群体动力学运动，组织中的参与式管理研究，以及在群体对于个体行为影响的社会心理学中，勒温的理论仍有生命力。今天，勒温的思想的确继续存在于传播学领域，尽管许多痕迹(例如勒温的行为研究①、把关人和行动提示等概念)越来越难以辨认。

① 勒温发明了“行为研究”的术语，用于旨在通过解决社会问题而导致社会行为的调查。行为研究者通常与研究体系有深深的关联。

第九章

霍夫兰和劝服研究

> 20 世纪 40 年代的战时紧急期间，政府的物质支持以前所未有的规模涌向有关通过劝服传播来改变认识、态度和行为的社会影响的研究。40 年代，在全国范围内进行了科学人才的总动员，其最为深远的结果之一是创造了信息-传播学科新领域，它在 30 年代难以命名，在 50 年代则成为一个家喻户晓(至少对流行的精英人物的时尚家庭来说是这样)的语词。
>
> ——麦圭尔：《一种情景主义知识论：对心理学研究的创新和改革的启示》

20 世纪 30 和 40 年代，一些最有名望的美国社会科学家进行着传播研究。作为当时最令人敬重的实验心理学家之一，卡尔·I·霍夫兰(Carl I. Hovland)也开始涉足传播学。和传播学的其他前辈的情况一样，他通过与第二次世界大战有关的中年阶段的变化而对这个领域发生了兴趣。

霍夫兰在美国开创了有关个人态度改变的微观层次研究的学术传统，由此引出了劝服方面的为数众多的研究文献，这些文献的数量还在继续增长。每年估计有 1250 种有关态度改变的新的出版物问世(麦圭尔，1985a)。正如拉扎斯菲尔德的理论和研究为早期大众传播学的分支领域指出了方向一样，霍夫兰在 20 世纪 40 年代和 50 年代的理论方法激励了人际传播的分支领域。与拉扎斯菲尔德的媒介受众调查的情况相类似，霍夫兰的劝服实验也使传播研究朝着效果问题的方向发展。劝服是“任何一种这样的情形，在此：积极的努力被作出以便改变一个人的思想”（佩蒂和卡乔波，1981）。它基本上相当于态度改变。它是有意图的传播，是由某种信源所作出的单向尝试，以便在接受方造成效果。但是由于劝服通常是通过人际传播渠道而进行的，来来回回的互动便往往发生在劝服过程之中。

图 9.1　霍夫兰(1912—1961)在耶鲁大学

来源：耶鲁大学档案，耶鲁大学图书馆，手稿档案部。使用经许可。

感谢 S · T · 墨菲对于本章初稿的评论。

霍夫兰的生平

霍夫兰1912年6月12日生于芝加哥，在西北大学攻读学士学位和硕士学位，1934年获得硕士学位。然后，他在耶鲁大学心理学系进入博士培养项目，有志跟随人类学方面的杰出的行为主义学者C·L·赫尔学习。20世纪30年代中期，耶鲁大学的心理学特别出色，个中原因可以追溯到早些时期耶鲁大学的一个大规模的跨学科计划，即“人类关系研究所”。

人类关系研究所

“20世纪30年代和40年代，耶鲁大学的心理学系在美国大学学术心理学中特别占有支配地位，因为其他系几乎都没有长期从事什么领域的研究。”（麦圭尔，印制中）理由之一是它的“人类关系研究所”，这是1929—1949年由洛克菲勒基金会在耶鲁资助的一项跨学科的行动。在这段时间以前，耶鲁的心理学只有一小批教学人员。1921年以前，心理学系是哲学系的组成部分，不是特别突出。但是，1924年，它获得洛克菲勒纪念基金会的20万美元的资助，用于为期5年的改进计划。

人类关系研究所由R·M·哈钦斯和温特尼茨(Milton Winternitz)提议，前者当时任耶鲁大学法学院院长(后成为芝加哥大学校长)，后者是耶鲁大学医学院院长。他俩都认为，对于法律和医学的专业教育来说，一种统一的、以心理学为中心的人类行为理论乃是一个不可或缺的基础。在耶鲁大学建立一个强大的心理学系被视为这个大学优先考虑的问题。耶鲁大学校长安吉尔(James Rowland Angell)——他是一个心理学家，从芝加哥大学来到耶鲁大学——热情洋溢地将他们的提议交给洛克菲勒基金会。

洛克菲勒基金会的最初200万美元资助中的一部分用于在耶鲁医学院校园内为研究所建造一座雄伟的大楼。这座大楼的混凝土浇灌的正面刻有几英尺高的字，标明是“人类关系研究所”，现在，它仍然屹立在雪松街上，并被用作耶鲁大学医学院大楼。这个大楼发挥着作为21名来自心理学、人类学、社会学、精神病学、政治学、法律学、历史学和医学的耶鲁大学教师的会议场所的作用，他们都参与研究所的跨学科研究小组。除21名已在位的教授外，研究所的基金还用于吸引其他研究人员，如来自芝加哥大学的著名人类学家E·萨丕尔和社会学家托马斯(Dorothy Swaine Thomas)(她也是从前芝加哥大学的W·I·托马斯的妻子)。

起初，人类关系研究所侧重于诸如青少年犯罪、交通事故、失业、精神健康、居住流动性和司法管理等社会问题的跨学科研究。基本假定是：一个社会问题越是得到理解，它就越容易得到解决。人们希望，研究所的跨学科范围应该产生来自多种视野的系统知识，比起单纯的孤立事实来，这种知识能够为社会问题提供更好的理解。(梅，1971)各种跨学科的研究小组得以成立，以侧重于每一个社会问题。在研究所执行委员会的组织下，一个研究小组基本上是教职人员的自愿结合。有关研究所活动的宣传使得公众以及一些教师参与者期望得到解决失业、青少年犯罪等问题的方案，但是从研究小组那里没有得到这些解决方案。随着洛克菲勒基金会的一份中期资助评估——计划于1934年——的临近，人类关系研究所进入了质问和自我怀疑它的行动方向的时期。

C·赫尔(1884—1952)以一份计划插入了这个空当，这份计划提出成立一个以动机论题为中心的跨学科研究小组，它超越了研究所的参与人员正在研究的所有社会问题，也超越了由研究所的研究小组所代表的一切学科。赫尔论证说，对于人类动机的更好理解或许能够提供研究所正在寻求的共同领域。1929年，赫尔被耶鲁大学从威斯康星大学(他于1920年在那里获得博士学位)聘用，主要从事统计方法和心理学测度的课程教学(希尔加德，1972)。他的研究专业是催眠术，他在纽黑文的心理学新同事并不十分热情地欢迎这个论题，所以，他在1934年正寻找一个新的学术方向。他转向有关条件反射作用和迷宫学习的实验。

赫尔的研究动机的计划建立在俄国心理学家巴甫洛夫的条件反射理论的基础上，掺进了杜威和桑代克(E. L. Thorndike)的功能行为主义(梅，1971)。在这个阶段，赫尔主要对动物学习感兴趣，用白鼠作实验对象，但是他和他的人类关系研究所研究小组的同事表明，有关人类学习的命题可以从应用于动物学习的原则中推论出来。论述这些命题的著作《机械学习的数理演绎论：科学方法论研究》，由赫尔、霍夫兰、R·T·罗斯、M·霍尔、D·T·珀金斯和F·B·菲奇(1940)所作。除赫尔和霍夫兰外,其他作者都是数学家和逻辑学家，而这部著作在很大程度上是数学类的，非常难读，但是它具有极高的学术价值，展示了一系列有关机械学习材料的因变量的命题。著作标题中的“数理演绎”指的是赫尔对于概念、公设、定理、推论和证据的定义的精确体系，它们代表了他的用于推进学习理论的科学方法论。

在1935—1936学年中，赫尔关于动机的跨学科研讨班每星期三晚上举行。最初，研讨班关注赫尔的刺激—反应的行为主义的通常方法，然后，在1936年1月22日，赫尔从弗洛伊德的精神分析学说中引入了某些主要概念：利比多、抑制、退化、固着和投注(西尔斯，1985)。20世纪30年代中期，精神分析理论在美国还没得到学术上的尊重。弗洛伊德理论被多拉德(John Dollard)引入人类关系研究所。多拉德生于1900年，1930年从芝加哥大学(他在那里获得社会学博士学位)来到耶鲁大学，他与人类学家萨丕尔(1884—1939)合作进行文化和性格研究。多拉德曾在柏林精神分析研究所度过了一年的培训时期。在1935—1936学年中，赫尔的周三晚间研讨班探讨了精神分析理论，激发起对这一观点的极大兴趣，尽管将学习心理学和精神分析理论整合起来的努力是令人失望的。耶鲁大学的许多心理学家从事精神分析培训，1936—1937年，赫尔和他的小组将精神分析理论系统化为一系列命题，它们以弗洛伊德的关于攻击行为是由挫折所造成的这一假设为中心。①论述这项工作的主要著作是由多拉德、米勒、杜布、莫瑞尔和西尔斯以及福特、霍夫兰和索伦伯格(1939)所作的《挫折与攻击》(*Frustration and Aggression*)。关于学习的另一部重要著作——也即赫尔研讨班的一个副产品——是《社会学习与模仿》，由米勒和多拉德(1941)所作，它表明，一只老鼠可被教会模仿另一只老鼠的行为。

由赫尔及其同事所撰写的这些著作和一系列的杂志论文将耶鲁大学的心理学系置于心理学研究生培养的前列。诸如巴甫洛夫的条件反射作用和弗洛伊德的精神分析那样的重要理论被用来构建一种有关人类动机和学习的行为主义方法。耶鲁大学作为令人兴奋的学习场所而逐渐闻名，它吸引了杰出的博士生。1934 年，霍夫兰就是其中的一名，然后，他致力于使耶鲁大学的心理学变得更加出类拔萃。

一个强大起来的心理学系是耶鲁人类关系研究所20 年来的主要收益之一。第二次世界大战期间，许多重要的学者逐渐离去，1949 年，研究所因基金用完，也逐步趋于停止。

霍夫兰在耶鲁

当霍夫兰 1934 年到达纽黑文时，赫尔的星期三晚间研讨班离开办还有一年。霍夫兰参加了研讨班的讨论，获得了人类学习方面的跨学科视野。这种探讨各种不同的理论——而不是执着于单一眼界——的折中风格成为他日后职业生涯的一个特色。霍夫兰学习理论的基础，以及他后来的劝服研究的基础，在于使 C · 赫尔的行为主义与精神分析理论相融合："行为理论从精神分析学说中吸取了主题、概念和原则，但是忽略

① 当赫尔担任星期三晚间研讨班的精神领袖时，弗洛伊德的精神分析和学习理论的整合受到 M · 梅的促进，后者于 1935 年秋成为这个处于危机之中的研究所的所长。参加研讨班的还有心理学家杜布、米勒、莫瑞尔、霍夫兰、索伦伯格、D · 马奎斯和西尔斯；人类学家 G · P · 默多克、福特和J · 怀廷；精神分析学家多拉德和 E · 津恩(西尔斯)。

了分析方法、理论结构和用来限定这些概念的操作方式。”（西尔斯，1985）

霍夫兰迅速通过博士培养项目，于1936年获得博士学位，随即作为一名助理教授成为耶鲁大学的教师，并进行一系列杰出的学习实验。他是赫尔的门徒，但是他的才智很快使其超越了他的老师。许多知道他的人都评论他的非凡能力，这种能力表现在使研究问题概念化，然后设计独创性的实验，或一系列实验，以检验他的理论假说等方面。霍夫兰主要以迷宫中的老鼠从事学习实验，对条件反射作出概括研究。他的研究如此具有创造力，如此具有理论上的重要性，以至于他30岁时就已作为一名实验心理学家而声名远扬了。他被任命为心理学系的博士生导师。他的事业似乎处在通向荣誉的快车道上。但是，他的人生道路随后发生了重大变化。从1942年即他30岁开始，他的事业发生变化，直到他1961年49岁因癌症去世，他主要从事人类传播方面的实验，试图解释劝服(态度改变)的因变量。这个突然的变化是由第二次世界大战造成的。

霍夫兰和美国士兵

1942年，霍夫兰刚刚被提升为副教授以后，一度向耶鲁大学请假去领导一个有关士兵士气的研究项目。通过在五角大楼与斯托弗的会面，他被劝服改变他的职业生涯。霍夫兰被任命为美国战争部信息和教育局研究处的首席心理学家(后来又加上实验研究主任的头衔)。斯托弗要雇用美国最好的实验心理学家，以便进行基本上是社会心理学方面的研究，因为他认为，大部分社会心理学家在方法论上都“太软弱”(麦克比，1987)。

斯托弗

S·A·斯托弗(1900—1960)可能非常具有劝服力。他生于索克市——衣阿华州西部的一个小县城，是一个报纸发行商的儿子。斯托弗在衣阿华州苏城的莫宁塞德学院获得学士学位之后，前往哈佛进行研究生学习，他在那里获得了英文硕士学位。1923—1926年，斯托弗返回索克市编辑他的家族报，当时他的父亲生病了。1930年，他在芝加哥大学获得社会学博士学位，在那里，帕克是他的老师之一。不过，斯托弗主要受到奥格本和瑟斯顿(L. L. Thurstone)的影响，前者当时正通过引入定量方法而使芝加哥大学的社会学发生革命，后者是一个心理学家，专攻态度量表构建。斯托弗的论文比较了个体样本中的态度量表，采用一种与禁酒期间这些个人的饮酒行为案例史相比较的瑟斯顿式量表，来标示这些个人对于禁酒(它当时是这个地方的法律)的态度。在本质上，斯托弗对饮酒行为的定性和定量方法进行比较。这两种方法大体上是一致的，这个观点有助于或至少在某些方面有助于解决芝加哥大学的定性方法和定量方法之间的争议。

攻读博士之后，斯托弗在伦敦大学师从当时世界上最著名的统计学家中的两位：K·皮尔逊和费希尔(Ronald A. Fisher)，利用博士后研究基金学习统计方法，为期1年。从1932年至1934年①，他在威斯康星大学社会学系教统计学，然后，重新成为芝加哥大学的教师，促使其社会学系进一步转向定量的方法。斯托弗帮助瑞典学者缪达尔(Gunnar Myrdal)进行了一项有关美国黑人和白人关系的分析，它由卡内基公司所资助，这导致了缪达尔的重要著作《美国困境》(1944)。协调这次大型研究对于斯托弗来说是一次重要的经历，他在1941年被任命为陆军研究处主任。他(当时)41岁，非常爱国(海曼，1991；托比，1980)。

拉扎斯菲尔德是斯托弗的朋友和同一辈的方法论者，在他看来，斯

---

① 在那里，他成为R·O·纳夫奇格的统计课的老师，后者当时是政治学和新闻学的博士生。这个简短的接触强烈地影响了纳夫奇格，使之走向定量方法，后来，他将这一方向传递给大众传播的早期博士生，特别是在他所执教的明尼苏达大学和威斯康星大学，并且是通过他的研究方法教科书而传递的，这些教科书得到了广泛的使用(罗杰斯和查菲，1992)。

托弗“从未完全失去小城镇的心态。他在商业界的巨大成功是因为他是一个带有小城镇举止的哈佛大学教授，这使得那些商人感到安全，因此促使他们敬佩他……据我看来，他是迄今为止整个(社会学)领域中的最重要的人物……斯托弗的主要特点是思维绝对清楚……在他的思维和工作中，存在着某种令人惊奇的坦率和一往无前。斯托弗还是一个非常、非常优秀的作家。”(拉扎斯菲尔德，1962b)这是来自拉扎斯菲尔德的高度评述，他在当时被普遍认为是美国一流的社会学家之一。

海曼(Herbert Hyman)(1991)以这样的方式描绘斯托弗：“尽管有社会学的装饰，斯托弗从不失一个众所周知的记者的样子，直截了当的谈话和极快的节奏。夹克脱掉了，衬衫的袖子卷了起来，香烟挂在嘴边，一支一支的香烟使烟灰散落在背心上，由于缺少睡眠和为赶时间彻夜工作而造成的睡眼惺忪的样子——如此丰富多彩的怪异行为对于解释他对(研究处的)工作人员的影响来说，是有关联的，尽管不是至关重要的。”

斯托弗在调查研究方法方面是一个行家里手，虽然在实验研究上不怎么有经验，但他对实验法评价很高。“他对自己擅长的、基本上是描述和相关分析方法的评价总是老练而挑剔的，但对实验方法的魔力的赞扬有点儿天真。”(史密斯，1968)斯托弗对于霍夫兰实验小组的战时工作充满热情。他对实验研究的高度期望是他之所以追随霍夫兰的一个理由，他认为霍夫兰是最优秀的。他选择了这位耶鲁大学的心理学家，这表明他对于方法论的强烈信念：霍夫兰是一个优秀的实验者，而斯托弗认为他可以轻易地学习他要研究的主题(训练题材影片的劝服效果)。

在他生命的最后14年，即从1946年—1960年，斯托弗是哈佛大学社会学教授，社会关系实验室主任。这段时期，他帮助哈佛社会学系获得了显赫的地位，发挥着从方法论角度对理论家T·帕森斯予以补充的作用。斯托弗因患癌症逝世，享年60岁。

美国陆军研究处

第二次世界大战期间，美国军事机构中的社会科学研究是作为一种监控军队士气的手段而开始的；事实上，斯托弗的研究处就位于美国陆军士气局(后改为信息与教育局)之内。起初，军队将领竭力反对就军事人员进行调查，他们认为这是对军队纪律等级制度的一种威胁(康弗斯，1987)。1941 年 5 月，美国介入第二次世界大战 7 个月之前，美国战争部长发布了一道正式命令，禁止对军事人员进行调查。不过，陆军中的调查研究从 1941 年至 1945 年蓬蓬勃勃开展起来，这主要是因为斯托弗的小组置于奥斯本(Frederick H. Osborn)将军的领导之下，他是一个“优雅的、带贵族气派的、有着百万家产的商人，是总统的私人朋友”(康弗斯，1987)，也是一个知识渊博的社会科学家，并在“社会科学研究理事会”任职。①奥斯本帮助澄清军方对于调查研究的某些反对意见，早期进行的调查结果的明显效应在这方面也发挥了作用。例如，研究处发现战斗步兵的士气相对来说低下，并提议陆军制作一种特殊的战斗徽章，并为步兵提供其他类型的动机。研究处最有影响的成果之一是一种积分制(point system)，用于战争结束时陆军退役。与政策相关的研究成果有助于研究处逐步地将自身推销给军事当局。②斯托弗是他的研究处的一个非常有成效的推销员。作为五角大楼的一名文职雇员，他有可能接近高级将领，并常常为他的研究处的资料收集工作清除阻力。

研究处由两个主要的小组组成：一个是调查研究小组，由科特雷尔

---

① 奥斯本也曾是卡内基公司的总裁，这个基金会资助了“陆海军福利与娱乐联合委员会”，后者于 1941 年成立，基金会的资助用于支持军营中的福利与娱乐项目。联席委员会的主席是奥斯本，这个委员会也资助了 1941 年 11 月中旬的战斗师的一次士气调查。该调查由斯托弗领导。不久，奥斯本被任命为陆军准将，负责信息与教育局(莱昂斯，1969)。

② 尽管在太平洋战区影响要少得多，在那里，麦克阿瑟将军反对对他的军队进行调查。

(Leonard S. Cottrell)领导；一个是实验小组，由霍夫兰领导。两个小组的办公室在五角大楼中相毗邻，一些研究人员可以便利地从一个小组走到另一个小组。科特雷尔调查小组主要由社会学家组成，特别是由斯托弗以前在芝加哥大学的博士生中征集而来。霍夫兰小组主要是由耶鲁大学的心理学家和在那里获得博士学位的个人组成。研究处的约一半成员是军事人员，其他人是文职雇员。研究处的学者们不管是官员、士兵，还是文职雇员，都构成了一个“密集的网络”（克劳森，1984b），由为共同事业而工作的精神凝聚在一起。

研究处的大部分人员都是年轻男性和女性，30 岁以下，他们刚刚开始社会科学研究的职业生涯(克劳森，1984)。许多人在战后的岁月里都成为著名的学者。斯托弗的研究者包括科特雷尔，小欧文 · 贾尼斯，拉姆斯戴恩，N · 麦克比，A · 罗斯，F · D · 谢菲尔德，M · B · 史密斯，S · 斯塔，E · A · 萨奇曼和 R · 威廉。斯托弗的研究处的顾问包括：普林斯顿大学的坎特里尔，耶鲁大学的多拉德，康奈尔大学的格特曼，哥伦比亚大学的拉扎斯菲尔德，美国农业部项目调查处的利克特，斯坦福大学的麦克尼马尔，哥伦比亚大学的默顿，哈佛大学的莫斯泰勒，哥伦比亚广播公司的斯坦顿，社会科学研究理事会的唐纳德 · 扬(海曼，1991)。斯托弗的研究人员和研究顾问总体上代表着美国社会科学的精华：他的研究人员年轻有为，他的研究顾问已经身居要职。

霍夫兰的陆军实验

劝服理论的根源触角广泛。例如，与霍夫兰一起在耶鲁大学工作的曼德尔(Wallace Mandell)说：“第一个劝服研究来自我们对于两种工作的混合，前者是 C · 罗杰斯关于‘客户得出的结论’和传播者的‘可信度’在产生态度改变方面的重要性的观察，后者是霍夫兰对于大众传播的兴趣和对使用实验设计来研究其效果的兴趣。”（曼德尔，

1992）

霍夫兰战时研究概念变量的核心是态度。相当多的社会科学研究都已致力于测度态度，致力于探讨涉及态度改变的因素。劝服研究已经为心理学家、社会心理学家、社会学家和传播学学者所进行。劝服研究代表着最流行的社会科学研究类型之一，社会心理学中的主要概念的确也是态度，一种对行为意向的某人或某物的积极感觉或消极的感觉。这个定义有这样的含义，即一个人的态度，如果是已知的话，将预示那个人在稍后的公开行为或行动。

态度真的要紧吗？来自范围广泛的各种各样的研究的大量证据表明，在许多情况下，对一个人或一个物体的态度并没有预示或解释涉及那个人或那个物体的公开行为。的确，“半个世纪以来，态度和行为之间的这些低相关性已经是这个领域的一个耻辱。”（麦圭尔，1985a）但是，态度改变研究在解释行为变化方面不是完全没有价值的。在某些环境下，态度的确影响行为。①发现它们什么时候影响，什么时候不影响，应该是一种重要的劝服研究。当然，态度改变除了对于其他变量的影响以外，其本身就是有趣的。我们常常要知道个体对于某个物体的态度是什么，我们是否能够改变诸如此类的态度。

态度研究已经经历了 3 个时代（麦圭尔，1985a）：

1. 20 世纪 20 年代和 30 年代②的态度测度时代。从 1935 年至 1955 年，勒温的群体动力学方法使态度测度的研究黯然失色。
2. 20 世纪 50 年代和 60 年代是第二个时代，重点在于态度改变。这是霍夫兰的时代。然后，在 1965—1985 年期间，社会知觉研究将态度改变研究从中心舞台上推开了。

① 麦圭尔（1985a）估计，在公开行为中，只有 10%的改变是由态度来说明的。

② 态度这一概念首先由 I · W · 托马斯和 F · 兹纳涅茨基（1927）在他们对于欧洲和美国的波兰农民的研究中所使用。

3. 20世纪80年代和90年代标志着第三代人重新燃起了对于态度和态度系统的兴趣。

20世纪20年代，人们进行了大量方法论方面的工作，以便测度态度，诸如由瑟斯顿和蔡夫(1929)，以及由利克特(1932)所进行的工作，但是，当时的学者没有研究态度改变的过程。直到第二次世界大战时，这种劝服研究才在霍夫兰的领导下得以进行，研究的问题是评估训练用电影对于士兵的劝服性效果。1941年，美国政府面对着将1500万新征集的平民训练成士兵的巨大任务。这些新兵需要知道美国为什么卷入这场战争，谁是美国的敌人，谁是美国的盟友，如何操作复杂的军事设备，为什么他们应该为杀戮而战。美国军事机构求助在当时相对来说是新媒介的电影，以帮助完成这些教育和激励目的。

1942年年初，美国陆军参谋长马歇尔将军召募了卡普拉(Frank Capra)——好莱坞著名导演——制作7部50分钟的电影，即《我们为何而战》的系列片。卡普拉被委任为陆军中校，他邀请约100名好莱坞的创作人员帮助他完成这个紧急项目。《我们为何而战》系列片是宣传信息，它们利用了大量可获得的有关那些导致美国卷入战争的事件的新闻镜头。①卡普拉后来的两部电影系列片——《认识你的敌人》和《认识你的盟友》——也是为了劝服观众。

1943年，美国陆军电影局的卡普拉中校和陆军研究处的传播研究人员在五角大楼会面，以计划对于《我们为何而战》系列片的评估研究。拉扎斯菲尔德正在咨询问卷设计的问题。他站在黑板前，一边写着，一边带着维也纳的口音说着，抽着一支大雪茄。卡普拉问："他是谁？"霍夫兰等人说："他是哥伦比亚大学的教授。"卡普拉问："他收入多少？"霍夫兰不知道，但猜想每年是5000美元，这是他所能够想象的最

① 卡普拉受到里芬斯塔尔的强烈地亲希特勒的电影《意志的胜利》的激励，来制作美国宣传片，他希望以此反击《意志的胜利》的效果(乔伊特，1976)。

大数额了。“噢，上帝，”卡普拉说，“那没什么，在(好莱坞的)摄影机前，他能挣得比那多10倍。”(麦克比，1987)①

卡尔·霍夫兰从未完全实现这样的转变，即从一个在学习迷宫里赶老鼠的实验心理学家变成战后研究劝服的社会心理学家。继续贯彻霍夫兰的劝服研究的一般传统的麦圭尔指出：“在第二次世界大战的工作中，霍夫兰创作出《美国士兵》系列丛书中著名的《大众传播实验》卷，(但)在这个工作之前，卡尔在人类学习研究方面就是一个早熟的领导者了。在第二次世界大战的工作之后，他转向态度改变的研究，但是在人类学习方面，他仍然是耶鲁大学的权威(并且确实是世界的权威)。我的论文是关于人类学习的(《组对联想学习的多程序模式》)，这也是他会成为我的博士论文的指导老师的原因。”(麦圭尔，1991a)麦圭尔1954年在耶鲁大学获得心理学博士学位。

劝服实验

《我们为何而战》系列片的对象是美国军事机构中的1500万新兵。为了评估这些影片的效果，霍夫兰和他的研究人员设计了一面理(one-sided)信息与两面理(two-sided)信息、诉诸恐惧的影响、信源可信度的效果等实地实验。因变量是美国战争部用于训练片的各种目的，这些目的是通过笔纸技术的答复来测度的：有关一部影片的内容和态度改变的情况，诸如一种日益增加的战斗愿望。对于其学术目的来说，不幸的是，五角大楼的劝服研究者们受到电影信息的限制，而那些信息是固定的：“我们极大地受到以下事实的限制，即我们的发现必须主要来自有关传播效果的分析，后者已经被军事当局准备好了。”(霍夫兰，1951)

霍夫兰和他的五角大楼的同事绝不是研究电影效果的首批学者。早

① 海曼(1991)讲述这个故事时稍有不同，但是具有同样的效果。

先我曾提到佩恩基金研究，其中，彼得森和瑟斯顿的《电影和儿童的社会态度》(1933)是最著名的。在儿童们观看有关犯罪和战争的影片、有关诸如德国人和中国人等外国人的影片的前后，儿童们的态度得到了测度。相当大的效果被发现出来。请注意：彼得森和瑟斯顿的实验之进行仅仅是为弄清楚电影对于儿童是否有效果。霍夫兰和他的军事同行也测度了电影效果，但是他们的实验旨在检验这样的理论假设，即为什么在某些条件下会产生更大的效果。①例如，具有较高可信度的信源对于个人的态度改变有怎样的效果？当有关一个问题的一面理被呈现时，相对于两面理的呈现，它是否会产生更大的效果？

霍夫兰、拉姆斯戴恩和谢菲尔德(1949)的结论是：《我们为何而战》的系列片增加了士兵对于那些导致第二次世界大战的事件的认识，而且态度有了改变(尽管其程度比认识变化要小)，但是，这些影片对于个人如何发挥士兵作用的动机没有可测度的效果(该效果是这些定向影片的最终目的)。例如，在一组观看《我们为何而战》影片的实验小组内，41%的调查对象希望战斗，而在控制小组中，约38%的调查对象希望战斗，这里存在着细微的区别。个人认识方面的变化超出了其态度方面的变化，这个发现在有关传播干预的评估中是常见的。通常的情况下，比起其态度来，个人的公开行为的改变程度要小。这就是所谓的“效果等级”(hierarchy of effects)。②

每一部《我们为何而战》的影片都是50分钟的纪录片。霍夫兰和他的同事们通常以一个控制小组的调查对象为单位，进行事前和事后的实验设计。他们一般收集因变量一星期以后的测度。劝服(研究的)学者使用相同形式的问卷，以避免调查对象对于测度的敏感。在《我们为何而战》系列纪录片之一的《英伦之战》的研究中，4200名军事调查对象提

① 实际上，如同霍夫兰(1954)所意识到的那样，在霍夫兰及其同事所从事的战时研究项目之前，有关这种概念类型的几种态度改变的实验已经得以进行。

② 麦圭尔有关效果等级的思想是：在涉及某个论题或问题的传播效果的累积性序列中，个人往往必须从认识改变过渡到态度改变，再过渡到公开行为。

供了问卷资料，这些资料是在其食堂中从调查对象那里收集来的。军营里的士兵是一种受控制的受众，因此他们对于影片的关注是能够得到保证的。问卷是匿名的，所以调查对象们——主要是士兵——如果给出了“错误的”回答，也不必害怕来自他们的军事长官的惩罚。

“部队训练营地以随机指派实验条件和控制条件的方式，为实地实验提供了近乎理想的环境。”（史密斯，1983）当霍夫兰和他的同事们在他们的一个实地实验中需要一个控制小组时，他们只要使一个连的士兵排队进入部队食堂，进行问卷调查，给他们放电影，再进行“事后的”问卷调查，然后再让他们排队走回去。这支部队甚至不知道他们已经参加了一次态度改变的实验（史密斯，1992）。当然，特别是由于战争时期的条件，有些后勤问题产生出来。霍夫兰的一名同事麦克比（Nathan Maccoby）谈论起到达美国一个军事训练基地收集《我们为何而战》系列片的效果方面的资料，但发现被研究的那个师已经接到命令开往海外。

霍夫兰作为一个实验心理学家而名声大振，而且他主要利用实验设计来确定军队鼓舞士气影片的效果。他不仅仅依靠结构严谨和定量的实验，还召集了默顿及其哥伦比亚大学“应用社会研究局”的同事与士兵调查对象的小型样本进行焦点访谈。这样的访谈就发生在调查对象刚刚在拉扎斯菲尔德—斯坦顿节目分析仪上表达对于一部训练题材影片的喜欢和不喜欢的态度之后。原因是“定量的实验设计能够使人们确定总体效果，但是不能对‘电影的哪些内容’可能产生可以观察到的效果提供线索。”（默顿、菲斯克和肯德尔，1956）焦点访谈的数据有助于霍夫兰和他的成员们解释实验结果，并为下一步的研究提出新的假设。

第二次世界大战结束以后，斯托弗编辑了由 4 本著作组成的《美国士兵》丛书，其中包括霍夫兰、拉姆斯戴恩和谢菲尔德的《大众传播实验》（1949）。这些著作由于斯托弗的大胆行为而得以可能。1945 年 5 月 8 日，欧洲胜利日后的清晨，也就是美国陆军能够清理它保密的成堆资料之前，斯托弗将一辆卡车倒入五角大楼，将成箱的 IBM 卡片装进卡车并将之开走（麦克比，1987）。①当和平（的消息）一经宣布，斯托弗、I·贾尼斯、S·斯塔、M·B·史密斯和研究处的一些其他同事就搬出五角大楼，迁入华盛顿美利坚大学的租用办公室。在那里，他们从事进一步的资料分析，并撰写了4卷本的丛书，它们总称：《美国士兵》：（1）斯托弗，萨奇曼、迪瓦伊尼、斯塔和R·威廉（1949），《美国士兵：军队生活中的调整：第二次世界大战中的社会心理学研究》，第一卷，普林斯顿，新泽西，普林斯顿大学出版社；（2）斯托弗、A·A·拉姆斯戴恩、M·H·拉姆斯戴恩、R·威廉、史密斯、贾尼斯、斯塔和L·S·科特雷尔（1949），《美国士兵：战斗及其后果》；（3）霍夫兰、A·A·拉姆斯戴恩和谢菲尔德（1949），《大众传播实验》；（4）斯托弗、格特曼、萨奇曼、拉扎斯菲尔德、斯塔和克劳森（1950），《测度与预见》。前两本著作涉及美国士兵的调查研究，第三本著作报告了霍夫兰及其同事关于电影效果的实验研究，第四本著作描绘了研究处在方法论上取得的进步。②

信息学习法

霍夫兰在他有关劝服的战时研究中开创了被称为“信息学习法”（MLA，message-learning approach）的方法，战后他在耶鲁大学继续从事这一方法的研究。在从1942年直到他1961年早逝的19年间，霍夫兰主要进行了一系列旨在解释劝服/态度的变化的因变量的实验。这个模式——

① 这一有关斯托弗如何解救这些资料的叙述得到了其他人的证实（施拉姆，印制中b），但是与西布利（1974）和海曼（1991）的说法不同，他们认为，负责第二次世界大战期间军事研究的官员F·奥斯本将军商定了将这些资料开放给社会科学研究理事会的事情，这反过来促进了斯托弗及其同事对于它们的分析和出版。不管在哪种情况下，这一数据库都是巨大的，它包括在250次有关认识和态度的研究中的50多万份士兵的回答。

② 默顿和拉扎斯菲尔德也编辑了一本批评和评论这些研究的著作，即《社会研究的连续性》（1950），它表明了某些诸如参照群体这样的重要概念是如何从战争期间的研究中产生出来的。

即信息学习法——图示在表9.1中。它基本上由关于个人如何从传播信息中学习的分析所构成。

表9.1　霍夫兰关于态度改变的信息学习法

传播过程的组成部分	与劝服(态度改变)相关的自变量	说明性
信源变量	劝服的意图	霍夫兰和韦斯(1951);
	信源的吸引力	霍夫兰、贾尼斯和凯利(1953)
	信源和信宿的相似性	
	信源的力量	
	信源可信度	
信息变量	可理解性	霍夫兰等(1957)
	使用论证的数目	
	信息内的报偿	
	恐惧的产生和减少	
	一面理和两面理信息	
	信息呈现的顺序	
	信息重复	
	呈现方式	
信道变量	面对面与大众媒介	
	信道属性	
信宿变量	才智	贾尼斯等(1959)
	自我评估	
	性别差异	

注意：有关态度改变研究的全面审查和综合由麦圭尔所提供(1985a)。

自变量是C·香农式的线性传播模式的组件：SMCR(S—信源，M—讯息，C—信道，R—信宿)。霍夫兰式的每个实验一般都涉及SMCR组件的一个方向(或变量)——例如，信源可信度和恐惧呼吁——对于态度改变的效果。这种单一组件方法将相互作用的效果研究排斥在外，而这种效果是存在于那些组件之中的，因为它们一起发挥作用，以影响态度改变。然而，霍夫兰是以这样一种具体的方式来力求获得对于劝服的理解，即在相当长时期内，并从相当多的信源出发，以至于他的研究方案的最终结果是对态度改变行为的一个非常彻底的理解。在将一个研究设计得遵循前一个设计的榜样方面，霍夫兰是充满智慧的，他使每个调查都进一步深入到研究的行为之中。换句话说，霍夫兰从事的是这样一种研究项目，在此，连续的系列研究添加到了对于劝服行为的累积性理解中，自那以后，这样一种研究方案就没有遇见相配者，甚至没有遇见竞争者。

返回耶鲁大学

1945年，当霍夫兰返回纽黑文时，他以一种几乎未曾中断的持续性，继续他在五角大楼已经开始的劝服研究传统。他的许多战时同事都与他一起来到耶鲁大学。①在纽黑文，霍夫兰和他的同事们跟踪他们在军队研究中已经发现的线索，但有一个非常重要的区别：耶鲁大学的劝服研究是更基础的研究，旨在系统阐述和检验有关传播效果的科学假设，而不是高度应用性的研究，后者的进行是为帮助美国陆军找到鼓舞士兵战斗的更有效的手段。“当霍夫兰返回耶鲁大学时，他转向了传播和劝服领域，但把他的相当多的有关人类学习的思想带入进来。”（麦圭尔，印制中）如同霍夫兰（1951）所说的：“我们特别偏爱刺激—反应的学习理论公式，并且……试图去看一看（赫尔的）行为理论的一般原理能够在多大的程度上延伸到这一（劝服）理论之中。”

1946年至1961年，“比起任何人已经做的工作来”，霍夫兰在耶鲁大学的战后研究被称为“是（对这个领域的）一个最大贡献”（施拉姆，1985）。霍夫兰作为教授和心理学系系主任返回耶鲁大学，对于这个领导位置他并无渴求，但是毫无怨言地接受了。他还领导了“传播与态度改变的耶鲁项目”，这个项目进行了50多次的劝服实验。研究项目是由一

① 耶鲁大学的劝服研究项目的主要参加者是：I·贾尼斯、H·凯尔曼、H·凯利、A·格拉德斯通、E·沃卡德、A·拉姆斯戴恩、M·谢里夫、L·杜布、F·谢菲尔德、S·费什巴赫、R·克拉克、E·贝尔、B·金、W·曼德尔、M·赫茨、W·韦斯和J·伍尔夫（霍夫兰，1951）。

系列来自洛克菲勒基金会的系列基金所资助，总数约37万美元。1947年，霍夫兰被授予心理学斯特林教授，这是耶鲁大学授予的最杰出的捐赠教授职位。他在公认的辉煌中走完了灿烂而又短暂的职业生涯。

信源可信度和劝服①

霍夫兰、贾尼斯和凯利（1953）进行了关于信源可信度的著名的实验室研究，它代表着对于遵循线型模式的传播效果研究的一种精粹阐述。这个重要的研究将一个传播变量——信源的可信度（它被定义为一个传播信源被接受者认为是值得信赖和能够胜任的程度）——孤立出来，同时控制所有其他变量。这种实验设计试图在实验室背景下再现人对于大众媒介信息的接受。事实上，尽管在今天劝服实验主要被认为是一种人际传播研究，但霍夫兰认为，他实际上是在个人接受信息的微观层次上研究大众传播行为的。②从劝服研究得出的结果既可以用于大众传播，也可以用于人际传播。传播得以进行的信道与劝服过程显然无关。

用于研究信源可信度的一般程序为后来许多劝服方面的传播实验——它们采用其他的自变量——树立了榜样。同样的传播信息被呈现给两组随机指定的实验对象。一个小组被告知这个信息来自他们认为是高可信度的源泉，另一个小组被告知同样的信息来自一个被认为是低可信度的源泉。4个不同的信息都被遵循这一技巧，每条信息都有一个高可信度的信源和一个低可信度的信源（表9.2）。这些信息以一本小册子的形式向对象（耶鲁大学大学生）传递，对于4个主题中的每一个，小册子里都有一篇文章加以论述，在每篇文章的结尾都给出其来源的名称。4个主

① 这一部分来自罗杰斯和金凯德（1981），其采用获得自由出版社许可。

② 作为这个观点的一个证据，请注意：霍夫兰、拉姆斯戴恩和谢菲尔德（1949）的概括其战时劝服研究的著作的标题是：《大众传播实验》。而且，霍夫兰是因为歌手K·史密斯的出售美国战争债券的马拉松式的广播节目，才对研究信源可信度的效果问题产生兴趣的（参见第七章）。

题是：抗组胺剂、核潜艇、钢材短缺和电影院的未来。具有高可信度的信源分别是《新英格兰生物学与医学杂志》，（著名的原子科学家）奥本海姆，《国家资源规划委员会公报》和《财富》杂志。具有低可信度的信源是：一份大量发行的月刊画报，《真理报》（俄罗斯报纸），一个反工会、反新政的右翼报纸专栏作家以及一个电影八卦专栏作家。态度问卷在事前以及事后马上分发给每一个实验小组，4 篇文章被信源可信度的劝服实验的对象阅读 1 个月之后，也分发态度问卷。

表 9.2　霍夫兰等人关于信源可信度和劝服的实验设计

信息主题	每个主题的 高可信度信源	每个主题的 低可信度信源
抗组胺剂：在没有医生处方的情况下，应该继续出售抗组胺剂吗？	《新英格兰生物学与医学杂志》	杂志 A（一份大量发行的月刊画报）
核潜艇：一个实用的以原子能为动力的潜艇能现在建造吗？	奥本海姆，著名的曼哈顿项目核科学家	《真理报》（一份俄罗斯报纸）
钢材短缺：应承担目前钢铁短缺的责任吗？	《国家资源规划委员会公报》	作者 A（一个反工会、反新政的、右翼报纸专栏作家）
电影院的未来：作为电视的一个结果，到 1955 年，会出现电影院数量的减少吗？	《财富》杂志	作者 B（一个女性电影八卦专栏作家）

资料来源：霍夫兰、贾尼斯和凯利（1953）。

传播发生之后，霍夫兰和他的同事立刻发现：比较大的态度改变来自具有高可信度的源泉，除第 4 个论题，即电影院的未来（在那里，低可信度的源泉导致稍微多一点的态度改变）以外（表 9.3）。不过，这个实验的 4 个星期之后，在高可信度对象和低可信度对象之间早先的态度改变方面的差异消失了。霍夫兰和他的同事的结论是：信源可信度的效果在传播的时候最大，但是随着时间的推移而退化。这个所谓的睡眠效果大概可以由这样的事实来解释，即个人具有随着时间的推移容易忘记低可信度的信源之不值得信任的倾向。他们记住的是信息，而不是值得怀疑的信源。①

表9.3　由高可信度信源和低可信度信源所导致的态度改变

信息论题	沿传播信息方向发生态度改变的调查对象的净百分比	
	高可信度的信源	低可信度的信源
抗组胺剂	23	13
核潜艇	36	0
钢材短缺	23	-4
电影院的未来	13	17
工　具	23	7
两个工具之间的差异	16%（显著性水平为1%）	

可信度实验或许是霍夫兰的许多传播实验中的最著名的实验，它为后来岁月中的各种学者的数以千计的劝服实验构建了模型研究设计。它将一个传播变量（信源的一个特性）孤立出来，而从实验上控制传播过程的所有其他变量的效果（由于将个人随机指定给高可信度的条件和低可信度的条件，所以这些效果便被清除了）。因此，这个实验遵循着传播过程的基本线型（信源——信息——信道——信宿）模式，以试图模拟单向传播和劝服的主要要素。在每一个实验小组的实验对象中都不允许人际传播。甚至在后来的劝服实验——在那里，面对面的人际传播（取代印刷小册子）被用来将信息传递给调查对象，最普通的背景也是演讲，它是传播的一个单向信道。所以，甚至在霍夫兰和他的小组研究人际传播时，他们都不允许相互作用的发生。为了做到这一点，毫无疑问的是要将呈现给调查对象的信息不做标准化处理，以便在实验中创造一种不受控制的变化（尽管它会使得传播环境变得更自然）。因此，我们看到：以线型模式为基础的传播研究的组件方法如何更像是原子论的和机械论的。它不允许耶鲁大学的学生实验对象提出问题或相互之间讨论印刷信息的意义。信源可信度的变量也不可通过与线型模式的其他组件，如接受者的

① 对于睡眠效果的劝服实验的审查和评论是由库克等人（1979）提供的。

特性，发生相互作用而改变它的效果(例如，《真理报》对某些调查对象或许是有关核潜艇的一个可信赖的信源)。

由这种实验所创造的人为环境有助于对不需要的变量进行控制，促进研究的内在效度(它被定义为一项调查控制外在变量效果的程度)。不幸的是，这种创造出来的不真实的东西也限制了将实验结果应用到实际环境之中，在那里，个体是由可信赖的信源所劝服的。例如，人们在接受媒介信息之后的确彼此交谈。所以，霍夫兰式的劝服实验的外在效度比较低，后者指的是一个研究结果之被推广到现实世界条件中的程度。霍夫兰针对美国陆军士兵和耶鲁大学二年级学生所做的实验，没有为在其他环境下普遍推广到其他个人提供一个强大的基础。①然而，霍夫兰关于劝服的研究项目代表着对传播学的一个重要的理论贡献，它得到人们的极大尊重，并且被广泛复制。

大部分劝服研究都通过纸笔问卷来收集有关传播效果方面的资料，这类测度方法的效度可能是有问题的。例如，劝服实验中的调查对象可以给出在社会意义上能够接受的回答。如同麦圭尔(1991)所指出的那样，近年来，在使用劝服效果的生理指标方面，已经有了令人瞩目的进步。例如，佩蒂和卡乔波(1986)在他们的劝服研究中测度了皮肤电反应和其他物理效果。

从1953年直到1961年霍夫兰逝世这一段时间内，霍夫兰和他的耶鲁大学的同事近乎每年发表 ·部有关劝服实验的著作：C · 霍夫兰、I · L · 贾尼斯和H · 凯利：《传播与劝服》(1953)；C · 霍夫兰、W · 曼德尔、E · H · 坎贝尔、T · 布罗克、A · S · 卢钦、A · R · 科恩、W · J · 麦圭尔、I · L · 贾尼斯、R · F · 费拉本德和N · H · 安德森：《劝服的呈现顺序》(1957)；I · L · 贾尼斯、C · 霍夫兰、P · B · 菲尔德、H · 林顿、E · 格雷厄姆、A · P · 科恩、D · 赖夫、R · P · 埃布尔森、G · S · 莱塞

① 如同霍夫兰(1951)所说的那样：“我们中的大部分人都希望我们的结果可以适用于一般人，但我们是在自己学院的几堂基础心理学的课上做实验的。”

和B · T · 金：《人格与劝服》(1959)；M · J · 罗森伯格和C · 霍夫兰：《态度的形成和改变》(1960)；M · 谢里夫和C · 霍夫兰：《社会判断：传播和态度改变中的同化效应和对比》(1961)。

如同麦圭尔(1991)所回忆的那样，这些著作一般是由霍夫兰以一种相当非正式的方式予以组织的。例如，《劝服的表达次序》就出现在这样一天，当时，霍夫兰在耶鲁大学心理学大楼的台阶上碰见麦圭尔，并要求他起草一个章节来概括其有关信息呈现顺序中的首位与近因的实验(那就是，如果主要的结论处于信息的开头或结尾，那么该信息是否更有劝服力)。然后，霍夫兰编辑了这篇文章，将其与他的其他同事和耶鲁大学的博士生所完成的章节合并在一起成为一部书稿。几个月以后，这部著作由耶鲁大学出版社出版。整个过程看上去轻松而且符合日常惯例，但它却是由霍夫兰所精心安排的。

诉诸恐惧

劝服实验的一个重要部分涉及诉诸恐惧(fear appeals)的使用。它用恐怖信息吸引受众，这明智吗？诉诸恐惧应该怎样强烈？这种类型的研究产生于I · 贾尼斯的工作，他是霍夫兰在五角大楼和后来在耶鲁大学的一个同事："我对战斗恐惧的研究工作使我产生了对于恐惧动力的兴趣。"(埃文斯，1980b)

在贾尼斯和费什巴赫的预防性牙齿保健的一次著名实验中，三个层次的诉诸恐惧被采用。第三个层次是"诉诸强烈"的恐惧，就是"展示患有口腔癌和可怕的畸形牙齿的人的照片"。这个研究的目的是劝服个人定期刷牙，并安排牙齿检查。他们发现，温和程度的诉诸恐惧更有劝服力。"当大众传播(信息)旨在影响受众采纳特殊的方式和手段以避免威胁的时候，作为与温和诉诸恐惧相对的强烈诉诸恐惧的使用增加了这种可能性，即受众将被置于一种情感紧张的状态中，这一紧张状态不能完全通过演练传播中的那些安慰性建议所消除。""当恐惧被强烈地唤起却不能完全由包含在大众传播中的令人放心的建议所消除时，受众将受到激发而忽略这种威胁的重要性，或使其重要性减到最小。”（贾尼斯和费什巴赫，1953）如果使用过强的诉诸，那么诉诸恐惧的使用就可能相当于玩火。但是恐惧信息可以抓住受众的注意力，而且如果使用了温和的诉诸恐惧，那么在引起态度改变方面，它们就不一定会适得其反了。

霍夫兰劝服研究的结论

霍夫兰有关劝服的研究和理论来自三种影响：

1. 弗洛伊德的精神分析理论，这是霍夫兰参与耶鲁大学的“人类关系研究所”的一个结果。弗洛伊德的思想主要通过霍夫兰的赫尔的学习理论背景，而影响了他的劝服研究。
2. 作为一名研究学习的实验心理学家，霍夫兰的方法论背景遵循的是行为主义关于行为改变的方法，这也是他从赫尔那里学到的。
3. 勒温的场论和群体心理学研究，这主要通过霍夫兰的合作者 H·凯利而影响了霍夫兰，凯利有好几年与霍夫兰一起在耶鲁大学共事，他是霍夫兰的最重要的著作之一——《传播与劝服》——的合作者。

就态度改变的过程而言，霍夫兰和他的研究劝服的队伍在第二次世界大战期间以及后来在耶鲁大学所获甚多：

1. 高可信度的信源在传播行为之后会立刻导致较多的态度改变，但是，某种睡眠效果也会发生，在这里，信源一段时间后会被遗忘。
2. 比起强烈的诉诸恐惧，温和的诉诸恐惧导致更多的态度改变。宣传者经常诉诸恐惧。霍夫兰关于此类诉诸效果的证据表明，信源在使用恐惧诉诸时应该谨慎，因为强烈的恐惧信息可能干扰意图中的劝服尝试。

3. 对于教育程度和（或）智商较低的受众来说，一面理的信息导致更多的态度改变，而对于教育程度和（或）智商较高的受众来说，两面理的信息会引起更多的态度改变。或许，教育程度和智商较高的个人认为，对于某种有劝服力的论证来说，存在着两面理，因此，只呈现一面理就不那么有效。霍夫兰和他的同事关于比起一面理的信息来、两面理的信息具有更强效果的发现，与纳粹的宣传策略相抵触，后者从来不提一个论证的相反方面（贾尼斯，1968）。
4. 在信息中陈述结论，比起让结论含而不露的做法来，导致更多的态度改变。这里，对于信息要点的澄清似乎增加了它的劝服力。
5. 在社会上感到不适应和自我评价不高的人，比起进攻性的和在社会上离群索居的人来，经历更多的态度改变。一种强烈的自我评价能够提供对于劝服信息的抵制。
6. 积极参与劝服过程的人（诸如通过大声阅读信息，或提出特殊的观点）比起更消极的参与者来，具有更多的态度改变。正如在勒温的（动物）胰脏研究中的情况一样，更多介入传播过程中的人，更有可能改变他们的态度（和行为）。
7. 在一个与群体标准相反的问题上，受群体强烈吸引的个人具有较少的态度改变。这个发现类似于来自群体动力学研究的概括，即群体的凝聚力鼓舞群体的个体成员遵守这个群体的规范。

霍夫兰的风格

杜布（Leonard Doob）教授（1991）是霍夫兰在耶鲁大学心理学系的一个亲密朋友，他记得霍夫兰是一个好的倾听者，非常安静，说话不多但很有分量。第二次世界大战以后，霍夫兰返回耶鲁大学担任心理学系系主任，这时他仍有繁重的教学任务，还要领导由洛克菲勒基金会资助的关于传播和态度改变的大型研究项目，并组织新泽西贝尔实验室的另一个研究项目。尽管有这么多需要做的事情，霍夫兰从不抱怨他的工作负担。

毫无疑问，霍夫兰非常非常聪明。二战后他的一个耶鲁大学同事H · 凯利(1991)用了“天才”一词来描绘他(凯利也记得勒温和费斯廷格具有天才的品质)，其他许多和他工作联系密切的学者也这么认为。他无疑是极有才智的人，他的才智是他之所以享有崇高地位的一个原因。W · 曼德尔在耶鲁大学随霍夫兰获得博士学位(现在他是霍普金斯大学的一名教授)，他说：“在我看来，霍夫兰是一个天才，或者是我所知道的最接近天才的人。他能够从事三种复杂的活动，即同时编辑一篇文章，打电话和使用一把计算尺。他还是一个和蔼可亲的人，鼓励学生的才干和个性，而无需将他的思维方式强加于人。”(曼德尔，1992)

了解霍夫兰的学者通常把他描绘成一位品格高尚的人：慷慨、敏感与温和。一个比其他大部分人更加了解霍夫兰的人是麦圭尔，这是一个杰出的社会心理学家，在霍夫兰早逝之后，取代了他在耶鲁大学的位置。麦圭尔(1991)说，尽管他去耶鲁大学随他的博士导师霍夫兰学习劝服研究，但他与霍夫兰的关系是一种友好竞争的关系。他俩采取一种开玩笑的方式。1961 年，当麦圭尔听说霍夫兰身患癌症时，他正在厄巴纳的伊利诺伊大学教书，他当即飞往纽黑文，与霍夫兰度过最后一天。他俩谈论以往在一起的日子，在霍夫兰的办公室一直坐到中午，这时霍夫兰请麦圭尔在他选定的餐馆吃中饭。麦圭尔知道霍夫兰不喜欢吃鱼，却提议去纽黑文最贵的海味馆。麦圭尔因此在他与霍夫兰的交往中最后占了上风。

霍夫兰并不拘泥于单一的理论视野。相反，他选择了一种特殊的现象来进行研究，即信源可信度对于一面理信息和两面理信息的效果，然后利用各种理论观点来设计关于这个现象的实验研究。“他(霍夫兰)兼收并蓄地行进，从形形色色的理论中利用各种自变量，并从每一种理论中汇聚观点、用于感兴趣的现象，仅部分地使用任何一种理论，但对整个理论体系来说，则尽可能完整地予以论述，以用于从被延缓了的行为，首位/近因，或不管什么样的现象中观察到的变化。”（麦圭尔，1985b）

麦圭尔说，霍夫兰具有“一种整合事物的吸尘器式的方式”。霍夫兰的思想非常开阔，有兴趣了解任何事情。20世纪50年代，麦圭尔、霍夫兰和他们的几个耶鲁大学心理学系的同事经常驱车去新泽西州，在贝尔实验室用一天的时间来咨询。或许有人会提到一个新的家庭消费品，或一道美味佳肴，或一个新的学术理论。霍夫兰会就其中每一个无休止地提出明智的问题，直到它被完全穷尽，提到这个问题的那个人也精疲力尽。有一次，他们的轿车司机提到他使用了一架新型照相机。霍夫兰想知道它是如何工作的，值多少钱，它的长处和短处。几个小时以后，当他们到达新泽西州的贝尔实验室的时候，霍夫兰仍然在问有关这个新型照相机的问题。

“我认为霍夫兰的主要才能是提取主题，看一看许多不同研究背后的统一概念，以便看到那个领域正在行进的方向。他作出了一些成绩，它们的确是令人兴奋的。”（麦圭尔，印制中）霍夫兰能够绝妙地从各种材料中得出结论，并且因为能够指出任何其他人都看不出来的思想联系而闻名。麦圭尔（1991）谈到他有一次出去参加一个学术会议的事，当时霍夫兰提议他应该与教授A、教授B和教授C谈论他们的研究，那些研究与当时麦圭尔正在进行的研究有许多共同之处。麦圭尔说，在他与教授A、教授B和教授C交谈之前，他一直认为两者之间根本不存在什么联系。绝对可以肯定的是，他们的工作与他的工作是有关联的。

霍夫兰是一个沉着的领导者，不像勒温和拉扎斯菲尔德那样具有性格魅力。他个性平和，在领导风格上是非权威主义的。他喜欢一种苏格拉底式的方法，用提问的方式使他的讨论伙伴进入某种思考方向。“霍夫兰谈吐简练，一针见血，很少有废话。”（施拉姆，印制中b）但是，他能够有劝服力。

当霍夫兰得知自己身患癌症时，他继续与他在耶鲁大学的博士生一起工作，并且进行劝服实验。最终，当他不再工作时，他离开了心理学系的办公室，回到他在纽黑文的家中，将浴缸放满了水，然后淹死了自己(施拉姆，印制中 b)。

霍夫兰对传播学的贡献

与拉扎斯菲尔德的大众传播研究一样，霍夫兰的劝服研究也侧重于传播效果。与拉扎斯菲尔德及其学生不一样——他们在其对媒介受众的调查研究中发现了最小媒介效果，霍夫兰和他的同事们发现：在他们的实验对象中，有三分之一到二分之一的人受到单一接触一个劝服性信息的影响。霍夫兰(1959)在他逝世前写作的最后一批论文中的一篇论文中，试图解释这一显著差异。他注意到，实验对象是受控制的受众，因此，所有人都接触某个信息。例如，霍夫兰所研究的第二次世界大战的部队新兵都列队进入一个军队食堂，观看《我们为何而战》系列片中的一部。但是拉扎斯菲尔德的调查对象可以接触或不接触特定信息或媒介，而这个特定的信息或媒介的效果正为拉扎斯菲尔德所研究。即便他们接触这样的信息或媒介，这种信息(或媒介)也可以没有引起他们的注意。第二，典型的劝服实验所研究的是实验对象不熟悉的问题，实验对象对于这些问题的自我参与程度低。“从本质上说，(有关态度改变的)耶鲁大学传统的工作剔除了探索性研究的精华，而没有深入研究基础过程。那就是说，耶鲁大学的研究通常采用琐碎的信念和态度，后者可以在实验室里由同样琐碎的传播介入予以操纵。”(史密斯，1983)与之相反，拉扎斯菲尔德和他的哥伦比亚大学“应用社会研究局”小组经常研究那些强烈持有的态度，例如投票意向，它是大众传播更难以改变的东西。如同拉扎斯菲尔德所说：“如果我们想象一个学习实验，在那里，人们可以随意走进走出；在那里，有些最有价值的效果可以在那些只是偶然进来的人身上达到，在那里，学习动力往往非常低，在那里，不管对于实验者来说，还是对于实验对象来说，学习可能获得的奖赏都是不明显的……这样，我们就能够理解某个参照的框架——在那里，（大众媒介传播）必须完成……（它的）任务。”（克拉珀，1960）

霍夫兰和他的劝服研究小组硕果累累，从 1949 年至霍夫兰生命终结时，几乎每年撰写一部著作。在 20 世纪 50 年代和 60 年代，劝服研究仍然是一种流行的社会科学研究，每年大约有 1000 种研究成果出版（麦圭尔，1985b）。但是，在 70 年代和 80 年代，这项研究不那么受欢迎了。或许因为所有原始的（霍夫兰式的）线索都已经得到充分开发，所以这个研究阵线的活力也被耗尽，而新方法还没有得到确认（罗尔洛夫和米勒，1980；里尔登，1981）。而且，许多传播学学者开始认为，单向传播是对传播过程的互动往返本质的过度简化。然而，霍夫兰既将劝服研究引入传播学，又将实验方法引入传播学。他的理论和方法在今天都仍然具有生命力。

第十章

维纳和控制论

天才如他，几乎不用费时费力来生长防护层，以使之免受这个世界的艰苦磨难的伤害，并且，终其一生都保持了儿时的可爱之处。

——麦卡洛克：《N · 维纳和理论艺术》

这位作者是下述命题的提倡者之一，即科学和技术在近期和更远的未来，将从强度、物质和能量的问题逐渐地转变成结构、组织、信息和控制的问题。

——J · 冯 · 诺伊曼：《N · 维纳的控制论评述》

控制论是关于自我调节系统的理论，它以“反馈”概念为依据，其定义是通过关于一个系统以往运行情况的信息，来控制这个系统的未来行为。维纳的控制论已被有效地广泛应用于跨学科的适用领域：大脑功能和神经生理学、人工智能、工厂自动化、假肢和国际传播。控制论还直接促成了20世纪60年代系统论的产生。维纳的理论对于传播学具有重要的影响，特别是对于由互动论的传播学者所组成的帕洛阿尔托学派具有重要的影响。维纳，美国最著名的数学家，在若干重要的方面推进了传播学。

图 10.1　维纳(1894—1964)在麻省理工学院

来源：麻省理工学院博物馆，使用获麻省理工学院历史馆藏许可。

维纳的生平 *

诺伯特·维纳(Norbert Wiener，1894—1964)曾是一个神童，他成为控制论之父。他还与克劳德·香农一起发明了有关信息的熵度量法的思想，而且在某种程度上与香农共享信息论开创者的荣誉(并共享俄国概率理论家安德里·N·柯尔莫哥洛夫的荣誉)。不过，维纳对于自己的智能相当没有把握，也从来不能肯定自己的学术地位(维纳，1956)。“的确，维纳对于他整个职业生涯都极为怀疑，以至于不管他的同事，尤其是美国的同事，是否欣赏他的工作，那些怀疑又是怎样地没有保证，它

* 感谢K·克里彭多尔夫对于本章初稿的评论。

们都是非常真实的，并且确实困扰着他。”（利维森，1966）也许，正是他的不确定的心态促使他获得更伟大的智力成就。维纳确实有一种非同寻常的个人经历，而且，如果美国曾有过一个真正的怪才的话，那么就是维纳。

一般来说，这部著作中描述的十几个传播学理论家都与诺伯特·维纳有某些共同的特征。他们都是由固执己见的父母亲抚育成长，这些父母亲对于他们的孩子都有很高的期望。诺伯特的父亲列奥·维纳是哈佛大学斯拉夫语的一名自学成才的教授，他能够讲40种语言，并将托尔斯泰的著作译成了英文(斯特罗伊克，1966)。这是一个严格的父亲，对自己出色的儿子充满期望。列奥将诺伯特培养成一个天才。第二，这些重要的传播学学者都在他们那个时代的一流大学学习，都与大师们保持联系。维纳18岁时在哈佛大学获得哲学博士学位，以后，他来到英国剑桥大学师从哲学家和数学家B·罗素从事博士后的研究工作。维纳与玻恩(Max Born)、冯·诺伊曼(John von Neumann)和当时其他杰出的数学家、物理学家有思想交流。最后，所有这些学者都在著名的大学里执教，并且迅速地成长为他们领域中的精华人物。45年中，维纳一直是麻省理工学院数学系教授，并被认为是美国最伟大的数学家。在他的帮助下，麻省理工学院从早期重视技术转变为主要关注基础科学。

维纳的一个传记作者P·R·马萨尼(Masani)(1990)以下面的术语描绘他的特征：“或许心不在焉、令人可笑地含糊其词和别具一格，他基本上是一个温和的、富于同情心的人。不过，他经常有诸如此类的表现：坏脾气、自私、情感不稳定、不合情理的心神不定和焦虑不安。”维纳是一个昔日神童，他早年的成长历程是不折不扣地由他的父亲所塑造的(后者自己是个天才)；这段岁月并非始终是幸福的。幼年的、往往由其父母智慧的影响所造成的苦难经历，给他成年的个性留下了伤痕。维纳这个人难以相处，在整个职业生涯中与学院同事的私人关系都是忽冷忽热的。年轻的维纳所受的独一无二的教育使他远离其他同龄儿童，并使他依赖于其具有支配地位的父亲，而父亲的赞扬正是他所渴求的东西。

一个神童的教育

诺伯特·维纳的名字是这样来的：他的父母亲相识在堪萨斯市的一个俱乐部，那里坐满了诗人勃朗宁(Robert Browning)的崇拜者，列奥·维纳那时就在堪萨斯市的公立中学里教希腊文、拉丁文和其他语言。诺伯特和他的姐姐康斯坦丝就是以勃朗宁的《在阳台上》诗剧中的两个主要人物的名字命名的(马萨尼，1990)。当诺伯特1894年出生时，他的父亲列奥正在密苏里大学执教。1895年，列奥未被任命为密苏里大学德语系的系主任，所以他辞职了，带着家人迁移到波士顿，在那里他后来加盟哈佛大学的斯拉夫语言和文学系。列奥将托尔斯泰全集译成英文，并作出了其他重要的学术贡献，尽管他没有博士学位。在马萨诸塞州坎布里奇的维纳家庭的纯净的知识氛围中，诺伯特度过了其余的童年时光。哈佛大学医学院的坎农(Walter Cannon)①教授是他家的朋友。俄国无政府主义者和地理学家克鲁泡特金(Prince Kropotkin)常去维纳家作客(马萨尼，1990)，著名的哈佛哲学家W·詹姆斯也是这样(海姆斯，1980)。

诺伯特早年只有18个月大的时候，就表现出非凡的智力，他和保育员走在海边，保育员在沙滩上画了一些字母。诺伯特聚精会神看着她，两天以后，他就完全弄懂了字母表。3岁时，他开始流利地阅读，不久就阅读达尔文和其他伟大科学家的书籍，这些书是由他的父亲提供给他的(海姆斯，1980)。L·维纳将他的儿子培养成一个素食者，并以其他的方式塑造他的人生。在他的自传《昔日神童：我的童年和青年时期》(1953)中，维纳回忆起他的那段受其父亲摆布的、痛苦的教育经历。列

① 坎农(1871—1945)在哈佛大学获得医学博士学位，1906—1945年，是哈佛大学的一名有影响的生理学教授。他发明了“体内平衡”的概念，来描绘身体内部的一般调节系统，这些系统保持某种一致性。

奥在儿子7岁时就使其离开学校，教他代数和古典音乐的补习课程。在两年的家庭强化教育之后，诺伯特进入中学，成功地与比他年长7岁的学生相竞争。老维纳显然是一个卓有成效的教师，但是对于小诺伯特来说，列奥的指导是一种心理折磨。只要他在数学或语法上有失误，父亲就成了一个暴君，吓坏了这个男孩，并使他的表现更加糟糕，这又激怒了父亲，用德语高声辱骂。“上课经常以一场家庭剧而告终：诺伯特哭着跑进母亲的怀抱。”（马萨尼，1990）诺伯特与他充满爱心、但又是个完美主义者的父亲的关系使这个男孩处于一种无法逃脱的双重束缚（a double-bind）的情境之中。维纳自传最初名为《弯曲的树枝》。

诺伯特在11岁时进入波士顿附近的塔夫茨学院。1909年，他以优异成绩获得数学学士学位。那年秋天，列奥使他进入康奈尔大学从事哲学硕士的学习，这时，他通过一句无意中听到的话，知道自己是一个犹太人。他的父母亲向他隐瞒了这个事实，而且，他的母亲常常以贬低的方式向他谈论犹太人（马萨尼，1990）。N·维纳对于种族身份的自我意识是一种创伤经历。他在康奈尔大学学习，这是他第一次离开家庭，此时，他用拉丁文、德文、法文以及英文给他的父母和姐姐写充满感情的信。但是，他在伊萨克不快活，一年以后，他的父亲让他离开康奈尔大学，为他在哈佛大学注了册。1913年，诺伯特18岁的时候，获得哲学博士学位。

他还获得了哈佛大学的海外旅行奖学金，他将之花费在去剑桥大学跟随罗素学习数理哲学上。罗素刚刚与他从前的老师，哲学家怀特海合作了一本书：《数学原理》。诺伯特在哈佛大学的博士论文的题目是《施罗德、怀特海和罗素的关系代数的比较》。列奥曾给罗素写了一封信，要求他接受诺伯特（日期是1913年6月15日，引自马萨尼，1990）。在信中，他说：“诺伯特14岁从学院毕业，获得学士学位，这不是提前发展的结果，也不是不同寻常的早熟的结果，而主要是细致的家庭教育的结果，避免了无益的浪费，我对我的所有孩子都运用了这种方法。”

诺伯特到达剑桥大学的时候，罗素会见了这个18岁的博士，在一封给L·唐纳利（格拉顿·吉尼斯，1975）的信中，罗素谈到这次会见："这个年轻人受到了吹捧，认为自己是全能的上帝——在他与我之间，谁在做老师，永远存在着竞争。"

在欧洲的博士后学习时期，诺伯特从他那专横的父亲那里解放出来。年轻的诺伯特从罗素那里选读两门课，开始对他的类型论、悖论产生了兴趣，并对爱因斯坦的相对论产生了兴趣。在1914年春天罗素离开剑桥的日子里，维纳在德国格廷根大学学习。他的博士后奖学金延长到第二年，但是第一次世界大战已经在欧洲开始，列奥决定诺伯特应该返回美国。诺伯特听从了罗素的建议，在哥伦比亚大学随杜威学习，但是，这段经历对于维纳来说是令人失望的。他发现，杜威的作品是如此混乱，以至于他在哥伦比亚大学的时间可以算作是他生涯中的一个"低点"（维纳，1953）。

第一次世界大战的兵役服务①之后，维纳作为一名一年期讲师加盟麻省理工学院数学系。他已经找到了生命的归宿。那是一种长期的、快乐的关系的开端，尽管维纳在麻省理工学院的教师生涯是以令人怀疑的方式起步的，也就是说，最初的提升来得很慢。从1919年至1923年，他研究布朗运动的数学，并"进行一些本世纪最优秀的数学工作"（马萨尼，1990）。1926年，维纳结婚了，几年以后，成了他的两个女儿的笨拙的"保姆"。他经常去欧洲开会或讲学，特别是去德国，他在那里遇见了数学、物理学和工程学方面的杰出学者。他与玻尔（Herald Bohr）、M·玻恩、爱因斯坦、M·米德和贝特森（Gregory Bateson）通信。最终，他的事业腾飞了，麻省理工学院开始对他投以极大的尊敬。维纳对于熵和信息的统计性质产生了理论兴趣。他与麻省理工学院的几个电子工程师特别接近，包括正在设计微分分析仪（一种机械式的计算机器）的布什

① 诺伯特·维纳和他的居高临下的父亲在这个时期（1917年，诺伯特23岁的时候）的关系的一个迹象是，他要求父亲同意他参军。

(Vannevar Bush)(1890—1974)。作为与从前的一个来自中国的博士生Y·W·李合作的结果，维纳1934年开始对反馈概念产生了兴趣，这是使他闻名于世的控制论中的关键构件。

麻省理工学院或许是美国最著名的技术大学。它坐落在坎布里奇的查尔斯河岸，与哈佛大学毗邻，但有着与那个常春藤盟校的资深成员迥然不同的目的。哈佛大学历史悠久，享誉天下，以文理为发展方向。麻省理工学院比较年轻，是功能性的大学，以科学技术为发展方向。麻省理工学院的学生们帮助构建了计算机迷的公共刻板印象，他们不擅长社交，但是聪明——非常聪明。现在，数学在麻省理工学院具有重要的地位，但是当维纳加盟麻省理工学院数学系的时候，它主要是一个服务部门，为工程专业的学生授课，而麻省理工学院主要关注技术。随着维纳在数学领域的地位的增长，他的系也与他一起成长起来，上升为促进顶级理论数学的学术中心。维纳是麻省理工学院的少壮派之一——大约1920年以后，他们将麻省理工学院的学术重点从技术转向基础科学。①麻省理工学院从一个工程学院转变成美国最重要的研究型大学之一。

维纳的风格

麻省理工学院传颂着许多有关维纳的心不在焉的奇闻轶事，而他在那里受到爱戴和赞美。马萨尼(1990)讲述了这样一个故事：一天，维纳从数学系办公室里走出来，去麻省理工学院教师俱乐部吃午饭，然后，在走回他的办公室的路上，碰见一个朋友，他与这个朋友聊了几分钟。当他们分手时，维纳显出困惑的样子，并且问道："顺便说一句，我们碰到的时候，我正朝什么方向走？""噢，诺伯特，你正朝你的办公室

① 这个侧重点方面的变化得到来自洛克菲勒基金会普通教育委员会的基金的资助(海姆斯，1980)。

走去”，朋友告诉他说。维纳说：“谢谢，那就意味着我已经吃过午饭了。”这件事发生在1929年。

在麻省理工学院，诺伯特因其所谓的“维纳路”(Wiener Walks)而出名，在那里，他穿过学院建筑，在一条随意挑选的小路上步行，会不打招呼地突然进入办公室和实验室，遇到了一位惊讶的教授或博士生。他经常在这些路上沉思、低着头，或许在他的头脑中构思出一个新的数学定理。为避免与某个物体相碰撞，笨手笨脚的、不灵活的维纳通常沿着走廊的墙壁跟随一个食指状标记，作为指引他经过门厅的一个方法。我的朋友唐·麦克尼尔讲到这样一件事，当时维纳沿着墙跟随一个指状标记，他转了个弯，进入一个敞开门的教室，里面正举行一个大型讲座。维纳教授围绕教室的四周走着，仍在沉思之中，完全没有意识到他已打断了教学，他蹒跚着从开着的门又走了回去，走到门厅继续走下去，从来不会抬头看。这个时候，麻省理工学院的大学生们无声地、惊异地注视着他。

至少有两个麻省理工学院的学者——一个是电子工程学的法诺(Robert Fano)博士，另一个是政治学的多伊奇(Karl W. Deutsch)教授——将他们对于控制论的终身学术兴趣归结到与这位伟大的数学家的偶遇上。这位数学家在他的一次“维纳路”中，突然走进他们的办公室，并开始和他们讨论反馈系统的问题。如同多伊奇(1986)所回忆的那样，他的被多次引用的著作《政府的神经：政治沟通和控制的模式》(1963)，“始于1943年，当时数学家维纳走进我在麻省理工学院的办公室，用了一支雪茄烟的工夫，就把我引入长长的交流过程。他从讨论我的领域，即国际政治开始，不久就转向他自己关于传播、关于机械、动物和社会的控制的工作。”维纳在他的“维纳路”中极有可能遇见的是一个困惑的看门人，或是一个惊讶的大学生，而他会在关于傅里叶分析，或陶布问题的复杂讨论中涉及这些人。人们可能容易理解维纳在麻省理工校园中之所以被认为是最有色彩的人物的原因了。

多伊奇(1968)回忆说，维纳是“我曾遇见的最有力量和最有创造性的人”。从各个方面来看，维纳的出类拔萃都得到了见证。不过，步入中年以后，即在20世纪30年代，他开始对他的数学研究感到不自在，并担心他的学术能力正在下降。如同N·利维森(1966)——维纳从前的博士生，后来他在麻省理工学院的同事——所说的那样：“他通常打招呼的话成了‘告诉我，我是不是正在退步’？不管人们知不知道他已经做的事，或没有做的事，任何人能够作出的惟一回答是坚决否定。不过，这一保证通常不够充分，必须以最强烈的术语来证实他的无论什么样的研究——他本人会对之继续作出描绘——都是特别出色的，有时候，是以最炫丽的术语来证实。尽管这样的相遇是一种令人疲惫不堪的经历。”不过，维纳对于自己的研究能力的普遍缺乏安全感，这似乎激励着他取得更大的成就。

维纳的交往方式是与他人忽冷忽热关系的一个混合物。维纳是一个“喜怒无常的人。有时候，高兴和慷慨，情绪非常好，有时候，反映出个人紧张，这使他成为一个难以相处的人，对于受到忽视感到过敏，忽而骄傲自大，忽而自我贬低……他可能特别苛刻，甚至对老朋友也是如此。他造成了一连串突然中断了的友情。”(海姆斯，1980)在外表和行为举止上，维纳是一个奇特的人物，矮胖，缺乏深谋远虑……他不是一个好的倾听者，讲课也是出了名的差……他的风格往往是混乱的。在许多方面，维纳都高于生活。从未有人因为他与其他人的关系的神经过敏而谴责他：“总的说来，相当显而易见的是，他一点点都没有想过别人是怎么看待他的。”(弗罗伊登萨尔，1976)看来，绝顶出色并非总是带来幸福的生活。

在开会时，维纳经常睡觉，然后会突然醒来，冒出一句评论，表明他准确地知道正在讨论的问题。“他不时会睡着，头靠在肩膀上，津津有味地打鼾。突然，鼾声会被中断，他会从睡梦中迸发出完整的句子，它们直中讨论的要害，与讨论有着透彻的关联，而他入睡时，那场讨论一直萦绕在他的脑际之中。这种事情如此经常地发生，以至

于不能把它当作偶然的巧合而不予考虑。”（罗森布卢斯和威森纳，1965b）

维纳的一个同事麦卡洛克（1965）这样回忆维纳：“在麻省理工学院的门厅里，他是一个令人熟悉的景象，站在那里，两腿分开，右手中的雪茄平放在嘴上，对着学生、看门人和企业管理人侃侃而谈，或以同样的兴致大谈令人惊讶的同行俏皮话或深奥的科学道理。”维纳是一个滔滔不绝的言谈者。更贴近地说，公众心目中的那种混混沌沌的、心不在焉的教授或许就是以维纳为基础的，而不是以其他人为基础的。

黄　祸

作为第二次世界大战研究经历的一个结果，维纳对反馈和系统的设计特别有兴趣。这发生在 1941—1942 年麻省理工学院的辐射实验室，它之建立是为了进行有关改进高射炮火力的军事研究。高射炮准确性的特殊问题在于：与射向飞机的炮弹的速度相比，飞机作为一个目标具有相对快的速度。为了击中敌机，高射炮必须瞄准当炮弹到达目标时飞机将要占据的未来位置，而当炮弹到达的时候，飞机也可能通过急转弯而采取规避的行为。结果，第二次世界大战初期，大部分高射炮的炮火都不是非常有效的。在 1941 年的英国之战中，同盟国进攻纳粹德国空军的高射炮火力的效果就特别差，需要发射成千上万枚炮弹才能击毁一架德国飞机。对于同盟国军事力量来说，改进炮火的准确性成为一个优先考虑的问题。

维纳以极大的热情开始从事高射炮火力控制的数学研究。他从国防研究委员会①申请 2325 美元的适当资助。在 13 个月靠苯丙胺丸（一

① W · 韦弗在离开洛克菲勒基金会的岗位、前往华盛顿履行战争职责时，将这些基金资助给维纳。

种兴奋剂）保持日以继夜的清醒的工作后，维纳发明了一种数学的解决办法。这是一种复杂的解决办法，针对的是纯数学家，而不是工程师（利维森，1966），但是它可以被转入适合于军事目标的重要用途。

维纳从作为信息传递的一个过程的角度探索高射炮的准确性问题。每一枚被发射的炮弹都被看作是一个讯息。它接近目标的度数被看作是信息，后者从雷达屏幕上反馈到高射炮武器的电子瞄准器上，这样，几秒钟以后发射的下一枚炮弹就会稍微准确一些。逐渐地，高射炮火力就会集中并摧毁目标。

维纳对于高射炮火力的研究导致了他 1942 年的技术报告，它被称为“黄祸”（Yellow Peril），因为它有令人难以理解的内容和黄色封面（标明它的保密等级）。这一报告将未来的控制论应用到高射炮火力的问题上。“黄祸”报告的日期是 1942 年 2 月 1 日，它后来被解密，并于 1949 年以书名《稳定性时间序列之外延、内差与平滑及其在工程上的应用》（维纳，1949）得以发表。在麻省理工图书馆的机构档案和特种藏品的维纳藏品中，有这个报告的副本，它在 300 份副本中被编号为 36（每一个副本都被编号，以便于政府实行安全控制）。第一页前后对高射炮火力的准确性问题作了非常易于理解的论述。然后，“黄祸”报告进入了 100 页左右的复杂的数学公式。麻省理工学院的教授 R · 法诺（1990）将之称为：“对于阅读来说，真是个黄祸。”

这个报告并没有直接导致改善美国和英国的军事武器的瞄准器，因为它们的准确性由其他工作加以改进了，主要是贝尔实验室（马萨尼，1990）和麻省理工学院辐射实验室的工作，在那里，人们设计出了 SCR—584 雷达测速仪控制装置（费根，1978）。这些改进方法在 1944—1945 年特别引人注目，当时同盟国的炮手击中德国的以伦敦为目标的 V1 和 V2 火箭的比例非常之高（香农，1982）。但是，“黄祸”报告没有激发信息论（以及由香农所作出的主要贡献）和控制论的出现。维纳开始思考高射炮火力的人为操纵者，正是这些操纵者转动曲柄，以便将移动的目标保持在他们的望远镜的十字准线上。对于人—机问题的这种考虑开始将维纳带入对人类神经生理学、脑功能的兴趣，以及最终对人内和人际之间的传播过程的兴趣。

控　制　论

当然，反馈系统在维纳的战时工作之前就已经存在，诸如像调节蒸汽机速度的调速器。伺服机制(servomechanicisms)是控制其他机器的机器。例如，恒温器、飞机自动领航员、自动装配线上的机器人、热跟踪导弹，等等。这些伺服机制都是通过使用它们所控制的机器上的反馈来发挥作用的(图10.2)。但是，在维纳之前，关于反馈如何控制系统的数学理论还不存在。控制论是自我调节系统的理论。“控制论”一词是维纳从表示“舵手”的希腊语词中选来的。1942年，他开始使用这个术语(海姆斯)。

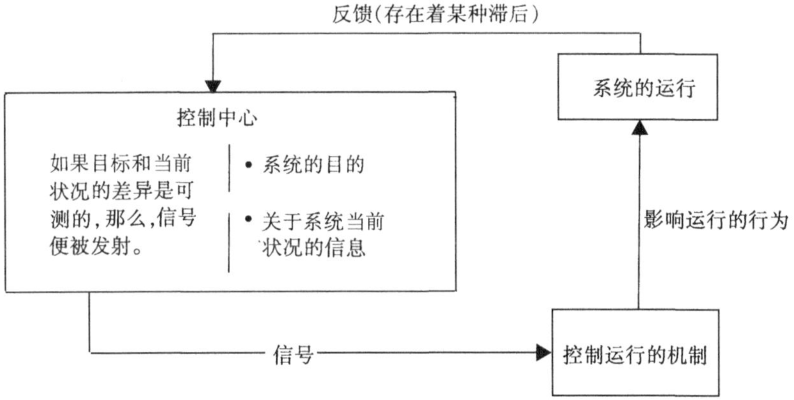

图10.2　反馈如何控制系统

类似这样的控制系统可以是房间的控制温度的恒温器。当房间温度与预设的理想温度不同时，控制中心就将信号发送给控制炉子(或空调)的机械装置，后者反过来加热房间，或使之冷却下来。这样，温度的反馈便被传递给控制中心。

反馈是通过有关一个系统过去行为的信息来控制其未来行为。因此，它是借助于重新插入系统的过去行为的结果来控制该系统的一个手段。在传播系统中，反馈是接收者(信宿)对于信源(传者)从前信息的回应，表明它的效果。反馈允许信源逐渐地自我修正一系列信息的效果，使得它们越来越接近为完成其意图所必需的东西。通过对反馈的使用，系统能够自我修正。反馈的性质内在地涉及传播，因为反馈过程需要信息从一个接收者(信宿)那里被传回到传播者(信源)那里。

维纳的控制论是一个传播理论，涉及信息如何在两个或更多单元之间进行交换，以便一个影响另一个。对于维纳来说，系统中的单位可能由类似防空武器、其人工操作者以及目标所组成；或者是由两个或更多的人组成，诸如枪械操作员，和负责此类武器的军官。在其他传播学理论家中，维纳(与香农)是独特的，他(们)将机器作为一个通信(传播)系统的可能部件包括进来。

控制论处理循环的因果关系，在这种关系中，A 造成 B，B 又造成 C，而 C 造成 A，所以 A 造成它自身(克里彭多尔夫，1989a)。这种循环因果关系的一个例子是：一个演讲者在观察听众对他的发言的反应的同时，修正他或她的描述。作为 20 世纪 60 年代系统论运动的结果，由控制论所包含的循环因果关系促使科学的基本概念产生了一个重要的变化。

对于控制论理论家来说，反馈可能是正的(在它的结果中，偏差放大)，或是负的(偏差抵消)(图 10.3)。不过，对于社会科学家和日常传播来说，正反馈通常意味着反馈信息将一个肯定的评估传回给传播者，如同听众中的某个人告诉一个演讲者，“你作了一个很好的发言”那样。对于一个控制论专家来说，这句话只是所涉循环的一个部分的说明。

超目标发射的问题

1. 正反馈是偏差扩大

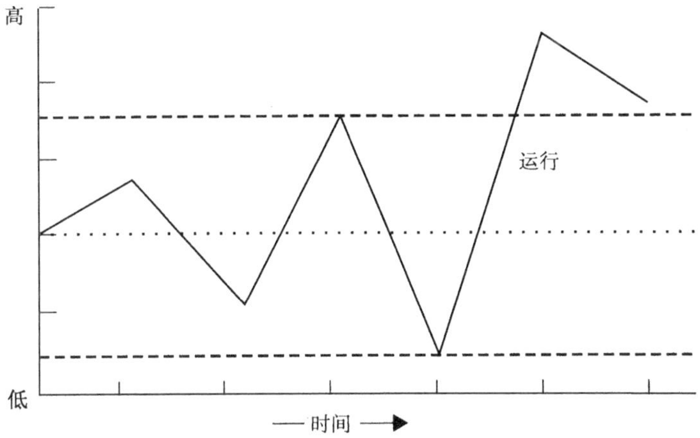

2. 负反馈是偏差抵消，使系统返回稳定状态

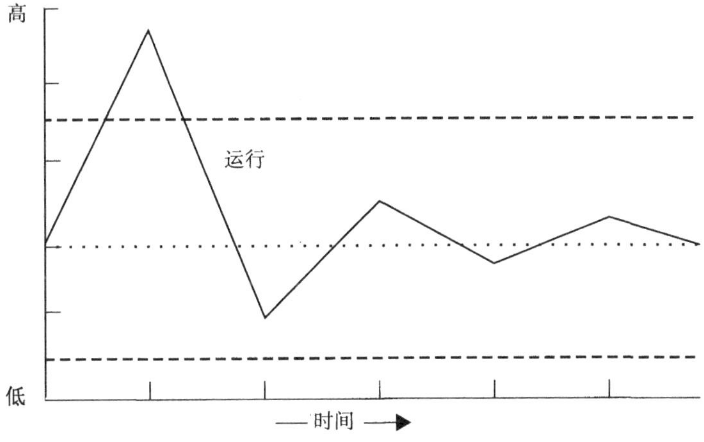

图 10.3　控制系统中的反馈

一般来说，就“正反馈”和“负反馈”的术语而言，我们的使用方式不同于控制论专家的使用方式。控制论专家对于这些术语的含义在这里得到了表现。

无论如何，控制论都不仅仅是数学的，维纳在构建这个理论的时候，也不仅仅是凭借自己的数学家的角色(图10.4)。“他在控制论中不仅仅是一个发明者的角色，也是一个宣传员、综合者、统一者、普及者、预言家和哲学家。”许多非数学家的人都认为控制论是从数学意义上加以阐述的理论。它不是这样。“事实上，控制论如此广泛，以至于它或许不能被主要看作是可以用数学精神进行证明的数学理论。”(利维森，1966)如同维纳(1985)所陈述的那样：“我关于控制论思想的全部背景都在我早先工作的记录之中。因为我对传播理论有兴趣，所以我不得不考虑信息理论，而且最重要的是，我们关于系统的某个部分的知识所提供的部分信息，与这个系统的其他部分的信息相对应……由于我与神经系统的复杂机制具有某种接触，所以我知道我们周围的世界只有通过

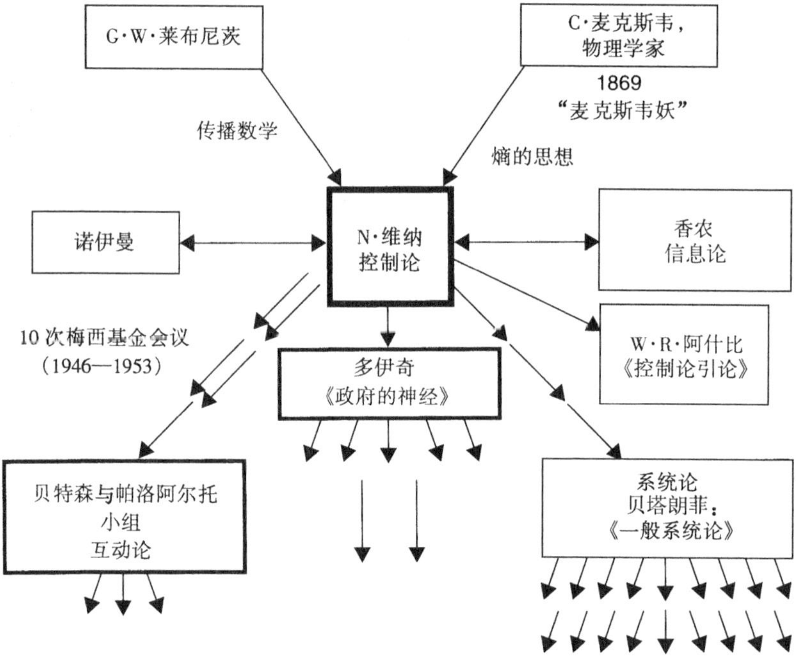

图10.4　维纳的控制论的思想先驱和继承者

神经系统才是可以进入的，而我们关于它的信息也仅限于神经系统能够传递的有限信息……这些就是我希望在我的控制论著作中加以综合的东西。”

科学哲学俱乐部

诺伯特·维纳的学术兴趣是多学科的，他的个人网络的学科多样化有助于他提出控制论，也促使控制论得到广泛的应用。1933 年，通过家庭的一个老朋友——坎农教授，维纳在哈佛大学医学院会见了罗森布卢斯(Arturo Rosenblueth，1890—1970)，后者是具有匈牙利血统的墨西哥生理学家。不久，维纳参加了一个由罗森布卢斯主持的、关于科学方法的跨学科研讨班，即“科学哲学俱乐部”。“在控制论的产生和维纳的一生中，这个研讨班的作用怎么说都不会过分。”(马萨尼，1990)在过去的岁月中，即维纳攻读哲学博士学位以前，他曾在哈佛注册过动物学的博士学位，但是对于实验室工作来说，他太笨拙了。或许，他对于生物系统的持久兴趣可以追溯到其不成功的动物学学习经历上。

坎布里奇的跨学科研讨班在 1944 年结束，11 年以后，罗森布卢斯被任命为墨西哥城的国家心脏病学研究所的生理学部主任，但是，借助于来自洛克菲勒基金会的 2.8 万美元的资助，他与维纳的合作继续进行，途径是定期交换访问，而维纳每隔一年在墨西哥度过一个学期。两个学者研究作为控制系统的人脑和神经系统。数年来，维纳和罗森布卢斯就这个生理学研究进行合作，导致了各种科学出版物，其中大部分都涉及反馈系统和神经系统。同时，维纳还参与了麻省理工学院的同事们——包括 V·布什——的计算机设计的工作。维纳考察了人脑的功能和计算机的功能的相似性。这是一个令人兴奋的跨学科领域，它处于科学的前沿。

麦卡洛克(1897—1969)是伊利诺伊大学芝加哥分校医学院的神经生理学家，皮茨(Walter Pitts，1923—1969)是麦卡洛克的一个出色的年轻合作者，他来到麻省理工学院随维纳学习。维纳与这两个人一起研究耳聋者、盲人和失去了一条胳膊或一条腿的人的大脑功能的意义。他们的结论是：一个人的模式识别能力经常会丧失。例如，一个其双手被切除的人不得不通过某些非触觉的手段来学习圆的概念(马萨尼，1990)。这一结论对于设计假肢的方法来说，具有重要的意义。在维纳的帮助下，“波士顿臂”①得以产生，它是由维纳的麻省理工学院的工程学同事设计的，其基础是将维纳的控制论思想运用到对假肢的控制上。

梅西基金会会议

维纳的跨学科方向表现在他对“科学哲学俱乐部”的参与上，也通过与罗森布卢斯、麦卡洛克、皮茨以及其他人的合作，表现在战后一系列重要的会议中，这些会议由小乔赛亚·梅西基金会资助。(梅西家族的财富最初来自石油和航运，后来来自梅西百货公司连锁店。)由于“梅西家族的一位成员瘫痪了，并得到了一群在一次跨学科会议上相遇的科学家们的帮助”，所以这个家族资助了一系列跨学科的科学会议，1940 年至 1960 年，160 次这样的会议涉及了 1350 名学者，会议主题是诸如老龄、血凝、儿童肝脏受损和其他相关医学论题(西格尔，1986；利兹—赫维茨，1991)。在这许多会议中，有关“控制论小组”的 10 次会议最有影响。

尽管基金会的这些多学科会议的原初想法是由 L·K·弗兰克——他从 1936 年至 1938 年领导着梅西基金会——开创的，但实际上，他的继任者弗里蒙特-史密斯(Frank Fremont-Smith)是 10 次控制论会议的“指路明灯”，这些会议在 1946—1953 年间召开。L·K·弗兰克 1890 年生于辛辛那提，在哥伦比亚大学学习经济学。从 1923 年至 1936 年，他为洛克菲勒纪念基金会和洛克菲勒普通教育委员会工作，在这段时期内，他资助了

① 波士顿臂(Boston arm)，一种使用干电池的活动假臂。——译者

哥伦比亚大学师范学院、衣阿华大学、加利福尼亚大学伯克利分校、多伦多大学和明尼苏达大学的儿童福利研究所。弗兰克被称为社会科学家部落的一个“求雨法师”，因为他知道如何使学术思想发展和生存(海姆斯，1991)。当1946年的控制论会议召开时，尽管弗兰克已不再是梅西基金会的成员(当时，他是一个居住在纽约的独立咨询者)，关于这些会议的开办，他还是发表了许多意见，而且，那10次会议他都参加了。弗里蒙特-史密斯在梅西基金会中曾是弗兰克的助手，并从事着弗兰克已经开创的多学科活动。

参加者

神经生理学家麦卡洛克是维纳的一个朋友，他主持了有关控制论的10次梅西基金会会议。大部分会议都是在曼哈顿的公园大道的老比克曼酒店召开的。①维纳是这些会议的明星，但是经常性的参加者的名单读起来就像是二次大战后的科学界的重量级人物似的：贝特森、弗兰克、拉扎斯菲尔德(他在第5次会议以后退出)、勒温(于1947年逝世)、麦卡洛克(主席)、米德、诺伊曼(他没参加第9次和第10次会议)、罗森布卢斯，以及维纳，他是这一“科学全明星”队中的最重要的“运动员”。有影响的人物还有来自匈牙利布达佩斯的出色的数学家J·冯·诺伊曼(1903—1957)，他在20世纪20年代流亡美国。诺伊曼作为普林斯顿大学高级研究院的研究人员，为早期大型计算机的设计发挥了至关重要的作用。他是在新墨西哥州洛斯阿拉莫斯的曼哈顿计划的顾问，这项计划进行各种复杂的计算，它们导致了用于第一颗原子弹的内爆引爆装置(海姆斯，1980)。诺伊曼还因其与摩根斯特恩(Oscar Morganstern)合作的有关博弈论的重要著作而闻名。他具有个人魅力，社交能力强，其方式为他的朋友N·维纳所不具备。

① 有两次会议是在普林斯顿大学召开的，这样，诺伊曼可以更方便地参加会议。

贝特森1942年已参加了有关神经系统中枢抑制的梅西基金会会议，在那次会议上，反馈概念由维纳引入。当贝特森动身去太平洋为第二次世界大战尽职时，他发现，他在那次会议上学到的有关控制论的思想与他相伴而行(西格尔，1986)。1946年他回到美国，即与梅西基金会联系，询问下一次跨学科会议召开的时间。贝特森成为10次有关控制论的梅西会议的核心组成员之一，在将从那里学到的东西作为帕洛阿尔托小组的互动传播观而付诸应用的方面，他也是最有影响的。贝特森说："的确可以从这些(梅西)会议中挖掘出一段科学史——我相信它将比'双螺旋'更加深刻、更加激动人心。"(海姆斯，1991)这里的"双螺旋"是指由J·沃森和F·克里克作出的关于脱氧核糖核酸(DNA)结构的发现。

贝特森的前妻M·米德也是控制论小组的核心参加者。她曾在哥伦比亚大学获得人类学博士学位——在那里，博厄斯(Franz Boaz)和R·本尼迪克特是她的导师，并在萨摩亚进行博士论文的田野工作，当时她只有23岁。米德的发现表明，在不同文化中，男性行为和女性行为的本质具有相当大的差异。在萨摩亚，人们期望中的青年男女的性行为在美国会被认为是不正常的。米德和贝特森在梅西会议上产生了一种教化性的影响，使讨论有所侧重，这样，控制论的社会科学方面的应用就不会被忽略，当谈话有进入技术行话的危险时，他们也会使之返回到清楚明白的英语上来(冯·福斯特，1992)。

麦卡洛克是这些会议的主席，他在鼓励有成效的多学科交流方面也发挥了重要的作用。他具有超人的将讨论推向前进的能力，能够在不一致的意见变得令人难以忍受之前就使它停止，能够知道什么时候邀请一位有创造思想的人发言。麦卡洛克学的专业是医学和精神病治疗，他还是伊利诺伊大学芝加哥分校医学院的神经精神病学家。

1949年，刚刚作为奥地利的一名流亡者来到美国的福斯特(Heinz von Foerster)，应麦卡洛克的邀请成为第6次梅西会议的嘉宾。这时，福斯特只讲了四、五个星期的英语，他在比克曼酒店会议上的演讲用的是非常不规范的语言。不过，他关于人类记忆的演讲内容给人留下了深刻的印象，他也被提名编辑以前 5 次梅西会议的会议公报，人们希望这个任务能帮助他提高他的英语水平（西格尔，1986）。冯 · 福斯特采取的第一个行动是按照维纳的《控制论》是一本畅销著作的事实，提议将会议的复杂名称（即“生物学和社会科学中的反馈机制和循环因果系统”）缩短为“控制论”，这样，这个术语就得到了普遍的理解。他的建议在第六次梅西会议上得到了鼓掌赞同，因此，这些会议开始使用新名称。海姆斯（Steve Heims）关于梅西会议的著作被称为《控制论群体》（1991）。在这种情况下，这个标题指的是梅西会议的参加者，以及从他们在会议交往中所产生出来的那个隐形学院。

第一次梅西（控制论）会议在 1946 年 3 月 8 日和 9 日在比克曼酒店召开，包括 21 位讨论反馈和控制论的科学家。另外 9 次会议在以后的 7 年间召开，每次会议有着同样一群核心参加者，加上一些受邀嘉宾。这些场合为维纳提供了传播控制论的讲坛，并为将控制论运用到社会科学和生物科学的讨论提供了机会。在第一次会议上，贝特森从罗素的计算机在“是—否—是—否”之间摆动的悖论中受到启发，他将之运用到人类传播的问题之中，并赞同关于报告功能与控制功能的思想，后来，他和他的帕洛阿尔托学派的其他成员将之采纳到互动传播理论中的传播内容与传播关系的思想之中。

跨学科的和多学科的

有关控制论的梅西会议在本质上被有意弄成是多学科的，它从极其不同的领域将一小批学者聚集在一起，以便探讨他们能够相互学到些什么。侧重点的确是非正式的，以学者们正在进行的工作为中心，十几个近乎参加了所有 10 次会议的人组成核心小组，再加上几个被邀请来参加某一次会议的学者。最后 5 次梅西会议（1950—1954）的公报由冯 · 福斯特编辑，并由梅西基金会出版。

在跨学科的(interdisciplinary)和多学科的(multidisciplinary)之间存在一个重大的区别，尽管这两个术语有时候被当作同一个词来使用。“跨学科的”是一种两个学科之间的学术活动，而“多学科的”是涉及一个学科以上的学者的学术活动，这些人走到一起就一个主题共享他们的观点(利兹—赫维茨，1991)。维纳认为控制论能够统一极其不同的科学领域。他“认为信息传输理论尽管对于科学思想的发展来说是基本的，但却是位于各种科学学科之间。”(斯泰尔，1989)

随着时间的推移，由私人基金会资助的许多多学科的活动都对传播学产生了影响：从1923年至1932年的芝加哥大学的“地方社区研究委员会”和“社会科学研究委员会”(参见第五章)，从1929年至1939年的耶鲁大学的“人类关系研究所”(参见第九章)，第二次世界大战以后的哈佛大学的“社会关系系”，以及自1954年以来的位于斯坦福大学的“行为科学高级研究中心”(参见第七章)。传播学方面的早期博士课程是由施拉姆1943年在衣阿华、1947年在伊利诺伊、1955年在斯坦福开办的，它们本质上都是多学科的，特别是在它们开头几年是这样。传播学的独特本性要求一种多学科的研究，尤其是在这个领域的早期年月，即在它在大学里获得体制化之前。

梅西基金会会议使维纳和他的控制论能够以一种多学科的视野影响社会科学、数学和神经生理学，这种视野为传播学提供了一块肥沃的土壤。或者《纽约时报》(1964年3月19日)为维纳撰写的讣告标题能够说明这一切：“自动化之父”。

维纳的战后反叛

第二次世界大战结束之后，维纳拒绝了联邦政府的任何研究基金。由于原子弹在广岛的使用，他不再以自己的科学工作为美国政府尽责，他与冯·诺伊曼也绝交了，后者继续在技术决策方面与联邦政府合作。维纳写了一系列非常畅销的著作——《昔日神童：我的童年与青年时期》(1953),《我是个数学家：神童的后期生活》(1956),《上帝和魔鬼，附：关于控制论在哪里冲击了宗教的若干问题的评论》(1964)，并且成为一个公众人物。他的《控制论》是一本技术性很强的著作，不易读懂。它于 1948 年问世，与香农—韦弗的著作《通信的数学原理》(或《传播的数学原理》)(1949)几乎同时，后者也是非常技术性的和数学化的。但维纳的《人有人的用处：控制论和社会》(1950)则是控制论的一个通俗版本，并成为一本畅销书。

控制论对于传播学的贡献

控制论无疑是一种传播理论，但是传播学没有受到控制论的多少影响。一个原因是必须具备某种程度的数学能力才能理解控制论，或至少才能在控制论的模式中进行研究。许多传播学学者都缺乏必要的数学技能，尽管他们在自己的研究中对于控制论观点仍然可能是敏感的。例如，反馈的确是传播学的中心概念之一，虽然传播学学者对之只进行了有限的研究。此外，香农的信息论与控制论争夺人们的注意力，而信息论出现的时间与控制论大致相同，并更容易适合于学者们研究传播效果的主要兴趣。再有，一般来说，维纳反对将控制论延伸到社会科学的问题上去，因为他认为人类关系比机器与机器或人与机器之间的关系更为复杂。不过，在将控制论运用于人脑功能及其他的生物和医学问题方面，他积极地参与罗森布卢斯和其他生物医学科学家的工作。最后，在行为科学方面，控制论标志着对传统思维方式的偏离，以至于当它被运用于许多领域时，受到了强烈的抵制。例如，杰出的政治学家多伊奇说，当他关于控制论和政治学的重要著作——《政府的神经》(1963)——问世时，“它的想法让许多同事感到陌生，它扩散得非常缓慢”(多伊奇，1986)。不过，在以后的 23 年中，多伊奇的著作在其他出版物中被引用了 550 次，相比之下，维纳的《控制论》被引用的次数是 905 次。

作为一种传播理论，控制论在几个方面是独一无二的：

1. 反馈是一种特定类型的传播信息流，因为传递的信息描绘了系统前一个时间点的性能。
2. 控制论包含着一段时间中的动态的和过程的行为观。
3. 控制论假定，系统的控制主要在于系统内部。一个系统自身的行为结果提供了新的信息，系统就凭借这个新的信息修正它自己随后的行为。因此，这个系统从它自身中学习。关于环境变化的信息只有当这些变化需要做出反馈调节时，才能影响系统。

控制论已被运用于各种传播情况之中，例如，运用于电视收视率和电视节目编排的关系之中，运用于对政治家的舆论民意测验的动力之中，运用于像组织那样的人类系统之中，运用于能发现自身目标的智能武器系统之中。

今天，由于更新的交互作用的传播技术——例如以计算机为基础的信息处理系统，以及控制论思想向语言、自反系统和其他应用的延伸，控制论正再次引起人们的兴趣。

系　统　论

系统论是整体的；它强调一个整体中的各个部分之间的相互关系。系统思维是对于古典物理学的还原主义方法——它为科学研究提供了理想——的一种应对。还原主义的一个例子是研究某个现象的越来越小的部分或组件，诸如物理学中对于夸克的研究。这样的还原主义取消了所研究的行为的情境，也取消了各个组成部分之间的相互作用。当还原主义方法被从物理学中采纳到研究生命系统的生物学和社会科学之中时，它就歪曲了这些系统的现实。系统论之产生是为了纠正还原主义的不恰当之处。系统由彼此相互依存的若干组件构成，它们共同致力于整体的全部目标。一个系统是部分的集合，这些部分一起发挥作用，以便完成一整套目标(丘奇曼，1968)。

在严格意义上，系统论并不是一种理论，而是一个广泛的样式，一种对于还原主义问题的回应，一种对抗日益增长的科学专业化的观点。丘奇曼(C. West Churchman)在他的著作《系统方法》(1968)中，批评了“清扫”(sweeping in)方法——在研究中越来越狭窄地看问题的倾向。相反，我们经常需要在上下文中更加广泛地看问题，需要以一种跨学科和多学科的方式更广泛地看问题。这种广泛视野承认：许多社会科学的解决方案都可以在两个或更多的学科之间的相互作用中，而不是在单一学科中，得到最好的发现。

因此，系统论代表着“科学视野方面的一个宽广的转折”(巴克利，1968)。它受到其他几个理论运动的影响，也受到控制论的影响。它在20世纪60年代崛起，并迅速在生命系统科学中产生影响。一个关键人物是生物学家和德国流亡者L·冯·贝塔朗菲(Ludwig von Bertalanffy)，他在加拿大埃德蒙顿的阿尔伯特大学执教。更早的时候，即在芝加哥大学时，他受到C·莫里斯讲座的影响，后者是一个哲学家，随G·H·米德学习，并编辑了米德的遗作《心灵、自我与社会》(1931)。冯·贝塔朗菲的著作《一般系统论——基础、发展和应用》(1968)在系统思想后来的扩展中发挥了重要的作用。

1954—1955年，冯·贝塔朗菲在斯坦福大学“行为科学高级研究中心”工作，和他在一起的有：当时密歇根大学经济学家K·E·博尔丁，芝加哥大学生物数学家A·拉波波特，伊利诺伊大学生理学家L·W·杰勒德。他们组织了“通用系统研究学会”，并在1954年的“科学发展协会”上对系统方法首次作了描绘。因此，系统论运动在美国的学术界被开创起来。在约10年以内，即到了60年代中期，系统论已影响了美国社会科学：“这个(系统)概念已经在所有的科学领域中得到普及，并渗透到流行观念、行业话语和大众媒介之中……近年来已经出现了专业和工作，它们不久以前还不为人所知，现在则使用了诸如系统设计、系统分

析、系统工程等名称。”（冯·贝塔朗菲，1968）

20世纪60年代，有关系统论的最初热情得到了激烈的爆发，因为它为以前的线性因果关系的科学程序提供了一个可供替代的选择。“系统问题基本上是科学分析程序中的限度问题。”（冯·贝塔朗菲，1968）科学方法的缺陷是什么？现存的假说检验法对于理解各种变量之间的具体关系——如那些在物理学中碰到的关系——来说，是恰当的。在那里，科学家们探讨越来越小的要素，以便推进认识。“科学的惟一目的似乎是分析，即将现实分离成越来越小的单位，并将个体因果系列孤立开来。”（冯·贝塔朗菲，1968）但是，在研究生命系统时，这个方法不能令人满意，因为系统组件之间的相互作用意味着每一个关系依赖着系统中的其他关系。为了令人满意地理解这种复杂性，需要更整体的方法。系统论提供了这样整体的思维方式。

而且，生命系统对它们的环境是开放的，它们越过自身的界限交流信息。一个开放的系统是负熵的(negentropic)，它不会耗尽。相反，一个封闭的系统是与它的环境隔开的，它的能量逐渐会耗尽；它是熵的(entropic)。大部分生命系统都是开放的。在封闭系统内，诸如在物理学领域中，最终状态完全是由最初的条件所决定的。但是在开放系统内，最终状态可以通过各种方式来到达。系统论的原则之一是等结局性(equifinality)，这个概念的意思是：可以从不同的最初条件，并以不同的方式达到同样的最终状态。

生命系统一般都表现出体内平衡，即保持系统内的平衡。这里我们看到系统论和控制论之间的直接关联，因为生命系统在反馈的基础上调节它自己的运行。一个例子是温血哺乳动物的温度调节。当血液有点儿冷的时候，大脑中心就受到刺激，打开身体中制热的机制，诸如使我们跺脚。身体温度的增加是受到大脑中心的监控的，所以身体也就不会太热(冯·贝塔朗菲，1968)。哈佛大学医学教授和生理学家W·坎农发明了系统的体内平衡(homeostasis)或平衡(equilibrium)概念，他在《躯体的智慧》(1932)中论证说，人体就像一个自我调节的控制系统那样运行。

例如，当身体感到太热的时候，它就出汗，当汗蒸发了，身体就变冷了。当身体变得太冷的时候，就开始发抖，皮肤表层就起鸡皮疙瘩。因此，表层区域就冷缩，身体则变暖了。

系统论被广泛地运用于一系列学术领域。例如，卡茨(Daniel Katz)和卡恩(Robert Kahn)(1966)将之运用于组织研究中。米勒(James G. Milller)的著作《生命系统》(1978)建立了各种层次的系统，从“细胞—个体—群体—组织—国家—世界”。其中每一个层次的系统都可以通过使用系统思维的概念和工具来得到分析。

阿什比(Ross Ashby)是一个英国的精神病学家，当他参加“梅西基金控制论会议”时，正管理着伦敦的一个大型精神病院，他也因其重要的著作《大脑的设计》(1952)而闻名。他向“控制论组”就一台象棋机能否击败它的人类设计者的问题作了令人难忘的演示(阿什比，1952b)。后来，H·冯·福斯特邀请阿什比参加在厄巴纳的伊利诺伊大学的一个会议，以后10年阿什比就待在那里，作为冯·福斯特的“生物计算机实验室”的一个研究人员，他在那里进行重要的研究，并且撰写了一部有关系统论的颇有影响的著作(阿什比，1958)。

系统论是一门整体科学，它关注结构的组成部分的关系和相互依赖的问题。系统思维拒绝那种分析个体传播行为的原子式研究，代之以考察个体与其他人的网络和关系问题。而且，如果一个传播学学者接受了研究整体的系统观念，那么因果关系的研究就不重要了。系统思维认为相互作用的关系是生命系统的本质部分。

系统论在20世纪60年代风靡一时，但是今天几乎不被人提起。这一理论观点被吸收到正在前进中的科学学术体系当中。或许它的主要之点——整体论——(已经)很明显了，所以学者们不必总是回想起它。

第十一章

香农的信息论

在香农之前，人们难以对世界按照它向生活于其中的人所展示的样子进行描述。

——J·R·皮尔斯：《信息论的早年岁月》

由于克劳德·香农的天才，我们认识到，许许多多的问题都与编码和传送有关，而解码信息能够以一种系统的、规范的方式来达到：他在1948年的经典性论文标志着一个数学新篇章的诞生。探索应该确定对传播领域未来工作的影响。

——M·卡克：转发R·J·麦克伊利斯：

《信息论和编码理论：传播的数学框架》

克劳德·香农（Claude E. Shannon）的信息论最初作为两篇文章1948年发表在《贝尔系统技术杂志》上，它几乎立即对许多科学领域产生了影响。[①]今天，它仍然是传播学的中心；它形成了人类传播领域所采纳的方向，确定了它的许多主要概念，有助于对这个具有各种多学科根源的领域进行更缜密的知识整合。香农的理论为传播学提供了基本的范式；不过，香农的信息概念未得到传播学者的很好构建。有关香农信息论的这一不那么充分的使用含有这样的意味：在传播学领域中，就信息论而言，未来还有大量工作有待完成。

历史背景

第二次世界大战结束以后，科学家和工程师在信息技术方面取得了巨大的进步。1945 年，第一台大型计算机(ENIAC)在宾夕法尼亚大学摩尔工程学院开始运行。麻省理工学院的教授诺伯特·维纳正将他的控制论新领域(这个领域产生于第二次世界大战期间，目的是改进高射炮火力的准确性)扩展到人类假肢装置的设计，扩展到神经生理学，并扩展到传播系统。也是在 1945 年，A·C·克拉克，当时的一个英国战斗机飞行员，在一份广播杂志上写了一篇重要的文章，描绘通讯卫星用于电视广播的潜力。1949 年，在新泽西州默里山的贝尔实验室，W·肖克莱、W·布拉顿和 J·巴丁发明了晶体管，凭借这一发明，他们获得了诺贝尔奖。晶体管或许是 20 世纪最重要的发明，它是一种固态元件，取代了作为所有电子系统基本组件的真空管。在新墨西哥州洛斯阿拉莫斯，普林斯顿大学数学家 J·冯·诺伊曼正在进行计算机计算，以便决定如何引爆世界上第一颗原子弹。1945 年 8 月，曼哈顿计划的科学成功结束了对日本的战争。

第二次世界大战期间，跨学科研究繁盛，这种理智上的相得益彰对于掀起信息技术的新浪潮来说，意义重大。战时紧急状态证明联邦政府为这些科学项目提供基金的举动是明智的。战后，由于美国和苏联在冷战中的对峙，这种资助在和平时期仍然继续。美国公众相信，科学家能够找到近乎任何问题的答案。这种对于科学研究的信念似乎在 20 世纪 40 年代的世界事件中得到了解决方案。

影响最为深远的科学突破之一是香农的信息论，它是我们今天理解传播的主要基础，特别是新的传播技术的设计基础。信息概念，作为信

① 本章部分地是以罗杰斯和瓦伦特的著作(1992)为基础的。感谢皮尔斯和克里彭多尔夫对于本章初稿的评论，并感谢瓦伦特的合作。

息的普遍测度标准的比特，以及从香农工作中衍生出来的传播模式，使得我们能够以一种在香农之前不可能存在的方式分析传播系统。在传播学中，信息是一个中心概念，而香农的信息论成为传播学的根本范式。

什么是信息论

香农在1948年的两篇杂志文章中提出信息概念，后来，又在1949年的一本（与W·韦弗合作的）著作《通信的数学原理》中提出这个概念。①

信息，熵和比特

信息以某些非同一般的方式运作。一般来说，当它被有选择地共享时，它的价值就增加。它不会因为使用而贬值，尽管它可以过时。最奇特的是，你可以在不放弃信息的情况下将其分发。因此，它与货币、其他形式的能源或物质在本质上截然不同。任何讯息（message）都是已知和未知、预期中的预期外的结合。在一个只含有你已经知道了的内容的讯息（message）中，没有信息（information），所以，一个讯息中的预料之外的部分就是信息的一个指数。

“信息”被定义为一种有别于物质—能源的东西，在需要作出决策的时候，有一个选择存在于一批选择之中，在这种情况下，信息影响不确定性。②因此，信息是不确定性的减少。香农的信息概念建立在19世纪奥地利物理学家L·玻尔茨曼提出的熵方程的基础上，后者是热力学第

---

① 1948年的由两个部分组成的文章的题目是《通信的数学原理》（或《传播的数学原理》），一年以后，这个题目变成著作的题目：《通信的数学原理》（或《传播的数学原理》），当时显然还没有匹敌者。

② 这个定义直接取自罗杰斯（1986），但却是以香农的思想为基础的。告知（inform）就是使某种东西具有形式或形状。

二定律的一个组成部分。熵是一个系统的不确定性或无序的程度。熵，即 H 的公式是：

$$H = -\sum_{i=1}^{N} P_i \log_2 P_i = p\log_2(1/p)$$

这里，“N”是可能存在的选择的数量，“P_i”是每一种选择之被选中的可能性。香农通过这个方程提出，信息量可以由能够得到的选择数量的对数来测度，即以 2 为底而不是更为通常的以 10 为底计算对数来测度。①信息的基本单位是比特，这个词是“二进制数字”的缩合。设想一个要么开、要么关的电子开关，所以有两种选择存在。每一个选择对于代表一个比特的信息来说，都具有同样的可能性。所以，在 16 个可供选择的讯息中，如果选择完全是自由的，那么一个非任意的选择等于 4 比特的信息（$16 = 2^2$）。假定在一张桌子上有 16 个胡桃壳，有一个胡桃壳下面有一颗豌豆。如果我们被告知说豌豆在右边的 8 个胡桃壳中的一个胡桃下面，那么我们就得到了一个比特的信息；所接收的信息减少了一半可能的选择，所获得的信息减少了。另一个比特可以告诉我们相对于其他地方，这颗豌豆是在胡桃壳的前排。第一个比特将可能的胡桃壳数量减少到 8 个，第二个比特将之减少到 4 个；第三个比特可能将之减少到 2 个，而第四个比特可能将之减少到 1 个（这个例子来自罗杰斯和瓦伦特，1992）。计算机本质上是由成千上万的开关装置组成，它们每秒钟都可以同时进行巨大数量的计算。根据开关的二进制性质和一张霍勒内斯（Hollerith）（IBM）卡片上打过或没有打过的孔，香农的用来测度信息的单位就有了一种直觉的解释。比特非常适合计算机和其他以计算机为基础的信息技术的设计。

香农的信息测度单位——比特——的一个重要优点是：它能够为范

① 熵以一种通常的方式测度指数差异或变量。当一个事件的可能性低的时候，它就更加出人意料，就包含更多的信息，熵（H）也就更小（勒基，1989）。

围极其广泛的“物质—能量”所使用。比特是信息的通用单位：例如，纸上的墨水，通过铜线的电脉冲，穿越空气的无线电波。在每一种情况下，信息量都可以被还原为比特。

香农的传播模式

香农为贝尔实验室工作，这个实验室是美国电话系统的著名研发中心，它关注增加通信（传播）系统、特别是电话系统的信道容量。“香农的最初目标是简单的：改进受电子干扰，或噪音影响的电报或电话线上的信息传递。他断定，最好的解决办法不是改进传递线路，而是更有效地打包信息。”（霍根，1990）香农 1948 年的两篇论文提出了一系列以数学形式表达的定理，涉及讯息从一个地方向另一个地方的传递。这些定理预示了信道容量的、以信息的比特来测度的因变量。香农也阐述了通信（传播）所涉及的主要因素：信源、讯息、发射器、信号、噪音、接收到的信号、接收器和信宿。香农的整体理论贡献被普遍称为信息论，尽管香农(1949)将之称为“通信（传播）的数学原理”。①

传播被定义为“一个过程，通过这个过程，一个人的思想影响另一个人”（韦弗，1949b）。因此，它被看作是有意图的。在其著作《通信（传播）的数学原理》(1949)中，韦弗和香农都提供了一种同样的传播过程组件的线性模式(信源、讯息、发射器、信号、噪音等)。以其最简单的形式来说，这个模式表达了一种线型的(linear)②、从左到右的传播概念(图 11.1)。传播学学者用它来关注传播效果，特别是大众传播的效果，尽管香农的意图是要解释承载讯息的信道容量，而不是它们的效

① 在 1945 年贝尔实验室的机密备忘录中，香农成为首次使用“信息论”这一术语的人。

② 香农的传播模式通常被传播学学者称为线性的(例如，罗杰斯和金凯德，1981)，意思是单向的，从左到右。但是，对于工程师来说，“线性的”(linear)意味着非相互作用的。这里，我们是在前者的意义上使用“线性的”一词的。

果。但是，香农模式的线性的、从信源到接收器的性质导致传播学者在这个概念链的末端加上了效果。他们寻求对效果问题的解释，即在讯息构建过程中展现的诸如信源的可靠性和劝服策略等其他变量的基础上，效果是在怎样的程度上发生的。换句话说，他们使用香农的概念变量来预测他们的因变量，后者是超出前者的东西。不幸的是，人类传播的社会科学家对于香农模式的使用，导致他们偏离了对主观意义的强调，这些主观意义正是通过个体间的信息交流而产生。讯息的编码和解码是一个社会过程，牵涉到卷入其中的个体间的人类关系，也牵涉到他们的个人信念以及以往的经历。

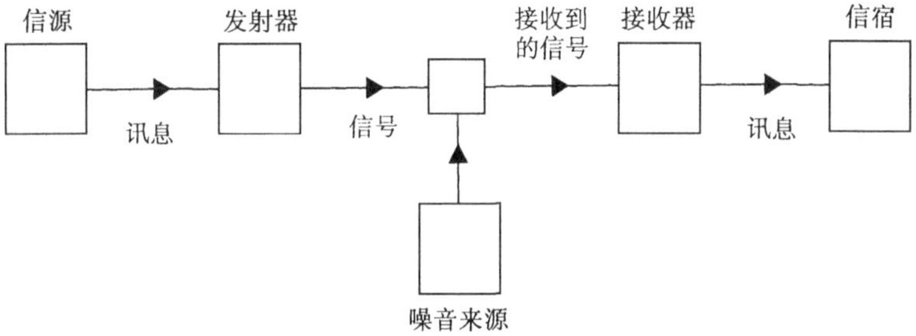

图 11.1　香农的通信(传播)模式

"'信源'在一系列可能的讯息中选择一个称心的'讯息'……'发射器'将这个'讯息'改变成'信号',后者实际上是通过'传播渠道'被从发射器送到'接收器'……'接收器'是一种相反的发射器,将发射信号重新变成一个讯息,并将这个讯息传递到信宿……在被发射的过程中,不幸的特征是:某些东西被加到了信号上面,它们在信源的意图之外……被发射的信号中的所有这些变化就被称为'噪音'。"

香农(1949b):《通信的数学原理》(或《传播的数学原理》),载 C·香农和 W·韦弗(编):《通信的数学原理》(或《传播的数学原理》)(厄巴纳:伊利诺伊大学),伊利诺伊大学理事会 1949 年版权所有;获准使用。

香农的信息论为通信（传播）是什么的问题设定了界限："明确的、逻辑的东西，由一种有意图的、公式化的编码程序所产生，并通向成功的相互理解。"这个定义没有囊括发生在人们之间的全部种类的相互作用。例如，信息论忽略了非语言传播(巴维拉斯，1990)。

对于传播学的初学者来说，香农模式在解释一个传播行为的基本组件(信源、信道、讯息、接收器、噪音和反馈)方面，是非常有用的。将香农的模式转化成传播学术思想的最有影响的著作是伯洛(David K. Berlo)的《传播过程》(1960)。在20世纪60年代以及70年代初期，这部著作是大学传播课程的主要教科书。一代代的学生被教授着按照SMCR(信源—讯息—信道—接收器)、反馈和噪音的方式来理解人类传播。许多这样的概念都被普通公众吸收到日常用语之中。注意：它们都是工程用语。例如，“接收器”原来意味着一台机器或设备，“讯息—信号”被发送给它们，诸如电话接收器、无线电广播接收器或电视接收器。传播学学者将香农的接收器概念视作一种电子设备，并将它变成接收讯息的人。显而易见，这里的区别是令人吃惊的。人类“接收器”有情感和经历，也是有意义的个体。

香农模式为试图理解传播系统的学者们提供了强大的凝聚力(麦考密克，1986)。信息概念既被用于人类传播，也被用于计算机科学、物理学、分子生物学和生物技术、心理学以及语言学。每一个领域最初都对信息论产生了热情，这样它们便有了一套共同的概念；所有的领域都对信息感兴趣，尽管它们将之用于不同的现象。信息论对于传播学这一新领域的影响特别令人吃惊。在香农的信息论发表之后，数以百计的传播学院在美国大学和整个世界被开创出来，并对学生具有非常大的吸引力。这些学院部分地建立于香农的通信（传播）的数学理论中的概念的基础之上。正如克里彭多尔夫(1989b)所注意到的：“在其发表的几年内，(香农的)理论为人类传播的专业课程(这种课程在美国大学大量涌现)提供了科学的证明，将传播研究推向新媒介，产生了两个新刊物以及种种新的探究领域，激发了处理知识的新的传播技术的发展，包括计算机的发展。这个理论成为传播研究的里程碑，标志着从工业社会向信息社会的过渡。”

香农的信息论普遍运用于日常生活。信息论概念被运用于计算机和相关信息技术的广阔领域(在此，计算机是关键的组成部分)：

电话系统、银行、机票预订、科学研究、天气预报和信息技术的数以百计的其他应用。例如，我们每次都使用信息论的一种应用方式来听光盘，或将文本或资料从计算机转换到软盘上。这种应用被称为纠错码(error correcting code)，它是克服讯息噪音的一个手段。纠错码的一个简单类型是这样构成的：决定一串二进数中是否有奇数1：

1　0　1　1　1　0　0　0　0　1　0　1　[0]

这里，前面12个数字中包含6个1，这是一个偶数，所以这字符串是错误编码0。这个0被称为"校验比特"，它就是纠错码。如果这13个数字的讯息被接收的时候包含5个1，我们就知道在发射中出现了一个错误。另一种类型的纠错码是这样构成的：在一串数字的末端加上一个多项式方程。在接收端的解码者知道，在发射中，从多项式表达分离出的任何数字都被改变了(霍根，1992)。

R·哈明(1950)设想了以香农信息论为基础的纠错码的思想。不久，非常复杂的纠错码产生出来，诸如在光盘播放器所使用的那些。"你可以用指甲锉在一张光盘上划过，然后你不会在重放时听到一点打楞声。"(勒基，1989)建立在一张光盘中的纠错码将纠正8232个连续错误。同样，每当使用者将某一文本从计算机转换到光碟上时，传递的完整性就由纠错码予以保证了。

香农的理论以许多深远的方式改变了社会。这里，我们主要分析信息论对于传播学领域的巨大影响。不过，相对来说，香农贡献的某些部分没怎么引起传播学学者的注意。例如，他用来详细说明有关传播信道容量理论的一系列数学命题(它们由电子工程师所研究)就很少为传播学学者所研究，大部分传播学者缺少必要的数学能力去从事这一工作。而且，由于传播学学者给予传播效果以占主导地位的重视，所以他们对香农有关信道容量的命题也就没有多少兴趣了。

香农信息论的发展

香农 1916 年生于密歇根州皮托斯基小城，在距此不远的盖洛德长大，它就位于密歇根下半岛的中北部(表 11.1)。他的父亲是一个遗嘱认证法官，他为年轻的香农提供建筑模型、无线电元件和其他技术玩具。克劳德喜欢科学和数学。他的童年偶像是发明家爱迪生，并对 E · A · 坡 1843 年的著作《金甲虫》感兴趣，这是一个有关破译密码的故事。这一早年的好奇心也许引导了香农后来的密码学工作。他在盖洛德作为“西部联盟”的小通讯员工作，他与电报的联系或许已预示他后来在电子通信（communication）系统方面的工作。

图 11.2　香农(生于 1916 年)在家中

S · 罗温 1983 年版权所有,使用经许可。

表 11.1　香农职业生涯大事记

年　份	事　　　　件
1916	生于密歇根州皮托斯基。
1936	在密歇根大学获电子工程和数学学士学位。
1940	在麻省理工学院获电子工程和数学的硕士学位和博士学位。
1940—1941	在普林斯顿大学高等研究院获得国家研究基金，随数学家 H·韦尔学习。
1941—1956	被任命为位于纽约市的贝尔实验室的研究数学家，在那里，他在发展信息论的同时，开创性地进行了密码学问题方面的战时研究。
1945	发表作为贝尔实验室的一个保密备忘录的《密码学的数学理论》，它包含着信息论的精华。
1948	在《贝尔系统技术杂志》发表一篇由两部分组成的文章《通信的数学原理》（或《传播的数学原理》）。
1949	发表《通信的数学原理》（或《传播的数学原理》）一书。
1956	离开贝尔实验室前往麻省理工学院，1958 年，被任命为麻省理工学院唐纳科学教授。
60 年代	离开麻省理工学院，提前退休。

香农在密歇根大学获得了两个学士学位：一个是电子工程；另一个是数学。1936 年，当香农开始麻省理工学院的研究生工作时，21 岁的他成为V·布什的研究助手，操作微分分析仪，后者是由布什发明的一种机械计算机。布什是麻省理工学院工程系系主任，是香农的科学导师，他建议香农研究这个机器的逻辑设计，从而为其电子工程方面的硕士论文作准备。香农表明，电子线路可以被按照布尔定律①来设计，以便使电话线路和计算机的设计成为流线型，而不是借助于传统的智慧或借助于试错法来设计诸如此类的线路。香农的硕士论文《继电器与开关电路的符号分析》完成于 1938 年，尽管他直到两年后才获得学位。这篇论文几乎立刻就对电话系统和其他电子线路的设计产生了深远的影响。它被认为是业已完成的最重要的硕士论文之一（霍根，1992），并为香农赢得了光彩照人的名声。

① 距香农的工作一个世纪之前，布尔数学就已经由 G·布尔设计出来了。一个典型的布尔命题表明，如果 X 或 Y 发生，但不是 Z，那么 Q 产生（霍根，1992）。

至1939年，香农开始在一种统计的意义上思考信息，并思考如何对之进行测度。在给他的博士生导师布什（当时在华盛顿任卡内基协会负责人）的一封4页纸的信①中，香农暗示他的信息论已经取得了多么大的进展（这是信息论发表前10年的时候）："断断续续地，我一直在从事情报传递的通用系统的某些基本特性的分析工作，包括电话、无线电广播、电视、电报等等。实际上，所有的传播系统都可以被归结为下列一般形式：

$$f_1(t) \rightarrow \boxed{T} \rightarrow F(t) \rightarrow \boxed{R} \rightarrow f_2(t)$$

这里，$f_1(t)$作为一种时间函数是要被发射的情报，T是发射元素，$F(t)$代表着实际上被发射的东西，R是接收元素，$f_2(t)$应该类似于$f_1(t)$，但实际上由于随机的噪音或'稳态噪音'而成了对$f_1(t)$的曲解。"注意：香农在1937年将信息（information）称为情报（intelligence），但是，他的模式（见图11.1）中的其他大部分主要因素已经出现了。他打算用以后的10年时间来完善他的概念，并对之进行推敲。他不急于发表它。

1940年，香农在麻省理工学院获数学博士学位，然后，经过一个夏天在贝尔实验室的实习，他在普林斯顿大学高等研究院博士后基金项目中随韦尔（Herman W. Weyl）学习数学。韦尔是一位著名的数学家，高级研究院是享誉世界的智库，它的成员中包括阿尔伯特·爱因斯坦。1940—1941年，香农在普林斯顿做博士后期间，从事他的信息论工作（皮尔斯，1973）。事实上，早在1939年，当他还在麻省理工学院的时候，他心中就已经有了大概的想法，这也就是他申请全国研究委员会博士后基金的时候。②在普林斯顿博士后工作的正式目的是从事遗传学过程的数学

① 这封信的日期是1939年2月16日，它见于美国国会图书馆，手稿部，V·布什藏品，盒102，文件夹2401。

② 香农的申请信由哈格迈耶所复制（1979）。

研究，这是他博士论文《理论遗传学的代数学》(1940)①的题目。但是，经过他的博士后导师韦尔的允许，他集中精力发展信息论。事实上，在1939年至1945年几年时间中，无论是在麻省理工学院、普林斯顿大学，还是在贝尔实验室，香农都专注于信息论，而将正式分配给他的科学任务置于一旁。

香农在普林斯顿大学期间，据说J·冯·诺伊曼告诉香农，说他应该在其即将出现的信息论中使用“熵”，因为没有其他什么人真正理解这个概念的意思(坎贝尔，1982；霍根，1990)。但是，香农说，他不是从诺伊曼那里得到这个概念的(埃勒西克，1984)。香农推论出他的信息量方程，然后，他又意识到它相当于物理学家用来计算某种在热力学中被称为熵的量的公式(贝洛，1953)。这个理解帮助他认识到信息传播是一个统计学的问题，这是信息论的一个基本视角。

在去普林斯顿大学从事博士后基金项目之前，香农已在贝尔实验室工作了一个夏天，在数学部受弗赖伊(Thorton C. Fry)的领导，将他在麻省理工学院硕士论文中的思想运用到电话继电器线路的设计之中。1940年9月，香农移至普林斯顿，但是，几个月以后，他作为正规雇员回到贝尔实验室。他中断了博士后基金项目的工作，因为他预见到美国将要卷入第二次世界大战，并想对战争努力作出贡献。弗赖伊希望香农回到贝尔实验室，洛克菲勒基金会研究基金总管W·韦弗当时要动身去华盛顿指导一项军事研究计划，他劝说香农研究改进高射炮火力准确性的方法。正如韦弗在给布什的信②上所说的那样，“我最早与香农接触的时间可回溯到1941年……那时，我说服他放弃他当时在普林斯顿得到的一个基金项目……以便为原第7部从事某些火力控制设计和预测理论方面的研

① 这个问题是香农的博士论文的中心问题，它产生于1939年夏，香农在纽约科尔德斯普林港生物研究实验室任研究助理期间。布什已经安排了香农的遗传代数学暑期工作。

② 这封信的日期是1949年10月24日，现存美国国会图书馆，手稿部，布什藏品，盒102，文件夹2401。韦弗的信表明，1941年，弗赖伊为香农提供贝尔实验室的位置，以便帮助香农消除一些个人问题的思想负担。

究。他的确为我们做了一些非常优秀的工作。”香农为贝尔实验室的工作所吸引，源出两个战时的研究问题：密码学和高射炮火力。它们对数学高手来说都是颇具挑战性的问题。而香农碰到的科学难题也带有发展信息论的理想性质。火力控制问题主要是由维纳提出的（见第十章），但是香农对于其解决也作出了非常有创建性的阐释。

当20世纪40年代早期香农在贝尔实验室研究密码学问题的时候，他住在格林威治村11街的一套公寓中。他的朋友奥利弗（Barney Oliver）回忆说，香农的公寓中高高地堆着机器配件、设备和其他物质（奥利弗，1992）。后来，当贝尔实验室从曼哈顿迁移到新泽西州莫里斯敦时，香农住在奥利弗家附近的一套公寓里。奥利弗记得香农是腼腆的和内向的。香农是一个认真的人，能够对研究科学问题非常投入。贝尔实验室，特别是它的数学部在使其研究者寻求解决他们希望解决的不管什么样的问题方面，非常乐于给予充分的自由。这种组织文化能容忍像香农这种杰出的个人主义者。他太有独立性，以至于不能分配给他任何工作，但是一旦他对某个主题发生兴趣，他就不屈不挠地追求它。所以，当第二次世界大战期间他获得了从事改进保密系统的机会时，他就兴致勃勃地投入了进去。

香农达到了贝尔实验室对于个人追求自己的理智好奇心的自由的极限。例如，当制造了一部下棋机时，他下了那么多的棋，以至于至少有一名主管开始担心了。香农兴高采烈地说：“我总是追求自己的爱好，不大考虑经济价值。我已经在全然无用的事情上花费了许多时间。”（霍根，1992）奥尔德蒂姆斯20世纪40年代和50年代初与香农一起在贝尔实验室工作，他记得香农是一个愉快的人，骑一辆独轮车，穿过走道时还玩着杂耍球。“当香农用他的弹簧单高跷走过的时候，不时发出那些‘得得’声，——简直不是今天的合作研究的情景！”（勒基，1989）

1948年，为回应其主管和同事的催促，香农在《贝尔系统技术杂志》上发表了由两个部分组成的文章。它们代表着信息论的首次发表（尽管1945年香农在贝尔实验室参与撰写了一份与这个论题有关的秘密备忘录)。

J·R·皮尔斯是香农1948年在贝尔实验室的同事，他描述香农是一个非常出色的人，但必须在其主管H·博德博士和其同事的督促下才能发表成果(皮尔斯，1990)。有关香农的工作习惯的这个看法为R·W·哈明(1990)所证实，为贝尔实验室的其他人所证实，也为坎贝尔(1982)所证实，后者引用皮尔斯的话说，香农的信息论“像一颗炸弹似的出现，而且像是定时炸弹”。当香农将一个非常重要的成果作为信息论发表出来时，它的确使他的贝尔实验室的同事们大吃一惊，尽管香农每天都和他们试验这个理论的组件。香农、皮尔斯和B·奥利弗经常在纽约的贝尔实验室的自助餐厅共进午餐。正如奥利弗(1992)所回忆的那样，香农总是告诉他们有关他的想法，或许是通过一系列问题的方式。例如，香农会问：“两种可能性之间的选择中有多少信息？”“你说，一个比特，好的，那么如果一种可能性比另一种可能性更大的话，会有什么关系吗？”“如果一种可能性要大得多的话，那会怎么样？”香农通过与他的同事讨论信息论的某些部分而推进有关信息论的思考，但是他对信息论的全景秘而不宣。后来，在1948年，他发表了他的信息论，这是一个重大的贡献：“这的确是数学中很少发生的事情，即一个新学科在致力于它的首次研究中获得了成熟的特征和先进的科学理论……随香农的工作而出现的信息论就是这样。”(卡英钦，1956)

许多学者不能完全理解信息论。他们需要以非数学语言写下的阐述和解释。这由韦弗(Warren Weaver)所提供，他是位于纽约的洛克菲勒基金会自然科学部的主任。韦弗(1894—1978)于1917年在威斯康星大学获得市政工程博士学位，在加利福尼亚理工学院教过数学，后回到麦迪逊做了十几年数学教授，直到他于1932年参加洛克菲勒基金会为止，在洛克菲勒基金会，他于1959年结束了作为副主席的漫长的慈善事业(除在华盛顿的战时服务以外)。1948年，当香农的两篇有关信息论的文章发表时，韦弗是洛克菲勒基金会的顶级数学-科学家，所以，自然而然地，基金会主席C·伯纳德要求韦弗将香农的通信的数学理论转换成不那么令人生畏的语言(乔根森，1989)。1949年7月，韦弗的文章《通信（传播）数学》（the Mathematics of Communication）发表在《科学美国人》杂志上。施拉姆是从物理学家和伊利诺伊大学研究生院院长L·N·赖德诺尔那里得知香农的重要的两部分系列论文的。施拉姆是伊利诺伊大学出版社总编，在赖德诺尔的建议下，他出版了由香农和韦弗（1949）①合著的《通信（传播）的数学原理》，内有香农的两篇文章，以及韦弗《科学美国人》杂志文章的重要修订版。这部著作的第二部分是香农两篇文章的逐字逐句的副本，除了做些小勘误和增加某些参考文献以外。第一部分“对通信（传播）的数学理论的最新贡献”由韦弗所写，以他1949年《科学美国人》上的文章为基础，主要讨论从香农的有关工程通信（传播）的数学理论中如何可能发展出人类传播理论。②

香农和韦弗的著作是由大学出版社出版的销量最好的学术著作之一。从1949年至1990年，约售出45300本，20世纪80年代销售率每年持续在600本以上(斯托凯斯，1990)。而且，从1972年(当科学情报研究所系统开始时)到1989年这18年间，香农在科学情报研究所的科学杂志引用数据库中被引用1472次。近年，香农继续以大约和从前一样的比率被引用。对香农的总引用数与其他一些(著名的)传播学理论家可以相匹敌，如霍夫兰是1327次；拉斯韦尔是1462次；拉扎斯菲尔德是1766次；帕克是1472次；施拉姆是1013次；维纳是1267次。香农在45年前

---

① 起初，韦弗对这部著作的贡献是第二部分，而香农的贡献是第一部分。然而，在1963年前，这部著作再版时，顺序颠倒过来了，这或许是为了使读者更容易理解这部著作，因为这些人发现，香农的高度的数学化风格更加难以理解(斯托凯斯，1990)。

② 由于《通信（传播）的数学原理》的两部分之间在内容方面存在着极为根本的差异，所以学者们应该不是引用韦弗，就是引用香农，除非涉及整部著作。因此，我听从了里奇(1986)的建议，他论证说传播学学者之所以混乱的一个原因是“当韦弗的思考被引用时，习惯上却引‘香农和韦弗’，而这样做又是出于以下假设：它们不管怎么说总受到香农的数学的支持”。当香农和韦弗的著作被传播学学者所引用时，这些学者通常指的是来自韦弗的第一部分的思想，而不是来自香农的第二部分的思想。

首次发表的理论仍被当代学者认为是重要的理论。

有关韦弗对“香农—韦弗著作”的贡献，韦弗自己这样说：“与香农的贡献相比，我对这部著作的贡献非常微小。我很清楚这样的事实：在安排游行时，老鼠不可能排在狮子的前面……（可）我认为我的那一部分应该先出来。我的微薄贡献……应引出数学的篇章(使得对它们的阅读成为一项多少有些更容易的工作)……事情就是这样，……正如举办一个重要的大型聚会，然后在客人离开时介绍他们。”①

技术传播和人类传播

香农谨慎地限定他的信息论的运用：“传播的基本问题是：在某一时刻准确或大致地再现另一时刻的相关讯息。这些讯息通常有意义；就是说，它们涉及某个特定的物理或概念的实体系统，或根据这个系统而相互关联。传播的这些语义方面与工程学问题无关。”(香农，1949)从一开始，他就宣布他的模式不适合于人类传播（human communication），后者是这样一种信息交流类型，在此，个体解释讯息的意义。香农说，他的模式限于工程或技术传播（engineering or technical communication），大概是指通过诸如电话、电报和无线电广播等电子渠道的传播。显而易见，人类主观解释的过程也被包含在工程传播之中，但是具有数学倾向的香农将人类传播的意义方面限定在他的概念范围之外。对一个像香农这样的工程师来说，人的意义和解释是一种软数据，它们不能被还原为准确的数学公式。韦弗(1949b)提供了香农的受限模式的下述例子：“一个工程传播理论就像一个非常循规蹈矩、举止谨慎的姑娘收到你的电报，她对意义一点儿也不注意，不管它是令人悲哀的，或是令人高兴的，还是令人尴尬的。”换句话说，按照韦弗的观点，工程传播模式并

① 韦弗致L·赖德诺尔的信，1949年，11月17日，美国国会图书馆，手稿部，V·布什藏品，盒102，文件夹2401。

不涉及情感或态度，只是严格地涉及认识内容和效果，在这里，接收者对于信号进行解码，其方式与信源对信号的编码方式一样。

韦弗在他对香农模式的解释中，强调香农将他的思想限定在工程通信（传播）之中：“在(香农的)理论中，‘信息’这个词是在一种特殊的意义上被使用的，这种特殊的意义一定不能和其普通用法混为一谈。特别是，信息不能与意义混为一谈。事实上，两个讯息，其中一个充满了意义，另一个完全无意义，但从现在的观点出发，它们可以完全相同，即都是和信息有关。毫无疑问，这正是香农在说‘传播的符号方面与工程方面无关’这句话时所意味的东西。但是，这并不是说，工程方面和语义方面必然无关。”(韦弗，1949b)

韦弗(1949b)在香农和韦弗的著作中的介绍部分区分了三种层次的传播问题：

A 层：通信（传播）符号如何能被准确地发射?(技术问题)

B 层：被发射的符号如何能够准确地传递预期的意义?(语义学问题)

C 层：被接受的意义如何有效地以预期的方式影响行为?(效果或行为问题)

香农声称，他的通信（传播）的数学理论只与 A 层打交道，他称这一层为工程传播或技术传播。不过，韦弗走得比香农更远，他提出：“通信的数学理论……特别是由香农处理的、更限于工程的理论，尽管从表面上看只适合于 A 层次的问题，但实际上对 B 层次和 C 层次的问题也是有帮助和启发的。”(韦弗，1949b)在其文章的另一处，韦弗得出结论说：“对 A 层次的分析表明，这一层次与其他层次相重叠，其程度超出了人们可能有的天真怀疑。因此，A 层次的理论至少在相当程度上，也是 B 层次和 C 层次的理论。”所以，韦弗鼓励(人们)将香农的信息论广泛运用于所有类型的有意图的传播。他并没有给香农信息论的核心思想添加多少东西，除了关于其运用的乐观主义扩展以外，因此，正如大部分传播学者通常认为的那样，恰当的提法应该是“香农的”信息论，而不是“香农和韦弗”的信息论。

在有关信息论的两篇文章发表8年之后，香农(1956)说：“在过去几年，信息论已经成为一股科学潮流……它正被运用于生物学、心理学、语言学、基础物理学、经济学、组织理论和其他许多领域。简而言之，目前，信息正在参与一种有点令人兴奋的普遍流行趋势。”香农警告说这样的流行性带有某种危险：“例如，如果人类在某些情况下像一个理想的解码器一样行事，这就是一个实验事实，而不是一个数学事实，这样的事实必须在各种各样的实验条件得到验证。”香农将信息论限于工程传播，并告诫科学界防止将之过于广泛地运用于所有类型的人类传播。然而，传播学者没有对香农的警告给予太多的注意。

信息论和控制论

与大部分其他理论突破一样，香农的信息论是从其他数学家和工程师，特别是奈奎斯特、哈特利和维纳从前的工作中产生出来的。不过，这个理论与第二次世界大战期间香农在贝尔实验室中的密码学工作有着最为直接的关联。看起来矛盾的是，香农的通信（传播）理论产生于某些系统的尝试，即试图“阻止”有效传播的发生，至少对于敌人来说是这样。密码学是生产密码系统的科学，它允许秘密传播。密码学使讯息成为保密的。在这里，我们又看到：寻求实际问题的解答如何可以成为一个抽象理论发展的基础。

香农在回溯30年前他提出其信息论的情景时解释说：“我从哈特利(1928)的论文开始，围绕信息和通信（传播）的问题至少工作了两、三年……然后，我开始思考密码学和保密系统。存在着这样密切的联系；它们是非常相似的东西，在一种情况下试图把信息隐蔽起来，在另一种情况下试图传递它。”（埃勒西克，1984）香农的密码学研究激发了他的信息论，在1945年贝尔实验室的有关他的密码学工作的秘密报告（埃勒西克，1984）之前的5年，他主要致力于这个信息论。1940—1945年期间，香农实际上在家中、在夜晚和周末发展了他的信息论的许多部分。这或许可以对下述情况作出解释，即当香农1948年发表了他的文章以后，他在贝尔实验室的同事和主管皮尔斯大吃了一惊。

密码学将口头和书写讯息变成一种编码形式，以便敌方不能理解它们。第二次世界大战期间，相当多的密码学研究由同盟国和轴心国进行。正如人们可能期望的那样，贝尔实验室因其作为美国电子研发领导中心的地位，而深深地卷入到美国的战事之中。第二次世界大战期间，它为美国军方进行了2000项研究项目，范围从发展雷达、声呐、火箭炮、投弹瞄准器、高射炮火力控制系统和声响鱼雷，到与无线电、电传打字机和电话系统中的有关信息保密的密码工作（费根，1978）。在那些岁月中，贝尔实验室的2700名工程人员中约有2000名承担了军事项目。

在香农和他的贝尔实验室的同事开始其研究之前，英国的密码专家已在破获德国的编码系统方面取得了极大的成功。德国系统采用了编码机来扰乱军事讯息，而这些讯息是由德国人通过无线电传递给其潜水艇、军舰和其他远距离兵力的。然后，编码讯息在接收端被解码。杰出的剑桥大学数学家图灵在（位于伦敦郊外的）布莱切利园的政府代码与密码学校（GC & CS）工作，他设计了一台译解“恩尼格码”（Enigma）——即德国军事密码——的超级机器。图灵的成功是第二次世界大战最重要的转折点之一，它帮助英国人使其大西洋护航舰队免受德国潜水艇的袭击，帮助英国人事先了解陆军元帅隆美尔的非洲军团的行动，并且在诺曼底登陆中发挥了重要作用。①不过，第二次世界大战期间，英国在破获德国密码方面的成功不得不是保密的，否则的话，德国人就会转换另外

① 如果英国政府知道图灵是一个同性恋者，那么就不会允许图灵在布莱切利园从事密码学研究，而那样的话，英国就会在这场战争中失败（古德，1980）。

的编码系统。①

1943年初，图灵进行了一次从布莱切利园到贝尔实验室的纽约总部的秘密旅行，香农就在那里从事密码问题的研究。图灵花了两个月的时间在贝尔实验室进行安全编码声音讯息问题方面的合作研究。图灵和香农几乎每天碰面讨论他们关于人脑和计算机的观点。不过，他们不能直接讨论他们正在从事的特定的密码学项目，因为这样的工作被分隔成独立的部分，以便保证高度的安全性。香农告诉图灵作为信息的一种测度的二进制数字，图灵告诉香农他的“迪休巴”(deciban)概念，它被定义为：使某个论题达到10倍于确定性的证据权重(霍奇斯1983)。他们交流理论观点，这对香农以一种普遍的方式建立信息论来说是至关重要的，但是他没有将之直接奠定在图灵的概念或理论的基础上。第二次世界大战期间在贝尔实验室就密码学问题所从事的工作，使得香农同大西洋两岸的某些最杰出的思想家建立了联系。

信息论的种子第一次出现在1945年9月1日的贝尔实验室的秘密备忘录中，其标题是《密码学的数学理论》(第二次世界大战以后，它以一种改版形式解密和发表［香农1949b］)。密码学问题适合于信息论，因为军事讯息被编成密码，这在理论上就等于是将欺骗性的噪音加到原初讯息上。通过在接收方一端使用恰当的设备，伪装起来的讯息就可凭借消除噪音而得到解码(也就是说，如果某人理解在这个过程的编码端上噪音是如何被产生出来的话)。香农在贝尔实验室进行的保密的密码研究是他的正在形成的信息论的一次特殊运用。考虑到他在贝尔实验室办公室从事密码研究工作的同时，正在构成他的信息论，所以他在通信(传播)模式中使用诸如“编码”和“噪音”等术语也就根本不是什么令人惊奇的事情了(参见图11.1)。

①　为了对图灵已经破译了“恩尼格码”这件事进行保密，英国首相丘吉尔容许纳粹德国空军轰炸英国的考文垂市，尽管英国人事先知道这次空袭部署的时间和地点。据英国情报机构的官方记载陈述，那天夜里，人们知道考文垂和伦敦都是德军的目标，但丘吉尔选择了保卫伦敦的方案。

香农说："第二次世界大战期间，贝尔实验室从事保密系统的研究。我所进行的是通信（传播）系统的工作，并被指派到某些委员会研究密码破译技术。大约从1941年起，通信（传播）的数学理论和密码学这两方面的工作齐头并进。我就这两者一起从事研究，我会对一方有些想法，而同时进行另一方的工作。我不能说一个先于另一个，因为它们的联系如此紧密，以至于不可能将之分开。"（卡恩，1967）1944年左右，关于"保密系统的通信（传播）原理"（1949）和"通信（传播）的数学原理"两者的工作基本完成。香农继续完善它们，后来在1948年，他将有关信息论的两篇文章交给《贝尔系统技术杂志》。

香农在1949年关于保密系统的杂志文章的重要贡献是：表明冗余度（redundancy）为密码分析奠定了基础（卡恩，1967）。密码破译的基础是作这样的假定，即一个保密讯息中的最通常的字母是相当于"e,a,o,i,d"等密码，然后行进到最不通常的字母："p,q,x"和"z"。字母e具有如此程度的支配地位，以至于"少"有英文句子不以用"e"为最通常的字母的形式而存在（勒基1989）。随着一个编码讯息的冗余度（由于诸如排除重复而导致）的降低，密码破译成为更加困难的事情。或者，如果一个讯息具有较低的冗余度，那么就需要另外的文本来破译密码（卡恩，1967）。因此，冗余度是一种防止不确定性、防止信道中噪音的作用的安全措施。冗余度以某种代价提供出减少了不确定性的信息，并有助于克服噪音的作用。香农估计说，有50%的英语是冗余性的，但是后来的研究将这个计算修正到约70%（克里彭多尔夫，1989）。

香农对于第二次世界大战的绝密的"X"系统作出了重要的贡献，这个系统也以"SIGSALY"著称，是一条连接丘吉尔首相和罗斯福总统以及后来的杜鲁门总统的电话热线。战争初期，同盟国相信德国人最为有利的地方在于，他们已经破译了同盟国的密码，并获知了有关同盟国的战争计划。SIGSALY是由英美的密码专家作为不可破译的密码系统而创造出来的。人们要求香农做出有关SIGSALY之不可破译的数学证明。在使用了信息论的数学分析的基础上，香农得出结论说，这个系统是不可能被破译的，除非德国人得到某个同盟国叛徒的帮助。在战争的其余岁月里，德国情报机构一直不能破译 SIGSALY，尽管他们每天监视编码的无线电话讯息。香农当时正在从事信息论的研究，他在这个理论的最早运用领域之一极大地帮助了美国的战争努力。

在香农加入贝尔实验室时，被委任从事密码学问题的研究，此时正逢美国介入第二次世界大战，这多少是一个时间上的巧合。对于传播理论来说它转而成为一个幸运的巧合。

对香农信息论的思想影响

尽管香农的信息论和其他科学进步一样，也是极具原创性的，但它是建立在其他学者以往贡献的基础上的。香农在贝尔实验室所从事的密码学问题的研究使他与两个学者——哈特利(R. V. Hartley)和奈奎斯特(Harry Nyquist)——有了联系，他们两个涉入了密码学研究项目(费根 1978)。奈奎斯特(1924)已经表明，一定的带宽是必要的，以便用一定的速度发送电报信号，而哈特利(1928)已试图发展出一种信息传递理论。他把信息量定义为可能的讯息——它们由一堆符号组成——量的对数，并将他的关于熵的统计公式用于信号传递问题。香农在他的两篇信息论的文章中，引用了哈特利和奈奎斯特的观点，也引用了 R · A · 费希尔的观点，后者是英国农业统计学家，针对由某个农业实验的方差分析所提供的信息，他发展了一种测度方法。

香农也知道维纳在控制论方面的工作，并在他的两篇文章中引用了维纳 1948 年的著作。尽管维纳关于这个题目的著作直到 1949 年才发表，但他的控制论数学在几年前，也就是在战争时期就作为探讨以“黄祸”著称的高射炮控制的秘密文件而成为可以获得的东西。维纳已经认识到，信息传播是一个统计的问题。香农在麻省理工学院从事研究生工作时听过维纳的数学课，并从 1941—1945 年在贝尔实验室的时候看到过“黄祸”报告。①有些观察者认为维纳是信息论的共同发现者。②例如，贝洛(1953)说，“麻省理工学院的杰出数学家维纳的贡献是发现了(信息论的)新大陆，并掌握了它的各个方面；贝尔实验室的香农的贡献是详细地绘制了这个新大陆，并描绘了一些令人叹为观止的山峰。”

香农加入了由杰出数学家和物理学家组成的一个隐形学院，他们以诺伊曼、维纳、J·W·图基和麻省理工学院、贝尔实验室以及高等研究院的其他人员为中心。这些学者的知识氛围毫无疑问地在重要的方面影响了香农的思考(图11.3)。

在香农的1945年的贝尔实验室备忘录《密码学的数学理论》中，他使用了“替代”(alternative)一词来表示他的二进制信息选择量度。在他1948年的关于信息论的两篇论文中，香农认为，图基的功绩在于提出了“比特”一词。图基是普林斯顿大学的数学和统计学教授，1946年，他也同时为贝尔实验室工作。据说贝尔实验室的几位研究者——可能也包括香农——于1946年下半年聚在自助餐厅一起吃午饭，抱怨“二进制数字”这一术语的尴尬。图基加入了这一桌。“带着一种特有的笑容和同样特有的新英格兰语调，他问道：‘那么，显然是不是比特这个词呢？’是的。”香农将图基对于比特一词的用法加以扩大，用来计算独立的选择量，这些选择为在特定群体中识别惟一实体所必需；图基已在一种比较有限的意义上使用“比特”这个词了，即“将之作为基数的幂之和的扩展数中的系数的通用名称”(特罗普，1984)。

---

① 这正如香农在与皮尔斯的一次私人访谈中所证实的那样(香农，1982)。事实上，1948年，香农与贝尔实验室的两个同事撰写了一个出版物，它就通过回避维纳的令人可怕的数学难题而以“黄祸”报告为基础(米利曼，1984)。

② 维纳看来并不完全理解香农的信息论，尽管他写过一篇香农和韦弗著作的评论。在他的自传——《我是一个数学家》——中，维纳(1956)声称得益于香农的信息论：“香农喜爱离散，规避连续。他认为离散讯息是某种类似于分布在时间中的一连串‘是’和‘否’的东西，并认为‘是’和‘否’之间的单一决定是信息的要素。在连续过滤理论中，我被引入关于信息单位的一个非常相似的定义，离开了起初的非常不同的观点。在引入香农—韦弗的信息特性的定义的时候(因为它平等地属于我们两个)，我们与这个主题的现存状态有了截然的分离。”

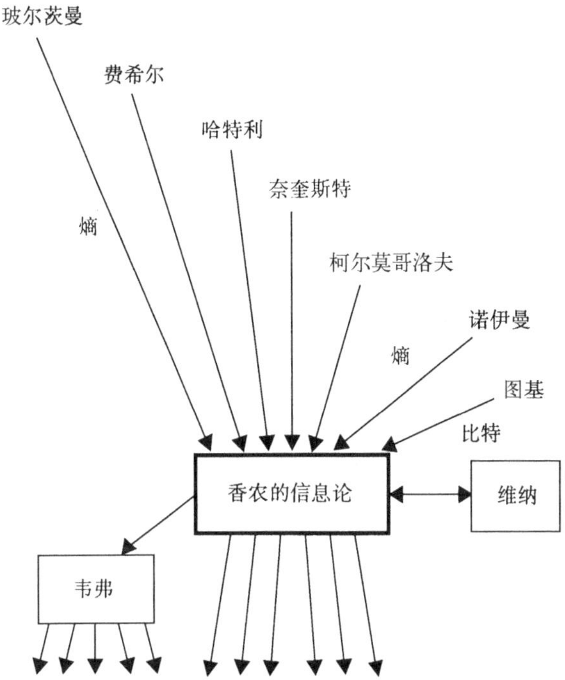

图 11.3　香农的信息论的思想先驱和继承者

香农的信息论的影响

1948 年以后，香农的信息论在物理学、生物学和社会科学等学术共同体中得到迅速而又广泛的传播（达尔林，1962）。信息论被普遍引用，这种影响历时多年经久不衰。香农的（以熵的公式所度量的）信息概念对于传播学学者来说有着直接的用处。①或许这就是为什么他的理论通常被称为“信

① 在其研究中使用熵型度量的传播学学者包括：克鲁尔、瓦特和利克特（1977）、芬恩（1985）、查菲和威尔逊（1977）、达内尔（1970，1972，1976）、罗杰斯和金凯德（1981）、泰勒（1953，1956）、施拉姆（1955），以及瓦特和克鲁尔（1974）。比起它已经引起的注意来，熵度量还应该得到传播学者的更多关注（芬恩和罗伯特，1984）。

息”（information）理论、而不是“通信”（communication）理论的原因，“信息”是香农用来表示其“通信”的术语。①

在香农信息论的引文的基础上，达尔林(1962)注意到，它被运用于范围广泛的各个学科，从生物学、大脑研究到心理学。霍根(1990)说，香农书写了“信息时代的‘大宪章’”。有关信息论的类似的热情评论来自其他许多渠道。例如，在一篇有关贝尔实验室1925—1980年在通信（传播）科学领域中的成就的评论中，米勒曼(1984)说，“或许，在通信（传播）数学方面，贝尔实验室中发生的最辉煌进展是20世纪40年代由香农所提出的信息论公式。”它的确是一个重大的理论贡献。贝尔实验室的执行研究主任R·W·勒基说：“在技术思想编年史上，我不知道还有什么比这更伟大的天才作品。”(勒基，1989)S·W·戈龙布是南加利福尼亚大学电子工程学教授，他认为香农信息论的重要性是不可能被夸大的：“这就像是有关字母表的发明者对于文学有多大影响的说法一样。”(霍根，1992)

香农的信息概念的普遍性受到了赞扬②：“通过以定义清晰、但又完全抽象的术语来对待信息，香农能够使之普遍化，他建立的定律不仅适用于某些种类的信息，而且适用于所有种类、所有领域的信息。”(坎贝尔，1982)勒基(1989)解释说：“香农的天才在于为信息和通信（传播）的问题揭示了一条新思路。”信息论是独一无二的贡献：“香农工作的更加广泛和更令人兴奋的含义在于这样的事实：他已把信息概念制作得如此有逻辑、如此准确，以至于它能够被置于一个正式的思想框架之

① 事实上，香农在他的《贝尔系统技术杂志》上的两篇文章，或在他1949年的著作中从未将之称为“信息论”。

② 在各种出版物中，香农的信息论被普遍认为是具有开创性的，并得到了许多赞赏。不过，《数学评论》中的一篇有关香农理论的评论说：“香农1948年（在《贝尔系统技术杂志》上的两篇文章中的）讨论始终具有启发性，而不(仅)是数学性的，而且，有关这一点——即作者的数学意图是值得尊敬的——并不是始终清楚明了的。”(杜布，1949)事实上，香农没有为他的所有工作提供数学证明。这种证明是后来由其他人所提供的，特别是由范斯坦(1958)所提供的。

中。”（坎贝尔，1982）

维尔杜(1990)在香农理论的最初40年的回顾中说：“香农论文(即1948年在《贝尔系统技术杂志》上的论文)的革命性很快就被认为是其令人惊奇的新思想的缜密以及颇有说服力的通俗易懂的风格的产物。”的确，自1948年以来，一群活跃的电子工程师和数学家已经推进了信息论的研究前沿，产生出一大批著作和杂志文章的文献，其数量仍在增长。许多只知道香农1948年的文章，或更有可能只知道香农和韦弗1949年的著作的传播学学者，会惊奇地发现信息论在过去的40年中是如何发展的。香农不仅被公认为以他1948年的两篇文章为基础的信息论之父，而且也是“1948年以后的这个主题的最重要的贡献者！他自《通信的数学原理》（或《传播的数学原理》）以来的近乎每一篇文章对于普通人来说，都是无价的研究思想的源泉。”（麦克伊利斯，1977)例如，1974年的包括49篇文章的《信息论发展的关键论文》（斯莱皮恩，1977)的文集中有香农的12篇论文；其他作者的代表作都不超过3篇。

逐渐退出

正像有时所发生的情况那样，当一个重要的理论贡献由某个学者在他或她学术生涯的相对早的时候被作出时，这个人就不知道下一步该作什么了。1956年，香农作为麻省理工学院电子工程学客座教授总是离开贝尔实验室。一年以后，他从贝尔实验室辞职，被任命为麻省理工学院的唐纳科学教授(1957—1958年学年间，他又总是离开麻省理工学院，成了行为科学高级研究中心的一名研究人员，是从电子工程学和数学中挑选出来的很少几个人中的一个)。在麻省理工学院，他继续对正在取得进展的信息论作出贡献，紧随他早先的研究线索。但是到了20世纪60年代中期，他逐渐退出麻省理工学院电子工程系和数学系的学术活动。香农在教学方面是一个完美主义者，认为他的每一节课都必须只包含完全原创性的思想(范诺，1990)。信件堆满了他的办公桌，但他不再回信，最后不再去麻省理工学院的办公室。香农较早(约50岁时)获得荣休身份地位，也从那个围绕着信息论的范式所构成的、电子工程学和数学的隐形学院的主动参与。①他发表了少数几篇有关信息论的论文，他从前的贝尔实验室的同事提到他已到“江郎才尽”的地步，并对自己创造的理论产生厌倦。在以后的30年中，香农和他的妻子贝蒂越来越淡出社会，这时，他们住在波士顿的温切斯特郊区，香农把时间花费在他的“熵屋”工作间里，摆弄着各式各样的电子机械小玩意儿。

1985年，香农突然造访在英国布赖顿举行的国际信息论研讨会。“消息迅速传遍了大厅和讲演室，说是那个带着羞涩笑容的、在研讨会上走进走出的白发人不是别人，正是香农。参加会议的有些人甚至不知道香农还活着。”(霍根，1992)会议的组织者麦克伊利斯(Robert J. McEliece)说服香农在讨论会上发言。“他讲了几分钟，然后——他后来回忆说是担心听众会厌烦——从口袋里拿出三只球开始变起戏法来。听众们为他喝彩，排队等待他的亲笔签名。”(霍根，1992)如同麦克伊利斯所评论的那样：“这就好像是牛顿出现在一次物理学会议上一样。”(霍根，1992)

香农中年时因购买特莱丁的原始股而变得非常富有，这是一家高技术电子公司，由香农读博士生时的朋友H·辛格尔顿创办。随着特莱丁公司成为一家特别成功的公司，香农的日子也相当好过。后来，他写下一种算法来分析他的股票市场投资组合，由此使自己的净值增长到“巨大财富”的程度(勒基，1989)。

香农的信息论对传播学的影响

传播学的奠基人施拉姆在20世纪50年代普及了香农的信息论的工

① 1956年，这个隐形学院作为“电气及电子工程师信息论协会研究所”而正式确定了它的地位，这个研究所每年召开会议，并出版了《电气及电子工程师协会信息学报》。

作，他所采用的途径是：在伊利诺伊大学出版社任总编时出版了香农和韦弗(1949)的著作；在《新闻学季刊》上撰写了一篇文章，将比特用作传播研究的一个信息度量(施拉姆，1955)；鼓励他的伊利诺伊大学的学生在从事传播研究时运用信息论。①

香农模式

香农的单向通信（传播）行为的模式(参见图11.1)有助于引发传播学的学术领域(罗杰斯和金凯德，1981)。比起任何其他的理论概念化工作来，它更适合于作为传播学的范式，即为传播行为中的主要组件提供了单一的、易于理解的详细说明。这些主要组件是：信源，讯息，信道，接收器。因此，对于传播行为的传播研究可以确定出信源变量(诸如可信度)、讯息变量(就像诉诸恐惧的使用)、信道变量(诸如大众媒介与人际渠道)和接收者变量(如受众个体的可说服性)。传播研究中的因变量对效果进行测度，诸如接收者一方的认识变化，态度改变(劝服)和例如投票赞成某个候选人，或购买一种新产品的明显的行为变化。

因此，看来将香农(1949)的通信（传播）模式转化成传播研究中的那些变量的一般分类图式并不是一件困难的事情。这个模式的显而易见的简单使它能够吸引住传播学学者。不过，请注意：这些因变量是就接收者而言的传播效果，这是一个发展，它超出了香农原来作为因变量的信道容量的重视。香农传播模式中的另外两个修改是由人类传播学学者所作出的。第一，传播行为的单向模式通过增加有关对接收者的传播效果的反馈而有所扩展。尽管香农最初没有使用反馈概念本身，但他的确提出了一个带有“纠正装置”的“信源—发射器—接收器”的模式(香农，1949)。像伯洛(1960)那样的传播学学者受维纳(1948)的影响，在他们的

① 施拉姆(1971)在香农信息论发表以后著书论著23年，他说：“我们认为，香农的信息论是一个光彩夺目的类比物，它可以照亮我们自己领域的许多黯淡之处。”

人类传播模式中增加了、也确实强调了反馈概念。如同伯洛的通俗教科书《传播过程》(1960)的标题所暗示的那样，他试图把传播行为的组件模式(SMCR)概念化为一种随时间而推移的过程。第二，后来，在以两个或更多参加者之间的信息交换为基础的融合传播模式中，人类传播的单向概念得到了进一步的修正。伯洛(1977)将反馈结合到传播过程中去的做法朝着这个方向迈进了一步。罗杰斯和金凯德(1981)将传播描绘为一个过程：在此，个体作为“收发两用器”来行事，就是既发射信息又接收信息，以便达到共同的理解。逐渐地，各种传播模式中的传播被看作是一个过程，而不是一种行为，这是一场偏离香农的线型传播模式的运动。

香农关于信道容量的命题

香农信息论的第三个要素，也就是在他信息的定义和度量以及他的通信（传播）模式之后，是他关于信道容量的命题。正如里奇(1986)所指出的那样，香农的23个定理构成了“‘信号发射’的一般理论”，而不是一种“人类传播研究者对传播一词的理解意义上的‘传播’理论”。信号发射只是人类传播过程的一个组成部分(里奇，1991)。香农的命题论述了诸如带或不带噪音的信道、信源熵、信道容量和离散与连续信息等等概念之间的关系(香农，1949)。

香农的信息概念化工作为传播学(以及其他学科)学者广泛采用，他的通信（传播）模式及其修正也引起了非常普遍的关注。另一方面，他关于信道容量的命题却几乎被传播学学者所忽视，一个基本的原因是，(与诸如无线电广播、电视和香农的通信［传播］行为概念中的单向电话等单向传播系统的工程师相比，)人类传播学者对于信道容量不那么感兴趣。香农的信道容量的主要因变量与传播学学者对于传播效果的基本兴趣不是十分吻合。和香农不同，这些学者并不认为传播被有限的信道容量所约束；相反，一个充裕的假设似乎是更加合理的(里奇，1992)。

对于研究传播效果的侧重受到拉斯韦尔的著名的5个问题(谁，说什么，对谁说，通过什么渠道，取得什么效果？)的传播模式的激励，并受到拉扎斯菲尔德与诸如CBS广播公司和时代—生活公司等媒介组织的紧密联系的激励，这些公司是20世纪40年代和50年代他在哥伦比亚大学应用社会研究局的赞助者，而它们想要知道的是其大众传播行为的效果。近年来，这种以效果为关注点的做法已经受到怀疑，传播的替代性模式(如一种融合模式)已有人(如罗杰斯和金凯德在1981年)提出。

信息概念及其度量

施拉姆在伊利诺伊大学的博士生泰勒(Wilson L. Taylor)发明了一种有关信息类型可读性的度量法，它被称作“完形填空法”(the cloze procedure)(泰勒，1953，1956)，是以格式塔的完形概念命名的。在一份手稿中，每隔5个字就有被随意擦掉的字，要求调查对象予以填补。①正确地做到这一点的能力是这个文本可读性的一种指标。

信息论和传播学

在传播学领域中，信息概念的全部整合潜力、它的度量——即比特——都还没有被意识到，这部分地是因为：传播新范式是由业已存在的大学新闻系和言语系中的传播学学者所采纳的，因此将正在崛起的传播学领域分为大众传播和人际传播两个分支学科(里尔登和罗杰斯，1989)。在社会科学中，信息概念也没有得到更广泛的认识，在那里，信息理论可以为知识的整合提供一个可能的工具(麦考密克，1986)。这样的整合还没有出现。

① 使用了泰勒的“完形填空法”的传播学学者包括达内尔(1970)、迪肯斯和威廉(1964)、劳里和马尔(1975)、林奇(1974)、赖利 (1971) 以及泰勒(1975)。

赛佛林和坦卡德(1988)在他们关于传播理论的评论中声称:“对于其他传播理论和传播模式来说,通信(传播)的数学理论是最重要的一个激励因素。”香农的信息论为传播学领域提供了基本的范式。美国大学中最早的传播研究机构和第一批博士学位授予项目,都始于香农的信息理论发表不久。作为美国大学传播学院的最重要的制度化者,又是传播学领域的奠基人,施拉姆对香农理论较早产生了热情。

就信息论之为传播学学者的接受而言,香农信息论的发表时间是至关重要的。如同伯洛(1977)在20世纪40年代后期所注意到的那样:“传播研究者从中等职业学校教育的聚居区中崛起,并竭力争取他们的高等院校的同事在理智方面的尊敬。”信息论看上去像是通向尊敬的一条途径。它还像是一个能够提供某种普遍性的工具,这一普遍性跨越了不同类型的传播渠道。按照信息论的看法,传播是通过大众媒介而发生,还是通过人际渠道发生,这实际上无关紧要。“香农的含义是,传播就是传播,不管通过什么渠道,它都会发生。这种理论思维的全部效果是使人类传播的术语、概念和模式都标准化了,而不管它所通过的渠道是什么。”(罗杰斯,1986)这些概念和模式就来自香农。

香农的理论对于正在崛起的传播学领域产生了巨大的影响。如同克里彭多尔夫(1989c)所说:“从历史的眼光来说,信息论是传播研究发展的一个主要的刺激因素。它使得在此以前的模糊的信息概念可以得到数学的处理,将它从涉及认识和传播术语的各种学科的有冲突的要求中解放出来,并赋予传播和信息过程的研究以合法性。”

信息论对传播学的知识影响尽管强烈且持久,但并非完全是积极的。正如当代传播学学者对诸如“信源”、“接收者”和“反馈”等原初的工程概念的全然依赖,以及对诸如“噪音”、“编码”和“解码”等密码学术语的全然依赖所表明的那样,这个影响是强大的。香农的通信(传播)模式在由传播学学者作了某些改变(诸如增加了反馈)之后,又将传播学学者引向对传播行为的单向概念化,引向注重对传播效果的确定。因为传播学者对于香农的理论所做的事情而批评,这公平吗?“批

评香农的模式不适合于人类传播的复杂性，犹如因为一艘划艇不是一条鲸鱼而去批评它一样。”（里奇，1986）

一旦一个范式被某个学科的学者们接受了，它就为以后几代学者提供了有用的指南，减少了有关研究什么样的主题、如何研究它们、如何解释研究成果等问题的不确定性。不过，一个范式也可能是一个理智的陷阱，使追随它的科学家们陷入他们可能无法完全认识的假设之网。D·K·伯洛回顾他20世纪50年代在伊利诺伊大学的博士生学习历程：“和我的许多同事一样，我根本不理解我所相信的基本假设和理论结果，也把握不了我从中接受教育的研究传统的有限繁殖力。我不认为作为线性因果决定论之基础的那些假设可以说明传播事件的主要部分，但不是说它们不能说明那种在我们的生活中产生重大差异的问题。”（伯洛，1977）他后来承认，人类传播常常是无目的的与非线性的：“一种信息—传播关系在我们构想它时可能是有方向的；否则，它就可能没有方向。如果我们把‘信源’看作是有目的的和原初的，把‘接收者’看作是被动的，看作是一个接收器——例如，如果信息是刺激，效果就是反应——那么，这种关系就是有方向的。另一方面，如果这一关系是这样的：两个使用者在期望、计划和预见方面接近约定，那么根据双方如何使用和接近一个信息—事件，比起根据一个人如何使用这种关系去指挥另一个人来，可归因于这种关系的不确定减少或许就更容易理解了。”（伯洛，1977）

今天，有必要对香农的传播模式重新予以概念化，以便反映作为过程的传播定义，认识到传播往往是非线性的、无意图的，并促使传播效果之外的其他重要研究主题的进行。因此，传播学者正逐渐地摆脱他们早期对于香农的通信（传播）的数学理论的误解，这是一个逐步的、渐进的过程，它终将恢复我们对于作为自我纠正系统的知识共同体的信念。

第三部分

传播学领域的建立

第十二章

施拉姆和传播学的建立

传播学发展得如此迅速，以至于几乎不能停下来等待对于它的描述。

——施拉姆：《人与人之间传播的性质》

一切学术事业的历史都往往带有某种弑父般的倾向：陷入窘境的知识源泉受到抑制，并被更受欢迎的源泉取而代之。大众传播的研究也是这样：只有在它的理论问题确立了很久之后，它的机构才能够诞生。

——J·D·彼得斯：《民主制和美国传播理论：杜威、李普曼、拉扎斯菲尔德》

在美国大学里建立一个新的科学领域是一个极其罕见的事件。自1900年左右，即当5个传统的社会科学(经济学、心理学、政治学、社会学和人类学)建立以后，只有极少的新的学术领域能够发展起来。过去90年来，传播学或许是美国大学的最广受欢迎的新领域。这一章着重论述施拉姆在这个创建传播学新领域、并使之逐渐为美国大学广泛接受——首先是为它们的新闻学院广泛接受——的独特过程中的作用。

施拉姆(1907—1987)是传播学领域的奠基人。没有像拉斯韦尔、拉扎斯菲尔德、勒温、霍夫兰、维纳和香农这些先驱者，传播学不能取得它现在的地位，但正是因为施拉姆，“而不是其他什么人，传播学才能够凭其自身成为一个研究领域。”(佩斯利，1985)施拉姆在衣阿华、伊

图 12.1　施拉姆(1907—1987)
在斯坦福大学
斯坦福大学新闻与信息服务社。

利诺伊和斯坦福创立了传播研究机构，这些研究机构从事学术研究，培养新的传播学博士，并联合起新的跨学科领域。传播研究的这一制度化使得探讨人类传播问题的理论与方法结合起来(罗杰斯，1986)。在第二次世界大战以后的年月里，施拉姆对于传播学的腾飞起到了至关重要的作用。在施拉姆之前，先驱者们开始研究传播，在这个领域里停留了几年，然后又返回到他们各自的原学科。拉扎斯菲尔德和霍夫兰就是例子。但是，施拉姆进入传播学，并且留了下来(罗杰斯，1986)。他创造了第一批被称为“传播”的大学单位，撰写了第一部传播学课程的教科书，授予了第一个传播学博士学位。他是世界上第一个具有“传播学教授”头衔的人(那是 1947 年在伊利诺伊大学)。

第一章描绘了施拉姆 1943 年在衣阿华大学新闻学院，如何从英语系的一个创造性的写作计划崭露头角，开办了传播学的第一个学院课程。现在，我们紧接着第一章终止的地方，即从施拉姆 1947 年到达伊利诺伊大学开始。

我关于施拉姆在创建传播学方面的作用的看法源自以下几个方面：在斯坦福大学与史蒂文 · H · 查菲的广泛讨论；在某些观点上借鉴了罗杰斯和查菲(1992)(印制中)的思想。感谢E · P · 贝廷豪森、J · W · 迪林、M · S · 科伯利、L · M · 尼尔森和J · T · 麦克内利对本章初稿的评论。

走近伊利诺伊

伊利诺伊大学由平坦的乡村所围绕。事实上，这里的地势如此之低，所以在美国疆土最初向西部扩张时，这个地区多沼泽，难以居住。直到1880年左右，当这片土地被排干用作农田时，受两条相交铁路线(其中一条是连结芝加哥和新奥尔良的主干道)的恩赐，香槟和厄巴纳这两个姊妹城——伊利诺伊大学就坐落在那里——才开始发展起来。今天，两条州际高速公路穿越香槟—厄巴纳，各种各样的汽车旅馆和餐馆依靠路过的旅行者为生。但主要的生活来源是伊利诺伊大学，它有着2.4万名大学生和1.2万名研究生。这一发展相当程度上就出现在第二次世界大战结束以后。在战争结束前的1940—1941学年中，伊利诺伊大学注册的学生是17392名，在战后的1947—1949年间，是38637名。然后，注册人数稳定在约3.6万名。伊利诺伊州人口众多，农业和工业都很发达，所以它能够支持这所大型的大学。恰当地说，伊利诺伊大学因其农业研究而闻名，特别是在近年，因其超级计算机成就而闻名。

伊利诺伊大学的校园中心主要是由“莫罗基地”(the Morrow Plots)组成，这是一小块地，自1876年起就未曾中断地长着玉米。“莫罗基地”上的一块金属牌上写着它们是“美国最古老的实验农场”。这些田地有助于消除普通农民的一个信念，即玉米收成后，必须要有玉米轮作中的干草或水草以保持土壤肥沃，然后才有玉米的收成。“莫罗基地”象征着农业在这个草原大学的重要性。1971年，当一个新的大学生图书馆落成时，其中的两层建造在地下，以便使这一建筑不至于挡住著名的“莫罗基地”。

伊利诺伊大学在历史上还因其是伟大的中西部美式橄榄球劲旅之一而闻名。格兰奇(Red Grange)是历史上最杰出的橄榄球运动员之一，他就是在伊利诺伊成为明星的(就是这个格兰奇于1954年后帮助说服施拉姆离开伊利诺伊大学，当时入选董事会的格兰奇投票赞成解雇大学校长斯托达德）。格兰奇的教练罗伯特·朱皮克（Robert Zuppke）巨穴般的纪念体育场的朱皮克球场（Zuppke Field）以他的名字命名。按照R·朱皮克教练的临终愿望，他被葬在50码线对面的教员墓地中。朱皮克不仅因为杰出的教练生涯而闻名，而且也因为拒绝提供运动员奖学金而闻名。由于这种拒绝，有几年，伊利诺伊大学橄榄球的显赫地位受到损害。

因此，伊利诺伊大学几乎就是中西部大型州立大学的刻板模式，具有橄榄球、玉米种植和计算机的传统风味，它们都位于一对小型大学城中，这些城市凸显在美国中西部的中央地带。正是在伊利诺伊，1947年施拉姆从衣阿华市到达以后，传播研究开始着手进行。

推动伊利诺伊大学前进

第二次世界大战刚结束、斯托达德作为校长抵达的时候，伊利诺伊大学已有几年缺少强有力的领导了，学术质量也逐渐下降（索尔伯格，1991）。斯托达德相信，伊利诺伊大学是一头“熟睡的狮子”，他认为自己的使命是使这个机构重新富有活力。

乔治·斯托达德（1897—1981）在宾夕法尼亚州获得学士学位，然后在巴黎大学学习心理学，直到1923年他前往衣阿华攻读心理学博士时为止。1928年，他成为“儿童福利研究所”所长，以后的14年他成功地管理了这个机构，使之成为美国著名的儿童发展研究机构。20世纪20年代末，斯托达德指导一个有关电影对于儿童的效果的佩恩基金研究。因此，他重视大众传播研究，特别是重视关于媒介效果的研究。1936年，他成为衣阿华研究生院院长。1942年，当二战期间施拉姆在华盛顿时，斯托达德迁移到奥尔巴尼，成为纽约州立大学校长。

第二次世界大战之前，斯托达德和施拉姆在衣阿华大学的时候，曾是朋友，彼此相互钦佩。他们都属于被称为“防止虐待演讲者协会”①的一个不虔诚的小团体。一些著名的作者应邀来到衣阿华市作公开演讲，“防止虐待演讲者协会”（SPCS）在他们回答了几个问题后，将这些人带离听众。然后，SPCS 就不断地向演讲者灌输友情和酒。在禁酒年月，这里是衣阿华市惟一可以饮酒的地方（卡蒂埃，1988）。在这一时期，斯托达德院长告诉他的妻子：“我越看这里的教师，就越意识到他们中的许多人缺少的素质是‘想象力’，那正是使威尔伯（施拉姆）如此有趣、如此机敏和如此有灵感的东西。”（勒纳和尼尔森，1977）

斯托达德为年轻的施拉姆——1947 年他仅 40 岁——提供了伊利诺伊大学校长助理的职位，以及加盟斯托达德的“使大学再次前进”的竞选的机会。但是，施拉姆尽管对衣阿华大学缺乏资源的情况感到不快，却还是执着于他的创建传播学的志向。1947 年 1 月，施拉姆参加在肯塔基州列克星敦召开的一次新闻学院管理者的会议（卡蒂埃，1988），在返回衣阿华城的途中，他逗留在厄巴纳。斯托达德为他作出了一个他无法拒绝的提议。基本上，斯托达德邀请施拉姆加入其大学管理层的智囊团，交换条件是创办一个传播研究所由施拉姆来领导。在一所美国大学以及在世界中，这样的研究所是一个重要的创新。它是第一个被称为“传播”的、能够授予学位的学术单位。伊利诺伊大学在采纳传播学方面作出了创新，因为斯托达德校长要聘用施拉姆，他付出了要施拉姆转到伊利诺伊的代价：一个传播研究所。

实际上，传播学的大量基础设施已在伊利诺伊大学就位了，尽管它被称作新闻学或其他名称，而不是传播。施拉姆到达厄巴纳 3 年以后，即 1950 年，斯托达德校长对他的领导才能留下深刻印象，任命他

① 除施拉姆和斯托达德以外，“防止虐待演讲者协会”的 16 名成员中包括：衣阿华大学新闻学院院长弗兰克·卢瑟·莫特和著名画家格兰特·伍德，后者当时正在衣阿华大学执教艺术课。

负责伊利诺伊大学的每一项与传播有关联的活动，甚至关联比较远的活动。当然，施拉姆已是一名传播学教授，传播研究所所长，伊利诺伊大学出版社主编。斯托达德大笔一挥，施拉姆又成为传播中心主任，传播中心的建立是为了包括现存的广告系和新闻学院，加上传播研究所。施拉姆是美国、也是世界上第一个享有传播学教授和系主任头衔的人。他还是伊利诺伊大学广播电台、退伍军人事务处、会议中心和几个具有某种传播功能的其他活动的负责人。①他本质上是负责特殊项目的一名副校长。事实上，施拉姆深深地陷入管理这个帝国的事务之中，以至于他不得不尽力找出时间来进行他的研究项目、指导他的博士生以及撰写著作。

伊利诺伊大学的传播机构中的著名的、但没有指派给施拉姆管理的机构是言语系(the Department of Speech)。这个系力求成为一门人文学科，而不是一门社会科学，致力于人类传播，强调修辞的视野。言语系在它的领域中声名远扬，并且已经授予博士学位。②尽管已经和系里的教师讨论了加入施拉姆的传播中心的可能性，但言语系决定维持原样，留在文学、艺术和科学学院。这个由系里作出的走自己独立道路的决定是至关重要的，它导致了后来传播学领域之分为大众传播与人际传播的分支学科。

斯托达德校长知道，在美国高等教育的历史上，在伊利诺伊开创传播学是一个重要而又危险的决定。他在1947年4月21日写信给施拉姆，感谢他接受伊利诺伊的工作提议，在信中，斯托达德说："我有一种感觉：教育史学家总有一天将会记下这个特殊的事件。"③

---

① 在伊利诺伊的年月里，施拉姆组织了阿勒顿会议中心的教育电视会议，它促使联邦通讯委员会为教育电视台保留某些频道。结果产生了公共广播系统(尼尔森，1992)。

② 伊利诺伊言语系不包括无线电广播和电视广播编排；如果有的话，它就可能与施拉姆的传播系有更多共同的东西了。

③ 这封信保留在伊利诺伊大学档案馆，归在传播研究所主任的文件中，13/5/1，第4盒，施拉姆个人材料，1947—1949。

传播研究所

有关伊利诺伊大学传播研究所的想法最初不是来自施拉姆，也不是来自斯托达德。在1947年初斯托达德就聘任工作与施拉姆谈话之前的一两个月，伊利诺伊大学的一位教广告课程的新闻学教授桑戴奇博士就提议成立“传播研究局”。①他想在伊利诺伊创建一块“莫罗广告实验基地”（桑戴奇，1991）。在他后来的生涯中，桑戴奇成为美国广告教学的创始人。回溯1946年，他那时正通过邮寄问卷从中西部农民那里收集有关广告效果的资料。他知道了当时正由衣阿华大学、明尼苏达大学新闻学院研究处、密歇根大学R·利克特调查研究中心进行的大众传播研究。桑戴奇在他关于创办一个伊利诺伊大学传播研究局的提议中引用了这一相关工作。至于其名称的含义，桑戴奇咨询过哥伦比亚大学应用社会研究局的拉扎斯菲尔德。桑戴奇为提议中的伊利诺伊大学研究机构申请每年1万美元的费用。他将他的草案交给他的上司、新闻学院院长赛伯特，后者对这个想法很热心，将草案交给大学管理机构，在那里，却突然遇到了麻烦。

1946年12月31日，他们的提议受到大学教务长的反对，然后，他们将之转到校长办公室。斯托达德校长比较积极，告诉桑戴奇和赛伯特将他们的提议拿在手中等待（这是在1947年1月初）。因此，就在斯托达德召募施拉姆之前，创办伊利诺伊传播研究所的想法正悬而未决。这里，我们看到，传播学在伊利诺伊大学的重要崛起的根据不仅仅限于施拉姆，这个事实往往为大部分有关这一时期的、已出版了的论述所

---

① 这个提议以及与之相伴随的信件（日期为1946年12月14日）见于伊利诺伊大学图书馆大学档案，斯托达德书信文件，系列2/10/1，第6盒，新闻学院文件夹。

忽略。①相关人员还有：桑戴奇，赛伯特，施拉姆后来的同事T·彼得森和J·詹森，以及心理语言学家C·奥斯古德，他由施拉姆召募成为传播研究所的成员。施拉姆于1947年来到伊利诺伊大学，这是某种催化剂。在他到达之前，传播学已在进行之中，但他的传播学观1942年在华盛顿时就产生了，然后从1943年至1947年在衣阿华大学成型，再加上他卓越的个人能力，便使得传播学于1947年在伊利诺伊大学成为现实。

在传播研究所创立后不久，1948年1月，施拉姆在伊利诺伊大学召开了一次为时3天的会议，旨在为传播学探讨未来的方向，更具体地说，在如何形成他的新的研究所及其将要开设的传播学博士课程方面，为他提供咨询建议。这个会议由洛克菲勒基金会的马歇尔提供2000美元的资助，包括许多早期传播学的关键人物：先驱者霍夫兰和拉扎斯菲尔德；诸如R·凯西、R·纳夫奇格和F·赛伯特等布莱尔的弟子们；批判学者L·洛文塔尔。根据会议论文，施拉姆编辑了《现代社会的传播》(1948)，它是这个新领域的第一部教科书。

考虑到施拉姆对于伊利诺伊大学庞大的传播帝国所担负的行政责任，人们或许会想到他没有时间教学、指导博士生、引入研究基金、进行学术调查、撰写教科书，但是，不知怎么的，他有时间做了这些工作。20世纪50年代期间，他每年写作或编辑一本大众传播方面的著作，例如，《大众传播》(1949)、《报刊的四种理论》(1956，与他在伊利诺伊大学的同事赛伯特和T·彼得森合作)、《传播过程和效果》(1954)。这些著作成为限定新的传播领域的主要课本。②

施拉姆在伊利诺伊大学的传播学博士课程具有一种跨学科的方法。传播研究所提供了一种机制，通过这个机制，心理学、社会学、政治

① 施拉姆在他后来的职业生涯中说：他关于传播学愿景的许多方面都受到伊利诺伊大学已有基础设施的限制。在斯坦福大学的时候，施拉姆感到，他能更完满地实现他的愿景(尽管他在那里也多少受到了限制)。

② 作为20世纪50年代中期阅读这些著作的一个结果(我当时是衣阿华州立大学的一个博士生)，我感到，我理解了传播学的性质，并且被它所深深吸引。

学、人类学和电子工程学都被引入传播研究之中。伊利诺伊的博士课程以研究所为中心，但是在正式场合，它是研究生院管辖之下一个跨学科行为。重要的是，研究所受到来自伊利诺伊大学预算的“硬性捐款”（hard money）基金的支持，这与拉扎斯菲尔德在哥伦比亚大学的应用社会研究局不同。研究所作出了十几个成员的任命，也与伊利诺伊大学的各个系合作搞了几个联合任命(麦克莱，1991)。外来资助研究项目的基金被用来支付博士研究助理的薪水、差旅、设备和其他运作成本，但是作为研究所成员的学者则完全是由定期的学校预算来支付工资。①这样的供养(方式)使研究所具有一种永久性的意义。事实上，这个研究所今天仍然在那里存在，相当程度上都与施拉姆创建它的时候相类似。

研究所每年招收10到12名新的博士生，自它1951年的第一个博士学位以来，它每年授予5到6个博士学位，一共是200多个博士学位。最初，几年的大众媒介经验是博士项目录取的必要条件(这个先决条件后来被取消)。从1947年至1955年，也就是在最初的施拉姆时代，研究所每年从校方获得的预算是20万到30万美元。此外，在外来资助的传播研究项目上，施拉姆每年引入约50万美元。就吸引大笔研究资助而言，施拉姆在伊利诺伊多少有点是个神奇的劳作者：一个大型的美国空军合同为各种军事问题提供社会科学的咨询，来自“国家心理健康研究所”的基金用于有关心理健康的大众媒介信息的内容分析，关于如何利用社会科学研究成果的一笔福特基金，以及一笔来自美国国务院的基金用于评估当时美国新闻署的运行情况。这种基金帮助了伊利诺伊大学的博士生，使他们得到了从事传播研究的见习培训。

---

① 1948年，施拉姆聘用了曾在联邦通讯委员会工作过的经济学家D·W·史麦塞，聘用了教育心理学家格雷丝，并任命赛伯特、桑戴奇(新闻学院)和阿尔比格(社会学)——这些人已经在伊利诺伊大学了——为研究所成员。1949年，施拉姆招募了心理学家和语言学家C·奥斯古德，以及播音员R·赫德森为研究所成员，后者曾在战时新闻局(OWI)和哥伦比亚广播公司(CBS)工作。1951年，施拉姆聘用了衣阿华大学第一个传播学博士生C·斯旺森——他后来在明尼苏达大学教书，并聘用了来自华盛顿州立大学的政治学家J·巴谢尔德。

有一个博士生名叫D·K·伯洛，他1953年通过迂回的旅程进入施拉姆在伊利诺伊大学的博士培养项目。他曾是密苏里大学数学专业本科生，但朝鲜战争期间中断了学习，参加美国空军。当驻守在离厄巴纳大约10英里的伊利诺伊兰图尔的夏努特空军基地时，伯洛遇见了拉姆斯戴恩(Art Lumsdaine)，后者曾在关于美国士兵研究中与卡尔·霍夫兰一起工作，当时则正在夏努特进行空军研究。伯洛在成为美国空军在职士兵的同时，也在兼职的基础上完成了伊利诺伊大学的学士学位。他向拉姆斯戴恩询问关于博士学习的建议，拉姆斯戴恩推荐了伊利诺伊大学新的传播博士培养项目。几天以后，当伯洛在校园内施拉姆的办公室里拜访施拉姆时，发现拉姆斯戴恩已经为他写了一封推荐信。

伊利诺伊大学博士培养项目的第一年，伯洛仍在空军服兵役，第二年的时候，他全职担任一家地方广播电台的主任。1955年8月，施拉姆前往斯坦福大学，在他离开伊利诺伊的前一天，5个博士生参加了他们的资格考试。当天晚上，庆祝会在5个博士生之一的H·库姆塔的家中以102°F温度下召开。庆祝会中，当时还不熟悉伯洛的赛宾(Gordon Sabine)问伯洛如果他是传播学院院长的话，他会做些什么。①伯洛不假思索地说了一通。后来，庆祝会上的某个人悄悄对伯洛说赛宾是密歇根州立大学新创办的传播学院院长。令伯洛大吃一惊的是，第二天早晨，赛宾就打电话给他，告诉他一旦他在伊利诺伊大学完成了博士论文，赛宾就将为他提供一个密歇根州立大学的教师位置。一年以后，伯洛到达东兰辛，成为一名助理教授。来到密歇根州一两年以后，有人又为他提供了一个衣阿华大学的位置，但是，这个提议让赛宾院长挡回去了，条件是给予伯洛密歇根州立大学传播系系主任的位置。伯洛29岁。这个新的系沿着贯彻施拉姆的传播学愿景的路线而组织起来。伯洛所聘用的教师既有大

① 赛宾与伯洛在这次庆祝会上的谈话不是偶然的。赛宾有一张伊利诺伊、斯坦福和威斯康星的所有博士生的名单———张非常简短的名单，并且，正在有系统地将他们招募为他正在组建的密歇根州立大学传播学院的教师(斯坦普尔，1992)。

众传播的背景，又有人际传播的背景。这或许是世界上第一个被如此命名的传播系。

伊利诺伊大学传播研究所的一个特别重要的学者是C·奥斯古德(1916—1989)，他是一个具有耶鲁大学博士学位的心理学家和语言学家，曾与霍夫兰一起工作。施拉姆认为奥斯古德是他在伊利诺伊大学岁月里的一个重要的聘用人。奥斯古德创造了语义差异(semantic differential)法，一种有7级量表，根据它，要求调查对象评估一个概念的一系列相反的形容词。例如，奥斯古德可能要求调查对象以下面的形容词对子来评估“电视”的概念：

强烈的____：____：____：____：____：____：____微弱的
快速的____：____：____：____：____：____：____缓慢的
明智的____：____：____：____：____：____：____不明智的

奥斯古德、苏奇和坦嫩鲍姆(1957)在《意义的测量》的著作中总结了他们对于语义差异法各种研究。他们论证说，语义差异法提供了一种手段，以便使个体能够量化其对于一个概念(它可以是一个物体，一个人，或一个诸如“电视”这样的一般名词)的知觉。几年来，语义差异法是深受传播学学者喜爱的一个工具，尽管相对来说它今天已经过时了。

1955年，当施拉姆离开伊利诺伊大学时，奥斯古德取代了他，成为传播研究所所长。截至1988年传播研究所40周年大庆时，它已培养205名传播学博士。今天，伊利诺伊大学被认为在传播学方面具有阵容强大的博士培养项目，但是，当施拉姆1955年离开时，公众注意的中心也随他而去。

斯托达德校长的下台

斯托达德几乎从一开始就任伊利诺伊大学校长时就遇到了困难。他无论在政治上，还是在宗教上都是一个自由主义者，而他的自由主义在麦卡锡时代的红色恐怖期间带来了麻烦。在他的一部著作中，斯托达德(1943)说过，宗教本质上是迷信，这话使他不受伊利诺伊的罗马天主教会的欢迎(索尔伯格，1991)。斯托达德相信世界政府，参加联合国的各种活动，因此他长时间地离开厄巴纳校园。校董事会提醒他说其主要职责是在本校，但是，斯托达德仍然不断地旅行。他相信罗斯福总统的新政，在老教师痛恨新政的系里任命了信奉凯恩斯主义的经济学教授。如同伊利诺伊大学著名的历史学教授索尔伯格(Winston V. Solberg)(1991)所说的那样："斯托达德是一个自由主义者，但他也是一个教条主义者；面对与他意见不同的人，他显然缺乏控制自己发火的能力。据可靠的报道，他不只在一种场合下，当着一群系主任的面，朝这个或那个系主任发火。因此，他疏远了人们。"

当斯托达德校长满腔热忱、致力于改善伊利诺伊大学时，这个学校却越来越反对他了。他动作太快，又不能容忍反对意见。随后，一种称为"克力生物素"(krebiozen)的神秘化学物面世，它是由两个流亡的南斯拉夫人——即杜罗尤克兄弟，其中一个是医生——开发的一种治疗癌症的药物。所谓的癌症治疗药物据说是由马的血清制成的。这个神奇的药物由著名的医学研究者艾维(Andrew Ivy)博士资助，他是伊利诺伊大学芝加哥分校医学中心的副院长。斯托达德从科学根据出发，禁止在大学里使用"克力生物素"，这个政策遭到渴望获得治疗的癌症患者们的强烈批评。①

1953年7月24日，在伊利诺伊大学董事会的一次午夜会议上，斯托达德校长被投了不信任票，并被迫辞职。不信任票的动议是由前足球明星R·格兰奇作出的，他前几年经普选进入董事会。格兰奇并不是一个非常认真的董事会成员，很少参加董事会议，他还公开批评学校"购买了太多的钢琴"(布卢姆，1991)。

长期担任学校会计师的莫里(Lloyd Morey)被董事会任命为代理校

---

① "克力生物素"后来经证明除矿物油外，别的什么都没有(斯托达德，1955)。

长。莫里不喜欢施拉姆。伊利诺伊大学档案馆的文献表明，代理校长莫里系统地瓦解了施拉姆的传播帝国的零部件。第一个星期是伊利诺伊大学出版社，此后不久，施拉姆按例行公事走向校长办公室，被告知他不再是“阿勒顿公园（会议中心）的公爵”。然后他被解除学校公共关系办公室的领导职务。再后来，施拉姆其他的非学术职务也被剥夺。但是，莫里不能取消施拉姆的教授职务，因为施拉姆是学校的终身教授，莫里也不敢撤销施拉姆的传播研究所所长和传播系系主任的职务。不过，所有保留下来的工作对于施拉姆来说都很倒胃口，而他在伊利诺伊大学长达 8 年的行政管理经历也使他想在今后避开大学里的领导职位。

施拉姆感到该是他离开这里的时候了。他得到作为波士顿大学传播系系主任的面试机会，但被拒绝了。当施拉姆有可能被伊利诺伊大学解聘的消息传开时，有几个工作提议摆在了他的面前。

斯坦福大学的岁月

斯坦福大学传播学与新闻学系系主任布什(Chilton R. Buch)在 1970 年 6 月 29 日的一次口述史采访中说，他“知道(施拉姆)已对伊利诺伊大学的知识气氛感到不舒服。他有三个可供选择的工作提议，其中一个是在芝加哥大学。我与他见过几次面。他作为一个教授到这儿来(斯坦福大学)的薪水比他在伊利诺伊大学的薪水要低……将他引入斯坦福大学是我对传播研究的最大贡献。他具有相当重要的世界影响……我不知道还有什么领域一个人在其中会有如此突出的地位。”

布什是施拉姆到斯坦福大学的主要招募者，但是这个大学的管理机构也非常愿意与他共同推进这件事。一个特别关键的作用是由希尔加德(Ernest R. Hilgard)发挥的，他是一个心理学家，战争时期曾与施拉姆一起在华盛顿的战时新闻局任职，并对施拉姆留下了深刻的印象。1955 年，希尔加德是斯坦福大学研究生院院长。他每年有 5 万美元的一笔钱，由福特基金会提供，以加强社会科学，所以他十分乐意为施拉姆提供薪水(希尔加德，1992)。这个时候，斯坦福大学正试图通过从其他学校挖取人才的途径而提高它的学术地位。施拉姆带着来自福特基金会的7.5万美元到达斯坦福大学，研究行为科学知识的应用问题。这笔基金支付施拉姆在斯坦福大学起初4年薪水中的一半。然后，1960年，施拉姆和心理学教授R·西尔斯从美国卫生、教育和福利部引入一笔4年期的资助，共计12.2万美元，用于教学电视的研究。施拉姆继续他的传奇式的筹集资金的记录，他的这一能力在伊利诺伊大学就开始了。

传播研究所

在施拉姆到达帕洛阿尔托之前，斯坦福大学有一个言语戏剧系，以及一个独立的新闻系。若干年以前，它们两个都是从英语系中分化出来的。C·布什仔细地分析了斯坦福的形势，提出了学校将分开的部分合并成一个单一的传播学与新闻学系的建议，这个系包括一个传播研究所，其目的是培养新的博士生，并且进行对大众媒介有利的问题的学术研究。从事诸如此类的研究也会通过扩大传播学教师的学术出版物记录的方式，来帮助他们的学术事业。1953年，曾经领导过新闻系的布什成为新的传播学与新闻学系系主任，以及传播研究所所长。两年以后，布什将传播研究所所长的职位提供给施拉姆，施拉姆接受了。①由此开始了斯坦福大学的黄金时代，大约从1955—1970年。在这段时期，斯坦福大学支配了美国传播学领域。②

“(斯坦福大学的)传播研究所成为一个源泉，从这里，涌现出了一个迅速扩展的领域中的最新、最有创见、影响最为广泛的思想和理

---

① 施拉姆在斯坦福大学的岁月，一般回避行政管理的职位，这是他从伊利诺伊学到的教训。在很大程度上，斯坦福大学传播研究所所长是一个受人尊敬的角色，因为研究所是传播系的组成部分，而系主任履行着研究所的管理职能。因此，施拉姆有空从事研究、指导博士课程和进行教学。

② 斯坦福大学的传播学博士培养项目早于施拉姆抵达的前两年，并有几个博士生已经注册。

论。”（尼尔森）斯坦福大学成为新的传播学领域的种子机构。在生活于斯坦福大学的岁月里，施拉姆培养了大批传播学博士，这些新学者中的许多人很快跃居传播学领域的领导地位：P · J · 多伊奇曼在密歇根州立大学；W · 丹尼尔森在北卡罗来纳大学，以及后来在得克萨斯大学；J · 莱尔在加利福尼亚大学洛杉矶分校，以及后来在东西方传播研究所；还有S · H · 查菲在威斯康星大学。他们都成为新闻学院的院长或主任。施拉姆在斯坦福的成果也作出了重要的理论贡献：M · 麦库姆斯在北卡罗来纳大学，研究媒介的议程设置过程；G · C · 丘在东西方传播研究所，研究国际传播问题(不久以后，E · 麦克纳尼在得克萨斯大学，B · 霍尼卡在宾夕法尼亚大学，J · 梅奥在佛罗里达州立大学，也都进行了发展传播学的开创性研究)；F · 蒂奇纳在明尼苏达大学，考察知识沟假说。施拉姆的几个追随者——研究新传播技术的E · 帕克，研究知识效用的B · 佩斯利，分析电视对于儿童的效果的D · 罗伯特——成为斯坦福大学的教研人员，在那里，他们培养了一支施拉姆的“孙辈学生”的队伍。

位于得克萨斯大学奥斯汀分校传播学教授W · A · 丹尼尔森(1992)回忆起1954—1957年的斯坦福大学的博士培养项目，当时他获得了斯坦福大学的第4个大众传播研究博士学位。

> 博士培养项目在很大程度上是跨学科的。我从心理学系的Q · 麦克尼马尔那里选修统计法，他和希尔加德都是我的博士委员会的成员。我还从R · 西尔斯和费斯廷格那里选修博士生的心理学课程，费斯廷格正致力于他尚未发表的《认知不和谐》著作的章节之一的初稿。在社会学系，我选修了P · 韦林和R · T · 拉皮尔里的课程。传播学的学生们在心理学和社会学的这些博士课程中一直得到高分，这促使我们相信自己是有能力的。开发一个新领域，注册学习全国非常少见的(传播学)博士培养项目中的一种，这些使我们都感到兴奋不已。

当丹尼尔森完成了他的博士学习之后，被聘为威斯康星大学新闻学院的助理教授，2 年以后，他转移到北卡罗来纳大学教堂山分校，学术地位迅速上升，1964 年成为新闻学院院长，与他获得博士学位只隔了 7 年。①那个时代，施拉姆的门徒散布在整个美国。如同丹尼尔森(1992)所回忆的那样："每所大学都想聘用一个斯坦福大学新毕业的传播学博士。我们彼此之间保持着密切的联系，并创造了一个网络。(1955)我们在科罗拉多的新闻学教育协会的会议上组成了一个小团体，以便鼓舞传播研究。"从施拉姆的传播学愿景出发，斯坦福的大众传播研究的博士们影响了许多大学的新闻学院。他们试图以对人类信息交流的客观理解(其基础是科学研究)，来为正在崛起的传播学作准备。他们反对老一代的新闻学教授，这些教授教他们的学生"应该是"什么，其基础是作为新闻从业人员从职业经验中得到的一种规范的观点。

比起以前他在伊利诺伊大学开始的博士培养项目来，施拉姆在斯坦福大学的博士培养项目对于 20 世纪 50 年代和 60 年代的美国传播学领域具有更大的影响。这或许是因为斯坦福大学比伊利诺伊大学更有名望。②相比之下，伊利诺伊大学的博士培养项目更加具有一种批判的视野，这一差异仍在继续(丹尼尔森，1992)， 斯坦福大学的博士培养项目主要侧重大众传播的效果研究。

"绿眼罩人"与"卡方人"之争

施拉姆培养的新的传播学博士被他们的许多新闻学院的同事称为

① 丹尼尔森还因进行了有关重大新闻报道如何扩展到广大受众的首批研究之一而闻名(多伊奇曼和丹尼尔森，1960)。这一经典研究引发了其他许多的新闻扩散研究，研究发现，大规模人际渠道是扩散总统遇刺、大灾难或其他一些重大事件的新闻的补充。媒介往往使个人意识到新闻事件，这些个人然后与朋友、亲戚或工作同事讨论这一新闻事件。

② 伊利诺伊大学在某些大学的传播课程中具有相当大的影响，诸如在密歇根州立大学，在那里，D · K · 伯洛和 H · 库姆塔——他们都是伊利诺伊大学的博士——创建了一个重要的传播系。

“卡方人”（Chi-Squares，又作 x^2，统计学术语），这些同事代表着新闻教育的一种非科学和更职业化的方法。“卡方人”这个术语不是一句恭维话。在“绿眼罩人”（Green-Eyeshades）和“卡方人”之间产生了一种激烈的冲突，随着它被运用于大学新闻从业人员的培养，它成了有关人类传播的认识论知识基础的一场根本性的争论。“绿眼罩人”的象征是一度由报纸文字编辑佩戴的赛璐珞护目镜，以便于在强光下进行删改。这个术语含有这样的意思：绿眼罩教授以新闻专业为方向，而不是以新的传播科学为方向。“绿眼罩人”认为，新闻教育的主要功能是培养学生在报道、写作和编辑方面的实践技能（洛弗尔，1987），他们嘲笑年轻的传播学学者，认为他们与培养未来的新闻记者毫无关联。至于“卡方人”，对“绿眼罩人”也几乎没有什么尊重。西北大学新闻学院的麦克杜格尔教授（Curtiss D. MacDougall）①也许是这些术语的发明人，他是新闻教育的更加职业化和专业化方法的一个强烈的提倡者。

“绿眼罩人”与“卡方人”之争在不同的大学以不同的方式进行。在威斯康星大学，“老爸”布莱尔1935年逝世以后，由“绿眼罩人”G·海德（Grant Hyde）继任新闻学院院长。1948年，威斯康星大学的教职员工反对海德，罢免了他，并于1949年引入R·O·纳夫奇格（1896—1973），一个布莱尔的弟子，曾在明尼苏达大学执教十几年（德拉姆，1992）。纳夫奇格1921年获得新闻学学士学位，在有了10年的办报经历后于1930年返回麦迪逊攻读新闻学硕士学位，1936年攻读辅修新闻学的政治学博士。从1932—1934年，纳夫奇格在威斯康星大学注册了由S·斯托弗讲授的研究生统计学课程，此时斯托弗刚结束在伦敦大学随R·A·费希尔和C·皮尔森的一年期的博士后学习，返回威斯康星。在统计学方法方面，纳夫奇格接受了某些当时在大西洋两岸能够接触到最专业的专家的指导

① “绿眼罩人”的另一个特别重要的人物是乔治·J·基兹勒，他是20世纪60年代俄亥俄州立大学新闻学院院长。

（罗杰斯和查菲，1992），这对他的整个职业生涯都产生了强烈的影响，而且间接地对大众传播研究产生了重要的影响。先是在明尼苏达大学，以及1949年后在威斯康星大学，纳夫奇格讲授一门博士方法论必修课，即《传播媒介分析》，它遵循一种定量的方法。与D·M·怀特一起，纳夫奇格编辑了两本被广为使用的方法论教科书：《新闻学研究导论》（纳夫奇格和怀特，1949）以及《大众传播研究导论》（纳夫奇格和怀特，1958）。纳夫奇格被任命为新闻学院院长，这一事件预示着威斯康星大学黄金时代的来临。①它成为替其他大学培养新闻学教授的主要教育中心之一。他们接受传播学的教育，具有运用定量方法的极强能力，并且一般来说，都遵循媒介效果的研究方向。

具有传播学博士学位的年轻学者在新闻学院一点一点地赢得了这场知识革命。他们的学术方法得到许多大学管理者的赞许，这些管理者原先对面向职业的新闻学院都有些困惑不解，认为那是“某种相当于一个活动房屋管理学校，或一所宇宙论学校的东西。”（丹尼尔森，1991）年轻的传播学教授谈论着社会科学的语言，这种语言一般来说都能够为大学管理者所理解和评价。他们在科学杂志上发表文章，并且在学术发展成就的基础上得到升迁。“卡方人”代表着一种适合于美国研究型大学规范的新闻教育观。“绿眼罩人”的新闻学方法在这些大学里可能就难以生存了。

1965年，西弗吉尼亚大学新闻学院前院长P·I·里德写信给新闻学教育协会(AEJ)年会：“某些研究生学院的新闻学教授已经……停止使用我们专业的通用标志，即‘新闻学’，正以‘传播’一词取而代之……只应有‘新闻学院’，而不应有‘传播学院’，除非‘西部联盟’和‘贝尔电话’是主要的概念。”（海廷，1967）“绿眼罩人”反对将“新闻

---

① “绿眼罩人”抵制纳夫奇格和“卡方人”在威斯康星新闻学院的日益增长的影响，但是，“以研究为方向的新闻学和大众传播教育者的新浪潮得到了”校长的“支持”（麦克内利，1992）。

学”重新命名为“传播”。传播是一个社会科学的名称；新闻学是一个职业名称。

“绿眼罩人”也反对“卡方人”所使用的定量资料(如同“卡方人”的名称所包含的意思那样，这是一种统计学显著性检验方法)。传播学博士中的新骨干进行受众调查，为的是给媒介机构提供反馈意见，这样媒介机构就能够更好地满足受众成员的需要。比如说，传播研究者发现报纸能够通过提供更多的软新闻(例如体育、生活方式和食品小常识)与减少硬新闻的途径来增加它的发行量。“绿眼罩人”论证道，这样一种建议可以帮助报纸所有人牟取更高的利润，但是与新闻职业的标准(即高度重视硬新闻)是相违背的。

因此，对于那些致力于讲授这些主题的大学机构来说，斗争的中心在于：正确的术语是“新闻”还是“传播”，社会科学在新闻教育中的作用，以及理解人类传播和新闻实践的认识论基础是什么。施拉姆的传播学愿景是对“绿眼罩人”的威胁。作为“绿眼罩人”的代言人，J·特贝尔(1964)谈到传统的新闻学教育者对于大众传播科学学者的“某种强烈的义愤和防御的潜在意识”。

最初，在冲突中，“绿眼罩人”一边有强有力的朋友：报纸所有人和出版商，这些人往往具有相当大的政治影响，特别是对于公立大学的董事会。报纸所有人和出版商怀疑新一代的传播学教授能否教给新闻学学生什么有用的东西。①逐渐地，这些产业对于“卡方人”的抵制瓦解了，并最终代之以热情，当时办报人和其他媒介机构开始涉足于民意测验和市场研究。这种应用传播研究对于大众媒介来说显然是有价值的(丹

① 在早期，许多报社编辑都反对聘用大学新闻学院的研究生。他们认为，“惟一的新闻学院是报纸”(施拉姆，印制中a)。“新闻学院的首要问题是证明它们自己是‘实用的’，这本质上意味着是职业性的。”(施拉姆，1947a)一旦新闻学院被报纸业主所接受——如同它们的研究生之被聘用所证明的那样，新闻学院就能够在需要更多的社会科学训练、更少的写作和编辑技能课的方向上，制定它们的课程。

尼尔森，1992）。①

在新闻教育者接受施拉姆的传播学愿景方面，一个重要的转折点是在新闻学教育协会（AEJ）年会主会后的一系列非正式会议。1955 年 5 月，美国舆论研究协会（AAPOR）在威斯康星的麦迪逊集会，布什向（在威斯康星的）纳夫奇格提出了一个要求，即要纳夫奇格邀请 6 个有博士培养项目的新闻系和新闻学院负责人在他家中举行非正式的会谈。会谈时，每一个现存的博士培养项目都由一个博士生来加以描绘："对于一些机构来说，这是使人大开眼界的事情。"（特尔达尔，1968）这个小组决定在 1955 年 8 月的科罗拉多的下一次新闻学教育协会会议的次日，召开一次独立的会议。在此之前，支配着新闻学教育协会的"绿眼罩人"一直试图使研究报告远离会议议程。有 7 篇研究论文被呈交给科罗拉多会议，参加者（他们自称"微不足道的人"）同意次年（即 1956 年）在伊利诺伊的埃文斯顿的新闻学教育协会的会议上举行主会后的另一次非正式会议。

10 年以后，这些主会后的非正式会议发展成为"新闻学教育协会的传播理论和方法论部"，至今有几百个成员。请注意：新闻学教育协会主会后的非正式会议的组织者们清一色地都是"布莱尔的弟子"：布什，纳夫奇格和 R · 凯西。②他们的行为相当于把"卡方人"组织了起来，与"绿眼罩人"相比，这些人当时在新闻学教育协会中只占少数。布莱尔的弟子们在为施拉姆的传播学愿景准备新闻学院方面，发挥了至关重要的作用（罗杰斯和查菲，1992）。他们都是威斯康星、明尼苏达和伊

① 迪林（1989）发现，在美国 1983—1987 年对于艾滋病问题的全国民意调查（每年约 1100 名被调查者）中，约 80%是由媒介机构主办的。每次调查平均花费 20 万美元。《洛杉矶时报》在衣阿华州对于 1988 年总统初选进行了难以置信的 35 次投票意向测验。媒介机构如此注重调查研究，因为投票结果是新闻，媒介机构可以利用来销售报刊或赢得广播电视的收听率与收视率。这就是所谓媒介制造新闻，也许是为了获得利润（而不是仅仅为了报道新闻）。

② 施拉姆参加了 1955 年 8 月科罗拉多的主会后的非正式会议，他是在从厄巴纳到他的斯坦福大学的新职位的途中停下来参加这个会议的。

利诺伊等大学新闻学院的管理者，这些大学与斯坦福大学一起，在美国众多新闻学院的顶部构成了一个网络。各新闻学院从斯坦福大学聘用施拉姆的大众传播学博士，这些博士然后又培养了一群多得多的新闻学本科生和大众传播学博士，这些人反过来又影响了其他新闻学院。因此，施拉姆的传播学愿景奠定在一个几十年前就被“老爸”布莱尔所确立的基础之上，而且，正是布莱尔的弟子们通过新闻学院对施拉姆的愿景进行了补充。

最终，“卡方人”的年轻一代比“绿眼罩人”的寿命长，这使得美国大部分新闻学院的“绿眼罩人”和“卡方人”之争在（保险）精算的意义上得到了解决。但是，这绝不是说“绿眼罩人”与“卡方人”之争就完全结束了。今天，在美国许多新闻学院的教师和出版物中，这一争论仍在继续(例如，参见 R · 洛弗尔 1987 年的文章，《“卡方人”的胜利：一个徒有其名的胜利》，以及诸如 G · 斯坦普尔 1988 年《“卡方人”的反击》等系列回应文章)。

施拉姆思考早期的新闻学院可以发展出什么类型的专业院校的问题：“首先，它将是一个‘传播’学院。”(施拉姆，1947a)他错了。大部分新闻学院一旦转向认可施拉姆的传播学愿景的卡方人观点，就将“新闻学”保留为它们的主要名称，再加上“与大众传播”的字眼。如同这个名称所包含的那样，它们并不完全同意施拉姆的愿景，特别是在本科生的层次上，学士学位仍是以“新闻”的名义而被授予的。

从布莱尔到施拉姆的层复一层的积淀

施拉姆极有可能从未见过“老爸”布莱尔。布莱尔作为威斯康星大学新闻学院院长，逝世于 1935 年，当时施拉姆是衣阿华大学英国文学的助理教授。在以后的 8 年，他不会涉足新闻学和大众传播学。他 1942 年为衣阿华大学新闻学院设计的蓝图提出一种本科生的新闻课程，它由四分之一的新闻技能课程与四分之三的社会科学和人文学科课程组成，这正是“老爸”布莱尔曾经提倡过的比例，尽管施拉姆没有将布莱尔引为这一比例的出处。①

1987年施拉姆逝世时，在他的个人电脑文档中留下了一部未完成的书稿：《美国传播学的开始：个人回忆录》。最后一章——对此，施拉姆只留下了大纲——打算涉及传播学在新闻学院和言语系的认可问题。有一节的标题为“‘老爸’布莱尔和他的弟子们”（罗杰斯和查菲，1992）。斯坦福大学的S·查菲和我完成了施拉姆的（印制中的一本）著作，包括未结束的章节。所以，在他逝世的时候，施拉姆清楚地意识到“老爸”布莱尔在为他的传播学愿景进行新闻教育的准备方面所发挥的重要作用。关于布莱尔，施拉姆所知道的大部分事情都是通过其弟子们的途径，其中有明尼苏达大学以及后来的威斯康星大学的R·纳夫奇格、明尼苏达的R·凯西、伊利诺伊大学以及后来的密歇根州立大学的F·赛伯特、斯坦福大学的C·布什，他们是从布莱尔到施拉姆的最重要的纽带。

图12.2就是这些从布莱尔到施拉姆的连接的“层复一层的积淀”（palimpsest），它们穿越几十年通过4个组织设置将两个伟大的奠基人（一个是新闻学教育的奠基人，另一个是传播学的奠基人）连接起来。“层复一层的积淀”源于一个希腊语，意思是“再刮一遍”，它来自通过去除先前的书写层而对古代羊皮手稿的再利用。令历史学家兴奋不已的是，原来的层次借助于化学或其他手段往往能够得到恢复。这里，我们用“层复一层的积淀”作为一个隐喻，表示在理解从布莱尔到施拉姆的学术联系方面，我们试图要恢复的那些历史层面。②

现在，我们剥开连接布莱尔和施拉姆的历史层面，并且从最近的层面开始。不过，首先，我们必须承认，“老爸”布莱尔的新闻教育观与施拉姆的传播学愿景迥然不同。“布莱尔……创造了作为一个学术研究

---

① 不过，几年以后，在一篇有关新闻教育的文章中，施拉姆（1947a）赞同性地引用了布莱尔的理想的新闻课程。

② 施拉姆喜欢作为一个隐喻的“层复一层的积淀”。他坚持认为，“层复一层的积淀”应该包括在《国际传播学百科全书》中，他并且撰写了这个条目（施拉姆，1988）。

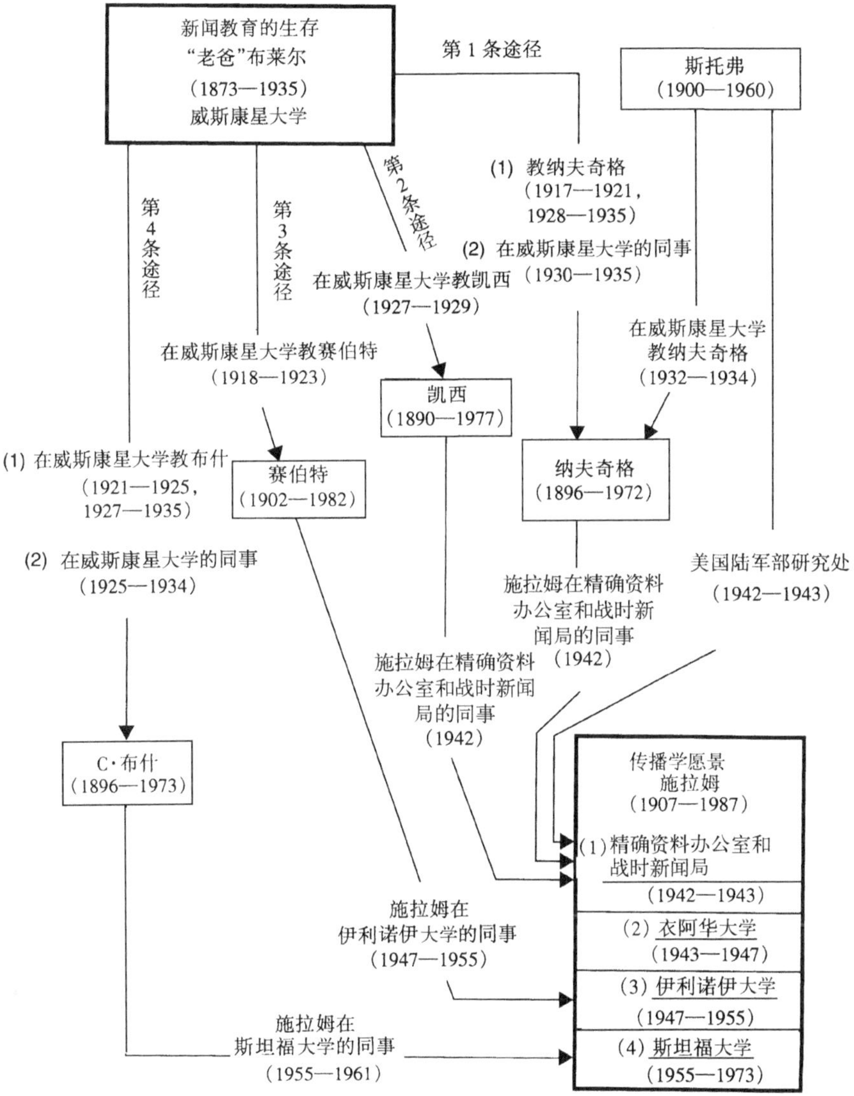

图 12.2　从“老爸”布莱尔到施拉姆的层复一层的积淀链

来源：罗杰斯和查菲(1992)

领域的新闻观念，而当时在其他大学里，它只是被当作与一种职业培训差不多的东西。”（罗杰斯和查非，1992）布莱尔认为，除非新闻学强调它的基础在社会科学之中，通过与社会科学的联合项目授予博士学位，进行有关新闻学问题方面的学术研究，否则，新闻学院就不可能在类似威斯康星大学那样的研究型大学里生存下去。相反，施拉姆要创办一个新领域。在这两种观点之间始终存在着一种张力，并且依然是这样。

从布莱尔到施拉姆的最新近的连接是通过C·布什达到的，他是布莱尔的一个弟子，从1955—1961年是施拉姆在斯坦福大学的同事(图12.2的第4条途径)。在此以前的8年(1947—1955)中，也就是施拉姆在伊利诺伊大学期间，布什与布莱尔从前的另一门徒合作，也就是赛伯特(第3条途径)。在1943—1947年的衣阿华大学，施拉姆首次贯彻他的传播学愿景，那时他与布莱尔的弟子没有直接的联系，但是这种传播学愿景最初是1942—1943年施拉姆在精确资料办公室和战时新闻处(OFF/OWI)时期形成的。在那里，他定期会见凯西，后者是美国宣传机构的一个顾问(第2条途径)，会见纳夫奇格(第1条途径)(这两人都是布莱尔的弟子)。他还会见斯托弗，此人曾在威斯康星大学给纳夫奇格上过研究生统计学课，本人是精确资料办公室和战时新闻处的一个顾问。无论是在伊利诺伊，还是在斯坦福，施拉姆与布莱尔的弟子们的网络关系在帮助他为自己的传播学研究以及传播学博士生培养项目发现学术家园方面，在为他的新闻学院的新的博士毕业生寻找教师工作方面，都是非常重要的。

国际传播

1955年，当施拉姆抵达斯坦福大学时，他开始了他事业中的国际阶段(基弗，1991)。他在厄巴纳的时候，已经完成了某种国际性的工作，但是，在那里，繁重的管理职责意味着他不可能有许多海外旅行。他的首次重要的国际研究是在朝鲜战争期间进行的，当时美国空军派他去汉城完成一项使命，汉城是韩国首都，在战争的早几个月中被朝鲜军队攻占。施拉姆和罗格斯大学的社会学家J · 赖利访谈了曾在共产党政权下生活的调查对象。施拉姆在那时的“冷战分子”的倾向表现在他的报道自己所见所闻的著述的标题上，即《红军占领了一座城市》（赖利和施拉姆，1951）。①这一研究在学术意义上不是特别引人注目，但是，它导致了施拉姆在斯坦福大学专门研究国际传播问题。

在国际传播方面，施拉姆的开创性研究之一是以某一天为中心的，即1956年11月2日，当时两个重大的世界事件发生了：苏联坦克进入布达佩斯以粉碎匈牙利人的起义；英国、法国和以色列武装军队进攻埃及，以便对苏伊士运河危机作出反应。“冷战”双方都采取了军事行动，而且又不是彼此针对对方，这一史无前例的事件导致了世界大报的重要新闻报道。施拉姆对世界上14家大报报道这两个事件的方式进行内容分析，因而利用了这个不同寻常的新闻日。他的《世界新闻界的一天》(1959)表明，每份报纸的意识形态立场直接影响它的报道。例如，《真理报》将苏伊士运河危机放在头版的显要位置，但是很少提到苏联在匈牙利的军事行动。《纽约时报》对两个新闻都予以重点报道，但是《世界报》特别以布达佩斯为中心。施拉姆的研究有助于开创国际传播领域，尤其是国际新闻传播的研究，这个题目在20世纪80年代吸引了许多学者的注意。②

施拉姆相信，比较传播体系的研究是一门扎实的学问。因为在某种理论的意义上，只以一个国家为中心(尤其是，如果这个国家是极不典型的美国的话)的传播学，是过于有限的。施拉姆不仅自己作了比较分析，

---

①　施拉姆的发现还被报道在两篇杂志文章中：赖利和施拉姆(1951)，赖利、施拉姆和威廉斯(1951)。

②　除了施拉姆对于美国传播学的国际化影响以外，跨文化传播的有关专业也由E · 霍尔所开创，他1959年的重要著作《无声的语言》最初是作为培养美国国务院外事处雇员的一本手册而作(赫维茨，1990)。霍尔是一个人类学家，他通过为美国外交官提供培训而开始就关于文化差异对人类传播的影响产生兴趣，这些外交官们曾经特别不受此影响，因为他们很少讲东道主语言，通常对东道主的文化也知之甚少。霍尔在他的1959年的著作中，提出了“跨文化传播”的术语。这个专业从此便在传播学学者中变得日益重要起来。

而且督促他的同事和学生也做这样的工作。他告诉他的斯坦福大学传播研究所的同事们，他期望他们中的每一个人都既从事国内研究，也从事美国以外的专业研究。因此，在施拉姆的斯坦福大学的岁月(1955—1973)里，他的研究所成为国际传播研究最负盛名的地方而逐渐出名起来。

施拉姆对国际传播产生兴趣的另一个理由是他的强烈的爱国主义情感，它与这样一个信念连在一起，即对于美国来说，第二次世界大战以后的主要问题在于它与苏联的“冷战”冲突，在于第三世界发展的有关问题，美国外交政策在当时将这些问题限定为与苏联争夺拉丁美洲、非洲、亚洲人心的斗争。施拉姆写了一本非常有影响的著作：《大众媒介和国家发展》(1964)，总结了大众传播在发展中的作用。他还进行了有关发展传播学的研究，特别是有关教育电视系统在诸如哥伦比亚、萨尔瓦多、美属萨摩亚和象牙海岸等国家与地区作为改进正规和非正规的教育手段的作用。

最后，施拉姆研究国际传播问题，因为他认为这是将传播学推广到其他国家的一个途径。他在他的斯坦福大学研究所和巴黎大学的法国新闻研究所之间达成一项协议，以便进行教师和学生的互换，也合作发表了几部著作。施拉姆帮助其他国家创建传播研究所，如新德里的“印度大众传播研究所”。他为他的斯坦福大学博士培养项目招收了国际学生，并鼓励他们返回其本土国家开创传播学研究。从1955年至1970年是斯坦福大学(传播学)的黄金岁月，在这段时期内，美国没有其他博士培养项目像它那样国际化，而施拉姆则是这一国际重点的推动力。

1973年，施拉姆在当时的法定退休年龄、即65岁的时候从斯坦福退休，然后，他迁移到檀香山成为夏威夷大学马诺阿分校校园内的东西方传播研究所所长。东西方中心(传播研究所是它的一个组成部分)由联邦政府建造，以促进美国和亚洲之间的知识合作和交流。施拉姆的研究所为亚洲学生提供奖学金，组织亚洲和美国的传播学者会议、从事研究、出版著作和报告。所以，在1973年以后，施拉姆全身心地投入到国际传播研究之中。甚至在从东西方传播研究所所长的职位上退下来以后，他仍然以一种荣休的角色积极参加所里的事务。他作为一名国际传播学的资深教授，在香港中文大学作短暂讲学，并逐渐结束了他在夏威夷的事业，从传播学的中心舞台上慢慢退出。他继续著书，尽管它们不像从前那样如此频繁地问世，也不像从前那样有影响。他不再参加博士培养项目。他的传播学愿景，或至少这种传播学愿景中的有些版本已经在整个世界上得到了广泛的接受。但是，施拉姆仍然工作，直到生命终结。1987年11月27日，他在檀香山因心脏病去世。当时，他正与妻子在家看电视。火化之后，他的骨灰撒入太平洋(科伯利，1992)。

为什么施拉姆如此有影响

如同他自己所承认的那样，施拉姆职业生涯中的一个重要因素是他能够清晰地写作(施拉姆，1979)。事实上，有些崇拜者称他为“伟大的概括者”。施拉姆具有涉足某一特定研究前沿的能力，快速地理解主要的问题，确认有前景的研究方向，然后，将这一认识组合成一部可读性很强的著作，其中没有难懂的话。他的这些著作对于构成传播研究的方向来说，非常有影响。“从1948年至1977年，除了文章、著作章节、会议论文和报告(它们的数量或许是好几百)外，施拉姆近乎每年出产一本书(编辑或合编，或撰写)。”施拉姆是“一个不同寻常的多产作者，他的工作在这几十年期间(20世纪40年代末直到70年代初期)有助于形成这个领域”(麦克纳尼，1988)。

从1955年至退休时的1973年，施拉姆在斯坦福大学的18年间，创作了大批书面作品。他用和专业秘书打字速度相似的速率打字，以快速的、时断时续的方式，一边打字，一边构思。“约500万字和4台(电子)打字机(他的确磨损了其中两台的键盘)之后，施拉姆毫无疑问成了传播研究领域中的世界一流权威。”(尼尔森，1977)有时候，施拉姆度过24小时的工作日。他对于学术研究的投入意味着他缩短了与妻子和孩子们待在一起的时间。他有许多熟人和崇拜者，但是很少有好朋友。

施拉姆的著作是一种手段，通过它们，他影响了传播学领域。在1979年的一次口述史访谈中，他被问起他最希望得到理解的著作是哪一部。他回答说："那可能要算是《我们儿童生活中的电视》(施拉姆，莱尔和帕克，1961)中的一段话。它说：'或许考察电视对儿童的影响的更重要的方法不在于电视对儿童做了什么，而在于儿童对电视做了什么。'儿童不是惰性的。你不是向儿童发射电视。他们将自己知道的东西和正在做的事情融入电视。"在这次访谈中，施拉姆说，他被引用次数最多的著作是《传播过程和效果》(1954)，但是，他最有影响的著作是《我们儿童生活中的电视》(1954)："它已引导了几百名青年学者研究电视对于儿童的效果问题。并且导致卫生局局长关于这个论题的研究项目，资助基金是180万美元。而1959年的原始研究项目——这部著作是以它为基础所写就的——的资助基金只有1500美元。"他继续说："《大众媒介和国家发展》(1964)也是非常有影响的。世界各国的人找到我，告诉我这部著作对于他们是多么的有用。所以，时机是非常重要的。在恰当的时间选择研究题目是至为关键的。我在选择我的研究题目方面已是很幸运了，在选择我已写就的著作方面也很幸运的。"这个时机并不仅仅是运气。施拉姆在他的鼎盛期是如此地有影响，所以在他发表一部有关某个新的研究方向的著作(如：电视的影响和儿童)时，他就为传播学设置了议程。

丹尼尔森(1992)1954—1957年在斯坦福大学获取传播学博士学位，他记得施拉姆热衷于香农的信息论，但不狂热。事实上，施拉姆1955年年初在斯坦福大学的求职面试讲座是关于信息论和传播研究的。在斯坦福大学的施拉姆的博士理论课上，学生们阅读香农和韦弗的著作：《通信（传播）的数学原理》(1949)，并受到如何理解香农的传播模式、如何使用比特作为信息的量度等方面的教育。但是，施拉姆认为香农的信息论是他正在创建的、新的传播学领域的几个模式中的一种，并不是根本性的范式。

施拉姆具有广阔的文学和社会科学的背景，这一背景为他创建诸如传播学这样一个新的跨学科领域提供了充分的准备。他充满理智好奇心，能够对超出他的知识领域边缘的论题发生兴趣。不久后，他会掌握它。例如，他自学Fortran计算机编程，理解香农的信息论，将弗洛伊德的快乐原则和现实原则运用于决定观看新闻与娱乐节目的那些个人(施拉姆，1949b)。快乐原则激发个人为了一种当下的回报(也就是快乐原则)而观看犯罪和腐败新闻，体育和有人情味的报道。(某种延缓回报的)现实原则激发个人观看有关公共事务、科学、卫生和经济问题的新闻。

施拉姆是一个彬彬有礼的人，待人礼貌周到。他非常自负，尽管很少在公开场合表现出来。不过，他具有一种美国中西部的朴实谦卑，这使得他能够与其他领域的著名学者相处，并且能够帮助他获得需要用来维持他的研究机构的研究基金。他有丰富的想象力，能够在20世纪30年代和40年代已经累积起来的大众传播和说服研究的零散物中看到一个新的研究领域。施拉姆的传播学愿景有意识地借鉴了美国一流大学的著名社会科学家的工作，以便使他努力创建的新的研究领域具有信誉。

施拉姆轻而易举地将他那个时代的杰出学者融合在一起。作为哈佛大学的一名硕士生，他所选修的课程远远超出了他的(美国文学)专业，这些课程具有像哲学家怀特海那样的优秀人物。在衣阿华大学，施拉姆也寻找最好的大师，例如C·西肖尔，G·斯托达德和勒温，尽管他们与他当时的学术领域几乎没有关联。他将与这些权威的关系用作通达其他学科的知识桥梁，用作满足他的好奇心的手段，用作为发现一个新领域作出准备的工具。第二次世界大战时期在华盛顿的时候，施拉姆获得了将当时杰出的社会科学家融合在一起的极佳机会：米德、斯托弗、利克特，等等。在那个时候，施拉姆比这些人年轻，看来他是以一个有兴致的学生求知者的角色去接近他们的。他正在吸收各种各样的观点。

立足于他所创建的传播研究机构，施拉姆放眼望去，看到的是进行传播研究的享有盛名的社会科学家，而不是作为他创建传播学之基础的传统的或专业的机构(诸如新闻学院)。“施拉姆很少提到已经身处传播学领域的那些传播学学者，他更愿意通过声称公认的社会科学或行为科学中的那些杰出人物实际上是他的同事的途径，来赋予传播学以合法性。在政治上，这是一个精明的策略。”(罗杰斯和查菲，1992)因此，人们能够理解施拉姆为什么会构建出四个奠基人的神话：它与传播学出身名门的想法是相一致的。相对说来，施拉姆很少提到“老爸”布莱尔和布莱尔的弟子们，也不那么注意言语系的修辞学学者。①

施拉姆有宽阔的眼界，能够向上看到处于高位的大师。他与这些著名学者打成一片，并鼓励他的学生们也这么做。他在衣阿华、伊利诺伊和斯坦福的传播学博士培养项目都与心理学、社会学和政治学有着牢固的跨学科联系。它们起先都是由大学研究生院领导组织的，并要求博士生选修由著名心理学家和其他社会科学家所开设的课程。当其传播学学生在这些严格的博士课程中获得了高分时，施拉姆高兴万分。他们的成绩证明传播学博士生恰恰与那些已更加成熟的学科中的博士生一样有能力。

施拉姆对于男性和女性在社会中的作用持有老式的看法。他对女性怀着一种旧式的恭敬态度(他称他的妻子为“贝蒂小姐”，声音中带有淡淡的木兰花香)，但是，他并不把女性学生和女性学者视为与男性学生和男性学者相平等的人，至少在传播学中是这样。例如，20世纪70年代初期，他称他的斯坦福大学传播研究所的助理教授A·多尔博士为“漂亮的小东西”。他1978年的著作《男人、讯息和媒介》出现于女权主义反对以男性占统治地位的社会的年代，并且因其带有性别歧视的题目而受到严厉的批评。在对有关其著作的批评意见发出了极为不满的抱怨之后，施拉姆将他第二版著作的标题改为冗长的《男人、女人、讯息和媒介》

① 在其生命的后25年间，施拉姆只参加过两次“新闻教育协会”的会议与两次“国际传播协会”的会议，每一次这样的场合，都是获得特别奖，或应邀做演讲。(罗杰斯和查菲，1992)

（施拉姆和波特，1982）。

施拉姆的性别观在他那个时代多少有点典型。1955 年当他抵达斯坦福大学时，布什在大学手册中已宣布，女性无需申请传播学博士培养项目，或许是因为她们不理解大众媒介传播的男人世界。今天，这些性别不平等的态度已有了很大的改变，以至于女性申请者被热情地吸收到大部分博士培养项目中，在职位聘用的决定中，女性也被优先考虑。在大部分大学中，一半以上的传播学本科生是女性，在传播学的研究生中，女性的人数略少于一半，但是她们的教授仍然更有可能是男性而不是女性，所以，缺少足够的适合女性传播学学生的榜样。在这部著作所论述的历史中，只有很少的女性学者(M · 米德是最重要的人物之一，而她只是间接地涉足传播学)，尽管如此，近几十年来，许多女性传播学学者已经崭露头角。在近 10 年中，被选为国际传播协会主席的人中约有一半是女性。这个方面正在取得进步，但是传播学领域中的男女平等还远远没有达到。

或许，施拉姆的重要影响可以由我对他在斯坦福的一天的生活观察来描绘，这一天发生在 1967 年 5 月。施拉姆邀请我那晚在他的发展传播学课程上做一个客座演讲。在他打电话谈论这个邀请时，提议我那天早晨到达帕洛阿尔托，这样我就能在他的研究所里度过一天的时间。这是传播学领域的一个重要的日子。我在施拉姆的办公室里晃荡，那是一座木制的老式简陋建筑，称为“柏树厅”（Cypress Hall），传播研究所就设在里面。他的门是开着的，他的同事和博士生们那天走进走出。在不同的时间，三、四个或五个人参加他的沙龙。

他接听许多长途电话。例如，上午，他得知他从前的一个博士生在一所西海岸大学的新闻学院没有被提升为终身副教授。过了一会儿，他与华盛顿的美国卫生局局长办公室商谈新资助的有关电视和儿童的研究项目。几年以前，施拉姆已就这个题目与他人合作进行了首次重要的研究，研究结果展现在他的著作《我们儿童生活中的电视》（施拉姆，莱尔和帕克，1961）中，他还推荐了他的一个门徒作为卫生局项目的研究管理人(几个月以后，经宣布，这个项目资助施拉姆的研究所从事电视对于儿童的效果的重大计划的研究，施拉姆在心理学系的同事 A · 班杜拉也是这样）。

二十几个其他电话打断了那天我与施拉姆的讨论。南方的伊利诺伊大学要聘用一个他的人。俄勒冈大学的一个老朋友来电征求意见。施拉姆的一个出版商打电话请他编辑其一本经典著作的第二版。在下午 7 时他要上课之前，我们坐他的车前往他在帕洛阿尔托的家中吃晚饭，这时，他向我介绍研究所里的一个优秀的博士生：N · 考茨曼(后来成为我在密歇根州立大学的同事)。那天晚上的课后，施拉姆的学生邀请我们一起在校园的一个聚集点吃比萨。施拉姆先走了。我猜想他回家去写另一部著作了。从那天以后，我认为我明白了传播学的非正式的总部在哪里了。它就在施拉姆挂帽子的地方。

施拉姆“认为他正在创造历史”（格拉德纳，1991）。就传播学在美国大学的知识基础和机构基础的意义而言，在使传播学愿景变成现实方面，其他学者的贡献都不如施拉姆的贡献大。在过去几十年中，几百个大学传播学系在美国已经被创建起来。大部分都是从现存的言语系、新闻系、图书馆学系和其他强调某种专业或人文的传播研究的大学机构中崛起；其他的传播学系则是新创建的。今天，传播学是一个得到公认的学术领域，在它之得到传授的学院和系的名下，有着相当大的差异：传播，新闻和大众传播，言语传播，传播研究，远程通讯和十几个其他种类。它们都可以追溯到施拉姆的传播学愿景的知识血统上。

施拉姆对于传播学的贡献

施拉姆是传播学的奠基人。如果他对于这个领域的贡献能够以某种方式被取消的话，那么就不会有传播学这样一个领域了。对于任何其他什么人能够创建这个领域这一点是值得怀疑的。

所有创建一个新的科学领域的个人都必须对这个领域持有某种愿景。施拉姆 1942 年第二次世界大战期间在华盛顿形成了他的愿景。他返回衣阿华大学新闻学院着手实现他的传播学愿景。这一视野后来之所以被接受，“老爸”布莱尔——威斯康星大学开拓性的新闻教育者——和他的弟子们相信，新闻学为了要在研究型大学里生存下去，需要社会科学的基础，为此他们已作了准备工作。至少在最初年代，传播学往往影响现有的新闻学院，而不是被贯彻到新创建的传播系中。后来，发生于新闻学中的“绿眼罩人”和“卡方人”之间的冲突得到平息，传播学也逐步地渗入到言语学系中，使它们从对修辞学的人文重视上基本转变成人际传播系，后者具有强烈的心理学倾向。

除其愿景以外，施拉姆还具备创建传播学领域的其他重要素质。他投入了大量的时间来贯彻他的思想。施拉姆是一个多产而又清晰的作者，撰写了大部分大众传播的早期教科书。他具有与人打交道的魅力，能够将博士申请人和研究基金吸引到他的研究机构中来。他的最重要的成果无疑是新的传播学博士，这些人随施拉姆在斯坦福大学学习以后，散布在全世界，使传播学的概念得以扩散。施拉姆赋予新领域的研究以特定的方向。他开创了新的研究专业，诸如国际传播学、发展传播学以及研究电视对于儿童的效果。

最重要的是，施拉姆先是在伊利诺伊、后来在斯坦福创建了第一个被称作“传播学”的学术机构。诸如此类的机构使新领域具有可见性，为它向其他大学的扩散提供了发射平台。

美国大学对于传播学的接受

最有名望的美国大学往往是私立的、古老的，抵制激进的教育创新思想，包括开创一个新的学术领域。一般来说，有关美国大学的主观评估将 8 个机构置于顶端：常春藤盟校的哈佛大学，哥伦比亚大学，耶鲁大学和普林斯顿大学；斯坦福大学；芝加哥大学；加利福尼亚大学伯克利分校和麻省理工学院。除斯坦福大学外，这些名牌大学没有一所大学接受传播学。

这些名校的一般态度似乎是：不愿冒新的学术风险——像传播学、种族研究、环境研究和女权主义研究，或更早时代的社会学新领域——而危及它们已有的名望。最有名望的美国大学在接受社会学这一学科的时间上，有着很大的差异。“19 世纪 90 年代，芝加哥大学、哥伦比亚大学和耶鲁大学任命了社会学教授；哈佛大学直到 20 世纪 30 年代才创建了一个系；第二次世界大战以后，普林斯顿大学和加利福尼亚大学伯克利分校作出了它们的首次任命；霍普金斯大学是‘美国大学协会’（50 多所主要的研究型大学）中最后产生社会学系的大学，它一直延迟到 1959 年才加入这个行列。”（利普塞特和斯梅塞，1961）

大学的名望与对传播学的接收

刚刚描述的、社会学接受中的时间方面的滞后，也同样发生在美国大学接受传播学领域的整个过程之中。1955 年，施拉姆迁移到斯坦福大学，那里的博士培养项目的创建对于美国大学接受传播学来说，是一个至关重要的事件。

起初，传播学接管了现有的新闻学院，逐步地使这些学院的传播教学和传播研究从一种职业的视野转向更为科学的方向。与之相类似，传播学也开始渗透到言语系，将它们从对修辞学的人文研究改变为对人际传播的科学分析。这种对于现存大学单位的接管也将传播学领域划为人际传播和大众传播两个分支学科。

传播学首先向大型的中西部大学的新闻学院扩散——威斯康星大学、明尼苏达大学和伊利诺伊大学——然后再向斯坦福大学扩散。扩散的第一个时代主要发生在 20 世纪 50 年代。这些新闻学院毫无例外地都由一类管理者领导，这类管理者曾在威斯康星大学接受“老爸”布莱尔的教育，并且已为新闻教育建立了社会科学的基础。

斯坦福大学在传播学扩散方面的关键作用以这样的事实为中心：它是一所有名望的、私立的西海岸大学，与中西部那些大型的州立大学相反，在后者那里，布莱尔的弟子们促进了新闻学院对于传播学的接受。施拉姆在斯坦福培养了新一代的传播理论和传播研究的博士，这些博士然后在其他大学——往往是新闻学院——占据了教学和管理的位置。在每一个领域，由于新博士的最初位置是助理教授，所以他们流向大学声望结构中的下层，而不是上层。①对于传播学在美国大学的接受来说，非常重要的问题是：施拉姆将他的愿景贯彻于像斯坦福大学那样一个相当有名望的大学之中。

传播学的前辈就处于诸如芝加哥大学、耶鲁大学、哥伦比亚大学和麻省理工学院等名牌大学之中。但是，第二次世界大战以后，这些大学没有采纳传播学的创新思想。传播学领域在常春藤盟校或其他名牌大学里没有成功地获得牢固的立足点。康奈尔大学是一个例外，但是它刚刚开始授予一个博士学位，而康奈尔的传播艺术系是位于农学院之中的。宾夕法尼亚大学有安南伯格传播学院，它通过来自 W · 安南伯格——一个富有的媒介所有者——的一笔馈赠而创建于 1964 年。美国大学的许多高层管理人员都不理解传播学领域，因为他们是在常春藤盟校里获得博士学位的，而那些地方是没有传播学的。

一旦美国 50 多所研究型大学中的多数接受了传播学，并培养出一批批新的传播学博士时，②为数众多的新博士便在主要涉足本科生教学的、小型学院和大学里担任教师。截至 20 世纪 90 年代初，美国约有 1500 所传播学院或传播系（埃尔莫尔，1993）。③在 30 年以前，即 1960 年，这样

① 由于最有名望的大学在每个领域中的所有博士都占有非常高的比例，所以这种向下的流动是必需的。

② 佩斯利（1984）表明，1980 年，40 所名牌大学（按照它们的研究生课程的整体质量排列）中的 21 所授予了某些类型的传播学博士学位（传播研究，新闻，言语，或信息科学）。截至 1992 年，我估计这 40 所名牌大学里又有 3 所授予传播学某一领域的博士学位，也就是说，40 所大学中一共有 24 所大学授予了传播学博士学位（占 60%）。

③ 这些数字比伊迪报道的数字要小（1970），或许是因为他（的数字）包括了大学在大众传播、言语传播、听力和言语矫正和戏剧方面的课程。伊迪采用了这个更宽泛的定义，他发现，1976 年授予的传播学博士学位数与社会学和哲学的博士学位数相似，但少于心理学、英语和历史的博士学位数。1976 年授予的传播学硕士学位的数字比其他任何这些可比领域的数字大。我估计，1993 年，美国大学里约有 2000 个传播学院和传播系。

的机构还非常少。

美国大学设有传播学院和传播系的数量飙升发生在20世纪60年代，从那时起就一直稳步增长。20世纪70年代和80年代，在传播系注册的本科生剧增，在许多大学校园里，注册传播学的本科生人数最多，或是人数最多的系之一。当传播学领域在20世纪50年代和60年代得以建立起来时，美国大学正在其总入学人数和研究项目两个方面经历着大扩展。与传播有关的学院和系因此获益。它们正逢其时。

今天，美国大部分大学都有一个传播学院或传播学系，几所大学还有两个或更多的传播学院或传播学系。过去几十年，传播学领域是美国大学校园里发展最为迅速的学院机构之一。由美国教育部提供的数据表明，在1989年，约授予5万名传播学学士学位(1970年为1.1万名)，4000名硕士学位(1970年为1800名)，250名博士学位(1970年为145名)。1993年，约有25.7万名学生主修传播学，而1970年为20万名(埃尔莫尔，1993)。在美国，传播学是一个主要的增长行业。

使传播学适应现有结构

比起诸如社会学、心理学和政治学等其他社会科学来，传播学的主要范式——即施拉姆的传播学愿景——一般来说并没有导致新的大学传播系产生。相反，施拉姆的传播学愿景被用来与现有的言语系和新闻学院相适应。这些学术实体在许多大学已有了漫长的历史；它们有教科书、累积起来的知识库和一批训练有素的教授。传播学的新范式没有取代言语和新闻等现有学科体系。相反，它被增加，被修正，然后被一分为二。结果，许多大型大学今天都既有言语传播系，也有大众传播学院(或类似的名称)。如果某个大学也有图书馆学院，那么，当引入新的传播学范式时，这个学院就发展成图书馆和信息科学学院。

使传播学适应于现有的应用传播系和传播学院的结果既是积极的，又是消极的。就消极的一面来说，传播学科被分成大众传播与人际传播，或许还分成信息科学的第三分支(里尔登和罗杰斯，1988)。传播学被应用于诸如新闻、广播、公共关系、广告、中学教育等职业。这些职业领域是传播学学术领域的支撑，为传播学毕业生提供工作。为使它们的学生具有此类职业角色的准备，传播学教授必须教会他们的学生(特别是本科生)传播的实际技能：有效的公共演说、新闻写作、电影创作、如何设计和预测广告信息。①

因此，传播学的学科领域被赋予了一种应用的方向，它与其理论方向相伴随。诸如在斯坦福大学和伊利诺伊大学的首批传播学博士培养项目是和一个从事应用传播研究的机构一起创建的，也是作为这个机构的一部分而被创建的。许多大学的传播学系建立了传播研究中心，这些中心有意无意地都以拉扎斯菲尔德在哥伦比亚大学的应用社会研究局为摹本。当然，应用研究也能够以理论为基础，因为一个学者能够设计和从事研究，以便既可以回答一个实际问题，又可以检验理论假说。但是，在相当程度上，应用研究的现实是：它并没有对理论发展作出直接的贡献。一个受外在资助的应用研究为外在资助者产生一个报告，而不是一篇加诸于传播理论学术体系的杂志文章。相比于其他社会科学，传播学领域除了理论方向以外，还有一个更加实用的视野。这种双重方向是某些张力的一个原因，但是它也可能是有利的。

在某些其他重要方面，传播学也和其他社会科学不同。传播既是一个科学学科一样，也是一个职业领域。大众媒介产业(无线电广播、电视、音乐、出版和电影)是传播学学科领域的支撑，为它的毕业生提供工作，有利于资助它的研究，为传播学教授和学院提供捐赠。学术领域与媒介产业的这种紧密联系的明显表现是安南伯格传播学院(在宾夕法尼亚大学与南加利福尼亚大学均如此)，雪城大学纽豪斯传播学院，斯坦福大

① 美国大学的传播学的应用范围特别吸引本科生，这部分地是由于它使其在毕业之后能够找到工作。按照美国教育部的资料，传播学学士学位的授予数字从1973年的1.7万上升到1989年的5万，而社会学的数字则从3.6万下降到1.4万。

学的麦克拉奇厅(McClatchey Hall)，西北大学梅迪尔新闻学院，哥伦比亚大学普利策新闻学院，以及许多受资助的教授职位，例如衣阿华大学的新闻和大众传播学院的盖洛普教授职位。今天，媒介显贵的名字被附于传播学院，就像强盗资本家的名字表明他们以往对诸如卡内基—梅隆、范德比尔特和斯坦福那样的私立大学的支持一样。

在美国，至少如同各领域中的主要专业社团的成员资格所表明的那样，传播学学者的数字比起社会学家的数量来要小得多。与美国心理学协会的9.7万名会员和美国社会学协会(ASA)的1.3万名会员相比，国际传播协会(ICA)1993年约有2500名会员。根据这些测度标准，美国社会学大约比美国传播学大5倍，心理学则比传播学大39倍。这个比较的一个困难是美国社会学协会是社会学家占据支配地位的协会，而传播领域则有言语传播协会(有7000名会员)，新闻和大众传播教育协会(约2700名会员)，美国舆论研究协会(约1200名会员)，美国信息科学协会(约有4000名会员)，和其他几个协会，再加上国际传播协会。这种缺乏一个主要专业协会的情况表现出作为传播领域之特色的、可感觉得到的多样性。

密歇根州立大学传播系

对于使传播学适应于现有大学机构的一般趋势来说，有一个值得注意的例外。它于20世纪50年代末发生在东兰辛的密歇根州立大学，大约是施拉姆于1947年前往伊利诺伊大学的10年以后，也差不多是施拉姆于1955年迁往斯坦福大学的时间。

密歇根州立大学传播系创始之初(它的第一届博士生是1957年招收进来的)，就最纯粹地表达了施拉姆的传播学愿景。它的四个核心教师中有三个是施拉姆的门徒，其中两个来自伊利诺伊大学(D·K·伯洛和H·库姆塔)，另一个来自斯坦福大学(P·J·多伊奇曼)。与衣阿华、伊利诺伊、斯坦福、威斯康星和明尼苏达等大学的博士培养项目不同，密歇根州立大学的项目总部被设在新建的传播学系中，而不是设在以前已有的新闻学院中。这个事实使得密歇根州立大学的博士培养项目摆脱了使其适应于一种以前就存在的学科基础设施的遗传性限制。密歇根州立大学的博士学位是传播学的，而不是大众传播学的。博士培养项目涉及一般层次上的传播，尽管博士生可以专攻大众传播或人际传播。施拉姆假定，言语系或新闻学院最终会把它们的名字改为“传播”，的确，许多言语系或新闻学院都这么做了，但那是几十年以后的事情。在密歇根州立大学，从一开始，这个系和它的博士学位就被称作“传播学”。

密歇根州立大学创办的传播系借助一套独一无二的环境而出现。20世纪50年代中期，密歇根是一个富饶的州，每年生产1100万辆汽车，密歇根州立大学处于快速发展的模式之中，从小规模的乡村学院形象迅速扩展成一所超级大学。它已经有了一个非常简陋的新闻学院，一个规模适中的言语系，但是，密歇根州立大学的校长汉纳(John Hannah)是一个进取心十足的人，想让他的大学成为传播学新领域的一个领先者。1955年，他聘用了俄勒冈新闻学院院长G·A·赛宾——他已原则上同意加盟威斯康星大学新闻学院——担任密歇根州立大学新成立的传播艺术学院院长。它包括现有的新闻学和言语机构。①汉纳校长允许赛宾寻求优秀而年轻的传播学教师，并且为博士培养项目招收博士生，这一项目在1957年开始启动。赛宾具有一个招聘者的过人能力，在访问伊利诺伊大学、威斯康星大学和斯坦福大学的时候，他与有才能的个人签订了聘用合同。

在20世纪50年代和60年代初期，三所大学(斯坦福、威斯康星和明尼苏达)在人际信任的网络中，处于传播学领域的顶峰，与其他两个大学(伊利诺伊和密歇根州立大学)也有着紧密的相互关联。②这些大学将它

---

① 这些单位拒绝接受赛宾坚持要使学院有一个传播学基础的看法，所以，赛宾在1957年创建了一个“普通传播艺术系”，1958年，任命戴维·K·伯洛为系主任。1964年，这个系的笨拙冗长的名字被缩短为“传播学系”。

② 1962年至1971年间，在培养为杂志写文章的博士方面，顶尖大学是威斯康星、明尼苏达、衣阿华、斯坦福和伊利诺伊，密歇根州立大学也没落在很后面(科尔和鲍尔斯，1973)。

们优秀的博士学位获得者作为未来的助理教授相互交换。例如，W·丹尼尔森在斯坦福大学获得博士学位，成了威斯康星大学的助理教授，与此同时，R·卡特循着相反的方向移动(这种斯坦福—威斯康星之间的交换被一些观察者称为“交易”)。P·坦嫩鲍姆在伊利诺伊大学获得传播学博士学位，又在威斯康星大学得到他的第一份教师工作。小M·麦克莱恩在威斯康星大学获得博士学位，然后，在密歇根州立大学从事始于1957年的新的博士培养项目的教学，他将两个持有伊利诺伊大学博士学位的人(伯洛和库姆塔)、一个来自斯坦福大学的人(多伊奇曼)团结在一起，使之成为博士培养项目的核心教师。明尼苏达大学和威斯康星大学在两个方向上都彼此交换了如此之多的人，以至于它们的博士培养项目是密切相关的，尽管威斯康星大学声称具有某种程度的优势地位。

虽然大部分伊利诺伊大学、威斯康星大学、明尼苏达大学和斯坦福大学的传播学培养项目的早期博士都得到新闻学院的教职，但密歇根州立大学传播系的早期博士获得者则以约同样的数字既进入了言语系，又进入了新闻学院（麦克内利，1992）。因此，密歇根州立大学的博士开始用施拉姆的传播学愿景影响言语系，逐渐地使它们从修辞分析转向主要关注人际传播学。①密歇根州立大学培养的博士(产出)是令人惊叹的。当我1964年至1973年在那里教书时，每年秋天，密歇根州立大学招收35名传播学博士生，每年授予13名博士学位，比其他任何大学都要多。

技术决定论者：英尼斯和麦克卢汉

最近几个世纪，各种传播技术的社会影响已经得到了研究：印刷机(爱森斯坦，1968，1969，1979)，电报，电话(普尔，1977，1983a，1983b)，电影(蔡特斯，1933/1970)和电视(施拉姆、莱尔和帕克，1961；

① 当然，在同样的方向上还有其他的影响，诸如霍夫兰的劝服研究和实验方法的使用(由像F·诺尔那样的言语学教授所开创)。

施拉姆、莱尔和普尔，1963；希梅尔韦特，奥本海姆和文斯，1958）。自20世纪70年代以来，新的传播技术——微型计算机，有线电视，通信卫星和电子信息系统——广泛扩散。面对这些技术发展，学术性的传播领域并没有忽略新的传播技术的作用。它不能这么做。

在呼吁学者们关注传播技术的研究方面，更广泛地说，在普及传播学方面，有两个重要的加拿大学者发挥了关键的作用，他们就是哈罗德·英尼斯(Harold Innis)和马歇尔·麦克卢汉(Marshall McLuhan)。“技术决定论”是这样一种信念，即认为技术变革导致社会变革。技术决定论的批评者们论证说，技术通常被嵌入到社会结构之中，正是社会结构影响技术的发明、发展、扩散，影响技术对于社会的作用。技术的这种社会建构也许经常会出现；的确，或许总是会出现。但是，技术的这一社会嵌入并不诋毁以下事实，即技术可能成为社会变革的一种动力，不过它不是惟一的动力。

“在人类社会的研究者中，英尼斯和麦克卢汉独特地将大众媒介的历史当作是整个文明史的中心。他俩都不仅将媒介看作是社会的技术附属物，而且看作是社会结构的至关重要的决定因素。对于他们来说，大众媒介的历史不仅仅是历史研究的另一条途径，而且是书写西方文明史的另一种方法。”(凯瑞，1967)英尼斯的传播技术决定论的理论由麦克卢汉在20世纪60年代后期推向前进，并且为有关新的传播技术的当代研究构筑了背景。

因此，在20世纪80年代和90年代，加拿大的两个传播技术理论家——他们的著作发表于20世纪50年代和1960年——重新引起了传播学学者的学术兴趣。

英尼斯

英尼斯(1894—1952)生于安大略的农场，于贫困中长大。在第一次世界大战服兵役以后，他在芝加哥大学获得经济学博士，论文是有关加拿大太平洋铁路的历史。他在芝加哥大学注册学习T · 凡勃伦(Thorstein Veblen)的课程。①英尼斯在芝加哥大学学习的时候，R · E · 帕克和G · H · 米德都是这个学校的教师，但英尼斯没有选修他们的课(凯瑞，1981)。不过，芝加哥学派当时(约1920年)正处于鼎盛期，所以英尼斯看来浸染在它的一些风行的思想之中。

然后，英尼斯在多伦多大学接受了政治经济学的一个教职，他职业生涯中的其他时光都在那里执教。受凡勃伦的影响，英尼斯密切关注技术与加拿大的地理环境和制度环境的交互作用。在他的首部著作——《加拿大太平洋铁路史》(1923)——中，英尼斯对铁路的建造如何改变了一个曾依赖水上交通的社会的问题作了描述。作为英尼斯的主要论点的物质决定论坚持认为，对于重要的原材料(诸如加拿大的毛皮和木材)的历史分析为理解一个国家的政治经济提供了手段。英尼斯的每一部学术著作都涉及某种重要的加拿大产业：铁路、毛皮贸易和鳕鱼业。在他生命的最后10年间，英尼斯转向分析人类传播。他开始研究木浆和造纸业，这一研究导致他将传播技术置于他的理论框架的中心位置。这时，他不再仅仅关注加拿大的经济，而是关注对于整个人类文明史的历史分析。他的最后两部著作——《帝国与传播》(1950)和《传播的偏向》(1951)——是他在历史背景下研究传播技术的经典。

英尼斯是最有影响的媒介决定论者之一。媒介决定论者认为，一种文明的占支配地位的传播技术是那个社会的文化和社会结构的中心。英尼斯将传播媒介看作是文明的本质。他“以一种真正跨学科的方式探求传播问题。他……恢复传播学的历史基础。”(凯瑞，1981a)通过早期有关交通和传播体系对于加拿大边境扩张的影响方面的研究，英尼斯开始对传播媒介的作用发生兴趣。后来，他考察了作为英美帝国权力扩张之基础的各种因素，并确信交通和传播是帝国扩张的决定性因素——由此

① 凡勃伦因诸如炫耀性消费、训练化无能等概念和《有闲阶级论》的著作而闻名(1926)。

开始了他对于传播在文明史发展过程中的作用的关注。“在美国还没有其他人这么做的时候，英尼斯为传播研究提供了一种学术探讨的模式，这种模式是历史的、经验的、解释的和批判的。”（凯瑞，1981a）

在《帝国与传播》中，英尼斯认为，根据传播媒介允许控制时间或空间的倾向，它们成为“有偏向的”。用于古代文明中的媒介——像黏土、羊皮纸和石头，经久耐用，但是难以运输。这些特性有利于控制时间，但不利于控制空间。因此，它们是以时间为偏向的。不那么耐用和容易运输的媒介，诸如纸浆和纸，由于分量轻、容易运输而具有空间的偏向。因为纸使得远距离的管理成为可能，所以它有利于帝国的地理延伸，也刺激了军事扩张。相比之下，口头传播只能不受歪曲地在短距离内传送，所以更适合于传统社会，那里的重点是习惯、延续、共同体和道德。这些社会的特性是稳定的和等级制的社会秩序，后者窒息了作为变革之潜在动因的个人主义。以时间为偏向的传播体系见于有着大量口头传统或书写技术的社会，在那里，接近权限于少数特权者。例如，“摩西十诫”是以时间为偏向的，因为它们随时间而延续下来。

以空间为偏向的传播媒介倾向于现在和未来。随着科学和技术知识随后的增长，以空间为偏向的传播媒介的重点在于扩展，在于政治权威的增加，在于各种世俗机构的创立。具有以空间为偏向的传播媒介的社会的特性是高度有效的信息交流系统和大众传播系统。尽管这些系统是有效的，但是它们不能表达口头传统的丰富性。印刷、电话、无线电广播和电视都是以空间为偏向的。①

麦克卢汉

英尼斯主要感兴趣的问题是传播媒介对于社会组织的影响，而麦克卢汉则侧重于传播技术如何改变听觉、视觉、触觉、嗅觉和味觉等基本

① 英尼斯逝世于1952年，正是电视在北美大范围普及之前。

问题。麦克卢汉（1911—1980）是一个加拿大文学批评者和媒介决定论者，他在20世纪60年代成为公众人物。他赋予传播研究以巨大的通俗意识，但是，他在某些方面也歪曲了它的形象。他的确没有将传播研究的性质准确地描绘出来。麦克卢汉成为一个非常流行的人物，与之相伴随，出现了对于社会变化的一种简单的、单一原因的解释倾向。麦克卢汉声称，当印刷媒介开始取代某种口头传播时，“视—听”感觉的比例就被改变了，导致了个体感知信息的方式的变化，并因此导致了思考方式的变化。例如，音标的引入导致了线性思维，因为个人沿循的是从左到右的句子。麦克卢汉认为传播技术是社会变化的一个主要原因，特别是在个体层次上是这样。

麦克卢汉生于加拿大西部，在萨斯喀彻温的一个小城镇上长大。他的母亲在他的生活中是一个占有支配地位的知识分子。1932年，他在马尼托巴大学获得文学学士学位，然后去英国，从1937—1947年在剑桥大学，并获得英国文学博士。1947年，他被任命为多伦多大学文化与技术中心主任。尽管麦克卢汉承认他在理论上得益于英尼斯，而且有几年他俩都在同一所大学里执教，但是他们几乎没有直接的联系。例如，英尼斯只参加过几次每周举办一次的麦克卢汉午餐会(一种麦克卢汉的粉丝俱乐部)。

麦克卢汉（1969）声称，“所有的媒介，从音标到计算机，都是人体的延伸，都对人造成了深刻持久的变化，并且改变了他的环境。”麦克卢汉认为，“个人通过自己的发明而有了感知变化。”（切特罗姆，1982）像轮子或字母表这样的技术工具延伸人的感觉器官或身体功能。因此，起重机是手臂的延伸，轮式车是脚的延伸。传播技术是人的心灵的延伸，将其延伸至世界之遥远的各个地方。“英尼斯和麦克卢汉都赞同这样的观点：从历史的角度来看，‘那些有文字被书写于其上的东西比文字本身更加重要’；也就是说，媒介即讯息。”（凯瑞，1967）麦克卢汉论证说，新的媒介技术——例如电视——的作用并不仅仅发生在知识和观念的意识层次上。这种技术也可能在感觉比例和知觉模式的潜意识层次上影响个体。因此，麦克卢汉说："媒介即讯息"，这是他的许多被夸大了的"探索"之一。

20世纪60年代后期，麦克卢汉是北美的一种主要时尚。他的著作获得了巨大的成功，畅销一时。诸如通用汽车公司和电报电话公司都支付给他巨额咨询费。与此同时，学术界的批评者嘲讽他的有关媒介——特别是电视——如何导致社会重要变革。麦克卢汉(1969)利用了"热"媒介和"冷"媒介的两分法："热媒介是受众参与度低或实现度低的媒介；冷媒介是参与度高的媒介。热媒介以高清晰度来延伸人的单一感觉。高清晰度意味着完全由媒介将资料填满，无需受众的积极参与。例如，一张照片是高清晰度的，或是热的；而一部卡通片则是低清晰度的，或是冷的，因为粗线条的画提供了非常少的视觉资料，并且需要观众(自己)填补或完成图像。"按照麦克卢汉的定义，电视是一个冷媒介，吸引观众的参与，以便赋予显像管上非常粗糙和模糊的图像以意义。观众将出现的电视屏幕上的点线(或像素)构成一幅画面。因此，观众潜意识地参与了电视图像。

1980年，麦克卢汉因中风去世，享年69岁，这正是微型计算机和其他以微电子为基础的新的互动传播技术大范围扩散的前夜。他先前的理论化工作有助于在20世纪80年代和90年代吸引传播学学者的注意，以便来分析这些新技术。①麦克卢汉一生在使一般公众对传播学产生兴趣方面所做的工作，是无人可以比拟的。

其他国家的传播学

这部著作的相当篇幅，以及整个的第二部分，都集中探讨了这个(传播学)新领域在美国的崛起，而这种崛起就发生在达尔文、弗洛伊德和马

① 例如，爱森斯坦(1979，p. xvii)承认："马歇尔·麦克卢汉的工作激发了我对印刷机的影响的历史'好奇心'。"

克思的欧洲理论注入其早期根源之后。是否存在着传播学从美国到欧洲的回迁？美国和欧洲的观念怎样影响了拉美国家（那里的传播学非常受欢迎，特别是在墨西哥和巴西）？

美国传播学对欧洲的主要贡献是方法论——包括调查资料的收集、定量的数据分析——以及美国对于媒介效果的重视。第二次世界大战严重削弱了大学品牌。战后诸如M·霍克海默和T·阿多诺那样的法兰克福学派学者的返回，有助于将定量的研究方法传到欧洲，今天，这些方法在欧洲扩散开来，并得到了相当广泛的使用。许多欧洲的传播学学者以某种一般的批判态度来看待美国传播学的效果方向和定量方法，其中，效果方向由例如拉斯韦尔的五个问题的模式所代表。与之相应，批判学派在欧洲比在美国要强大，定性资料相对来说也更为受到重视。今天，欧洲许多大学有了传播系，通常强调大众传播，尽管某些最古老的、最有名望的机构（例如，牛津和剑桥）还不承认这个比较新的领域。比起具有拉丁文化的南欧国家来，在英国、德国和斯堪的纳维亚等北欧国家，传播学似乎获得了更为广泛的制度化。尽管欧洲的传播研究已经越来越引起美国学者的注意，但由于美国学者特别缺乏对其欧洲大陆同行的了解，所以横跨大西洋的思想交流相对而言还很少。

传播学在诸如墨西哥、巴西这样的拉美国家相当流行，20世纪60年代末，传播学在这些国家作为新闻学院的一个成果而开始存在。后来，在20世纪70年代和80年代期间，传播学领域得到大发展。截至1992年，墨西哥的大学有92所传播学院，注册主修生约2万名（大部分是本科生），巴西有80所传播学院，3000名教授，约3万名学生。拉美的典型的传播学院提供新闻、广播、电影、公共关系、广告或组织传播方面的学士专业学位。除传播技能培养之外，每个学生还选修传播理论和传播研究方面的课程。传播学本科专业的主要吸引力在于大众媒体方面的工作魅力，墨西哥和巴西拥有拉美最强大的媒介产业，这也并非偶然。传播学院在这两个国家繁盛起来，数量之多以至于1987年巴西政府对新增加的传播学院的批准作了限制，一个大学若能够表明它具备训练有素的教授和其他为提供可靠的学习规划所必需的资源，它才有可能获得这样的批准。

在传播学的普及过程中，理论方面的吸引力不像有趣的、工资高的工作方面的吸引力那样重要。拉美的研究生学习已经落后，只有一些优质的硕士课程和非常有限的博士研究。例如，在巴西的 80 所传播学院中，只有 8 所学院授予硕士学位，只有 3 所授予博士学位。有些来自拉美的人在美国，或欧洲大学攻读博士学位，然后返回他们自己国家担任大学教师。拉美的传播学正发展成一个混合物，有些知识链取自北美，有些取自欧洲，它们与拉美的某些独一无二的属性结合在一起。例如，对于电视肥皂剧的批判分析和经验研究是拉美的一个重要主题，在那里，肥皂剧这一样式是流行的电视节目。自 20 世纪 80 年代以来，拉美传播学学者已有点从他们早先对于批判理论的兴趣上转移开来。传播研究不仅由大学学者所从事，而且由各种各样的非大学研究机构的研究者所从事。例如，巴西约有 3000 名传播研究者，其中三分之一是大学教师，三分之二是非大学研究机构的人员。

与墨西哥和巴西的情况相类似，埃及和韩国的学生也迸发出对于传播学的兴趣，但是在亚洲、中东、非洲和拉美的其他大部分国家，传播领域的制度化才刚刚开始。全世界的一般情况与施拉姆 20 世纪 50 年代末——当时，他开始侧重于国际传播了——所描绘的图画还相差很远。不过，施拉姆的传播学愿景已经遍及世界，或是在原则上得到接受与修正，以适合当地的情况，而在其他的地方，也受到坚持不同学术传统方向的知识分子的激烈抨击。但是，不管批判还是接受，施拉姆的传播学愿景都对每个人产生了影响。

今日传播学学科

今日的传播学学科主要是经验的、定量的，侧重于确定传播的效果。这个占支配地位的视野从施拉姆几十年前所启动的学术方向中自然而然地发展出来，也从社会学、社会心理学和政治学的早期传播研究中自然地发展出来。这些领域，以及传播学，是由社会科学对自然科学的定量方法的模仿所构成，其动机是渴望获得科学的尊敬。测量技术的进步和计算机数据分析在社会科学(包括传播学)中的普遍运用，激励了一种定量的研究风格。“社会科学中占统治地位的研究范式是使用统计分析来研究人类及其社会。大体上，这个范式涉及收集量化数据与运用统计检验，以便使研究者们得出结论。”(坦卡德，1984)传播研究的大部分假说都是在统计显著性检验(statistical tests of significance)的基础上得到证实或否定的。今天，也许大部分传播学博士生都认为，统计检验是决定假说的命运的必由之路。

这部著作前几章追溯了传播学的经验的和定量的视野的发展趋势。20世纪之初，伟大的欧洲理论来到美国，特别为芝加哥学派所接受。在这里，社会科学研究成为经验的，其形式是观察和其他定性的研究方法，它侧重于对迁移到芝加哥市区的近代欧洲移民中的社会失序问题进行考察。后来，在1930年左右的芝加哥学派的鼎盛时期，这个学派的学者开始重视量化方法和统计方法。这一从定性方法向定量方法的转变在芝加哥学派的学者中是有争议的。

拉扎斯菲尔德的应用社会研究局在进行传播调查时，主要运用了定量方法，但是反对使用在20世纪40年代后由其他社会科学家广泛使用的统计显著性检验。哥伦比亚大学的研究者主要在一个有代表性的系统(例如，伊利县或迪凯特县)中收集资料；他们不那么关注将其从一个随机抽样中得到的发现推广到大批人口中去(这样的推论受益于统计方法的使用)。

勒温和霍夫兰及其同事所进行的传播研究是实验的和定量的，而霍夫兰一般都使用统计显著性检验。由施拉姆在伊利诺伊大学和斯坦福大学开创的首批传播学博士培养项目，强调统计方法的培训，重视统计课程，在这些课程中，博士生们阅读霍夫兰、拉扎斯菲尔德、勒温和拉斯韦尔的定量研究成果。伊利诺伊大学和斯坦福大学早期的博士论文主要是定量的和统计的，尽管当定性方法对于所研究的问题特别适合时，它们偶尔也被允许使用。非常自然的是，当施拉姆的门徒离开厄巴纳和帕洛阿尔托去执教其他大学的传播学课程时，他们传授反映他们自己所受训练的课程。例如，密歇根州立大学传播学系是以传播研究的统计专长的一个中心而闻名的。

传播学的早期时代(20 世纪 50 年代和 60 年代)形成了这个领域的方向：经验的，定量的和效果方向。不过，传播学也展示了可供替代的认识论，它们不在定量方法的主要关注范围之内。例如，批判的传播学派人数相对少，但根本不赞成施拉姆式的传播学的占支配地位的观点。在研究议题方面，批判学派与其他传播学者的追求不同，并代表着传播学学者群体中的一个基本分歧。主流传播学学者主要考察“是什么”，而批判学者则对“应该是什么”更加感兴趣。

传播学领域中的另一个基本分歧以所使用的研究方法为基础，以通常与定量或定性的方法论相伴随的理论观点为基础。对于传播行为的定量研究这一支配性的观点来说，解释学派是一个重要的、日益得到发展的可供替代的选择。例如，自 1980 年以来，有关受众个体如何解释媒介信息的研究已开始引起学术界的注意。如电视观众阅读肥皂剧剧本的方式，表明每个个体从同样的电视剧中得到多少有点不同的意义(拉德韦，1984；利文斯通，1992)。个体对于媒介信息具有不同的解释，这一发现几乎不该是令人惊异的，但是，就以往大部分有关媒介效果的研究——它们假定一种标准的信息——而言，它提出了令人烦恼的问题。对于传统的媒介效果研究者来说，个人在媒介信息解释方面的差异往往被认为是胡言乱语——是对他们的纯净的研究设计的一种不受欢迎的干扰。

近年来，另一个可供替代的视角——文化研究——伴随着威廉斯(Raymond Williams)(他在对工人阶级生活的研究中应用了马克思主义的理论)的著作(1976)而在英国得以开始，且已在美国扩散开来(格罗斯伯格，尼尔森和特莱切勒，1992)。文化研究的学者经常关注那些由于种族、性别或社会阶级等原因而在社会中处于不利地位的个人赋权问题。

更普遍地说，文化研究领域侧重文化，特别是作为影响传播以及被传播影响的个体文化(凯瑞，1989)。

今天，在传播学领域中，出现了各种各样的理论的和方法论的观点，而且多样性的数量可能正在增加。不过，传播学的核心仍是以关于传播效果的定量研究为特色的。

未来的传播学

施拉姆在衣阿华大学、伊利诺伊大学和斯坦福大学创立的传播学博士培养项目最初是以大众传播学为方向的，尽管“大众”一词还没有出现在它们的名称中。强烈偏向大众传播学的一个标志是提出了有关博士生应具有几年的大众媒介(理想的是报纸新闻)经历的要求。这一要求的一个未加公开的理由是，这样，当这些学生完成了他们的博士学位时，他们就会被新闻学院考虑聘用。终于，到了20世纪60年代中期，媒介经历的要求在研究生院的目录中被正式改为“或相当于”，最后它干脆被取消了。不过，大部分大学的博士培养项目显然不是大众传播学的，就是人际传播学的(密歇根州立大学的传播系可能是一个例外)，正如由这个系的名称、由博士培养项目目录描述、由师资力量的构成所表明的那样。即便像斯坦福大学那样，系的名称就是“传播学”，但斯坦福大学的博士学位也显然是大众传播学方面的。

一个希望研究传播学,而不是大众传播学或人际传播学的博士生，几乎无处可去，尽管在美国估计有2000所传播学院和传播学系。施拉姆在结束其最后一部著作的手稿《传播学的开始：个人的回忆录》(印制中，a)时作出了这样的预言：传播学在不久的将来，会通过一个合并和重新确认的阶段，在那里，现在被称为新闻学、言语学传播、电影、大众传播和信息科学的大学机构将合并成被简单地称为“传播”的更大机构(学院和/或大学)。这种名称的改变是至关重要的，因为它意味着过去与传播相关的机构的区分——它以传播渠道(出版、电影、人际，等等)为基础，以立于每一种传播渠道背后的媒介产业为基础——将不再受到重视，以便有利于围绕传播学的核心范式建立一种理性的统一体。施拉姆期望，这种学术统一体将首先出现在博士生层次上，更缓慢，或许也只是部分地，将出现在本科生层次上，在那里，职业专业化——而不是知识共同体——或许是学院课程中更为适合的部分。这种未来的统一体将在同一个校园内把与传播有关机构置于一个利益的共同体中，而不是使彼此互相竞争，就像现在大部分大型大学里的情况那样。

在更加遥远的未来时代，或许从现在开始的几十年以后，施拉姆期望传播学将消失，作为一个重要组成部分被吸收到行为科学的一个重要统一体之中，这些行为科学最低限度包括心理学、社会学、政治学、人类学和经济学（这些学科在1900年左右就获得了它们目前的形式），它们的研究中心是人类行为。施拉姆期望，传播学将引领这一行为科学的统一。只有时间会告诉我们传播学的分化，以及其他行为科学的分化是否将让位于施拉姆所预言的那个统一体。

传播学史中的主要人物

阿德勒(Alfred Adler，1870—1937)，弗洛伊德的一个在维也纳的追随者，他最终与弗洛伊德断交，发展出精神分析学说的一个独立分支。

阿多诺(Theodor Adorno，1903—1969)，由批判学者组成的法兰克福学派成员。他应拉扎斯菲尔德之邀来到美国参加广播研究项目的工作(这是一次不成功的经历)，后来参加有关偏见研究的《权威人格》的写作。

班杜拉(Albert Bandura，生于1925年)，斯坦福大学心理学家，他系统阐述了社会学习理论，个体通过这种理论来模仿他们在人际之间或在大众媒介中所观察到的其他人的行为。

贝特森(Gregory Bateson，1904—1980)，英国人类学家，具有多学科兴趣，他在控制论的基础上，对关系传播进行了概念化工作。作为帕洛阿尔托小组的领导人，贝特森论述了诸如诗论、双重束缚、传播语义学等概念，以及传播行为的关系和内容的维度等等概念。

贝雷尔森(Bernard Berelson，1912—1979)，传播领域的早期社会科学家，内容分析方法的一个先驱，他与拉扎斯菲尔德合作进行了伊利县的选举行为研究。

伯洛(David K. Berlo，生于1929年)，伊利诺伊大学的早期传播学博士，他在密歇根州立大学创建了传播学系，这个系在20世纪60年代和70年代培养了一大批传播学博士。伯洛还撰写了被广泛使用和颇具影响的教科书：《传播过程》(1960)。

“老爸”布莱尔(Willard G. “Daddy” Bleyer，1873—1935)，威斯康星大学新闻学的开拓性教授，他强调社会科学在新闻教育中的作用，并为一些人(“布莱尔的弟子”)授予新闻学—社会科学的博士学位，这些人后来成为各种新闻学院的带头人。布莱尔在20世纪30年代的新闻教育愿景为以后施拉姆的传播学愿景的接受，作了准备工作。

布罗伊尔(Josef Breuer，1842—1925)，一位颇有建树的维也纳医生，弗洛伊德从他那里吸收了谈话疗法，他们共同创建了精神分析学说，弗洛伊德还和他一起研究歇斯底里症。在对儿童诱奸作为歇斯底里症的一个起因的问题上，弗洛伊德和布罗伊尔最终决裂。

布什(Chilton E. Bush，1896—1973)，他师从“老爸”布莱尔在威斯康星大学获得新闻学—政治学博士学位，然后，引导斯坦福大学的新闻课程倾向于传播学。这个过程中的关键事件是于1955年聘用施拉姆。

布什(Vannerva Bush, 1908—1974)，麻省理工学院电子工程师，第二次世界大战期间和其后的联邦政府中的一名颇有影响的科学顾问。布什是香农的导师。

坎特里尔(Hadly Cantril, 1906—1969)，普林斯顿大学心理学教授，他与哥伦比亚广播公司的斯坦顿一起，为洛克菲勒基金会设计了“广播研究项目”，并有两年时间担任这个项目的副主任。在关于“火星人入侵”的广播剧如何引起百万听众恐慌的调查中，坎特里尔进行了一项媒介强效果的重要研究。

孔德(August Comte, 1798—1857)，社会学之父，也是实证主义的创建者，他认为科学方法可以被应用于人类社会行为的研究，以帮助解决社会问题。

库利(Charles Horton Cooley, 1864—1929)，密歇根大学的早期社会学家，他阐述了“首属群体”和“境中自我”概念。库利对芝加哥学派的其他学者产生了影响。

达尔文(Charles Darwin, 1809—1882)，他在对历时5年的环球旅行所采集的生物与地理的资料进行解释的基础上创建了进化论。他的理论发表在《物种起源》(1859)一书中。

杜威(John Dewey, 1859—1952)，20世纪之交的芝加哥大学的实证主义哲学家，因其“反射弧”的理论和关于循序渐进的教育创新思想而闻名。

涂尔干(Emile Durkheim, 1858—1917)，法国早期社会学家，曾撰写《自杀论》一书，因而有助于开启经验的和定量的社会学分析方法。

恩格斯(Fridrich Engels, 1820—1895)，马克思的合作者，两人一起撰写了《共产党宣言》。

费斯廷格(Leon Festinger, 1919—1991)，勒温的追随者，因其认知不和谐理论而闻名，这种不和谐是指个体在经历两种冲突的认识要素时的令人不快的情景。

弗莱斯(Wilhelm Fleiss, 1858—1928)，柏林医生，当弗洛伊德构建精神分析理论的细节部分时，与之进行了范围广泛的通信。

布伦斯维克(Else Frenkel-Brunswick, 1908—1958)，奥地利一位接受精神分析训练的心理学家，他参加了《权威人格》的调查，这是一项40年代在加利福尼亚大学伯克利分校进行的研究。

弗洛伊德(Sigmund Freud, 1856—1939)，维也纳医生，他将精神分析理论作为一种治疗神经症患者的手段而创立起来，其途径是通过长期的深度咨询来帮助个体理解他或她的无意识。

弗洛姆(Erich Fromm, 1900—1980)，德国心理分析学家，他在20世纪30年代期间参加法兰克福学派，但后来在美国与之分道扬镳。他撰写了几本重要的著作，包括《逃避自由》。

盖洛普(George H. Gallup, 1902—1984)，民意测验研究者，1928年在衣阿华大学获得博士学位，然后教了几年新闻学和广告学。他的许多研究都由报界和电影制片厂资助，以便了解受众想要什么。

黑格尔(Georg Wilhelm Fridrich Hegel, 1770—1831)，马克思在大学时代主要受到他

的思想影响。马克思后来反对黑格尔的思想。

霍克海默(Max Horkheimer, 1895—1971), 1930 年成为法兰克福大学社会研究所所长; 1934—1950 年,他带领研究所流亡纽约,然后返回法兰克福。霍克海默是构建批判理论的关键人物,这一理论吸收了马克思主义和精神分析理论。

霍夫兰(Carl I. Hovland, 1912—1961), 耶鲁大学实验心理学家,第二次世界大战期间,在五角大楼主持有关劝服的研究项目,目的是评估美国陆军训练影片的效果。1945 年以后,霍夫兰在耶鲁大学领导传播和态度改变的研究项目。

赫尔(Clark Hull, 1884—1952), 耶鲁大学人类关系研究所著名的学习心理学家,他吸收弗洛伊德的精神分析理论以阐述他的学习行为理论。赫尔是霍夫兰的学术导师。

哈钦斯(Robert Maynard Hutchins, 1899—1977), 耶鲁大学法学院院长,在担任这个职务时帮助创建了人类关系研究所,这是一个跨学科的研究项目,参与者有赫尔、霍夫兰等人。20 世纪 30 年代和 40 年代,哈钦斯是芝加哥大学校长,并任"大众媒介自由与责任委员会"主席。

英尼斯(Harold Innis, 1894—1952), 加拿大的媒介决定论者,在多伦多大学教授政治经济学,并影响了麦克卢汉。

詹姆斯(William James, 1842—1910), 哈佛大学实证主义哲学家,他的 1890 年的著作《心理学原理》有助于对心理学领域的界定。

荣格(Carl G. Jung, 1875—1961), 弗洛伊德的、以苏黎世为基地的追随者,在与弗洛伊德绝交之前,他对精神分析理论作出了重要的贡献。

拉斯韦尔(Harold D. Lasswell, 1902—1978), 在芝加哥大学被培养成为一个政治学家,在那里,他将弗洛伊德的精神分析理论吸纳到有关政治领袖的研究之中。拉斯韦尔开创了关于宣传的内容分析,并创建了 5 个"W"的传播模式:"谁(who),什么(what),对谁说(to whom),通过什么渠道(what channels),取得什么效果(what effects)。"

拉扎斯菲尔德(Paul F. Lazarsfeld, 1901—1976), 社会学方法论者,他开创了大众传播效果的研究,并且创建了几个大学的研究机构,其中最著名的是哥伦比亚大学应用社会研究局。

勒温(Kurt Lewin, 1890—1947), 柏林大学重要的格式塔心理学家,他流亡到康奈尔大学、衣阿华大学,后来到麻省理工学院,开创了群体动力学和群体传播的社会心理学研究。

利克特(Rensis Likert, 1903—1981), 项目调查处主任,该处在 30 年代中期至 1947 年是美国农业部的一个调查研究小组。1947 年,它迁至密歇根大学的调查研究中心。今天,利克特因其"5 级态度量表"(具有诸如完全同意、同意、未决定、不同意和坚决不同意这样的回答)而闻名。

李普曼(Walter Lippmann, 1889—1974), 重要的政治专栏作家,为 12 名美国总统作过顾问。他撰写了颇有影响的《舆论学》(1922)一书,这部著作对公众舆论、宣传和议程设置过程等方面的传播研究都产生了作用。

洛文塔尔(Leo Lowernthal，生于1900年)，法兰克福学派成员，他流亡到美国，与拉扎斯菲尔德一起从事“广播研究项目”的工作(在那里，他进行了一项有关美国杂志报道从生产的英雄到消费的英雄的变化的分析)。

林德(Robert Lynd，1892—1970)，哥伦比亚大学社会学家，因其(与H·林德)在米德尔敦的社区研究而闻名。当拉扎斯菲尔德最初来到美国时，林德竭力帮助他找寻自己的学术位置。但是，后来林德成为拉扎斯菲尔德工作的批评者。

麦克利什(Archibald MacLeish，1892—1982)，著名诗人，第二次世界大战期间，他担任美国国会图书馆馆长，精确资料办公室主任。

麦克卢汉(Marshall McLuhan，1911—1980)，加拿大媒介决定论者，他在20世纪50年代对传播学作了普及工作，他论证说，传播媒介怎样影响人类感觉是占据统治地位的问题。

马尔库塞(Herbert Marcuse，1898—1979)，法兰克福学派的马克思主义—弗洛伊德式的成员。他撰写《单向度的人》(1965)和其他有关批判理论的重要著作。

马歇尔(John Marshall，1903—1980)，洛克菲勒基金会高级职员，他资助了由拉扎斯菲尔德领导的广播研究项目，并且在1939—1940年间召集了洛克菲勒传播研讨班，该研讨班的报告有助于对大众传播研究领域作出限定。

马克思(Karl Marx，1818—1883)，德国知识分子，先后流亡巴黎和伦敦，在伦敦撰写了《共产党宣言》和《资本论》，这些著作批判了资本主义，提出了历史唯物主义理论，该理论认为经济力量决定社会和政治的结构以及社会变革。

米德(George Herbert Mead，1863—1931)，芝加哥大学哲学家，他的符号互动论强调人际传播在人格发展中的作用。他的理论发表在他身后的著作《心灵、自我与社会》(1931)之中。

米德(Margaret Mead，1901—1978)，著名的人类学家，第二次世界大战期间担任“国家研究委员会”高级职员，该委员会资助了勒温关于营养变化中的群体影响的(动物)胰脏实验。

默顿(Robert K. Merton，生于1910年)，哥伦比亚大学社会学理论家，他与拉扎斯菲尔德合作从事由应用社会研究局进行的大众传播研究。

米尔斯(C. Wright Mills，1916—1962)，拉扎斯菲尔德在哥伦比亚大学的同事，也是他的个人层面的社会分析风格的批评者，这种批评特别表现在米尔斯1959年的著作《社会学的想象》之中。

奥斯古德(Charles Osgood，1916—1989)，伊利诺伊大学的开创性心理语言学家，他创建了用于意义测量的语义分析方法。在施拉姆1955年离开伊利诺伊大学前往斯坦福大学的时候，奥斯古德担任传播研究所所长。

帕克(Robert E. Park，1864—1944)，1915—1935年间芝加哥学派最有影响的成员。他开创了大众传播学，并限定了美国社会学的领域。

皮尔斯(John Pierce，生于1910年)，电子工程师，职业生涯的大部分时间都在贝尔实验室工作。当香农阐述信息论时，皮尔斯是他在贝尔实验室的一个同事。

施拉姆(Wilbur Schramm，1907—1987)，第二次世界大战之后，在衣阿华大学、伊利诺伊大学和斯坦福大学创建传播学。施拉姆在每一所大学都建立了一个传播研究机构，并创了传播学研究的博士培养项目，并进行了研究，撰写各种出版物，从而对传播学领域作出了限定。

西肖尔(Carl Seashore，1866—1949)，听觉行为心理学家，20世纪30年代和40年代，其理论在衣阿华大学颇有影响。当施拉姆从事博士后工作时，西肖尔教他实验方法。

香农(Claude E. Shannon，生于1916年)，电子工程师和数学家，在麻省理工学院接受教育。第二次世界大战期间，当他在贝尔实验室从事密码学研究时，阐述了信息论。香农的信息论包括信息概念的定义、对于信息的熵度量和关于通信（传播）流程的论述。

齐美尔(Georg Simmel，1858—1918)，早期德国社会学家，他的“陌生人”理论、“三人群体”和“社会网络”理论，以及“城市生活”理论，对芝加哥学派产生了重要的欧洲式影响。

斯宾塞(Herbert Spencer，1820—1903)，达尔文的同代人，他用进化论解释社会进步，他的这种观点被称为社会达尔文主义。斯宾塞的著作风行美国，最初吸引库利和其他早期社会学家研究社会学(这些人后来反对斯宾塞的社会达尔文主义)。

斯坦顿(Frank Stanton，生于1908年)，俄亥俄州立大学心理学博士，哥伦比亚广播公司研究部主任，后来成为公司总裁，30年代后期与拉扎斯菲尔德合作进行广播研究项目。

斯托达德(George Stoddard，1897—1981)，教育心理学家，在衣阿华大学领导儿童福利研究所，在那里，他聘用了勒温。斯托达德后来成为伊利诺伊大学校长，1947年，在伊利诺伊大学聘任施拉姆为世界上第一个传播学教授。

斯托弗(Samuel A. Stouffer，1900—1960)，衣阿华的一个小城镇的记者，在芝加哥大学获得社会学博士学位。第二次世界大战期间，他领导有关士兵士气的军事研究，后成为哈佛大学社会关系实验室主任。

塔尔德(Gabriel Tarde，1843—1904)，早期法国社会学家，在创新扩散和社会学习方面，他的理论出版物影响了美国学者。

托马斯(W. I. Thomas，1863—1947)，与兹纳涅茨基合著《身处欧美的波兰农民》，这是芝加哥学派的第一个重要研究，也是美国社会学中的一个重要的早期经验主义的研究。

华莱士(Alfred Russell Wallace，1823—1913)，与达尔文共同发现了进化论。

沃兹拉维克(Paul Watzlawick，生于1921年)，帕洛阿尔托小组的主要成员，《传播语用学》(1962)一书的作者之一。

韦弗(Warren Weaver，1894—1978)，洛克菲勒基金会高级职员，他撰文对香农的信息论作了简化和扩充，其文与香农的原文一起以书的形式发表(香农和韦弗，1949)。

韦伯(Max Weber，1864—1920)，特别有影响的早期德国社会学家，因其“科层制”、“理解”、“魅力”、“理想类型”的概念，以及著作《新教伦理与资本主义精神》而闻名。

维纳(Norbert Wiener，1894—1964)，麻省理工学院数学家，第二次世界大战期间，作为改进高射炮弹准确性研究的一个结果，他开创了控制论。第二次世界大战之后，维纳在10次多学科的梅西会议上，向社会科学家和生物医学家推广控制论。

冯特(Wilhelm Wundt，1832—1920)，大约100年以前，他在莱比锡大学创建了实验心理学。

参考书目

Abrams, Mark (1977). "Social Research and Market Research: The Case of Paul F. Lazarsfeld." *Journal of the Market Research Society* 19 (1):12–17.

Adorno, Theodor (1969). "Scientific Experiences of a European Scholar in America." In Donald Fleming and Bernard Bailyn (eds.), *The Intellectual Migration: Europe and America, 1930–1960,* pp. 338–370. Cambridge: Harvard University Press.

Adorno, Theodor W., Else Frenkel-Brunswik, Daniel J. Levinson, and R. Nevitt Sanford (1950/1982). *The Authoritarian Personality.* New York: Harper and Brothers; New York: Norton.

Almond, Gabriel A. (n.d.). "Harold Dwight Lasswell (1902–1978)." Unpublished paper. Harold D. Lasswell Papers, Manuscripts and Archives, Sterling Memorial Library, New Haven, Connecticut.

Anderson, Nels (1923/1961). *The Hobo: The Sociology of the Homeless Man.* Chicago: University of Chicago Press/Phoenix Books.

Anzieu, Didier (1986), *Freud's Self-Analysis.* Translated by Peter Graham. Madison, Conn.: International Universities Press.

Appignanesi, Richard, and Oscar Zarate (1979). *Freud for Beginners.* New York: Pantheon Books.

Arcenas, Elvira M. (1991). "Constructing a 'Communication' Lexicon: A Study of How 'Communication' Entered the Linguistic Mainstream of Journalism Education." Paper presented at the International Communication Association, Chicago.

Aron, Arthur, and Elaine N. Aron (1986). *The Heart of Social Psychology.* Lexington, Mass.: Lexington Books.

Ash, Mitchell G. (1992). "Cultural Contexts and Scientific Change in Psychology." *American Psychologist* 47(2):198–207.

Ashby, W. Ross (1956). *An Introduction to Cybernetics.* New York: Wiley & Sons.

Back, Kurt W. (1972). *Beyond Words: The Story of Sensitivity Training and the Encounter Movement.* New York: Russell Sage Foundation.

Bailyn, Bernard (1979). "Recollections of PFL." In Robert K. Merton, James S. Coleman, and Peter H. Rossi (eds.), *Qualitative and Quantitative Social Research: Papers in Honor of Paul Lazarsfeld,* pp. 16–18. New York: Free Press.

Bandura, Albert (1977). *Social Learning Theory.* Englewood Cliffs, N.J.: Prentice-Hall.

Barlow, Nona (1958). *The Autobiography of Charles Darwin: 1809–1892.* New York: Norton.

Barry, Robert M. (1968). "A Man and a City: George Herbert Mead in Chicago." In Michael Novak (ed.), *American Philosophy and the Future: Essays for a New Generation,* pp. 173–192. New York: Scribner's Sons.

Barton, Allen H. (1982). "Paul Lazarsfeld and the Invention of the University Institute for Applied Social Research." In Burt Holzner and Jera Nehnevajsn (eds.), *Organizing for Social Research,* pp. 17–83. Cambridge, Mass.: Schenkman.

_____ (December 18, 1991). Personal correspondence with Everett M. Rogers.

_____ (March 9, 1992). Personal correspondence with Everett M. Rogers.

Bartos, Rena (1977). "Frank Stanton: Our First CEO," *Journal of Advertising Research* 17:26–29.

Bateson, Gregory (1936/1958). *Naven: A Survey of the Problems Suggested by a Composite Picture of the Culture of a New Guinea Tribe Drawn from Three Points of View.* New York: Cambridge University Press; Stanford: Stanford University Press.

_____ (1972). *Steps to an Ecology of Mind: Collected Essays in Anthropology, Psychiatry, Evolution, and Epistemology.* New York: Ballantine.

Bateson, Gregory, and Jurgen Ruesch (1951). *Communication: The Social Matrix of Psychiatry.* New York: Norton.

Bateson, Mary Catherine (1984). *With a Daughter's Eye: A Memoir of Margaret Mead and Gregory Bateson.* New York: William Morrow.

Bavelas, Janet Beavin (1990). "Behaving and Communicating: A Reply to Motley." *Western Journal of Speech Communication* 54:593–602.

Becker, Howard S. (1953). "Becoming a Marijuana User." *American Journal of Sociology* 59:235–242.

Becker, Marshall H. (1974). "The Health Belief Model and Personal Health Behavior." *Health Education Monographs* 2:324–508.

Bello, Francis (1953). "The Information Theory." *Fortune* 48(6):136–158.

Belman, Sheldon Lary (1975). "The Idea of Communication in the Social Thought of the Chicago School." Ph.D. dissertation, University of Illinois.

Ben-David, Joseph, and Randall Collins (1966). "Social Factors in the Origins of a New Science: The Case of Psychology." *American Sociological Review* 31 (4):451–465.

Benedict, Ruth (1934). *Patterns of Culture*. Boston: Houghton Mifflin.

Beniger, James R. (1987). "Personalization of Mass Media and the Growth of Pseudo-Community." *Communication Research* 14 (3):352–371.

Benjamin, Jr., Ludy T., et al. (1992). "Wundt's American Doctoral Students." *American Psychologist* 47(2):123–131.

Benjamin, Walter (1966/1973). *Understanding Brecht*. Norfolk, England: Therford Press.

Benson, Lee (1979). "Marx's General and Middle-Range Theories of Social Conflict." In Robert K. Merton, James S. Coleman, and Peter H. Rossi (eds.), *Qualitative and Quantitative Social Research: Papers in Honor of Paul F. Lazarsfeld*, pp. 189–209. New York: Free Press.

Berelson, Bernard (1949). "What 'Missing the Newspaper Means.'" In Paul F. Lazarsfeld and Frank N. Stanton (eds.), *Communications Research, 1948–49*. New York: Harper.

—— (1959). "The State of Communication Research." *Public Opinion Quarterly* 23:1–5.

Berelson, Bernard, and Gary Steiner (1964). *Human Behavior: An Inventory of Scientific Findings*. New York: Harcourt, Brace and World.

Berkowitz, David (1990). "Refining the Gatekeeping Metaphor for Local Television News," *Journal of Broadcasting and Electronic Media*, 34:55–68.

Berlo, David K. (1960). *The Process of Communication*. New York: Holt, Rinehart and Winston.

—— (1977). "Communication as Process: Review and Commentary." In Brent D. Ruben (ed.), *Communication Yearbook 1*, pp. 11–27. New Brunswick, N.J.: Transaction Books.

—— (May 16, 1992). Personal interview with Everett M. Rogers. St. Petersburg, Florida.

Bernard, Jessie (1973). "My Four Revolutions: An Autobiographical History of the ASA." *American Journal of Sociology* 78 (4):773–791.

Bernays, Edward L. (1923). *Crystalizing Public Opinion*. New York: Horace Liveright.

——— (1928). *Propaganda*. New York: Horace Liveright.

——— (October 29, 1991). Personal correspondence with Everett M. Rogers.

Bertalanffy, Ludwig von (1968). *General System Theory: Foundations, Development, Applications*. New York: Braziller.

Bierstedt, Robert (1981). *American Sociological Theory: A Critical History*. New York: Academic Press.

Bishop, Robert L., and LaMar S. MacKay (1971). *Mysterious Silence, Lyrical Scream: Government Information in World War II*. Columbia, S.C.: Association for Education on Journalism and Mass Communication, Journalism Monographs 19.

Blau, Peter M. (1964). "The Research Process in the Study of the Dynamics of Bureaucracy." In Phillip E. Hammond (ed.), *Sociologists at Work: Essays on the Craft of Social Research*, pp. 18–57. Garden City, N.Y.: Doubleday/Anchor Books.

Bleyer, Willard G. (1910). *The Profession of Journalism*. Boston: Atlantic Monthly Press.

——— (1913). *Newspaper Writing and Editing*. Boston: Houghton Mifflin.

——— (1916). *Types of News Writing*. Boston: Houghton Mifflin.

——— (1920). *How To Write Special Feature Articles*. Boston: Houghton Mifflin.

——— (1927). *Main Currents in the History of American Journalism*. Boston: Houghton Mifflin.

——— (October 1934). "The Rise of Education for Journalism." *Quill*, pp. 12–13, 30–32.

Blum, Eleanor (October 29, 1991). Personal interview by Everett M. Rogers, Urbana, Illinois.

Blumer, Herbert (1933/1970). *The Movies and Conduct*. New York: Macmillan; New York: Arno Press.

——— (1969/1986). *Symbolic Interactionism: Perspective and Method*. Englewood Cliffs, N.J.: Prentice-Hall.

——— (May 22, 1972). Personal interview by James Carey, Department of Sociology Interviews, Box 1, Folder 2, University of Chicago Library.

Blumer, Herbert, and Philip M. Hauser (1933/1970). *Movies, Delinquency, and Crime*. New York: Arno Press.

Bogardus, E. S. (1929). "Measuring Social Distances." *Journal of Applied Sociology* 13:110–117.

——— (1933). "A Social Distance Scale." *Sociology and Social Research*. 17:265–271.

Boorstin, Daniel J. (1961). *The Image: A Guide To Psuedo-Events in America*. New York: Atheneum.

——— (1983). *The Discoverers*. New York: Vintage.

Borchers, Detlef (1988). "Paul Lazarsfeld: A Marxist on Leave." *Communication* 10:211–222.

Boring, Edwin G. (1929/1950). *A History of Experimental Psychology*. 2d ed. Englewood Cliffs, N.J.: Prentice-Hall.

Boskoff, Alvin (1969). *Theory in American Sociology: Major Sources and Applications*. New York: Thomas Crowell.

Bowles, Peter J. (1984), *Evolution: The History of an Idea*. Berkeley: University of California Press.

Bowler, Peter J. (1990). *Charles Darwin: The Man and His Influence*. Oxford: Basil Blackwell.

Bringman, Wolfgang G., William G. Balance, and Alan Krichev (1969). "Experimental Investigation of McLuhan's Ideas Concerning Effects of Hot and Cool Communications Media." *Psychological Reports* (25):447–451.

Bringmann, Wolfgang G., William D. G. Balance, and Rand B. Evans (1975). "Wilhelm Wundt 1832–1920: A Brief Biographical Sketch." *Journal of the History of Behavioral Sciences* 11:289–297.

Bronowski, Jacob (1973). *The Ascent of Man*. Boston: Little, Brown.

Brown, Steven R. (October 5, 1992). Personal correspondence with Everett M. Rogers.

Browie, Janet, and Michael Neve (eds.) (1989). Introduction to Charles Darwin, *Voyage of the Beagle*. London: Penguin.

Bryson, Lyman (1948). *The Communication of Ideas: A Series of Addresses*. New York: Harper.

Buckley, Walter (ed.) (1968). *Modern Systems Research for the Behavioral Scientist*. Chicago: Aldine.

Bulmer, Martin (1984). *The Chicago School of Sociology: Institutionalization, Diversity, and the Rise of Sociological Research.* Chicago: University of Chicago Press.

Burgess, Ernest W. (1939). "The Influence of Sigmund Freud upon Sociology in the United States." *American Journal of Sociology* 45:356–374.

Burnet, Jean (1964). "Robert E. Park and the Chicago School of Sociology: A Centennial Tribute." *Canadian Review of Sociology and Anthropology* 1:156–164.

Burrell, Gibson, and Gareth Morgan (1979). *Sociological Paradigms and Organizational Analysis.* London: Heineman.

Burston, Daniel (1991). *The Legacy of Erich Fromm.* Cambridge: Harvard University Press.

Burt, Ronald S. (1987). "Social Contagion and Innovation: Cohesion Versus Structure Equivalence." *American Journal of Sociology* 92:1287–1335.

Calder, Bobby J. (1977). "Focus Groups and the Nature of Qualitative Marketing Research." *Journal of Marketing Research* 14:353–364.

Campbell, Jeremy (1982). *Grammatical Man: Information, Entropy, Language, and Life.* New York: Simon and Schuster.

Cannon, Walter (1932). *The Wisdom of the Body.* New York: Norton.

Cantril, Hadley, and Gordon Allport (1935). *The Psychology of Radio.* New York: Harper.

Cantril, Hadley, with Hazel Gaudet and Herta Herzog (1940/1966). *The Invasion from Mars: A Study in the Psychology of Panic.* Princeton, New Jersey: Princeton University Press; New York: Harper & Row.

Capecchi, Vittorio (1978). "Paul F. Lazarsfeld: A Link Between American and European Methodology. *Quality and Quantity* 12:239–254.

Caplow, Theodore (1968). *Two Against One: Coalitions in Triads.* Englewood Cliffs, N.J.: Prentice-Hall.

Carey, James W. (1967). "Harold Adams Innis and Marshall McLuhan." *Antioch Review* 27(1):5–39.

_____ (1981). "Culture, Geography, and Communications: The Work of Harold Innis in an American Context." In Liora Salter (ed.), *Culture, Communication and Dependence: The Tradition of Harold Innis*, pp. 73–91. Norwood, N.J.: Ablex.

_____ (1982). "The Mass Media and Critical Theory: An American View." In

Michael Burgoon (ed.), *Communication Yearbook 6*. Newbury Park, Calif.: Sage.

_____ (1989). *Communication as Culture: Essays on Media and Society*. Winchester, Mass.: Unwin Hyman.

Cartier, Jacqueline Marie (1988). "Wilbur Schramm and the Beginnings of American Communication Theory: A History of Ideas." Ph.D. dissertation, University of Iowa.

Cartwright, Dorwin (1979). "Contemporary Social Psychology in Historical Perspective." *Social Psychology Quarterly* 42(1):82–93.

_____ (Mary 15, 1989). Personal interview by Everett M. Rogers, Santa Barbara, California.

Cartwright, Dorwin, and Alvin Zander (1953/1968). *Group Dynamics: Research and Theory*. New York: Harper & Row.

Caudill, Edward (1989). *Darwinism in the Press: The Evolution of an Idea*. Hillsdale, N.J.: Lawrence Erlbaum.

Chaffee, Steven H. Carlos Gomez-Palacio, and Everett M. Rogers (1990). "Mass Communication Research in Latin America: Views from Here and There." *Journalism Quarterly* 64(4):1015–1024.

Chaffee, Steven H., and John L. Hochheimer (1985). "The Beginning of Political Communication Research in the United States: Origins of the 'Limited Effects' Model." In Everett M. Rogers and Francis Balle (eds.), *The Media Revolution in America and in Western Europe*, pp. 267–296. Norwood, N.J.: Ablex.

Chaffee, Steven H., and Everett M. Rogers (eds.) (in press). In Wilbur Schramm, *The Beginnings of Communication Study in America*. Newbury Park, Calif.: Sage.

Chaffee, Steven H., and Donna G. Wilson (1977). "Media Rich, Media Poor: Two Studies of Diversity in Agenda-Holding." *Journalism Quarterly* 54:446–476.

Charters, W. W. (1933/1970). *Motion Pictures and Youth: A Summary*. New York: Macmillan; New York: Arno Press.

Christakes, George (1978). *Albion W. Small*. Boston: Twayne.

Churchman, C. West (1968). *The Systems Approach*. New York: Delacorte Press.

Clark, Jon, Cella Modgil, and Sohan Modgil (1990). *Robert K. Merton: Consensus and Controversy*. London: Falmer Press.

Clausen, John A. (1984a). "*The American Soldier* and Social Psychology: Introduction." *Social Psychology Quarterly* 47(2):184–185.

——— (1984b). "Research on the American Soldier as a Career Contingency." *Social Psychology Quarterly* 47(2): 207–213.

Coberly, Mary Schramm (November 9, 1992). Personal correspondence with Everett M. Rogers.

Cohen, Bernard (1963). *The Press and Foreign Policy*. Princeton, N.J.: Princeton University Press.

Cohen, I. Bernard (1983). *Revolution in Science*. Cambridge: Belknap Press of Harvard University Press.

Cole, Richard, and Thomas Bowers (1973). "Research Article Productivity of U.S. Journalism Faculties." *Journalism Quarterly* 50:246–254.

Coleman, James S. (1957). *Community Conflict*. New York: Free Press.

——— (1980a). "The Structure of Society and the Nature of Social Research." *Knowledge* 1 (3):333–350.

——— (1980b). "Paul F. Lazarsfeld: The Substance and Style of His Work." In Robert K. Merton and Mathilda White Riley (eds.), *Sociological Traditions from Generation to Generation: Glimpses of the American Experience*, pp. 153–174. Norwood, N.J.: Ablex.

——— (1982). Introduction to Patricia L. Kendall (ed.), *The Varied Sociology of Paul F. Lazarsfeld*, pp. 1–8. New York: Columbia University Press.

——— (April 27, 1992). Personal interview with Everett M. Rogers, Chicago.

Coleman, James S., Elihu Katz, and Herbert Menzel (1966). *Medical Innovation: A Diffusion Study*. Indianapolis: Bobbs-Merrill.

Combs, James E., and Dan Nimmo (1993). *The New Propaganda: The Dictatorship of Palaver in Contemporary Politics*. White Plains, N.Y.: Longmans.

Converse, Jean M. (1987). *Survey Research in the United States: Roots and Emergence, 1890–1960*. Berkeley: University of California Press.

Cook, Thomas P., Charles L. Gruder, Karen M. Hennigan, and Brian R. Flay (1979). "History of the Sleeper Effect: Some Logical Pitfalls in Accepting the Null Hypothesis." *Psychological Bulletin* 86(4):662–679.

Cooley, Charles Horton (1902/1922). *Human Nature and the Social Order*. New York: Charles Scribner's Sons.

_____ (1909). *Social Organization: A Study of the Larger Mind.* New York: Charles Scribner's Sons.

_____ (1918). *Social Process.* New York: Charles Scribner's Sons.

_____ (1920). "Reflections upon the Sociology of Herbert Spencer." *American Journal of Sociology* 26:129–145.

Coser, Lewis A. (ed.) (1975). *The Idea of Social Structure: Papers in Honor of Robert K. Merton.* New York: Harcourt Brace Jovanovich.

_____ (1977). *Masters of Sociological Thought: Ideas in Historical and Social Context.* 2d ed. New York: Harcourt Brace Jovanovich.

_____ (1984). *Refugee Scholars in America: Their Impact and Their Experience.* New Haven, Connecticut: Yale University Press.

Coughlan, Neil (1975). *Young John Dewey: An Essay in American Intellectual History.* Chicago: University of Chicago Press.

Creel, George (1920), *How We Advertised America: The First Telling of the Amazing Story of the Committee on Public Information That Carried the Gospel of Americanism to Every Corner of the Globe.* New York: Harper & Brothers.

Cressey, Paul (1929/1972). *The Taxi-Dance Hall: A Sociological Study in Commercialized Recreation and City Life.* Chicago: University of Chicago Press.

Crothers, Charles (1987). *Robert K. Merton.* London: Tavistock.

Curtis, Michael (1991). "Walter Lippmann Reconsidered." Society 28(2):23–31.

Czitrom, Daniel (1982). *Media and the American Mind: From Morse to McLuhan.* Chapel Hill: University of North Carolina Press.

Dahling, Randall L. (1962). "Shannon's Information Theory: The Spread of an Idea." In Wilbur Schramm (ed.), *Studies of Innovation and of Communication to the Public,* pp. 118–139. Stanford: Stanford University, Institute for Communication Research.

Dale, Edgar (1933a/1970). *Children's Attendance at Motion Pictures.* New York: Macmillan; New York: Arno Press.

_____ (1933b/1970). *The Content of Motion Pictures.* New York: Macmillan; New York: Arno Press.

Danielian, Lucig H., and Stephen D. Reese (1989). "A Closer Look at Intermedia Influences on Agenda Setting: The Cocaine Issue of 1986." In Pamela J. Shoemaker (ed.), *Communication Campaigns about Drugs: Government, Media and the Public,* pp. 47–65. Hillsdale, N.J.: Erlbaum.

Danielson, Wayne (March 9, 1992). Personal interview by Everett M. Rogers, Austin, Texas.

Danziger, Kurt (1985). "The Origins of the Psychological Experiment as a Social Institution." *American Psychologist* 40 (2):133–140.

Darnell, Donald K. (1970). "'Clozentropy': A Procedure for Testing English Language Proficiency of Foreign Students." *Speech Monographs* 37:36–46.

_____ (1972). "Information Theory: An Approach to Human Communication." In Richard W. Budd and Brent D. Rubin (eds.), *Approaches to Human Communication*, pp. 156–169. New York: Spartan Books.

_____ (1976). "Information Theory." In Donald K. Darnell and Wayne Brockriede (eds.), *Persons Communicating*, pp. 210–223. Englewood Cliffs, N.J.: Prentice-Hall.

Darwin, Charles (1839/1989). *Voyage of the Beagle: Charles Darwin's Journal of Researches*. New York: Penguin Books.

_____ (1958). "On Variation of Organic Things in a State of Nature; on the Natural Means of Selection; on the Comparison of Domestic Races and True Species." *Journal of the Linnaean Society of London (Zoology)* 3:46–50.

_____ (1859/1958). *On the Origin of Species*. New York: New American Library.

_____ (1871/1972). *The Descent of Man and Selection in Relation to Sex*. 2 vols. New York: AMS Press.

_____ (1873). *The Expression of the Emotions in Men and Animals*. London: J. Murray.

Dearborn, Mary W. (1988). *Love in the Promised Land: The Story of Anzia Yezierska and John Dewey*. New York: Free Press.

Dearing, James W. (1989). "Setting the Polling Agenda for the Issue of AIDS." *Public Opinion Quarterly* 53(3):309–329.

Delia, Jesse G. (1987). "Communication Research: A History." In Charles R. Berger and Steven H. Chaffee (eds.), *Handbook of Communication Science*, pp. 20–98. Newbury Park, Calif.: Sage.

Dennis, Everett E. (December 9, 1992). Personal correspondence with Everett M. Rogers.

de Rivera, Joseph (1976). *Field Theory as Human Science: Contributions of Lewin's Berlin Group*. New York: Gardner Press.

Deutsch, Karl W. (1963). *The Nerves of Government: Models of Political Communication and Control*. New York: Free Press.

_____ (1986). "This Week's Citation Classic." *Current Contents* 18(19):18.

Deutschmann, Paul J., and Wayne Danielson (1960). "Diffusion of the Major News Story." *Journalism Quarterly* 37:345–355.

Dewey, John (1896). "The Reflex Arc Concept in Psychology." *Psychological Review* 3:357–370.

_____ (1927). *The Public and Its Problems*. Chicago: Swallow Press.

Dickens, Milton, and Frederick Williams (1964). "An Experimental Application of 'Cloze' Procedure and Attitude Measures to Listening Comprehension." *Speech Monographs* 31:103–108.

Dimmick, John, and Eric W. Rothenbuhler (1987). "Competitive Displacement in the Communication Industries: New Media in Old Environments." In Ronald E. Rice (ed.), *The New Media: Communication Research, and Technology*, pp. 287–308. Newbury Park, Calif.: Sage.

Diner, Steven J. (1975). "Department and Discipline: The Department of Sociology at the University of Chicago, 1892–1920." *Minerva* 12(4):514–533.

_____ (1980). *A City and Its Universities: Public Policy in Chicago, 1892–1919*. Chapel Hill: University of North Carolina Press.

Dobson, Velma, and Darryl Bruce (1972). "The German University and the Development of Experimental Psychology." *Journal of the History of Behavioral Science* 8:204–207.

Dobyns, Henry F, Paul L. Doughty, and Harold D. Lasswell (eds.) (1964). *Peasants, Power, and Applied Social Change*. Newbury Park, Calif.: Sage.

Dollard, John, Neal E. Miller, Leonard W. Doob, O. H. Mowrer, and Robert R. Sears, with Clellan S. Ford, Carl Iver Hovland, and Richard T. Sollenberger (1939). *Frustration and Aggression*. New Haven: Yale University Press.

Doob, J.L. (1949). "Review of Shannon's *A Mathematical Theory of Communication*." *Mathematical Reviews* 29:133.

Doob, Leonard (October 10, 1991). Personal interview by Everett M. Rogers, New Haven, Connecticut.

Dorfman, Ariel, and Armand Mattelart (1971/1975). *How to Read Donald Duck: Imperialist Ideology in the Disney Comic*. New York: International General.

Durham, Frank (1992). "Cultural History of a Curriculum: The Search for Salience." *Journalism Educator* 47(4):14–21.

Dysinger, W. S., and Christian A. Ruckmick (1933/1970). *The Emotional Responses of Children to the Motion Picture Situation.* New York: Macmillan; New York: Arno Press.

Eadie, William F. (1979). "Earned Degree Trends in Communication Studies, 1960–1976." *Communication Education* 28:294–300.

Eastman, Max (December 1941). "John Dewey," *Atlantic Monthly* 168:671–685.

Eisenberg, Eric M. (1984). "Ambiguity as Strategy in Organizational Communication." *Communication Monographs* 51:227–242.

Eisenstein, Elizabeth (1968). "Some Conjectures about the Impact of Printing on Western Society and Thought: A Preliminary Report." *Journal of Modern History* 40 (1):3.

_____ (1969). "The Advent of Printing and the Problem of the Renaissance." *Past and Present* 45:19–89.

_____ (1979). *The Printing Press as an Agent of Change: Communications and Cultural Transformation in Early-Modern Europe,* vol. 1. Cambridge: Cambridge University Press.

Elmore, Garland C. (1993). *The Communication Disciplines in Higher Education: A Guide to Academic Programs in the United States and Canada.* Second edition. MacLean, VA: Speech Communication of America.

Ekman, Paul (1973). *Darwin and Facial Expression: A Century of Research in Review.* New York: Academic Press.

Ellenberger, Henri F. (1970). *The Discovery of the Unconscious: The History and Evolution of Dynamic Psychiatry.* New York: Basic Books.

Ellersick, F.W. (1984). "A Conversation with Claude E. Shannon." *IEEE Communications Magazine* 22 (5):123–126.

Emery, Edwin, and Joseph P. McKerns (1987), *AEJMC: 75 Years in the Making.* Columbia, S.C.: Association for Education in Journalism and Mass Communication, Journalism Monographs 104.

Ennis, James G. (1992). "The Social Organization of Sociological Knowledge: Structural Models of the Intersections of Specialties." *American Sociological Review* 57:259–265.

Eulau, Heinz (1962). "The Maddening Methods of Harold D. Lasswell: Some Philosophical Underpinnings." *Journal of Politics* 30:3–24.

_____ (1968). "The Behavioral Movement in Political Science: A Personal Document." *Social Research* 35:1–29.

_____ (1977). "The Hoover Elite Studies Revisited." *Social Science History* 1(3):392–400.

Evans, Richard I. (1980a). "Leon Festinger," In *The Making of Social Psychology: Discussions with Creative Contributors*, pp. 125–135. New York: Gardner Press.

_____ (1980b). "Irving Janis." In *The Making of Social Psychology: Discussions with Creative Contributors*, pp. 97–111. New York: Gardner Press.

Fagen, M. D. (ed.) (1978). *A History of Engineering and Science in the Bell System: National Service in War and Peace (1929–1975)*. Murray Hill, N.J.: Bell Telephone Laboratories.

Fano, Robert (November 29, 1990). Personal interview by Everett M. Rogers, Cambridge, Massachusetts.

Faris, Ellsworth (1944). "Robert E. Park: 1864–1944." *American Sociological Review* 9:322–325.

Faris, Robert E. L. (1970). *Chicago Sociology, 1920–1932*. Chicago: University of Chicago Press.

_____ (May 24, 1972). Personal interview by James Carey, Department of Sociology Interviews, Box 1, Folder 1, University of Chicago Library.

_____ (November 1, 1990). Personal interview by Everett M. Rogers, Coronado, California.

Farr, Robert M. (1983). "Wilhelm Wundt (1832–1920) and the Origins of Psychology as an Experimental and Social Science." *British Journal of Social Psychology* 22:289–301

Feinstein, Amiel (1958). *Foundations of Information Theory*. New York: McGraw-Hill.

Fern, Edward F. (1982). "The Use of Focus Groups for Idea Generation: The Effects of Group Size, Acquaintanceship, and Moderator on Response Quantity and Quality." *Journal of Marketing Research* 19:1–13.

Festinger, Leon (1957). *A Theory of Cognitive Dissonance*. Stanford: Stanford University Press.

_____ (1980). "Looking Backward." In Leon Festinger (ed.), *Retrospections on Social Psychology*, pp. 236–254. New York: Oxford University Press.

Festinger, Leon, Henry W. Riecken, and Stanley Schachter (1956). *When Prophecy Fails.* Minneapolis: University of Minnesota Press.

Festinger, Leon, Stanley Schachter, and Kurt Bach (eds.) (1950). *Social Pressures in Informal Groups: A Study of Human Factors in Housing.* Stanford: Stanford University Press.

Finn, Seth (1985). "Information Theoretic Measures of Reader Enjoyment." *Written Communication* 2 (4):358–376.

Finn, Seth, and Donald F. Roberts (1984). "Source, Destination, and Entropy: Reassessing the Role of Information Theory in Communication Research." *Communication Research* 11:453–476.

Fisher, Seymour, and Roger P. Greenberg (1977). *The Scientific Credibility of Freud's Theories and Therapy.* New York: Basic Books.

Foerster, Heinz von (June 11, 1992). Personal interview with Everett M. Rogers, Pescadero, California.

Forman, Henry James (1933). *Our Movie-Made Children.* New York: Macmillan.

Fox, Richard Wightman (1983). "Epitaph for Middletown: Robert S. Lynd and the Analysis of Consumer Culture." In Richard Wightman Fox and T. J. Jackson (eds.), *The Culture of Consumption: Critical Essays in American History,* pp. 103–141. New York: Pantheon Books.

Frazier, P. Jean, and Cecilie Gaziano (1979). *Robert E. Park's Theory of News, Public Opinion, and Social Control.* Lexington, KY: Association for Education and Mass Communication, Journalism Monographs 64.

Freeman, John, and Michael T. Hannan (1989). "Setting the Record Straight on Organizational Ecology: Rebuttal to Young." *American Journal of Sociology* 95 (2):425–439.

Freeman, Lucy (1972). *The Story of Anna O.* New York: Walker.

Freud, Sigmund (1900/1913). *The Interpretation of Dreams.* London: G. Allen.

_____ (1901/1989). *The Psychotherapy of Everyday Life.* New York: New American Library.

_____ (1905a/1960). *Jokes and Their Relation to the Unconscious.* New York: Norton.

_____ (1905b/1949). *Three Essays on the Theory of Sexuality.* London: Image Publishing.

Freudenthal, Hans (1976). "Norbert Wiener." In David L. Sills (ed.), *Dictionary of Scientific Biography* 14:344–347. New York: Charles Scribners.

Freund, Michael (1978). "Sociography: The Marienthal Story." *Austria Today* 3:55.

_____ (January 24, 1991). Personal correspondence with Everett M. Rogers.

Frisby, David (1984). *George Simmel*. London: Tavistock Publications.

Fromm, Erich (1941). *Escape from Freedom*. New York: Rinehart.

_____ (1955). *The Sane Society*. Greenwich, Conn: Fawcett Premier.

_____ (1956). *The Art of Loving*. New York: Bantam.

_____ (1962). *Beyond the Chains of Illusion: My Encounter with Marx and Freud*. New York: Simon & Schuster/Touchstone.

_____, with D.T. Suzuki and R. DeMartino (1960). *Zen Buddhism and Psychoanalysis*. New York: Harper & Row.

Garfield, Eugene (1980). "Citation Measures of the Influence of Robert K. Merton." *Transactions of the New York Academy of Sciences*, ser. II, 29:61–74.

Geertz, Clifford (1973). *The Interpretation of Cultures: Selected Essays*. New York: Basic Books.

Gillette, J.M. (1928). "Urban Influence and Selection." In *Papers and Proceedings at the American Sociological Society*, pp. 1–14. Chicago: University of Chicago Press.

Gitlin, Todd (1978). "Media Sociology: The Dominant Paradigm." *Theory and Society* 6:205–253.

Gladner, Timothy Richard (1990). "Education and the Mass Media: The Origins of Mass Communications Research in the United States, 1939–1955." Ph.D. dissertation, University of Illinois.

_____ (November 22, 1991). Personal correspondence with Everett M. Rogers.

Glock, Charles Y. (1979). "Organizing Innovation for Social Science Research and Training." In Robert F. Merton, James S. Coleman, and Peter H. Rossi (eds.), *Qualitative and Quantitative Social Research: Papers in Honor of Paul F. Lazarsfeld*. New York: Free Press.

Goffman, Erving (1959). *The Presentation of Self in Everyday Life*. Garden City, N.Y.: Doubleday.

_____ (1961). *Asylums: Essays on the Social Situation of Mental Patients and Other Inmates*. Garden City, N.Y.: Anchor Books.

——— (1963). *Stigma*. Englewood Cliffs, N.J.: Prentice-Hall.

——— (1979). *Gender Advertisements*. New York: Harper & Row.

Goist, Park Dixon (1971). "City and 'Community': The Urban Theory of Robert Park." *American Quarterly* 23:46–59.

Goldman, Nancy (1973). "Biographical Sketch." In Leonard S. Cottrell, Jr., Albert Hunter, and James F. Short, Jr. (eds.), *Ernest W. Burgess on Community, Family, Delinquency*. Chicago: University of Chicago Press.

Goldsen, Joseph M. (September 19, 1991). Personal interview by Everett M. Rogers, San Francisco.

Goleman, Daniel (August 1978). "Bateson: Journey of a Generalist." *Psychology Today*, pp. 44–45.

Good, I. J. (1980). "Pioneering Work on Computers at Bletchley." In N. Metropolis, J. Howlett, and Gian-Carlo Rota (eds.), *A History of Computing in the Twentieth Century*, pp. 31–45. New York: Academic Press.

Goodspeed, Thomas Wakefield (1916/1972). *A History of the University of Chicago: The First Quarter Century*. Chicago: University of Chicago Press.

Gould, Stephen Jay (1980). *The Panda's Thumb: More Reflections in Natural History*. New York: Norton.

Grant, Peter R. (1991). "Natural Selection and Darwin's Finches." *Scientific American* 265(4):82–87.

Grattan-Guinness, I. (1975). "Wiener on the Logics of Russell and Schroder: An Account of His Doctoral Thesis, and of His Discussion of It with Russell." *Annals of Science* 32:103–132.

Greenberg, George S. (1977). "The Family Interactional Perspective: A Study and Examination of the Work of Dan D. Jackson." *Family Process* 16(4):385–412.

Greenwald, Anthony G., and David L. Ronis (1978). "Twenty Years of Cognitive Dissonance: Case Study of the Evolution of a Theory." *Psychological Review* 85(1):53–57.

Greenwood, M. (1949). "Pearson, Karl." In L. G. Wichham Legg (ed.), *The Dictionary of Natural Biography, 1931–40*, pp. 681–684. London: Oxford University Press.

Grossberg, Lawrence, Cary Nelson, and Paula Treichler (1992). *Cultural Studies*. London: Routledge.

Hagemeyer, Frederich Wilhelm (1979). "Die Entstehung von

Informationskonzepten in der Nachrichtentechnik: Eine Fallstudie zur Theoriebildung in der Technik in Industrie—und Kriegsforschung" (The Emergence of Concepts of Information in Information Technology: A Case Study of Theory Formation in Technology within Industrial and Military Research Programs. Doctoral thesis, Free University of Berlin.

Haley, Jay (1971). "A Review of the Family Therapy Field." In Jay Haley (ed.), *Changing Families: A Family Therapy Reader,* pp. 1–12. New York: Grune & Stratton.

_____ (1976). "Development of a Theory: A History of a Research Project." In Carlos E. Sluzki and D. C. Ransom (eds.), *Double Bind,* pp. 59–110. New York: Grune & Stratton.

Hall, Calvin S., and Gardner Lindzey (1957). *Theories of Personality.* New York: Wiley.

Hall, Edward (1959). *The Silent Language.* Garden City, N.Y.: Doubleday.

Hamming, Richard W. (1950). "Error Detecting and Error Correcting Codes." *Bell System Technical Journal* 26(2):147–160.

Hamming, Richard W. (September 4, 1990). Personal correspondence with Everett M. Rogers.

Hannan, Michael T., and John Freeman (1977). "The Population Ecology of Organizations." *American Journal of Sociology* 82:929–964.

_____ (1989). *Organizational Ecology.* Cambridge: Harvard University Press.

Harary, Frank, Robert Z. Norman, and Dorwin Cartwright (1965). *Structural Models: An Introduction to the Theory of Directed Graphs.* New York: Wiley.

Hartley, H. V. L. (1928). "Transmission of Information." *Bell System Technical Journal* 7:535–563.

Harvey, Lee (1987). *Myths of the Chicago School of Sociology.* Aldershot, England: Avebury.

Hawkins, Hugh (1972). *Between Harvard and America: The Educational Leadership of Charles W. Eliot.* New York: Oxford University Press.

Haworth, Lawrence, (1960). "The Experimental Society: Dewey and Jordan." *Ethics* 71:27–40.

Heider, Fritz (1946). "Attitudes and Cognitive Organization." *Journal of Psychology* 21:107–112.

Heilbut, Anthony (1983). *Exiled in Paradise: German Refugee Artists and Intellectuals in America from the 1930's to the Present.* Boston: Beacon Press.

Heims, Steve J. (1980). *John von Neumann and Norbert Wiener: From Mathematics to the Technologies of Life and Death.* Cambridge: MIT Press.

_____ (1991). *The Cybernetics Group.* Cambridge: MIT Press.

Held, David (1980). *Introduction to Critical Theory: Horkheimer to Habermas.* Los Angeles: University of California Press.

Hilbert, Richard A. (1980). "Covert Participant Observation: On Its Nature and Practice." *Urban Life* 9:51–77.

Hilgard, Ernest R. (1987). *Psychology in America: A Historical Survey.* New York: Harcourt Brace Jovanovich.

_____ (March 11, 1992a). Personal interview by Everett M. Rogers, Stanford, California.

_____ (November 11, 1992b). Personal correspondence with Everett M. Rogers.

Himmelwaite, Hilde, A. N. Oppenheim, and Pamela Vince (1958). *Television and the Child.* New York: Oxford University Press.

Hinkle, Roscoe C. (1980). *Founding Theory of American Sociology 1881–1915.* Boston: Routledge and Kegan.

Hodges, Andrew (1983). *Alan Turing: The Enigma.* New York: Simon and Schuster.

Hofstadter, Richard (1944/1955). *Social Darwinism in American Thought.* Boston: Beacon Press.

Holaday, P. W., and George D. Stoddard (1933/1970). *Getting Ideas from the Movies.* New York: Macmillan; New York: Arno Press.

Hollonquist, Tore, and Edward A. Suchman (1944/1979). "Listening to the Listener: Experiences with the Lazarsfeld-Stanton Program Analyzer." In Paul F. Lazarsfeld and Frank N. Stanton (eds.), *Radio Research, 1942–43,* pp. 265–334. New York: Duell, Sloan, and Pearce; New York: Arno Press.

Hook, Sidney (1939). *John Dewey: An Intellectual Portrait.* New York: John Day.

Horgan, John (June 1990). "Claude E. Shannon: Unicyclist, Juggler, and Father of Information Theory." *IEEE Information Theory Society Newsletter.*

_____ (April 1992). "Claude E. Shannon." *IEEE Spectrum,* pp. 72–75.

Horkheimer, Max (1937). "Traditionelle und Kritische Theorie." *Zeitschrift für Sozialforschung* 6 (2):245–295. "Traditional and Critical Theory." Translated by Matthew J. O'Connell. In Max Horkheimer (ed.), *Critical Theory: Selected Essays,* pp. 188–243. New York: Herder and Herder.

Horkheimer, Max, et al. (1936). *Studien über Autorität und Familie*. Paris: Felix Alcan.

Hornstein, Gail A. (1992). "The Return of the Repressed: Psychology's Problematic Relations with Psychoanalysis, 1909–1960." *American Psychologist* 47(2):254–263.

Horowitz, Louis Irving (1983). *C. Wright Mills: An American Utopian*. New York: Free Press.

Horton, Donald, and R. R. Wohl (1956). "Mass Communication and Para-Social Interaction: Observations on Intimacy at a Distance." *Psychiatry* 19(3):215–229.

Hovland, Carl I. (1951). "Changes in Attitude Through Communication." *Journal of Abnormal and Social Psychology* 46:424–437.

_____ (1954). "Effects of the Mass Media of Communication." In Gardner Lindzey (ed.), *Handbook of Social Psychology*. vol. 2: *Special Fields and Applications*, pp. 1062–1103. Cambridge, Mass.: Addison-Wesley.

_____ (1959). "Reconciling Conflicting Results from Experimental and Survey Studies of Attitude Change." *American Psychologist* 14:8–17.

Hovland, Carl, Irving Janis, and Harold Kelley (eds.) (1953). *Communication and Persuasion: Psychological Studies of Opinion Change*. New Haven: Yale University Press.

Hovland, Carl I., Arthur A. Lumsdaine, and Fred D. Sheffield (1949). *Experiments on Mass Communication: Studies in Social Psychology in World War II*, vol. 3. New Haven: Yale University Press.

Hovland, Carl I., and Walter Weiss (1951). "The Influence of Source Credibility on Communication Effectiveness." *Public Opinion Quarterly* 15:635–650.

Hovland, Carl I., Wallace Mandell, Enid H. Campbell, Timothy Brock, Abraham S. Luchins, Arthur R. Cohen, William J. McGuire, Irving L. Janis, Rosalind F. Feierabend, and Norman H. Anderson (1957). *The Order of Presentation in Persuasion*. New Haven: Yale University Press.

Hoyt, Palmer (1943). "OWI in 1943: Coordinator and Service Agency." *Journalism Quarterly* 20(4):320–325.

Hudson, Robert B. (1977), "The Illinois Years." In Daniel Lerner and Lyle M. Nelson (eds.), *Communication Research: A Half-Century Appraisal*, pp. 311–316. Honolulu: University Press of Hawaii.

Hughes, Everett C. (1964). "Robert E. Park." *Sociological Eye* 2:543–549.

Hughes, Helen MacGill (1968). "Robert E. Park." In David Sills (ed.), *International Encyclopedia of the Social Sciences*, pp. 416–419. New York: Macmillan.

Hull, Clark L, Carl I. Hovland, Robert T. Ross, Marshall Hall, Donald T. Perkins, and Frederick B. Fitch (1940). *Mathematico-Deductive Theory of Rote Learning*. New Haven: Yale University Press.

Hunt, Morton (January 28, 1961). "A Profile: Robert K. Merton." *New Yorker*.

Hurwitz, Donald (1988). "Market Research and the Study of the United States Radio Audience." *Communication* 10(2):223–241.

Hutchins, Robert Maynard (March 29, 1937). Letter to Harold D. Lasswell, Folder 7, President's Papers, Department of Political Science (Appointments and Budgets, 1925–1939), University of Chicago Regensdorf Library, Department of Special Collections.

Hyman, Herbert H. (1979). "The Effects of Unemployment: A Neglected Problem in Modern Social Research." In Robert K. Merton, James S. Coleman, and Peter H. Rossi (eds.), *Qualitative and Quantitative Social Research: Papers in Honor of Paul F. Lazarsfeld*, pp. 282–298. New York: Free Press.

—— (1991). *Taking Society's Measure: A Personal History of Survey Research*. New York: Russell Sage Foundation.

Ikenberry, Stanley O., and Renee C. Friedman (1972). *Beyond Academic Departments*. San Francisco: Jossey-Bass.

Innis, Harold A. (1923/1971). *The History of the Canadian Pacific Railway*. Toronto: University of Toronto Press.

—— (1950/1971). *Empire and Communication*. Toronto: University of Toronto Press.

—— (1951). *The Bias of Communication*. Toronto: University of Toronto Press.

Iyengar, Shanto, and Donald R. Kinder (1987). *News That Matters: Agenda-Setting and Priming in a Television Age*. Chicago: University of Chicago Press.

Jahoda, Marie (1979). "PFL: Hedgehog or Fox?" In Robert K. Merton, James S. Coleman, and Peter H. Rossi (eds.), *Qualitative and Quantitative Social Research: Papers in Honor of Paul F. Lazarsfeld*, pp. 3–9. New York: Free Press.

—— (1983). "The Emergence of Social Psychology in Vienna: An Exercise in Long-Term Memory." *British Journal of Social Psychology* 22:343–349.

Jahoda, Marie, Paul F. Lazarsfeld, and Hans Ziesel (1933/1971). *Marienthal: The Sociography of an Unemployed Community*. Chicago: Aldine-Atherton. First published in 1933 as *Die Arbeitslosen von Marienthal: Ein Soziographischer*. Leipzig: Hirzl.

James, William (1920). *Letters to William James II*. Boston: Atlantic Monthly Press.

Janis, Irving L. (1972). *Victims of Groupthink: A Psychological Study of Foreign-Policy, Decisions, and Fiascoes*. Boston: Houghton Mifflin.

Janis, Irving L., and Seymour Feshback (1953). "Effects of Fear-Arousing Communications." *Journal of Abnormal and Social Psychology* 48 (1):78–92.

Janis, Irving L., Carl I. Hovland, Peter B. Field, Harriet Linton, Elaine Graham, Arthur R. Cohen, Donald Rife, Robert P. Abelson, Gerald S. Lesser, and Bert T. King (1959). *Personality and Persuasibility*. New Haven: Yale University Press.

Jay, Martin (1973). *The Dialectical Imagination: A History of the Frankfurt School and the Institute of Social Research, 1923–1950*. Boston: Little, Brown.

_____ (1988). "Urban Flights: The Institute of Social Research between Frankfurt and New York." In Thomas Bender (ed.), *The University and the City: From Medieval Origins to the Present*, pp. 232–248. New York: Oxford University Press.

Jones, Ernest (1953). *The Life and Work of Sigmund Freud*. Vol. 1: *The Formative Years and the Great Discoveries 1856–1900*. New York: Basic Books.

_____ (1955). *The Life and Work of Sigmund Freud*. Vol. 2: *Years of Maturity, 1901–1919*. New York: Basic Books.

_____ (1957). *The Life and Work of Sigmund Freud*. Vol. 3: *The Last Phase, 1919–1939*. New York: Basic Books.

Jorgenson, Jane (1989). "Weaver, Warren (1894–1978)." In Eric Barnouw (ed.), *International Encyclopedia of Communication*, p. 309. New York: Oxford University Press.

Jowett, Garth S. (1976). *Film: The Democratic Art*. Boston: Little, Brown.

_____ (1987). "Propaganda and Communication: The Re-Emergence of a Research Tradition." *Journal of Communication* 37(1):97–114.

_____ (1992). "Social Science as a Weapon: The Origins of the Payne Fund Studies, 1926–1929." *Communication* 13:211–225.

_____, and Victoria O'Donnell (1986). *Propaganda and Persuasion*. Newbury Park, Calif.: Sage.

Kac, Mark (1977). Foreword, to R. J. McEliece, *The Theory of Information and Coding: A Mathematical Framework for Communication.* Reading, Mass.: Addison-Wesley.

Kadushin, Charles (May 13, 1991). Discussion with Everett M. Rogers, Los Angeles.

Kahn, David (1967). *The Codebreakers: The Story of Secret Writing.* New York: Macmillan.

Kaplan, Jeremiah (November 27, 1991). Personal interview by Everett M. Rogers, New York.

Katz, Daniel, and Robert Kahn (1966). *The Social Psychology of Organizations.* New York: Wiley.

Katz, Elihu (1987), "Communication Research Since Lazarsfeld." *Public Opinion Quarterly* 51:525–526.

_____ and Paul F. Lazarsfeld (1955). *Personal Influence: The Part Played by People in the Flow of Mass Communication.* New York: Free Press.

Keever, Beverly Ann (1991). "Wilbur Schramm: On Windwagons and Sky Busters: Final Regrets of a Mass Communication Pioneer." *Mass Communication Review* 1:3–26.

Kelley, Harold H. (July 30, 1991). Personal interview by Everett M. Rogers, Los Angeles.

Kendall, Patricia (1970). "Note on Significance Tests." In Robert K. Merton, George G. Reader, and Patricia L. Kendall (eds.), *The Student-Physician: Introductory Studies in the Sociology of Medical Education,* pp. 301–305. Cambridge: Harvard University Press.

Khintchin, A. I. (1956). "On the Fundamental Theorems of Information Theory." *Uspekhi Matematicheskikh Nauk* 9:54–63.

Klapper, Joseph T. (1960). *The Effects of Mass Communication.* New York: Free Press.

Knight, Isabel F. (1984). "Freud's 'Project': A Theory for *Studies on Hysteria.*" *Journal of the History of the Behavioral Sciences* 20:340–358.

Komarovsky, Mirra (1940). *The Unemployed Man and His Family: The Effect of Unemployment upon the Status of the Man in Fifty-Nine Families.* New York: Dryden Press.

Krippendorff, Klaus (1989a). "Cybernetics." In Erik Barnouw (ed.), *International Encyclopedia of Communication,* pp. 443–446. New York: Oxford University Press.

_____ (1989b). "Shannon, Claude (1916–)." In Erik Barnouw (ed.), *International Encyclopedia of Communication*, pp. 59–61. New York: Oxford University Press.

_____ (1989c). "Information Theory." In Erik Barnouw (ed.), *International Encyclopedia of Communication*, pp. 314–320. New York: Oxford University Press.

Krull, Robert, James H. Watt, Jr., and Lawrence W. Lichty (1977). "Entropy and Structure: Two Measures of Complexity in Television Programs." *Communication Research* 4 (1):61–86.

Kuhn, Manfred H., and Thomas S. McPartland (1954). "An Empirical Investigation of Self-Attitudes." *American Sociological Review* 19(1):68–76.

Kuhn, Thomas S. (1962/1970). *The Structure of Scientific Revolutions*. 2d ed. Chicago: University of Chicago Press.

Kunkel, John H. (1986). "The Vicos Project: A Cross-Cultural Test of Psychological Propositions." *Psychological Record* 36:451–466.

Küppers, Bernd-Olaf (1990). *Information and the Origin of Life*. Cambridge: MIT Press.

Kurtz, Lester R. (1984), *Evaluating Chicago Sociology: A Guide to the Literature, with an Annotated Bibliography*. Chicago: University of Chicago Press.

Kurzweil, Edith (1989). *The Freudians: A Comparative Perspective*. New Haven: Yale University Press.

Lagemann, Ellen Condliffe (1989). "The Plural Worlds of Educational Research." *History of Education Quarterly* 29(2):185–214.

Lasko, Joan (August 23, 1991). Personal interview by Everett M. Rogers, Los Angeles.

Lasswell, Harold (1923). "Chicago's Old First Ward." *National Municipal Review* 12:127–131.

_____ (1925). "Prussian Schoolbooks and International Amity." *Journal of Social Focus* 3:718–722.

_____ (1927/1938/1971). *Propaganda Technique in the World War*. New York: Knopf; New York: Peter Smith; and Cambridge: MIT Press.

_____ (1930/1960). *Psychopathology and Politics*. New York: Viking Press; Chicago: University of Chicago Press.

_____ (1941). "The Garrison State and the Specialists on Violence." *American Journal of Sociology* 46:455–468.

_____ (1948). "The Structure and Function of Communication in Society." In Lyman Bryson (ed.), *The Communication of Ideas: A Series of Addresses*, pp. 37–51. New York: Harper. Reprinted in Wilbur Schramm and Donald F. Roberts (eds.) (1971). *The Process and Effects of Mass Communication*, pp. 84–99. Rev. Ed. Urbana: University of Illinois Press.

_____ (1951a). *The World Revolution in Our Time*. Stanford: Stanford University Press.

_____ (October 15, 1951b). "HDL Summary of Activities." Unpublished paper.

_____ (1971). Introduction to Harold D. Lasswell, *Propaganda Technique in World War I*, pp. ix–xvii. Cambridge: MIT Press.

_____ (1972). "Communication Research and Public Policy." *Public Opinion Quarterly* 36:301–310.

Lasswell, Harold D., Ralph D. Casey, and Bruce L. Smith (1935). *Propaganda and Promotional Activities: An Annotated Bibliography*. Minneapolis: University of Minnesota Press.

Lasswell, Harold D., and Nathan Leites (eds.) (1949). *Language of Politics: Studies in Quantitative Semantics*. New York: George Stewart.

Latour, Bruno, and Steven Woolgar (1979). *Laboratory Life: The Social Construction of Scientific Facts*. Newbury Park, Calif.: Sage.

Lazarsfeld, Paul F. (1925). "Über die Perihlbewegung des Merkuz aus der Einsteinschen Gravitationstheorie." Ph.D. thesis, University of Vienna.

_____ (1932). "An Unemployed Village." *Character and Personality*, pp.147–151.

_____ (1940). *Radio and the Printed Page: An Introduction to the Study of Radio and Its Role in the Communication of Ideas*. New York: Duell, Pearce and Sloan.

_____ (1941). "Remarks on Administrative and Critical Communications Research." *Studies in Philosophy and Social Science* 9 (1):2–16.

_____ (1947). Introduction to Hans Zeisel, *Say It with Figures*, pp. xv–xviii. New York: Harper & Row.

_____ (1954). *Mathematical Thinking in the Social Sciences*. New York: Free Press.

_____ (November 29, 1961a). Tape-recorded oral history interview by Joan Gordon, Columbia University, Butler Library, Oral History Research Office.

_____ (December 8, 1961b). Tape-recorded oral history interview by Joan Gordon, Columbia University, Butler Library, Oral History Research Office.

—— (January 8, 1962a). Tape-recorded oral history interview by Joan Gordon, Columbia University, Butler Library, Oral History Research Office.

—— (August 16, 1962c). Tape-recorded oral history interview by Joan Gordon, Columbia University, Butler Library, Oral History Research Office.

—— (1962d). "The Sociology of Empirical Social Research." *American Sociological Review* 27 (6):757–767.

—— (1962e). "Some Problems of Organized Social Research." In Paul F. Lazarsfeld, Lawrence R. Klein, and Ralph W. Tyler (eds.), *The Behavioral Sciences: Problems and Prospects*. Boulder, Colo.: Institute of Behavioral Science.

—— (1969a). "An Episode in the History of Social Research: A Memoir." In Donald Fleming and Bernard Bailyn (eds.), *The Intellectual Migration: Europe and America, 1930–1960*, pp. 270–337. Cambridge: Belknap Press of Harvard University Press.

—— (1969b). "From Vienna to Columbia." *Columbia Forum*, pp. 31–36.

—— (1972). *Qualitative Analysis: Historical and Critical Essays*. Boston: Allyn and Bacon.

—— (August 6, 1973). Letter to Ed McLuskie, Columbia University, Butler Library, Oral History Research Office.

—— (February 21, 1975a). Tape-recorded oral history interview by Ann Pasanella, Columbia University, Butler Library, Oral History Research Office.

—— (March 12, 1975b). Tape-recorded oral history interview by Ann Pasanella, Columbia University, Butler Library, Oral History Research Office.

—— (April 12, 1975c). Tape-recorded oral history interview by Ann Pasanella, Columbia University, Butler Library, Oral History Research Office.

—— (April 19, 1975d). Tape-recorded oral history interview by Ann Pasanella, Columbia University, Butler Library, Oral History Research Office.

—— (1975e). "Working with Merton." In Lewis A. Coser (ed.), *The Idea of Social Structure: Papers in Honor of Robert K. Merton*, pp. 35–60. New York: Harcourt Brace Jovanovich.

—— (June 8, 1976). Videotaped interview, Columbia University, Butler Library, Rare Book and Manuscript Collection, Box 11, Series 3.

——— (1982). "An Episode in the History of Social Research: A Memoir." in Patricia L. Kendall (ed.), pp. 11–73. *The Varied Sociology of Paul F. Lazarsfeld.* New York: Columbia University Press.

——— Lazarsfeld, Paul F., Bernard Berelson, and Hazel Gaudet (1944/1948/1968). *The People's Choice: How the Voter Makes Up His Mind in a Presidential Campaign.* New York: Duell, Sloan and Pearce; New York: Columbia University Press.

Lazarsfeld, Paul F., Hadley Cantril, and Frank Stanton (1939). "Current Radio Research in Universities." *Journal of Applied Psychology* 23:201–204.

Lazarsfeld, Paul F., and Anthony R. Oberschall (1965). "Max Weber and Empirical Social Research." *American Sociological Review* 30:185–199.

Lazarsfeld, Paul F., and Morris Rosenberg (eds.) (1955). *The Language of Social Research: A Reader in the Methodology of Social Research.* New York: Free Press.

Lazarsfeld, Paul R., William H. Sewell, and Harold L. Wilensky (eds.) (1967). *The Uses of Sociology.* New York: Basic Books.

Lazarsfeld, Paul F., and Frank N. Stanton (eds.) (1942). *Radio Research, 1941.* New York: Duell, Sloan, and Pearce.

——— (eds.) (1944/1979). *Radio Research, 1942–43.* New York: Duell, Sloan, and Pearce; New York: Arno Press.

——— (eds.) (1949). *Communications Research, 1948–1949.* New York: Duell, Sloan and Pearce; New York: Harper.

Lazarsfeld, Paul F., and Wagner Thielens (1953). *The Academic Mind: Social Scientists in a Time of Crisis.* New York: Free Press.

Lazarsfeld, Sofie (1932/1934). *Wie die Frau den Mann erlebt.* Vienna, Verlag für Sexual Wissenschaft Schneider. Translated and published in English as *Rhythm of Life: A Guide to Sexual Harmony for Women.* London: Routledge and Son.

Leeds-Hurwitz, Wendy (1990). "Notes in the History of Intercultural Communication: The Foreign Service Institute and the Mandate for Intercultural Training." *Quarterly Journal of Speech* 76:262–281.

——— (1991). "Crossing Disciplinary Boundaries: The Macy Conferences on Cybernetics as a Case Study in Multidisciplinary Communication." Paper presented at the American Society for Cybernetics, Amherst, Massachusetts.

Lengermann, Patricia M. (1979). "The Founding of the ASR: The Anatomy of a Rebellion." *American Sociological Review* 44:185–198.

Lerg, Winfried B. (1977). "Paul Felix Lazarsfeld und die Kommunikation Forschung: Ein Biobibliographisches Epitaph." *Publizistik* 1:72–87.

Lerner, Daniel (1958). *The Passing of Traditional Society: Modernizing the Middle East.* New York: Free Press.

Lerner, Daniel and Lyle M. Nelson (eds.) (1977). *Communication Research: A Half-Century Appraisal.* Honolulu: University Press of Hawaii.

Levine, Donald N. (1989). "Simmel as a Resource for Sociological Metatheory." *Sociological Theory* 7 (2):161–173.

Levine, Donald N., Elwood B. Carter, and Eleanor Miller Gorman (1976). "Simmel's Influence on American Sociology." *American Journal of Sociology* 84(4):813–845, and 84(5):1112–1132.

Levinson, Daniel (1990). "The Authoritarian Personality Revisited: Forty Years Later." Paper presented at the International Society of Political Psychology, Washington, D.C.

Levinson, Norman (1966). "Wiener's Life," *American Mathematical Society Bulletin* 72:1–32.

Levy, Mark R. (1982). "The Lazarsfeld-Stanton Program Analyzer: An Historical Note." *Journal of Communication* 28:30–38.

Lewin, Kurt (1920). *Die Sozialisierung des Taylorsystems: Eine grundsätzliche Untersuchung zur Arbeits- und Berufs-Psychologie (The Socialization of the Taylor System: A Fundamental Investigation in Industrial and Occupational Psychology).* Berlin-Fichtenau: Verlag Gesellschaft und Erziehung.

_____ (1936). "Some Social-Psychological Differences Between the United States and Germany." *Character and Personality* 4:265–293.

_____ (1941). "Self-Hatred Among Jews." *Contemporary Jewish Record* 4:219–232.

_____ (1947a). "Frontiers in Group Dynamics: I, Concept, Method, and Reality in Social Science, Social Equilibria, and Social Change." *Human Relations* 1 (1):5–42.

_____ (1947b). "Frontiers in Group Dynamics: II, Channels of Group Life, Social Planning and Action Research." *Human Relations* 1(2):179–193.

_____ (1948). *Resolving Social Conflicts: Selected Papers on Group Dynamics.* New York: Harper and Brothers.

_____ (1951). *Field Theory in Social Science: Selected Theoretical Papers.* New York: Harper and Brothers.

_____ (1958). "Group Decision and Social Change." In Eleanor E. Maccoby, Theodore M. Newcomb, and Eugene L. Hartley (eds.), *Readings in Social Psychology*, pp. 197–211. 3d ed. New York: Holt, Rinehart and Winston.

Lewin, Kurt, and Ronald Lippitt (1938). "An Experimental Approach to the Study of Autocracy and Democracy: A Preliminary Note." *Sociometry* 1:292–300.

Lewin, Kurt, Ronald Lippitt, and R. K. White (1939). "Patterns of Aggressive Behavior in Experimentally Created Social Climates." *Journal of Social Psychology* 10:271–299.

Lewin, Miriam A. (1976). "Psychological Aspects of Minority Group Membership: The Concepts of Kurt Lewin." In Thomas Blass (ed.), *Contemporary Social Psychology: Representative Readings*, pp. 128–137. Itasca, Ill.: Peacock.

_____ (June 8, 1992). Personal interview with Everett M. Rogers, Cos Cob, Connecticut.

Lewis, David L., and Richard Smith (1980). *American Sociology and Pragmatism: Mead, Chicago Sociology and Symbolic Interaction*. Chicago: University of Chicago Press.

Liebes, Tamar and Elihu Katz (1990). *The Export of Meaning: Cross-Cultural Reading of Dallas*. New York: Oxford University Press.

Likert, Rensis (1932). "A Technique for the Measurement of Attitudes." *Archives of Psychology* 22(140):5–55.

Lincourt, John M., and Peter H. Hare (1973). "Neglected American Philosophers in the History of Symbolic Interactionism." *Journal of the History of the Behavioral Sciences* 9(4):333–338.

Lindstrom, Fred B., and Ronald A. Hardert (1988). "Kimball Young on Founders of the Chicago School." *Sociological Perspectives* 31 (3):269–297.

Lippitt, Ronald (1968). "Kurt Lewin" In David L. Sills (ed.), *International Encyclopedia of Social Sciences*. New York: Macmillan.

Lippmann, Walter (1922/1965). *Public Opinion*. New York: Harcourt Brace; New York: Free Press.

_____ (1925). *The Phantom Public*. New York: Harcourt, Brace.

Lippmann, Walter, and Charles Merz (August 4, 1920). "A Test of the News." *New Republic*, pp. 3–42.

Lipset, David (1980). *Gregory Bateson: The Legacy of a Scientist*. Boston: Beacon Press.

Lipset, Seymour Martin (1955). "The Department of Sociology." In R. Gordon Hoxie, Sally Falk Moore, Joseph Dorfman, Richard Hofstadter, Theodore W. Anderson, Jr., John D. Millett, and Seymour Martin Lipset (eds.), *A History of the Faculty of Political Science, Columbia University*, pp. 284–303. New York: Columbia University.

Lipset, Seymour Martin, and Neil Smelser (1961). "Change and Controversy in Recent American Sociology." *British Journal of Sociology* 12:41–51.

Lipset, Seymour Martin, Martin A. Trow, and James S. Coleman (1956). *Union Democracy: The Internal Politics of the International Typographical Union*. New York: Free Press.

Livingstone, Sonia M. (1992). "The Resourceful Reader: Interpreting Television Characters and Narratives." In Stanley A. Deetz (ed.), *Communication Yearbook 15*, pp. 58–90. Newbury Park, Calif.: Sage.

Lovell, Ron (October 1987). "Triumph of the Chi-Squares: It's a Hollow Victory." *Quill*, pp. 22–25.

Lowenberg, Bert James (1933). "The Reaction of American Scientists to Darwinism." *American Historical Review* 38:687–701.

Lowenthal, Leo (1944/1979). "Biographers in Popular Magazines." In Paul F. Lazarsfeld and Frank N. Stanton (eds.), *Radio Research: 1942–1943*, pp. 507–548. New York: Duell, Sloan and Pearce; New York: Arno Press.

Lowery, Shearon A., and Melvin L. DeFleur (1988). *Milestones in Mass Communication Research: Media Effects*. 2d ed. New York: Longman.

Lowry, Dennis T., and Theodore J. Marr (1975). "Clozentropy as a Measure of International Communication Comprehension." *Public Opinion Quarterly* 39:301–312.

Lubasz, Heinz, (1975). "Review of Martin Jay's *The Dialectical Imagination*." *History and Theory* 27:200–212.

Lucky, Robert W. (1989). *Silicon Dreams: Information, Man, and Machine*. New York: St. Martin's Press.

Lynch, F. D. (1974). "Clozentropy: A New Technique for Analyzing Audience Response to Film." *Speech Monographs* 41:245–252.

Lynd, Robert S. (1939). *Knowledge for What? The Place of Social Science in American Culture*. Princeton, N.J.: Princeton University Press.

Lynd, Robert S., and Helen Merrell Lynd (1929). *Middletown: A Study in American Culture*. New York: Harcourt, Brace.

_____ (1937). *Middletown in Transition*. New York: Harcourt, Brace.

Lyons, Gene M. (1969). *The Uneasy Partnership: Social Science and the Federal Government in the Twentieth Century*. New York: Russell Sage Foundation.

McAnany, Emile G. (1988). "Wilbur Schramm, 1907–1987: Roots of the Past, Seeds of the Present." *Journal of Communication* 38(4):109–122.

McCaul, Robert L. (1959). "Dewey's Chicago." *School Review* 67:258–280.

_____ (March 25, 1961). Dewey and the University of Chicago: Part I, July 1894–March 1902." *School and Society* 85:152–157.

_____ (April 8, 1961). "Dewey and the University of Chicago: Part II, April 1902–May 1903." *School and Society* 85:179–183.

_____ (April 22, 1961). "Dewey and the University of Chicago: Part III, September 1903–June 1904. *School and Society* 85:202–206.

Maccoby, Nathan (October 21, 1987). Personal interview by Everett M. Rogers, Stanford, California.

McCombs, Maxwell E. (1981). "The Agenda-Setting Approach." In Dan D. Nimoro and Keith R. Sanders (eds.), *Handbook of Political Communication*, pp. 121–140. Newbury Park, Calif.: Sage.

_____ and Donald L. Shaw (1972). "The Agenda-Setting Function of Mass Media." *Public Opinion Quarterly* 36:176–187.

McCormick, Thelma (1986). "Reflections on the Lost Vision of Communication Theory." In Sandra J. Ball-Rokeach and Muriel G. Cantor (eds.), *Media, Audience, and Social Structure*, pp. 34–42. Newbury Park, Calif.: Sage.

McCulloch, Warren S. (1965). "Norbert Wiener and the Art of Theory." *Journal of Nervous and Mental Disease* 140 (1):16.

McDougal, Myres S. (July 11, 1991a). Personal correspondence with Everett M. Rogers.

_____ (October 10, 1991b). Personal interview by Everett M. Rogers, New Haven, Connecticut.

McEliece, R. J. (1977). *The Theory of Information and Coding: A Mathematical Framework for Communication*. Reading, Mass.: Addison-Wesley.

McElwain, Max (1991). *Profiles in Communication: The Hall of Fame of the University of Iowa School of Journalism and Mass Communication*. Iowa City: Iowa Center for Communication Study.

McGuire, William J. (1983). "A Contextualist Theory of Knowledge: Its

Implications for Innovation and Reform in Psychological Research." *Advances in Experimental Social Psychology* 16:1–47.

_____ (1985a). "Attitudes and Attitude Change." In Gardner Lindzey and Elliot Aronson (eds.), *Handbook of Social Psychology*. Vol. 2: *Special Fields and Applications*, pp. 233–346. 3d ed. New York: Random House.

_____ (1985b). "Toward Social Psychology's Second Century." In Sigmund Koch and David E. Leary (eds.), *A Century of Psychology as Science*, pp. 558–590. New York: McGraw-Hill.

_____ (1986). "The Vicissitudes of Attitudes and Similar Representational Constructs in Twentieth Century Psychology." *European Journal of Social Psychology* 16:89–130.

_____ (January 7, 1991a). Personal correspondence with Everett M. Rogers.

_____ (October 11, 1991b), Personal interview by Everett M. Rogers, New Haven, Connecticut.

_____ (in press). "Persuasion and Communications at Yale." in Everette E. Dennis and Ellen Wartella (eds.), *American Communication Research: The Remembered History*. New York: Freedom Forum Media Studies Center.

MacIver, R.M. (1968). *As a Tale That Is Told: The Autobiography of R. M. MacIver*. Chicago: University of Chicago Press.

McLuhan, Marshall (1964). *Understanding Media: The Extensions of Man*. New York: McGraw-Hill.

_____ (1969). "Playboy Interview: Marshall McLuhan." *Playboy*, pp. 53–74, 158.

McLuskie, Clarence Edward, Jr. (1975). "A Critical Epistemology of Paul Lazarsfeld's Administrative Communication Inquiry." Ph.D. dissertation, University of Iowa.

McMurray, Robert N. (January 4, 1933). "When Men Eat Dogs." *Nation*, pp. 15–18.

McNelly, John T. (January 3, 1992a). Personal correspondence with Everett M. Rogers.

_____ (August 11, 1992b). Personal interview by Everett M. Rogers, Madison, Wisconsin.

McQuail, Dennis, and Sven Windhal (1981). *Communication Models for the Study of Mass Communication*. New York: Longman.

McSween, Charles (1987). "Code Blue: The Demise of Symbolic Interactionism in Communication Theory." Unpublished paper. Los Angeles: University of Southern California, Annenberg School for Communication.

Malthus, Thomas (1797/1914). *Essays on the Principles of Population.* London: Everyman.

Mandell, Wallace (January 3, 1992). Personal correspondence with Everett M. Rogers.

Mann, Thomas (1961). *The Genesis of a Novel.* London: Secker and Warburg.

Marcuse, Herbert (1955). *Eros and Civilization.* Boston: Beacon Press.

——— (1964). *One-Dimensional Man.* Boston: Beacon Press.

Marrow, Alfred J. (1969). *The Practical Theorist: The Life and Work of Kurt Lewin.* New York: Basic Books.

Marshall, John (January 24, 1973). Tape-recorded oral history interview by Pauline Medow, Columbia University, Butler Library, Oral History Research Office.

——— (September 26, 1977). Interview by Ann Pasanella, Columbia University, Butler Library, Oral History Research Office.

Marvick, Dwaine (ed.) (1977). *Harold D. Lasswell on Political Sociology.* Chicago: University of Chicago Press.

——— (1980). "The Work of Harold D. Lasswell: His Approach, Concerns, and Influence." *Political Behavior* 2(3):219–229.

Marx, Karl (1867/1967). *Das Kapital.* New York: L.W. Schmidt.

——— (1973). *On Society and Social Change.* Chicago: University of Chicago Press.

Marx, Karl, and Friedrick Engels (1848/1978). "The Communist Manifesto." In Robert Tucker (ed.), *The Marx-Engels Reader,* pp. 469–500. New York: Morton.

Masani, P. R. (1990). *Norbert Wiener, 1894–1964.* Basel: Birkheuser Verlag.

Matthews, Fred H. (1977). *Quest for an American Sociology: Robert E. Park and the Chicago School.* Montreal: McGill-Queen's University Press.

May, Mark A. (1971). "A Retrospective View of the Institute of Human Relations at Yale." *Behavior Science Notes* 3:141–172.

Mayer, Martin, (1972). *About Television.* New York: Harper & Row.

Mead, George Herbert (1934). *Mind, Self and Society.* Chicago: University of Chicago Press.

Mead, Margaret (1928). *Coming of Age in Samoa*. New York: Blue Ribbon Books.

Meltzer, Bernard N., and John W. Petras (1970). "The Chicago and Iowa Schools of Symbolic Interactionism." In Tamatsu Shibutani (ed.), *Human Nature and Collective Behavior Papers in Honor of Herbert Blumer*. Englewood Cliffs, N.J.: Prentice Hall, pp. 3–17.

Merelman, Richard M. (1981). "Review Article: Harold D. Lasswell's Political World: Weak Tea for Hard Times." *British Journal of Political Science* 11:471–499.

Merriam, Charles E. (1919). "American Publicity in Italy." *American Political Science Review* 13(4):541–555.

Merton, Robert K. (1938). "Social Structure and Anomie." *American Sociological Review* 3:672–682.

_____ (1949/1957/1968). *Social Theory and Social Structure*. New York: Free Press.

_____ (1979). "Remembering Paul Lazarsfeld." In Robert K. Merton, James S. Coleman, and Peter H. Rossi (eds.), *Qualitative and Quantitative Social Research: Papers in Honor of Paul F. Lazarsfeld*, pp. 19–22. New York: Free Press.

_____ (1987). "The Focussed Interview and Focus Groups: Continuities and Discontinuities." *Public Opinion Quarterly* 51:550–566.

_____ (October 9, 1991). Personal interview by Everett M. Rogers, New York.

_____ (February 29, 1992). Personal correspondence with Everett M. Rogers.

_____ (in press). "On Paul Lazarsfeld: The Master Surveyor." In Everette E. Dennis and Ellen Wartella (eds.), *American Communication Research: The Remembered History*. New York: Freedom Forum Media Studies Center.

Merton, Robert K., with Marjorie Fiske and Alberta Curtis (1946/1958/1971). *Mass Persuasion: The Social Psychology of a War Bond Drive*. New York: Harper and Brothers.

Merton, Robert K., Marjorie Fiske, and Patricia L. Kendall (1956/1990). *The Focused Interview: A Manual of Problems and Procedures*. 2d ed. New York: Free Press.

Merton, Robert K., and Patricia L. Kendall (1946). "The Focused Interview." *American Journal of Sociology* 51:541–557.

Merton, Robert K., and Paul F. Lazarsfeld (eds.) (1950). *Continuities in Social Research: Studies on the Scope and Methods of "The American Soldier."* New York: Free Press.

Metz, Robert (1975). *CBS: Reflections in a Bloodshot Eye*. Chicago: Playboy Press.

Meyer, Alan S., Lucy N. Friedman, and Paul F. Lazarsfeld (1973). "Motivational Conflicts Engendered by the On-Going Dicusssion of Cigarette Smoking." In William L. Dunn, Jr. (ed.), *Smoking Behavior: Motives and Incentives*. pp. 243–254. Washington, D.C.: V. H. Winston & Sons.

Mielke, Keith W., and Milton Chen (1983). "Formative Research for 3-2-1 Contact: Methods and Insights." In M. Howe (ed.), *Learning from Television*, pp. 31–55. London: Academic Press.

Miles, Matthew (1979). "Qualitative Data as an Attractive Nuisance: The Problem of Analysis." *Administrative Science Quarterly* 24:590–601.

Miller, James Grier (1978). *Living Systems*. New York: McGraw-Hill.

Miller, Jonathan, and Borin Van Loon (1982). *Darwin for Beginners*. New York: Pantheon Books.

Miller, Neal E., and John Dollard (1941). *Social Learning and Imitation*. New Haven: Yale University Press.

Millman, S. (ed.) (1984). *A History of Engineering and Science in the Bell System: Communications Sciences (1925–1980)*. Murray Hill, N.J.: AT&T Bell Laboratories.

Mills, C. Wright (1951). *White Collar: The American Middle Classes*. New York: Oxford University Press.

_____ (1956). *The Power Elite*. New York: Oxford University Press.

_____ (1959). *The Sociological Imagination*. New York: Grove Press.

Moeller, Leslie G. (November 16, 1970). Oral history interview by W. J. Zima and Gary Wade, State Historical Society of Wisconsin, Madison.

Morawski, J. G. (1986). "Organizing Knowledge and Behavior at Yale's Institute of Human Relations." *Isis* 77:219–242.

Moreno, Jacob L. (1934/1953). *Who Shall Survive? Foundations of Sociometry, Group Psychotherapy and Sociodrama*. Washington, D.C.: U.S. Government Printing Office, Nervous and Mental Disease Monograph 58; Washington, D.C.: Beacon House.

Morgan, David L. (1988). *Focus Groups as Qualitative Research*. Qualitative Research Methods Volume 16. Newbury Park, Calif.: Sage.

Morgan, David L., and Margaret T. Spanish (1984). "Focus Groups: A New Tool for Qualitative Research." *Qualitative Sociology* 7:253–270.

Morrison, David (1976a). Paul Lazarsfeld: The Biography of an Institutional Innovator." Ph.D. dissertation, Leicester University,

_____ (1976b). "Paul Lazarsfeld 1901–1976: A Tribute." *Osterreichische Zeitschrift für Soziologie* 213:7–9.

_____ (1978). "Kultur and Culture: The Case of Theodor W. Adorno and Paul F. Lazarsfeld." *Social Research* 45 (2):331–355.

_____ (1988). "The Transference of Experience and the Impact of Ideas: Paul Lazarsfeld and Mass Communication Research." *Communication* 10:185–209.

Morrison, Denton E., and Ramon E. Henkel (eds.) (1970). *The Significance Controversy: A Reader.* Chicago: Aldine.

Motley, Michael T. (1990). "On Whether One Can(not) Not Communicate: An Examination via Traditional Communication Postulates." *Western Journal of Speech Communication* 54:1–20.

Mott, Frank Luther (1991/1950). *American Journalism: A History of Newspapers in the United States Through 260 years: 1690 to 1950.* New York: Macmillan.

Mullins, Nicholas C. (1973). *Theories and Theory Groups in Contemporary American Sociology.* New York: Harper & Row.

Muth, Rodney (1990). "Harold Dwight Lasswell: A Biographical Profile." In Rodney Muth, Mary M. Finley, and Marcia F. Muth (eds.), *Harold D. Lasswell: An Annotated Biography,* pp. 1–48. New Haven: New Haven Press.

Muth, Rodney, Mary M. Finley, and Marcia F. Muth (eds.) (1990). *Harold D. Lasswell: An Annotated Biography.* New Haven: New Haven Press; also Dordrecht (Netherlands): Kluwen Academic Publishers.

Mutz, Diana E. (1987). "Political Alienation and Knowledge Acquisition." In Margaret McLaughlin (ed.), *Communication Yearbook 10,* pp. 470–498. Newbury Park, Calif.: Sage.

Mydral, Gunnar (1944). *An American Dilemma* New York: Harper and Brothers.

Nafziger, Ralph O. (July 8, 1970). Oral history interview by David Clark, State Historical Society of Wisconsin, Madison.

Nafziger, Ralph O., and David Manning White (eds.) (1949). *Introduction to Journalism Research.* Baton Rouge: Louisiana State University Press.

_____ (eds.) (1958). *Introduction to Mass Communication Research.* Baton Rouge: Louisiana State University Press.

Nelson, Harold L. (1987). "Founding Father: Willard Grosvener Bleyer, 1873–1935." *Journalism Monographs* 104:5–6.

Nelson, Lyle M. (1977). "The Stanford Years." In Daniel Lerner and Lyle M. Nelson (eds.), *Communication Research: A Half-Century Appraisal,* pp. 317–324. Honolulu: University Press of Hawaii.

_____ (November 19, 1992). Personal correspondence with Everett M. Rogers.

Neurath, Paul (1983). "Paul F. Lazarsfeld and the Institutionalization of Empirical Social Research." In Robert B. Smith (ed.), *A Handbook of Social Research Methods,* pp. 365–382. Cambridge, Mass.: Ballinger.

Nyquist, H. (1924). "Certain Factors Affecting Telegraph Speed." *Bell System Technical Journal* 3:324–346.

Odum, Howard W. (1951). *American Sociology: The Story of Sociology in the United States through 1950.* New York: Longmans, Green.

Oliver, Bernard M. (June 2, 1992). Personal interview by Everett M. Rogers, Palo Alto, California.

Osgood, Charles E., George J. Suci, and Percy H. Tannenbaum (1957/1975). *The Measurement of Meaning.* Urbana: University of Illinois Press.

Osgood, Charles E., and Percy H. Tannenbaum (1955). "The Principle of Congruity in the Prediction of Attitude Change." *Psychological Review* 62:42–55.

Oukrop, Carol Christensen (1965). "A History of the University of Iowa School of Journalism, from Its Founding in 1924 under C.H. Weller, Through the Tenure of Wilbur Schramm as Director, June, 1947." Master's thesis, University of Iowa.

Pacanowsky, Michael (1988). "Communication in the Empowering Organization." In James A. Anderson (ed.), *Communication Yearbook 11,* pp. 356–404. Newbury Park, Calif.: Sage.

Paisley, William (1984). "Communication in the Communications Sciences," in Brenda Dervin and Melvin J. Voigt (eds.), *Progress in the Communication Sciences.* Norwood, N.J.: Ablex, pp. 1–43.

Park, Robert E. (1922). *The Immigrant Press and Its Control.* New York: Harper.

_____ (1923). "The Natural History of the Newspaper." *American Journal of Sociology* 28:273–289.

_____ (1929a). "Life History." Unpublished paper. University of Chicago Library, Department of Special Collections, Ernest W. Burgess Papers, Box 1F, Folder 1.

_____ (1929b). "The City as a Social Laboratory." In T.V. Smith and Leonard D. White (eds.), *Chicago: An Experiment in Social Science Research*. Chicago: University of Chicago Press.

_____ (1922b/1982). "Notes on the Origins of the Society for Social Research." *Journal of the History of the Behavioral Sciences* 18(4):337–338.

_____ (1950/1974). *Race and Culture*. New York: Free Press (edited by Everett Cherrington Hughes, Charles S. Johnson, Jitsuichi Masuoke, Robert Redfield, and Lewis Wirth, *The Collected Papers of Robert Ezra Park, Volume 1*, New York: Arno Press).

Park, Robert E., and Ernest W. Burgess (1924). *Introduction to the Science of Sociology*. Chicago: University of Chicago Press.

Parsons, Talcott (1949). *The Structure of Social Action*. New York: Free Press.

Pasanella, Ann (1990). "The Mind Traveler: Searching for the History of the Columbia School of Communication Research Through the Paul Lazarsfeld Papers at Columbia University." New York: Columbia University, Gannett Center for Media Studies.

_____ (October 31, 1992). Personal correspondence with Everett M. Rogers.

Patnoe, Shelley (1988). *A Narrative History of Experimental Social Psychology: The Lewin Tradition*. New York: Springer-Verlag.

Peel, J. D. Y. (1971). *Herbert Spencer: The Evolution of a Sociologist*. New York: Basic Books.

Pelz, Edith Bennett (1958). "Some Factors in Group Decision." In Eleanor E. Maccoby, Theodore M. Newcomb, and Eugene L. Hartley (eds.), *Readings in Social Psychology*, pp. *212–219*. 3d ed. New York: Holt, Rinehart and Winston.

Perry, Helen Swick (1982). *Psychiatrist of America: The Life of Harry Stack Sullivan*, Cambridge: Belknap Press of Harvard University Press.

Persons, Stow (1990). *The University of Iowa in the Twentieth Century: An Institutional History*. Iowa City: University of Iowa Press.

Peters, Charles C. (1933/1970). *Motion Pictures and Standards of Morality*. New York: Macmillan; New York: Arno Press.

Peters, John Durham (1989). "Democracy and American Communication Theory: Dewey, Lippmann, Lazarsfeld." *Communication* 11:199–220.

Peterson, Ruth C., and L. L. Thurstone (1933/1970). *Motion Pictures and the Social Attitudes of Children*. New York: Macmillan; New York: Arno Press.

Petty, Richard E., and John T. Cacioppo (1981). *Attitudes and Persuasion: Classic and Contemporary Approaches*. Dubuque, Iowa: William C. Brown.

_____ (1986). "The Elaboration Likelihood Model of Persuasion." *Advances in Experimental Social Psychology* 19:123–205.

Philipsen, Gerry (1975). "Speaking 'Like Men' in Teamsterville: Cultural Patterns of Role Enactment in an Urban Neighborhood." *Quarterly Journal of Speech* 61:13–22.

_____ (1976). "Places for Speaking in Teamsterville." *Quarterly Journal of Speech* 62:15–25.

Pierce, J. R. (1973). "The Early Days of Information Theory." *IEEE Transactions on Information Theory* IT-19:3–8.

_____ (August 17, 1990). Personal interview by Everett M. Rogers, Stanford, California.

Pool, Ithiel de Sola (1969). "Content Analysis and the Intelligence Function." In Arnold A. Rogow (ed.), *Politics, Personality, and Social Science in the Twentieth Century: Essays in Honor of Harold D. Lasswell*, pp. 198–223. Chicago: University of Chicago Press.

_____ (ed.) (1977). *The Social Impact of the Telephone*. Cambridge: MIT Press.

_____ (1983a). *Technologies of Freedom*. Cambridge: Belknap Press of Harvard University Press.

_____ (1983b). *Forecasting the Telephone: A Retrospective Technology Assessment*. Norwood, N.J.:Ablex.

Ithiel de Sola Pool with others (1952/1970). *The Prestige Press: A Comparative Study of Political Symbols*. Cambridge: MIT Press.

Prewitt, Kenneth (1991). "Social Sciences and Private Philanthropy: The Quest for Social Relevance." Paper presented at the Conference on Foundations, the Research University, and the Creation of Knowledge, Centennial of the University of Chicago.

Pulitzer, Joseph (May, 1904). "The College of Journalism." *North American Review* 178:641–680.

Punch, Maurice (1986). *The Politics and Ethics of Fieldwork*. Newbury Park, Calif.: Sage.

Putnam, Linda L., and Michael E. Pacanowsky (eds.) (1983). *Communication and Organizations: An Interpretive Approach*. Newbury Park, Calif.: Sage.

Qualter, T.H. (1962). *Propaganda and Psychological Warfare*. New York: Random House.

_____ (1985). *Opinion Control in the Democracies*. New York: St. Martin's Press.

Quandt, Jean B. (1970). *From the Small Town to the Great Community: The Social Thought of Progressive Intellectuals*. New Brunswick, N.J.: Rutgers University Press.

Quinton, Anthony (1974). "Critical Theory: On the Frankfurt School." *Encounter* 43–53.

Radke, Marian, and Dana Klisurich (1947). "Experiments in Changing Food Habits." *Journal of the American Dietetic Association* 24:403–409.

Radway, Janice A. (1984). *Reading the Romance: Women, Patriarchy, and Popular Literature*. Chapel Hill: University of North Carolina Press.

Raushenbush, Winifred (1979). *Robert E. Park: Biography of a Sociologist*. Durham, N.C.: Duke University Press.

Reardon, Kathleen K. (1981). *Persuasion: Theory and Context*. Newbury Park, Calif.: Sage.

Reardon, Kathleen K., and Everett M. Rogers (1988). "Interpersonal Versus Mass Communication: A False Dichotomy?" *Human Communication Research* 15 (2):284–303.

Reilly, Richard R. (1971). "A Note on 'Clozentrophy': A Procedure for Testing English Language Proficiency of Foreign Students." *Speech Monographs* 38:350–353.

Rieber, Robert W. (1989). "In Search of the Impertinent Question: An Overview of Bateson's Theory of Communication." In Robert W. Rieber (ed.), *The Individual, Communication, and Society: Essays in Memory of Gregory Bateson*, pp. 1–28. New York: Cambridge University Press.

Riley, John W., and Wilbur Schramm (1951a). *The Reds Take a City: The Communist Occupation of Seoul*. New Brunswick, N.J.: Rutgers University Press.

_____ (1951b). "Communication in the Sovietized State, as Demonstrated in Korea." *American Sociological Review* 16:757–766.

Riley, John W., Wilbur Schramm, and Fred W. Williams (1951). "Flight from Communism: A Report on Korean Refugees." *Public Opinion Quarterly* 15:274–284.

Riley, Mathilda White (1960). "Membership of the American Sociological Association 1950–1959." *American Sociological Review* 25:914–926.

Ritchie, David (1986). "Shannon and Weaver: Unraveling the Paradox of Information." *Communication Research* 13:278–298.

Ritchie, David (1991). *Information*. Newbury Park, Calif.: Sage.

_____ (1992). "Conceptualizing Information in Human Communication: Is the 'Scarce Resources' Assumption Useful?" Unpublished paper. Portland State University, Department of Communication.

Robinson, Gertrude J. (1988). "Here Be Dragons: Problems in Charting the United States' History of Communication Studies." *Communication* 10 (2):97–119.

Rockefeller Communication Seminar (October 17, 1940a), *Needed Research in Communication*. New York, Rockefeller Foundation Report. U.S. Library of Congress, Papers of Lyman Bryson, Box 18.

_____ (November 1, 1940b). *Public Opinion and the Emergency*. New York, Rockefeller Foundation Report. U.S. Library of Congress, Papers of Lyman Bryson, Box 18.

Rockefeller Foundation (January 18, 1941). *Memorandum on Communications Conference*. New York, Rockefeller Foundation Report. U.S. Library of Congress, Papers of Lyman Bryson, Box 18.

Rogers, Everett M. (1983). *Diffusion of Innovations*. New York: Free Press.

_____ (1985). "The Empirical and Critical School of Communication." In Everett M. Rogers and Francis Balle (eds.), *The Media Revolution in America and in Western Europe*. pp. 219–235. Norwood, N.J.: Ablex.

_____ (1986). *Communication Technology: The New Media in Society*. New York: Free Press.

_____ (1992). "On Early Mass Communication Research." *Journal of Broadcasting and Electronic Media* 36(4):467–471.

_____ (1993). "Looking Back, Looking Forward: A Century of Communication Study." In Philip Gaunt (ed.), *Beyond Agendas: New Directions in Communication Research*. pp. 19–39. Westport, Conn.: Greenwood.

Rogers, Everett M., and Steven H. Chaffee (1992). "Communication and Journalism from Daddy Bleyer to Wilbur Schramm: A Palimpsest." Paper presented at the Association for Journalism and Mass Communication, Montreal.

Rogers, Everett M., and James W. Dearing (1988). "Agenda-Setting Research: Where Has It Been, Where Is It Going?" In James A. Anderson (ed.), *Communication Yearbook*, pp. 555–594. Newbury Park, Calif.: Sage.

Rogers, Everett M., James W. Dearing, and Dorine Bregman (1993). "The Anatomy of Agenda-Setting Research." *Journal of Communication*, 43(2):68–84.

Rogers, Everett M., James W. Dearing, and Soonbum Chang (1991). *AIDS in the 1990s: The Agenda-Setting Process for a Public Issue*. Columbia, SC: Association for Education in Journalism and Mass Communication, Journalism Monographs 126.

Rogers, Everett M., and D. Lawrence Kincaid (1981). *Communication Networks: Toward a New Paradigm for Research*. New York: Free Press.

Rogers, Everett M., and Thomas Valente (1992). "A History of Information Theory in Communication Research." In Jorge Reina Schement and Brent Reuben (eds.), *Information and Behavior* 4:35–56.

Rogers, L. Edna (September 6, 1992). Personal correspondence with Everett M. Rogers.

Rogers, L. Edna, and Richard V. Farace (1975). "Analysis of Relational Communication in Dyads: New Measurement Procedures." *Human Communication Research* 1:222–239.

Rogow, Arnold A. (ed.) (1969). *Politics, Personality and Social Science in the Twentieth Century: Essays in Honor of Harold D. Lasswell*. Chicago: University of Chicago Press.

Rokeach, Milton (1960). *The Open and Closed Mind*. New York: Basic Books.

Roloff, N. E., and Gerald R. Miller (eds.) (1980). *Persuasion: New Directions in Theory and Research*. Newbury Park, Calif.: Sage.

Rosenberg, Milton J., and Carl I. Hovland (1960). *Attitude Organization and Change*. New Haven: Yale University Press.

Rosenberg, Milton J., et al. (1960). *Attitude Organization and Change: An Analysis of Consistency among Attitude Components*. New Haven: Yale University Press.

Rosenblith, Walter A., and Jerome B. Wiesner (1965). "Norbert Wiener: 1894–1964." *Journal of Nervous and Mental Disease* 140 (1):3–8.

Rosengren, Karl Erik (1983). "Communication Research: One Paradigm or Four?" *Journal of Communication* 33 (3):185–207.

Rosenstock, Irwin M. (1966). "Why People Use Health Services." *Millbank Memorial Fund Quarterly* 44:94–127.

Ross, Donald K. (1957). "Willard G. Bleyer and Journalism Education." *Journalism Quarterly* 34 (3):466–474.

Ross, Dorothy (1991). *The Origins of American Social Science.* New York: Cambridge University Press.

Rosten, Leo (1937). *The Washington Correspondents.* New York: Harcourt, Brace.

_____ (1941). *Hollywood: The Movie Colony, the Movie Makers.* New York: Harcourt, Brace.

_____ (1969). "Harold Lasswell: A Memoir." In Arnold A. Rogow (ed.), *Politics, Personality, and Social Science in the Twentieth Century: Essays in Honor of Harold D. Lasswell,* pp. 1–13. Chicago: University of Chicago Press.

Rowland, Willard D. Jr. (1983). *The Politics of TV Violence: Policy Uses of Communication Research.* Newbury Park, Calif.: Sage.

Rubenstein, Robert, and Harold D. Lasswell (1966). *Sharing the Power in a Psychiatric Hospital.* New Haven: Yale University Press.

Rucker, Darnell (1969). *The Chicago Pragmatists.* Minneapolis: University of Minnesota Press.

Ruiz [no given name] (1979). *Marx for Beginners.* New York: Pantheon Books.

Ryan, Bryce, and Neal C. Gross (1943). "The Diffusion of Hybrid Seed Corn in Two Iowa Communities." *Rural Sociology* 8:15–24.

Sahakian, William S. (1974). *Systematic Social Psychology.* New York: Chandler.

Samelson, Franz (1986). "Authoritarianism from Berlin to Berkeley: On Social Psychology and History." *Journal of Social Issues* 42 (1):191–208.

Sandage, Charles H. (October 29, 1991). Personal interview by Everett M. Rogers, Urbana, Illinois.

Sandelands, Lloyd E. (1990). "What Is So Practical About Theory? Lewin Revisited." *Journal for the Theory of Social Behavior* 20 (3):235–262.

Sanford, R. Nevitt (September 10, 1984). "This Week's Citation Classic: Adorno and Others' *The Authoritarian Personality.*" *ISI Current Contents,* p. 16.

_____ (1986). "A Personal Account of the Study of Authoritarianism: Comment on Samelson." *Journal of Social Issues* 42 (1):209–214.

Schmidt, John C. (1986). *Johns Hopkins: Portrait of a University*. Baltimore: Johns Hopkins University Press.

Schramm, Wilbur Lang (1935). *Approaches to a Science of English Verse*. Iowa City: University of Iowa.

_____ (1942–1943). "A Confidential and Shameless Biography of Wilbur Schramm." Folder L3, Schramm Papers, Iowa City, University of Iowa Libraries, Special Collections Department.

_____ (1947a). "Education for Journalism: Vocational, General, or Professional?" *Journal of General Education* 1 (2):90–98.

_____ (1947b). *Windwagon Smith and Other Yarns*. New York: Harcourt, Brace.

_____ (ed.) (1948). *Communications in Modern Society*. Urbana: University of Illinois Press.

_____ (ed.) (1954). *The Process and Effects of Mass Communication*. Urbana: University of Illinois Press.

_____ (1955). "Information Theory and Mass Communication." *Journalism Quarterly* 32:131–146.

_____ (1959a). "Comments on Berelson." *Public Opinion Quarterly* 23(1):6–9.

_____ (1959b). *One Day in the World's Press*. Stanford: Stanford University Press.

_____ (1964). *Mass Media and National Development*. Stanford: Stanford University Press.

_____ (1971). "The Nature of Communication between Humans." In Wilbur Schramm and Donald F. Roberts (eds.), *Process and Effects of Mass Communication*, pp. 3–53. Rev. ed. Urbana: University of Illinois Press.

_____ (1978). *Men, Messages, and Media: A Look at Human Communication*. New York: Harper & Row.

_____ (March 30, 1979). Personal interview by John Stevens, conducted at the University of Michigan, Ann Arbor, and held in the Wisconsin Historical Society, Madison.

_____ (1980). "The Beginnings of Communication Research in the United States." In Dan Nimmo (ed.), *Communication Yearbook 4*, pp. 73–82. New Brunswick, N.J.: Transaction Books.

_____ (April 14, 1981). "There Were Giants in the Earth in These Days." Les Moeller lecture, Iowa City, University of Iowa, School of Journalism and Mass Communication.

——— (1985). "The Beginnings of Communication Study in the United States." In Everett M. Rogers and Francis Balle (eds.), *The Media Revolution in America and Western Europe*. pp. 200–211. Norwood, N.J.: Ablex.

——— (1988). "Palimpsest." In Erik Barnouw (ed.), *International Encyclopedia of Communication*. New York: Oxford University Press.

——— (in press a). "The Master Teachers." In Everette E. Dennis and Ellen Wartella (eds.), *American Communication Research: The Remembered History*. New York: Freedom Forum Media Studies Center.

——— (in press b). *The Beginnings of Communication Study in America: A Personal Memoir*. Newbury Park, Calif.: Sage.

Schramm, Wilbur, Jack Lyle and Edwin B. Parker (1961). *Television in the Lives of Our Children*. Stanford: Stanford University Press.

Schramm, Wilbur, Jack Lyle, and Ithiel de Sola Pool (1963). *The People Look at Educational Television*. Stanford: Stanford University Press.

Schramm, Wilbur, and William E. Porter (1982). *Men, Women, Messages, and Media: Understanding Human Communication*. 2d ed. New York: Harper and Row.

Schramm, Wilbur, and John Riley (1951). *The Reds Take a City: The Communist Occupation of Seoul with Eye-Witness Accounts*. New Brunswick, N.J.: Rutgers University Press.

Schramm, Wilbur, and Donald Roberts (eds.) (1971). *The Process and Effects of Mass Communication*. Rev. ed. Urbana: University of Illinois Press.

Schultz, Duane (1975). *A History of Modern Psychology*. 2d ed. New York: Academic Press.

Seaman, Melvin (1959). "Alienation." *American Sociological Review* 24:783–791.

Sears, Robert R. (1985). "Psychoanalysis and Behavior Theory, 1907–1965." In Sigmund Koch and David E. Leary (eds.), *A Century of Psychology as Science*, pp. 208–220. New York: McGraw-Hill.

Segal, Lynn (1986). *The Dream of Reality: Heinz von Foerster's Constructionism*. New York: Norton.

Selvin, Hanan C. (1957). "A Critique of Tests of Significance in Survey Research." *American Sociological Review* 23:519–527.

——— (1976). "Durkheim, Booth and Yule: The Non-Diffusion of an Intellectual Innovation." *Archives of European Sociology* 17:39–51.

Serevin, Werner J., with James W. Tankard, Jr. (1988). *Communication Theories: Origins, Methods, Uses*. 2d ed. New York: Longman.

Shannon, Claude E. (1940). "An Algebra for Theoretical Genetics." Ph.D. dissertation, MIT.

——(1945). "A Mathematical Theory of Cryptography." Memorandum. New York: Bell Telephone Laboratories.

—— (1948). "A Mathematical Theory of Communication." *Bell System Technical Journal* 27:379–423, 623–656.

——(1949a). "Communication in the Presence of Noise." *Proceedings of the I.R.E.* 37:10–21.

—— (1949b). "Communication Theory of Secrecy Systems." *Bell System Technical Journal* 28:656–715.

——(1949c). "The Mathematical Theory of Communication." In Claude E. Shannon and Warren Weaver (eds.), *The Mathematical Theory of Communication*, pp. 29–125. Urbana: University of Illinois Press.

—— (1956). "The Bandwagon." *IEE Transactions on Information Theory* 2 (3):3.

——(July 28, 1982). Personal interview with Robert Price, Boston.

Shannon, Claude E., and Warren Weaver (1949). *The Mathematical Theory of Communication*. Urbana: University of Illinois Press.

Sheingold, Carl A. (1973). "Social Networks and Voting: The Resurrection of a Research Agenda." *American Sociological Review* 38:712–720.

Sheriden, Phyllis Barker (1979). "The Research Bureau in a University Context: A Case History of a Marginal Institution." D.Ed. thesis, Columbia University.

Sherif, Muzafer, and Carl I. Hovland (1961). *Social Judgement: Assimilation and Contrast Effects in Communication and Attitude Change*. New Haven: Yale University Press.

Shibutani, Tamotsu (November 3, 1990). Personal interview with Everett M. Rogers, Santa Barbara, California.

Shils, Edward (1970). "Tradition, Ecology, and Institution in the History of Sociology." *Daedulus* 49 (4):760–825.

—— (1981). "Some Academics, Mainly in Chicago." *American Scholar* 50:179–196.

——— (ed.) (1991). *Remembering the University of Chicago: Teachers, Scientists, and Scholars*. Chicago: University of Chicago Press.

Shoemaker, Pamela (1991). *Gatekeeping*. Newbury Park, Calif.: Sage.

Shonle, Ruth (1926). "Suicide: A Study of Personal Disorganization." Ph.D. dissertation, University of Chicago.

Shuttleworth, Frank K., and Mark A. May (1933/1970). *The Social Conduct and Attitudes of Movie Fans*. New York: Macmillan; New York: Arno Press.

Sibley, Elbridge (1974). *Social Science Research Council: The First Fifty Years*. New York: Social Science Research Council.

Sieber, Sam D. (1972). *Reforming the University: The Role of the Social Research Center*. New York: Praeger.

Siebert, Frederick S. (April 21, 1970). Oral history interview by Robert V. Hudson, Historical Society of Wisconsin, Madison.

Siebert, Fred S., Theodore Peterson, and Wilbur Schramm (1956). *Four Theories of the Press*. Urbana: University of Illinois Press.

Sills, David L. (1957). *The Volunteers: Means and Ends in a National Organization*. New York: Free Press.

——— (1981). "Surrogates, Institutes, and the Search for Convergences: The Research Style of Paul F. Lazarsfeld." *Contemporary Sociology* 10:351–361.

——— (1987). "Paul F. Lazarsfeld: 1901–1976." In National Academy of Sciences (ed.), *Bibliographical Memoirs* 56:251–282. Washington, D.C.: National Academy Press.

Simmel, Georg (1922/1955). *The Web of Group-Affiliations*. Translated by Kurt F. Wolf and Reinhard Bendix. New York: Free Press.

Sinclair, Upton (1906/1981). *The Jungle*. New York: Bantam Books.

Singhal, Arvind, and Everett M. Rogers (1989a). "Pro-Social Television for Development in India." In Ronald E. Rice and Charles Atkin (eds.), *Public Communication Campaigns*, pp. 331–350. Newbury Park, Calif.: Sage.

——— (1989b). *India's Information Revolution*. Newbury Park, Calif.: Sage.

Slepian, David (1974). *Key Papers in the Development of Information Theory*. New York: IEEE Press.

Sloan, William David (ed.) (1990). *Makers of the Media Mind: Journalism Educators and Their Ideas*. Hillsdale, N.J.: Lawrence Erlbaum.

Smith, Adam (1776/1986). *The Wealth of Nations*. New York: Penguin Books.

Smith, Bruce Lannes (1969). "The Mystifying Intellectual History of Harold D. Laswell." In Arnold A. Rogow (ed.), *Politics, Personality, and Social Science in the Twentieth Century: Essays in Honor of Harold D. Lasswell*, pp. 41–105 Chicago: University of Chicago Press.

Smith, Bruce Lannes, Harold Lasswell, and Ralph D. Casey (1946). *Propanganda, Communication, and Public Opinion*. Princeton, N.J.: Princeton University Press.

Smith, David, and Phil Evans (1982). *Marx's Kapital for Beginners*. New York: Pantheon Books.

Smith, Dennis (1988). *The Chicago School: A Liberal Critique of Capitalism*. New York: St. Martin's Press.

Smith, James Allen (1991). *The Idea Brokers: Think Tanks and the Rise of the New Policy Elite*. New York: Free Press.

Smith, M. Brewster (1950). "Review of *The Authoritarian Personality*." *Journal of Abnormal and Social Psychology* 45:775–779.

_____ (1968). "Samuel A. Stouffer." In David L. Sills (ed.), *International Encyclopedia of the Social Sciences* 15:277–280. New York: Macmillan.

_____ (1983). "The Shaping of American Social Psychology: A Personal Perspective from the Periphery." *Personality and Social Psychology Bulletin* 9 (2):165–180.

_____ (1990). "Else Frenkel-Brunswik: 1908–1958." In A. N. O'Connell and N. F. Russo (eds.), *Women in Psychology*, pp. 88–95. Westport, Conn.: Greenwood Press.

_____ (March 12, 1992). Personal interview by Everett M. Rogers, Santa Cruz, California.

Smith, Sally Bedell (1990). *In All His Glory: The Life of William S. Paley*. New York: Simon and Schuster/Touchstone.

Smith, T.V., and Leonard D. White (1929). *Chicago: An Experiment in Social Science Research*. Chicago: University of Chicago Press.

Snider, Paul B. (1967). "Mr. Gates Revisited: A 1966 Version of the 1949 Case Study." *Journalism Quarterly* 44:419–427.

Solberg, Winston U. (November 15, 1991). Personal correspondence with Everett M. Rogers.

Spencer, Herbert (1891). *The Study of Sociology*. New York: Appleton.

Sproule, J. Michael (1987). "Propaganda Studies in American Social Science: The Rise and Fall of the Critical Paradigm." *Quarterly Journal of Speech* 73:60–78.

—— (1989). "Social Responses to Twentieth-Century Propaganda." In Ted J. Smith III (ed.), *Propaganda: A Pluralistic Perspective*, pp. 5–22. New York: Praeger.

—— (1991). "Propaganda and American Ideological Critique." In James A. Anderson (ed.), *Communication Yearbook 14*, pp. 211–239. Newbury Park, Calif.: Sage.

Spykman, Nicholas J. (1966). *The Social Theory of Georg Simmel*. New York: Atherton Press.

Stanton, Frank (November 29, 1991). Personal correspondence with Everett M. Rogers.

—— (November 30, 1992). Personal correspondence with Everett M. Rogers.

Starck, Kenneth (December 27, 1991). Personal correspondence with Everett M. Rogers.

Steel, Ronald (1981). *Walter Lippmann and the American Century*. New York: Vintage Books.

Stehr, Nico (1982). "A Conversation with Paul F. Lazarsfeld." *American Sociologist* 17:150–155.

Steiner, Linda (1992). *Construction of Gender in Newsreporting Textbooks*. Columbia, S.C.: Association for Education in Journalism and Mass Communication, Journalism Monographs 135.

Steir, Frederick (1989). "Wiener, Norbert (1894–1964)." In Eric Barnow (ed.), *International Encyclopedia of Communication*, pp. 318–319. New York: Oxford University Press.

Stempel, Guido H. III (January 1988). "The Chi-Squares Strike Back: Academic Research Presents an Opportunity, Not a Threat." *Quill*, pp. 30–31.

—— (November 5, 1992). Personal correspondence with Everett M. Rogers.

Stivens, Eugene, and Susan Wheelan (eds.) (1986). *The Lewin Legacy: Field Theory in Current Practice*. Berlin: Springer-Verlag.

Stockanes, Harriet (December 11, 1990). Personal correspondence with Everett M. Rogers.

Stocking, George (1979). *Anthropology at Chicago: Tradition, Discipline, Department*. Chicago: University of Chicago Press.

Stoddard, George D. (1943). *The Meaning of Intelligence*. New York: Macmillan.

_____ (1950). "Carl Emil Seashore: 1866–1949." *American Journal of Psychology* 63:456–462.

_____ (1955). *Krebiozen: The Great Cancer Mystery*. Boston: Beacon Press.

_____ (1971). "An Autobiography." In Robert J. Havighurst (ed.), *Leaders in American Education*. pp. 321–354. Chicago: University of Chicago Press.

Stonequist, Everett V. (1937). *The Marginal Man*. New York: Charles Scribner's Sons.

Stouffer, Samuel A. (February 17, 1941). Letter to Frederick C. Mills, Columbia University, Butler Library, Rare Books and Manuscript Library.

Stouffer, Samuel A., Arthur A. Lumsdaine, Marion H. Lumsdaine, Robin M. Williams, Jr., M. Brewster Smith, Irving L. Janis, Shirley A. Star, and Leonard S. Cottrell, Jr. (1949a). *The American Soldier: Combat and Its Aftermath: Studies in Social Psychology in World War II*. Princeton, N.J.: Princeton University Press.

Stouffer, Samuel A., Edward A. Suchman, Leland C. DeVinney, Shirley A. Star, and Robin M. Williams, Jr. (1949b). *The American Soldier: Adjustment During Army Life: Studies in Social Psychology in World War II*. Princeton, N.J.: Princeton University Press.

Stouffer, Samuel A., Louis Guttman, Edward A. Suchman, Paul F. Lazarsfeld, Shirley A. Star, and John A. Clausen (1950). *Measurement and Prediction: Studies in Social Psychology in World War II*. Princeton, N.J.: Princeton University Press.

Struik, Dirk J. (1966). "Norbert Wiener: Colleague and Friend." *American Dialog*, pp. 34–37.

Sullivan, Harry Stack (1953). *The Interpersonal Theory of Psychiatry*. New York: Norton.

Sulloway, Frank J. (1979). *Freud, Biologist of the Mind: Beyond the Psychoanalytic Legend*. New York: Basic Books.

_____ (1991). "Reassessing Freud's Case Histories: The Social Construction of Psychoanalysis." *Isis* 82:245–275.

Szasz, Thomas (1978). *The Myth of Psychotherapy: Mental Healing as Religion, Rhetoric, and Repression*. Garden City, N.Y.: Anchor Press/Doubleday.

Sztompka, Piotr (1986). *Robert K. Merton: An Intellectual Profile*. New York: St. Martin's Press.

Tankard, James W., Jr. (1984). *The Statistical Pioneers*. Cambridge, Mass.: Schenckman.

_____ (1990). "Maxwell McCombs, Donald Shaw and Agenda-Setting." In William D. Sloan (ed.), *Makers of the Media Mind: Journalism Educators and Their Ideas*, pp. 278–285. Hillsdale, N.J.: Lawrence Erlbaum.

Tarde, Gabriel (1903). *The Laws of Imitation*. Translated by Elsie Clews Parsons. New York: Holt.

Taylor, Wilson L. (1953). "'Cloze Procedure': A New Tool For Measuring Readability." *Journalism Quarterly* 30:415–453.

_____ (1956). "Recent Development in the Use of Cloze Procedure." *Journalism Quarterly* 33:42–48.

_____ (1957). "'Cloze' Readability Scores as Indices of Individual Differences in Comprehension and Aptitude." *Journal of Applied Psychology* 41:19–26.

Tebbel, John (October 10, 1964). "What's Happening to Journalism Education?" *Saturday Review*, pp. 103–104, 109.

Thomas, William I., and Florian Znaniecki (1927/1984). *The Polish Peasant in Europe and America*. New York: Knopf; Urbana: University of Illinois Press.

Thorne, Barrie (1990). "Science with a Conscience: A Review of Ellen Fitzpatrick's *Endless Crusade: Women Social Scientists and Progressive Reform*. *Women's Review of Books* 7(9):22.

Thrasher, Frederic M. (1927/1963). *The Gang: A Study of 1,313 Gangs in Chicago*. Chicago: University of Chicago Press.

Thurstone, L. L., and E. J. Chave (1929). *The Measurement of Attitude: A Psychophysical Method and Some Experiments with a Scale for Measuring Attitude Toward the Church*. Chicago: University of Chicago Press.

Tichener, E. B. (1921). "Wilhem Wundt." *American Journal of Psychology* 32(2):161–178.

Toby, Jackson (1980). "Samuel A. Stouffer: Social Research as a Calling." In Robert K. Merton and Mathilda White Riley (eds.), *Sociological Traditions from Generation to Generation: Glimpses of the American Experience*, pp. 131–151. Norwood, N.J.: Ablex.

Torgerson, Douglas (1990). "Origins of the Policy Orientation: The Aesthetic Dimension in Lasswell's Political Vision." *History of Political Thought*, 40(2):339–351.

——— (July 16, 1991). Personal correspondence with Everett M. Rogers.

Towers, Wayne M. (1977). "Lazarsfeld and Adorno in the United States: A Case Study in Theoretical Orientations." In Brent D. Ruben (ed.), *Communication Yearbook 1*, pp. 133–145. New Brunswick, N.J.: Transaction Books.

Trahair, Richard C. S. (1981–1982). "Elton Mayo and the Early Political Psychology of Harold D. Lasswell." *Political Psychology* 3:170–198.

Troldahl, Verling C. (1968). "Perspectives in Studying Communication." Unpublished manuscript. East Lansing, Michigan State University, Department of Communication.

Tropp, Henry S. (1984). "Origin of the Term Bit." *Annals of the History of Computing* 6 (8):152–155.

Trujillo, Nick, and George Dionisopoulos (1987). "Cop Talk, Police Stories, and the Social Construction of Organizational Drama." *Central States Speech Journal* 33:196–209.

Turner, Ralph H. (1967). Introduction to *Robert E. Park on Social Control and Collective Behavior*, pp. ix–xivi. Chicago: University of Chicago Press.

Turner, Stephen Park, and Jonathan H. Turner (1990). *The Impossible Science: An Institutional Analysis of American Sociology*. Newbury Park, Calif.: Sage.

Valente, Thomas (1991). "Thresholds and the Critical Mass in the Diffusion of Innovations." Ph.D. dissertation, University of Southern California.

Van Maanen, John (1988). *Tales of the Field: On Writing Ethnography*. Chicago: University of Chicago Press.

Veblen, Thorstein (1926). *Theory of the Leisure Class*. New York: Vanguard Press.

Verdú, Sergio (September 1990). "The First Forty Years of the Shannon Theory." *IEEE Information Theory Society Newsletter*, pp. 1, 4–10.

von Bertalanffy, Ludwig (1968). *General Systems Theory: Foundations, Development, Applications*. New York: Braziller.

von Neumann, John (May 1949). "Review of Norbert Wiener's *Cybernetics*." *Physics Today*, pp. 33–34.

Wallace, Alfred Russell (1858). "On the Tendency of Varieties to Depart Indefinitely from the Original Type." *Journal of the Proceedings of the Linnaean Society of London (Zoology)* 3:53–62.

Waring, Ethel B. (March 14, 1964). Oral history interview, conducted by

Dolores Greenberg, Cornell University Library, Department of Manuscripts and University Archives.

Wartella, Ellen, and Byron Reeves (1985). "Historical Trends in Research on Children and the Media: 1900–1960." *Journal of Communication* 35:118–133.

Washington, Booker T., with the collaboration of Robert E. Park (1912). *The Man Farthest Down: A Record of Observation and Study in Europe.* Garden City, N.Y.: Doubleday, Page.

Watt, James H., Jr. and Robert Krull (1974). "An Information Theory Measure for Television Programming." *Communication Research* 1 (1):44–89.

Watzlawick, Paul (1981). "Hermetic Pragmaesthetics or Unkempt Thoughts about an Issue of *Family Process*." *Family Process* 20:401–403.

Watzlawick, Paul, Janet Helmick Beavin, and Don D. Jackson (1967). *Pragmatics of Human Communication: A Study of Interaction Patterns, Pathologies, and Paradoxes.* New York: Norton.

Weakland, John H. (May 14, 1992). Personal interview with Everett M. Rogers, Palo Alto, California.

Weaver, Warren (July 1949a). "The Mathematics of Communication." *Scientific American* 181:11–15.

_____ (1949b). "Recent Contributions to the Mathematical Theory of Communication." In Claude E. Shannon and Warren Weaver (eds.), *The Mathematical Theory of Communication*, pp. 1–28. Urbana: University of Illinois Press.

Weber, Marianne (1926/1975). *Max Weber: Ein Lebensbild.* Tübingen, Germany: J. C. B. Mohr.

Weber, Max (1930). *The Protestant Ethic and the Spirit of Capitalism.* Translated by Talcott Parsons. London: Allen and Unwin.

_____ (1946). *From Max Weber: Essays in Sociology.* Translated by Hans Gerth and C. Wright Mills. New York: Oxford University Press.

Westbrook, Robert B. (1991). *John Dewey and American Democracy.* Ithaca, N.Y.: Cornell University Press.

Westley, Bruce H., and Malcolm S. MacLean, Jr. (1955). "A Conceptual Model for Communications Research." *Audio-Visual Communication Review* 3 (4):3–12.

Westrum, Ron (1991). *Technologies and Society: The Shaping of People and Things*. Belmont, Calif.: Wadsworth.

White, David Manning (1950). "'The Gate Keeper': A Case Study in the Selection of News." *Journalism Quarterly* 27:283–390.

_____ (December 9, 1991). Personal correspondence with Everett M. Rogers.

White, Norton, and Lucia White (1962). *The Intellectual Versus the City: From Thomas Jefferson to Frank Lloyd Wright*. Cambridge: MIT Press.

White, Ralph K. (1943). "The Case for the Tolman-Lewin Interpretation of Learning." *Psychological Review*, 5 (3):157–186.

White, Ralph K. (June 5, 1992). Personal interview with Everett M. Rogers, Cockeysville, Maryland.

White, Ralph K., and Ronald Lippitt (1980). *Autocracy and Democracy: An Experimental Inquiry*. New York: Harper and Brothers.

Wiebe, Gerhard (May 18, 1981). Personal correspondence with Mark R. Levy.

Wiener, Norbert (February 1, 1942). *The Extrapolation, Interpolation, and Smoothing of Stationary Time Series with Engineering Applications*. Report to the National Defense Research Council. Cambridge, Mass.: MIT.

_____ (1948). *Cybernetics: Or Control and Communication in the Animal and the Machine*. Cambridge: MIT Press.

_____ (1949). "The Mathematical Theory of Communication: Review." Manuscript, MIT Libraries, Institute Archives and Special Collections.

_____ (1950). *The Human Use of Human Beings: Cybernetics and Society*. Boston: Houghton Mifflin.

_____ (1953). *Ex-Prodigy: My Childhood and Youth*. Cambridge: MIT Press.

_____ (1956). "What Is Information Theory?" *IRE Transactions on Information Theory* IT-2:48.

_____ (1964). *God and Golem, Inc.: A Comment on Certain Points Where Cybernetics Infringes on Religion*. Cambridge: MIT Press.

_____ (1985). *Collected Works with Commentaries*. Cambridge: MIT Press.

Wilbers, Steven (1980). *The Iowa Writers' Workshop: Origins, Emergence, and Growth*. Iowa City: University of Iowa Press.

Wilder, Carol (1978). "From the Interactional View: A Conversation with Paul Watzlavick." *Journal of Communication* 28:35–45.

_____ (1979). "The Palo Alto Group: Difficulties and Directions of the Interactional View for Human Communication Research." *Human Communication Research* 5:171–186.

_____ (May 21, 1987). Personal interview by Everett M. Rogers, New Orleans.

Williams, Frederick, Ronald E. Rice, and Everett M. Rogers (1988). *Research Methods and New Media.* New York: Free Press.

Williams, Raymond (1976). *Keywords.* London: Fontana.

Williams, Robin M. Jr. (1984). "Field Observations and Surveys in Combat Zones," *Social Psychology Quarterly* 47(2):186–192.

Winett, Richard A. (1986). *Information and Behavior: Systems of Influence.* Hillsdale, N.J.: Lawrence Erlbaum.

Winkin, Yves (1992). "Baltasound as the Symbolic Capital of Social Interaction." Paper presented at the International Communication Association, Miami.

_____ (July 27, 1992). Personal correspondence with Everett M. Rogers.

Winkler, Allan M. (1978). *The Politics of Propaganda: The Office of War Information 1942–1945.* New Haven: Yale University Press.

Wirth, Louis (1926/1929). "The Ghetto: A Study in Isolation." Ph.D. dissertation, University of Chicago (published as *The Ghetto* in 1929 by the University of Chicago Press).

Wishbow, Nina (1987). "Applying the Concept of the Double Bind to Communication in Organizations." In Sari Thomas (ed.), *Studies in Communication,* pp. 114–121. Norwood, N.J.: Ablex.

Wolf, William B. (1973). "The Impact of Kurt Lewin on Management Thought." *Academy of Management Proceedings,* pp. 322–325.

Young, Ruth C. (1988). "Is Population Ecology a Useful Paradigm for the Study of Organizations?" *American Journal of Sociology* 94(1):1–24.

_____ (1989). "Reply to Freeman and Hannan and Britlain and Wholey." *American Journal of Sociology* 95 (2):445–446.

Zajonc, R. B. (1992). "Cognition and Communication in Social Psychological Perspective." Paper presented at the Katz-Newcomb Lecture, Ann Arbor, University of Michigan.

Zeigarnik, Bluma (1927). "Über Behalten von erledigten und unerledigten Handlungen." *Psychologische Forschung* 9:1–85.

Zeisel, Hans (1947/1985). *Say It with Figures*. New York: Harper & Row.

_____ (1976–1977). "In Memoriam: Paul Felix Lazarsfeld, 1901–1976." *Public Opinion Quarterly* 40 (4):556–557.

_____ (1986). "Forensic Sociologist." *Journal of Advertising Research* 26:39–42.

Zorbaugh, Harvey Warren (1929). *The Gold Coast and the Slum: A Sociological Study of Chicago's Near North Side*. Chicago: University of Chicago Press.

图书在版编目(CIP)数据

传播学史：一种传记式的方法 /（美）罗杰斯(Rogers, E. M.) 著;殷晓蓉 译.
—上海：上海译文出版社,2012.8(2025.3 重印)
(大学译丛)
书名原文：A History of Communication Study：A Biographical Approach
ISBN 978-7-5327-5829-6

Ⅰ.①传… Ⅱ.①罗… ②殷… Ⅲ.①传播学—历史
Ⅳ.G206-09

中国版本图书馆 CIP 数据核字(2012)第 098449 号

Everett M. Rogers
A HISTORY OF COMMUNICATION STUDY
A Biographical Approach
The Free Press,1997
根据纽约自由出版社 1997 年版译出

传播学史
——一种传记式的方法
[美] E·M·罗杰斯　著　殷晓蓉　译
责任编辑/范炜炜　装帧设计/未氓设计工作室

上海译文出版社有限公司出版、发行
网址：www.yiwen.com.cn
201101　上海市闵行区号景路 159 弄 B 座
上海新华印刷有限公司印刷

开本 890×1240　1/32　印张 19　插页 2　字数 405,000
2012 年 8 月第 1 版　2025 年 3 月第 14 次印刷
印数：42,001—43,000 册

ISBN 978-7-5327-5829-6
定价：85.00 元

20 《西方六大美学观念史》/[波]瓦迪斯瓦夫·塔塔尔凯维奇　著

21 《法律的理念》/[英]丹尼斯·罗伊德　著

22 《观念的历险》/[英]艾尔弗雷德·诺思·怀特海　著

23 《人文科学的逻辑》/[德]恩斯特·卡西尔　著

24 《商业生态学》/[美]保罗·霍肯　著

25 《马克思的历史、社会和国家学说》/[德]亨利希·库诺　著

26 《政治的正义性》/[德]奥特弗利德·赫费　著

27 《跟大卫·哈维读〈资本论〉》/[美]大卫·哈维　著

28 《哲学的邀请》/[美]斯坦利·霍纳　等著

29 《宇宙之谜》/[德]恩斯特·海克尔　著

30 《全球化时代的民主》/[德]奥特弗利德·赫费　著

31 《世界文明史》/[日]山崎正和　著

32 《社会学与人类学》/[法]马塞尔·莫斯　著

33 《桑切斯的孩子们》/[美]奥斯卡·刘易斯　著

34 《论自由》/[法]雷蒙·阿隆　著

35 《卡桑德拉的女儿：欧美精神分析发展史》/[美]约瑟夫·施瓦茨　著

36 《实现罗尔斯》/[美]涛慕思·博格　著

37 《社会学主要思潮》/[法] 雷蒙·阿隆　著

38 《全球时代的欧洲》/[英] 安东尼·吉登斯　著

39 《社会理论的核心问题》/[英] 安东尼·吉登斯　著

40 《经济人的末日》/[美] 彼得·德鲁克　著

41 《当代政治哲学》/[加] 威尔·金里卡　著

42 《自己的上帝：宗教的和平能力与潜在暴力》/[德] 乌尔利希·贝克　著

43 《跟大卫·哈维读〈资本论〉》(第二卷)/[美] 大卫· 哈维　著

大学译丛　书目

01 《西方哲学史》(上下两册) / [挪] G · 希尔贝克, N · 伊耶　著

02 《世界经济简史》/ [美] 龙多 · 卡梅伦, 拉里 · 尼尔　著

03 《传播学史》/ [美] E · M · 罗杰斯　著

04 《美国人: 殖民地历程》/ [美] 丹尼尔 · J · 布尔斯廷　著

05 《美国人: 建国的历程》/ [美] 丹尼尔 · J · 布尔斯廷　著

06 《美国人: 民主的历程》/ [美] 丹尼尔 · J · 布尔斯廷　著

07 《专制与民主的社会起源》/ [美] 巴林顿 · 摩尔　著

08 《希望的原理》(第一卷) / [德] 恩斯特 · 布洛赫　著

09 《文明的进程》/ [德] 诺贝特 · 埃利亚斯　著

10 《协同学》/ [德] 赫尔曼 · 哈肯　著

11 《资本主义与现代社会理论》/ [英] 安东尼 · 吉登斯　著

12 《社会学》/ [英] 安东尼 · 吉登斯　著

13 《大众传播与美帝国》/ [美] 赫伯特 · 席勒　著

14 《传播政治经济学》/ [加] 文森特 · 莫斯可　著

15 《信息社会的知识劳工》/ [加] 文森特 · 莫斯可　著

16 《宗教与资本主义的兴起》/ [英] R · H · 托尼　著

17 《希望的理由》/ [英] 珍 · 古道尔　著

18 《自恋主义文化》/ [美] 克里斯托弗 · 拉什　著

19 《"中产"中国》/ [美] 李成　编著

44 《读懂弗洛伊德》/［瑞士］让-米歇尔·奎诺多　著

45 《小城市空间的社会生活》/［美］威廉·H·怀特　著

46 《大自然的常数：从开端到终点》/［英］约翰·D·巴罗　著

47 《人类不平等的起源：通往奴隶制、君主制和帝国之路》/［美］肯特·弗兰纳里，乔伊斯·马库斯　著

48 《对空言说：传播的观念史》/［美］约翰·杜翰姆·彼得斯　著

49 《改变社会》/［日］小熊英二　著

50 《科学人对抗权力政治》/［美］汉斯·摩根索　著